명쾌한 JAVA 입문

시바타 보요(Shibata Bohyoh) 저

YoungJin.com Y.
영진닷컴

명쾌한 JAVA 입문

MEIKAI JAVA NYUMONHEN by Bohyoh Shibata
Copyright (c) 2007 by Bohyoh Shibata
All rights reserved.
Original Japanese edition published by Softbank Creative Corp.
Korean translation rights arranged with Softbank Creative Corp.
throuth Erik Yang Agency Co., Seoul.

Korean translation rights ⓒ2008 by Youngjin.com

본 저작물의 한국어판 저작권은 에릭양 에이전시를
통한 Softbank Creative Corp. 사와의 계약으로 한국어 판권을 Youngjin.com이 소유합니다.
저작권법에 의하여 한국 내에서 보호를 받는 저작물이므로 무단전재와 복제를 금합니다.

All rights reserved. First edition Printed 2008.
Printed in Korea

ISBN 978-89-314-3722-5

Java는 Sun Microsystems, Inc의 등록상표입니다.
Windows는 Microsoft corp.의 등록상표입니다.

이외의 상표는 각 회사의 등록상표입니다.

저자__시바타 보요 / **역자**__이규홍
진행__김태경, 라임기획
편집__이경숙 / **표지**__디자인허브

Preface

안녕하세요.

이 책은 세계적으로 많은 사람들이 폭넓은 용도로 사용하고 있는 프로그래밍 언어 Java의 입문서입니다.

이 책은 '프로그래밍의 기초'부터 '객체 지향 프로그래밍'까지 마스터할 수 있도록 꼼꼼하고 착실하게 학습할 수 있는 구성으로 되어 있습니다. 대상 독자는 '컴퓨터의 기본적인 사용법은 알고 있지만 프로그래밍에는 처음으로 도전하는' 분들입니다. 지금까지 필자가 오랜 기간 풍부한 교육 경험을 통해서 얻은 많은 학생과 수강자들이 이해하기 어려워했던 부분, 중도에 포기했던 부분 등을 친절하게 해설했습니다. 따라서 다른 프로그래밍 언어의 경험자나 다른 Java 교재로 학습하다 포기한 분들도 만족할 수 있을 것입니다.

이 책은 다음 두 가지에 중점을 두고 학습할 수 있도록 배려했습니다.

  … Java라는 언어의 기초
  … 프로그래밍의 기초

이 두 가지를 외국어 학습과 비교해서 간단히 설명하면 전자는 '기초적인 문법과 단어'에 해당하고, 후자는 '간단한 문서를 작성하는 것과 회화를 하는 것'에 해당합니다.

각종 개념과 문법을 시각적으로 이해할 수 있도록 278개의 도표를 제시하고 있기 때문에 안심하고 학습에 임할 수 있을 것입니다.

이 책에서 예제로서 제시한 프로그램 리스트는 248개입니다. 예제 프로그램은 어학 교재에서 예문에 해당하기 때문에 최대한 많은 프로그램을 접하면서 java 프로그램과 익숙해지길 바랍니다. 이 책에서 학습할 예제 프로그램에는 숫자맞히기 게임, 가위바위보 게임, 암산 트레이닝 등 재미있는 예제들이 많이 포함되어 있으므로 즐기면서 학습하길 바랍니다.

이 책은 구어체로 되어 있습니다. 제 강의를 수강한다는 기분으로 15장 끝까지 마스터하길 진심으로 바랍니다.

시바타 보요

이·책·의·구·성

이 책은 다음과 같이 구성되어 있습니다.

　　　제1장 문자의 출력
　　　제2장 변수의 사용
　　　제3장 프로그램 흐름의 분기
　　　제4장 프로그램 흐름의 반복
　　　제5장 기본형과 연산
　　　제6장 배열
　　　제7장 메소드
　　　제8장 클래스의 기본
　　　제9장 날짜 클래스의 작성
　　　제10장 클래스 변수와 클래스 메소드
　　　제11장 패키지
　　　제12장 클래스의 파생과 다형성
　　　제13장 추상 클래스
　　　제14장 인터페이스
　　　제15장 문자와 문자열

▶ 이와 같이 구성한 이유와 이 책에서 학습할 때 주의점 등은 제 115장 뒤의 "마치며"를 참조하기 바랍니다.

제1장부터 순서대로 하나씩 마스터하길 바랍니다. 단 본문의 보충적인 내용과 응용을 정리한 "Column"은 수준 높은 내용도 포함되어 있으므로, 어렵다는 생각이 들면 일단 건너뛰고 나중에 읽어도 상관없습니다.

▶ 이 책에서는 많은 연습문제를 제시하고 있습니다. 그 이유는 본문의 내용을 더욱 깊이 이해하거나 다른 관점으로도 학습을 하거나해서 여러분의 학습의 폭과 깊이를 넓히기 위한 것입니다. 따라서 스스로 생각해서 해결하려는 노력이 필요하기 때문에 해답은 제공하지 않습니다.

또한 한번 학습한 후 언제라도 찾아볼 수 있도록 인덱스를 충실하게 구성했습니다. 언제라도 손이 닿는 장소에 이 책을 두고 애용하길 바랍니다.

*

이 책에 수록된 모든 소스 프로그램은 영진닷컴의 홈페이지에서 다운로드 할 수 있습니다.

　　　▶ http://www.youngjin.com/도서자료실

이·책·의·구·성

이 책에서 설명될 몇 가지 핵심 사항에 대해 아래와 같이 제시합니다.

▪▪▪ 전문용어에 대해서

클래스 변수/정적 필드, 다중정의/오버로드, 다형성/폴리모피즘, 참조형의 확대변환/업 캐스트 등 같은 개념을 나타내는 단어는 복수로 표시했습니다. '클래스 변수'가 사용되고 '정적 필드'는 사용되지 않는 책도 있습니다. 복수의 단어를 기억해 두면, 이 책을 학습한 후 다른 Java 서적과 다른 프로그래밍 언어의 서적을 학습할 때에도 불편함을 느끼지 않을 것입니다. 또한 전문용어를 표시할 때 '키워드(keyword)'라는 형태로 영어 단어를 병행 표기했습니다. IT계통의 학생이나 실무자라면 영문 원서도 읽을 필요가 있기 때문에 이 책에서 제시하는 수준의 전문용어는 모두 알아두기 바랍니다.

▪▪▪ 구문 그림에 대해서

IT계통의 학생이나 실무자라면 이 책에서 제시하는 구문 그림 정도는 바로 이해할 수 있어야 합니다. 왜냐하면 프로그래밍 언어를 습득한 후, 구문 그림의 이해가 필수적인 '컴파일러' 등의 과목을 학습하기 때문입니다.

▪▪▪ 연습문제에 대해서

이 책에서는 연습문제의 해답을 제시하지 않습니다. 프로그래밍 언어에 국한되는 이야기는 아니지만 연습문제를 출제하면 '선생님이 해답을 제시할 때까지 기다린다'거나 '인터넷에서 비슷한 문제와 해답을 찾는' 학생이 많은 것 같습니다(이런 경향은 특히 최근 몇 년 사이에 많아진 것 같습니다). 이 책의 연습문제는 저자가 오랜 기간에 걸쳐 얻은 교육 경험과 프로그래밍 개발 경험을 바탕으로 '프로그래밍 실력'을 향상시키기 위한 핵심적인 내용을 추출해서 만든 문제들입니다. 따라서 스스로 생각해서 문제를 해결하려는 노력을 기대하고 있습니다. 취미로 학습하고 싶은 분들의 '해답을 알고 싶다'는 마음도 이해는 하지만, IT 계통의 학생과 전문가를 지향하는 학습자라면 스스로 해결해서 실력을 향상시키는 것이 중요합니다.

▪▪▪ 본문 구성에 대해서

이 책은 실질적으로 클래스를 사용하지 않는 제7장까지 많은 페이지를 할당하고 있습니다. 이와 같이 구성한 이유는 선택문(제3장)과 반복문(제4장)의 단계에서 좌절하는 학습자가 결코 적지 않다는 것을 오랜 교육 경험을 통해 통감했기 때문입니다. 비슷한 프로그램이 많이 수록되어 있기 때문에 이해가 빠른 분은 답답해할 수도 있고 후반부의 내용이 다소 부족하게 느낄지도 모릅니다.

C·O·N·T·E·N·T·S

제1장 문자의 출력

1-1 Java에 대해서 … 18
- Java의 탄생 … 18
- Java의 특징 … 19
- Java의 발전 … 20
- 학습을 위한 준비 … 21

1-2 화면으로의 문자 출력 … 22
- 프로그램의 작성과 실행 … 22
  - 소스 프로그램과 소스 파일 … 22
  - 프로그램의 컴파일과 실행 … 24
- 주석(comment) … 26
- 프로그램의 구조 … 28
  - 클래스 선언 … 28
  - main 메소드 … 29
  - 문(statement) … 29
- 문자열 리터럴 … 30
- 콘솔 화면으로의 출력과 스트림 … 31
- 문자열 연결 … 32
- 줄 바꿈 … 33
- 기호문자 읽는 법 … 34
- 자유형식 기술 … 35
- 들여쓰기 … 37
- 이장의 요약 … 40

제2장 변수의 사용

2-1 변수 … 44
- 연산결과의 출력 … 44
  - 수치 출력 … 44
  - 정수 리터럴 … 44
  - 문자열과 수치의 연결 … 45
- 변수 … 48
  - 변수의 선언 … 48
  - 대입연산자 … 49
  - 변수값의 표시 … 50
  - 산술연산과 연산의 그룹화 … 52
- 변수와 초기화 … 53

		초기화를 동반하는 선언	53
		초기화와 대입	54
	2-2	**키보드를 이용한 값의 입력**	**56**
		키보드를 이용한 값의 입력	56
		연산자와 피연산자	58
		기본형	60
		실수값의 입력	61
		final 변수	63
		난수의 생성	65
		문자열 입력	68
		이장의 요약	71

제3장 프로그램 흐름의 분기

3-1	**if문**	**74**
	if-then문	74
	관계연산자	76
	if-then-else문	76
	등가연산자	79
	논리부정연산자	80
	다중 if문	81
	식과 평가	85
	식	85
	평가	86
	식문과 공문	87
	논리곱연산자와 논리합연산자	89
	논리곱연산자 &&	90
	논리합연산자 ||	91
	계절의 판정	92
	단락평가	93
	조건연산자	94
	조건연산자	95
	세 값의 최대값	96
	블록	98
	두 값의 정렬	101
	두 값의 교환	102

C·O·N·T·E·N·T·S

3-2	**switch문**	**104**
	switch문	104
	레이블	105
	break문	106
	default 레이블	109
	선택문	109
3-3	**키워드·식별자·연산자**	**111**
	키워드	111
	구분자	111
	식별자	112
	리터럴	112
	연산자	113
	우선순위	113
	결합규칙	113
	대입식의 평가	114
	이장의 요약	118

제4장 프로그램 흐름의 반복

4-1	**do문**	**122**
	do문	122
	일정 범위 값의 입력	124
	숫자 맞히기 게임	126
4-2	**while문**	**129**
	while문	129
	증가연산자와 감소연산자	130
	후치 증가연산자와 후치 감소연산자	130
	전치 증가연산자와 전치 감소연산자	132
	식의 평가순서	133
	식의 값 버리기	134
	문자 리터럴	135
	while문과 do문	138
	복합대입연산자	140
	수치의 역순	140
	정수의 합 계산하기	142

4-3 for문	145
for문	145
순서도	148
반복문	152

4-4 다중루프	154
구구단	154
직각삼각형의 표시	156

4-5 break문과 continue문	159
break문	159
continue문	161
레이블이 있는 break문	164
레이블이 있는 continue문	166

4-6 printf 메소드	168
printf 메소드	168
이장의 요약	173

제5장 기본형과 연산

5-1 기본형	176
기본형	176
형과 비트	177
정수형	178
정수 리터럴	189
정수의 내부	184
부동소수점형	187
부동소수점 리터럴	189
논리형(boolean형)	191
논리값 리터럴	191

5-2 연산과 형	194
연산과 형	194
캐스트연산자	197
기본형의 축소변환	199

C·O·N·T·E·N·T·S

	정수의 대입 · 정수에 의한 초기화	201
	기본형의 확대변환	202
	기본형의 확대변환과 축소변환	204
	반복 제어	204
5-3	**확장표기**	**207**
	확장표기	207
	이장의 요약	212

제6장 배열

6-1	**배열**	**216**
	배열	216
	배열의 구성요소	220
	디폴트 값	221
	요소 수의 취득	222
	배열 요소에 대한 값의 입력	225
	막대그래프의 표시	226
	배열의 초기화와 대입	227
	배열에 의한 성적처리	229
	배열 요소의 최대값 구하기	230
	선형검색	233
	확장 for문	237
	배열을 역순으로 나열하기	239
	배열의 복사	242
	배열의 복사	244
	문자열의 배열	246
	참조형과 객체	249
	참조형과 객체	249
	null 형과 null 참조 · null 리터럴	249
	garbage collection	250
	final 선언된 배열	251
6-2	**다차원 배열**	**252**
	다차원 배열	252
	2차원 배열	252
	3차원 배열	253
	예제 프로그램	254

다차원 배열의 내부		256
요소 수가 다른 2차원 배열의 내부		259
초기화 값		261
이장의 요약		264

제7장 메소드

7-1 메소드   268

메소드	268
메소드 선언	270
메소드 호출	273
return문	275
인수 전달	277
void 메소드	280
메소드의 범용성	281
다른 메소드의 호출	282
유효범위	285
변수의 종류	286
인수를 전달받지 않는 메소드	287

7-2 정수의 내부를 조사하기   290

비트단위의 논리연산	290
시프트 연산	292
비트 수의 카운트	295
비트의 표시	297

7-3 배열을 취급하는 메소드   300

최대값을 구하는 메소드	300
선형검색	302
일회용 배열	303
배열 요소의 나열을 바꾸기	305
두 배열의 비교	307
배열을 반환하는 메소드	309
다차원 배열의 전달	312

7-4 다중정의   315

메소드의 다중정의	315
이장의 요약	320

CONTENTS

제8장 클래스의 기본

8-1 클래스 — 324
- 데이터의 취급 — 324
  - 클래스 — 325
- 클래스 — 326
  - 클래스 선언 — 328
  - 클래스와 객체 — 328
  - 인스턴스 변수와 필드 액세스 — 330
  - 필드의 초기화 — 331
  - 문제점 — 332
  - 은행계좌 클래스 제2판 — 333
  - 데이터 숨김 — 335
- 생성자 — 337
- 메소드 — 339
  - 메소드와 메시지 — 342
  - 클래스와 객체 — 342

8-2 자동차 클래스 — 344
- 클래스의 독립 — 344
  - this 참조 — 346
- 식별자의 명명 — 352
- 이장의 요약 — 357

제9장 날짜 클래스의 작성

9-1 날짜 클래스의 작성 — 360
- 날짜 클래스 — 360
- 생성자와 메소드 — 360
- accessor — 363
- 클래스형 변수의 대입 — 364
- 클래스형 변수의 비교 — 367
- 인수로서의 클래스형 변수 — 369
- 클래스형 인스턴스의 배열 — 371
  - 클래스와 배열의 생성·초기화와 대입 — 374
- 날짜 클래스의 수정 — 377
  - public 클래스 — 377
  - 필드의 초기값 — 387
  - 동일 클래스 내의 생성자 호출 — 388

9-2 클래스형 필드	389
클래스형 필드	389
참조를 반환하는 메소드	391
자동차 클래스의 이용 예	393
has-A	396
이장의 요약	398

제10장 클래스 변수와 클래스 메소드

10-1 클래스 변수	402
클래스 변수(정적 필드)	402
클래스 변수의 액세스	406
소스 파일과 public 클래스	408
라이브러리에서 제공되는 클래스 변수	409
public 그리고 final 선언된 클래스 변수의 공개	411

10-2 클래스 메소드	412
클래스 메소드	412
클래스 변수와 클래스 메소드	417
Math 클래스의 클래스 메소드	421
유틸리티 클래스	422

10-3 클래스 초기자와 인스턴스 초기자	425
클래스 초기자(정적 초기자)	425
인스턴스 초기자	429
이장의 요약	432

제11장 패키지

11-1 패키지와 import 선언	436
패키지	436
type import 선언	438
단일형 import 선언	438
on-demand형 import 선언	439
java.lang 패키지의 자동 import	441
static import 선언	443

C·O·N·T·E·N·T·S

11-2 패키지 선언　　　　　　　　　　　　　　446
　패키지　　　　　　　　　　　　　　　　　　446
　패키지와 디렉터리　　　　　　　　　　　　　448
　유일한 패키지명　　　　　　　　　　　　　　452

11-3 클래스와 멤버의 액세스 속성　　　　　　455
　클래스의 액세스 제어　　　　　　　　　　　455
　멤버의 액세스 제어　　　　　　　　　　　　457
　이장의 요약　　　　　　　　　　　　　　　　460

제12장 클래스의 파생과 다형성

12-1 상속　　　　　　　　　　　　　　　　　464
　은행계좌 클래스　　　　　　　　　　　　　　464
　파생과 상속　　　　　　　　　　　　　　　　466
　파생과 생성자　　　　　　　　　　　　　　　468
　　　메소드의 오버라이드와 super의 정체　　　473
　클래스 계층　　　　　　　　　　　　　　　　475
　Object 클래스　　　　　　　　　　　　　　　477
　증분 프로그래밍　　　　　　　　　　　　　　478
　is-A의 관계와 인스턴스 참조　　　　　　　　480

12-2 다형성　　　　　　　　　　　　　　　　485
　메소드의 오버라이드　　　　　　　　　　　　485
　다형성　　　　　　　　　　　　　　　　　　　487
　객체지향의 3대 요소　　　　　　　　　　　　492
　참조형 캐스트　　　　　　　　　　　　　　　492
　instanceof 연산자　　　　　　　　　　　　　493
　@Override 어노테이션　　　　　　　　　　　494

12-3 상속과 액세스 속성　　　　　　　　　　497
　멤버　　　　　　　　　　　　　　　　　　　　497
　final 선언된 클래스와 메소드　　　　　　　　498
　　final 클래스　　　　　　　　　　　　　　　498
　　final 메소드　　　　　　　　　　　　　　　498

| | 오버라이드와 메소드의 액세스 속성 | 499 |
| | 이장의 요약 | 504 |

제13장 추상 클래스

13-1 추상 클래스 — 508

    추상 클래스 — 508
        추상 메소드 — 511
        추상 클래스 — 512

13-2 추상성을 갖는 비추상 메소드의 설계 — 515

    도형 클래스들의 수정 — 515
        toString 메소드의 추가 — 515
        직선 클래스의 추가 — 517
        정보해설이 있는 그리기 메소드의 추가 — 519
        수정한 도형 클래스 — 521
    문서화 주석과 javadoc — 529
        문서화 주석 — 530
        javadoc 툴 — 533
    이장의 요약 — 536

제14장 인터페이스

14-1 인터페이스 — 540

    인터페이스 — 540
        인터페이스 선언 — 540
        인터페이스 구현 — 541
        인터페이스를 능숙하게 사용하기 — 544
    클래스의 파생과 인터페이스 구현 — 549
    복수의 인터페이스 구현 — 551

14-2 인터페이스의 파생 — 554

    인터페이스의 파생 — 554
    이장의 요약 — 556

CONTENTS

제15장 문자와 문자열

15-1 문자 — 560
- 문자 — 560
  - Unicode — 560
  - ASCII 코드 — 561
- char형 — 562
  - 문자 리터럴 — 563
  - nicode 확장 — 563

15-2 문자열과 String — 565
- 문자열과 문자열 리터럴 — 565
- String형 — 566
  - String형 변수와 참조 — 567
- 생성자 — 569
  - 키보드 입력 — 572
- 메소드 — 574
  - 문자열 길이의 계산법과 임의의 문자의 액세스 — 579
  - 문자열에서의 문자열 검색 — 580
- 문자열 비교 — 581
- format 메소드 — 584

15-3 문자열 배열과 커맨드라인 인수 — 587
- 문자열 배열 — 587
  - 가위바위보 — 589
- 커맨드라인 인수 — 591
  - 문자열의 수치 변환 — 593
- 이장의 요약 — 596

마치며 — 597

제1장

문자의 출력

화면으로 문자를 출력하는 프로그램을 통해서 Java와 익숙해지도록 합니다.

- … Java의 역사와 특징
- … Java 프로그램의 작성과 실행
- … 주석
- … 문
- … 화면으로의 출력과 스트림
- … 문자열 리터럴
- … 줄 바꿈
- … 들여쓰기

1-1 Java에 대해서

Java를 사용한 프로그램을 본격적으로 배우기 전에 Java의 역사와 특징 등을 간단하게 살펴보겠습니다.

Java의 탄생

1991년 무렵에 미국의 선마이크로시스템즈 사가 가전제품용 소프트웨어 개발을 위한 프로그래밍 언어를 만들었습니다. 그 후에 거듭 개량되어 1995년 5월 SunWorld에서 발표된 것이 Java입니다. 그림 1-1은 Java의 홈페이지입니다.

덧붙여 말하면 Java라는 명칭은 커피에서 유래된 명칭이라고도 합니다.

▶ 개발 초기의 명칭은 Oak였지만 그 이름이 다른 회사에 의해 상표등록이 되어 있었기 때문에 Java라는 명칭으로 바뀌었습니다.

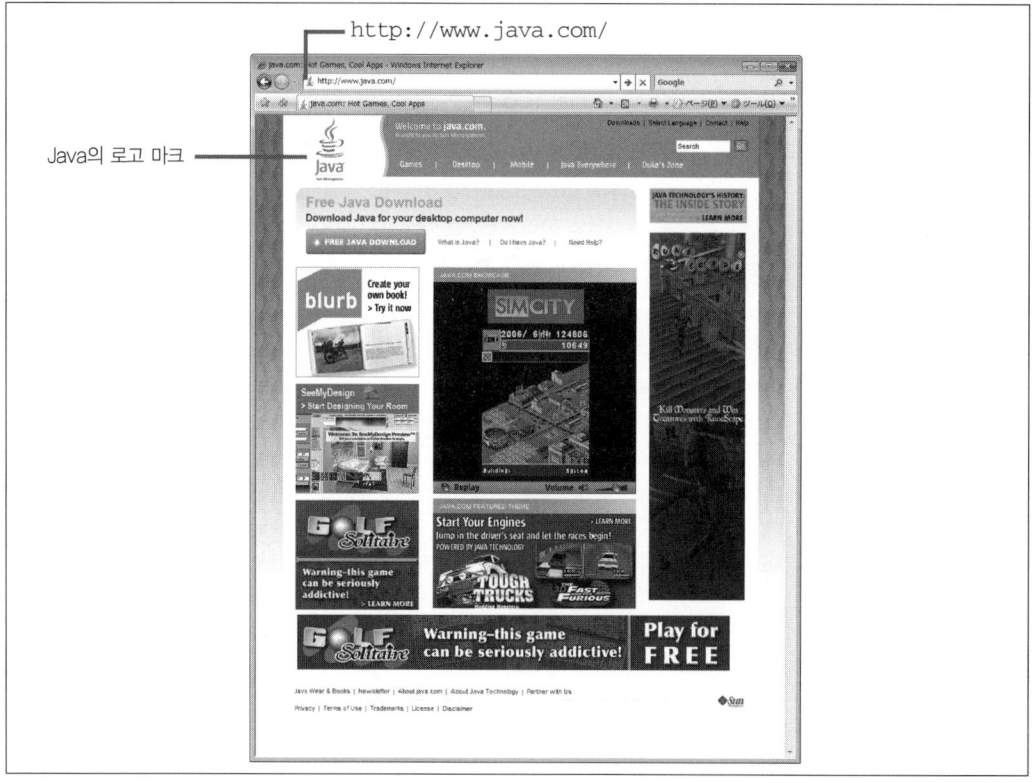

● 그림 1-1 Java의 홈페이지(영문판)

Java가 주목을 받게 된 계기는 웹 브라우저에서 동작하는 '애플릿'이라는 작은 프로그램을 개발할 수 있었기 때문입니다. 이로 인해서 한때는 '애플릿을 만들기 위한 인터넷용 언어'라는 오해를 받기도 했습니다. Java는 '애플릿을 만드는 것도 할 수 있는 범용 프로그래밍 언어'이고, 다양한 용도로 사용할 수 있는 언어입니다.

▶ 사실 Java로 만들어진 애플릿은 데모 프로그램(맛보기 프로그램)인 경우가 많고, 실용적인 것은 별로 없습니다.

Java의 특징

Java는 전 세계적으로 이용자 수가 계속 증가하고 있는 프로그래밍 언어입니다. 여기에서는 Java의 특징을 간단하게 소개합니다.

▶ 다소 어려운 용어 등을 사용하고 있기 때문에 프로그래밍의 초보자들은 일단 건너뛰고 이 책의 학습이 끝난 후 읽어도 상관 없습니다.

■ 무료 제공

프로그래밍 언어를 이용해서 프로그램을 개발하기 위해서는 그 언어의 개발 툴이 필요합니다. Java의 개발 툴은 웹 상에서 무료로 제공됩니다.

■ 일단 만들면 어디에서도 실행할 수 있다 ··· Write Once, Run Anywhere

일반적으로 프로그래밍 언어로 작성된 프로그램은 특정 기기나 환경에서만 동작하게 됩니다. 그러나 Java로 작성된 프로그램은 Java가 동작할 수 있는 환경만 주어지면 어디에서도 동작하기 때문에 MS-Windows용, Mac용, Linux용으로 각각 프로그램을 만들 필요가 없습니다.

■ C 언어와 C++와 유사한 구문

프로그래밍에서 이용하는 어구와 문의 구조 등에 관한 문법체계는 각 언어에서 독자적으로 정해져 있습니다. Java의 문법체계는 C 언어와 C++를 참고해서 만들었기 때문에 이 언어들을 사용해 본 경험자는 비교적 쉽게 Java를 배울 수 있습니다.

■ 견고한 개발 툴

프로그램에서는 정수·실수(부동소수점수)·문자·문자열 등 많은 데이터 형을 취급합니다. 각종 연산에서 허용되지 않는 것·애매모호한 것은 Java의 개발 툴에 의해 엄격하게 체크되기 때문에 신뢰성이 높은 프로그램을 만들 수 있습니다.

■ 객체지향 프로그래밍의 지원

클래스에 의한 캡슐화·상속·다형성과 같은 객체지향 프로그래밍을 실현하기 위한 기술을 지원하기 때문에 고품질의 소프트웨어를 효율적으로 개발할 수 있습니다.

■ 무수한 라이브러리

화면으로의 문자표시 · 도형의 묘사 · 네트워크의 제어 등 프로그램의 모든 것을 혼자 만드는 것은 현실적으로 불가능합니다. Java에서는 이와 같은 기능의 기본적인 부분이 API(프로그램 부품 형태의 일종)의 라이브러리(부품의 집합)로서 제공되고 있습니다. API를 이용하면 목적하는 처리를 간단하게 실행할 수 있습니다. 또한 여러 분야의 기능적인 라이브러리도 매우 많이 제공됩니다.

■ 가비지 컬렉션(garbage collection)에 의한 기억관리

많은 프로그래밍 언어에서 객체(object, 값을 나타내기 위한 변수와 같은 것)는 필요하게 된 시점에서 생성할 수 있도록 되어 있습니다. 따라서 '불필요하게 된 객체의 해제'을 관리할 때 세심한 주의가 필요합니다. Java에서는 객체의 해제처리를 자동적으로 실행하기 때문에 객체의 관리가 편합니다.

■ 예외처리

예상하지 못한 에러 등 예외적인 상황이 발생할 때 지능적인 처리를 할 수 있기 때문에 보다 안정적인 프로그램의 개발이 용이합니다.

■ 병행처리

하나의 프로그램 안에서 복수의 처리를 동시에 실행할 수 있습니다. 예를 들면 화면으로 표시를 하면서 다른 계산을 실행하는 것과 같은 처리를 할 수 있습니다.

■ 패키지에 의한 클래스의 분류

우리가 이용하는 디스크 상의 파일은 디렉터리(폴더)별로 분류해서 관리합니다. 이와 같은 방식으로 Java의 클래스(데이터와 절차를 모아 정리한 프로그램의 부품)를 패키지별로 분류할 수 있기 때문에 방대한 수의 클래스를 효율적으로 관리할 수 있습니다.

▶ Java는 C 언어보다 훨씬 크고 복잡한 언어입니다. 이 책에서 학습할 내용은 Java의 기본적인 내용들이며, 위에 적은 모든 것을 학습하는 것은 아닙니다(모든 것을 자세하게 설명하려면 수천 페이지에 달하기 때문입니다).

Java의 발전

Java는 빈번하게 버전 업이 거듭되고 있습니다. 주요 버전 업의 목록은 표 1-1과 같습니다. 또한 버전 5.0과 6.0은 외관상의 버전 번호일 뿐 실질적인 내부 버전 번호는 1.5와 1.6입니다.

▶ 내부 버전 1.2부터 1.5까지는 Java 2라는 명칭을 사용했지만, 1.6부터 다시 Java라는 명칭을 사용하고 있습니다. 또한 5.0(내부 버전 1.5) 이후의 마이너 버전 업은 없습니다. 따라서 6.1이라든지 7.1이라는 버전은 없습니다.

특히 1.2와 5.0(1.5) 버전에서는 대폭적인 규모로 버전 업이 이루어졌습니다. EoD(Ease of Development) 즉, 개발용이성이라는 슬로건을 내걸고 문법체계 등을 크게 바꾸고 많은 기능을 포함시켰습니다. 이 책에서 학습할 프로그램은 모두 5.0 이상에서 동작합니다.

● 표 1-1 ⋯ Java의 주요 버전

버전	코드명	발표일자
JDK 1.0	-	1996 / 1
JDK 1.1	-	1997 / 2
J2SE 1.2	Playground	1998 / 12
J2SE 1.3	Kestrel	2000 / 5
J2SE 1.4.0	Merlin	2002 / 2
J2SE 5.0 (1.5)	Tiger	2004 / 9
Java SE 6.0 (1.6)	Mustang	2006 / 12

▶ Java에는 일반적인 용도의 Standard Edition(SE) 외에 서버용인 Enterprise Edition(EE)과 소형기기용의 Micro Edition(ME)이 있습니다.

또한 선마이크로시스템즈 사가 인증하는 Java 프로그래머(SCJ-P5.0) 자격증 등은 5.0을 대상으로 하고 있습니다.

▶ 5.0에서는 문법사항에 관한 추가 뿐만 아니라 많은 개정이 이루어졌습니다. 따라서 낡은 내용의 교재로는 자격시험을 대비할 수 없기 때문에 주의하기 바랍니다.

학습을 위한 준비

Java를 사용해서 프로그램을 개발하기 위해서는

Java 개발 키트 = JDK(Java Development Kit)

가 필요합니다. Java 개발 키트는 웹 사이트에서 무료로 다운로드 받을 수 있습니다.

▶ Java 개발 키트는 소프트웨어 개발 키트 SDK(Software Development Kit)라고 불리던 시기도 있었습니다.

1-2 화면으로의 문자 출력

계산을 실행만 할 뿐 결과를 표시하지 않는 전자계산기를 상상해 보십시오. 아무리 빠르고 많은 기능이 있더라도 아마 사용하는 사람이 없을 것입니다. 문자나 숫자로 인간에게 정보를 전달하는 것은 컴퓨터의 중요한 역할입니다. 여기에서는 콘솔 화면으로 문자를 출력하는 방법을 학습합니다.

프로그램의 작성과 실행

처음으로 작성할 프로그램은 콘솔 화면으로 문자를 표시하는 프로그램입니다. 여기에서는 오른쪽과 같이 두 줄을 표시하겠습니다. 텍스트 에디터 등을 사용해서 리스트 1-1의 프로그램을 작성합니다. 대문자와 소문자는 구별해야 되기 때문에 여기에 표시한 대로 따라합니다.

> 처음 작성하는 Java 프로그램.
> 화면으로 출력하고 있습니다.

리스트 1-1　　　　　　　　　　　　　　　◎ 예제파일 : Chap01/Hello.java

```java
// 화면으로 출력을 실행하는 프로그램

class Hello {

    public static void main(String[ ] args) {
        System.out.println("처음 작성하는 Java 프로그램.");
        System.out.println("화면으로 출력하고 있습니다.");
    }
}
```
주의! 숫자 1이 아니고 소문자 l(엘)입니다.

실 행 결 과
처음 작성하는 Java 프로그램.
화면으로 출력하고 있습니다.

▶ 프로그램 안의 여백과 " 등의 기호를 전각문자(2바이트 문자)로 입력하지 않도록 주의하십시오. 또한 여백은 Space Bar, Tab, Enter 를 사용해서 입력합니다. 이 프로그램에서는 { } [ ] ( ) " / . ; 등과 같이 많은 기호가 사용되고 있습니다. 이 기호문자의 읽는 법은 표 1-2에 정리해 두었습니다.

소스 프로그램과 소스 파일

우리 인간은 프로그램을 '문자의 나열'로 작성합니다. 이와 같은 프로그램을 소스 프로그램(source program)이라고 부르며, 소스 프로그램을 저장한 파일을 소스 파일(source file)이라고 부릅니다(source는 '근본'이라는 의미입니다).

소스 파일의 이름은 class의 뒤에 쓰여있는 클래스(class)의 이름(이 프로그램에서는 Hello)에 확장자. java를 붙여 만드는 것이 원칙입니다. 따라서 소스 파일의 이름은 Hello.java가 됩니다.

이 책에서 학습할 많은 소스 프로그램을 하나의 디렉터리(폴더)로 관리하는 것은 현실적이지 못합니다. 디렉터리와 파일은 그림 1-2와 같이 구성했습니다. 사용하는 시스템이 MS-Windows이면 하드 디스크에 MeikaiJava 디렉터리를 만들고, 그 안에 각 장을 분류한 디렉터리 Chap01, Chap02, … 를 만들어 소스 프로그램을 저장합니다.

▶ 이 책의 예제 프로그램은 영진닷컴 홈페이지(http://www.youngjin.com) 도서자료실에서 다운로드 받을 수 있습니다.

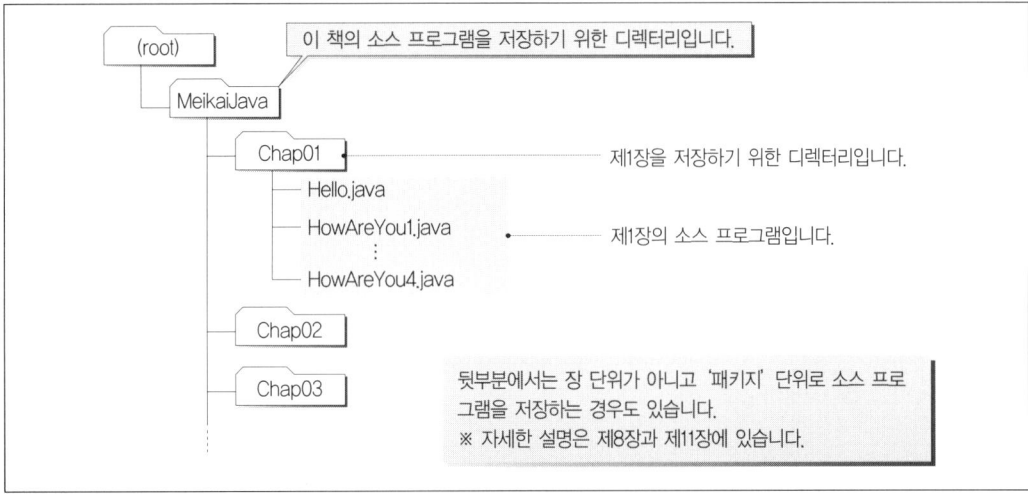

● **그림 1-2** 이 책의 소스 프로그램의 디렉터리 구성(예)

또한 각각의 소스 프로그램의 디렉터리 이름과 파일 이름은 그림 1-3과 같이 프로그램 리스트와 함께 표시합니다.

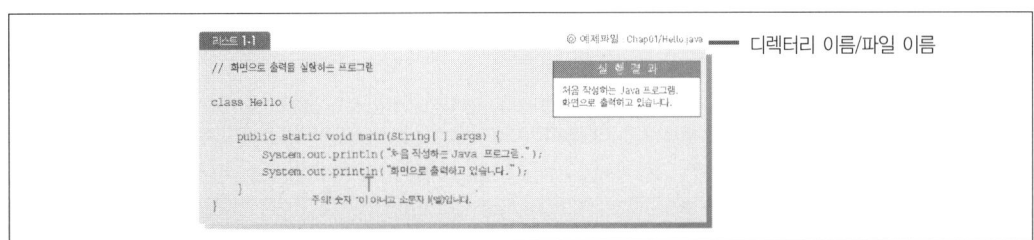

● **그림 1-3** 소스 프로그램과 파일 이름

프로그램의 컴파일과 실행

소스 프로그램을 완성해도 그대로 실행할 수는 없습니다. 프로그램을 실행하기 위해서는 그림 1-4와 같이 두 가지 과정을 거쳐야 합니다.

- ⓐ 소스 프로그램을 컴파일해서 바이트코드(bytecode)를 생성한다.
- ⓑ 생성된 바이트코드를 실행한다.

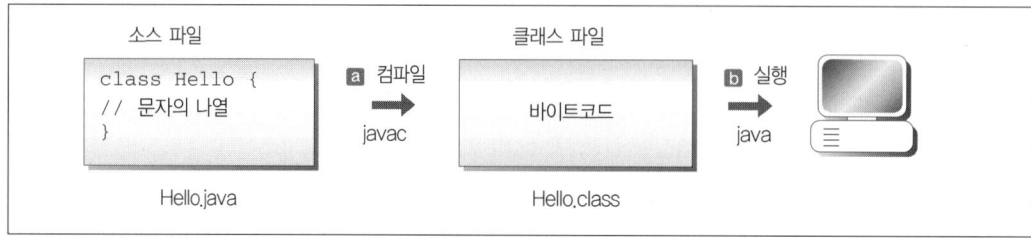

● 그림 1-4 프로그램의 생성부터 실행까지의 흐름

ⓐ 컴파일

컴파일(compile)이란 그 자체로는 실행할 수 없는 소스 프로그램을 실행할 수 있는 형식으로 변환하는 작업입니다. 이것을 수행하는 것이 javac 커맨드(명령어)입니다.

Hello.java의 컴파일은 다음과 같이 합니다(Column 1-1).

이때 확장자 .java를 생략하면 안됩니다.

> ▶ 입력하는 부분은 javac Hello.java입니다. 앞의 ▶ 표시는 OS에서 표시되는 프롬프트를 의미하며 입력할 필요는 없습니다(UNIX에서는 %로 표시되고, MS-Windows에서는 C:\ 혹은 C:₩로 표시됩니다).

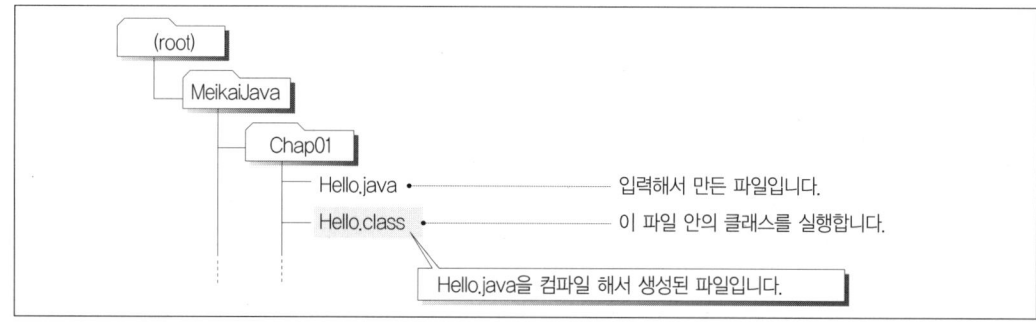

● 그림 1-5 소스 파일과 클래스 파일

컴파일이 완료되면 그림 1-5와 같이 Hello.class라는 파일이 생성됩니다. 이것을 클래스 파일(class file)이라고 부르며, 바이트코드로 이루어져 있습니다. 소스 프로그램에 잘못 입력된 철자 등이 있으면 컴파일 시에 에러가 발생하고 그 내용이 메시지로 표시됩니다. 이런 경우에는 프로그램을 잘 읽어보고 잘못된 부분을 수정한 후 다시 컴파일 작업을 합니다.

b 실행

컴파일이 성공하면 실행을 합니다. 클래스 파일에서 클래스를 읽어 들여 실행하는 것이 java 커맨드(명령어)입니다. 클래스 Hello의 실행 순서는 다음과 같습니다.

▶ `java Hello ↵`

이때 확장자 .class를 입력해서는 안됩니다(java 커맨드로 지정하는 것은 '클래스'의 이름이지 '클래스 파일'의 이름이 아니기 때문입니다). 프로그램을 실행하면 콘솔 화면으로 출력이 실행됩니다.

▶ 이 책에서는 실행결과를 프로그램 리스트와 함께 표시하고 있습니다.

 소스 프로그램을 그대로 실행할 수는 없다. javac 커맨드(명령어)로 컴파일해서 만들어진 클래스 파일 내의 클래스를 java 커맨드(명령어)로 실행한다.

Column 1-1 ··· 현재 디렉터리(current directory)

많은 파일을 일원적으로 관리하는 것은 곤란합니다. 따라서 Linux와 MS-Windows 등의 OS(Operating System=기본 소프트웨어)에서는 계층구조를 가진 디렉터리(폴더)를 이용해서 파일을 관리합니다. 많은 디렉터리 중에서 현재 작업하고 있는 디렉터리를 현재 디렉터리 또는 작업 디렉터리(working directory)라고 합니다.

Java 프로그램의 컴파일과 실행을 할 때는 대상이 되는 파일이 위치해 있는 디렉터리를 현재 디렉터리로 하는 것이 기본입니다. 따라서 프로그램의 컴파일을 하기 전에 각 장의 디렉터리로 이동해야 합니다. 현재 디렉터리를 이동할 때 이용하는 명령어가 cd 커맨드입니다.

▶ `cd /MeikaiJava/Chap01 ↵`

또한 MS-Windows에서 여러 개의 하드 디스크나 로컬 디스크가 있는 경우에는 드라이브의 이동도 필요합니다. 만약 MeikaiJava 디렉터리를 D 드라이브에 작성했으면 cd 커맨드를 실행하기 전에 다음 커맨드를 실행해서 작업 드라이브를 이동합니다.

▶ `d: ↵`

※ 디렉터리와 파일을 구분하는 기호는 운영체제에 따라서 다릅니다. 대부분의 환경에서는 /, ₩, \ 중에 하나입니다. 이 책에서는 /로 표기합니다.

주석(comment)

프로그램을 살펴보도록 하겠습니다. 먼저 첫 번째 줄에 주목하기 바랍니다.

```
// 화면으로 출력을 실행하는 프로그램
```

연속하는 두 개의 슬래시 기호 //는 다음과 같은 의미입니다.

이 줄의 // 기호 뒤에 입력하는 내용은 프로그램을 '읽는 사람'에게 프로그램 작성자가 전달하기 위한 내용입니다.

이것은 프로그램은 아니고 프로그램에 대한 주석(comment)입니다. 주석의 내용은 프로그램의 동작에 영향을 미치지 않습니다. 작성자가 자신을 포함해서 프로그램을 읽는 사람에게 전달하고 싶은 내용을 간결한 문장으로(한글이나 영어 등) 입력합니다.

> 소스 프로그램에는 작성자 자신을 포함한 '읽는 사람'에게 전달해야 할 주석을 간결하게 기입한다.

타인이 작성한 프로그램에 적절한 주석이 입력되어 있으면 읽을 때 이해하기 쉽습니다. 또한 자신이 만든 프로그램의 모든 것을 항상 기억하는 것은 불가능하기 때문에 주석의 기입은 작성자 자신에게도 중요합니다.

주석의 입력 방법에는 세 가지가 있고 자유롭게 선택해서 이용할 수 있습니다.

a 전통적인 주석(traditional comment)

주석을 /*와 */ 사이에 입력합니다. 시작의 /*와 종료의 */는 같은 줄이 아니라도 상관 없기 때문에 다음과 같이 여러 줄에 걸친 주석을 입력할 때 효과적입니다. '전통적'이라는 명칭은 C 언어의 주석과 같은 형식(1970년대부터 사용)에서 유래합니다.

```
/*
    화면으로 출력을 실행하는 프로그램
*/
```

▶ 주석을 닫기 위한 */를 /*로 잘못 쓰거나 누락되지 않도록 주의합니다(이 점은 b의 입력 방법에서도 동일합니다).

b 문서화 주석(documentation comment)

주석을 / * * 와 * / 사이에 입력합니다. a와 같이 여러 줄에 걸쳐서 입력할 수 있습니다.

▶ 이 형식의 주석으로 프로그램의 사양서가 되는 도큐멘트(문서)를 생성할 수 있습니다. 제13장에서 해설합니다.

c 한줄 주석(end of line comment)

//에서 그 줄의 마지막까지가 주석이 됩니다. 여러 줄에 걸쳐서 입력할 수 없기 때문에 짧은 주석을 입력할 때 편리합니다.

▶ 문서화 주석과 전통적인 주석을 중복(주석 안에 주석을 입력)해서 입력할 수는 없습니다. 따라서 다음과 같은 주석은 컴파일 시에 에러가 발생합니다.

/** /* 이와 같은 주석은 에러 발생!! */ */

뒤쪽의 첫 */를 주석의 종료로 인식하고 뒤쪽 두 번째의 */는 주석으로 인식하지 않기 때문입니다. 단 문서화 주석과 전통적인 주석 안에서는 //를 사용할 수 있고, 그 반대로 사용할 수도 있습니다(특별하게 취급되지 않고 주석으로서 입력된 문자로 인식합니다). 따라서 다음과 같이 입력해도 올바른 주석이고 에러는 발생하지 않습니다.

/* // 이 주석은 OK!! */
// /* 이 주석도 OK!! */

Column 1-2 ⋯ 코멘트 아웃(comment out)

프로그램을 개발할 때 '이 부분이 틀렸을지도 모른다. 만약 이 부분이 없다면 실행할 때 어떻게 변화할까?'라고 시험하면서 프로그램을 수정하는 경우가 있습니다. 이때 프로그램의 해당 부분을 삭제하면 원래대로 복구 작업을 할 때 곤란하게 됩니다. 그래서 자주 사용되는 방법이 코멘트 아웃이라는 수법입니다. 주석이 아닌 프로그램으로서 입력되어 있는 부분을 주석으로 만드는 것입니다.

프로그램을 다음과 같이 수정해서 실행해 봅시다. //뒷 부분이 주석으로 간주되기 때문에 '처음 작성하는 Java 프로그램'은 표시되지 않습니다.

```
class Hello {
    public static void main(String[ ] args) {
//      System.out.println("처음 작성하는 Java 프로그램.");
        System.out.println("화면으로 출력하고 있습니다.");
    }
}
```

실 행 결 과
화면으로 출력하고 있습니다.

줄의 앞에 2개의 슬래시 기호 //을 입력만 하면 그 줄 전체를 코멘트 아웃할 수 있습니다. 프로그램을 원래대로 복구할 때는 간단하게 //을 삭제하면 됩니다. 또한 여러 줄에 걸쳐서 코멘트 아웃을 할 때는 다음과 같이 /* ⋯ */ 형식을 사용하면 편리합니다.

```
class Hello {
    public static void main(String[ ] args) {
/*
        System.out.println("처음 작성하는 Java 프로그램.");
        System.out.println("화면으로 출력하고 있습니다.");
*/
    }
}
```

실 행 결 과
(아무것도 표시되지 않습니다)

그러나 코멘트 아웃된 프로그램은 다른 사람이 볼 때 복잡하고 오해하기 쉽습니다(주석으로 만든 이유가 그 부분이 필요하지 않아서인지 다른 테스트를 목적으로 한 것인지 알 수 없기 때문입니다). 코멘트 아웃 수법은 어디까지나 임시방편의 일시적인 수단으로만 사용해야 합니다.

프로그램의 구조

이번에는 주석 이외의 프로그램 본체 부분을 살펴보도록 하겠습니다. 프로그램의 구조는 그림 1-6과 같습니다.

```
                  클래스 Hello의 선언            main 메소드의 선언
class Hello {
    public static void main(String[ ] args) {
        System.out.println("처음 작성하는 Java 프로그램.");
        System.out.println("화면으로 출력하고 있습니다.");
    }
}
```

● 그림 1-6 프로그램의 구조

■ 클래스 선언

그림의 바깥쪽 사각형은 프로그램 전체의 '골격' 입니다. 조금 어려운 단어로 설명하면

　　Hello라는 이름을 가진 클래스(class)의 클래스 선언(class declaration)

입니다. 처음부터 자세한 내용을 이해할 필요는 없습니다. 지금은 다음과 같은 형태로 입력하는 것만 기억해 두면 충분합니다.

```
class 클래스 이름 {
    // main 메소드 등
}
```
클래스 선언

이 프로그램의 '클래스 이름'은 Hello입니다. 클래스 이름의 첫 문자는 대문자로 쓰는 것이 원칙입니다. 또한 소스 파일의 이름은 대문자와 소문자를 구분해서 클래스 이름과 동일하게 해야 합니다. 예를 들어 클래스 이름이 Abc인데 파일 이름을 abc.java라고 하면 컴파일은 수행되지만 실행이 되지 않습니다.

main 메소드

그림 1-6에서 점선 부분은 main 메소드(main method)의 선언입니다.

public static void와 (String[ ] args) 부분은 뒤에서 설명합니다. 그때까지는 이 부분을 '상용문구'로서 기억해 두길 바랍니다.

```
public static void main(String[ ] args) {
    // 수행해야 할 처리
}
```
main 메소드의 선언

문(statement)

프로그램을 실행하면 main 메소드 안의 문(statement)이 순차적으로 실행됩니다(그림 1-7).

main 메소드 안의 문이 순차적으로 실행된다.

```
public static void main(String[ ] args) {
① System.out.println("처음 작성하는 Java 프로그램.");
② System.out.println("화면으로 출력하고 있습니다.");
}
```

● 그림 1-7 프로그램의 실행과 main 메소드

따라서 우선 ①번 문이 실행되고 ②번 문이 실행됩니다. 두 가지 모두 콘솔 화면으로 표시를 합니다(이 문들에 대한 자세한 내용은 '콘솔 화면으로의 출력과 스트림'에서 설명합니다).

Java 프로그램의 본체는 main 메소드이고, 프로그램 실행 시에는 메소드 안의 문이 순차적으로 실행된다.

▶ 메소드에 대해서는 제7장 이후에 자세히 설명합니다.

문은 프로그램 실행의 단위입니다. 식·if문·while문……등 많은 종류의 문이 있기 때문에 다음 장 이후에 하나씩 학습하도록 하겠습니다.

main 메소드에서 두 개의 문은 세미콜론 ;으로 끝나고 있습니다. 문장 끝에 사용하는 마침표와 마찬가지로 Java의 문 끝에는 원칙적으로 세미콜론 ;이 필요합니다(단 일부 예외가 있습니다).

 문은 원칙적으로 세미콜론으로 끝난다

▶ 주석은 문이 아니기 때문에 Java에서 '주석문'이라는 문은 없습니다(당연히 주석이기 때문에 실행할 수도 없습니다).

연습 1-1
프로그램 내의 문 끝에 표시하는 세미콜론 ; 이 누락되어 있으면 어떻게 되는지 프로그램을 컴파일 해서 확인해 보시오.

문자열 리터럴

콘솔 화면으로 출력을 실행하는 문을 살펴보겠습니다.

```
System.out.println("처음 작성하는 Java 프로그램.");
System.out.println("화면으로 출력하고 있습니다.");
```

프로그램의 "처음 작성하는 Java 프로그램."과 "화면으로 출력하고 있습니다."라는 부분에서 큰 따옴표 " "로 둘러싸인 문자의 나열을 문자열 리터럴(string literal)이라고 합니다.

리터럴(literal)이란 '문자 그대로의' 라는 의미입니다. 예를 들어 문자열 리터럴 "ABC"는 여기에 쓰여있는 대로 3개의 문자 A와 B와 C의 나열을 나타냅니다(그림 1-8).

▶ 문자열 리터럴의 자세한 내용은 제15장에서 학습합니다. 또한 문자열 리터럴 외에 정수 리터럴·부동소수점 리터럴·문자 리터럴 등의 리터럴이 있습니다.

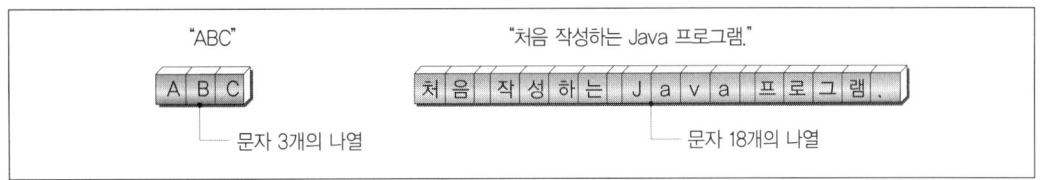

● 그림 1-8 문자열 리터럴

콘솔 화면으로의 출력과 스트림

콘솔 화면을 포함한 외부와의 입출력에는 스트림(stream)을 이용합니다. 스트림은 문자가 흘러가는 강과 같은 것입니다(그림 1-9).

 외부로의 입출력은 문자가 흘러가는 강과 같은 스트림을 경유해서 실행된다.

System.out은 콘솔 화면과 결합한 스트림이고 표준 출력 스트림(standard output stream)이라고 합니다.

println은 ( )안의 내용(그림 1-9에서는 문자열 리터럴 "ABC")을 콘솔 화면으로 표시한 다음에 줄 바꿈을 합니다(줄 바꿈 문자가 출력됩니다).

▶ 큰 따옴표 " "는 문자열 리터럴의 시작과 종료를 표시하는 기호입니다. 따라서 프로그램 실행 시에 " "는 표시되지 않습니다.

이 프로그램에서는 먼저 '처음 작성하는 Java 프로그램.'이 표시되고, 그리고 '화면으로 출력하고 있습니다.'가 다음 줄에 표시됩니다.

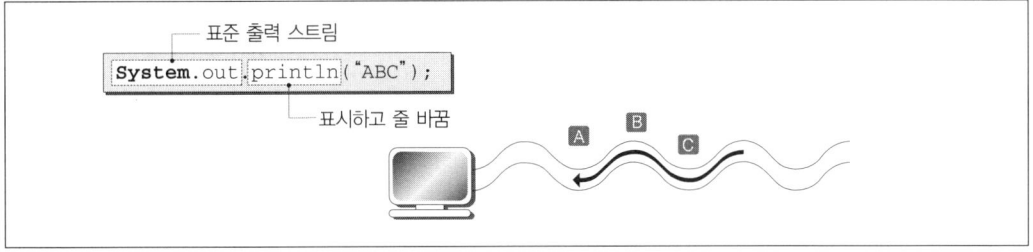

● 그림 1-9 콘솔 화면으로의 출력과 스트림

println의 ln은 줄이라는 의미의 line을 줄인 말입니다. println에서 ln을 삭제하고 print로 작성하면 표시 후에 줄 바꿈이 되지 않습니다. 리스트 1-2의 프로그램에서 확인하기 바랍니다.

▶ HowAreYou1.java라는 파일명으로 저장해서 컴파일과 실행을 합니다.

리스트 1-2 ◎ 예제파일 : Chap01/HowAreYou1.java

```
// '안녕하세요!건강은 어떠세요?' 를 표시

class HowAreYou1 {

    public static void main(String[ ] args) {
        System.out.print("안녕하세요!");        ──── 줄 바꿈을 하지 않는다
        System.out.println("건강은 어떠세요?");
    }
}
```

실 행 결 과
안녕하세요!건강은 어떠세요?

콘솔 화면에 '안녕하세요!건강은 어떠세요?' 라고 표시됩니다. '안녕하세요!' 의 뒤에 줄 바꿈이 되지 않는 것을 확인할 수 있습니다.

*

의뢰된 처리를 실행하는 print와 println은 프로그램의 '부품' 입니다. 이와 같은 부품을 메소드(method)라고 합니다.

▶ 프로그램의 본체를 main 메소드라고 했습니다. 메소드의 작성법과 사용법, ( )의 의미 등은 제7장에서 학습합니다.

이 프로그램에서 이용하고 있는 두 가지 메소드의 개요는 다음과 같습니다.

System.out.print(...) : 표준 출력 스트림으로 표시한다(줄 바꿈을 하지 않는다).
System.out.println(...) : 표준 출력 스트림으로 표시하고 줄 바꿈을 한다.

▶ 단어를 구분하는 .에 대해서는 제8장 이후에 학습합니다.

println으로 표시할 때는 ( ) 안을 비워둘 수가 있습니다. 아래 문을 실행하면 문자를 표시하지 않고 줄 바꾸기만 실행됩니다.

```
System.out.println( );        // 줄 바꿈
```

문자열 연결

리스트 1-3은 +을 이용해서 여러 개의 문자열 리터럴을 연결한 프로그램입니다.

리스트 1-3

◎ 예제파일 : Chap01/HowAreYou2.java

```
// '안녕하세요!건강은 어떠세요?' 라고 표시(문자열 리터럴을 연결)

class HowAreYou2 {

    public static void main(String[ ] args) {
        System.out.println("안녕하세요!" + "건강은 어떠세요?");
    }
}
```

실 행 결 과

안녕하세요!건강은 어떠세요?

문자열을 연결한다

위의 프로그램은 다소 억지스런 프로그램입니다. 다음과 같이 문자열이 길어서 한 줄에 기입할 수 없는 문자열 리터럴의 표시 등에 +을 이용하면 편리합니다.

```
System.out.println("옛날 옛적,  어떤 곳에 할아버지와" +
    "할머니가 살고 있었습니다.  두 사람은 매우 사이가 좋았습니다.");
```

줄 바꿈

문자열 리터럴에는 '줄 바꿈 문자'를 표시하는 특별한 표기 \n을 입력할 수 있습니다. 리스트 1-4는 '안녕하세요!'를 표시한 후 줄을 바꾸고 '건강은 어떠세요?'를 표시하는 프로그램입니다.

리스트 1-4

◎ 예제파일 : Chap01/HowAreYou3.java

```
// '안녕하세요!' '건강은 어떠세요?' 라고 표시(도중에 줄 바꿈)

class HowAreYou3 {

    public static void main(String[ ] args) {
        System.out.println("안녕하세요!\n건강은 어떠세요?");
    }
}
```

실 행 결 과

안녕하세요!
건강은 어떠세요?

줄 바꿈 문자

줄 바꿈이 실행되면 다음 표시는 다음 줄의 처음부터 실행됩니다. 따라서 '안녕하세요!'가 표시된 후에 줄을 바꿔서 '건강은 어떠세요?' 라고 표시됩니다(화면에 \n이라고 표시되는 것은 아닙니다).

▶ 두 개의 문자 \와 n으로 구성된 \n이 표시하는 것은 '줄 바꿈 문자' 라는 단일 문자입니다. 이와 같이 눈에 보

이는 문자로서 표기가 불가능하거나 곤란한 문자는 역사선 \으로 시작하는 확장표기로 나타냅니다. 확장표기에 대한 자세한 사항은 5-3절에서 학습합니다.

기호문자 읽는 법

Java 프로그램에서 이용하는 기호문자의 읽는 법을 표 1-2에 나타냅니다.

▶ 주의 : MS-Windows 등에서는 역사선(역슬래시) \대신에 원 기호 ₩을 사용합니다. 예를 들어 리스트 1-4에서 줄 바꿈 문자를 다음과 같이 표기할 수도 있습니다. 여러분의 환경에 따라서 적절하게 사용하기 바랍니다.

```
System.out.println("안녕하세요! ₩n건강은 어떠세요?");
```

● 표 1-2 ⋯ 기호문자의 읽는 법

기호	한글 표기	영문 표기	기호	한글 표기	영문 표기
+	더하기	plus	-	빼기	minus
*	곱하기	asterisk	/	빗금, 나누기	slash
\	역 빗금, 역사선	back slash 주의!!	₩	원	won
		※ KS 코드에서는 ₩	$	달러	dollar
%	퍼센트	percent	.	온점, 소수점문자	period
,	쉼표	comma	:	쌍점	colon
;	반 쌍점	semicolon	'	작은 따옴표	single quotation
"	큰 따옴표	double quotation	(	괄호 열기	left parenthesis
)	괄호 닫기	right parenthesis	{	중괄호 열기	left brace
}	중괄호 닫기	right brace	[	대괄호 열기	left bracket
]	대괄호 닫기	right bracket	〈	표제괄호 열기, 부등호	less than
〉	표제괄호 닫기, 부등호	greater than	?	물음표	question
!	느낌표	exclamation point	&	앰퍼샌드	ampersand
~	물결표	tilde	-	붙임표	hyphen
^	위 꺾쇠	circumflex	#	크로스해치	crosshatch
_	밑줄	underline	=	같음표, 등호	equal
|	종선	vertical bar, pipe			

자유형식 기술

리스트 1-5는 리스트 1-4와 본질적으로 동일하고 실행결과도 동일합니다.

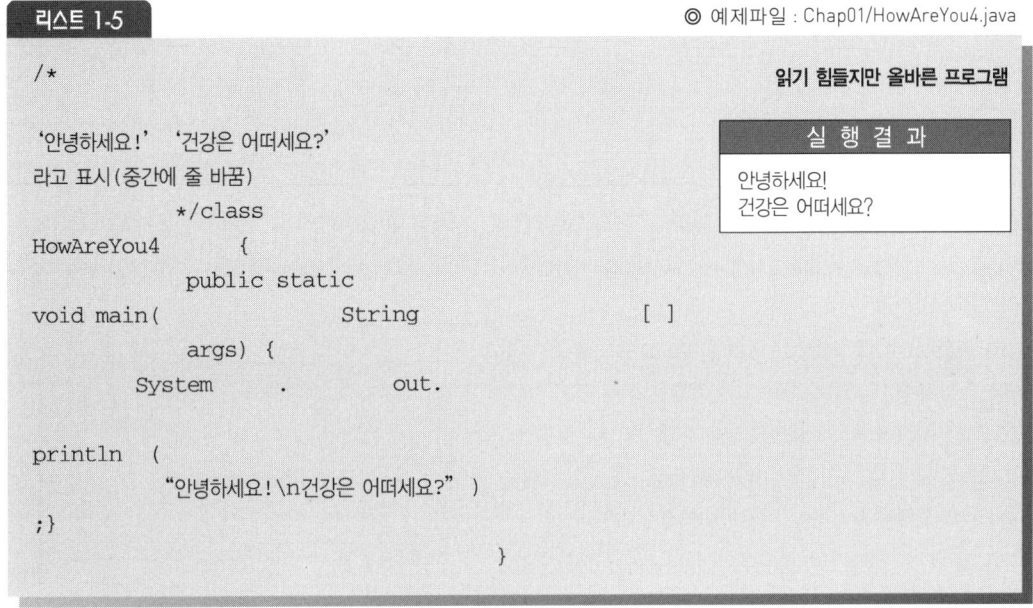

일부 프로그램 언어에서는 '프로그램의 각 줄은 정해진 자릿수에 따라서 입력해야 된다' 라는 입력상의 제약이 있습니다. 그러나 Java 프로그램은 이와 같은 제약이 없습니다. 자릿수를 자유롭게 입력할 수 있는 자유형식(free formated)이 허용되기 때문입니다.

이 프로그램은 마음껏 자유롭게(?) 입력한 예입니다. 그렇지만 아무리 자유롭게 입력할 수 있다고 해도 약간의 제약은 있습니다.

1 단어 중간에 공백문자를 넣을 수 없습니다

class, public, void, System, out, //, /* 등은 하나하나가 '단어' 입니다. 이것들의 중간에 공백문자(스페이스 문자, 탭 문자, 줄 바꿈 문자)를 넣어서

과 같이 입력할 수는 없습니다.

② 문자열 리터럴 중간에서 줄 바꿈을 해서는 안됩니다

큰 따옴표로 문자의 나열을 입력하는 문자열 리터럴 "…"도 일종의 단어입니다. 따라서 다음과 같이 중간에 줄 바꿈을 해서는 안됩니다.

```
System.out.println("안녕하세요! \n
                 건강은 어떠세요?");
```
✕

Column 1-3··· JRE(Java 실행환경)과 JVM(Java 가상 머신)

JDK(Java 개발 키트)는 Java 프로그램을 개발하는 툴과 Java로 만들어진 프로그램을 실행하기 위한 환경 JRE(Java 실행환경 : Java Runtime Envelopement)를 포함하고 있습니다. 그림 1C-1은 이 관계를 개략적으로 표시한 그림입니다.

컴퓨터에 JDK를 설치하면 그 일부인 JRE도 동시에 설치됩니다. 다시 말해서 Java로 프로그램 개발은 하지 않고 실행만 할 경우에는 JRE만을 설치할 수도 있습니다.

JDK와 마찬가지로 JRE는 MS-Windows용, Mac OS-X용, Linux용의 플랫폼마다 전용 JRE가 있습니다(그림 1C-2).

단 javac가 생성하는 바이트코드 형식의 클래스 파일은 어떤 플랫폼의 JVM에서도 실행할 수 있습니다. 이와 같은 원칙에 의해 "Write Once, Run Anywhere."를 실현하고 있습니다.

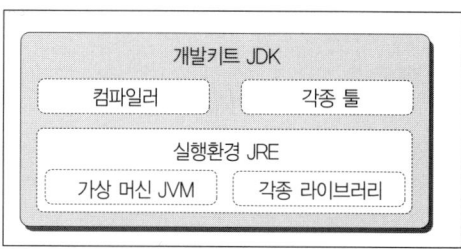

● 그림 1C-1 JDK와 JRE의 관계(개략)

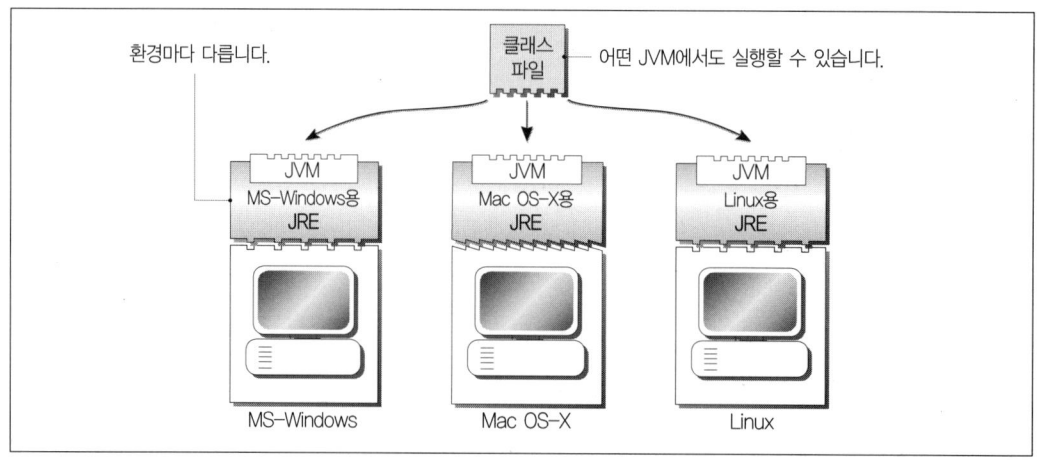

● 그림 1C-2 Java 프로그램의 실행과 환경

JVM은 Java 프로그램을 실행하기 위한 가상 머신이고 클래스 파일 내의 명령을 해석하면서 실행합니다. 그러나 모든 명령을 자세하게 해석하면서 실행해서는 충분한 실행속도를 얻을 수 없습니다. 따라서 주어진 환경에서 고속으로 실행할 수 있도록 클래스 파일 내의 명령 일부를 다시 한 단계 컴파일합니다(환경에 의존하지 않도록 만들어진 클래스 파일을 현재 실행하고 있는 환경에 맞게 특화해서 고속으로 명령을 치환하는 작업이 이루어집니다).

따라서 Java 프로그램의 실행방식은 자세하게 해석하면서 실행하는 인터프리터(해설, 통역) 형식을 토대로 기계어를 직접 실행하는 컴파일 형식을 이용하는 하이브리드(복합적인)한 구성으로 되어 있습니다.

들여쓰기

다시 한번 리스트 1-1부터 리스트 1-4까지의 프로그램을 잘 살펴보기 바랍니다. main 메소드 내에 입력되어 있는 문은 모두 왼쪽에 일정한 공백을 두고 있습니다.

    { }

는 정리된 문을 하나로 묶은 '단락' 과 같은 것입니다. 단락 내에서 입력을 할 때 공백을 두면 프로그램의 구조를 이해하기 쉽습니다. 이렇게 왼쪽에 공백을 두고 입력하는 것을 들여쓰기(indent)라고 합니다.

 소스 프로그램을 작성할 때는 읽기 쉽게 들여쓰기를 이용한다.

그림 1-10에 표시한 것과 같이 이 책의 프로그램은 왼쪽에서 들여쓰기를 하고 있습니다.

▶ 즉 왼쪽 공백은 계층의 깊이에 따라서 공백을 둡니다.

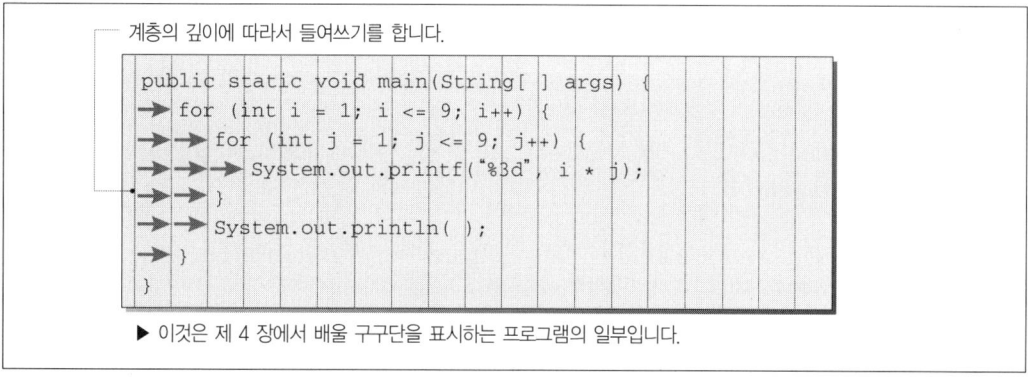

● **그림 1-10** 들여쓰기

연습 1-2

실행결과와 같이 각 줄에 1문자씩 자신의 이름을 표시하는 프로그램을 작성하시오.

연습 1-3

실행결과와 같이 각 줄에 1문자씩 자신의 이름을 표시하는 프로그램을 작성하시오. 단 성과 이름 사이는 한 줄을 띄우고 표시하시오.

Column 1-4… 들여쓰기와 탭 문자

들여쓰기를 할 때 간격을 어떻게 할 것인지, 탭 문자와 스페이스 문자 중에서 어느 것을 사용할 것인지 검토해 봅시다.

들여쓰기의 간격에 대해서

들여쓰기의 간격은 어느 정도가 적당할까요? C 언어와 C++에서는 4문자를 크기로 하는 프로그램이 압도적으로 많은 것 같습니다. 한편 Java에서는 드물게 8문자를 띄운 프로그램도 있지만 대부분 2~4 문자 정도를 들여쓰기 합니다. Java 프로그램에서 들여쓰기의 간격이 좁은(2~3 문자) 프로그램이 많은 것 C 언어가 C++보다 가로 방향으로 길기 때문입니다.

- C 언어의 puts와 printf가 Java에서는 System.out.print… 처럼 매우 길다.
- 우선 클래스가 있고, 그 안에 메소드가 있는 구조이기 때문에 여러 번 들여쓰기를 해야 된다.

들여쓰기는 스페이스와 탭 중에서 어느 것으로 할 것인가?

들여쓰기는 탭 키와 스페이스 키 어느 것을 사용해도 됩니다. 그래서 많은 에디터에서는 들여쓰기에 관해 다음과 같은 기능을 제공하고 있습니다.

- 탭과 스페이스를 입력하지 않아도 자동적으로 들여쓰기를 삽입하는 기능
- 파일 저장 시에 탭과 스페이스가 지정된 쪽의 문자로 들여쓰기를 통일하는 기능
- 탭과 스페이스의 상호변환과 치환 등의 기능

여기에서 주의해야 할 점은 입력한 문자와 저장한 파일 상의 문자가 다른 경우입니다. 입력할 때의 들여쓰기와 파일 상 문자의 들여쓰기에 대해서 각각의 특징을 정리하면 다음과 같습니다.

1-2 화면으로의 문자 출력

입력 시의 들여쓰기
- 탭 키 : 탭 키를 1회 누르면 된다
- 스페이스 키 : 스페이스 키를 여러 번 눌러야 한다

파일 상의 문자
- 탭 문자 : 파일이 작게 된다. 탭 크기가 다른 환경에서는 들여쓰기가 흐트러진다.
- 스페이스 문자 : 파일이 크게 된다. 환경에 좌우되지 않고 들여쓰기가 보존된다.

환경에 따라서 탭 문자의 크기가 달라집니다. 예를 들어 MS-Windows의 명령 프롬프트에서는 탭 간격이 8문자입니다(각각의 에디터에서는 탭 간격을 변경할 수 있습니다).

그림 1-10의 들여쓰기는 스페이스 문자가 아닌 '탭 문자'이고, 이것을 탭 간격이 8문자인 환경으로 표시하면 그림 1C-3과 같이 됩니다.

```java
public static void main(String[ ] args) {
    for (int i = 1; i <= 9; i++) {
        for (int j = 1; j <= 9; j++) {
            System.out.printf("%3d", i * j);
        }
        System.out.println( );
    }
}
```

● **그림 1C-3** 그림 1-10의 탭 간격을 8문자로 한 프로그램

이장의 요약

- Java는 많은 우수한 특징을 가진 객체지향 프로그래밍을 지원하는 프로그래밍 언어이고, 발표된 이후 사용자가 증가하고 있다.

- 소스 프로그램은 '문자를 나열'해서 작성하고, 이것을 저장할 소스 파일의 이름은 클래스 이름에 확장자 .java를 붙인다.

- 소스 파일을 그대로 실행할 수는 없다. javac 커맨드로 컴파일을 하면 확장자 .class가 붙은 클래스 파일이 생성된다. 클래스 파일의 내용은 바이트코드(bytecode)라는 형식이다.

- 클래스 파일 내의 클래스를 실행하는 것이 java 커맨드이다.

- 소스 프로그램은 클래스 내부에 main 메소드가 포함되어 있고, 그 안에 문이 포함되는 구조로 되어 있다.

- 프로그램을 기동하면 main 메소드 내의 문이 순차적으로 실행된다.

- 원칙적으로 문 끝에는 세미콜론이 있다.

- 화면으로 표시를 실행할 때는 표준 출력 스트림을 이용한다. 표준 출력 스트림에 대한 문자의 출력은 System.out.print와 System.out.println의 각 메소드에 의해서 실행된다. 후자의 메소드에서는 출력 마지막에 자동적으로 줄 바꿈이 이루어진다.

- 문자의 나열을 표시하는 것이 큰 따옴표 사이에 문자를 입력하는 "…" 형식의 문자열 리터럴이다. +로 결합된 문자열 리터럴은 연결된다.

- 확장표기 \n은 줄 바꿈 문자를 나타낸다.

- 소스 프로그램에는 작성자 자신을 포함한 읽는 사람에게 전해야 할 주석을 간결하게 기입해야 한다. 주석의 입력 방법에는 전통적인 주석, 문서화 주석, 한줄 주석 3가지가 있다.

- 소스 프로그램은 탭 문자 혹은 스페이스 문자로 적절한 들여쓰기를 사용해서 읽기 쉽게 한다.

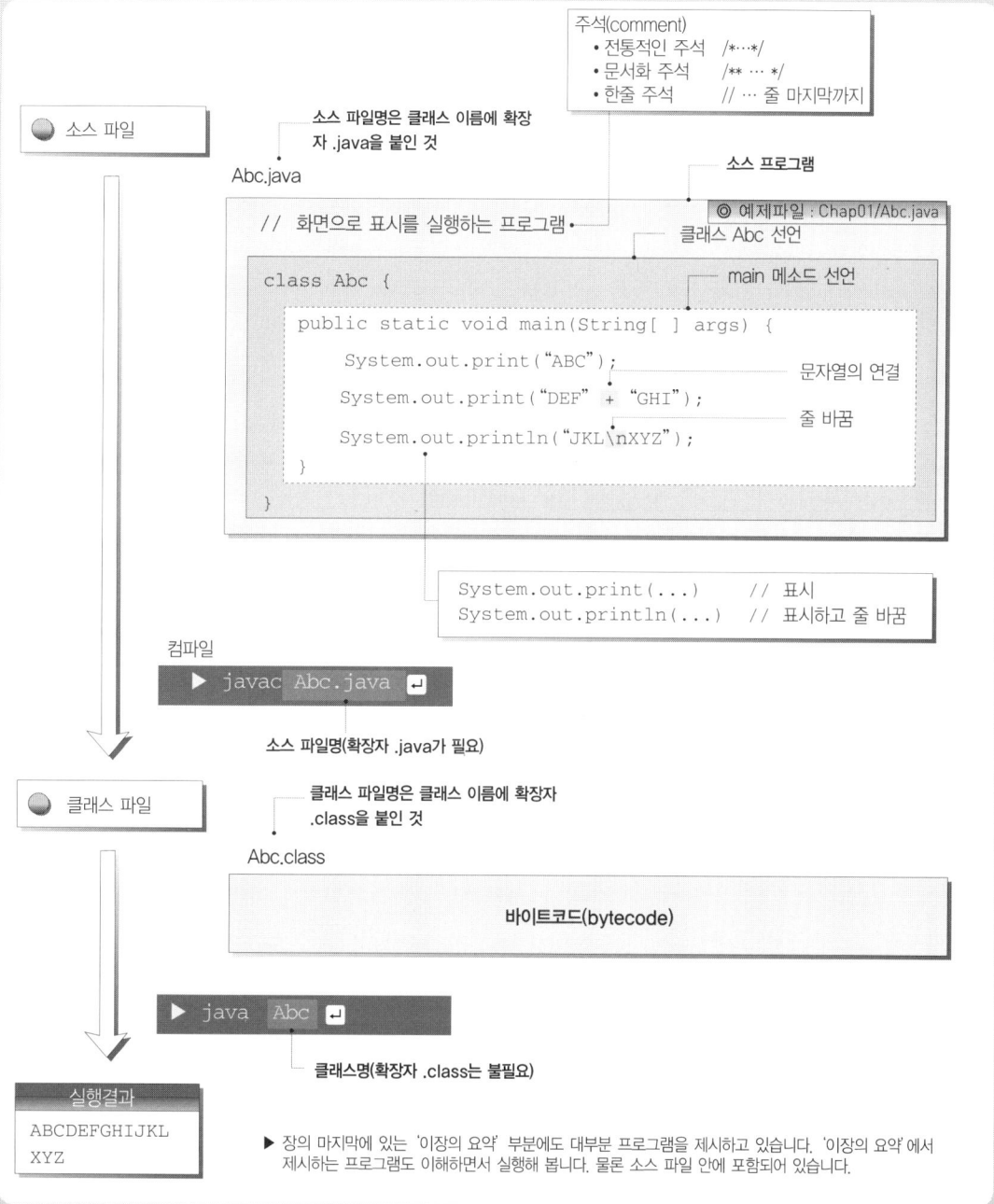

제 2 장

변수의 사용

이 장에서는 수치와 문자열을 저장하기 위한 변수에 대해서 학습하고, 변수의 연산을 실행하거나 키보드를 이용해서 값을 입력하는 프로그램을 작성해 봅니다.

… 형

… 변수

… 정수와 부동소수점수

… 문자열과 String형

… 초기화와 대입

… 연산자와 피연산자

… 키보드를 이용한 변수값의 입력

… 난수의 생성

2-1 변수

이 장에서는 덧셈과 곱셈 등의 계산을 실행해서 그 결과를 표시하는 프로그램을 만들겠습니다. 그 첫 단계로 2-1절에서는 계산결과를 저장하기 위해 필요한 '변수'에 대해서 배웁니다.

연산결과의 출력

단순한 계산을 실행해서 그 결과를 표시하는 프로그램을 작성해 봅니다. 리스트 2-1은 두 정수값 57과 32를 더해서 그 결과를 표시하는 프로그램입니다.

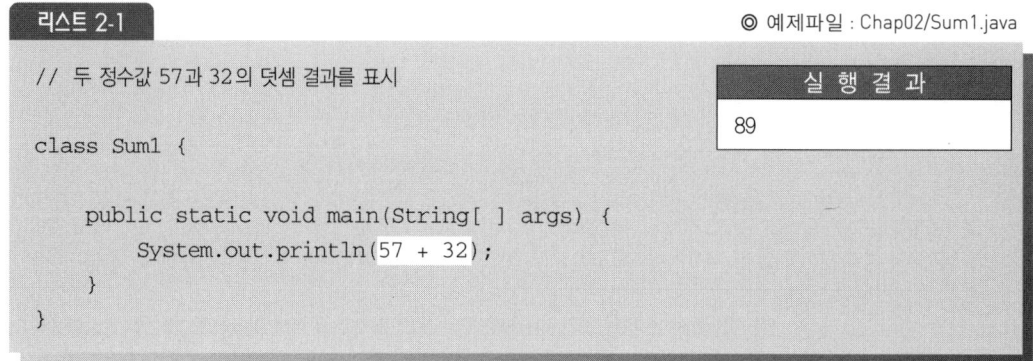

리스트 2-1 ◎ 예제파일 : Chap02/Sum1.java

```java
// 두 정수값 57과 32의 덧셈 결과를 표시

class Sum1 {

    public static void main(String[ ] args) {
        System.out.println(57 + 32);
    }
}
```

실행결과
```
89
```

수치 출력

System.out.println 다음에 오는 ( ) 안을 보면 제1장의 프로그램에서는 이 부분이 문자열이었는데, 이 프로그램에서는 수치를 더하는 식(expression)으로 되어 있습니다. 당연히 57 + 32의 연산결과는 89이기 때문에 먼저 정수값 89가 표시되고 나서 줄 바꿈이 실행됩니다.

▶ System.out.print와 System.out.println의 메소드가 문자열 뿐만 아니라 정수값도 표시할 수 있는 것은 제7장에서 배울 "다중정의"가 실행되고 있기 때문입니다. 또한 그 외에도 실수, 논리형(제5장), 클래스형(제8장) 등의 표시도 가능합니다.

정수 리터럴

57과 32와 같은 정수의 표시를 정수 리터럴(integer literal)이라고 합니다. 예를 들어 57은 정수 리터럴(수치 57)이고, "57"은 문자열 리터럴(문자 5와 7의 나열)입니다.

▶ 정수 리터럴은 제5장에서 자세하게 설명합니다.

프로그램을 실행하면 덧셈의 결과인 89가 표시됩니다. 그러나 단지 89라고 표시되어 있으면 정수인지 문자열인지 알 수 없습니다.

▶ 단지 89라고 표시하려면 프로그램을 다음과 같이 작성해도 됩니다.

```
System.out.println(89);
```

■ 문자열과 수치의 연결

리스트 2-2는 어떤 계산을 실행하고 있는지를 식으로 표시한 프로그램입니다. 실행하면 '57 + 32 = 89' 라고 표시됩니다.

리스트 2-2　　◎ 예제파일 : Chap02/Sum2.java

```java
// 두 정수값 57과 32의 덧셈 결과를 표시

class Sum2 {

    public static void main(String[ ] args) {
        System.out.println("57 + 32 = " + (57 + 32));
    }
}
```

실 행 결 과
57 + 32 = 89

출력이 되기까지 여러 가지 처리가 실행되며, 그 과정을 표시한 것이 그림 2-1입니다. 처리의 흐름을 따라가면서 이해하도록 합니다.

① 먼저 안쪽 ( ) 사이에 표시된 57 + 32의 연산이 실행됩니다. ( ) 사이의 연산이 우선적으로 실행되는 것은 수학에서 계산하는 것과 동일합니다.

> **주의** ( )로 둘러싸인 연산은 우선적으로 실행된다.

② 89가 문자열 "89"로 변환됩니다. 이것은 다음과 같은 규칙 때문입니다.

> **주의** '문자열 + 수치' 또는 '수치 + 문자열'의 연산에서는 수치가 문자열로 변환된 후에 연결된다.

③ 문자열 "57 + 32 = "와 "89"가 연결되어 "57 + 32 = 89"가 됩니다. 이 문자열이 화면으로 표시됩니다.

▶ '문자열 + 문자열'에 의해 문자열이 연결되는 것은 제1장에서 배웠습니다.

```
System.out.println("57 + 32 = " + (57 + 32));
                                    ↓         ① 57 + 32의 연산이 실행된다
System.out.println("57 + 32 = " +    89   );
                                     ↓        ② 정수값 89가 문자열 "89"로 변환된다
System.out.println("57 + 32 = " +   "89"  );
                                     ↓        ③ "57 + 32 = "과 "89"가 연결된다
System.out.println(      "57 + 32 = 89"    );
```

| 정수 | ─── 정수의 덧셈 |
| 문자열 | ⋯⋯ 문자열의 연결 |

● 그림 2-1 문자열 연결의 과정(리스트 2-2)

식 57 + 32를 묶은 괄호를 없애면 어떻게 되는지 실험해 봅시다. 리스트 2-3의 프로그램을 실행해 보면 실행결과가 바뀐 것을 확인할 수 있습니다. 57 + 32의 계산결과는 '5732'가 됩니다.

리스트 2-3   ◉ 예제파일 : Chap02/Sum3.java

```
// 두 정수값 57과 32의 덧셈 결과를 표시(오류)

class Sum3 {

    public static void main(String[ ] args) {
        System.out.println("57 + 32 = " + 57 + 32);
    }
}
```

실 행 결 과
57 + 32 = 5732

```
System.out.println("57 + 32 = " + 57 + 32 );
                                  ↓              ① 정수값 57이 문자열 "57"로 변환된다
System.out.println("57 + 32 = " + "57" + 32 );
                                  ↓              ② "57 + 32 = "와 "57"이 연결된다
System.out.println(  "57 + 32 = 57"  +  32  );
                                  ↓              ③ 정수값 32가 문자열 "32"로 변환된다
System.out.println(  "57 + 32 = 57"  + "32" );
                                  ↓              ④ "57 + 32 = 57"과 "32"가 연결된다
System.out.println(    "57 + 32 = 5732"     );
```

● 그림 2-2 문자열 연결의 과정(리스트 2-3)

문자열의 연결과 수치의 덧셈을 실행하는 +는 왼쪽부터 순차적으로 연산을 실행합니다. 이것은 일반적인 덧셈 방식과 같습니다. 일반적으로 a + b + c는 (a + b) + c로 가정하기 때문에 그림 2-2와 같은 연결이 실행됩니다. '5732'라고 표시되는 것은 '57'과 '32'가 연결되어 표시되고 있는 것입니다.

리스트 2-4는 덧셈의 식을 ( )로 묶지 않은 다른 예제 프로그램입니다. 우선 프로그램을 실행해 봅시다.

리스트 2-4 ◎ 예제파일 : Chap02/Sum4.java

```java
// 두 정수값 57과 32의 덧셈 결과를 표시

class Sum4 {

    public static void main(String[ ] args) {
        System.out.println(57 + 32 + "는 57과 32의 합입니다.");
    }
}
```

실 행 결 과
89는 57과 32의 합입니다.

덧셈의 식을 묶는 ( )는 없지만 그림 2-3과 같이 제대로 실행됩니다. 이것은 왼쪽부터 순차적으로 연산이 이루어지면 기대한 결과를 얻을 수 있는 구조로 되어있기 때문입니다.

▶ 모든 연산이 왼쪽부터 순차적으로 실행되는 것은 아니고, 오른쪽부터 실행되는 연산도 있습니다. 자세한 내용은 3-3절에서 배웁니다.

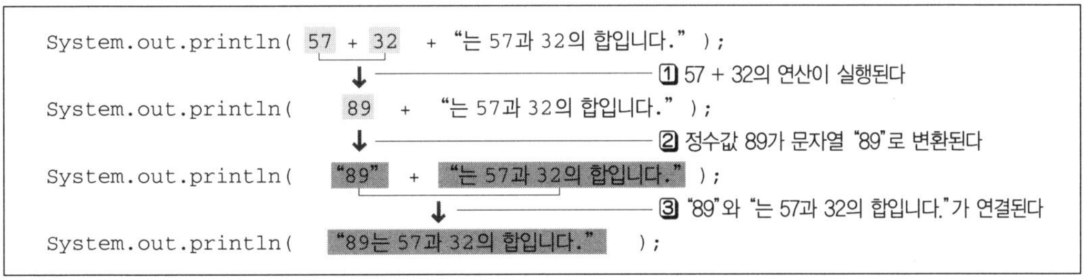

```
System.out.println( 57 + 32  + "는 57과 32의 합입니다." );
                    ↓─────────────── ① 57 + 32의 연산이 실행된다
System.out.println(  89  +  "는 57과 32의 합입니다." );
                    ↓─────────────── ② 정수값 89가 문자열 "89"로 변환된다
System.out.println( "89" + "는 57과 32의 합입니다." );
                    ↓─────────────── ③ "89"와 "는 57과 32의 합입니다."가 연결된다
System.out.println( "89는 57과 32의 합입니다."       );
```

◎ **그림 2-3** 문자열 연결의 과정(리스트 2-4)

그러나 필요 없다고 해서 완전히 ( )을 생략하면 프로그램을 읽기 어렵습니다. 설령 식이 길어지더라도 ( )로 묶는 편이 프로그램을 볼 때 편한 경우도 있습니다. 상황에 맞게 적절하게 사용하도록 합니다.

Column 2-1 ··· 문자열의 연결과 뺄셈

본문에서는 덧셈의 연산결과를 표시하는 프로그램이었지만 여기에서는 뺄셈을 살펴보겠습니다. 리스트 2-2의 출력 부분을 다음과 같이 수정해서 실행하면 '57 - 32 = 25'라고 표시됩니다.

```
System.out.println( "57 - 32 = " + ( 57 - 32));
```

그러면 리스트 2-3과 같이 ( )를 생략해 보겠습니다.

```
System.out.println( "57 - 32 = " + 57 - 32 );        // 에러
```

이 프로그램은 잘못되었기 때문에 컴파일을 하면 에러가 발생합니다. 그 이유는 다음과 같습니다.

- 먼저 처음에 왼쪽의 연산 "57 - 32 = " + 57이 실행됩니다. 이것은 '문자열 + 수치'이기 때문에 뒤쪽 57이 문자열 "57"로 변환된 다음에 연결됩니다. 연산결과는 문자열 "57 - 32 = 57"이 됩니다.
- 계속해서 오른쪽의 연산 "57 - 32 = 57" - 32가 실행됩니다. 이것은 '문자열 - 수치'이기 때문에 문자열에서 수치를 뺄 수는 없습니다. 따라서 컴파일 시에 에러가 발생합니다.

변수

지금까지의 프로그램은 57과 32 이외의 수치의 합을 실행할 수 없었습니다. 수치를 변경하려면 프로그램을 수정해야 할 필요가 있습니다. 물론 프로그램을 컴파일해서 클래스 파일을 새로 만드는 작업도 필요합니다. 값을 자유롭게 넣고 꺼낼 수 있는 변수(variable)를 사용하면 이와 같이 번잡한 작업을 피할 수 있습니다.

변수의 선언

변수는 수치를 저장하기 위한 '상자' 같은 것입니다. 일단 상자에 값을 넣어두면 그 상자가 존재하는 한 값이 보존됩니다. 또한 값을 변경하는 것도 꺼내는 것도 자유롭습니다.

프로그램 안에 여러 개의 상자가 있으면 무엇이 무엇을 위한 상자인지 알 수 없기 때문에 상자에는 '이름'을 붙입니다. 따라서 변수를 사용하려면 상자를 만들고 이름을 붙이는 선언(declaration)이 필요합니다. x라고 이름을 붙인 변수를 선언하는 선언문(declaration statement)은 다음과 같습니다.

```
int  x;      // x라는 이름을 가진 int형 변수의 선언
```

int는 '정수'을 의미하는 integer에서 유래했습니다. 이 선언으로 이름이 x인 변수(상자)가 만들어집니다(그림 2-4).

> 변수를 사용하기 위해서는 먼저 선언을 하고 이름을 붙인다

변수 x가 취급할 수 있는 것은 '정수' 뿐입니다(예를 들어 3.5라는 '실수'는 취급할 수 없습니다). 이것은 int라는 형(type)의 성질 때문입니다. int는 형(type)이고 그 형식으로 만들어진 변수 x가 int형의 실체라는 의미입니다.

리스트 2-5는 수치에 값을 넣고 그 값을 표시하는 프로그램입니다.

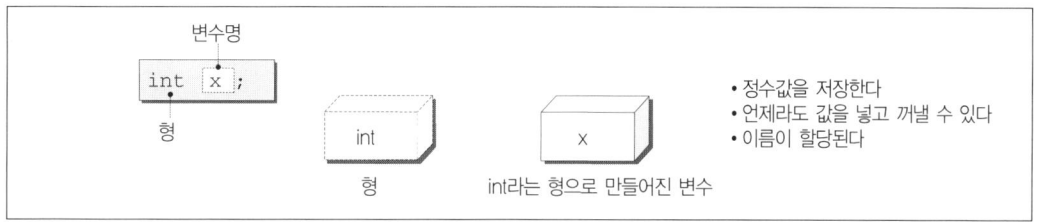

● **그림 2-4** 변수와 선언

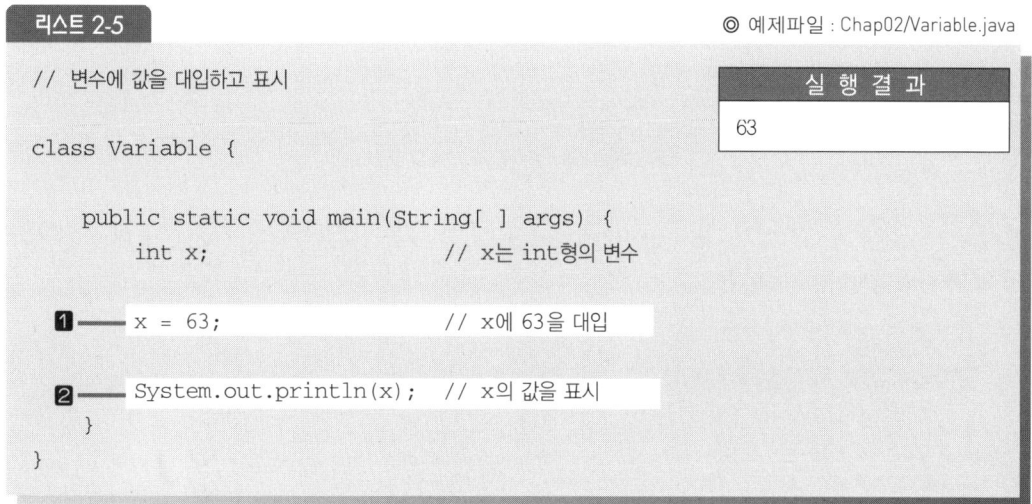

● 예제파일 : Chap02/Variable.java

리스트 2-5

```
// 변수에 값을 대입하고 표시

class Variable {

    public static void main(String[ ] args) {
        int x;                      // x는 int형의 변수
❶       x = 63;                     // x에 63을 대입

❷       System.out.println(x);      // x의 값을 표시
    }
}
```

실 행 결 과
63

대입연산자

변수에 값을 대입하는 과정이 ❶입니다. =는 우변의 값을 좌변의 변수에 대입하기 위한 기호이고

대입연산자(assignment operator)라고 합니다(그림 2-5). 수학과 같이 'x와 63이 같다'는 의미가 아닌 점에 주의하기 바랍니다.

▶ 연산자 =는 제4장에서 배울 복합대입연산자와 구별하기 위해 단순대입연산자(simple assignment operator)라고 합니다. 또한 int형으로 표현할 수 있는 범위는 –2,147,483,648~2,147,483,647이기 때문에 이 범위 이외의 값을 대입할 수는 없습니다.

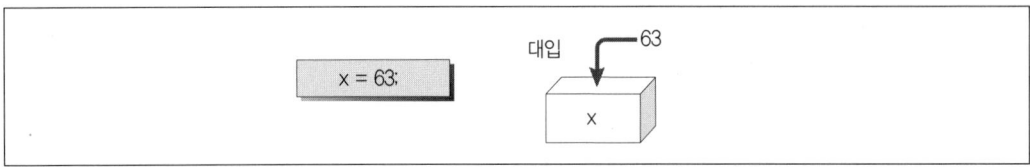

● 그림 2-5 대입연산자에 의한 변수 값의 대입

■ 변수값의 표시

변수에 저장되어 있는 값은 언제라도 꺼낼 수 있습니다. ❷에서는 그림 2-6과 같이 변수 x의 값을 꺼내어 표시하고 있습니다.

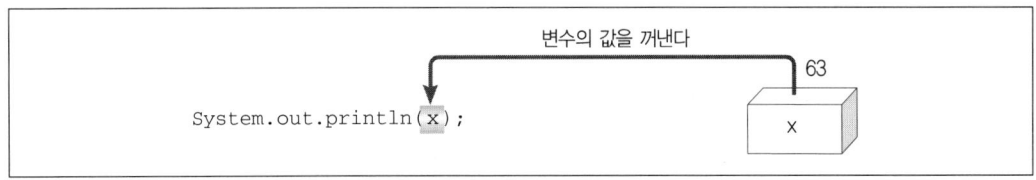

● 그림 2-6 변수값의 사용과 표시

표시되는 것은 x의 '값'이지 '변수명'이 아닙니다. 또한 다음과 같이 두 가지를 혼동해서 사용하지 않도록 주의하기 바랍니다.

```
System.out.println(x);    // 변수 x의 값을 표시(정수값)
System.out.println("x")   // 'x' 라고 표시(문자열)
```

다음은 여러 개의 변수를 사용한 프로그램을 만들어 봅시다. 리스트 2-6은 int형 변수 x와 y에 값 63과 18을 대입해서 그 합계와 평균을 표시하는 프로그램입니다.

리스트 2-6 ◎ 예제파일 : Chap02/SumAve1.java

```
// 두 변수 x와 y의 합계와 평균을 표시

class SumAve1 {

    public static void main(String[ ] args) {
❶   ┌ int x;              // x는 int형 변수
    └ int y;              // y는 int형 변수

❷   ┌ x = 63;             // x에 63을 대입
    └ y = 18;             // y에 18을 대입

❸   ┌ System.out.println("x의 값은" + x + "입니다.");          // x의 값을 표시
    └ System.out.println("y의 값은" + y + "입니다.");          // y의 값을 표시
❹   ┌ System.out.println("합계는" + (x + y) + "입니다.");       // 합계를 표시
    └ System.out.println("평균은" + (x + y) / 2 + "입니다.");    // 평균을 표시
    }
}
```

실 행 예
```
x의 값은 63입니다.
y의 값은 18입니다.
합계는 81입니다.
평균은 40입니다.
```

두 변수 x와 y를 선언하는 과정이 ❶입니다. 또한 다음과 같이 콤마문자 ,로 구분하면 둘 이상의 변수를 한번에 선언할 수 있습니다.

```
int   x,   y;  // int형 변수 x와 y를 한번에 선언
```

하지만 이 프로그램처럼 한 줄씩 선언하는 편이 각각의 선언에 대한 주석을 기입하기 쉽고, 선언의 추가나 삭제도 쉽게 할 수 있습니다.

▶ 단, 한 줄씩 선언하면 프로그램의 줄 수가 늘어납니다.

변수 x와 y에 값을 대입하는 것이 ❷이고, 그 값을 표시하고 있는 과정이 ❸입니다. 문자열과 수치를 + 연산자로 연결하면 수치가 문자열로 변환된 후에 연결되는 점을 이용해서 표시를 실행하고 있습니다(그림 2-7).

▶ 먼저 처음에 문자열 "x의 값은"과 변수 x의 값 63이 문자열로 변환된 "63"이 연결됩니다. 그리고 문자열 "x의 값은 63"과 문자열 "입니다."가 연결됩니다. 마지막으로 최종적인 연결 결과인 문자열 "x의 값은 63입니다."가 표시됩니다.

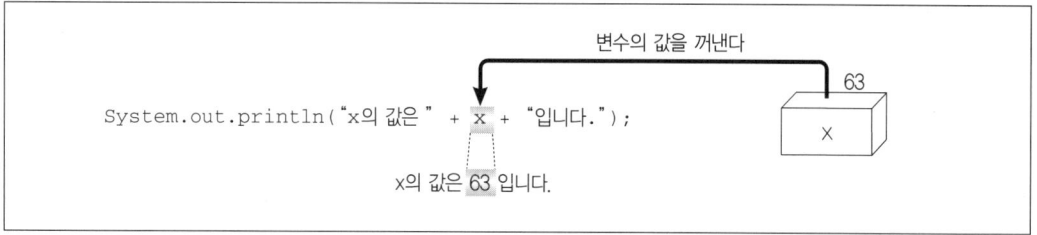

● 그림 2-7 표준 출력 스트림으로 변수값을 출력

■ 산술연산과 연산의 그룹화

과정 **4**에서는 x와 y의 합계 (x + y)와 평균 (x + y) / 2를 표시하고 있습니다. x + y를 묶은 ( )는 우선적으로 연산을 실행하기 위한 기호이고, 슬래시 기호 /는 나눗셈을 실행하기 위한 기호입니다.

평균을 구하는 식의 구조를 나타낸 것이 그림 2-8의 ⓐ입니다. 먼저 x + y의 덧셈이 실행된 후 2로 나누는 나눗셈이 실행됩니다.

만약 그림 ⓑ와 같이 ( )없이 x + y / 2라고 하면 x와 y / 2의 합을 구하는 연산이 됩니다. 우리가 일상생활에서 사용하는 계산과 마찬가지로 덧셈, 뺄셈보다 곱셈, 나눗셈이 우선하기 때문입니다.

▶ 모든 연산자와 그 우선순위는 제3장 표 3-8에 정리해 두었습니다.

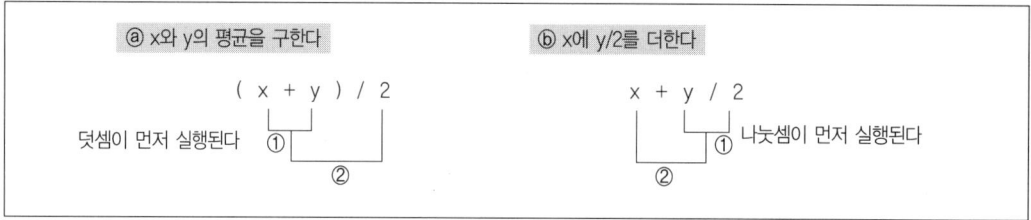

● 그림 2-8 ( )에 의한 연산순서의 변경

또한 '정수/정수'의 연산에서 소수점 이하는 버립니다. 실행결과와 같이 63과 18의 평균값은 40.5가 아니고 40이 됩니다.

> 중요 '정수/정수'의 연산결과는 소수점 이하를 버리기 때문에 정수가 된다

연습 2-1
리스트 2-6의 과정 **2**에서 x와 y에 소수점이 있는 실수값을 대입해서 그 결과를 확인해 보시오.

연습 2-2
세 개의 int형 변수에 값을 대입해서 그 합계와 평균을 구하는 프로그램을 작성하시오.

변수와 초기화

리스트 2-6에서 변수에 값을 대입하는 과정 ❷부분을 삭제하면 어떻게 되는지 리스트 2-7을 컴파일 해봅니다.

리스트 2-7 ◎ 예제파일 : Chap02/SumAve2.java

```java
// 두 변수 x와 y의 합계와 평균을 표시(오류)

class SumAve2 {

    public static void main(String[ ] args) {
        int x;          // x는 int형의 변수
        int y;          // y는 int형의 변수

        System.out.println("x의 값은 " + x + "입니다.");         // x의 값을 표시
        System.out.println("y의 값은 " + y + "입니다.");         // y의 값을 표시
        System.out.println("합계는 " + (x + y) + "입니다.");     // 합계를 표시
        System.out.println("평균은 " + (x + y) / 2 + "입니다."); // 평균을 표시
    }
}
```

실행 예
컴파일 에러가 발생하기 때문에 실행할 수 없습니다.

컴파일할 때 에러가 발생하고 프로그램을 실행할 수 없는 이유는 다음과 같은 규칙이 있기 때문입니다.

중요 값이 들어있지 않은 변수에서 값을 꺼낼 수 없다.

■ 초기화를 동반하는 선언

변수에 대입할 값을 알고 있으면 그 값을 처음부터 변수에 대입시켜 두는 편이 좋습니다. 이와 같이 수정한 프로그램이 리스트 2-8입니다. 흰색 부분의 선언에 의해 변수 x와 변수 y는 생성시에 63과 18이라는 값으로 초기화(initialize)됩니다. = 기호의 오른쪽 부분은 변수에 대입해야 할 값으로 초기화 값(initializer)이라고 합니다(그림 2-9).

주의 ― 변수 선언 시에는 초기화 값을 부여해서 확실하게 초기화하면 좋다

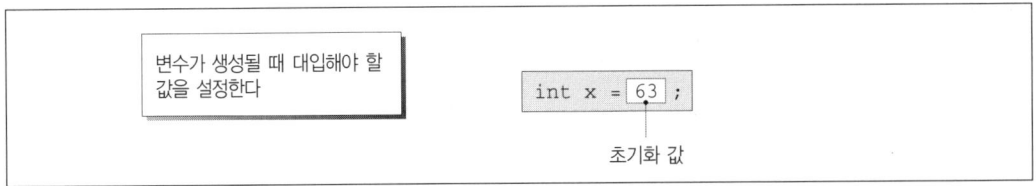

◎ 그림 2-9 초기화를 동반하는 선언

리스트 2-8　　　　　　　　　　　　　　　　　◎ 예제파일 : Chap02/SumAve3.java

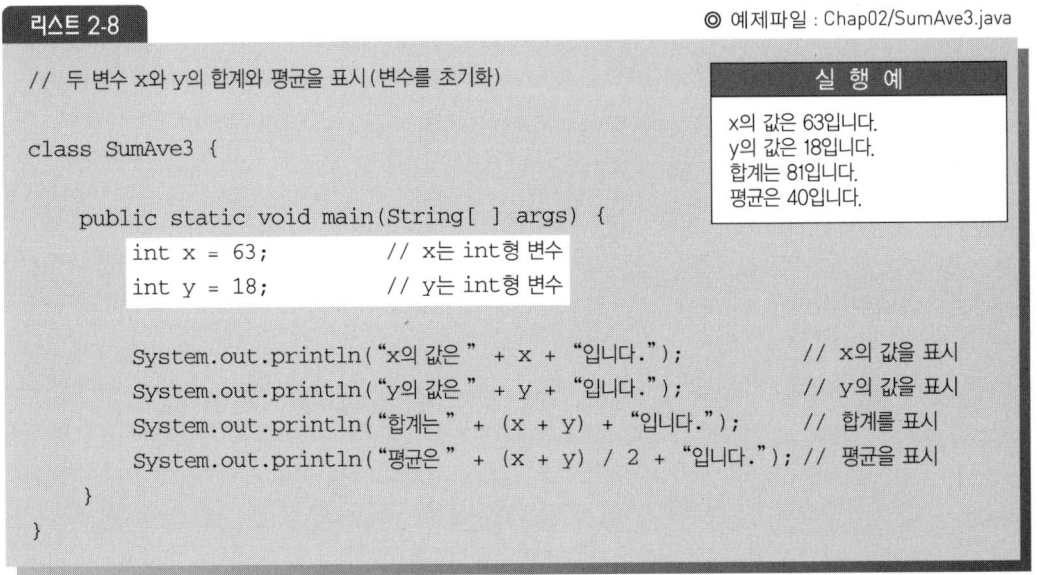

초기화와 대입

이 프로그램에서 실행하고 있는 '초기화'와 리스트 2-6에서 실행한 '대입'은 값을 입력한다는 점에서는 같지만 그 타이밍이 다릅니다. 그림 2-10과 같이 이해하도록 합니다.

- **초기화** : 변수를 생성할 때 값을 입력
- **대입** : 생성이 끝난 변수에 값을 입력

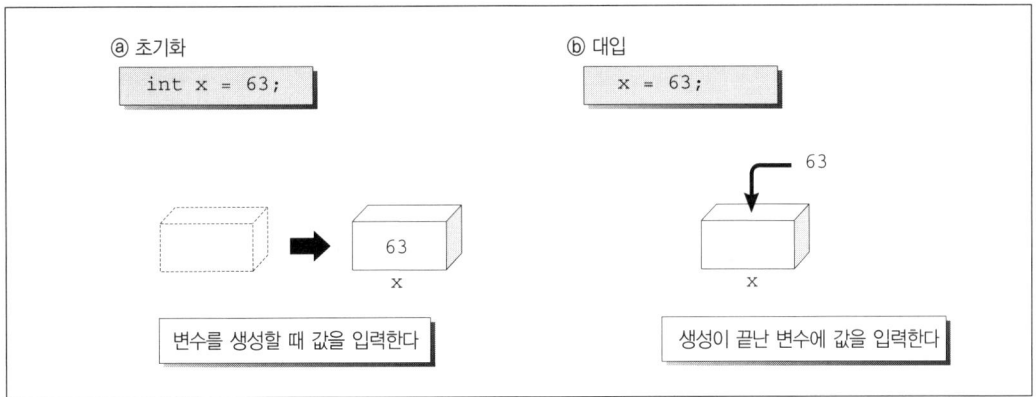

● 그림 2-10 초기화와 대입

여러 개의 변수를 한데 모아서 선언할 때에는 콤마로 구분합니다. 리스트 2-8에서 int 형 변수 부분을 한 줄에 모아서 정리한 선언은 다음과 같습니다.

```
int  x = 63, y = 18;  .
```

2-2 키보드를 이용한 값의 입력

변수를 사용하는 가장 큰 이유는 값을 자유롭게 취급할 수 있기 때문입니다. 이 절에서는 키보드로 입력한 값을 변수로 대입하는 방법에 대해서 배웁니다.

키보드를 이용한 값의 입력

리스트 2-9는 키보드로 두 정수값을 입력하면 그 값들의 사칙연산을 실행한 후 결과를 표시하는 프로그램입니다.

리스트 2-9　　◎ 예제파일 : Chap02/ArithInt.java

```java
// 두 정수값을 입력하면 사칙연산을 실행한 후 결과를 표시

import java.util.Scanner;

class ArithInt {

    public static void main(String[ ] args) {
        Scanner stdIn = new Scanner(System.in);

        System.out.println("x와 y의 사칙연산을 합니다.");

        System.out.print("x의 값 : ");        // x 값의 입력을 요청
❶── int x = stdIn.nextInt( );                // x에 정수값을 입력

        System.out.print("y의 값 : ");        // y 값의 입력을 요청
❷── int y = stdIn.nextInt( );                // y에 정수값을 입력

        System.out.println("x + y = " + (x + y));   // x + y의 값을 표시
        System.out.println("x - y = " + (x - y));   // x - y의 값을 표시
        System.out.println("x * y = " + (x * y));   // x * y의 값을 표시
        System.out.println("x / y = " + (x / y));   // x / y의 값을 표시(몫)
        System.out.println("x % y = " + (x % y));   // x % y의 값을 표시(나머지)
    }
}
```

실 행 결 과
```
x와 y의 사칙연산을 합니다.
x의 값 : 7 ↵
y의 값 : 5 ↵
x + y = 12
x - y = 2
x * y = 35
x / y = 1
x % y = 2
```

키보드로 데이터를 입력하려면 몇 가지 과정이 필요합니다. 그 내용은 다소 어렵기 때문에 현 시점에서는 이해할 필요가 없고 '상용문구'로서 기억하기 바랍니다. 그림 2-11은 그 요점을 나타낸 그림입니다.

ⓐ 프로그램의 선두에 입력합니다.

ⓑ main 메소드의 첫 부분에 입력합니다. System.in은 키보드와 결합된 표준 입력 스트림(standard input stream)입니다.

ⓒ 키보드로 int형 정수값을 입력하는 부분입니다. 프로그램 내의 stdIn.nextInt( )는 키보드에서 입력된 '값'이 됩니다.

```
import java.util.Scanner;        ⓐ 프로그램의 선두(클래스 선언
class A {                           보다 앞)에 입력합니다.
    public static void main(String[ ] args) {
        Scanner stdIn = new Scanner(System.in);    ⓑ main 메소드의 첫 부분(입력을 실행
        stdIn.nextInt( )                              하는 ⓒ부분보다 앞)에 입력합니다.
    }                    ⓒ 키보드로 입력된 정수값을
}                           얻습니다.
```

● **그림 2-11** 키보드를 이용해서 값을 입력하는 프로그램

키보드로 입력한 정수값이 변수에 저장되는 모습을 그림 2-12에 표시합니다.

▶ 입력할 수 있는 값은 int형으로 표현할 수 있는 −2,147,483,648~2,147,483,647 범위 내입니다. 또한 영문이나 기호문자 등을 입력해서는 안됩니다. 스트림이란 문자가 흘러가는 강과 같다고 했습니다. 키보드와 결합된 표준 입력 스트림 System.in에서 문자나 수치를 꺼내는 '추출장치'을 나타내기 위한 변수가 stdIn입니다. stdIn이라는 이름은 필자가 만든 이름이기 때문에 다른 이름으로 변경해도 상관없습니다(이 경우에는 프로그램 내의 모든 stdIn을 변경해야 됩니다).

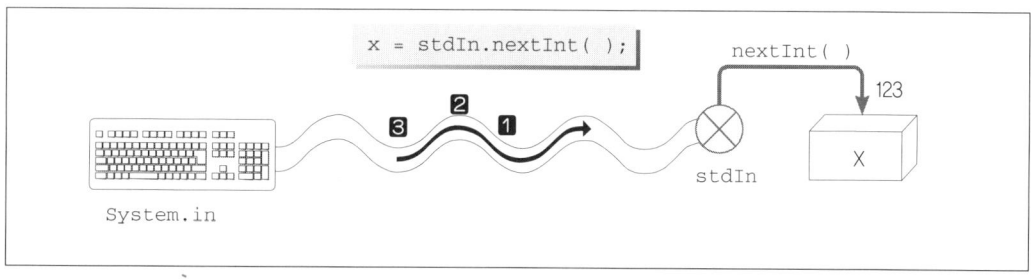

● **그림 2-12** 키보드를 이용한 값의 입력

이 프로그램에서는 선언 **1**과 **2**의 초기화 값으로 ⓒ를 이용하고 있습니다. 따라서 변수 x와 y는 키보드로 입력된 정수값으로 초기화됩니다.

여기에서 주의할 점은 main 메소드의 중간에서 변수가 선언된 점입니다. 메소드의 중간이래도 필요하게 된 장소에서 변수를 선언하는 것이 원칙입니다.

> 주의 변수는 필요하게 된 시점에서 선언한다

▶ 이 프로그램에서는 입력하기 위한 식 stdIn.nextInt( )를 초기화 값으로 이용하고 있습니다. 따라서 변수 x와 y는 키보드로 입력된 정수값으로 초기화됩니다. 다음과 같이 일단 변수를 선언한 후 그 변수에 식 stdIn.nextInt( )를 대입할 수도 있습니다.

```
int x;                    //일단 선언
x = stdIn.nextInt( );     //그리고 대입
```

연산자와 피연산자

리스트 2-9 프로그램에서 처음 사용하고 있는 것이 뺄셈을 하는 −, 곱셈을 하는 ＊, 나눗셈의 나머지를 구하는 %입니다. 연산을 실행하는 +와 − 등의 기호를 연산자(operator)라고 하며, 연산의 대상이 되는 식을 피연산자(operand)라고 합니다.

예를 들어 x와 y의 합을 구하는 식 x + y에서 연산자는 +이고, 피연산자는 x와 y 두 개입니다(그림 2-13).

▶ 왼쪽의 피연산자를 제1피연산자 혹은 left operand, 오른쪽의 피연산자를 제2피연산자 혹은 right operand 라고 합니다.

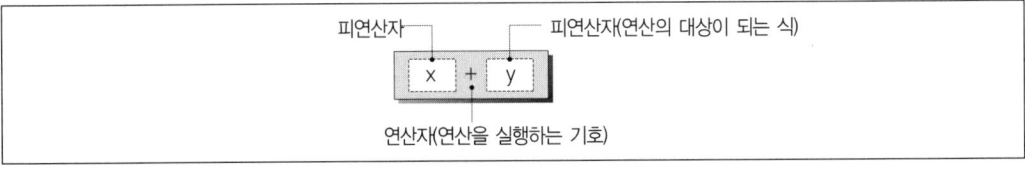

● 그림 2-13 연산자와 피연산자

이 프로그램에서 이용하고 있는 연산자 +, −, ＊, /, %의 개요를 표 2-1과 표 2-2에 나타냅니다. 이와 같이 두 개의 피연산자를 갖는 연산자를 2항연산자(binary operator)라고 합니다. 그 외에 피연산자가 하나인 단항연산자(unary operator)와 피연산자가 세 개인 3항연산자(ternary operator)가 있습니다.

▶ Java에는 4항 이상의 연산자는 없습니다.

◎ 표 2-1 ··· 가감연산자(additive operator)

x + y	x에 y를 더한 결과를 생성
x - y	x에서 y를 뺀 결과를 생성

◎ 표 2-2 ··· 승제연산자(multiplicative operator)

x * y	x에 y를 곱한 값을 생성
x / y	x를 y로 나눈 몫을 생성(x, y가 모두 정수이면 소수점 이하는 버림)
x % y	x를 y로 나눈 나머지를 생성

◎ 표 2-3 ··· 단항부호연산자(unary plus operator and unary minus operator)

+x	x 자체의 값을 생성
-x	x의 부호를 반전시킨 값을 생성

표 2-3과 같이 +연산자와 -연산자에는 2항연산자 외에 단항연산자도 있습니다. 단항부호연산자를 이용한 프로그램을 만들어 봅시다. 리스트 2-10은 정수값을 입력하면 부호를 반전시킨 값을 표시하는 프로그램입니다.

리스트 2-10   ◎ 예제파일 : Chap02/Minus.java

```java
// 정수값을 입력하면 부호를 반전시킨 값을 표시

import java.util.Scanner;

class Minus {

    public static void main(String[ ] args) {
        Scanner stdIn = new Scanner(System.in);

        System.out.print("정수값 : ");
        int a = stdIn.nextInt( );       // a에 정수값을 입력

 ❶— int b = -a;                        // a의 부호를 반전시킨 값으로 b를 초기화
 ❷— System.out.println(a + "의 기호를 반전시킨 값은 " + b + "입니다.");
    }
}
```

실 행 결 과 예 ❶
정수값 : 7↵
7의 부호를 반전시킨 값은 -7입니다.

실 행 결 과 예 ❷
정수값 : -15↵
-15의 부호를 반전시킨 값은 15입니다.

선언 **1**에서는 변수 b를 -a로 초기화하고 있습니다. 이 - 연산자는 단항부호연산자이고 피연산자(operand)의 부호를 반전시킨 값을 생성합니다.

*

다른 하나의 단항부호연산자는 거의 사용되지 않습니다. 왜냐하면 +a는 a의 값을 그대로 표시하기 때문입니다. 이 연산자를 이용하면 **2**부분은 다음과 같이 작성할 수도 있습니다.

```
System.out.println(+a + "의 기호를 반전시킨 값은 " + b + "입니다.");
```

Column 2-2··· 나눗셈의 연산결과

나머지를 구하는 연산 a % b는 (a / b) * b + (a % b)가 a와 같게 되는 결과가 생성됩니다. 이때 연산결과의 크기와 부호는 다음과 같습니다.

- 크기 - 나눈 수의 크기보다 작게 된다.
- 부호 - 나누어지는 수가 -이면 -이고, +이면 +가 된다

/ 연산자와 % 연산자의 연산결과의 구체적인 예는 다음과 같습니다.

- + ÷ +   5 / 3   → 1   5 % 3   → 2
- + ÷ -   5 / (-3)   → -1   5 % (-3)   → 2
- - ÷ +   (-5) / 3   → -1   (-5) % 3   → -2
- - ÷ -   (-5) / (-3) → 1   (-5) % (-3) → -2

기본형

지금까지의 프로그램에서는 int형의 변수를 사용했습니다. Java에서는 많은 형이 제공됨과 동시에 스스로 형을 만들 수도 있습니다. Java 언어가 표준으로 제공하는 형을 기본형(primitive type)이라고 합니다. 기본형에는 정수형과 부동소수점형 등이 있습니다

정수형

정수를 나타내며 다음과 같이 대표적인 네 가지 형이 있습니다.

- byte   1바이트 정수   -128 ~ 127
- short   단정수   -32,768 ~ 32,767
- int   정수   -2,147,483,648 ~ 2,147,483,647
- long   장정수   -9,223,372,036,854,775,808 ~ 9,223,372,036,854,775,807

부동소수점형

실수를 나타내며 다음과 같이 두 가지 형이 있습니다.

- float   단정밀도 부동소수점수   ±3.40282374E+38 ~ ±1.40239846E-45
- double   배정밀도 부동소수점수   ±1.79769313486231507E+378 ~ ±4.94065645841246544E-324

실수의 내부는 부동소수점수(floating point number)라는 형식으로 표현됩니다. 우선 다음과 같이 이해하기 바랍니다.

'실수를 나타내는 전문용어가 부동소수점수이다.'

또한 3.14와 13.5와 같은 상수값은 부동소수점 리터럴(floating point literal)이라고 합니다.

*

이 외에 문자형(char)과 논리형(Boolean)이 있습니다. 기본형의 자세한 내용은 제5장에서 배웁니다.

연습 2-3

실행 예와 같이 키보드로 입력한 정수값을 그대로 반복해서 표시하는 프로그램을 작성하시오.

```
실 행 예
정수값 : 7 ↵
7이라고 입력했습니다.
```

연습 2-4

실행 예와 같이 키보드로 입력한 정수값에 10을 더한 값과 10을 뺀 값을 출력하는 프로그램을 작성하시오.

```
실 행 예
정수값 : 7 ↵
10을 더한 값은 17입니다.
10을 뺀 값은 -3입니다.
```

■ 실수값의 입력

리스트 2-11은 두 실수값을 입력하면 사칙연산을 실행하는 프로그램입니다. 정수를 나타내기 위한 int형은 사용할 수 없기 때문에 소수점 이하 부분을 갖는 실수를 취급하는 double형을 이용합니다.

리스트 2-11　　　　　　　　　　　　　　　　◎ 예제파일 : Chap02/ArithDouble.java

```java
// 두 실수값을 입력하면 사칙연산을 실행한 후 결과를 표시

import java.util.Scanner;

class ArithDouble {

    public static void main(String[ ] args) {
        Scanner stdIn = new Scanner(System.in);

        System.out.println("x와 y의 사칙연산을 실행합니다.");

        System.out.print("x의 값 : ");           // x값의 입력을 요청
        double x = stdIn.nextDouble( );          // x에 실수값을 입력

        System.out.print("y의 값 : ");           // y값의 입력을 요청
        double y = stdIn.nextDouble( );          // y에 실수값을 입력

        System.out.println("x + y = " + (x + y)); // x + y의 값을 표시
        System.out.println("x - y = " + (x - y)); // x - y의 값을 표시
        System.out.println("x * y = " + (x * y)); // x * y의 값을 표시
        System.out.println("x / y = " + (x / y)); // x / y의 값을 표시(몫)
        System.out.println("x % y = " + (x % y)); // x % y의 값을 표시(나머지)
    }
}
```

실 행 예
```
x와 y의 사칙연산을 실행합니다.
x의 값 : 9.75 ↵
y의 값 : 2.5 ↵
x + y = 12.25
x - y = 7.25
x * y = 24.375
x / y = 3.9
x % y = 2.25
```

이 프로그램은 리스트 2-9와 거의 비슷하지만 변수 x와 y가 double형으로 되어 있는 점이 다릅니다. 또 다른 점은 흰색 부분입니다. 키보드로 double형의 실수값을 입력할 경우에는 nextInt( )가 아니고 nextDouble( )을 사용해야 합니다.

▶ 소수점 이하 부분이 없는 값을 키보드로 입력할 경우에는 소수점 이하를 생략할 수 있습니다. 예를 들어 5.0은 5.0, 5, 5. 가운데 어느 것을 입력해도 상관없습니다.

연습 2-5

두 실수값을 입력하면 그 합과 평균을 구해서 표시하는 프로그램을 작성하시오.

실 행 예
```
x의 값 : 7.5 ↵
y의 값 : 5.25 ↵
합계는 12.75입니다.
평균은 6.375입니다.
```

연습 2-6

삼각형의 밑변과 높이를 입력하면 그 면적을 계산해서 표시하는 프로그램을 작성하시오.

실 행 예
```
삼각형의 면적을 구합니다.
밑변 : 7.5 ⏎
높이 : 2.5 ⏎
면적은 9.375입니다.
```

final 변수

리스트 2-12는 키보드로 원의 반지름을 입력하면 '원주의 길이'와 '면적'을 계산해서 표시하는 프로그램입니다.

리스트 2-12　　　　　　　　　　　　　　　◎ 예제파일 : Chap02/Circle1.java

```java
// 원주의 길이와 면적을 계산 (원주율을 부동소수점 리터럴로 표시)

import java.util.Scanner;

class Circle1 {

    public static void main(String[ ] args) {
        Scanner stdIn = new Scanner(System.in);

        System.out.print("반지름 : ");
        double r = stdIn.nextDouble( );   // 반지름

        System.out.println("원주의 길이는 " + 2 * 3.14 * r + "입니다.");
        System.out.println("면적은 " + 3.14 * r * r + "입니다.");
    }
}
```

실 행 예
```
반지름 : 7.2 ⏎
원주의 길이는 45.216입니다.
면적은 162.7776입니다.
```

그림 2-14는 원주의 길이와 원의 면적을 구하는 공식입니다(π는 원주율). 이 프로그램에서는 공식대로 원주의 길이와 면적을 구하고 있습니다. 원주율 π를 표시한 것이 부동소수점 리터럴 3.14입니다.

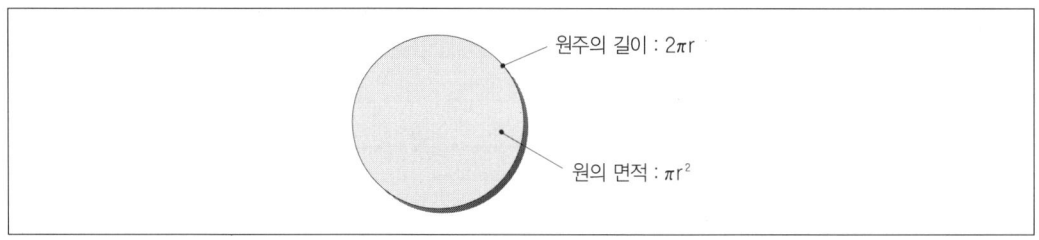

● 그림 2-14 원주의 길이와 면적

원주율은 3.14가 아니고 3.1415926535……하고 무한하게 계속되는 값입니다. 원주의 길이와 면적을 보다 정확하게 계산하기 위해서 원주율을 3.1416으로 수정합니다. 수정해야 할 부분은 두 곳뿐이기 때문에 작업은 간단합니다. 그러나 만약 프로그램 내에 3.14가 수백 군데라면 어떻게 될까요?

에디터의 '바꾸기' 기능을 사용하면 모든 3.14를 3.1416으로 수정하는 것은 간단합니다. 그렇지만 프로그램 내에 원주율이 아닌 3.14를 사용하는 부분이 있을 지도 모릅니다. 이와 같은 부분은 '바꾸기' 대상에서 제외할 필요가 있습니다. 즉 선택적으로 바꿀 필요가 있습니다.

*

이와 같은 경우에 효과를 발휘하는 것이 값을 수정할 수 없는 final 변수입니다. 리스트 2-13은 final 변수를 사용해서 기술된 프로그램입니다.

final을 이용해서 선언했기 때문에 PI는 3.1416으로 초기화된 final 변수가 됩니다. 계산할 때 원주율이 필요한 부분에서는 변수 PI의 값을 이용합니다.

리스트 2-13 ◎ 예제파일 : Chap02/Circle2.java

```java
// 원주의 길이와 면적을 계산(원주율을 final 변수로 표시)

import java.util.Scanner;

class Circle2 {

    public static void main(String[ ] args) {
        final double PI = 3.1416;                    // 원주율
        Scanner stdIn = new Scanner(System.in);

        System.out.print("반지름 : ");
        double r = stdIn.nextDouble( );              // 반지름

        System.out.println("원주의 길이는" + 2 * PI * r + "입니다.");
```

실 행 예

반지름 : 7.2 ⏎
원주의 길이는 45.23904입니다.
면적은 162.860544입니다.

```
        System.out.println("면적은 " + PI * r * r + "입니다.");
    }
}
```

final 변수를 이용할 경우 다음과 같은 장점이 있습니다.

❶ 값의 관리를 한곳으로 집약할 수 있다

원주율의 값 3.1416은 final 변수 PI의 초기화 값이 됩니다. 만약 다른 값(예를 들면 3.14159)으로 변경할 경우에는 final 변수만 수정하면 됩니다. 또한 입력과 수정을 잘못해서 예를 들면 3.1416과 3.14159와 같이 두 값이 섞이는 것을 방지할 수 있습니다.

❷ 프로그램이 읽기 쉽게 된다

프로그램 내에서는 수치가 아닌 변수명 PI로 원주율을 참조할 수 있기 때문에 프로그램이 읽기 쉽게 됩니다.

> 주의 프로그램 내에 포함되어 있는 수치는 무엇을 표시하기 위해 있는지 이해하기 어렵기 때문에 final 변수로 선언해서 이름을 부여한다.

또한 final 변수의 이름은 일반 변수와 구별하기 쉽게 대문자를 이용하길 바랍니다.

*

final 변수는 원칙적으로 초기화해야 합니다. 초기화되어 있지 않은 final 변수에는 한번만 값을 대입할 수 있습니다. 즉 다음과 같이 초기화와 대입 둘 중 하나에 의해서 한번만 값을 입력할 수 있습니다.

```
final int A = 1;

A = 2;          // 에러
```

```
final int B;
B = 1;          // OK
B = 2;          // 에러
```

▶ final은 '마지막'이라는 의미입니다. 퀴즈에서 'final answer'는 '최종 결정판이며 이미 변경할 수 없는 해답'이라는 의미가 있는데 이것과 같은 의미입니다.

난수의 생성

키보드로 값을 입력하지 않고 리스트 2-14와 같이 컴퓨터에게 임의로 값을 만들게 한 후 그 값을 입력할 수도 있습니다. 리스트 2-14는 0부터 9까지의 수치 가운데 하나를 '행운의 번호'로 생성해서 표시합니다.

리스트 2-14

◎ 예제파일 : Chap02/LuckyNo.java

```java
// 0~9 가운데 행운의 숫자를 난수로 생성해서 표시
import java.util.Random;                    ①

class LuckyNo {

    public static void main(String[ ] args) {
        Random rand = new Random( );        ②

        int lucky = rand.nextInt(10);       ③    // 0~9의 난수

        System.out.println("오늘의 행운의 숫자는 " + lucky + "입니다.");
    }
}
```

실 행 예
오늘의 행운의 숫자는 7입니다.

컴퓨터가 무작위로 생성하는 임의의 값을 난수라고 합니다. ①, ②, ③은 난수의 생성에 필요한 '상용문구' 입니다(Column 2-3).

▶ 이 '상용문구'는 키보드로 입력을 실행하기 위한 '상용문구'와 비슷하고 주의할 점도 거의 비슷합니다.
①은 클래스 선언보다 먼저 위치해야 합니다.
②는 ③보다 먼저 위치해야 합니다.

또한 ②와 ③의 변수명 rand는 다른 이름으로 변경해도 상관없습니다.

중요한 부분은 ③입니다. 그림 2-15와 같이 rand.nextInt(n)의 부분은 0 이상 n 미만 중에서 하나가 정수값이 됩니다. 리스트 2-14에서는 rand.nextInt(10)으로 되어 있기 때문에 그 값은 0, 1, 2, 3, ……, 9 가운데 하나가 됩니다. 따라서 변수 lucky는 0 이상 9 이하 중에서 하나의 값으로 초기화됩니다.

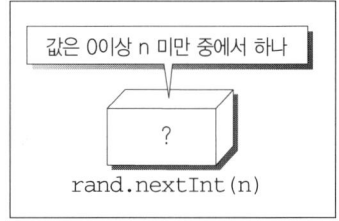

◎ **그림 2-15** 난수의 생성

연습 2-7

다음과 같이 프로그램을 작성하시오.
- 1자릿수의 양의 정수값(즉 1 이상 9 이하의 값)을 난수로 생성해서 표시
- 1자릿수의 음의 정수값(즉 -9 이상 -1 이하의 값)을 난수로 생성해서 표시
- 2자릿수의 양의 정수값(즉 10 이상 99 이하의 값)을 난수로 생성해서 표시

연습 2-8

키보드로 입력한 정수값의 ±5의 범위 내에서 정수값을 난수로 생성해서 표시하는 프로그램을 작성하시오.

실 행 예
정수값 : 100 ↵ 이 값의 ±5의 난수를 생성했습니다. 그것은 103입니다.

연습 2-9

다음과 같이 표시하는 프로그램을 작성하시오
(실수값의 난수 생성에는 nextDouble( )을 사용할 것 : Column 2-3 참조).
- 0.0 이상 1.0 미만의 실수값을 난수로 생성해서 표시
- 0.0 이상 10.0 미만의 실수값을 난수로 생성해서 표시
- -1.0 이상 1.0 미만의 실수값을 난수로 생성해서 표시

Column 2-3··· 난수의 생성

난수의 생성에 필요한 ❶, ❷, ❸에 대해서 지금 이해할 필요는 없습니다. 제7장, 제10장, 제11장 등을 학습한 후에 이 Column을 읽어도 됩니다.

*

Random은 Java가 제공하는 많은 클래스 라이브러리 가운데 하나입니다. Random 클래스의 인스턴스는 일련의 비슷한 난수를 생성합니다. 난수는 아무 것도 없는 상태에서 생성되는 것이 아니라 '종자(seed)'라는 수치에 대해서 여러 가지 연산을 실행해서 얻을 수 있습니다(seed는 난수를 생성하기 위한 씨앗과 같은 것입니다). Random 클래스에서는 48비트의 종자를 사용하고, 이 종자는 선형합동법이라는 계산법에 의해 변경됩니다.

Random 클래스의 인스턴스를 생성할 때는 다음 두 가지 가운데 하나의 형식으로 실행할 수 있습니다.

```
ⓐ Random rand = new Random( );
ⓑ Random rand = new Random(5);
```

리스트 2-14에서 이용한 것은 ⓐ형식입니다. 난수생성기(random generator)가 새로 만들어집니다. 이때 Random 클래스의 다른 인스턴스와 중복되지 않도록 '종자'의 값이 자동적으로 결정됩니다.

프로그램 쪽에서 명시적으로 '종자'를 할당하는 방법이 ⓑ입니다. 할당된 값을 기초로 난수생성기가 생성됩니다.

*

리스트 2-14의 프로그램에서는 int형 정수의 난수를 생성하는 nextInt 메소드를 이용했습니다. 그 밖에도 표 2C-1과 같은 메소드가 있습니다. 용도와 목적에 따라 구분해 사용합니다.

● 표 2C-1 ··· Random 클래스의 메소드

메소드	형	생성되는 값의 범위
nextBoolean( )	boolean	true 또는 false
nextInt( )	int	–2147483648 ～ +2147483647
nextInt(n)	int	0 ～ n – 1
nextLong( )	long	–9223372036854775808 ～ +9223372036854775807
nextDouble( )	double	0.0 이상 1.0 미만
nextFloat( )	float	0.0 이상 1.0 미만

또한 Math 클래스에서도 난수를 생성하는 라이브러리를 제공합니다(표 10-1).

문자열 입력

지금까지는 수치를 취급했지만 여기에서는 문자열을 취급하는 프로그램을 만들어 봅시다. 리스트 2-15는 이름을 입력하면 인사를 표시하는 프로그램입니다.

리스트 2-15　　　　　　　　　　　　　　　　　　　　◎ 예제파일 : Chap02/HelloNext.java

```java
// 이름을 입력하면 인사를 한다(next( ) 이용)

import java.util.Scanner;

class HelloNext {

    public static void main(String[ ] args) {
        Scanner stdIn = new Scanner(System.in);

        System.out.print("이름은 : ");
        String s = stdIn.next( );                    // 문자열을 입력

        System.out.println("안녕하세요" + s + "씨!");  // 표시
    }
}
```

실 행 예 1
이름은 : 홍길동 ↵
안녕하세요 홍길동씨!

실 행 예 2
이름은 : 홍 길동 ↵
안녕하세요 홍씨!

입력된 문자열을 저장할 변수 s는 String형이고 이것은 문자열을 나타내기 위한 형입니다 (Column 2-4).

흰색 부분의 next( )는 문자열을 입력할 때 사용합니다. 단 next( )를 사용해서 키보드로 입력할 때 공백 문자와 탭 문자는 문자열의 단락으로 간주됩니다. 따라서 중간에 스페이스 문자를 포함해서 입력하면 실행 예2와 같이 '홍' 만이 s로 입력됩니다.

　　　　　　　　　　　　　　　　　*

한 줄에 스페이스와 같은 공백 문자를 포함한 문자열을 표시하려면 리스트 2-16과 같이 nextLine( )을 사용해서 프로그램을 작성해야 합니다.

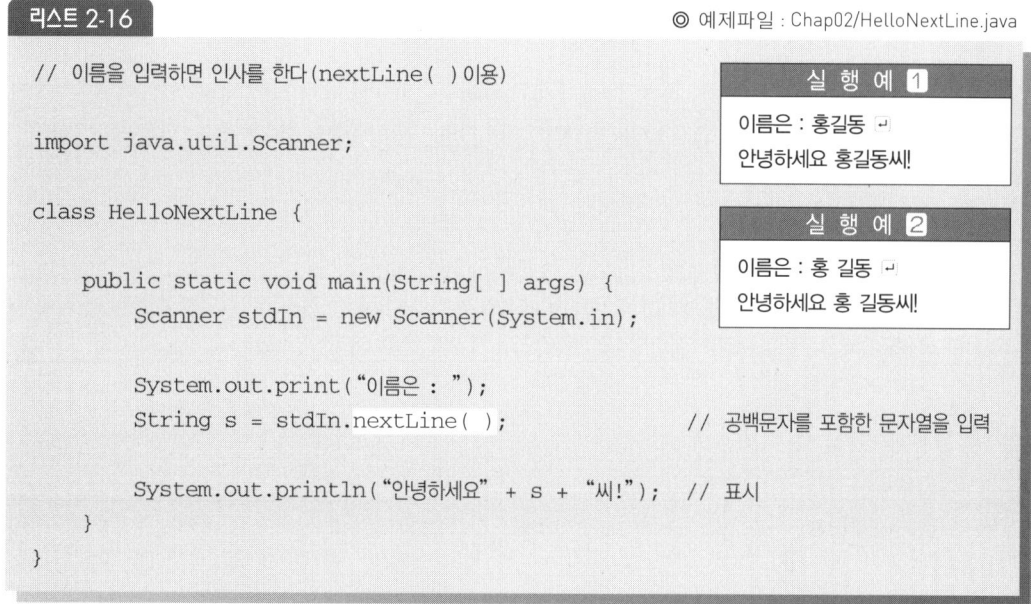

리스트 2-17과 같이 String형 변수에 대해서 문자열의 초기화와 대입을 실행할 수도 있습니다.

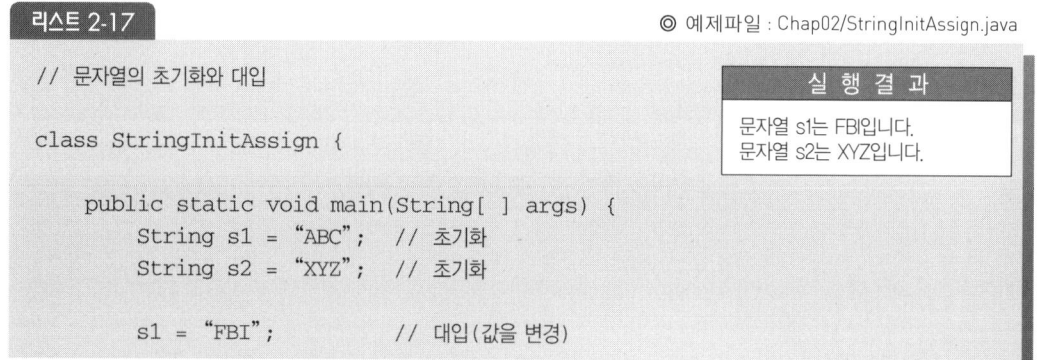

```
            System.out.println("문자열 s1은" + s1 + "입니다.");     // 표시
            System.out.println("문자열 s2는" + s2 + "입니다.");     // 표시
    }
}
```

문자열 s1은 "ABC"로 초기화된 후 "FBI"가 대입되기 때문에 s1은 "ABC"에서 "FBI"로 바뀌어 표시됩니다.

> **주 의** 문자열은 String형으로 나타낸다.

▶ String은 제8장 이후에 학습할 '클래스'로 만들어진 형입니다. 여기에서는 자세한 내용을 이해할 필요가 없지만 s1에 "FBI"가 대입되는 것은 '문자열의 내용을 수정'하는 것이 아니라 '참조할 곳을 수정'하는 것입니다. 자세한 것은 제15장에서 배웁니다.

연습 2-10

실행 예와 같이 성과 이름을 각각 키보드로 입력하면 인사를 하는 프로그램을 작성하시오.

```
실 행 예
성 : 홍 ↵
이름 : 길동 ↵
안녕하세요 홍길동씨!
```

Column 2-4 ··· String형은 특수한 형이다

문자열을 취급하기 위한 String형은 기본형이 아니고 제8장 이후에 학습할 '클래스'에 의해 실현되는 형입니다(형 이름의 첫 철자가 대문자인 점도 int와 double 등과 다릅니다).

이런 변수는 단독으로 이용되는 상자가 아니고 문자열 본체의 상자와 그것을 참조할 상자가 세트로 되어 있습니다. 그림 2C-1은 그 개요를 표시한 것입니다. 자세한 내용은 제15장에서 학습합니다.

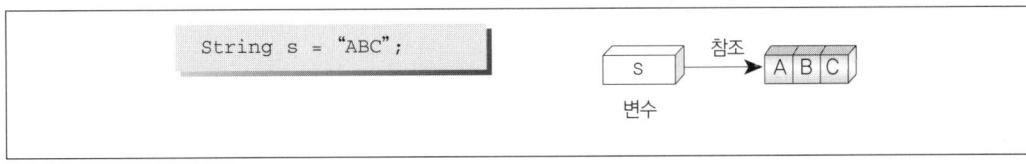

● **그림 2C-1** String형의 변수와 문자열

이장의 요약

- 수치 등의 데이터를 자유롭게 취급할 수 있는 것이 변수이다. 변수는 필요하게 된 시점에서 형과 이름을 할당해서 선언한다.

- 변수에서 값을 꺼내서 이용하기 전에 초기화 또는 대입으로 그 변수에 값을 입력해 두어야 한다. 변수를 생성할 때 초기화 값을 입력하는 것이 초기화이고, 생성이 끝난 변수에 값을 입력하는 것이 대입이다.

- 많은 형 중에서 언어가 제공하는 형이 기본형이다.

- 정수를 표시하는 정수형 가운데 하나가 int형이고, 정수 상수는 정수 리터럴이라고 한다.

- 실수(부동소수점수)를 표시하는 부동소수점형 가운데 하나가 double형이고, 부동소수점 상수는 부동소수점 리터럴이라고 한다.

- 문자열을 표시하는 것은 String형이고, 이것은 기본형이 아니다.

- 연산을 실행하는 기호가 연산자(operator)이고 연산의 대상이 되는 식이 피연산자(operand)이다. 연산자를 피연산자의 개수로 분류하면 단항연산자, 2항연산자, 3항연산자 세 가지가 있다.

- ( )로 묶은 연산은 우선적으로 실행된다.

- '문자열 + 수치' 또는 '수치 + 문자열'의 연산에서는 수치가 문자열로 변환된 후 연결이 된다.

- 키보드로 입력할 때는 표준 입력 스트림을 이용한다. 표준 입력 스트림으로 문자를 입력할 때는 Scanner 클래스의 next... 메소드를 이용한다.

- 난수를 생성하면 무작위로 값을 만들 수 있다. 난수를 생성할 때에는 Random 클래스의 next... 메소드를 이용한다.

- '정수 / 정수'의 연산에서 얻어지는 몫은 소수점 이하를 잘라버린 정수값이다.

- final 변수에는 초기화 혹은 대입으로 값을 한 번만 입력할 수 있다. 상수에 이름을 할당할 때 이용하면 편리하다.

```
◎ 예제파일 : Chap02/Abc.java
import java.util.Random;
import java.util.Scanner;

class Abc {
    public static void main(String[ ] args) {
        Random rand = new Random( );
        Scanner stdIn = new Scanner(System.in);

        int a;           // a는 int형 변수
        a = 2;           // 대입(생성이 끝난 변수에 값을 입력)
        int b = -1;      // 초기화(변수를 생성할 때 값을 입력)

        double x = 1.5 * 2;

        // 값을 수정할 수 없는 변수(정수에 이름을 붙인다)
        final double PI = 3.14;
        x = rand.nextDouble( );
        System.out.println(
            "반지름" + x + "의 원의 면적은 " +
            (PI * x * x) + "입니다.");
        System.out.print("정수 a의 값 : ");
        a = stdIn.nextInt( );
        System.out.println("a / 2 = " + a / 2);
        System.out.println("a % 2 = " + a % 2);
        // 문자열
        String s = "ABC";
        System.out.println("문자열 s는 " + s + "입니다.");
    }
}
```

난수의 생성
nextBoolean( )
nextInt( )
nextInt(n)
nextLong( )
nextDouble( )
nextFloat( )

형 / 변수명 / 초기화 값 / 부동소수점 리터럴 / 정수 리터럴 / 피연산자 / 연산자 / 피연산자

실행 예
반지름 0.11992011858662233의 원의 면적은 0.04515582140334483입니다.
정수 a의 값 : 7 ⏎
a / 2 = 3
a % 2 = 1
문자열 s는 ABC입니다.

키보드로 입력
nextBoolean( )
nextByte( )
nextShort( )
nextInt( )
nextLong( )
nextDouble( )
nextFloat( )
next( )
nextLine( )

대입연산자	x = y		
가감연산자	x + y	x - y	
승제연산자	x * y	x / y	x % y
단항부호연산자	+x	-x	

▶ 본문에서는 int형 정수를 입력하는 nextInt( ), double형 실수를 입력하는 nextDouble( ), 문자열을 입력하는 next( )와 nextLine( )을 배웠습니다. 각각의 형에 따라서 메소드를 구분해서 사용합니다.

제 3 장

프로그램 흐름의 분기

이 장에서는 여러 가지 연산자와 함께 프로그램의 흐름을 선택적으로 결정하기 위한 if문과 switch문을 학습합니다.

- … if문
- … switch문
- … break문
- … 식문과 공문
- … 블록
- … 알고리즘
- … 연산자의 우선순위와 결합성
- … 식과 평가
- … 키워드와 식별자

3-1 if문

어떤 조건이 성립하는지, 성립하지 않는지에 따라서 실행해야 할 처리를 선택적으로 결정하는 것이 if문입니다. 이 절에서는 if문과 함께 기본적인 연산자를 학습합니다.

if-then문

리스트 3-1은 키보드로 수치를 입력해서 그 값이 0 보다 크면 '이 값은 양수입니다' 라고 표시하는 프로그램입니다.

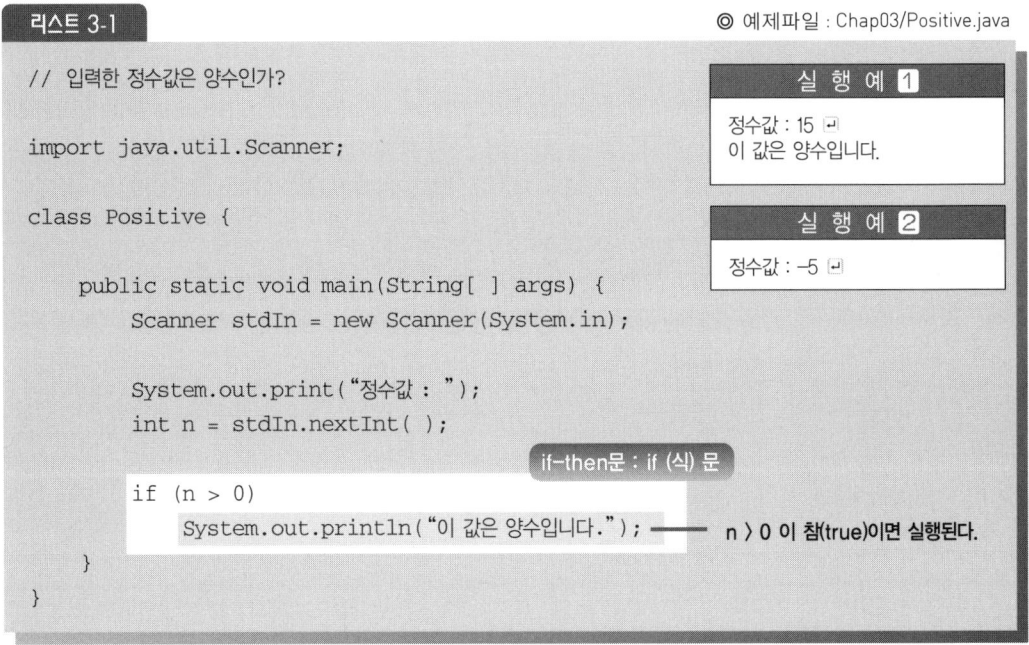

리스트 3-1 ◎ 예제파일 : Chap03/Positive.java

```java
// 입력한 정수값은 양수인가?

import java.util.Scanner;

class Positive {

    public static void main(String[ ] args) {
        Scanner stdIn = new Scanner(System.in);

        System.out.print("정수값 : ");
        int n = stdIn.nextInt( );

        if (n > 0)
            System.out.println("이 값은 양수입니다.");
    }
}
```

실행 예 1
정수값 : 15 ⏎
이 값은 양수입니다.

실행 예 2
정수값 : -5 ⏎

if-then문 : if (식) 문
n > 0 이 참(true)이면 실행된다.

변수 n에 입력된 값을 판정하는 것이 흰색 부분입니다. 이 부분은 if문(if statement)이라고 하며 구문(문법상의 구조)은 다음과 같습니다.

　　if (식) 문　　　　　　　　　　　　　　　　　　　　　　　if-then문

이것은 if문의 일종인 if-then문입니다. if는 '만약' 이라는 의미이고, 식의 값을 조사해서 그 값이 '참' 일 경우에만 문을 실행합니다.

또한 이 책에서는 ( ) 내에 기술된 조건판정을 위한 식을 제어식이라고 하겠습니다.

*

if문의 제어식 n > 0에서 이용하고 있는 > 는 왼쪽 피연산자가 오른쪽 피연산자보다 크면 true(참)을 그렇지 않으면 false(거짓)을 생성하는 연산자입니다. 또한 true와 false는 논리값 리터럴(boolean literal)이라고 하는 논리(boolean)형의 리터럴입니다. 이에 대한 자세한 사항은 제5장에서 배웁니다.

*

그림 3-1은 if문 프로그램의 흐름을 나타내는 순서도(flow chart)입니다.

▶ 순서도의 기호는 제4장의 순서도에서 정리해 두었습니다.

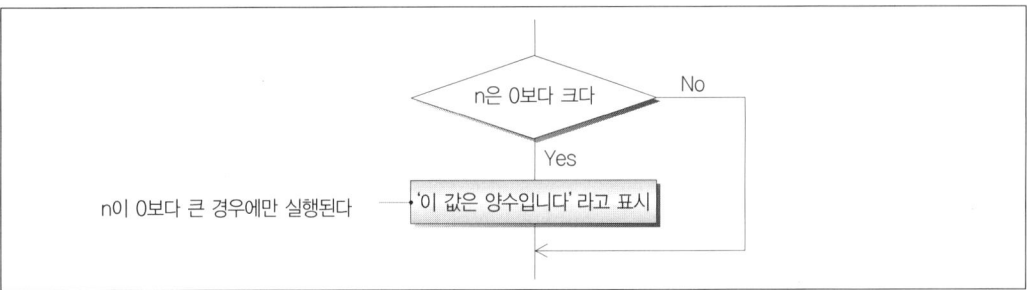

● **그림 3-1** 리스트 3-1에서 이용한 if문의 순서도

실행 예1과 같이 n이 0보다 크면 제어식의 값은 true가 됩니다. 따라서 다음 문이 실행되고 '이 값은 양수입니다' 라고 표시됩니다.

```
System.out.println("이 값은 양수입니다.");
```

또한 실행 예2와 같이 n에 입력된 값이 0 이하이면 이 문은 실행되지 않고 화면에는 아무 것도 표시되지 않습니다.

> 주의 어떤 조건이 성립할 경우에만 처리를 실행하려면 if-then문으로 작성한다.

관계연산자

연산자 > 와 같이 피연산자(operand)의 대소관계를 판정하는 연산자를 관계연산자(relational operator)라고 하며, 표 3-1과 같이 4종류가 있습니다.

● 표 3-1 ··· 관계연산자

x < y	x가 y보다 작으면 true, 그렇지 않으면 false를 생성
x > y	x가 y보다 크면 true, 그렇지 않으면 false를 생성
x <= y	x가 y보다 작거나 같으면 true, 그렇지 않으면 false를 생성
x >= y	x가 y보다 크거나 같으면 true, 그렇지 않으면 false를 생성

<= 연산자와 >= 연산자 등호의 위치를 바꾸어서 =< 또는 => 로 해서는 안되고, < 와 = 사이에 스페이스를 넣어서 < =로 할 수도 없습니다. 틀리지 않도록 주의합니다.

▶ 관계연산자는 2항연산자이기 때문에 예를 들어 '변수 a의 값이 1 이상 3 이하인지'을

```
    1 <= a <= 3            // 주목!
```

으로 판정할 수는 없습니다. 뒤에서 배울 논리곱연산자를 이용해서 다음과 같이 작성해야 합니다.

```
    a >= 1 && a <= 3       // OK! ("a는 1 이상" 그리고 "a는 3 이하"에 의해 판정)
```

if-then-else문

리스트 3-1의 프로그램은 양수가 아닌 값을 입력하면 아무것도 표시하지 않았습니다. 조금 쌀쌀맞은 프로그램 같지요? 그래서 리스트 3-2와 같이 양수가 아닌 경우에 '이 값은 0 이거나 음수입니다'라고 표시하도록 수정합니다.

리스트 3-2   ◎ 예제파일 : Chap03/PositiveNot.java

```java
// 입력한 정수값은 양수인가 아닌가?

import java.util.Scanner;

class PositiveNot {

    public static void main(String[ ] args) {
        Scanner stdIn = new Scanner(System.in);

        System.out.print("정수값 : ");
```

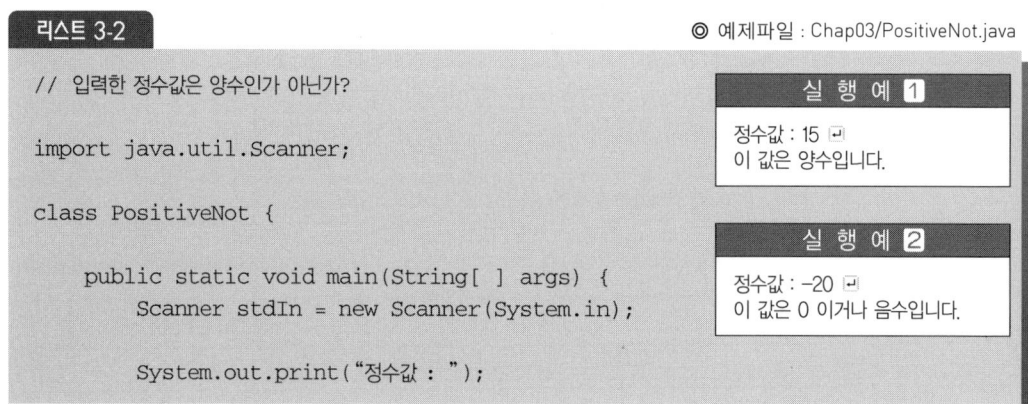

실 행 예 1
정수값 : 15
이 값은 양수입니다.

실 행 예 2
정수값 : -20
이 값은 0 이거나 음수입니다.

```
        int n = stdIn.nextInt( );
                                          if-then-else문 : if (식) 문 else 문
    if (n > 0)
        System.out.println("이 값은 양수입니다.");         n>0 가 true일 경우에 실행된다
    else
        System.out.println("이 값은 0 이거나 음수입니다.");   n>0 가 false일
                                                        경우에 실행된다
    }
}
```

이 프로그램의 if문은 다음과 같은 구문을 가진 if-then-else문입니다.

if (식) 문 else 문　　　　　　　　　　　　　　　　　　　　　　　if-then-else문

물론 else는 '~가 아니면' 이라는 의미입니다. 제어식의 값이 true이면 else 앞쪽의 문을 실행하고 false이면 else 다음의 문을 실행합니다. 따라서 n이 양수인지 아닌지에 따라서 다른 처리가 실행됩니다(그림 3-2).

> 주의 조건의 진위에 따라서 다른 처리를 실행하려면 if-then-else문으로 작성한다.

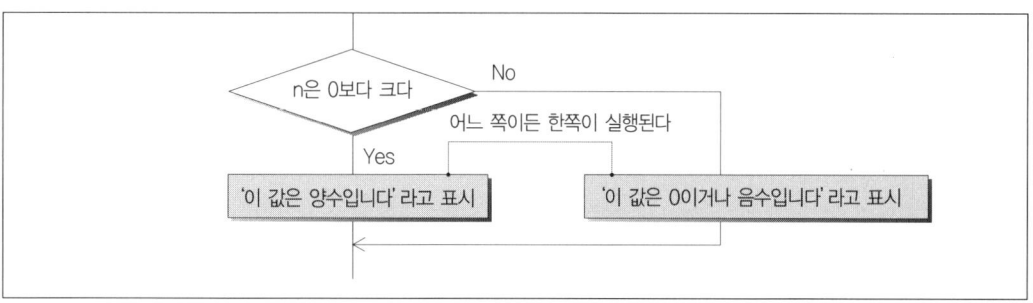

● **그림 3-2** 리스트 3-2에서 이용한 if문의 순서도

그림 3-3은 if-then문과 if-then-else문을 정리한 if문의 구문입니다.

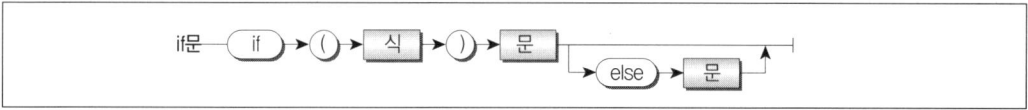

● **그림 3-3** if문의 구문

이 구문에 맞지 않는 것은 결코 허용되지 않습니다(컴파일 시에 에러가 발생합니다).

다음과 같이 예를 제시합니다.

```
if   a < b  System.out.println("a는 b보다 작습니다.");   // ( )가 없다
if  (c > d) else b = 3;                                  // else 앞에 문이 없다
```

Column 3-1··· 구문 그림에 대해서

이 책에서 사용하는 구문 그림은 요소를 화살표로 연결합니다.

요소에 대해서

구문 그림의 요소에는 원형과 사각형으로 표시한 것이 있습니다.

- 원형 – 'if' 등의 키워드와 '(' 등의 구분자(3-3절)는 철자대로 하지 않고 멋대로 '만약'이나 'ㄷ' 등으로 변경할 수 없습니다. 이러한 것을 원형 안에 표시합니다.
- 사각형 – '식'이나 '문'에는 'n > 0'이나 'a = 0'과 같이 구체적인 식과 문으로 기술해야 됩니다. 이와 같이 그대로 기술할 수 없는 문법 상의 개념을 사각형 안에 표시합니다.

구문 그림을 읽는 법

구문 그림을 읽을 때는 화살표 방향에 따라서 왼쪽부터 시작해서 오른쪽으로 진행합니다. 분기점에서는 어느 쪽으로 진행해도 상관없습니다.

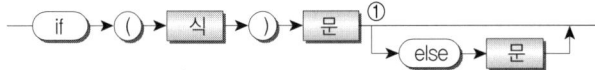

①은 분기점이기 때문에 if문의 구문 그림을 왼쪽에서 오른쪽으로 진행하는 방법은 다음과 같이 두 가지가 됩니다.

```
if ( 식 ) 문                : if-then문
if ( 식 ) 문 else문          : if-then-else문
```

이것이 if문의 형식 즉 구문을 표시하고 있습니다. 예를 들어 리스트 3-1의 if문은

```
if ( n > 0 ) System.out.println("이 값은 양수입니다.");
 if  (  식  )      문
```

이고, 리스트 3-2의 if문은 다음과 같이 됩니다.

```
if ( n > 0 ) System.out.println("···양수입니다."); else System.out.println("···0이거나 음수입니다.");
 if  (  식  )       문                              else              문
```

모두 구문 그림의 형식을 취하고 있습니다.

등가연산자

리스트 3-3은 키보드로 입력한 두 정수값이 같은지 다른지를 판정해서 표시하는 프로그램입니다.

리스트 3-3 ◎ 예제파일 : Chap03/Equal.java

```java
// 입력한 두 정수값은 같은가?

import java.util.Scanner;

class Equal {

    public static void main(String[ ] args) {
        Scanner stdIn = new Scanner(System.in);

        System.out.print("정수 a : ");  int a = stdIn.nextInt( );
        System.out.print("정수 b : ");  int b = stdIn.nextInt( );

        if (a == b)
            System.out.println("두 값은 같습니다.");
        else
            System.out.println("두 값은 다릅니다.");
    }
}
```

실 행 예
```
정수 a : 15
정수 b : 15
두 값은 같습니다.
```

변수 a와 b에 값을 입력하면 이 값들의 등가성을 판단합니다. if문의 제어식에서 이용하고 있는 ==는 좌우의 피연산자(operand)가 '같은지 다른지'를 판단하는 연산자입니다. 그리고 '다른지 아닌지'를 판단하는 != 연산자와 함께 등가연산자(equality operator)라고 합니다(표 3-2). 이 두 연산자는 조건이 성립하면 true를 생성하고, 성립하지 않으면 false를 생성합니다.

◎ 표 3-2 ··· 등가연산자

x == y	x와 y가 같으면 true, 그렇지 않으면 false를 생성
x != y	x와 y가 다르면 true, 그렇지 않으면 false를 생성

또한 != 연산자를 이용하면 이 프로그램의 if문을 다음과 같이 작성할 수 있습니다. 두 문의 순서가 바뀌는 점에 주의하길 바랍니다.

```
if ( a != b )
    System.out.println("두 값은 다릅니다.");
else
    System.out.println("두 값은 같습니다.");
```

▶ 등가연산자는 2항연산자이기 때문에 예를 들어 '변수 a와 변수 b와 변수 c의 값이 같은지 다른지를 a == b == c 라는 식으로 판정할 수는 없습니다. 변수가 세 개일 경우에는 앞으로 배울 논리곱연산자를 이용해서 a == b && b == c 라고 표기해야 합니다.

논리부정연산자

리스트 3-4는 키보드로 입력한 값이 0 인지 아닌지를 판정해서 표시하는 프로그램입니다.

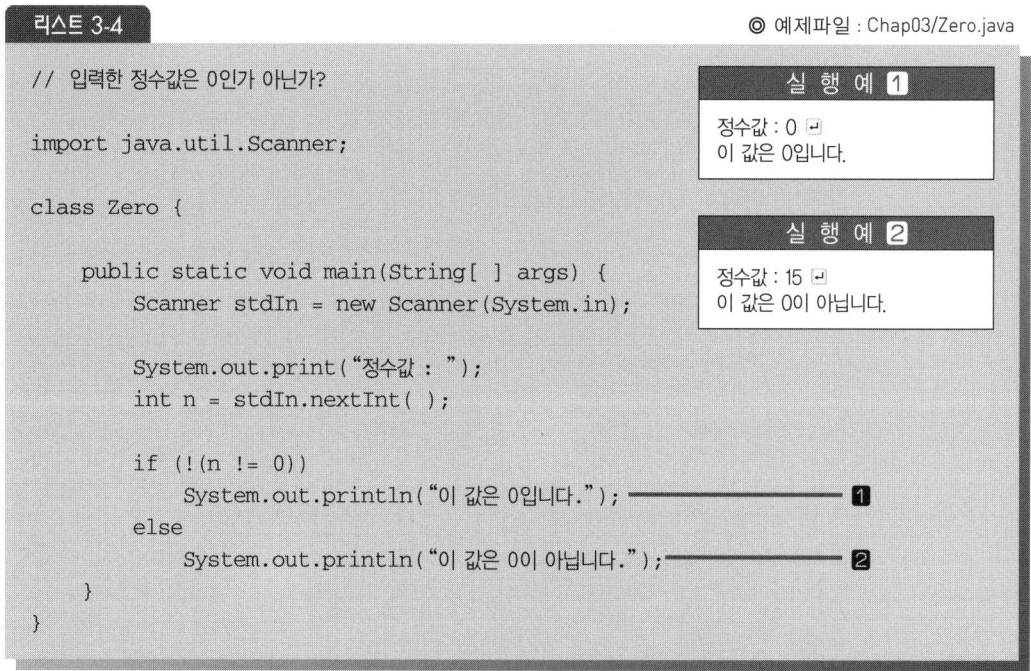

리스트 3-4   ◎ 예제파일 : Chap03/Zero.java

```
// 입력한 정수값은 0인가 아닌가?

import java.util.Scanner;

class Zero {

    public static void main(String[ ] args) {
        Scanner stdIn = new Scanner(System.in);

        System.out.print("정수값 : ");
        int n = stdIn.nextInt( );

        if (!(n != 0))
            System.out.println("이 값은 0입니다.");      ——1
        else
            System.out.println("이 값은 0이 아닙니다.");  ——2
    }
}
```

실행 예 1
정수값 : 0 ⏎
이 값은 0입니다.

실행 예 2
정수값 : 15 ⏎
이 값은 0이 아닙니다.

단항연산자 !는 논리부정연산자(logical complement operator)입니다. 피연산자의 값이 false이면 true를 생성하고, true이면 false를 생성합니다(표 3-3).

◎ 표 3-3 … 논리부정연산자

| !x | x가 false이면 true, true이면 false를 생성 |

따라서 n이 0이면 **1**이 실행되고, 그렇지 않으면 **2**가 실행됩니다.

▶ 판정은 다음과 같이 실행됩니다.
　n이 0일 경우 : n != 0은 false. 따라서 !(n != 0)은 true.
　n이 0이 아닐 경우 : n != 0은 true. 따라서 !(n != 0)은 false.

이 프로그램의 if문은 다음과 같이 != 연산자를 이용해서 작성하는 편이 간결합니다. 두 문의 순서가 바뀐 점을 주의하기 바랍니다.

```
if (n != 0)
    System.out.println("이 값은 0이 아닙니다.");
else
    System.out.println("이 값은 0입니다.");
```

▶ 물론 등가연산자 ==를 이용해서 프로그램을 다음과 같이 수정할 수도 있습니다.
```
if (n == 0)
    System.out.println("이 값은 0입니다.");
else
    System.out.println("이 값은 0이 아닙니다.");
```

다중 if문

리스트 3-5는 키보드로 입력한 정수값의 부호(양/음/0)를 판정해서 표시하는 프로그램입니다.

리스트 3-5　　　　　　　　　　　　　　　◎ 예제파일 : Chap03/Sign.java

```
// 입력한 정수값의 부호(양/음/0)을 판정해서 표시

import java.util.Scanner;

class Sign {
    public static void main(String[ ] args) {
        Scanner stdIn = new Scanner(System.in);

        System.out.print("정수값 : ");
        int n = stdIn.nextInt( );

        if (n > 0)
```

실 행 예 1
정수값 : 37 ↵
이 값은 양수입니다.

실 행 예 2
정수값 : -5 ↵
이 값은 음수입니다.

실 행 예 3
정수값 : 0 ↵
이 값은 0입니다.

```
            System.out.println("이 값은 양수입니다.");     ──❶
    else if (n < 0)
            System.out.println("이 값은 음수입니다.");     ──❷
    else
            System.out.println("이 값은 0입니다.");       ──❸
    }
}
```

이미 학습한 바와 같이 if문에는 다음과 같이 두 가지 형식이 있습니다.

　if (식) 문
　if (식) 문 else 문

이 프로그램에는 else if … 이라는 구문이 있지만 이것은 특별히 준비된 구문이 아닙니다. if문은 이름 그대로 '일종'의 문이기 때문에 else가 제어하는 문은 당연히 if문이래도 상관없습니다. 그림 3-4는 프로그램 내의 if문의 구조를 표시한 그림입니다.

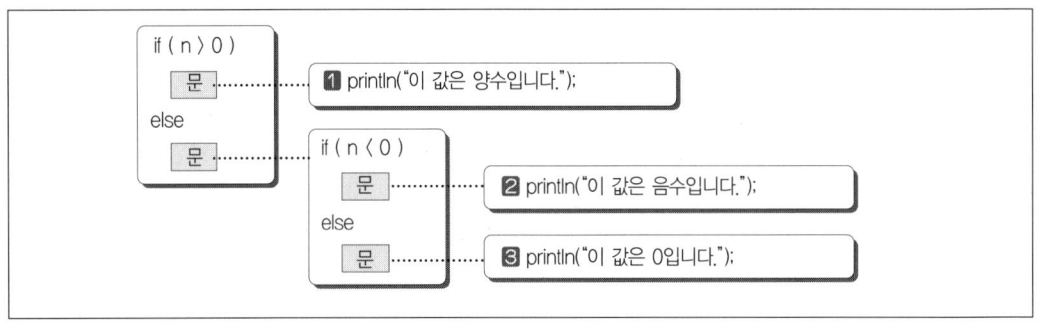

● **그림 3-4** 중복 if문(예1)

if문 안에 if문이 있는 '이중' 구조를 이해했습니까?

　▶ 그림에서는 'System.out.'을 생략하고 있습니다(그림 3-6과 그림 3-21도 마찬가지입니다).

그림 3-5는 리스트 3-5에서 이용한 if문의 순서도입니다. '이 값은 양수입니다' '이 값은 음수입니다' '이 값은 0입니다' 중에서 한 개가 표시됩니다.

　▶ 즉 세 개의 메시지 중에서 어느 것도 표시되지 않거나 혹은 둘 이상이 표시되거나 하는 일은 없습니다.

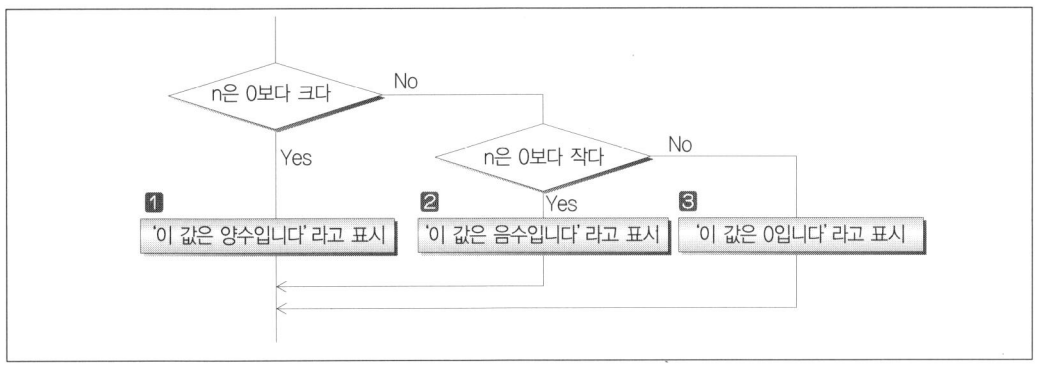

● **그림 3-5** 리스트 3-5에서 이용한 if문의 순서도

연습 3-1
실행 예와 같이 정수값을 입력하면 그 절대값을 구해서 표시하는 프로그램을 작성하시오.

```
실 행 예
정수값 : -5 ↵
절대값은 5입니다.
```

연습 3-2
실행 예와 같이 두 개의 양의 정수값을 입력해서 후자가 전자의 약수이면 'B는 A의 약수입니다'라고 표시하고, 그렇지 않으면 'B는 A의 약수가 아닙니다'라고 표시하는 프로그램을 작성하시오.

```
실 행 예
정수 A : 12 ↵
정수 B : 4 ↵
B는 A의 약수입니다.
```

연습 3-3
리스트 3-5의 마지막 else를 else if (n == 0)로 변경하면 어떻게 되는지 검토하시오.

리스트 3-6은 다중 if문을 이용한 또 다른 프로그램입니다. 입력한 정수값이 양수이면 홀수인지 짝수인지를 표시하고, 그렇지 않으면 에러 메시지를 표시합니다.

리스트 3-6　　　　　　　　　　　　　　　　　　　　◎ 예제파일 : Chap03/EvenOdd.java

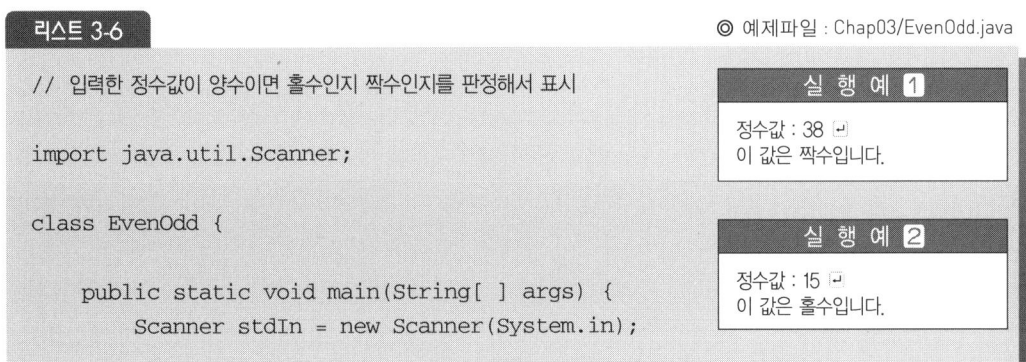

```
System.out.print("정수값 : ");
int n = stdIn.nextInt( );

if (n > 0)
    if (n % 2 == 0)
        System.out.println("이 값은 짝수입니다.");————1
    else
        System.out.println("이 값은 홀수입니다.");————2
else
    System.out.println("양수가 아닌 값을 입력했습니다.");————3
    }
}
```

실행 예 3
정수값 : 0 ⏎
양수가 아닌 값을 입력했습니다.

그림 3-6은 이 프로그램에서 이용한 if문의 구조입니다. 앞의 프로그램과 마찬가지로 if문 안에 if문이 있는 구조로 되어 있습니다.

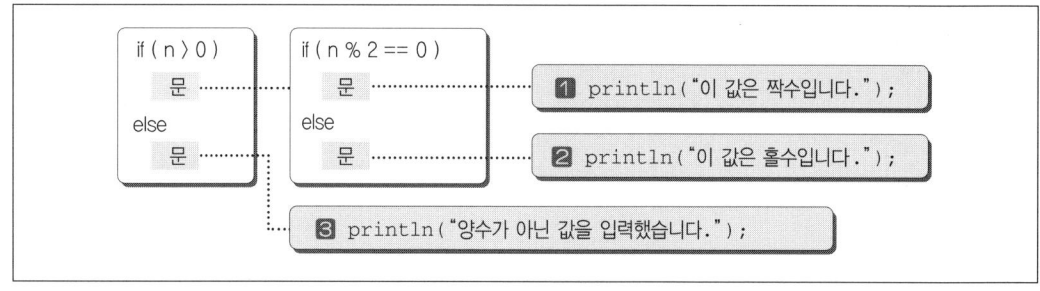

● 그림 3-6 다중 if문(예2)

그림 3-7은 이 if문의 순서도입니다. '양수가 아닌 값을 입력했습니다' '이 값은 홀수입니다' '이 값은 짝수입니다' 중에서 하나가 표시됩니다.

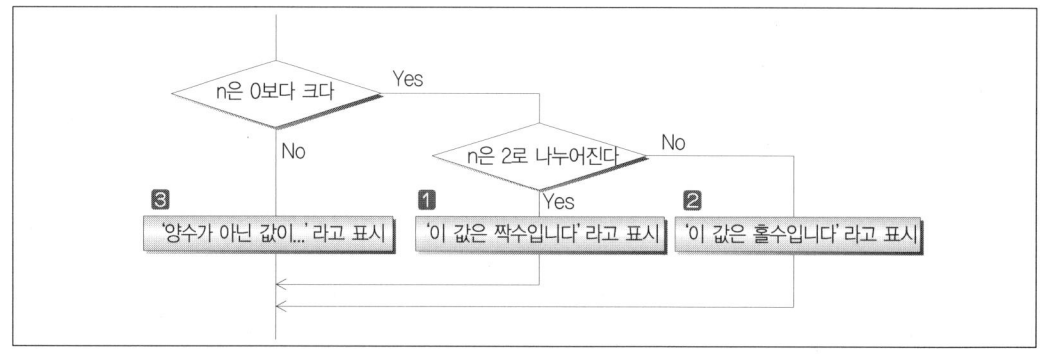

● 그림 3-7 리스트 3-6에서 이용한 if문의 순서도

▶ 이 순서도에서 처음 판정해서 분기하는 'Yse'와 'No'는 그림 3-5와 반대인 점에 주의하기 바랍니다.

연습 3-4

두 변수 a, b에 값을 입력한 후 그 대소관계를 다음 세 가지 중에서 하나가 표시되는 프로그램을 작성하시오.
　　　　'a가 큽니다' 'b가 큽니다' 'a와 b는 같은 값입니다'

연습 3-5

양의 정수값을 입력했을 경우 그 값이 5로 나누어지면 '이 값은 5로 나누어집니다'라고 표시하고, 그렇지 않으면 '이 값은 5로 나누어지지 않습니다'라고 표시하는 프로그램을 작성하시오. 단 양의 정수값이 아닌 경우에는 '양수가 아닌 값을 입력했습니다'라고 표시하시오.

연습 3-6

양의 정수값을 입력했을 경우 그 값이 10의 배수이면 '이 값은 10의 배수입니다'라고 표시하고, 그렇지 않으면 '이 값은 10의 배수가 아닙니다'라고 표시하는 프로그램을 작성하시오. 단 양의 정수값이 아닌 경우에는 '양수가 아닌 값을 입력했습니다'라고 표시하시오.

연습 3-7

양의 정수값을 입력했을 경우 그 값을 3으로 나눈 값에 따라 '이 값은 3으로 나누어집니다' '이 값을 3으로 나눈 나머지가 1입니다' '이 값을 3으로 나눈 나머지는 2입니다' 가운데 하나를 표시하는 프로그램을 작성하시오. 단 양의 정수값이 아닌 경우에는 '양수가 아닌 값을 입력했습니다'라고 표시하시오

식과 평가

식'과 '평가'에 대해서 확실히 이해하도록 합니다.

■ 식

지금까지 식(expression)이라는 용어를 많이 사용했는데 식은 다음 용어들의 총칭입니다.

- 변수
- 리터럴(literal)
- 변수와 리터럴을 연산자로 결합한 것

다음과 같은 식을 살펴봅시다.

```
abc + 32
```

변수 abc, 정수 리터럴 32, + 연산자로 결합한 abc + 32는 모두 식입니다.

```
xyz = abc + 32
```

여기에서는 xyz, abc, 32, abc +32, xyz = abc + 32가 모두 식입니다.

일반적으로 ○○연산자에 의해 결합된 식을 ○○식이라고 합니다. 예를 들어 대입연산자에 의해 xyz와 abc + 32가 결합된 식 xyz = abc + 32는 대입식(assignment expression)입니다.

■ 평가

식에는 기본적으로 값이 있고 값은 프로그램이 실행될 때 검색됩니다. 이와 같이 식의 값을 검색하는 것을 평가(evaluation)라고 합니다. 그림 3-8은 평가의 구체적인 예를 나타낸 그림입니다.

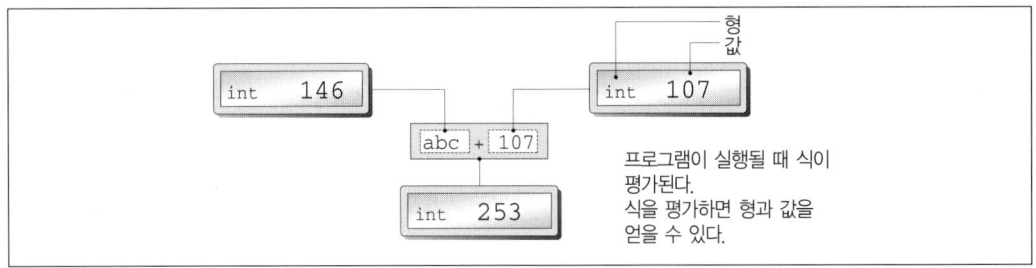

● **그림 3-8** 식과 평가(int + int)

여기에서 변수 abc는 int형이고 값은 146이라고 가정합니다. 물론 abc, 107, abc + 107은 모두 식입니다. 변수 abc의 값이 146이기 때문에 각각의 식을 평가한 값은 146, 107, 253이 되고, 세 개의 값은 모두 int형입니다.

이 책에서는 이중 직사각형 그림으로 식과 평가를 표시했습니다. 왼쪽의 작은 문자가 '형'이고 오른쪽의 큰 문자가 '값'입니다.

> 중요 식에는 값이 있다. 프로그램이 실행될 때 식의 값이 평가된다.

그림 3-9는 또 다른 예입니다. double형의 변수 fc의 값은 1.25입니다. 이때 0.5, fc, 0.5 + fc의 각 식을 평가한 값은 각각 0.5, 1.25, 1.75이고, 모두 double형입니다.

▶ 지금까지 학습한 프로그램은 모두 비슷한 형태의 사칙연산을 계산하는 것이었습니다. 다른 형태의 연산(예를 들면 'int형을 double형으로 나누다' 등)에 대해서는 제5장에서 배웁니다.

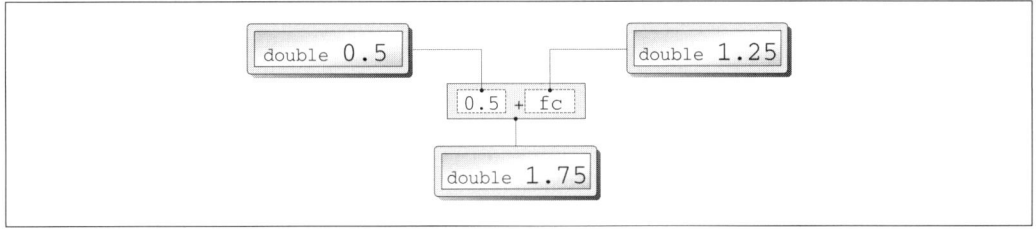

● **그림 3-9** 식과 평가(double + double)

그림 3-10은 두 정수를 > 연산자로 비교하는 또 다른 예입니다. 변수 n의 값이 15일 때 식의 평가로 얻을 수 있는 것은 boolean형의 true입니다.

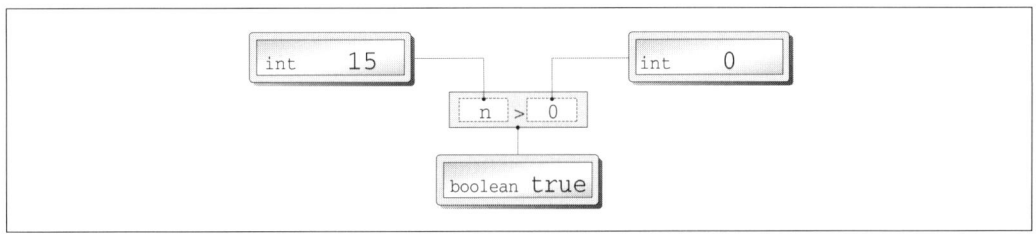

● **그림 3-10** 식과 평가(int > int)

식문과 공문

제1장에서 학습한 것과 같이 문의 끝에는 원칙적으로 세미콜론 ;이 필요합니다. 예를 들면 대입식인 a = c + 32에 세미콜론을 붙이면 문이 됩니다.

```
a = c + 32;      // 식문(expression statement)
```

이와 같이 식에 세미콜론을 붙인 문을 식문(expression statement)이라고 합니다.

＊

또한 세미콜론 ; 만 있어도 문으로 인정되며 이와 같은 문을 공문(empty statement)이라고 합니다. 그림 3-11은 식문과 공문의 구문을 나타냅니다.

● **그림 3-11** 식문과 공문의 구문

이 장의 처음에 제시한 리스트 3-1의 if문을 공문을 사용해서 수정하면 다음과 같이 됩니다(음영 부분이 공문입니다).

```
if ( n > 0 )
    System.out.println("이 값은 양수입니다.");
else
    ;           // 공문: n이 양수가 아니면 아무것도 하지 않는다
```

▶ 이것은 조금 부자연스런 예입니다. 공문을 이용한 프로그램의 예는 제6장에서 제시합니다.

*

만약 리스트 3-1의 if문이 다음과 같이 작성되었으면 어떻게 될까요?

```
if ( n > 0 ) ;  ──────────── 입력 실수에 의한 세미콜론
    System.out.println("이 값은 양수입니다.");
```

n이 어떤 값이래도(양수, 음수, 0 상관없이) '이 값은 양수입니다' 라고 표시될 것입니다. 그 이유는 (n〉0)의 뒤에 입력한 공문 ; 때문이고 프로그램은 다음과 같이 해석합니다.

```
if ( n > 0 ) ;                    // if문 : n>0이면 공문을 실행(아무 처리도 하지 않음)
    System.out.println("이 값은 양수입니다.");   // if문과는 상관없이 실행되는 식문
```

중요 if문의 조건 ( ) 뒤에 실수로 공문을 입력하지 않도록 주의할 것

Column 3-2… if문의 구문에 관한 보충

다음에 제시하는 if문을 보아 주십시오. 이 if문에서 문1과 문2가 어떤 조건일 때 실행되는지 살펴봅니다.

```
if ( a == 1 )
    if ( b == 1 )
        문1
else
    문2
```

혹시 표 3C-1과 같은 조건으로 두 개의 문이 실행된다고 생각합니까?

● 표 3C-1 … 조건1

문	실행되는 조건
문1	a는 1이고 b도 1인 경우
문2	a는 1이 아닌 경우

그러나 그렇지 않습니다. 이와 같은 if문에서 else는 가장 가까운 if와 대응하기 때문입니다. 즉 위 if문의 else는 if (a == 1)에 대응하는 것이 아니고 if (b == 1)에 대응하고 있습니다. 이 if문의 들여쓰기는 착각하기 쉽기 때문에 다음과 같이 입력해야 이해하기 쉽습니다.

```
if ( a == 1 )
    if ( b == 1 )
        문1
    else
        문2
```
───── a는 1일 경우 실행되는 문(if문)

위와 같이 입력하면 두 문이 실행되는 조건은 표 3C-2와 같이 정확하게 표현됩니다. a의 값이 1이 아니라면 아무것도 실행되지 않는 점에 주의하기 바랍니다.

● 표 3C-2 … 조건2

문	실행되는 조건
문1	a는 1이고 b도 1인 경우
문2	a는 1이고 b가 1이 아닌 경우

만약 조건1과 같은 실행이 필요할 경우 '블록'을 이용해서 다음과 같이 작성해야 합니다.

```
if ( a == 1 ) {
    if ( b == 1 )
        문1
} else
    문2
```
───── a는 1일 경우에 실행되는 문(블록)
───── a는 1이 아닌 경우에 실행되는 문

논리곱연산자와 논리합연산자

리스트 3-7은 정수값을 입력하면 그것이 0인지, 1자릿수 값인지, 2자릿수 이상의 값인지를 판단해서 표시하는 프로그램입니다.

리스트 3-7   ◎ 예제파일 : Chap03/DigitsNo1.java

```
// 입력한 정수값의 자릿수(0, 1자릿수, 2자릿수 이상)를 판단

import java.util.Scanner;
```

실행 예 1

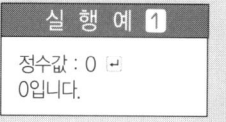

```
class DigitsNo1 {

    public static void main(String[ ] args) {
        Scanner stdIn = new Scanner(System.in);

        System.out.print("정수값 : ");
        int n = stdIn.nextInt( );

        if (n == 0)                                          // 0
            System.out.println("0입니다.");
        else if (n >= -9 && n <= 9)                          // 1자릿수
            System.out.println("1자릿수입니다.");
        else                                                 // 2자릿수 이상
            System.out.println("2자릿수 이상입니다.");
    }
}
```

실행 예 2
정수값 : -3
1자릿수입니다.

실행 예 3
정수값 : 15
2자릿수 이상입니다.

논리곱연산자 &&

입력한 값이 1자릿수인지 아닌지를 판단하는 것은 흰색 부분의 제어식입니다. 이 식에서 이용하고 있는 && 연산자는 그림 3-12 ⓐ에 표시한 '논리곱'의 연산을 실행하는 논리곱연산자(logical and operator)입니다. 이 연산자를 이용한 식 x && y를 평가해서 x와 y가 모두 true(참)일 경우에는 true(참), 그렇지 않으면 false(거짓)가 됩니다(표 3-4). 리스트 3-7에서 흰색 부분의 제어식은 'n이 -9 이상이고 그리고 9 이하'일 경우 true가 됩니다.

▶ n이 0일 경우에는 '0입니다'라고 표시되고 if문이 종료됩니다. 따라서 '1자릿수입니다'라고 표시되는 것은 n의 값이 -9, -8, ⋯, -2, -1, 1, 2, ⋯, 8, 9 가운데 하나일 경우입니다.

ⓐ ● 논리곱 양쪽이 참일 경우에만 참

x	y	x && y
true	true	true
true	false	false
false	true	false
false	false	false

ⓑ ● 논리합 한쪽이 참이면 참

x	y	x ∥ y
true	true	true
true	false	true
false	true	true
false	false	false

● 그림 3-12 논리곱과 논리합의 진리값

논리합연산자 ||

또 다른 논리연산인 '논리합'을 구하는 것이 논리합연산자(logical or operator)라는 || 연산자입니다(그림 3-12 ⓑ). 리스트 3-8은 논리합연산자를 이용해서 입력한 값이 2자릿수 이상인지 아닌지 판단해서 표시하는 프로그램입니다.

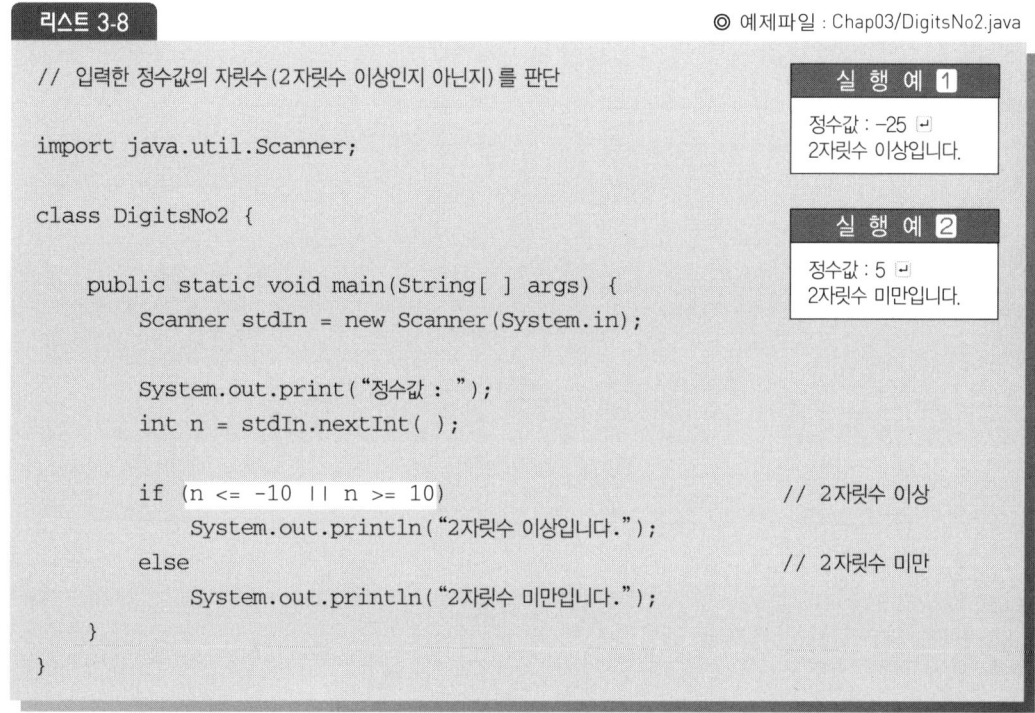

리스트 3-8   예제파일 : Chap03/DigitsNo2.java

```java
// 입력한 정수값의 자릿수 (2자릿수 이상인지 아닌지) 를 판단

import java.util.Scanner;

class DigitsNo2 {

    public static void main(String[ ] args) {
        Scanner stdIn = new Scanner(System.in);

        System.out.print("정수값 : ");
        int n = stdIn.nextInt( );

        if (n <= -10 || n >= 10)              // 2자릿수 이상
            System.out.println("2자릿수 이상입니다.");
        else                                   // 2자릿수 미만
            System.out.println("2자릿수 미만입니다.");
    }
}
```

실행 예 1
정수값 : -25
2자릿수 이상입니다.

실행 예 2
정수값 : 5
2자릿수 미만입니다.

표 3-4와 같이 식 x || y를 평가해서 x와 y의 어느 한쪽이 true(참)이면 true(참)이 되고, 그렇지 않으면 false(거짓)이 됩니다. 따라서 변수 n의 값이 -10 이하 또는 10 이상의 값일 경우에만 흰색 부분의 제어식이 true라고 평가해서 '2자릿수 이상입니다'라고 표시됩니다. 그리고 논리합연산자 || 기호는 소문자 l(엘)이 아니고 연속한 종선기호입니다.

*

또한 제7장에서 배울 연산자를 이용하면 배타적 논리합(어느 한쪽만이 true인지 아닌지)의 판단을 실행할 수 있습니다.

◎ 표 3-4 … 논리곱연산자와 논리합연산자

x && y	x와 y 모두 true이면 true, 그렇지 않으면 false를 생성
x || y	x와 y 어느 한쪽이라도 true이면 true, 그렇지 않으면 false를 생성

▶ && 연산자는 x를 평가한 값이 false이면 y의 평가를 실행하지 않고, || 연산자는 x를 평가한 값이 true이면 y의 평가를 실행하지 않습니다.

계절의 판정

리스트 3-9는 논리곱연산자와 논리합연산자를 이용해서 1 ~ 12라는 월의 값으로 계절을 판정하는 프로그램입니다.

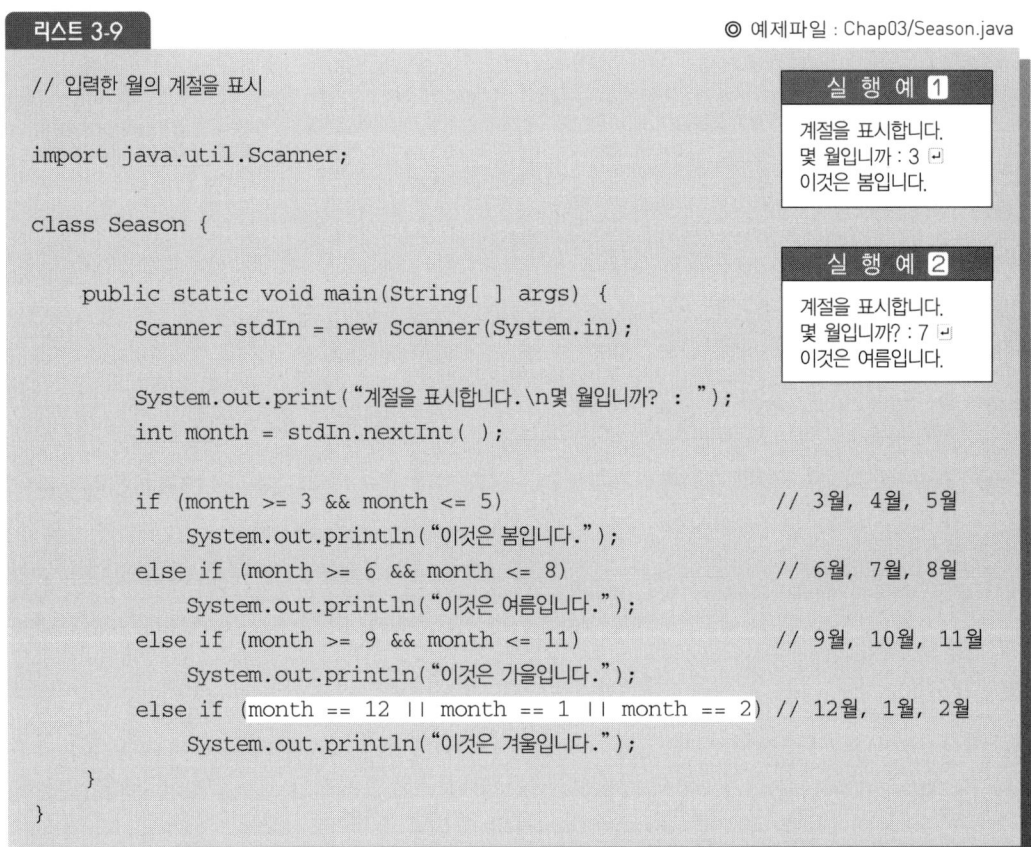

리스트 3-9   예제파일 : Chap03/Season.java

```java
// 입력한 월의 계절을 표시

import java.util.Scanner;

class Season {

    public static void main(String[ ] args) {
        Scanner stdIn = new Scanner(System.in);

        System.out.print("계절을 표시합니다.\n몇 월입니까? : ");
        int month = stdIn.nextInt( );

        if (month >= 3 && month <= 5)                         // 3월, 4월, 5월
            System.out.println("이것은 봄입니다.");
        else if (month >= 6 && month <= 8)                    // 6월, 7월, 8월
            System.out.println("이것은 여름입니다.");
        else if (month >= 9 && month <= 11)                   // 9월, 10월, 11월
            System.out.println("이것은 가을입니다.");
        else if (month == 12 || month == 1 || month == 2)     // 12월, 1월, 2월
            System.out.println("이것은 겨울입니다.");
    }
}
```

실 행 예 1
계절을 표시합니다.
몇 월입니까? : 3 ↵
이것은 봄입니다.

실 행 예 2
계절을 표시합니다.
몇 월입니까? : 7 ↵
이것은 여름입니다.

봄 · 여름 · 가을의 판정

봄 · 여름 · 가을의 판정에서는 논리곱연산자 &&을 이용해서 다음과 같은 방법으로 판정합니다.

- month가 3 이상 그리고 month가 5 이하 · · · **봄**
- month가 6 이상 그리고 month가 8 이하 · · · **여름**
- month가 9 이상 그리고 month가 11 이하 · · · **가을**

▶ 관계연산자는 2항연산자이기 때문에 예를 들어 '봄인지 아닌지'의 판정을 다음과 같이 실행할 수는 없습니다.

```
3 <= month <= 5      // 에러
```

겨울의 판정

겨울을 판정하는 흰색 부분에서는 논리합연산자 ||가 이중으로 이용되고 있습니다. 식 a + b + c 가 (a + b) + c로 간주되는 것과 마찬가지로 a || b || c는 (a || b) || c로 간주됩니다. 때문에 a, b, c 가운데 하나라도 true이면 식 a || b || c를 평가한 값은 true가 됩니다.

▶ 예를 들어 month가 1이면 식 month == 12 || month == 1을 평가한 값은 true가 됩니다. 따라서 음영부분 전체는 true와 month == 2의 논리합을 검색하는 연산이 되기 때문에 그 결과도 true가 됩니다.

■ 단락평가

변수 month가 2일 경우 if문에서 처음 실행되는 것은 계절이 '봄' 인지 아닌지 아래 식에 의해 판정됩니다.

```
month >= 3 && month <= 5
```

왼쪽 피연산자의 month >= 3이 false이면 오른쪽 피연산자의 식 month <= 5를 조사하지 않아도 식 전체는 명백하게 false(봄이 아닌)가 됩니다. 따라서 && 연산자의 왼쪽 피연산자를 평가한 값이 false이면 오른쪽 피연산자의 평가는 실행되지 않습니다.

*

|| 연산자도 마찬가지입니다. 계절이 '겨울' 인지 아닌지 판정하는 식에 주목하기 바랍니다.

```
month == 12 || month == 1 || month == 2
```

만약 month가 12일 경우 1월과 2월을 조사할 필요도 없이 식 전체가 true가 되는(겨울이 되는) 것을 알 수 있습니다. 따라서 || 연산자의 왼쪽 피연산자를 평가한 값이 true이면 오른쪽 피연산자의 평가는 실행되지 않습니다.

▶ 예를 들어 month가 12라고 가정합니다. 식 month == 12 || month == 1은 왼쪽 피연산자가 true이기 때문에 오른쪽 피연산자를 조사하지 않고 true라고 평가됩니다. 따라서 흰색 부분 전체는 true와 month == 2의 논리합을 조사하는 true || month == 2가 됩니다. 이 식도 왼쪽 피연산자가 true이기 때문에 오른쪽 피연산자를 조사하지 않고 true라고 평가됩니다.

논리연산의 전체 식을 평가한 결과가 왼쪽 피연산자를 평가한 결과만으로 분명해질 경우 오른쪽 피연산자의 평가가 실행되지 않는 것을 단락평가(short circuit evaluation)라고 합니다.

> **주의** 논리곱연산자 && 논리합연산자 ||의 평가에서는 단락평가가 실행된다.

▶ 연산자 &&, ||와 비슷한 연산자로서 연산자 &와 |가 있습니다. 연산자 &는 논리곱을 구하고 연산자 |는 논리합을 구합니다. 단 &와 |에 의한 연산에서는 단락평가가 실행되지 않습니다. 때문에 &와 |는 논리연산을 위해 사용되는 일이 적고 일반적으로 비트단위의 논리연산을 실행하기 위해 이용됩니다. 자세한 내용은 제7장에서 배웁니다.

연습 3-8
키보드로 점수를 입력하면 우수/양호/보통/낙제를 판정해서 표시하는 프로그램을 작성하시오. 판정은 다음과 같이 합니다.

0~59 → 낙제 / 60~69 → 보통 / 70~79 → 양호 / 80~100 → 우수

조건연산자

리스트 3-10은 두 개의 값을 입력하면 값이 작은 쪽을 표시하는 프로그램입니다.

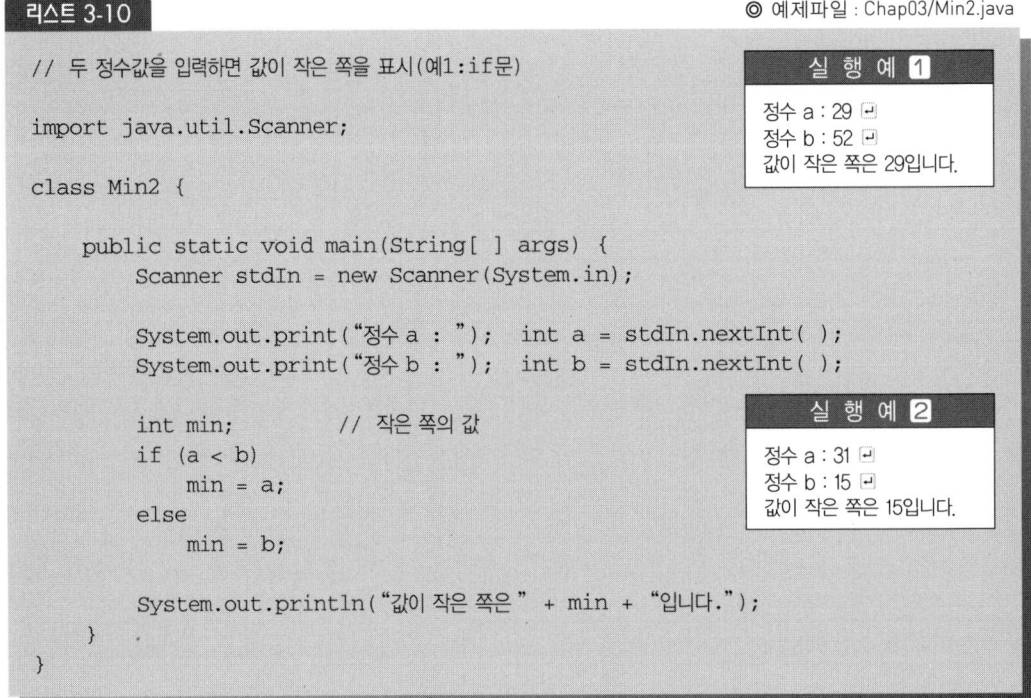

리스트 3-10 ◎ 예제파일 : Chap03/Min2.java

```java
// 두 정수값을 입력하면 값이 작은 쪽을 표시(예1:if문)

import java.util.Scanner;

class Min2 {

    public static void main(String[ ] args) {
        Scanner stdIn = new Scanner(System.in);

        System.out.print("정수 a : ");   int a = stdIn.nextInt( );
        System.out.print("정수 b : ");   int b = stdIn.nextInt( );

        int min;           // 작은 쪽의 값
        if (a < b)
            min = a;
        else
            min = b;

        System.out.println("값이 작은 쪽은" + min + "입니다.");
    }
}
```

실 행 예 1
정수 a : 29
정수 b : 52
값이 작은 쪽은 29입니다.

실 행 예 2
정수 a : 31
정수 b : 15
값이 작은 쪽은 15입니다.

변수 a와 b에 입력한 값을 비교해서 a쪽이 b보다 작으면 변수 min에 a를 대입하고, 그렇지 않으면 변수 min에 b를 대입합니다. 그 결과 if문의 실행이 종료될 때 변수 min에는 값이 작은 쪽이 대입됩니다.

▶ a와 b의 값이 같으면 변수 min에 대입되는 것은 b입니다.

조건연산자

리스트 3-11은 if문을 이용하지 않고 작성한 프로그램입니다. 흰색 부분에서는 표 3-5에 표시한 조건연산자(conditional operator)를 이용하고 있습니다.

● 표 3-5 ⋯ 조건연산자

x ? y : z	x가 true이면 y를 평가한 값을, 그렇지 않으면 z를 평가한 값을 생성

▶ x를 평가한 값이 true이면 z는 평가되지 않고 false이면 y는 평가되지 않습니다.

그림 3-13은 조건연산자를 이용한 조건식(conditional expression)에서 실행되는 과정을 정리한 그림입니다. 변수 min에 대입할 수 있는 것은 a가 b보다 작으면 a의 값, 그렇지 않으면 b의 값이 됩니다. 조건식은 if문을 응축한 것과 같기 때문에 Java 프로그램에서 즐겨 사용됩니다.

리스트 3-11 　　　　　　　　　　　　　　　　　◎ 예제파일 : Chap03/Min2Cond.java

```java
// 두 정수값을 입력하면 값이 작은 쪽을 표시(예2:조건연산자)

import java.util.Scanner;

class Min2Cond {

    public static void main(String[ ] args) {
        Scanner stdIn = new Scanner(System.in);

        System.out.print("정수값 a : ");   int a = stdIn.nextInt( );
        System.out.print("정수값 b : ");   int b = stdIn.nextInt( );

        int min = a < b ? a : b ;       // 작은 쪽의 값
        System.out.println("값이 작은 쪽은 " + min + "입니다.");
    }
}
```

실 행 예
정수 a : 29
정수 b : 52
값이 작은 쪽은 29입니다.

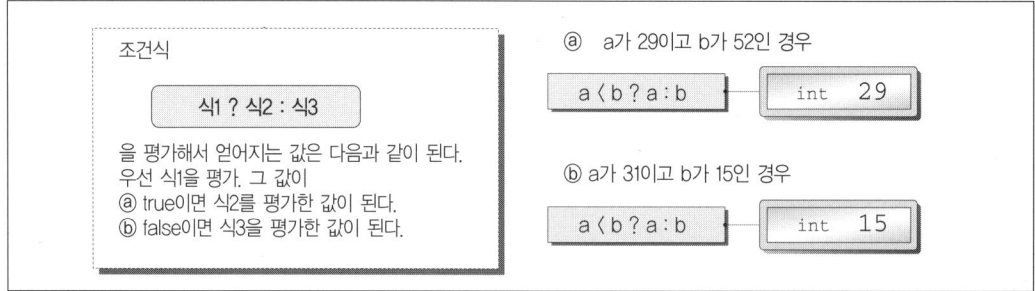

● 그림 3-13 조건식의 평가

또한 다음과 같이 작은 쪽 값을 구하는 부분을 println 안에 기술하면 변수 min을 사용하지 않고 작성할 수 있습니다.

```
System.out.println("값이 작은 쪽은" + (a < b ? a : b) + "입니다.");
```

연습 3-9
두 개의 정수값을 입력해서 값이 큰 쪽을 표시하는 프로그램을 작성하시오.

연습 3-10
두 개의 정수값을 입력해서 두 값의 차를 표시하는 프로그램을 작성하시오.

연습 3-11
실행 예와 같이 두 개의 정수값을 입력해서 두 값의 차가 10 이하이면 '두 값의 차는 10 이하입니다'라고 표시하고, 그렇지 않으면 '두 값의 차는 11이상입니다'라고 표시하는 프로그램을 작성하시오.

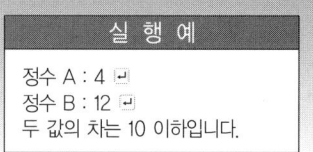

세 값의 최대값

리스트 3-12는 세 개의 변수 a, b, c에 정수값을 입력하면 세 값 중에서 가장 큰 값을 구해서 표시하는 프로그램입니다.

리스트 3-12

◎ 예제파일 : Chap03/Max3.java

```java
// 세 정수값의 최대값을 구하기

import java.util.Scanner;

class Max3 {

    public static void main(String[ ] args) {
        Scanner stdIn = new Scanner(System.in);

        System.out.print("정수 a : ");  int a = stdIn.nextInt( );
        System.out.print("정수 b : ");  int b = stdIn.nextInt( );
        System.out.print("정수 c : ");  int c = stdIn.nextInt( );

 ❶      int max = a;
 ❷      if (b > max) max = b;
 ❸      if (c > max) max = c;

        System.out.println("최대값은" + max + "입니다.");
    }
}
```

```
실 행 예
정수 a : 1 ↵
정수 b : 3 ↵
정수 c : 2 ↵
최대값은 3입니다.
```

세 값의 최대값을 구하는 과정은 다음과 같습니다.

❶ max를 a의 값으로 초기화한다.
❷ b의 값이 max보다 크면 max에 b의 값을 대입한다.
❸ c의 값이 max보다 크면 max에 c의 값을 대입한다.

이와 같이 '처리 흐름'을 정의한 규칙을 알고리즘(algorithm)이라고 합니다. 그림 3-14는 세 값의 최대값을 구하는 알고리즘을 나타낸 순서도입니다.

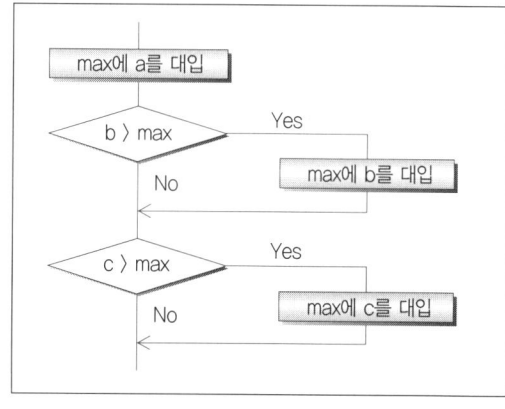

◎ **그림 3-14** 세 값의 최대값을 구하는 순서도

실행 예와 같이 변수 a, b, c에 대해서 1, 3, 2를 입력하면 프로그램의 흐름은 순서도 상에서 강조한 선을 지납니다. 이때 변수 max는 그림 3-15 ⓐ에 표시한 것과 같이 변화합니다.

그 외의 값을 가정해서 순서도를 복습해 봅시다. 예를 들어 변수 a, b, c의 값이 1, 2, 3과 3, 2, 1이 입력되어도 정확한 최대값을 구할 수 있습니다. 물론 세 값이 5, 5, 5로 모두 같거나 1, 3, 1과 같이 두 값이 같아도 정확한 최대값을 구할 수 있습니다.

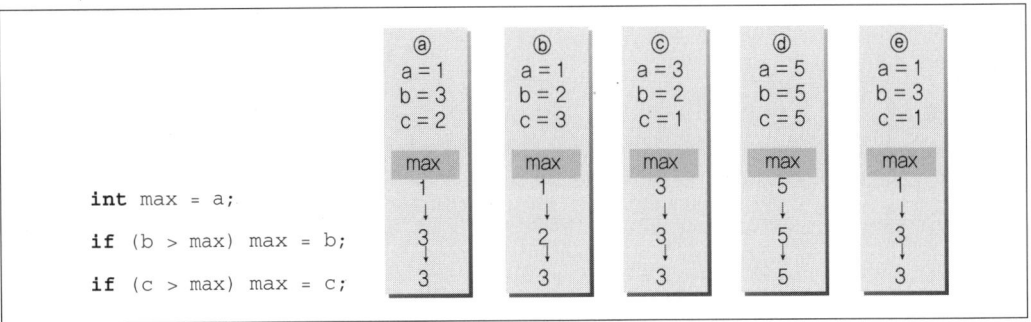

● **그림 3-15** 세 값의 최대값을 구하는 과정에서 변수 max의 변화

'알고리즘'이라는 용어는 다음과 같이 정의할 수 있습니다.

문제를 해결하기 위해서 명확하게 정의되고, 순서가 정해진 유한한 개수를 갖는 규칙으로 이루어진 집합

물론 아무리 분명하게 기술되어 있더라도 변수의 값에 따라서 문제가 풀리기도 하고 풀리지 않기도 하는 것은 정확한 알고리즘이라고 할 수 없습니다.

연습 3-12
키보드로 입력한 세 개의 정수값의 최소값을 구해서 표시하는 프로그램을 작성하시오.

연습 3-13
키보드로 입력한 세 개의 정수값의 가운데 값을 구해서 표시하는 프로그램을 작성하시오. 예를 들면 2, 3, 1의 가운데 값은 2이고, 1, 2, 1의 가운데 값은 1이고, 3, 3, 3의 가운데 값은 3이다.

블록

리스트 3-13은 두 개의 정수값을 입력하면 값이 작은 쪽과 값이 큰 쪽 모두를 구하는 프로그램입니다.

리스트 3-13

◎ 예제파일 : Chap03/MinMax.java

```java
// 두 정수값의 작은 쪽 값과 큰 쪽 값을 구해서 표시

import java.util.Scanner;

class MinMax {

    public static void main(String[ ] args) {
        Scanner stdIn = new Scanner(System.in);

        System.out.print("정수 a : ");  int a = stdIn.nextInt( );
        System.out.print("정수 b : ");  int b = stdIn.nextInt( );

        int min, max;        // 작은 쪽의 값/큰 쪽의 값

        if (a < b) {         // a가 b보다 작으면
 ❶          min = a;
            max = b;
        } else {             // 그렇지 않으면
 ❷          min = b;
            max = a;
        }

        System.out.println("값이 작은 쪽은" + min + "입니다.");
        System.out.println("값이 큰 쪽은" + max + "입니다.");
    }
}
```

실 행 예 ❶
정수 a : 32
정수 b : 15
값이 작은 쪽은 15입니다.
값이 큰 쪽은 32입니다.

실 행 예 ❷
정수 a : 5
정수 b : 10
값이 작은 쪽은 5입니다.
값이 큰 쪽은 10입니다.

이 프로그램의 if문은 a가 b보다 작으면 ❶부분인

```
{ min = a; max = b; }
```

을 실행하고, 그렇지 않으면 ❷부분을 실행합니다.

```
{ min = b; max = a; }
```

양쪽 모두 2개의 문이 { } 사이에 입력되어 있습니다. 이와 같이 문의 나열을 { } 사이에 입력하는 것을 블록(block)이라고 합니다.

그림 3-16은 블록의 구문을 표시한 그림이고 { } 안의 문의 개수는 임의로 정할 수 있습니다(0개라도 상관없습니다). 따라서 다음과 같이 표시하면 모두 블록이 됩니다.

```
{ }                                                          { }
{ System.out.print("ABC"); }                                 { 문 }
{ x = 15; System.out.print("ABC"); }                         { 문 문 }
{ x = 15; y = 30; System.out.print("ABC"); }                 { 문 문 문 }
```

▶ 구문을 읽는 방법에 대해서는 Column 3-5를 참조하기 바랍니다.

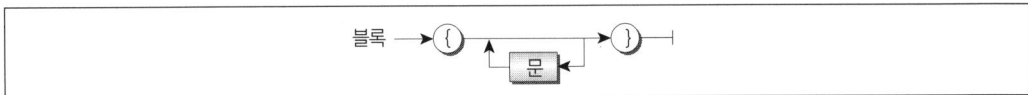

● 그림 3-16 블록의 구문

블록은 구문에서 단일한 문으로 간주되기 때문에 이 프로그램의 if문은 다음과 같이 해석됩니다.

```
if (a < b) { min = a; max = b; } else { min = b; max = a; }
 if  ( 식 )        문              else          문
```

여기에서 if문의 구문을 확인해 보면 다음에 나타낸 형식 가운데 하나가 됩니다.

- if (식) 문
- if (식) 문 else 문

즉 if문이 제어하는 문은 하나뿐(else 이후에도 하나뿐)이기 때문에 이 프로그램의 if문은 구문과 정확하게 일치하고 있습니다.

> **주의** 단일한 문이 요구되는 장소에서 복수의 문을 실행해야 할 경우에는 그것들을 모아서 블록으로 작성한다.

이 if문에서 { }를 두 개 모두 삭제하면 어떻게 되는지 실험해 보기 바랍니다.

```
             if문              식문       ↓ 이해불가!!
if (a < b)   min = a;      max = b;   else  min = b;  max = a;
 if ( 식 )       문            식;
```

if (a < b) min = a; 부분이 if문으로 간주되고, max = b; 부분은 식문이 됩니다. 뒤에 오는 else는 if와 대응하지 않기 때문에 컴파일 할 때 에러가 발생합니다.

*

또한 만약 문이 하나뿐일 경우에도 { } 사이에 입력해서 블록으로 해도 상관없습니다. 따라서 리스트 3-10의 if문은 다음과 같이 입력할 수도 있습니다.

```
if (a < b) {
    min = a;
} else {
    min = b;
}
```

Column 3-3 ··· 블록과 문

이 책에서 제시한 구문의 일부는 자세한 문법규칙을 생략하고 있습니다. 블록 안에 입력할 수 있는 '문'은 블록문(block statement)이라는 문으로 제한됩니다. 블록문은 일반적인 '문'에 '지역변수 선언문'과 '클래스'을 포함한 것입니다.

두 값의 정렬

리스트 3-14는 두 개의 변수 a, b에 정수값을 입력하면 최소값이 위로 오는 오름차순 정렬, 즉 a ≤ b가 되도록 정렬(sort)하는 프로그램입니다.

▶ 이 프로그램은 두 값의 '오름차순 정렬'을 실행합니다. 반대로 최대값이 위로 오는 정렬을 '내림차순 정렬'이라고 합니다.

리스트 3-14 ◎ 예제파일 : Chap03/Sort2.java

```java
// 두 값을 오름차순으로 정렬

import java.util.Scanner;

class Sort2 {

    public static void main(String[ ] args) {
        Scanner stdIn = new Scanner(System.in);

        System.out.print("변수 a : ");
        int a = stdIn.nextInt( );

        System.out.print("변수 b : ");
```

실 행 예 1
변수 a : 57 ↵
변수 b : 13 ↵
a≤b가 되도록 정렬했습니다.
변수 a는 13입니다.
변수 b는 57입니다.

실 행 예 2
변수 a : 0 ↵
변수 b : 1 ↵
a≤b가 되도록 정렬했습니다.
변수 a는 0입니다.
변수 b는 1입니다.

```
            int b = stdIn.nextInt( );

            if (a > b) {                // a가 b보다 크면
                int t = a;              // 두 값을 교환
                a = b;
                b = t;
            }

            System.out.println("a≤가 되도록 정렬했습니다.");
            System.out.println("변수 a는 " + a + "입니다.");
            System.out.println("변수 b는 " + b + "입니다.");
        }
    }
```

정렬 순서는 다음과 같습니다.

- a의 값이 b보다 클 경우 : a와 b의 값을 교환한다
- 아닐 경우   : 아무 처리도 하지 않는다

a와 b 값의 교환을 실행하는 곳이 흰색 부분의 블록입니다. 블록의 첫 줄은 변수 t가 선언되어 있습니다. 이것은 두 변수의 값을 교환할 때 필요한 작업용 변수입니다. 이와 같이 블록 안에서 선언된 변수를 사용할 수 있는 범위는 그 블록으로 제한되기 때문에 다음과 같은 규칙을 지켜야 합니다.

> 주의 블록 내에서만 이용할 변수는 그 블록 내에서 선언한다.

■ 두 값의 교환

블록 내에서 실행되고 있는 '두 값을 교환' 하는 순서는 다음과 같습니다.

① a의 값을 t에 저장해 둔다.
② b의 값을 a에 대입한다.
③ t에 저장해 둔 최초의 a 값을 b에 대입한다.

이 세 가지 과정으로 a와 b의 값에 대한 교환은 종료됩니다. 그림 3-17은 변수 a가 57이고 변수 b가 13일 경우 교환되는 과정을 나타낸 그림입니다. 교환 후에는 a가 13이 되고 b가 57이 됩니다.

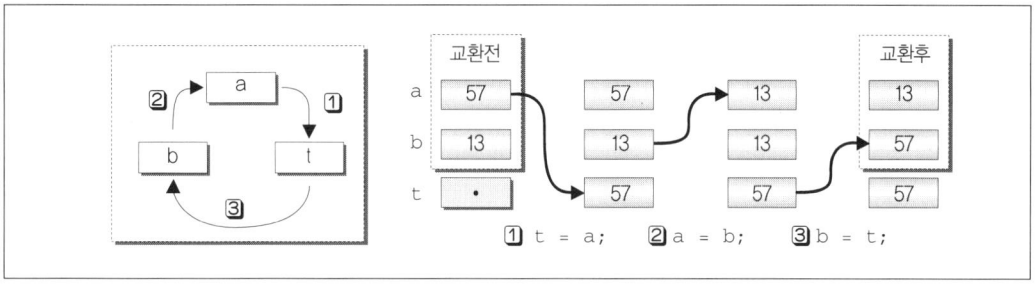

● **그림 3-17** 두 값의 교환순서

▶ 두 값의 교환을 다음과 같이 실행해서는 안됩니다.
```
a = b;
b = a;
```

이렇게 하면 두 변수 a와 b의 값은 대입하기 전의 b의 값이 되고 맙니다.

연습 3-14
리스트 3-13과 같이 두 개의 정수값을 입력하면 작은 쪽의 값과 큰 쪽의 값 모두를 표시하는 프로그램을 작성하시오. 단, 두 정수값이 같을 경우에는 실행 예와 같이 '두 값은 같습니다'라고 표시한다.

```
실 행 예
정수 a : 12 ↵
정수 b : 12 ↵
두 값은 같습니다.
```

연습 3-15
두 개의 정수값을 입력하면 내림차순(최대값이 위로)으로 정렬하는 프로그램을 작성하시오.

연습 3-16
세 개의 정수값을 입력하면 오름차순(최소값이 위로)으로 정렬하는 프로그램을 작성하시오.

3-2 switch문

if문은 어떤 조건의 판정결과에 따라서 프로그램의 흐름을 두 가지로 분기하는 것이었습니다. 이 절에서 배울 switch문을 이용하면 한번에 여러 개의 분기를 할 수 있습니다.

switch문

리스트 3-15는 키보드로 입력된 값에 따라서 가위바위보의 '손'을 표시하는 프로그램입니다.

리스트 3-15 ◎ 예제파일 : Chap03/FingerFlashing1.java

```java
// 입력된 값에 따라서 가위바위보의 손을 표시(예1 : if문)

import java.util.Scanner;

class FingerFlashing1 {

    public static void main(String[ ] args) {
        Scanner stdIn = new Scanner(System.in);

        System.out.print("손을 선택하시오 (0 - 가위 / 1 - 바위 / 2 - 보) : ");
        int hand = stdIn.nextInt( );

        if (hand == 0)
            System.out.println("가위");
        else if (hand == 1)
            System.out.println("바위");
        else if (hand == 2)
            System.out.println("보");
    }
}
```

실 행 예
```
손을 선택하시오 (0 - 가위 / 1 - 바위 / 2 - 보) : 0 ↵
가위
```

이 프로그램의 if문은 hand의 값에 따라서 분기하고 있습니다. 프로그램을 작성할 때 hand를 여러 번 입력합니다(이 과정에서 작성 오류가 생길지도 모릅니다). 또한 프로그램을 읽을 때는 각 if문의 제어식을 주의 깊게 읽어야 합니다.

                 ＊

이와 같은 분기를 간결하게 표현할 수 있는 것이 switch문(switch statement)입니다. switch 문은 어떤 식을 평가한 값에 따라서 프로그램의 흐름을 복수로 분기시키는 문이고, 이름 그대로 '스위치' 같은 역할을 합니다. 리스트 3-16은 switch문으로 수정한 프로그램입니다. 그림 3-18은 switch문의 구문이고, 판정을 위해 ( ) 사이에 작성한 제어식은 정수형이어야 합니다.

▶ 구체적으로는 char, byte, short, int, Character, Byte, Short, Integer, 나열형 가운데 하나를 이용해야 되고, 실수와 문자열은 허용되지 않습니다.

리스트 3-16 ◎ 예제파일 : Chap03/FingerFlashing2.java

```java
// 입력한 값에 따라서 가위바위보의 손을 표시(예2: switch문)

import java.util.Scanner;

class FingerFlashing2 {

    public static void main(String[ ] args) {
        Scanner stdIn = new Scanner(System.in);

        System.out.print("손을 선택하시오 (0 - 가위 / 1 - 바위 / 2 - 보) : ");
        int hand = stdIn.nextInt( );

        switch (hand) {
         case 0: System.out.println("가위"); break;
         case 1: System.out.println("바위"); break;
         case 2: System.out.println("보");   break;
        }
    }
}
```

실 행 예
손을 선택하시오 (0 - 가위 / 1 - 바위 / 2 - 보) : 0
가위

switch문

레이블

프로그램의 흐름이 switch문에 도달하면 먼저 ( ) 내에 기술된 제어식의 평가가 이루어집니다. 그리고 그 결과에 따라서 switch문 내의 어디로 프로그램의 흐름을 이동시킬 것인지 결정합니다. 만약 제어식 hand의 값이 1이면 프로그램의 흐름은

```
case 1:      // hand가 1일 경우 실행될 레이블
```

이라고 기술된 곳으로 이동합니다.

case 1:과 같이 프로그램이 이동할 곳을 나타내는 표시가 레이블(label)입니다.

▶ 서로 다른 레이블이 동일한 값을 갖는 것은 허용되지 않습니다. 또한 레이블의 값은 '정수'이고 변수는 허용되지 않습니다.

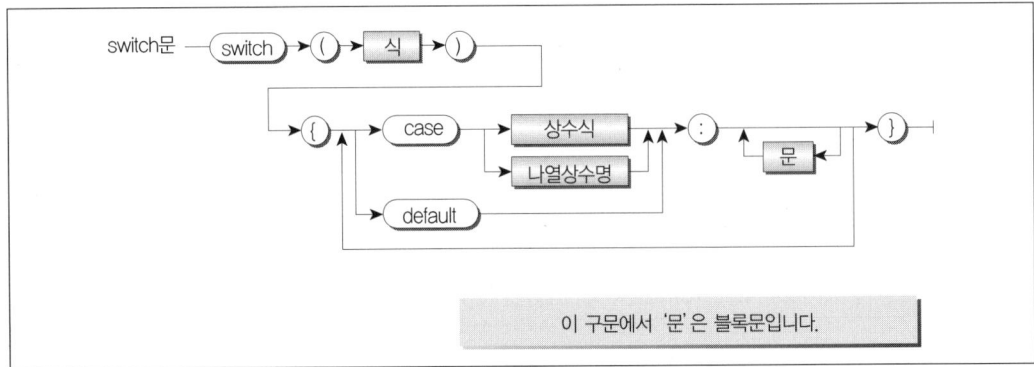

● 그림 3-18 switch문의 구문

프로그램의 흐름이 레이블로 이동한 후에는 그 뒤에 놓인 문이 순차적으로 실행됩니다. 따라서 hand 1이면 먼저 다음의 문이 실행됩니다(그림 3-19).

```
System.out.println("바위");            // hand1의 경우에 실행되는 문
```

이것으로 화면에 "바위"라고 표시됩니다.

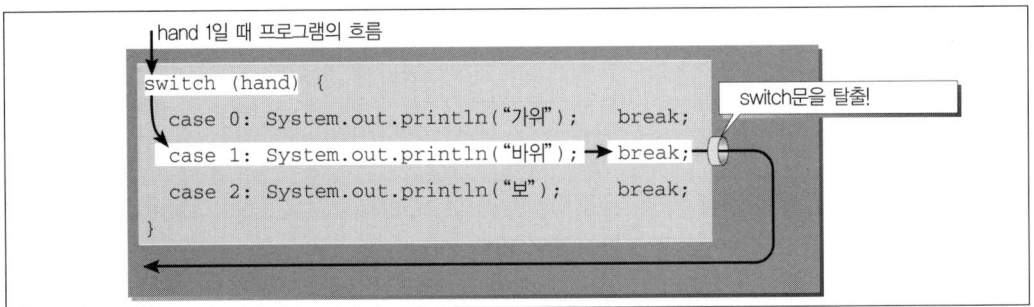

● 그림 3-19 switch문에서 프로그램의 흐름과 break문의 역할

■ break문

프로그램의 흐름이 break문(break statement)이라고 불리는

```
break;                  // break문 : switch문을 탈출
```

과 만나면 switch문의 실행은 종료됩니다. break는 '깨다' '탈출하다' 라는 의미이며 break문이 실행되면 프로그램의 흐름은 switch문을 탈출합니다.

> 주의 break문을 실행하면 프로그램의 흐름은 switch문에서 탈출한다.

따라서 hand 값이 1이면 화면에 "바위"만 표시되고 그 아래 있는 "보"을 표시하는 문은 실행되지 않습니다. 물론 hand가 0이면 "가위"만 표시되고, 2면 "보"만을 표시하게 됩니다.

▶ break문에 의해 탈출한 후에는 switch문 다음에 위치한 문이 실행됩니다. 이 프로그램의 경우에는 switch문 다음에는 문이 없기 때문에 프로그램 실행이 종료됩니다.

또한 hand 값이 0, 1, 2 이외의 값이 오면 일치하는 레이블이 없기 때문에 switch문은 실질적으로 그대로 넘어갑니다(아무 것도 표시되지 않습니다). 그림 3-20은 break문의 구문입니다.

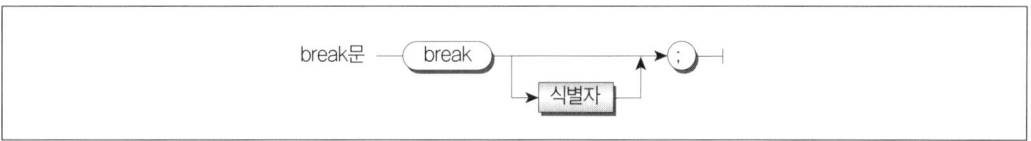

● 그림 3-20 break문의 구문

마지막 case에 놓인 break문

case 2를 보아 주십시오. "보"의 표시 뒤에 break문이 있습니다. 이것을 삭제해도 프로그램의 동작은 변하지 않습니다. 그 이유는 break문의 유무에 관계없이 switch문은 종료되기 때문입니다. 그러면 이 break문은 무엇 때문에 입력했을까요?

만약 가위바위보의 손이 4종류로 늘어나서 값이 3인 '짱'을 추가한다고 가정하면 switch문은 다음과 같이 변경됩니다.

```
switch (hand) {
    case 0: System.out.println("가위");   break;
    case 1: System.out.println("바위");   break;
    case 2: System.out.println("보");     break;
    case 3: System.out.println("짱");     break;
}
```

case 3 부분이 추가된 부분이고, 위 switch문에서는 흰색 부분의 break문을 생략할 수 없습니다. 만약 변경 전의 프로그램에서 흰색 부분의 break문이 없으면

> 레이블을 추가할 경우에 필요한 break문의 추가를 잊어버리는

오류를 범할지도 모릅니다. 마지막 break는 레이블 추가에 수반되는 프로그램 변경을 확실하고 용이하게 하기 위한 것입니다.

> **주의** 마지막 case 부분의 끝에도 break문을 입력한다.

*

switch문에 있어서 레이블과 break문의 역할을 좀더 설명하겠습니다. 리스트 3-17의 프로그램을 실행해 봅니다.

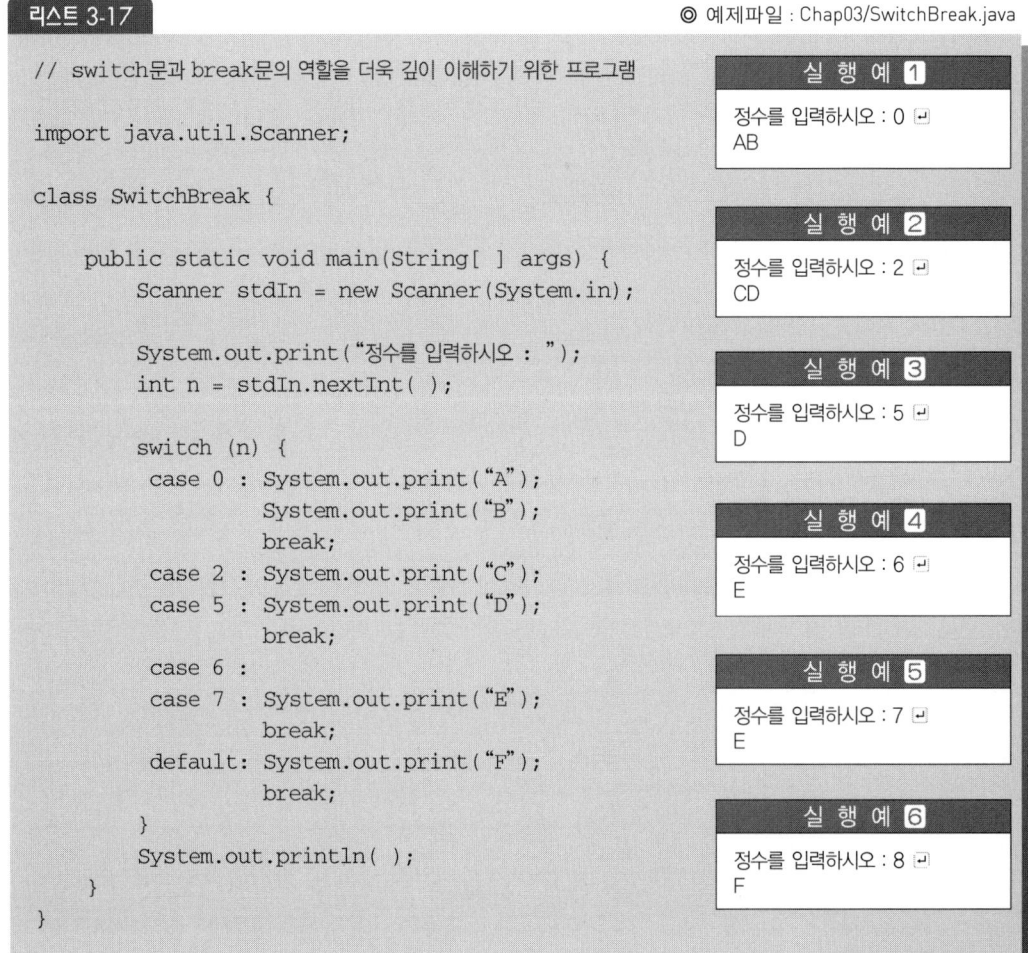

리스트 3-17　　　　　　　　　　　　◎ 예제파일 : Chap03/SwitchBreak.java

```java
// switch문과 break문의 역할을 더욱 깊이 이해하기 위한 프로그램

import java.util.Scanner;

class SwitchBreak {

    public static void main(String[ ] args) {
        Scanner stdIn = new Scanner(System.in);

        System.out.print("정수를 입력하시오 : ");
        int n = stdIn.nextInt( );

        switch (n) {
          case 0 : System.out.print("A");
                   System.out.print("B");
                   break;
          case 2 : System.out.print("C");
          case 5 : System.out.print("D");
                   break;
          case 6 :
          case 7 : System.out.print("E");
                   break;
          default: System.out.print("F");
                   break;
        }
        System.out.println( );
    }
}
```

실행 예 1
정수를 입력하시오 : 0
AB

실행 예 2
정수를 입력하시오 : 2
CD

실행 예 3
정수를 입력하시오 : 5
D

실행 예 4
정수를 입력하시오 : 6
E

실행 예 5
정수를 입력하시오 : 7
E

실행 예 6
정수를 입력하시오 : 8
F

default 레이블

리스트 3-16의 프로그램에서는 없었지만 리스트 3-17의 switch문에는

```
default:         // 어느 레이블과도 일치하지 않을 때 이동할 곳을 나타내는 레이블
```

이라는 레이블이 있습니다. 분기를 위해 제어식을 평가한 값이 모든 case와 일치하지 않을 경우, 프로그램의 흐름은 이 레이블로 이동하게 되어 있습니다.

따라서 이 프로그램에서 switch문의 처리의 흐름은 그림 3-21과 같이 됩니다. 즉 break문이 없는 곳에서는 프로그램의 흐름이 다음 문으로 '이동'을 합니다.

*

이 프로그램의 switch문 내의 레이블의 출현순서를 바꾸면 실행결과도 달라집니다. switch문을 사용할 경우에는 레이블의 순서를 배려해야 합니다.

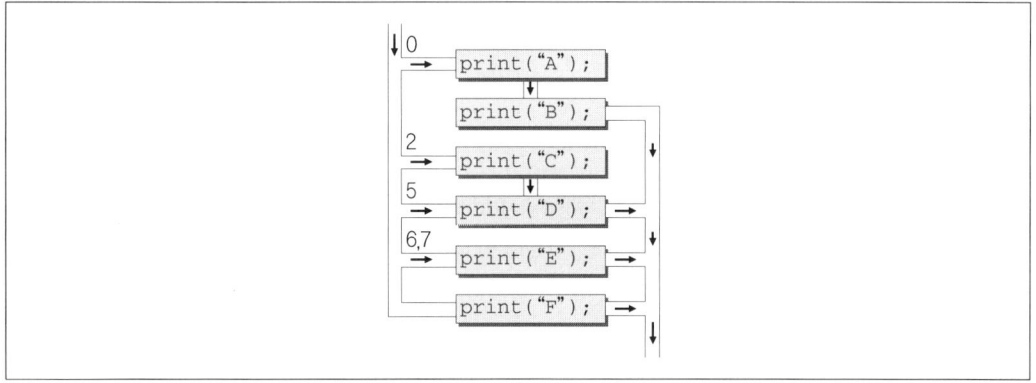

● 그림 3-21 switch문의 흐름

선택문

if문과 switch문은 프로그램의 흐름을 분기시키는 공통점이 있기 때문에 두 문을 모아서 선택문 (selection statement)이라고 합니다.

*

if문과 switch문 모두 분기를 실현할 때 사용할 수 있지만 switch문을 이용해서 표현하는 편이 읽기 쉬운 경향이 있습니다. 그림 3-22에 제시한 예제를 살펴봅시다.

```
if (a == 1)                // 왼쪽의 if문을 수정한 switch문
    c = 10;                switch (a) {
else if (a == 2)              case 1 : c = 10;  break;
    c = 20;                   case 2 : c = 20;  break;
else if (a == 3)              case 3 : c = 50;  break;
    c = 50;                   default : if (b == 4) c = 80;  break;
else if (b == 4)           }
    c = 80;
```

● **그림 3-22** 등가인 if문과 switch문

먼저 if문을 꼼꼼하게 살펴봅니다. 앞쪽의 세 개의 if는 a의 값을 검사하고, 마지막 if는 b의 값을 검사하고 있습니다. 변수 c에 80이 대입되는 경우는 a가 1, 2, 3 어느 경우도 아니고, 그리고(and) b가 4인 경우입니다.

연속한 if문에서 분기를 위한 비교대상은 반드시 단일한 식이라고는 할 수 없습니다. 마지막 판정은 if (a == 4)를 잘못 입력한 것으로 오해할 수도 있습니다. 이런 점에서 switch문이 전체를 이해하기 쉽고, 프로그램을 읽는 사람이 오해할 소지도 적습니다.

> **중요** 단일한 식의 값에 의한 프로그램 흐름의 분기는 if문이 아닌 switch문으로 표현하는 편이 좋다.

연습 3-17
0, 1, 2 가운데 하나를 난수로 생성해서 0이면 '가위'를, 1이면 '바위'를, 3이면 '보'를 표시하는 프로그램을 작성하시오.

연습 3-18
월을 1~12의 정수값으로 입력하면 그에 대응하는 계절을 표시하는 프로그램을 작성하시오.

3-3 키워드·식별자·연산자

이 장에서는 식문·if문·switch문과 함께 여러 가지 연산자를 배웠습니다. 여기에서는 연산자를 포함한 프로그램의 구성요소에 대해서 배웁니다.

키워드

if문이나 else라는 단어에는 특별한 의미가 있습니다. 이와 같은 단어를 키워드(keyword)라고 하며, 프로그램 작성자가 변수 등의 이름으로 이용할 수 없습니다. 표 3-6은 Java에서 사용하는 키워드입니다.

● 표 3-6 ··· 키워드 일람

abstract	assert	boolean	break	byte	case
catch	char	class	const	continue	default
do	double	else	enum	extends	final
finally	float	for	goto	if	implements
import	instanceof	int	interface	long	native
new	package	private	protected	public	return
short	static	strictfp	super	switch	syncronized
this	throw	throws	transient	try	void
volatile	while				

▶ const와 goto는 키워드로 예약되어 있지만 실제로는 사용할 수 없습니다.

구분자

키워드는 일종의 '단어'와 같은 것입니다. 이 단어를 구분하기 위해 사용하는 기호가 구분자(separator)입니다.

● 표 3-7 ··· 구분자 일람

[	]	(	)	{	}	,	:	.

▶ 구분자는 '분리자'라고도 합니다.

식별자

식별자(identifier)는 변수·레이블(제4장)·메소드(제7장)·클래스(제8장) 등에 주어진 이름입니다. 이름은 자유롭게 붙일 수 있지만 다음과 같은 규칙을 따라야 합니다.

식별자의 첫 문자는 다음 가운데 하나를 사용해야 한다.
- 모든 문자($와 _을 포함)

식별자의 두 번째 문자는 다음 가운데 하나를 사용해야 한다.
- 모든 문자($와 _을 포함)
- 숫자

숫자를 사용할 수 있는 것은 두 번째 문자부터라는 점을 기억해 두십시오. 또한 키워드와 더불어 true와 false와 null도 식별자로써 이용할 수 없습니다.

▶ $는 Java 컴파일러가 바이트코드를 생성할 때 내부적으로 이용하는 문자입니다. 소스 프로그램에서는 사용하지 않도록 권장합니다.

Java에서는 Unicode라는 문자코드체계를 이용하기 때문에 '모든 문자'에는 영문 알파벳뿐만 아니라 한글/한자도 포함됩니다.

▶ Unicode에 대해서는 제15장에서 학습합니다.

올바른 식별자와 잘못된 식별자의 예를 제시합니다.

- **올바른 식별자의 예**

v	v1	va	$x	$1	_1
일	정수	If	iF	X데이	X1000

- **잘못된 식별자의 예**

1	12	9801	1$	\1	!!
if	#911	-x	{x}	#if	0-1-2

▶ 변수명 등의 식별자로 한자와 한글을 이용할 수 있습니다. 단 다른 문화권의 사람들이 이해할 수 없기 때문에 한자와 한글의 이용은 피하는 편이 좋습니다.

리터럴

정수 리터럴·부동소수점 리터럴·문자열 리터럴 등도 프로그램을 구성하는 요소의 하나입니다.

▶ 정수 리터럴과 부동소수점 리터럴의 구문은 제5장에서 제시합니다.

연산자

이 장에서는 여러 가지 연산자(operator)를 배웠습니다. Java에서 이용할 수 있는 모든 연산자를 표 3-8에 정리해 두었습니다.

■ 우선순위

연산자의 일람표는 우선순위(precedence)가 높은 순서로 표기되어 있습니다. 예를 들면 곱셈과 나눗셈을 실행하는 *과 /가 덧셈과 뺄셈을 실행하는 +와 -보다 우선순위가 높은 것은 우리가 일상생활에서 사용하는 수학 계산의 규칙과 같습니다. 따라서

```
a + b * c
```

는 (a + b) *c가 아닌 a + (b * c)라고 해석됩니다. +가 왼쪽에 있음에도 불구하고 뒤쪽(오른쪽)에 있는 *의 연산이 먼저 실행됩니다.

※

+ 연산자보다 우선 순위가 낮은 연산자를 문자열 연결 시에 사용할 경우에는 다음 예와 같이 ( )가 필요합니다.

```
// *는 +보다 우선순위가 높기 때문에 ( )는 불필요
System.out.print(a * b + "\n");

// ?:는 +보다 우선순위가 낮기 때문에 ( )가 필요
System.out.print((a > b ? a : b) + "\n");
```

▶ 만약 우선순위가 +보다 높은 연산자를 이용한 식일 경우에도 ( ) 사이에 입력하는 편이 읽기 쉬운 경향이 있기 때문에 가능하면 ( )를 이용하도록 합니다.

■ 결합규칙

같은 우선순위의 연산자가 연속할 때 좌우 어느 쪽의 연산을 먼저 실행할지를 표시하는 것이 결합규칙(associativity)입니다. 즉 2항연산자를 ○로 표시한 경우 식 a○b○c를

(a○b)○c   좌결합

이라고 간주하는 것이 왼쪽 결합의 연산자이고

a○(b○c)   우결합

이라고 간주하는 것이 오른쪽 결합의 연산자입니다.

예를 들어 뺄셈을 실행하는 2항 –연산자는 좌결합이기 때문에

   5 – 3 – 1 → (5 – 3) – 1   // 2항 –연산자는 좌결합

입니다. 만약 우결합이었다면 5 – (3 – 1)로 해석되어 연산결과도 다르게 됩니다.

■ 대입식의 평가

원칙적으로 '식'은 그 값을 평가할 수 있기 때문에 대입식일 경우에도 그 평가를 실행할 수 있습니다. 여기에서 다음 사항을 반드시 기억해 두십시오.

> 중요 대입식을 평가하면 대입 후 왼쪽 피연산자의 형과 값을 얻을 수 있다.

예를 들면 변수 x가 int형일 경우 대입식 x = 2를 평가하면, 대입 후의 왼쪽 피연산자 x의 형과 값인 'int형 2'를 얻을 수 있습니다.

여기에서 변수 a와 b가 int형이라고 가정하고 아래 식을 살펴봅시다(그림 3-23).

   a = b = 1 → a = (b = 1)   // 대입연산자 =는 우결합

먼저 대입식 b = 1에 의해 1이 대입됩니다(그림①). 그 후 대입식 b = 1을 평가한 값(대입 후 b의 값)인 'int형의 1'이 a에 대입됩니다(그림②). 그 결과 a에도 b에도 1이 대입됩니다.

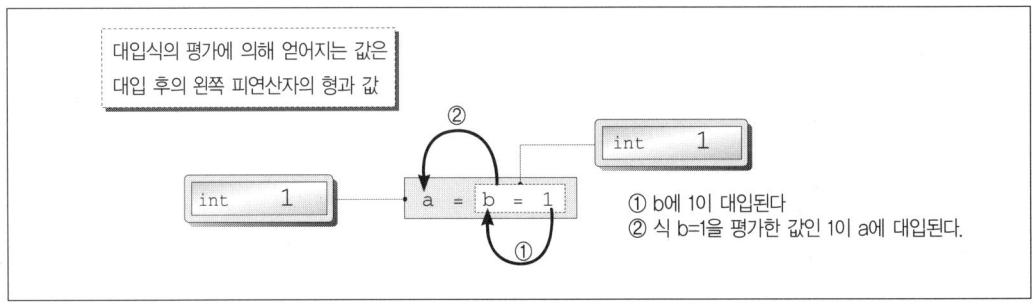

● 그림 3-23 대입식의 평가

Column 3-4 ⋯ 대입과 초기화

대입식 a = b = 1에 의해 변수 a와 b에 1이 대입되는 것을 배웠습니다. 이것은 초기화를 동반하는 선언에는 적용할 수 없습니다. 때문에 다음과 같은 선언으로 a와 b라는 두 변수를 0으로 초기화하면 컴파일 에러가 발생합니다.

```
int  a = b = 0;      // 에러
```

콤마로 구분해서 각 변수에 초기화 값을 주고

```
int  a = 0, b = 0;
```

으로 선언하던지 두 줄로 나누어서 다음과 같이 선언합니다.

```
    int a = 0;
    int b = 0;
```

● 표 3-8 ⋯ 모든 연산자의 일람

우선순위	연산자	형식	이름	결합규칙
1	[ ]	x[y]	인덱스연산자	좌
	( )	x(arg$_{opt}$)	메소드 호출연산자	
	.	x.y	멤버액세스연산자	
	++	x++	후치 증가연산자	
	--	x--	후치 감소연산자	
2	++	++x	전치 증가연산자	우
	--	--x	전치 감소연산자	
	+	+x	단항 +연산자	
	-	-x	단항 -연산자	
	!	!x	논리부정연산자	
	~	~x	비트단위의 보수연산자	
3	new	new	new 연산자	좌
	( )	( )	캐스트 연산자	
4	*	x * y	승제연산자	좌
	/	x / y		
	%	x % y		

우선순위	연산자	형식	이름	결합규칙
5	+	x + y	가감연산자	좌
	-	x - y		
6	<<	x << y	시프트연산자	좌
	>>	x >> y		
	>>>	x >>> y		
7	<	x < y	관계연산자	좌
	>	x > y		
	<=	x <= y		
	>=	x >= y		
	instanceof	x instanceof y	instanceof 연산자	좌
8	==	x == y	등가연산자	좌
	!=	x != y		
9	&	x & y	비트 논리곱연산자	좌
10	^	x ^ y	비트 배타적 논리합연산자	좌
11	|	x | y	비트 논리합연산자	좌
12	&&	x && y	논리곱연산자	좌
13	||	x || y	논리합연산자	좌
14	? :	x ? y : z	조건연산자	좌
15	=	x = y	단순대입연산자	우
	*=	x *= y	복합대입연산자	
	/=	x /= y		
	%=	x %= y		
	+=	x += y		
	-=	x -= y		
	<<=	x <<= y		
	>>=	x >>= y		
	>>>=	x >>>= y		
	&=	x &= y		
	^=	x ^= y		
	|=	x |= y		

Column 3-5 ··· 구문 그림 읽는 법

구문 그램에 익숙해지기 위해서 여기에서는 몇 가지 구체적인 예를 살펴 봅니다. 그림 3C-1에 제시한 구문 그림을 보십시오.

Ⓐ 처음부터 마지막까지 가서 종료하는 루트와 분기점에서 아래로 내려와서 '문'을 지나는 루트가 있습니다. '0개의 문 또는 1개의 문'을 나타냅니다.

Ⓑ 처음부터 마지막까지 가서 종료하는 루트는 A와 같습니다. 그리고 분기점에서 아래로 내려와서 '문'을 지나서 처음으로 되돌아 갈 수 있습니다. 일단 되돌아 온 후에는 마지막까지 실행해서 종료할 수도 있고 다시 분기점에서 '문'을 지나서 처음으로 되돌아올 수도 있습니다. '0개 이상, 임의의 개수의 문'을 나타냅니다.

Ⓒ 이것은 A와 같습니다. '0개의 문 또는 1개의 문'을 나타냅니다.

Ⓓ 처음부터 마지막까지 가는 루트의 중간에 '문'이 있습니다. 그리고 분기점에서 아래로 내려와서 처음으로 되돌아갈 수 있습니다. 일단 되돌아 온 후에는 다시 '문'을 통과한 다음에 종료를 할 수도 있고 다시 분기점에서 처음으로 되돌아 올 수도 있습니다. '1개 이상, 임의의 개수의 문'을 나타냅니다.

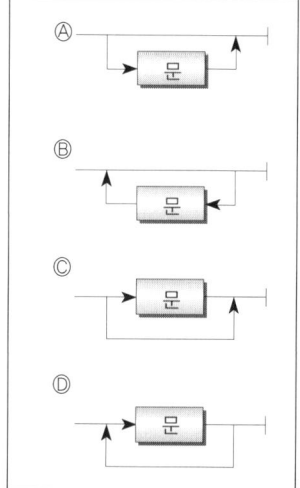

● **그림 3C-1** 구문 그림의 예

이장의 요약

- 식이란 '변수' '리터럴' '변수와 리터럴을 연산자로 결합한 것' 이다. 식은 프로그램 실행 시에 평가된다.

- 식에 세미콜론을 붙인 문은 식문이고, 세미콜론만 있는 문은 공문이다.

- 임의의 개수의 문을 { } 사이에 작성한 문이 블록이다. 블록 내에서만 이용할 변수는 블록 내에서 선언하는 것이 원칙이다.

- 어떤 조건이 성립할 경우에만 처리를 실행하려면 if-then문으로 실현할 수 있고, 또한 조건의 진위에 의해 서로 다른 처리를 실행하려면 if-then-else문으로 실현할 수 있다. 이 두 가지를 if문이라고 한다.

- 어떤 단일 식을 평가한 값에 따라서 프로그램의 흐름을 복수로 분기할 필요가 있을 경우 switch문을 이용한다. switch문 내에서 break문이 실행되면 switch문의 실행은 종료된다.

- 우선순위가 높은 연산은 낮은 연산보다 먼저 실행된다. 동일한 우선순위의 연산자가 연속하는 경우에는 결합규칙에 따라서 왼쪽 또는 오른쪽부터 연산이 실행된다.

- 관계연산자, 등가연산자, 논리부정연산자는 논리형의 true(참) 또는 false(거짓)의 값을 생성한다.

- 논리곱연산자와 논리합연산자를 이용한 연산에서는 단락평가가 실행된다. 단락평가는 왼쪽 피연산자의 평가결과로 식 전체의 평가가 명백해질 경우 오른쪽 피연산자가 평가되지 않는 것이다.

- 대입식을 평가하면 대입 후의 왼쪽 피연산자의 형과 값을 얻을 수 있다.

- if와 else 등의 단어는 특별한 의미가 부여되어 있기 때문에 키워드라고 한다.

- 변수와 메소드에 할당된 이름을 식별자라고 한다.

- 알고리즘이란 '문제를 해결하기 위해서 명확하게 정의되고 순서가 정해진 유한한 개수를 갖는 규칙으로 이루어진 집합' 이다.

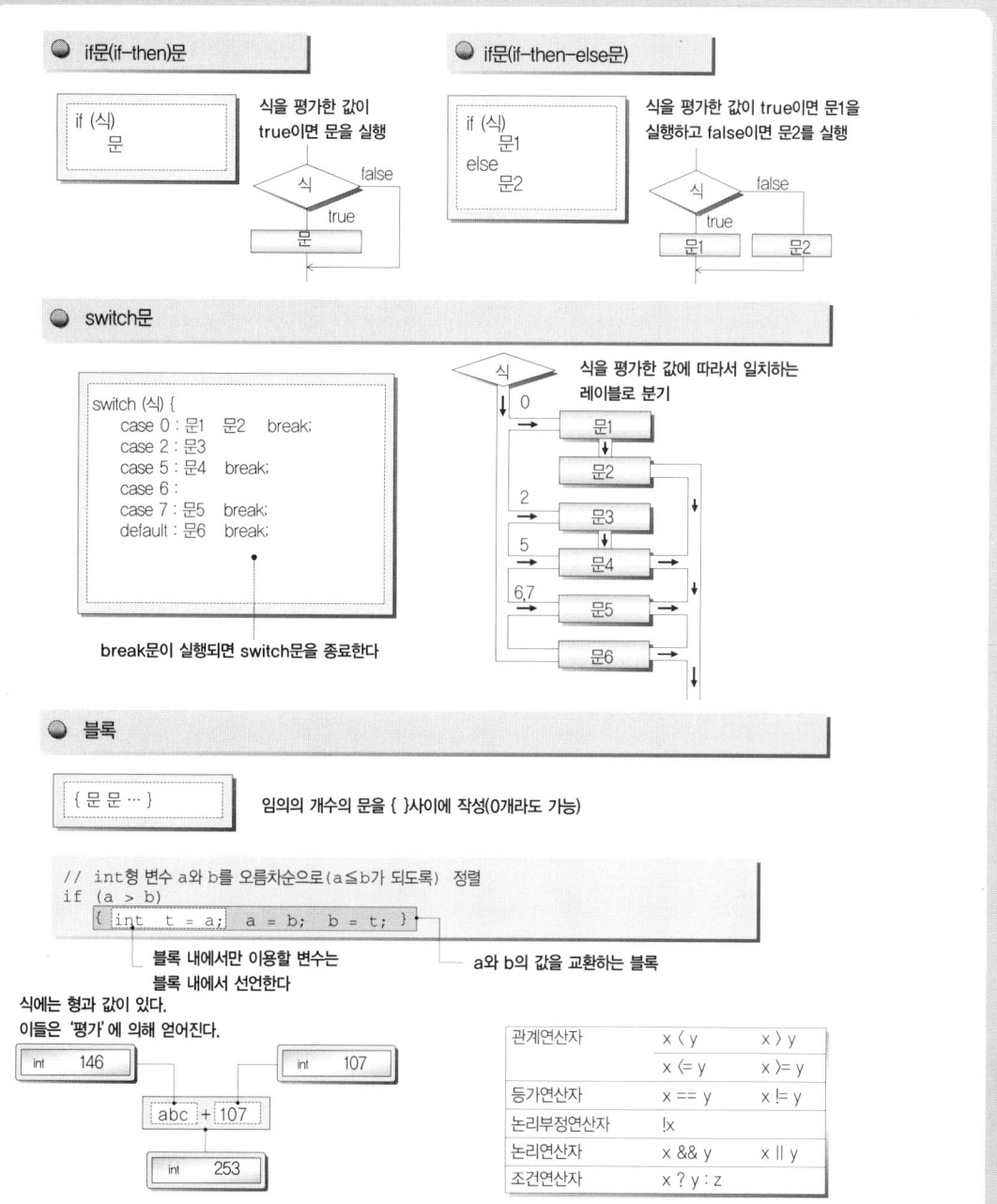

제 4 장

프로그램 흐름의 반복

이 장에서는 프로그램의 흐름을 반복하는 방법에 대해서 학습합니다.
- … do문
- … while문
- … for문
- … break문과 continue문
- … 레이블 문
- … 식의 평가순서
- … 순서도
- … 다중루프
- … 증가연산자와 감소연산자
- … 복합대입연산자

4-1 do문

프로그램에서 실행하는 처리는 한 번만 실행하는 것이 아니고 몇 번이고 반복해서 실행할 수 있습니다. 이 절에서는 그 수단을 제공하는 do문을 학습합니다.

do문

제3장에서 학습한 리스트 3-9는 입력한 월의 계절을 표시하는 프로그램이지만 입력과 표시는 한 번으로 제한되어 있었습니다. 리스트 4-1은 몇 번이고 반복해서 입력과 표시를 할 수 있도록 수정한 프로그램입니다.

main 메소드의 대부분이 do와 while 사이에 기술되어 있는데 이렇게 do와 while을 이용해서 작성한 문을 do문(do statement)이라고 합니다. 그림 4-1은 구문 그림입니다.

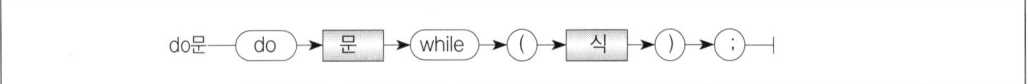

● **그림 4-1** do문의 구문

do는 '실행하시오'란 의미이고 while은 '~사이'라는 의미입니다. do문은 식(제어식)을 평가한 값이 true(참)일 경우에 한해서 문을 반복해서 실행합니다. 따라서 이 프로그램의 흐름은 그림 4-2와 같이 됩니다.

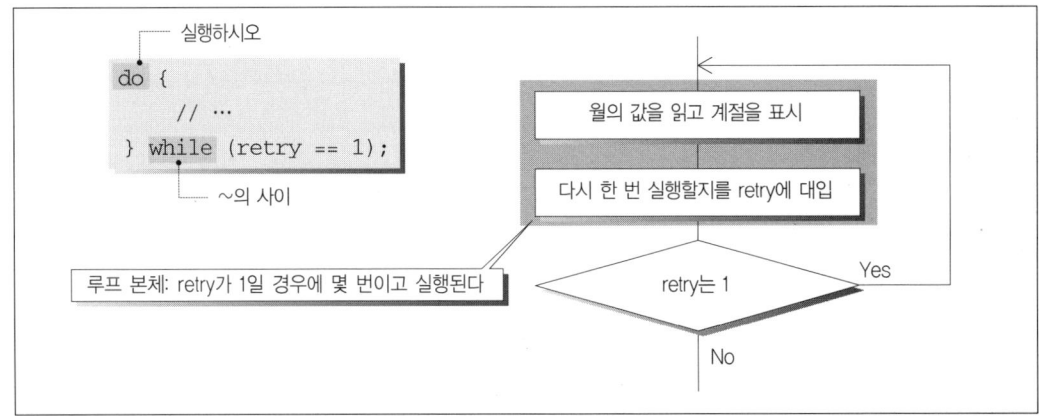

● **그림 4-2** 리스트 4-1 do문의 순서도

'반복' 하는 것을 루프(loop)라고 하기 때문에 이 책에서는 do문이 반복되는 문을 루프 본체(loop body)라고 하겠습니다.

▶ 뒤에서 학습할 while문과 for문이 반복되는 문도 '루프 본체' 라고 합니다.

리스트 4-1   ◎ 예제파일 . Chap04/Season.java

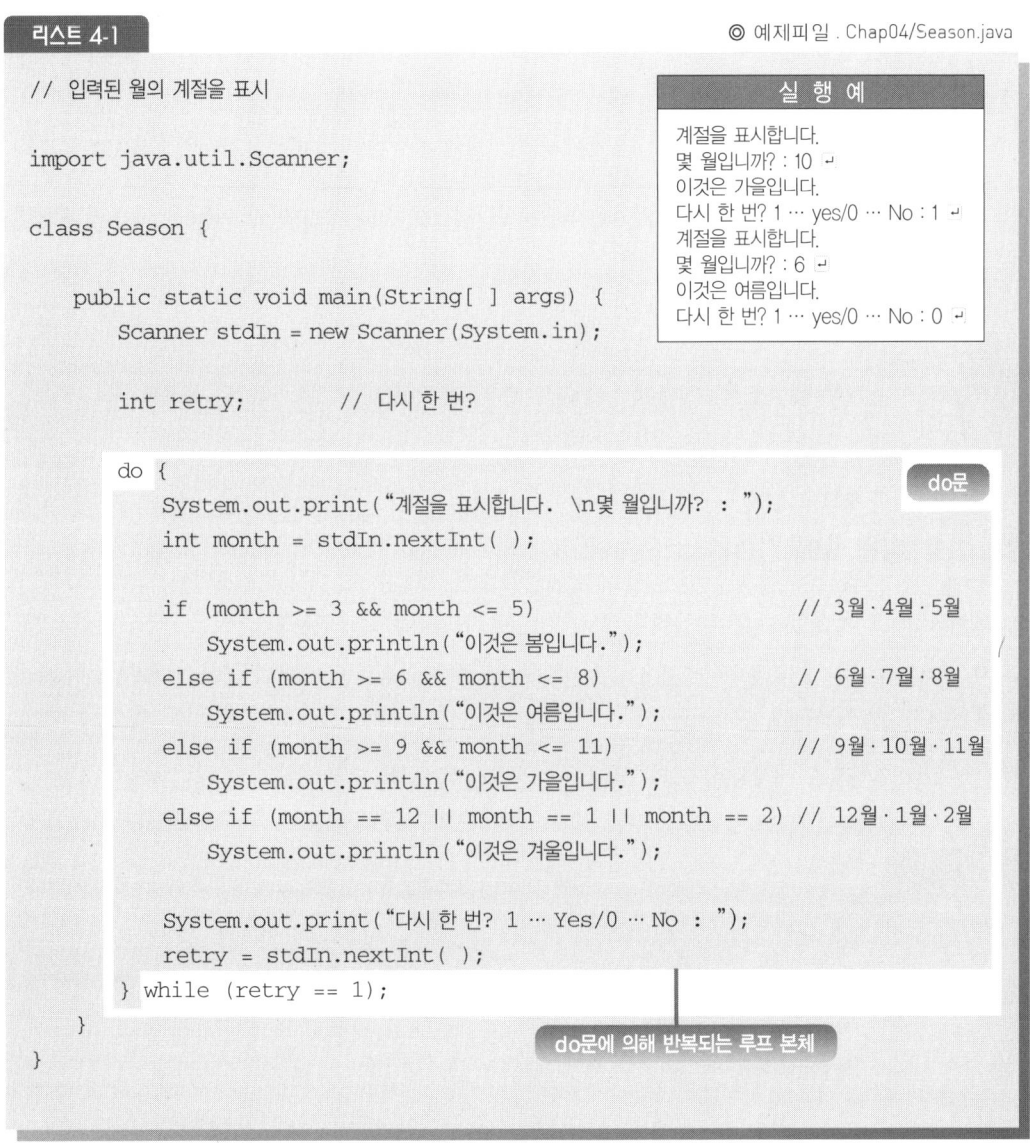

```java
// 입력된 월의 계절을 표시

import java.util.Scanner;

class Season {

    public static void main(String[ ] args) {
        Scanner stdIn = new Scanner(System.in);

        int retry;        // 다시 한 번?

        do {
            System.out.print("계절을 표시합니다. \n몇 월입니까? : ");
            int month = stdIn.nextInt( );

            if (month >= 3 && month <= 5)                        // 3월·4월·5월
                System.out.println("이것은 봄입니다.");
            else if (month >= 6 && month <= 8)                   // 6월·7월·8월
                System.out.println("이것은 여름입니다.");
            else if (month >= 9 && month <= 11)                  // 9월·10월·11월
                System.out.println("이것은 가을입니다.");
            else if (month == 12 || month == 1 || month == 2)    // 12월·1월·2월
                System.out.println("이것은 겨울입니다.");

            System.out.print("다시 한 번? 1 … Yes/0 … No : ");
            retry = stdIn.nextInt( );
        } while (retry == 1);
    }
}
```

실행 예
계절을 표시합니다.
몇 월입니까? : 10 ↵
이것은 가을입니다.
다시 한 번? 1 … yes/0 … No : 1 ↵
계절을 표시합니다.
몇 월입니까? : 6 ↵
이것은 여름입니다.
다시 한 번? 1 … yes/0 … No : 0 ↵

이 프로그램에서 안쪽 음영부분의 블록이 do문의 루프 본체입니다. 이 블록의 내용은 리스트 3-9와 거의 비슷하며, 월을 입력하면 계절을 표시합니다.

*

do문의 반복을 판정하기 위한 제어식을 살펴봅시다.

```
retry == 1          // retry는 1인가?
```

변수 retry에 대입된 수치가 1이면 이 제어식은 true(참)라고 평가됩니다. 그 결과 루프 본체인 블록이 다시 실행됩니다.

▶ true라고 판단된 경우에는 프로그램의 흐름이 블록의 앞부분으로 되돌아가서 다시 블록이 실행됩니다.

변수 retry에 1이외의 수치가 대입되면 제어식을 평가한 값이 false가 되기 때문에 do문의 실행은 종료됩니다.

연습 4-1
입력한 정수값의 부호를 판정하는 리스트 3-5를 몇 번이고 반복해서 입력하고 표시할 수 있는 프로그램으로 작성하시오.

■ 일정 범위 값의 입력

제3장에서 배운 리스트 3-16은 입력된 값 0, 1, 2에 따라서 가위바위보의 손인 '가위' '바위' '보'를 표시하는 프로그램이었습니다. 이 프로그램을 실행해서 0, 1, 2 이외의 값을 입력하면 아무 것도 표시되지 않았습니다.

리스트 4-2는 do문을 이용해서 입력 값을 0, 1, 2만 입력할 수 있게 제한하는 프로그램입니다.

리스트 4-2
◎ 예제파일 : Chap04/FingerFlashing.java

```
// 입력한 값에 따라서 가위바위보의 손을 표시(0, 1, 2만 입력할 수 있다)

import java.util.Scanner;

class FingerFlashing {
    public static void main(String[ ] args) {
        Scanner stdIn = new Scanner(System.in);

        int hand;

        do {
```

실 행 예
```
손을 선택하시오 (0 … 가위/1 … 바위/2 … 보) : 3 ↵
손을 선택하시오 (0 … 가위/1 … 바위/2 … 보) : -1 ↵
손을 선택하시오 (0 … 가위/1 … 바위/2 … 보) : 1 ↵
바위
```

```
            System.out.print("손을 선택하시오 (0 … 가위/1 … 바위/2 … 보) : ");
            hand = stdIn.nextInt( );
        } while (hand < 0 || hand > 2);
                                          ─── do문의 종료 시에 hand는 0, 1, 2 중에 하나가 된다
        switch (hand) {
         case 0: System.out.println("가위"); break;
         case 1: System.out.println("바위"); break;
         case 2: System.out.println("보");   break;
        }
    }
}
```

프로그램을 실행해 보면 손의 값으로 3과 -1 등의 '부정한 값'을 입력했을 경우 다시 입력하도록 요청합니다.

*

이 프로그램에서 do문의 제어식은 다음과 같습니다.

```
hand < 0 || hand > 2       // hand가 0~2의 범위 밖인가?
```

변수 hand의 값이 부정한 값(0보다 작거나 또는 2보다 큰 값)이면 이 식을 평가한 값은 true(참)가 됩니다. 따라서 hand가 0, 1, 2 이외의 값이면 루프 본체인 블록이 반복 실행되기 때문에 다시

손을 선택하시오 (0 … 가위/1 … 바위/2 … 보) :

가 표시되고 입력을 요청합니다.

그림 4-3은 do문을 이용한 프로그램의 흐름을 표시한 순서도입니다. do문이 종료할 때 hand 값은 반드시 0, 1, 2 가운데 하나가 됩니다.

*

switch문에서는 변수 hand 값에 따라서 가위바위보의 손을 표시합니다. 이 부분은 리스트 3-16과 같습니다.

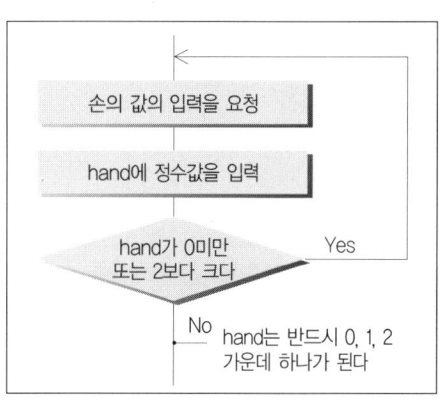

● **그림 4-3** 리스트 4-2에서 do문의 순서도

Column 4-1··· 드모르간의 법칙과 반복

리스트 4-2에서 do문의 제어식은 다음과 같습니다.

1 `hand < 0 || hand > 2`   // 연속조건

이 식을 논리부정연산자 !를 이용해서 수정하면 다음과 같이 됩니다.

2 `!(hand >= 0 && hand <= 2)`   // 종료조건의 부정

어느 경우에도 do문은 hand가 올바른 값(0이상 그리고 2이하)이 아닌 동안에 반복됩니다. '각 조건을 부정하고 논리곱·논리합을 교체한 식'의 부정이 원래 조건과 동일하게 되는 것을 드모르간의 법칙(De Morgan's Law)이라고 합니다. 이 법칙을 일반적으로 표시하면 다음과 같이 됩니다.

- x && y와 !(!x || !y)는 같다
- x || y와 !(!x && !y)는 같다

식 **1**이 반복을 계속하기 위한 '연속조건'을 나타내고, 식 **2**는 반복을 종료하기 위한 '종료조건'의 부정입니다. 즉 그림 4C-1에 표시한 그림과 같습니다.

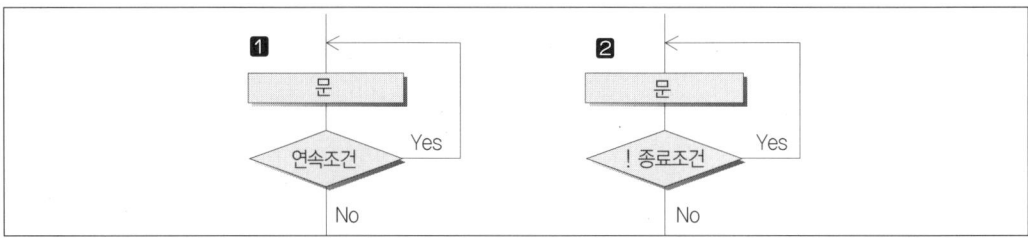

● 그림 4C-1 do문에 의한 반복

■ 숫자 맞히기 게임

리스트 4-3은 지금까지 배운 난수(제2장) · if문(제3장) · do문을 응용해서 숫자 맞히기 게임을 하는 프로그램입니다. 변수 no가 '맞혀야 할 수'입니다. 이 값은 0이상 99이하의 수를 난수로서 생성합니다.

리스트 4-3   ◎ 예제파일 : Chap04/Kazuate.java

```
// 숫자 맞히기 게임(0~99 사이의 값)

import java.util.Random;
```

4-1 do문

```java
import java.util.Scanner;

class Kazuate {

    public static void main(String[ ] args) {
        Random rand = new Random( );
        Scanner stdIn = new Scanner(System.in);

        int no = rand.nextInt(100); // 맞혀야 할 수 : 0~99 사이에서 난수로 생성

        System.out.println("숫자 맞히기 게임 시작!!");
        System.out.println("0~99 사이의 수를 맞혀주세요.");

        int x;                          // 플레이어가 입력한 수
        do {
            System.out.print("몇 일까요? : ");
            x = stdIn.nextInt( );

            if (x > no)
                System.out.println("더 작은 수입니다.");
            else if (x < no)
                System.out.println("더 큰 수입니다.");
        } while (x != no);

        System.out.println("정답입니다.");
    }
}
```

실 행 예
```
숫자 맞히기 게임 시작!!
0~99 사이의 수를 맞혀주세요.
몇 일까요? : 50
더 큰 수입니다.
몇 일까요? : 75
더 작은 수입니다.
몇 일까요? : 62
정답입니다.
```

❶ — (코드 상자 표시)
❷ — 정답이 아니면 반복한다

그림 4-4는 프로그램의 흐름을 나타낸 순서도입니다.

❶ '몇 일까요? :' 하고 수치의 입력을 요청해서 변수 x에 값을 대입합니다.

❷ 대입된 x의 값이 no보다 크면 '더 작은 수입니다'라고 표시하고, x의 값이 no보다 작으면 '더 큰 수입니다'라고 표시합니다.

▶ 이 프로그램에서는 x와 no의 값이 같으면 아무 것도 표시되지 않습니다.

그리고 나서 do문을 반복할지 안 할지 판정을 실행합니다. 판정을 위한 제어식은

```
x != no        // 입력한 x와 맞혀야 할 수 no가 같지 않은가?
```

입니다. 따라서 입력한 x의 값이 맞혀야 할 수 no와 같지 않으면 do문이 반복됩니다.

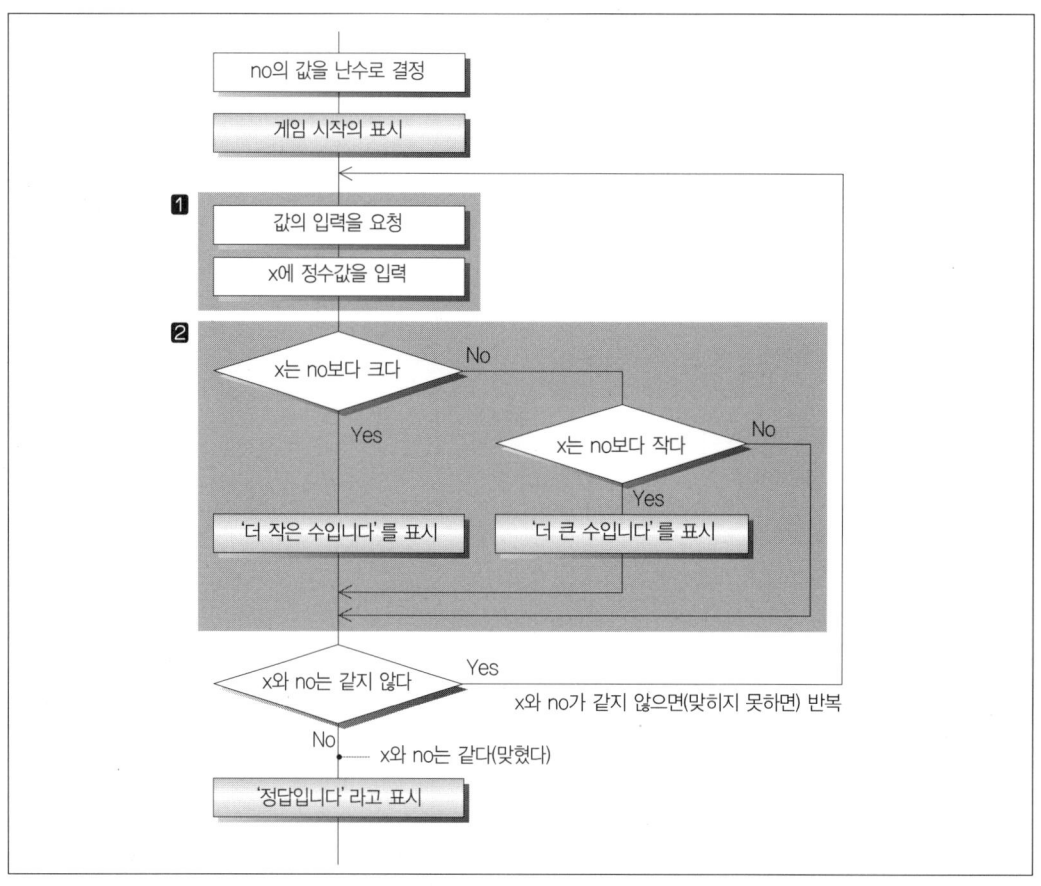

● 그림 4-4 리스트 4-3의 순서도

수를 맞히면(입력한 x가 맞혀야 할 수 no와 같으면) do문이 종료되고, '정답입니다' 하고 표시한 후 프로그램은 종료됩니다.

연습 4-2

2자릿수의 정수값(10~99)을 맞히는 '숫자 맞히기 게임'을 작성하시오.

연습 4-3

실행 예와 같이 두 개의 정수값을 입력하면 작은 쪽의 수 이상, 큰 쪽의 수 이하의 모든 정수를 작은 수부터 순서대로 표시하는 프로그램을 작성하시오

```
       실 행 예
정수 A : 37
정수 B : 28
28 29 30 31 32 33 34 35 36 37
```

4-2 while문

어떤 조건이 성립하는 동안 처리를 반복하는 프로그램은 do문만이 아니고 while문을 이용해도 작성할 수 있습니다.

while문

리스트 4-4는 양의 정수값을 입력하면 그 값을 0까지 카운트 다운하는 과정을 표시하는 프로그램입니다.

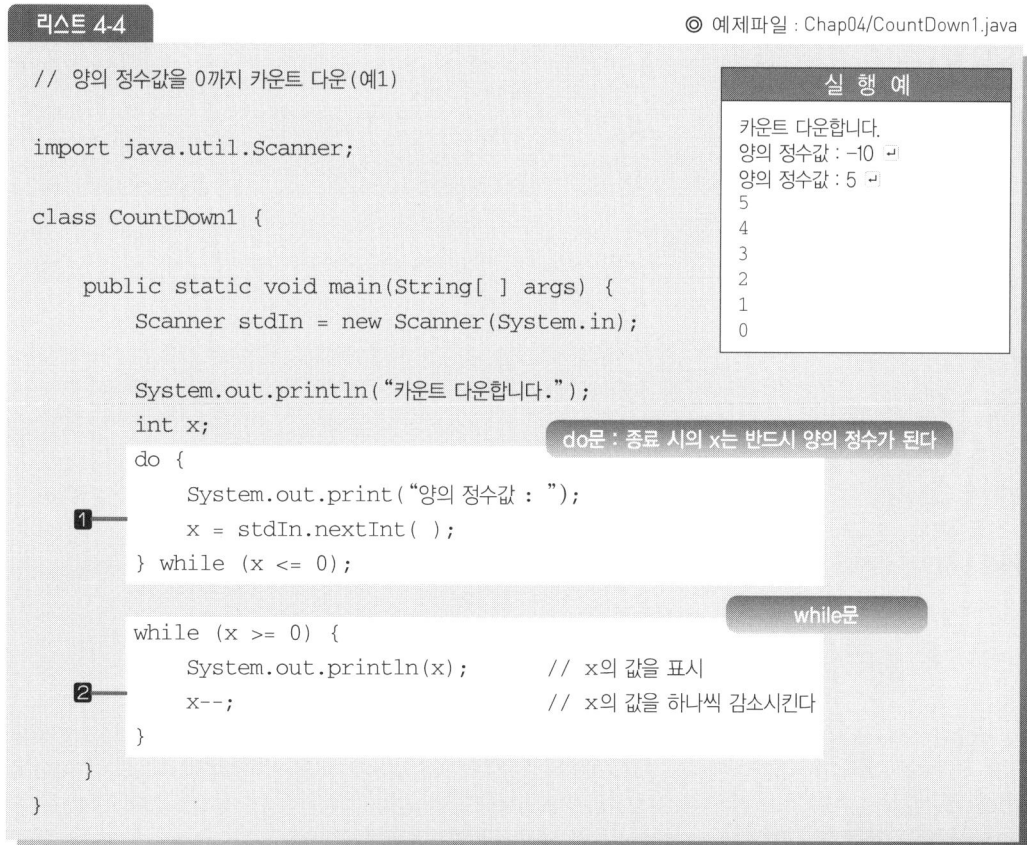

리스트 4-4   ◎ 예제파일 : Chap04/CountDown1.java

```java
// 양의 정수값을 0까지 카운트 다운(예1)

import java.util.Scanner;

class CountDown1 {

    public static void main(String[ ] args) {
        Scanner stdIn = new Scanner(System.in);

        System.out.println("카운트 다운합니다.");
        int x;
        do {
            System.out.print("양의 정수값 : ");
            x = stdIn.nextInt( );
        } while (x <= 0);

        while (x >= 0) {
            System.out.println(x);      // x의 값을 표시
            x--;                        // x의 값을 하나씩 감소시킨다
        }
    }
}
```

실행 예
```
카운트 다운합니다.
양의 정수값 : -10
양의 정수값 : 5
5
4
3
2
1
0
```

❶ do문 : 종료 시의 x는 반드시 양의 정수가 된다
❷ while문

먼저 ❶을 보십시오. x에 대입된 값이 0 이하일 경우에는 반복되기 때문에 이 do문이 종료될 때의 x는 반드시 양의 정수값이 됩니다.

*

❷는 변수 x에 대입된 값을 0까지 카운트 다운하는 과정을 나타냅니다. 이것은 do문이 아니고, 그림 4-5에 표시한 구문을 갖는 while문(while statement)입니다.

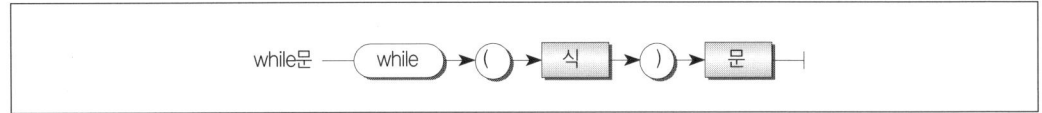

● **그림 4-5** while문의 구문

while문은 식(제어식)을 평가한 값이 true(참)일 동안에 문을 반복해서 실행합니다. 따라서 이 프로그램에서 while문의 흐름은 표 4-6과 같습니다.

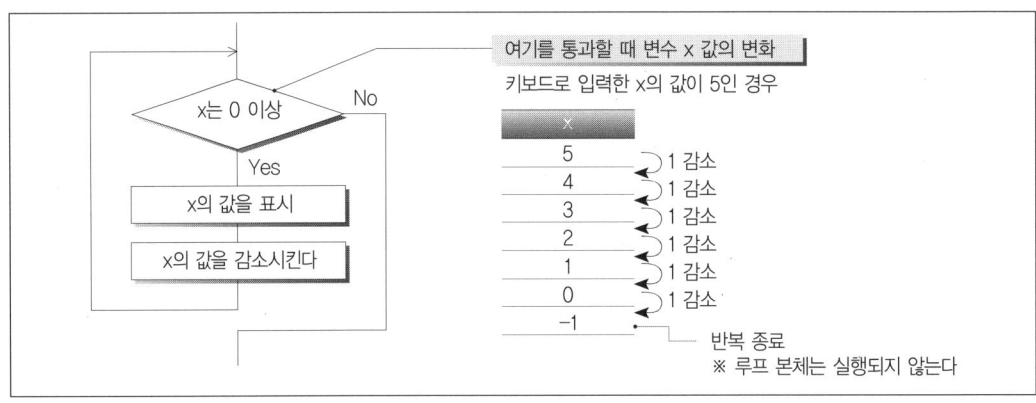

● **그림 4-6** 리스트 4-4에서 while문의 순서도

증가연산자와 감소연산자

변수의 값을 하나씩 감소시키는 연산자 '--'를 이용해서 카운트 다운을 합니다.

■ 후치 증가연산자와 후치 감소연산자

단항연산자인 감소연산자 --는 피연산자의 값을 하나씩 감소시키는 연산자입니다. 예를 들면 x의 값이 5이면 x--에 의해 x의 값은 4로 갱신됩니다. 따라서 while문은 x가 0 이상일 경우 다음과 같이 루프 본체를 반복하게 됩니다.

- x의 값을 표시
- x의 값을 감소시킨다

그 결과 x의 값은 0이 될 때까지 카운트 다운되면서 표시됩니다.

▶ 그림에서도 알 수 있듯이 x의 값으로 0이 표시되고 그 후 x의 값이 감소되어 -1이 되면 while문이 종료됩니다. 따라서 화면에 표시되는 마지막 수치는 0이지만 while문 종료 시 x의 값은 0이 아니고 -1입니다.

연습 4-4

리스트 4-4에서 while문 종료 시에 x의 값이 -1이 되는 것을 확인하는 프로그램을 작성하시오.

-- 연산자와 반대로 피연산자의 값을 하나씩 증가시키는 것이 ++ 연산자입니다. 표 4-1은 두 연산자의 개념입니다.

● 표 4-1 ··· 후치 증가연산자와 후치 감소연산자

x++	x의 값을 하나씩 증가시킨다. 생성하는 것은 증가 전의 값.
x--	x의 값을 하나씩 감소시킨다. 생성하는 것은 감소 전의 값.

표에서 설명한 것과 같이 식 x++와 x--가 생성하는 것은 증가/감소 전의 값입니다. x의 값이 5일 경우에 다음과 같이 대입을 하면 어떻게 되는지를 살펴봅시다.

```
y = x++;        // y에 대입되는 것은 증가 전의 x의 값
```

그림 4-7 ⓐ와 같이 식 x++를 평가해서 얻어지는 값은 증가 전의 값입니다. 따라서 y에 대입되는 것은 5입니다(대입이 끝난 후 x의 값은 6이 됩니다).

평가와 피연산자의 값이 갱신되는 타이밍은 감소연산자도 같습니다. 식 x--의 평가에 의해 얻어지는 값은 감소되기 전입니다. 이것을 이용하면 리스트 4-4의 프로그램은 리스트 4-5와 같이 간결하게 표현할 수 있습니다.

리스트 4-5

◎ 예제파일 : Chap04/CountDown2.java

```java
// 양의 정수값을 0까지 카운트 다운(예2)

import java.util.Scanner;

class CountDown2 {

    public static void main(String[ ] args) {
        Scanner stdIn = new Scanner(System.in);

        System.out.println("카운트 다운을 합니다.");
```

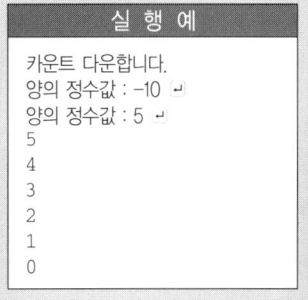

실 행 예

카운트 다운합니다.
양의 정수값 : -10 ↵
양의 정수값 : 5 ↵
5
4
3
2
1
0

```
        int x;
        do {
            System.out.print("양의 정수값 : ");
            x = stdIn.nextInt( );
        } while (x <= 0);

        while (x >= 0)                            // 리스트 4-4의 while문과 같다
            System.out.println(x--);    // x의 값을 표시하고 감소시킨다
    }
}
```

예를 들면 x의 값이 5일 경우

```
System.out.println(x--);         // x의 값을 표시하고 감소시킨다
```

에 의해 표시되는 값은 식 x--가 감소 전의 값을 생성하기 때문에 5가 됩니다. 그리고 표시 직후에 x의 값은 감소되어 4가 됩니다.

후치 증가연산자(postfix increment operator)와 후치 감소연산자(postfix decrement operator)에서 후치는 피연산자의 뒤(오른쪽)에 연산자를 적용한다는 의미입니다.

전치 증가연산자와 전치 감소연산자

표 4-2와 같이 연산자 ++와 --에는 전치 즉 피연산자의 전(왼쪽)에 연산자를 적용하는 전치 증가연산자(prefix increment operator)와 전치 감소연산자(prefix decrement operator)도 있습니다.

● 표 4-2 ··· 전치 증가연산자와 전치 감소연산자

++x	x의 값을 하나씩 증가시킨다. 생성하는 것은 증가 후의 값.
--x	x의 값을 하나씩 감소시킨다. 생성하는 것은 감소 후의 값.

표의 해설과 같이 식 ++x와 --x가 생성하는 값은 증가/감소 후의 값입니다. x의 값이 5일 경우에 다음과 같이 대입을 하면 어떻게 되는지를 살펴봅시다.

```
y = ++x;            // y에 대입되는 값은 증가 후의 x의 값
```

그림 4-7 ⓑ와 같이 식 ++x를 평가해서 얻어지는 값은 증가 후의 값입니다. 따라서 y에 대입되는 것은 6입니다(대입이 끝난 후 x의 값도 6입니다).

> **주의** 후치(전치) 증가연산자/감소연산자를 적용한 식을 평가해서 얻어지는 값은 증가/감소를 실행하기 전(후)의 값이다.

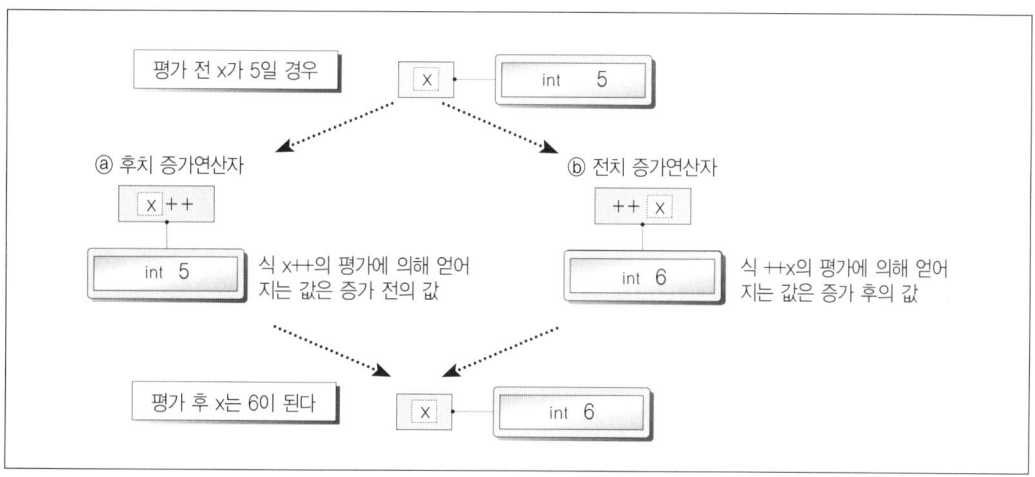

● **그림 4-7** 증가연산자를 적용한 식의 평가

식의 평가순서

2항연산자의 왼쪽 피연산자는 오른쪽 피연산자보다 먼저 평가됩니다. 리스트 4-6은 이것을 검증하는 프로그램입니다.

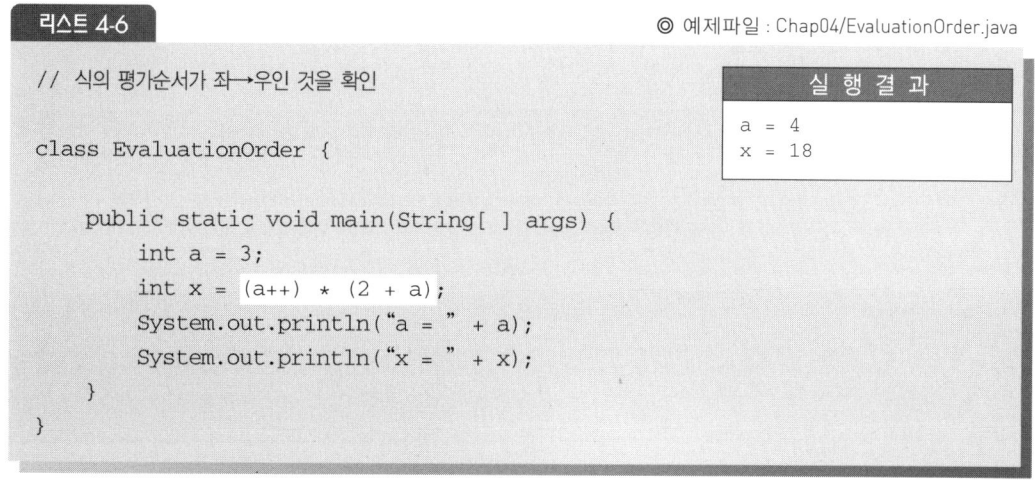

리스트 4-6   ◎ 예제파일 : Chap04/EvaluationOrder.java

```
// 식의 평가순서가 좌→우인 것을 확인

class EvaluationOrder {

    public static void main(String[ ] args) {
        int a = 3;
        int x = (a++) * (2 + a);
        System.out.println("a = " + a);
        System.out.println("x = " + x);
    }
}
```

실 행 결 과
```
a = 4
x = 18
```

이 프로그램에서 주목할 부분은 회색 부분입니다. 먼저 왼쪽 피연산자(a++)의 평가가 실행되고 오른쪽 피연산자(2 + a)의 평가가 실행됩니다. 그리고 마지막으로 *에 의한 곱셈이 실행되기 때문에 이 식의 연산은 다음과 같은 순서로 실행됩니다.

① 식 a++가 평가된다. 평가에 의해 얻어지는 값은 증가 전의 3이다. 평가가 완료되면 a의 값은 증가되어 4가 된다.

② 식 2 + a가 평가된다. 평가에 의해 생성되는 값은 6이다. a의 값은 변화하지 않는다.

③ 곱셈 3 * 6에 의해 18이 생성되고 그 값이 x에 대입된다.

이 결과 최종적으로 표시되는 값은 a가 4이고, x가 18이 됩니다.

식의 값 버리기

다시 리스트 4-4를 살펴보면 while문은 다음과 같이 되어 있습니다.

```
while (x >= 0) {
        System.out.println(x);      // x의 값을 표시
        x--;                         // x의 값을 하나씩 감소시킨다
}
```

이 프로그램에서는 후치 감소연산자를 이용해서 변수 x를 감소시키고 있습니다. 만약 변수 x의 값이 5이면 이 식을 평가한 값은 감소 전의 5가 됩니다.

여기에서 주의할 점은 식 x--를 평가한 값을 사용하고 있지 않는 점입니다. 즉 연산을 실행한 결과는 무시할 수 있습니다.

> **중요** 연산결과는 사용하지 않고 버릴 수 있다.

식을 평가한 값을 버리는 문에서는 전치 형식의 연산자를 사용하거나 후치 형식의 연산자를 사용해도 같은 결과를 얻을 수 있습니다.

▶ 물론 버리지 않는 문에서는 다른 결과가 얻어집니다(연습 4-5).

연습 4-5
리스트 4-5에서 x--가 --x로 되어 있으면 어떤 출력을 얻을 수 있는지 프로그램을 작성해서 실행결과를 확인하시오.

Column 4-2··· 단락평가

제3장에서는 && 연산자와 || 연산자와 함께 단락평가에 대해서 배웠습니다. 단락평가는 논리연산의 식 전체의 평가가 왼쪽 피연산자의 평가결과만으로 명백해질 경우 오른쪽 피연산자의 평가를 수행하지 않는 것이었습니다.

단락평가는 프로그램 실행결과에 영향을 미칩니다. 여기에서 다음과 같은 if문을 생각해 봅시다.

```
if (a == 5 && ++b >3) c = 5;
```

만약 변수 a의 값이 5가 아니면 오른쪽 피연산자 ++b > 3의 평가는 생략되기 때문에 다음과 같이 변수의 값은 변하게 됩니다.

- a 값이 5일 경우   : b는 증가된다.
- a 값이 5가 아닐 경우 : b는 증가되지 않는다.

다음에 제시한 프로그램도 실행결과에 영향을 미치는 예입니다.

```
x = (a == 5) ? b++ : c++;
```

x에 대입되는 것은 변수 a의 값이 5이면 b의 값, 그렇지 않으면 c의 값입니다. 이때는 다음과 같이 됩니다.

- a 값이 5일 경우   : b는 증가되고 c는 증가되지 않는다.
- a 값이 5가 아닐 경우 : b는 증가되지 않고 c가 증가된다.

또 한가지 예를 제시합니다.

```
x = (a == 5) ? (b = 3) : (c = 4);
```

다음과 같이 대입이 실행됩니다.

- a 값이 5일 경우 : 먼저 b에 3이 대입된다. 그 후 대입식 b = 3을 평가한 값인 3이 x에 대입된다.
  ※ c의 대입은 실행되지 않는다.
- a 값이 5가 아닐 경우 : 먼저 c에 4가 대입된다. 그 후 대입식 c = 4를 평가한 값인 4가 대입된다. ※ b의 대입은 실행되지 않는다.

※ 대입식을 평가하면 대입 후 왼쪽 피연산자의 형과 값을 얻을 수 있습니다.

문자 리터럴

리스트 4-7은 while문과 ++ 연산자를 조합해서 키보드로 입력한 개수만큼 애스터리스크 기호 * 를 연속해서 표시하는 프로그램입니다.

리스트 4-7   예제파일 : Chap04/PutAsterisk1.java

```java
// 입력한 개수만큼 *을 표시(예1)

import java.util.Scanner;

class PutAsterisk1 {

    public static void main(String[ ] args) {
        Scanner stdIn = new Scanner(System.in);

        System.out.print("몇 개의 *을 표시합니까? : ");
        int n = stdIn.nextInt( );

        int i = 0;
        while (i < n) {
            System.out.print('*');
            i++;
        }
        System.out.println( );
    }
}
```

실행 예 1
몇 개의 *을 표시합니까? : 12 ↵
****

실행 예 2
몇 개의 *을 표시합니까? : -5 ↵

이 프로그램의 흰색 부분에서 화면으로 출력하고 있는 것은 '*'입니다. 이와 같이 단일 문자를 작은 따옴표 ' '로 묶은 식이 문자 리터럴(character literal)입니다. 문자열 리터럴과는 다르기 때문에 틀리지 않도록 주의하기 바랍니다.

- 문자 리터럴 '*' : 단일 문자 *를 나타낸다. char형
- 문자열 리터럴 "*" : 문자 *만으로 구성되는 문자의 나열을 나타낸다. String형

▶ 이 프로그램의 경우 문자열 리터럴 "*"를 출력해도 같은 결과를 얻을 수 있습니다.

중요 단일 문자는 그 문자를 작은 따옴표 ' '로 묶은 문자 리터럴로 표시한다.

while문은 0으로 초기화된 변수 i의 값을 증가시키면서 '*'를 표시합니다. 최초의 '*'를 표시한 후에 증가된 i의 값은 1이 되고, 두 번째 표시 다음에는 2가 됩니다.

n번째 표시가 끝난 직후에 증가된 i의 값은 n과 같게 되기 때문에, 이 시점에서 while문에 의한 반복이 종료됩니다.

*

또한 증가를 실행하는 식 i++를 평가한 값은 버려지기 때문에 이 식을 ++i로 변경해도 같은 결과

를 얻을 수 있습니다. 이 프로그램은 리스트 4-8과 같이 작성할 수도 있습니다. 다른 점은 흰색 부분입니다.

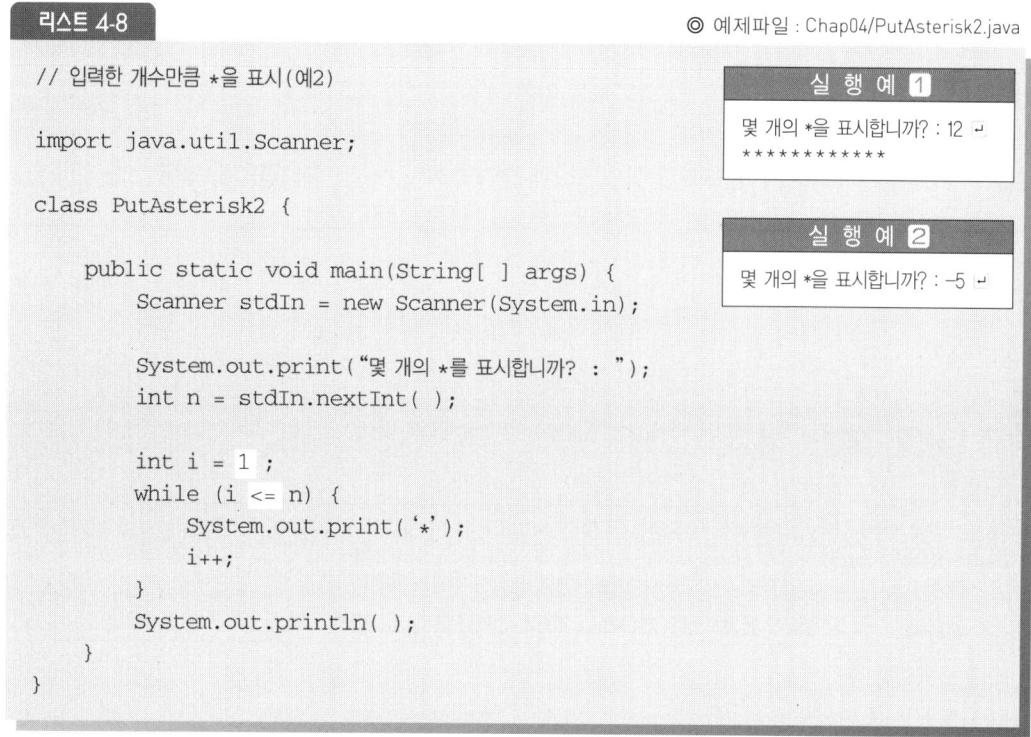

i의 값을 1부터 시작해서 증가시키면서 그 값이 n이하일 경우 계속해서 반복하기 때문에 반복회수는 n번이 됩니다.

▶ while문을 종료할 때 i의 값은 리스트 4-7에서는 n이 되고, 리스트 4-8에서는 n + 1이 됩니다.

이 두 프로그램의 while문은 양쪽 모두 처리를 n번 반복합니다. 그림 4-8은 while문을 사용해서 'n회 반복'을 실행하는 패턴을 정리한 것입니다.

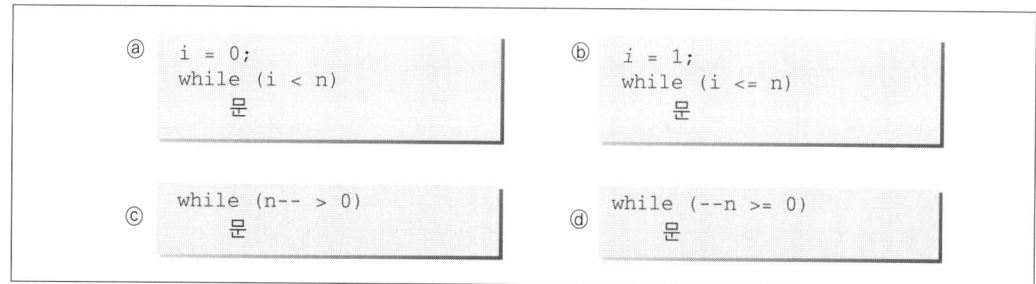

● **그림 4-8** while문에 의한 n회 반복

이 패턴들은 '정석'이라고 할 수 있습니다. 단 ⓒ와 ⓓ의 while문은 n의 값이 수정되어도 상관없는 상황에서만 이용할 수 있기 때문에 주의하기 바랍니다.

▶ 위에 기술한 프로그램 예는 제7장에서 학습합니다.

while문과 do문

리스트 4-8의 프로그램을 실행해서 실행 예2와 같이 음의 값이나 0을 입력해 보면 *은 한 개도 표시되지 않습니다(줄 바꿈 문자만이 출력됩니다).

예를 들어 n에 대입된 값이 -5이면 while문의 제어식 i < n의 평가결과는 false가 되기 때문에 루프 본체는 한번도 실행되지 않습니다. 이것이 do문과 크게 다른 while문의 특징입니다.

> 주의 do문의 루프 본체는 적어도 한번은 실행되지만 while문의 루프 본체는 한번도 실행되지 않을 가능성이 있다.

그림 4-9와 같이 반복을 실행할지 안 할지에 대한 판정의 타이밍은 while문과 do문이 전혀 다릅니다.

- do문 ··· 후판정 반복 : 루프 본체를 실행한 후에 판정을 수행한다.
- while문 ··· 전판정 반복 : 루프 본체를 실행하기 전에 판정을 수행한다.

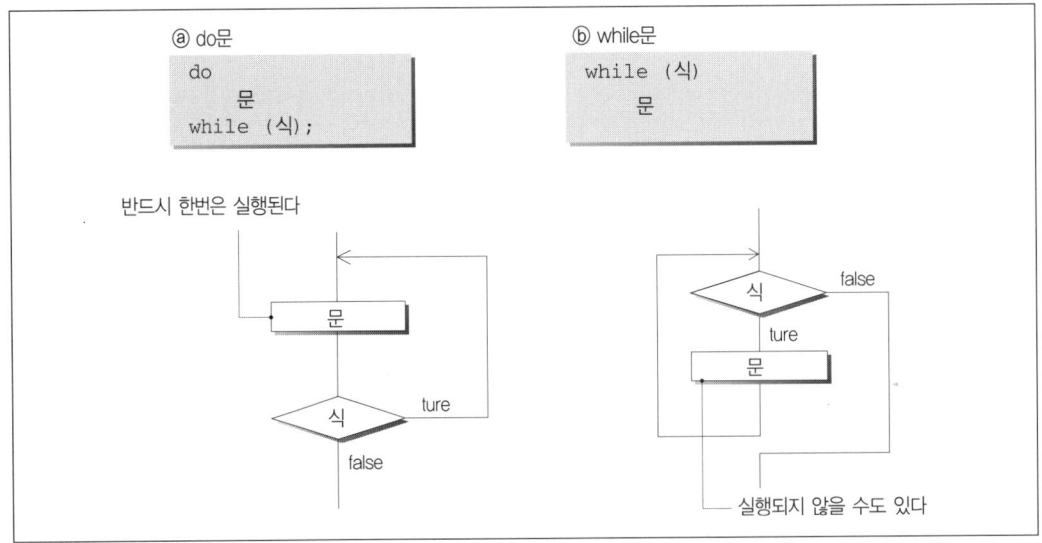

● 그림 4-9 후판정 반복의 do문과 전판정 반복의 while문

그렇지만 while문과 do문은 공통적으로 키워드 while을 사용하기 때문에 프로그램 내의 while이 'do문의 일부인지' 혹은 'while문의 일부인지' 구분하기 어려운 경우도 있습니다. 이와 같은 일례

가 그림 4-10 ⓐ에 표시한 프로그램 부분입니다.

먼저 처음에 변수 x에 0이 대입되고, do문에 의해 x가 5가 될 때까지 값이 증가됩니다. 계속되는 while문에서는 x의 값을 감소시키면서 표시합니다.

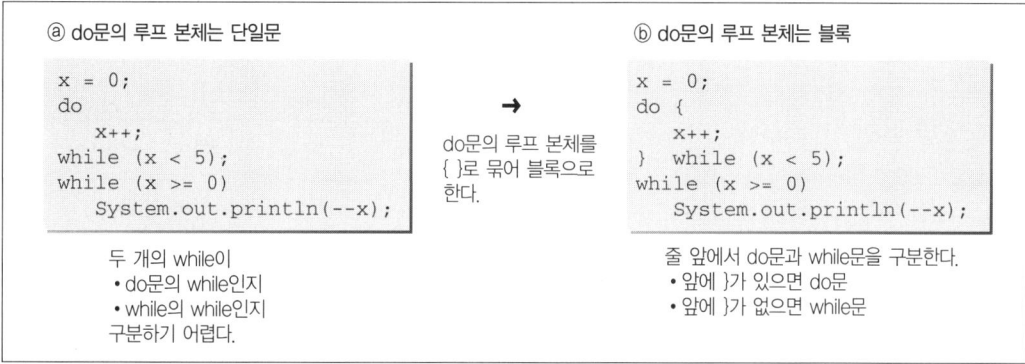

● 그림 4-10 do문과 while문

do문의 루프 본체를 { }로 묶어 블록으로 만들어 봅니다. 그림 ⓑ와 같이 되기 때문에 줄의 앞부분만을 보고도 구분할 수 있습니다.

- } while : 줄의 앞부분에 }가 있다 → do문의 일부
- while : 줄의 앞부분에 }가 없다 → while문의 일부

원래는 do문과 while문 그리고 뒤에서 배울 for문도 루프 본체가 단일문이면 일부러 블록으로 할 필요는 없습니다. 그러나 do문에서는 설령 루프 본체가 단일문일 경우에도 일부러 { }를 사용하는 편이 프로그램을 이해하기 쉽습니다.

> 주의 do문의 루프 본체는 설령 단일문일 경우에도 { }를 사용해서 블록으로 해두면 프로그램을 이해하기 쉽다.

연습 4-6

입력한 값이 1미만일 때 줄 바꿈 문자를 출력하지 않도록 리스트 4-7과 리스트 4-8을 수정한 프로그램을 각각 작성하시오.

연습 4-7

입력한 값의 개수만큼 기호문자를 표시하는 프로그램을 작성하시오. 출력은 *와 +가 교대로 표시되도록 할 것.

```
실 행 예
몇 개를 표시합니까? : 15
*+*+*+*+*+*+*+*
```

복합대입연산자

리스트 4-9는 입력한 양의 정수값을 역순으로 표시하는 프로그램입니다. 예를 들어 1254라고 입력되면 4521이라고 표시합니다.

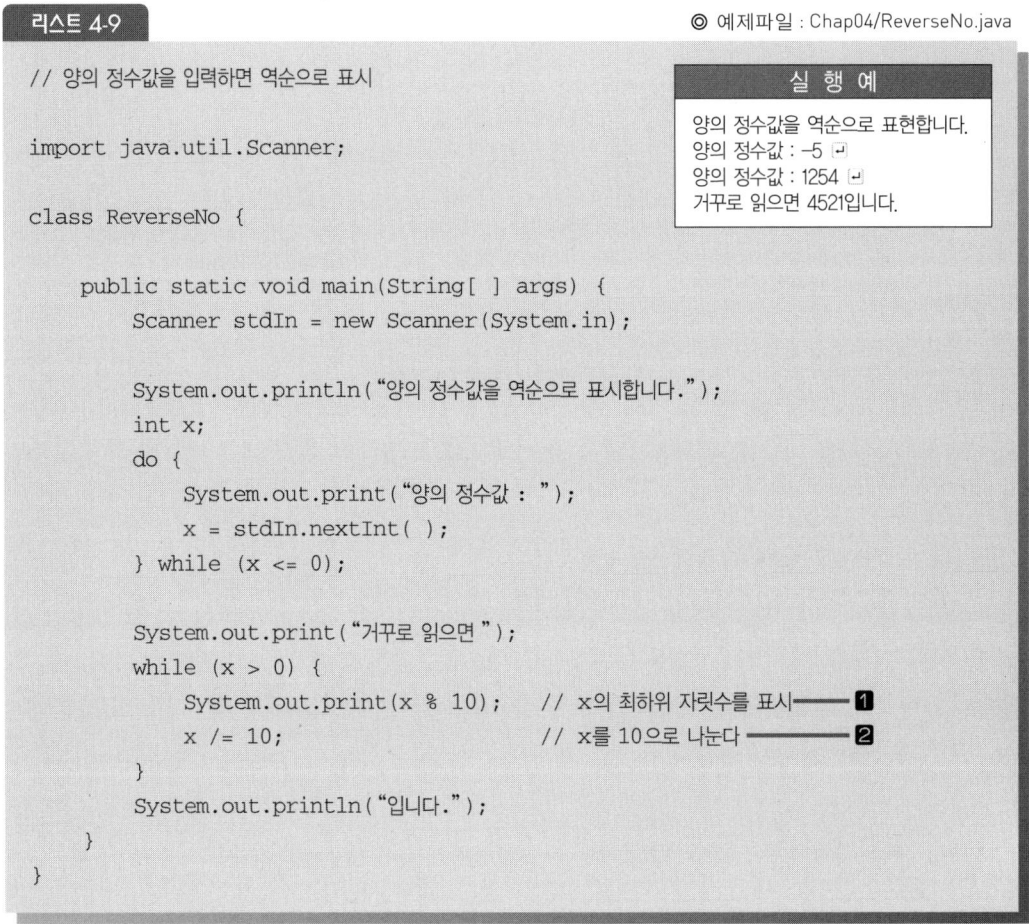

리스트 4-9 ◎ 예제파일 : Chap04/ReverseNo.java

```java
// 양의 정수값을 입력하면 역순으로 표시

import java.util.Scanner;

class ReverseNo {
    public static void main(String[ ] args) {
        Scanner stdIn = new Scanner(System.in);

        System.out.println("양의 정수값을 역순으로 표시합니다.");
        int x;
        do {
            System.out.print("양의 정수값 : ");
            x = stdIn.nextInt( );
        } while (x <= 0);

        System.out.print("거꾸로 읽으면 ");
        while (x > 0) {
            System.out.print(x % 10);    // x의 최하위 자릿수를 표시 ——❶
            x /= 10;                      // x를 10으로 나눈다 ——❷
        }
        System.out.println("입니다.");
    }
}
```

실 행 예
양의 정수값을 역순으로 표현합니다.
양의 정수값 : -5 ↵
양의 정수값 : 1254 ↵
거꾸로 읽으면 4521입니다.

■ 수치의 역순

while문의 루프 본체에서 실행되는 것은 다음 두 가지입니다. 그림 4-11을 보면서 이해하도록 합니다.

❶ x의 최하위 자릿수 표시

x의 최하위 자릿수의 값인 x % 10을 표시합니다. 예를 들어 x가 1254이면 표시되는 것은 10으로 나눈 나머지인 4입니다.

2 x를 10으로 나눈다

표시 후에 실행하는 것은 x를 10으로 나누는 것입니다.

```
x /= 10;                // x를 10으로 나눈다
```

처음 등장하는 연산자 /=는 왼쪽 피연산자의 값을 오른쪽 피연산자의 값으로 나눕니다. 예를 들어 x가 1254이면 그 값은 125가 됩니다(정수끼리의 연산이기 때문에 나머지는 버려집니다).

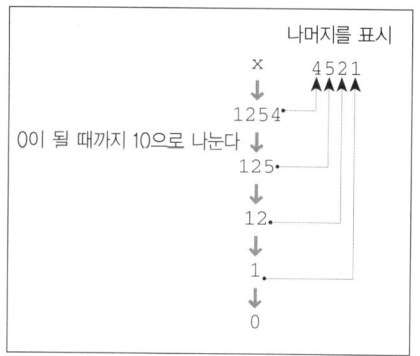

● 그림 4-11 변수 x의 변화와 표시

*

이상의 처리를 반복해서 x의 값이 0이 되면 while문은 종료합니다.

연산자 *, /, %, +, -, 〈〈, 〉〉, 〉〉〉, &, ^, | 에 대해서는 바로 뒤에 =을 붙인 연산자가 준비되어 있습니다. 원래의 연산자를 @라고 하면 식 a @= b는 a = a @ b와 거의 같은 역할을 합니다.

이 연산자들은 연산과 대입이라는 두 가지 역할을 하기 때문에 복합대입연산자(compound assignment operator)라고 합니다. 표 4-3은 복합대입연산자의 일람입니다.

● 표 4-3 ··· 복합대입연산자의 일람

*=	/=	%=	+=	-=	〈〈=	〉〉=	〉〉〉=	&=	^=	|=

▶ 연산자 중간에 스페이스를 넣어서 + =와 〉〉 = 등으로 할 수는 없습니다. 복합대입연산자도 대입 후의 왼쪽 피연산자의 형과 값을 생성하는 것은 단순대입연산자와 같습니다. 또한 연산자 〈〈, 〉〉, 〉〉〉, &, ^, | 는 제7장에서 학습합니다.

x를 10으로 나눈 연산은 다음과 같이 /와 =을 사용해도 작성할 수 있습니다.

```
x = x / 10;             // x를 10으로 나눈다(x를 10으로 나눈 몫을 x에 대입)
```

그러나 복합대입연산자에는 다음과 같은 장점이 있습니다.

■ 실행해야 할 연산을 간결하게 표시할 수 있다

'x를 10으로 나눈 몫을 x에 대입한다' 보다 'x를 10으로 나눈다' 라고 하는 편이 간결하면서도 자연스럽게 받아들일 수 있는 표현입니다.

■ **좌변의 변수명을 한번만 쓰면 된다**

변수명이 길 경우와 배열과 클래스를 이용한 복잡한 식인 경우에 입력 오류의 가능성이 적어지고 프로그램도 읽기 쉽게 됩니다.

■ **좌변의 평가를 한번만 실행한다**

복합대입연산자를 이용할 경우 최대의 장점은 좌변의 평가를 한번만 실행한다는 점입니다. 지금까지 작성한 프로그램에서는 그 장점을 느낄 수 없지만 복잡한 프로그램에서는 그 장점이 효과를 발휘합니다.

예를 들면

```
comp.memory[vec[++i]] += 10;            // i를 증가시키고 나서 10을 더한다
```

에서는 i 값이 한번만 증가됩니다. 따라서 복합대입연산자를 이용하지 않고 작성하면 다음과 같이 길게 됩니다.

```
++i;                                                    // 먼저 i를 증가시킨다
comp.memory[vec[i]] = comp.memory[vec[i]] + 10;         // 그리고 10을 더한다
```

▶ 여기에서 이용한 [ ] 연산자는 제6장에서 . 연산자는 제8장에서 학습합니다.

정수의 합 계산하기

리스트 4-10은 복합대입연산자를 이용한 또 다른 프로그램의 예입니다. 이것은 1부터 n까지의 합을 계산하는 프로그램입니다. 예를 들어 키보드로 입력한 n의 정수값이 5이면 1 + 2 + 3 + 4 + 5의 값을 계산하게 됩니다.

리스트 4-10　　　　　　　　　　　　　　　　　　　◎ 예제파일 : Chap04/SumUp.java

```java
// 1부터 n까지의 합을 계산하기

import java.util.Scanner;

class SumUp {

    public static void main(String[ ] args) {
```

실 행 예
1부터 n까지의 합을 계산합니다.
n의 값 : 5
1부터 5까지의 합은 15입니다.

```java
        Scanner stdIn = new Scanner(System.in);

        System.out.println("1부터 n까지의 합을 계산합니다. ");
        int n;
        do {
            System.out.print("n의 값 : ");
            n = stdIn.nextInt( );
        } while (n <= 0);

❶      int sum = 0;                       // 합계
        int i = 1;

❷      while (i <= n) {
            sum += i;                      // sum에 i를 더한다
            i++;                           // i를 증가시킨다
        }
        System.out.println("1부터" + n + "까지의 합은" + sum + "입니다.");
    }
}
```

그림 4-12는 합을 구하는 부분의 순서도입니다. 프로그램과 순서도의 ❶과 ❷부분은 다음과 같은 역할을 합니다.

❶ 합을 계산하기 위한 전 단계입니다. 합을 저장하기 위한 변수 sum의 값을 0으로 하고, 반복을 제어하기 위한 변수 i의 값을 1로 합니다.

❷ 변수 i의 값이 n이하인 동안에 흰색 부분을 반복 실행합니다. i의 값이 하나씩 증가하기 때문에 n번 반복합니다.

i가 n이하인지 아닌지를 판정하는 제어식 i <= n(순서도의 ◇)를 통과할 때 변수 i와 sum의 값은 그림에서 표시한 표와 같이 변화합니다. 프로그램과 표를 비교하면서 이해하기 바랍니다.

제어식을 처음 통과할 때 변수 i와 sum의 값은 ❶에서 설정한 값입니다. 그 후 반복될 때마다 변수 i의 값은 하나씩 증가합니다.

변수 sum에 저장되어 있는 값은 '이때까지의 값'이고, 변수 i에 저장되어 있는 값은 '다음에 더하게 될 값'입니다. 예를 들면 i가 5일 때 변수 sum의 값 10은 '1부터 4까지의 합'입니다(즉 변수 i의 값인 5가 더해지기 전의 값입니다).

*

또한 i의 값이 n을 넘을 때 while문의 반복이 종료되기 때문에 최종적인 i의 값은 n이 아니고 n + 1이 됩니다.

▶ 표에 제시한 것과 같이 n이 5일 경우에는 최종적으로 i가 6이 되어 sum이 15가 됩니다.

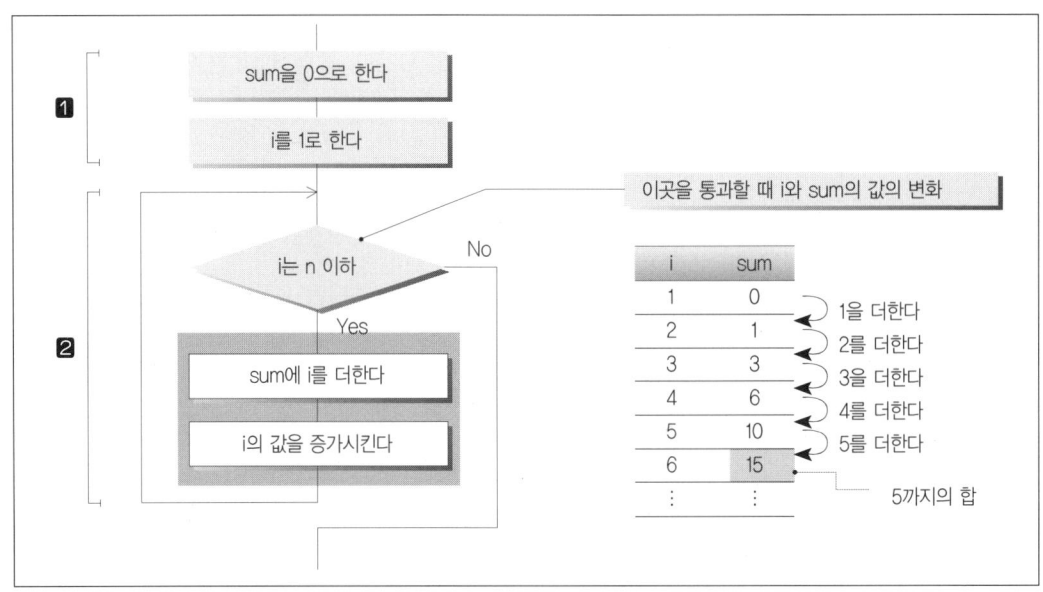

● **그림 4-12** 1부터 n까지의 합을 계산하는 순서도

연습 4-8

실행 예와 같이 양의 정수값을 입력하면 그 자릿수를 출력하는 프로그램을 작성하시오.

```
실 행 예
정수값 : 1254 ↵
이 값은 4자릿수입니다.
```

연습 4-9

실행 예와 같이 양의 정수값 n을 입력하면 1부터 n까지의 곱을 계산하는 프로그램을 작성하시오.

```
실 행 예
n의 값 : 5 ↵
1부터 5까지의 곱은 120입니다.
```

4-3 for문

이 절에서는 제한적인 반복 제어를 while문보다 간결하게 표현하는 for문에 대해서 배웁니다.

for문

리스트 4-7에서는 입력한 개수만큼 *를 표시하는 프로그램이었습니다. 리스트 4-11은 리스트 4-7의 프로그램을 while문이 아닌 for문(for statement)을 이용해서 수정한 프로그램입니다.

▶ for에는 '~사이'라는 의미가 있습니다.

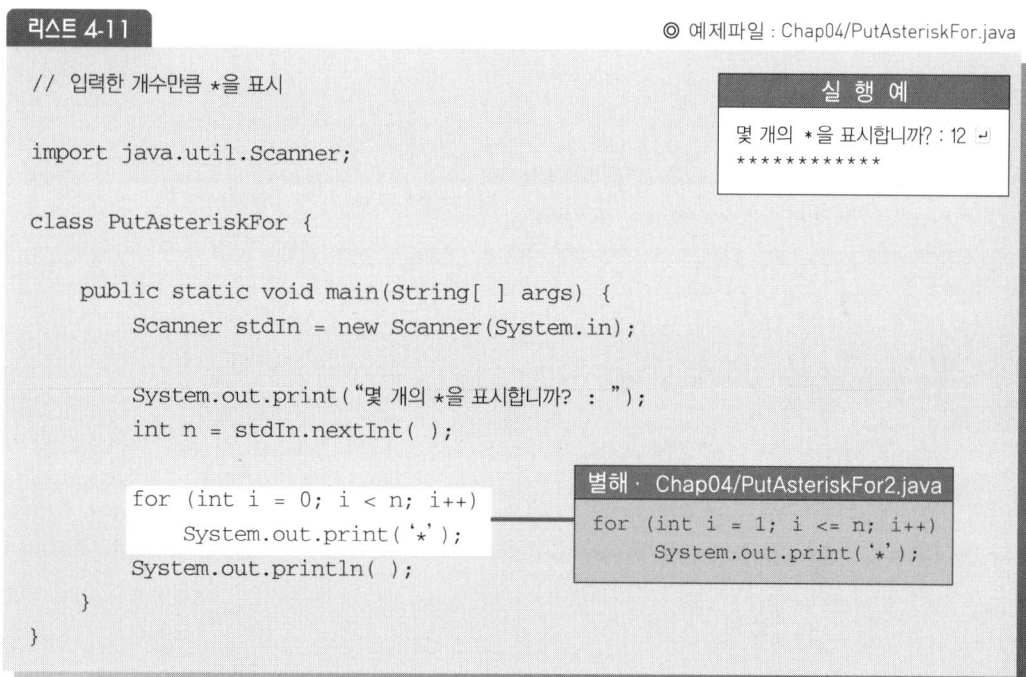

리스트 4-11   ◎ 예제파일 : Chap04/PutAsteriskFor.java

```java
// 입력한 개수만큼 *을 표시

import java.util.Scanner;

class PutAsteriskFor {

    public static void main(String[ ] args) {
        Scanner stdIn = new Scanner(System.in);

        System.out.print("몇 개의 *을 표시합니까? : ");
        int n = stdIn.nextInt( );

        for (int i = 0; i < n; i++)
            System.out.print('*');
        System.out.println( );
    }
}
```

실 행 예
```
몇 개의 *을 표시합니까? : 12
************
```

별해 · Chap04/PutAsteriskFor2.java
```java
for (int i = 1; i <= n; i++)
    System.out.print('*');
```

프로그램은 while문보다 단순하게 작성됩니다.

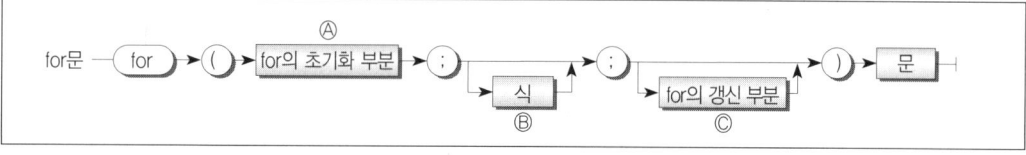

○ 그림 4-13   for문의 구문

그림 4-13은 for문의 구문이고, for에 이어지는 ( ) 안에는 ; 로 구분된 Ⓐ · Ⓑ · Ⓒ 세 부분으로 구성됩니다.

구문 그림을 보면 조금 복잡하게 느낄 수 있지만 for문으로 작성하면 while문보다 더 이해하기 쉬운 프로그램이 됩니다. 무엇보다 while문보다 짧게 프로그램을 작성할 수 있습니다. 이 프로그램의 for문은 while문을 수정해서 작성했으며, for문과 while문은 서로 바꾸어 쓸 수 있습니다. 그림 4-14의 for문과 while문은 거의 동일합니다.

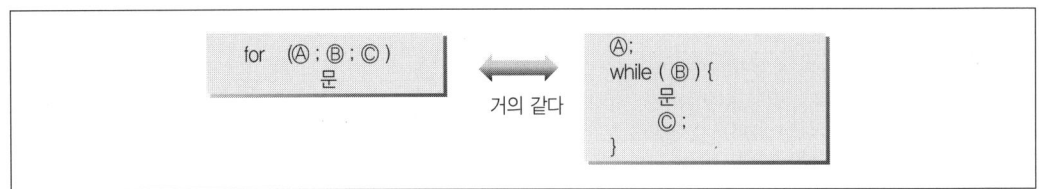

● **그림 4-14** for문과 while문

for문의 프로그램 흐름은 다음과 같습니다.

- 먼저 '전처리'라고 할 수 있는 Ⓐ부분이 평가 · 실행됩니다.
- '계속 조건'인 Ⓑ부분의 제어식이 true일 경우 문이 실행됩니다.
- 문의 실행 후는 '후 처리' 또는 '다음 반복을 위한 준비'로서 Ⓒ부분이 평가 · 실행됩니다.

이 프로그램의 for문은 다음과 같이 읽을 수 있습니다.

변수 i를 0부터 시작해서 하나씩 증가시키면서 n번 루프 본체를 반복한다.

처음 0으로 초기화 된 변수 i는 n번 증가하게 됩니다(그림 4-15). 또한 이 for문은 '별해'와 같이 작성할 수도 있습니다.

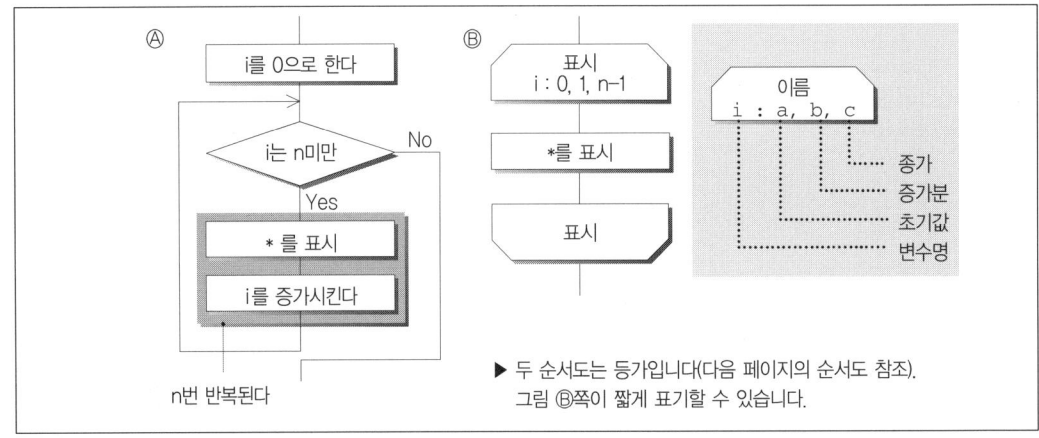

● **그림 4-15** 리스트 4-11의 for문의 순서도

for문(그림 4-13)의 각 부분에 관한 자세한 규칙은 다음과 같습니다.

Ⓐ for의 초기화 부분

Ⓐ부분에서는 선언을 할 수가 있습니다(이 프로그램도 선언을 하고 있습니다). 또한 여기에서 선언한 변수는 이 for문 내에서만 이용할 수 있습니다. 서로 다른 for문에서 동일한 이름의 변수를 사용하는 경우에는 다음과 같이 for문마다 각각 선언해야 합니다.

```
for (int i = 0; i < n; i++)
    System.out.print('*');

for (int i = 0; i < n; i++)
    System.out.print('+');
```
for문마다 선언이 필요

▶ 'for문을 쓸 때마다 변수를 선언해야 하는 것을 귀찮다'고 생각해서는 안됩니다. 만약 Ⓐ부분에서 선언된 변수가 for문의 범위를 넘어서 적용되는 사양일 경우 어떻게 되는지 검토해 봅시다. 이 경우 위 프로그램은 다음과 같이 됩니다.

```
for (int i = 0; i < n; i++)      // i를 0으로 초기화하는 선언
    System.out.print('*');
for (i = 0; i < n; i++)          // i에 0을 대입
    System.out.print('+');
```

여기에서 최초의 for문을 삭제해 봅시다. 변수 i의 선언이 없어지게 되기 때문에 두 번째 for문의 대입 i = 0;을, 선언 int i = 0;으로 변경해야 합니다. 나열된 for문을 보기에도 좋고, 확실하게 변수를 선언할 수도 있고, 프로그램을 변경할 때도 쉽게 대응할 수 있는 것은 for문마다 변수를 선언하는 문법 사양 덕분입니다.

복수의 변수를 선언할 필요가 있으면 콤마 ,로 구분합니다(일반적인 선언과 같습니다). 또한 Ⓐ부분에서 실행하는 것이 아니면 생략할 수도 있습니다.

Ⓑ 식(제어식)

Ⓑ부분도 생략할 수 있습니다. 생략한 경우 반복/계속의 판정은 항상 true로 간주됩니다. 앞으로 학습할 break문과 return문을 루프 본체 내에 추가하지 않는 한 영원히 반복되는 무한 루프가 됩니다.

Ⓒ for의 갱신 부분

복수의 식을 콤마로 구분해서 기술할 수 있습니다. 또한 아무 것도 실행할 것이 없으면 Ⓒ부분도 생략할 수 있습니다.

Column 4-3… 왜 반복문을 제어하는 변수는 i와 j인가?

많은 프로그래머가 for문 등의 반복문을 제어하기 위한 변수로 i와 j를 사용합니다. 그 역사는 기술계산용 프로그래밍 언어 FORTRAN의 초기시대까지 거슬러 올라갑니다. 이 언어에서 변수는 원칙적으로 실수입니다. 그러나 이름의 첫 문자가 I, J, …, N의 변수만은 자동적으로 정수로 간주되었습니다. 따라서 반복을 제어하기 위한 변수로써 I, J, … 을 사용하는 것이 가장 간단한 방법이었습니다.

순서도

여기에서는 순서도(flowchart)와 그 기호에 대해서 설명합니다.

■ 순서도의 기호

문제의 정의, 분석, 해법의 도식적 표현인 순서도와 그 기호는 국제 표준화 기구의 규격으로 정의되어 있습니다. 다음과 같이 기초적인 용어와 기호를 소개합니다.

■ 프로그램 순서도(program flowchart)

프로그램 순서도는 다음과 같은 기호로 구성되어 있습니다.
- 실제로 실행되는 연산을 나타내는 기호
- 제어의 흐름을 나타내는 선기호
- 프로그램 순서도를 이해하고 작성하는데 편의를 제공하는 특수기호

■ 데이터(data)

매체를 지정하지 않는 데이터를 나타냅니다.

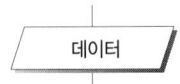

■ 처리(process)

임의의 종류의 처리기능을 나타냅니다. 예를 들어 정보의 값·형·위치를 바꾸도록 정의된 연산 혹은 연산들의 실행, 또는 여기에 계속되는 다수의 흐름의 방향 중에서 하나를 결정하는 연산 혹은 연산들의 실행을 나타냅니다.

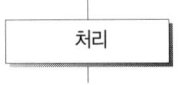

■ 정의된 처리(predefined process)

하위 루틴과 모듈 등 다른 장소에서 정의된 하나 이상의 연산 또는 명령들로 이루어진 처리를 나타냅니다.

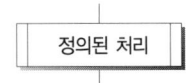

■ 판단(decision)

하나의 입구와 복수의 선택적인 출구를 가지며, 기호 안에 정의된 조건의 평가에 따라서 하나의 출구를 선택하는 판단기능 또는 스위치 형의 기능을 나타냅니다. 어떤 상황을 가정한 평가결과는 단락을 나타내는 선의 부근에 기술합니다.

■ 루프(loop limit)

두 부분으로 구성되며 루프의 시작과 종료를 나타냅니다. 기호의 두 부분에는 같은 이름을 부여합니다. 루프의 시작기호(전판정 반복의 경우) 또는 루프의 종료기호(후판정 반복의 경우) 안에 초기화·증가분·종료조건을 표기합니다.

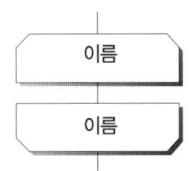

■ 선(line)
제어의 흐름을 나타냅니다. 흐름의 방향을 나타낼 필요가 있을 때는 화살표를 붙입니다. 또한 나타낼 필요가 없는 경우에도 이해하기 쉽게 화살표를 붙여도 상관없습니다.

■ 단말(terminator)
프로그램 흐름의 시작 또는 종료를 나타냅니다.

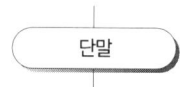

이 밖에도 병렬처리와 점선 등의 기호가 있습니다.

for문을 이용해서 여러 가지 프로그램을 작성해 봅시다.

홀수의 나열

리스트 4-12는 정수값을 입력하면 그 정수값 이하의 양의 홀수 1, 3, 5 …를 표시하는 프로그램입니다.

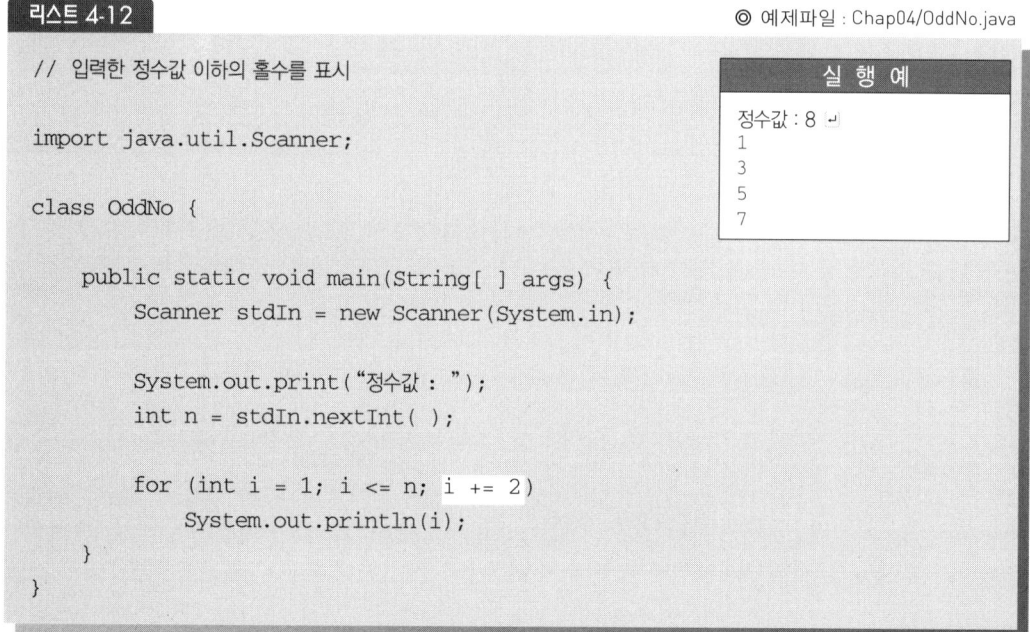

ⓒ for의 갱신 부분인 i += 2에서 사용하고 있는 것은 오른쪽 피연산자의 값을 왼쪽 피연산자에 더하는 복합대입연산자입니다. 변수 i에 2를 더하기 때문에 반복할 때마다 i의 값이 둘씩 증가하게 됩니다.

약수의 나열

리스트 4-13은 입력한 정수값의 모든 약수를 표시하는 프로그램입니다.

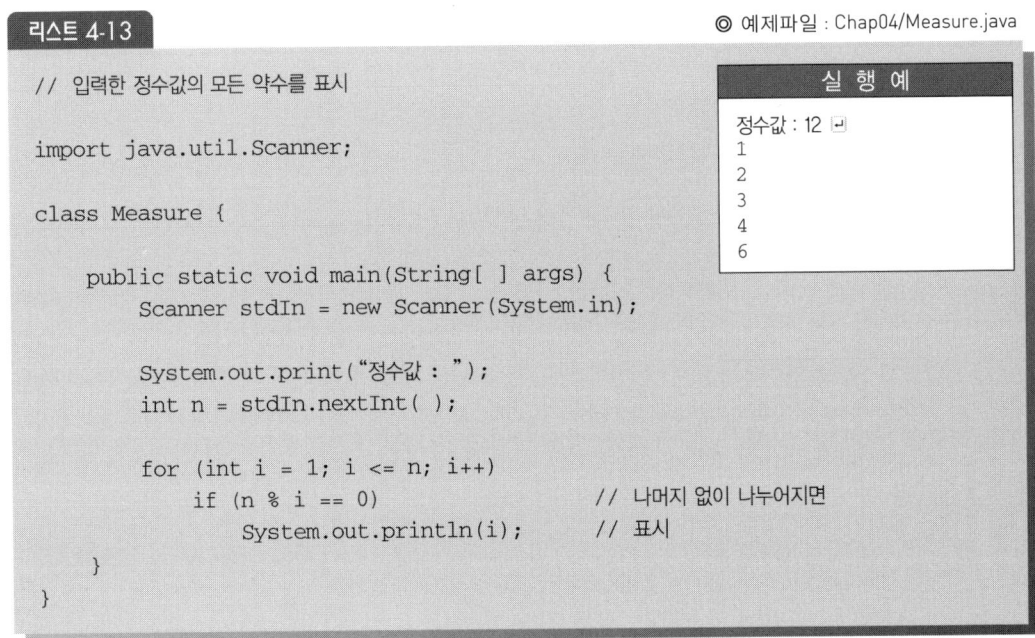

리스트 4-13 ◎ 예제파일 : Chap04/Measure.java

```java
// 입력한 정수값의 모든 약수를 표시

import java.util.Scanner;

class Measure {

    public static void main(String[ ] args) {
        Scanner stdIn = new Scanner(System.in);

        System.out.print("정수값 : ");
        int n = stdIn.nextInt( );

        for (int i = 1; i <= n; i++)
            if (n % i == 0)                    // 나머지 없이 나누어지면
                System.out.println(i);          // 표시
    }
}
```

실행 예
```
정수값 : 12
1
2
3
4
6
```

먼저 변수n에 정수값을 입력합니다. 이어지는 for문에서는 변수 i의 값을 1부터 n까지 증가시키고 있습니다. n을 i로 나눈 나머지가 0이면(n이 i로 나누어 떨어지면) i는 n의 약수라고 판단할 수 있기 때문에 그 값을 표시합니다.

▶ 실행 예와 같이 n이 12이면 for문에서는 i가 1부터 12까지 반복됩니다.

복수 변수의 동시제어

지금까지 프로그램의 for문은 하나의 변수 값을 기초로 반복을 제어했습니다. 리스트 4-14의 for문에서는 여러 변수를 동시에 제어할 수 있는 프로그램을 제시합니다.

리스트 4-14 ◎ 예제파일 : Chap04/For2Var.java

```java
// 입력한 정수값과 1, 2, … 과의 차를 표시

import java.util.Scanner;

class For2Var {
```

실행 예
```
정수값 : 4
1  3
2  2
3  1
4  0
```

```
    public static void main(String[ ] args) {
        Scanner stdIn = new Scanner(System.in);

        System.out.print("정수값 : ");
        int n = stdIn.nextInt( );

        for (Ⓐ int i = 1, j = n - 1; Ⓑ i <= n; Ⓒ i++, j--)
            System.out.println(i + " " + j);
    }
}
```

이 프로그램에서는 두 변수 i와 j를 Ⓐ부분에서 선언하고, 그 두 값들을 Ⓒ부분에서 갱신하고 있습니다.

▶ for문의 Ⓐ부분(for의 초기화 부분)과 Ⓒ부분(for의 갱신 부분)에서는 콤마로 구분해서 복수의 선언이나 문을 나열해도 됩니다.

프로그램의 흐름을 살펴봅시다. 먼저 처음에 정수값을 n에 입력합니다. for문의 Ⓐ부분은 변수의 선언입니다. 두 변수 i와 j를 선언하고, 각각을 1과 n - 1로 초기화합니다. Ⓒ부분에서는 i의 값을 증가시키는 동시에 j의 값을 감소시키기 때문에 i의 값은 하나씩 증가하고 j의 값은 하나씩 감소해 갑니다.

이 과정을 거치면서 루프 본체에서는 다음의 두 값을 나열해서 표시합니다.

- i의 값
- j의 값(n과 i의 차)

Ⓑ부분의 판정에서 i <= n이 성립하지 않으면 반복은 종료됩니다.

다음 프로그램을 보기 바랍니다. 이 for문은 변수 n의 개수만큼 '-'를 표시하는 것처럼 보이지만 n이 어떤 값이래도 '-'는 한 개만 표시됩니다. 그 이유를 알겠습니까?

```
    for (int i = 0; i < n; i++);
        System.out.print('-');
```

이와 같이 되는 이유는 i++)의 뒤에 놓인 ; 때문입니다. 이것은 제3장에서 배운 공문입니다. 즉 위 프로그램은 다음과 같이 해석됩니다.

```
for (int i = 0; i < n; i++);       // for문:공문이 루프 본체를 n번 실행
    System.out.print('-');         // for문 종료 후에 한번만 실행되는 식문
```

물론 for문뿐만 아니라 while문에서도 이와 같은 오류를 범하지 않도록 주의합니다.

> 주의   for문과 while문의 ( ) 뒤에 실수로 공문을 기술하지 않도록 주의한다.

▶ 사실은 이와 같은 교훈을 제3장의 '공문'에서 배웠습니다.

■ 반복문

do문 · while문 · for문을 모아서 반복문(iteration statement)이라고 합니다.

▶ 이 장에서 배운 for문은 '기본 for문' 입니다. 또 다른 for문인 '확장 for문'에 대해서는 제6장에서 학습합니다.

Column 4-4··· 무한 루프

그림 4C-2는 반복문의 제어식이 true일 경우 무한 루프(종료되지 않고 계속되는 반복)가 되는 프로그램의 예입니다.

```
do {                  while (true) {         for ( ; ; ) {
   // ...                // ...                 // ...
} while (true);       }                      }
```

● **그림 4C-2** 무한 루프

for문 ⑧부분의 제어식을 생략하면 true라고 간주됩니다(물론 명시적으로 true라고 표기해도 상관없습니다). 또한 무한 루프를 강제적으로 중단·종료하기 위해서는 4-5절에서 배운 break문을 사용해야 합니다.

연습 4-10
입력한 값이 1미만이면 줄 바꿈 문자를 출력하지 않도록 리스트 4-11을 수정한 프로그램을 작성하시오.

연습 4-11
양의 정수값을 0까지 카운트 다운하는 리스트 4-4를 for문으로 작성하시오.

연습 4-12
연습 4-11과 반대로 0부터 양의 정수값까지 카운트 업 하는 프로그램을 작성하시오.

연습 4-13
1부터 n까지의 합을 계산하는 리스트 4-10을 for문으로 작성하시오.

연습 4-14
연습 4-13의 프로그램을 수정해서 실행 예와 같이 '식'을 표시하는 프로그램을 작성하시오.

```
실 행 예
n의 값 : 5 ↵
1 + 2 + 3 + 4 + 5 = 15
```

연습 4-15
실행 예와 같이 신장과 표준체중의 대응표를 표시하는 프로그램을 작성하시오. 표시할 신장의 범위(시작값/종료값/증가분)은 정수값으로 입력할 것.
※ 표준체중은 (신장 - 100) × 0.9로 계산한다.

```
실 행 예
몇 cm부터 : 150 ↵
몇 cm까지 : 190 ↵
몇 cm마다 : 5 ↵
신장 표준체중
150  45
155  49.5
- 생략 -
```

연습 4-16
입력한 개수만큼 *을 표시하는 리스트 4-11을 실행 예와 같이 수정해서 5개씩 표시하는 프로그램을 작성하시오.

```
실 행 예
몇 개의 *을 표시합니까? : 12 ↵
*****
*****
**
```

연습 4-17
입력한 정수값의 모든 약수를 표시하는 리스트 4-13을 수정해서 실행 예와 같이 약수의 표시가 끝난 후에 약수의 개수를 표시하는 프로그램을 작성하시오.

```
실 행 예
정수값 : 4 ↵
1
2
약수는 2개입니다.
```

연습 4-18
실행 예와 같이 1부터 n까지의 정수값의 제곱 값을 표시하는 프로그램을 작성하시오.

```
실 행 예
정수값 : 3 ↵
1의 제곱은 1
2의 제곱은 4
3의 제곱은 9
```

4-4 다중루프

반복문의 루프 본체를 반복문으로 하면 이중·삼중의 반복을 실행할 수 있는 다중루프를 작성할 수 있습니다. 이 절에서는 다중루프에 대해서 학습합니다.

구구단

지금까지의 프로그램은 단순한 반복을 실행하는 것이었지만, 이중·삼중으로 반복을 실행할 수도 있습니다. 이와 같이 이중·삼중의 반복을 이중루프, 삼중루프… 라고 하며, 이 모든 루프를 '다중 루프'라고 합니다.

*

리스트 4-15는 이중루프를 이용해서 구구단을 표시하는 프로그램입니다. 그림 4-16은 표시를 실행하는 음영부분의 순서도이고, 오른쪽 그림은 변수 i와 j 값의 변화를 나타냅니다.

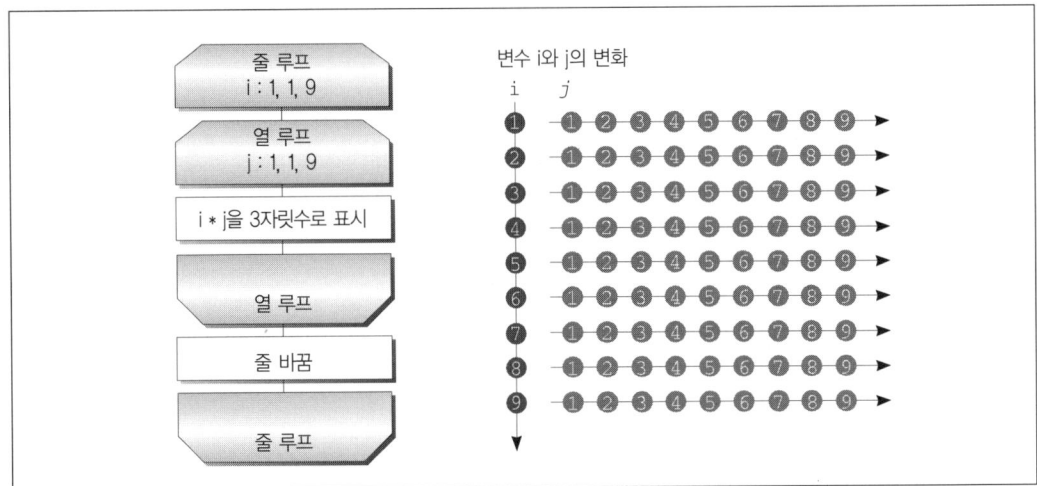

● **그림 4-16** 구구단을 표시하는 이중루프의 프로그램 순서도

바깥쪽의 for문(줄 루프)에서는 i의 값을 1부터 9까지 증가시킵니다. 이 반복은 표의 1번째 줄, 2번째 줄 … 9번째 줄에 대응합니다. 즉 세로 방향의 반복입니다. 이 각 줄에서 실행되는 안쪽 for문(열 루프)은 j의 값을 1부터 9까지 증가시킵니다. 이것은 각 줄에 표시되는 가로 방향의 반복입니다.

리스트 4-15

◉ 예제파일 : Chap04/MultiTable.java

```
// 구구단을 표시

class MultiTable {

    public static void main(String[ ] args) {
        for (int i = 1; i <= 9; i++) {
            for (int j = 1; j <= 9; j++) {
                if (i * j < 10)            스페이스 2개
                    System.out.print("  ");
                else                       스페이스 1개
                    System.out.print(" ");
                System.out.print(i * j);
            }
            System.out.println( );
        }
    }
}
```

실 행 결 과

```
 1  2  3  4  5  6  7  8  9
 2  4  6  8 10 12 14 16 18
 3  6  9 12 15 18 21 24 27
 4  8 12 16 20 24 28 32 36
 5 10 15 20 25 30 35 40 45
 6 12 18 24 30 36 42 48 54
 7 14 21 28 35 42 49 56 63
 8 16 24 32 40 48 56 64 72
 9 18 27 36 45 54 63 72 81
```

변수 i의 값을 1부터 9까지 증가시키는 '행 루프'는 9번 반복되고, 각 '행 루프'의 반복으로 변수 j의 값을 1부터 9까지 증가시키는 '열 루프'가 9번 반복됩니다. '열 루프' 종료 후의 줄 바꿈 출력은 다음 줄로 진행하기 위한 준비입니다. 따라서 이 이중루프는 다음과 같이 처리가 실행됩니다.

- i가 1일 경우 : j를 1 → 9로 증가시키면서 1 * J를 표시. 그리고 줄 바꿈
- i가 2일 경우 : j를 1 → 9로 증가시키면서 2 * J를 표시. 그리고 줄 바꿈
- i가 3일 경우 : j를 1 → 9로 증가시키면서 3 * J를 표시. 그리고 줄 바꿈
  … 중략 …
- i가 9일 경우 : j를 1 → 9로 증가시키면서 9 * J를 표시. 그리고 줄 바꿈

*

프로그램에서 음영부분의 if문은 수치 사이의 여백을 조정하며 다음과 같이 출력을 실행합니다.

- 표시할 값이 10미만(즉 1자릿수) : 수치 앞에 스페이스를 2개 표시
- 표시할 값이 10이상(즉 2자릿수) : 수치 앞에 스페이스를 1개 표시

때문에 두 번째 줄을 예로 들면 그림 4-17과 같이 표시가 실행됩니다.

▶ System.out.printf라는 메소드를 이용하면 프로그램을 간결하게 표현할 수 있습니다.

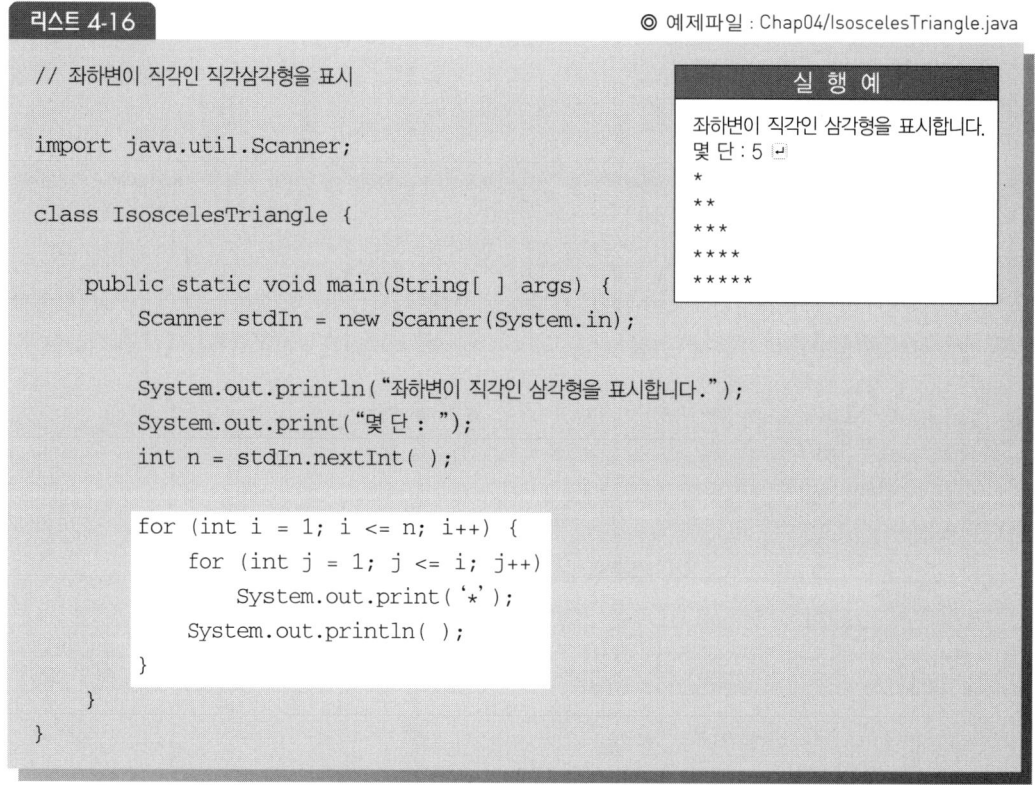

○ 그림 4-17 수치를 정렬해서 표시하기 위한 스페이스

직각삼각형의 표시

이중루프를 사용하면 기호문자를 나열해서 삼각형이나 사각형 등의 도형을 표시할 수 있습니다. 리스트 4-16은 좌하변이 직각인 삼각형을 표시하는 프로그램입니다.

리스트 4-16　　　　　　　　　　　　　　　◎ 예제파일 : Chap04/IsoscelesTriangle.java

```java
// 좌하변이 직각인 직각삼각형을 표시

import java.util.Scanner;

class IsoscelesTriangle {

    public static void main(String[ ] args) {
        Scanner stdIn = new Scanner(System.in);

        System.out.println("좌하변이 직각인 삼각형을 표시합니다.");
        System.out.print("몇 단 : ");
        int n = stdIn.nextInt( );

        for (int i = 1; i <= n; i++) {
            for (int j = 1; j <= i; j++)
                System.out.print('*');
            System.out.println( );
        }
    }
}
```

실 행 예
```
좌하변이 직각인 삼각형을 표시합니다.
몇 단 : 5
*
**
***
****
*****
```

그림 4-18은 직각삼각형의 표시를 실행하는 흰색부분의 순서도입니다. 오른쪽 그림은 변수 i와 j 의 값의 변화를 나타냅니다. 실행 예와 같이 n의 값이 5일 경우 어떻게 처리가 실행되는지를 살펴 봅니다.

바깥쪽의 for문(줄 루프)에서는 변수 i의 값을 1부터 n 즉 5까지 증가시킵니다. 이것은 삼각형의 각 줄에 대응하는 세로 방향의 반복입니다.

또한 각 줄에서 실행되는 안쪽 for문(열 루프)은 변수 j의 값을 1부터 i까지 증가시키면서 표시를 실행합니다. 이것은 각 줄에 표시되는 가로 방향의 반복입니다.

따라서 이 프로그램의 이중루프는 다음과 같이 동작합니다.

- i가 1일 경우 : j를 1 → 1로 증가시키면서 *를 표시. 그리고 줄 바꿈. *
- i가 2일 경우 : j를 1 → 2로 증가시키면서 *를 표시. 그리고 줄 바꿈. * *
- i가 3일 경우 : j를 1 → 3로 증가시키면서 *를 표시. 그리고 줄 바꿈. * * *
- i가 4일 경우 : j를 1 → 4로 증가시키면서 *를 표시. 그리고 줄 바꿈. * * * *
- i가 5일 경우 : j를 1 → 5로 증가시키면서 *를 표시. 그리고 줄 바꿈. * * * * *

삼각형을 위쪽부터 첫 번째 줄 ~ n 번째 줄이라고 하면 i 번째 줄에 i개의 '*'를 표시하고, 마지막 줄인 n 번째 줄에는 n개의 '*'를 표시합니다.

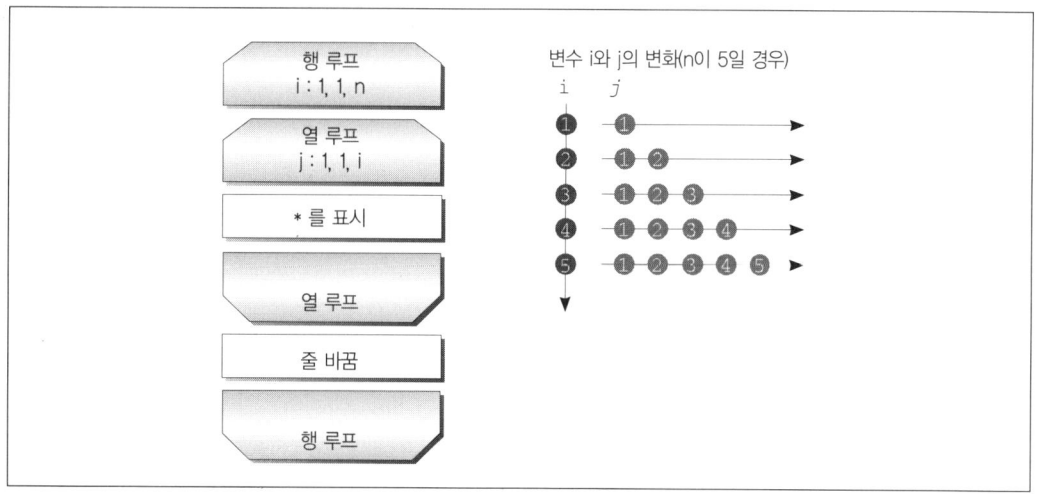

● 그림 4-18 직각삼각형을 표시하는 이중루프의 순서도

연습 4-19

계절을 표시하는 리스트 4-1을 수정해서 월을 입력할 때 1~12 이외의 값이 입력되면 재입력하도록 요구하는 프로그램을 작성하시오(do문 안에 do문이 포함되는 이중루프를 이용).

연습 4-20

실행 예와 같이 n단의 정사각형을 표시하는 프로그램을 작성하시오(실행 예는 n이 3일 경우의 실행결과).

연습 4-21

리스트 4-16은 좌하변이 직각인 직각삼각형을 표시하는 프로그램이었지만 좌상변, 우하변, 우상변이 직각인 삼각형을 표시하는 프로그램을 각각 작성하시오.

연습 4-22

실행 예와 같이 n단의 피라미드 형태를 표시하는 프로그램을 작성하시오(실행 예는 4단). i번째 줄에는 (i - 1) * 2 + 1개의 '*' 기호를 표시하고, 마지막 줄인 n번째 줄에는 (n - 1) * 2 + 1개의 '*' 기호를 표시할 것.

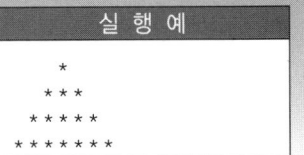

연습 4-23

실행 예와 같이 n단의 숫자 피라미드를 표시하는 함수를 작성하시오(실행 예는 4단). i번째 줄에는 i % 10을 표시할 것.

```
    1
   222
  33333
 4444444
```

4-5 break문과 continue문

이 절에서 학습할 내용은 break문과 continue문입니다. 이 문을 이용하면 반복문에서 프로그램의 흐름에 변화를 줄 수가 있습니다.

break문

리스트 4-17은 입력한 정수의 합계를 표시하는 프로그램입니다. 먼저 처음에 정수의 개수를 변수 n에 입력합니다. 그리고 for문에서 n번 반복되는 과정에서 n개의 정수를 대입하면서 덧셈을 실행합니다. 단 대입된 값이 0이면 입력은 종료됩니다.

리스트 4-17　　　　　　　　　　　　　　　　◎ 예제파일 : Chap04/SumBreak1.java

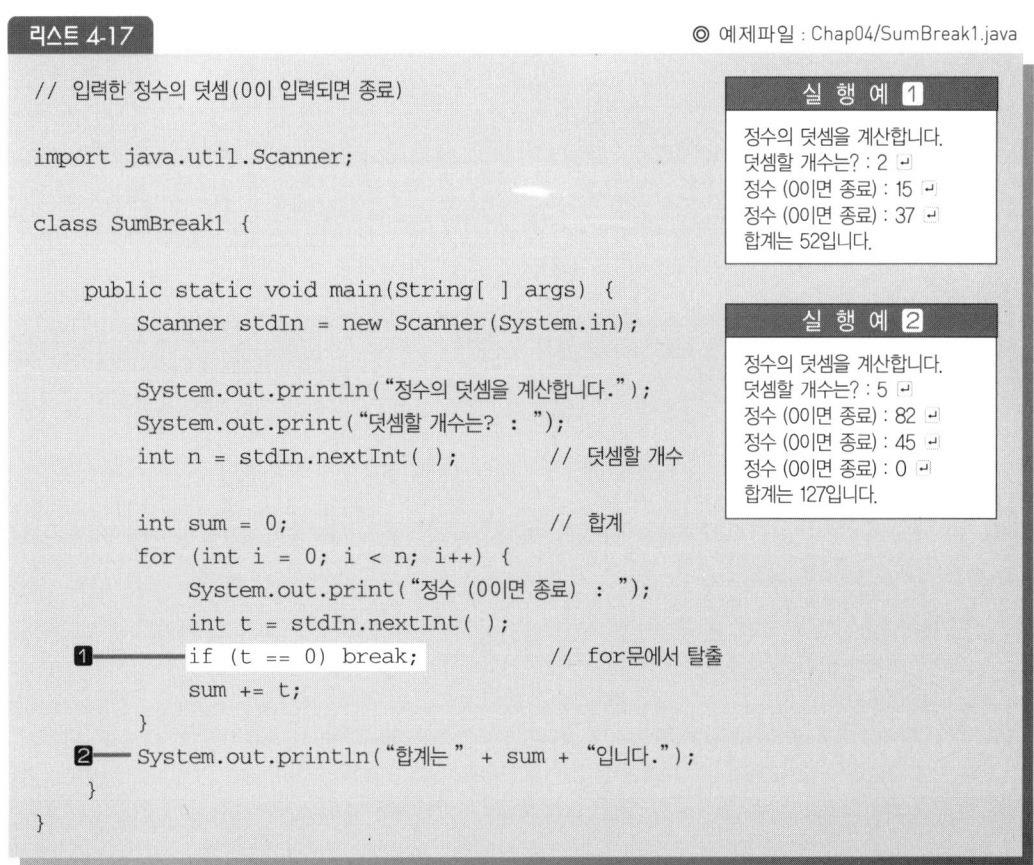

```java
// 입력한 정수의 덧셈(0이 입력되면 종료)

import java.util.Scanner;

class SumBreak1 {

    public static void main(String[ ] args) {
        Scanner stdIn = new Scanner(System.in);

        System.out.println("정수의 덧셈을 계산합니다.");
        System.out.print("덧셈할 개수는? : ");
        int n = stdIn.nextInt( );            // 덧셈할 개수

        int sum = 0;                         // 합계
        for (int i = 0; i < n; i++) {
            System.out.print("정수 (0이면 종료) : ");
            int t = stdIn.nextInt( );
❶          if (t == 0) break;               // for문에서 탈출
            sum += t;
        }
❷      System.out.println("합계는 " + sum + "입니다.");
    }
}
```

실행 예 ❶
정수의 덧셈을 계산합니다.
덧셈할 개수는? : 2 ↵
정수 (0이면 종료) : 15 ↵
정수 (0이면 종료) : 37 ↵
합계는 52입니다.

실행 예 ❷
정수의 덧셈을 계산합니다.
덧셈할 개수는? : 5 ↵
정수 (0이면 종료) : 82 ↵
정수 (0이면 종료) : 45 ↵
정수 (0이면 종료) : 0 ↵
합계는 127입니다.

❶에서는 break문을 사용하고 있습니다. 반복문(do문/while문/for문) 안에서 사용되는 break문

은 그 반복문을 강제적으로 중단·종료시킵니다(그림4-19).

▶ break는 '깨다' '탈출하다'라는 의미입니다(제3장의 break문).

때문에 변수 t에 대입된 값이 0이면 for문의 실행은 종료되고 프로그램의 흐름은 ❷로 이동하게 됩니다.

▶ 다중루프 안에서 break문이 실행되면 그 break문을 직접 포함하고 있는 반복문의 실행은 중단됩니다. 다중 루프 바깥쪽의 반복문을 한번에 탈출하는 방법은 '레이블이 있는 break문'에서 해설합니다.

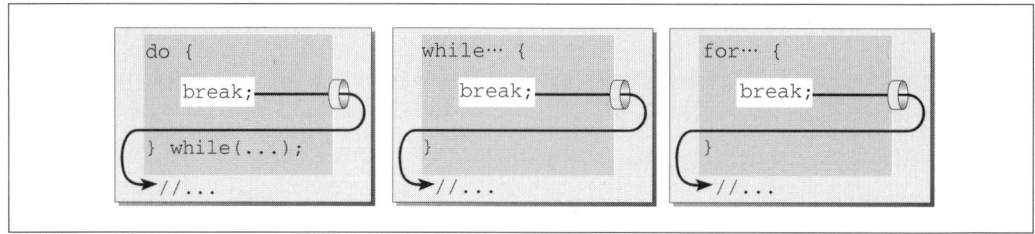

● **그림 4-19** 반복문에서 break문의 역할

리스트 4-18은 break문을 이용한 또 다른 프로그램입니다. 입력된 정수를 더하는 것은 이전 프로그램과 같지만 합계가 1,000을 넘지 않는 범위에서 입력과 덧셈을 실행하는 점이 다릅니다.

리스트 4-18 ◎ 예제파일 : Chap04/SumBreak2.java

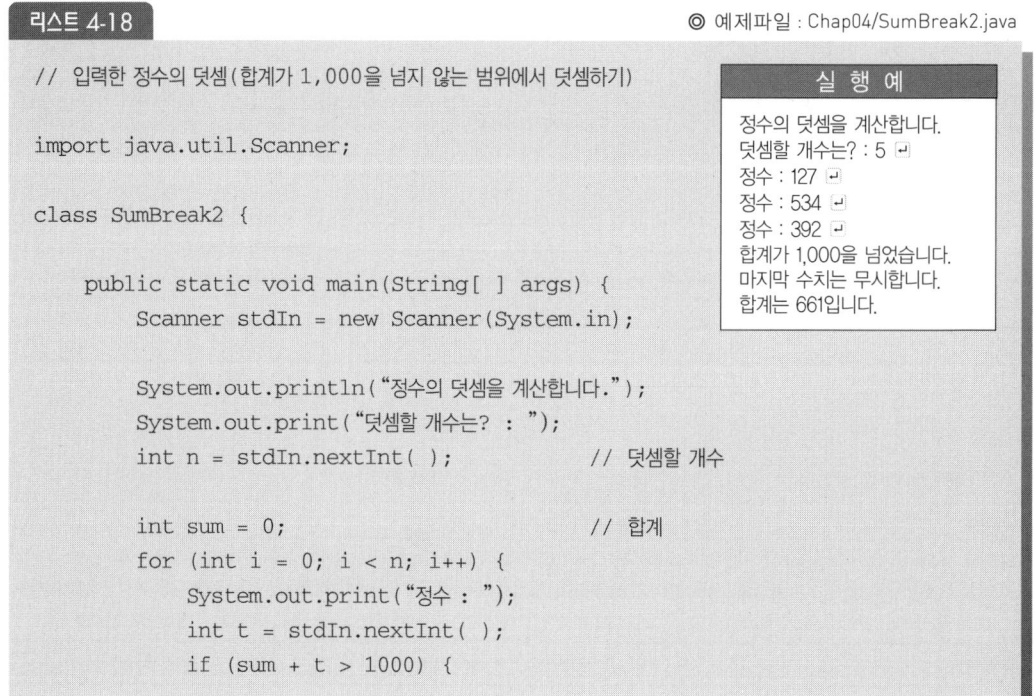

```
                System.out.println("합계가 1,000을 넘었습니다.");
                System.out.println("마지막 수치는 무시합니다.");
                break;
            }
            sum += t;
        }
        System.out.print("합계는 " + sum + "입니다.");
    }
}
```

실행 예에서는 3개의 정수를 입력하고 있습니다. 3번째 입력한 392를 더하면 합계가 1,000을 넘기 때문에 입력을 중단하고(흰색 부분을 실행해서 for문을 종료합니다), sum에는 처음에 입력한 두 정수의 합계가 대입됩니다.

연습 4-24

양의 정수값을 입력하면 그 값이 소수인지 아닌지를 판정하는 프로그램을 작성하시오. 소수는 1과 자기 자신만으로 나누어지는 1보다 큰 양의 정수이다.

continue문

break문과 대조적인 것이 그림 4-20의 구문을 갖는 continue문(continue statement)입니다.

▶ continue는 '계속'이라는 의미입니다.

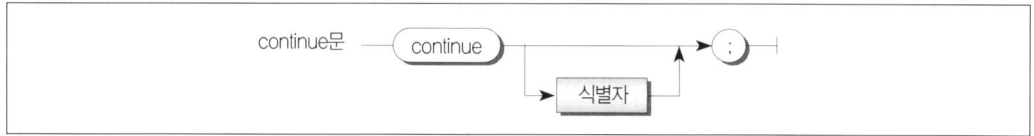

● 그림 4-20 continue문의 구문

continue문이 실행되면 루프 본체의 남은 부분을 건너뛰고 프로그램의 흐름은 루프 본체의 끝으로 한번에 이동합니다.

그림 4-21은 각 반복문 안에서 continue문이 어떤 역할을 하는지 정리한 그림입니다.

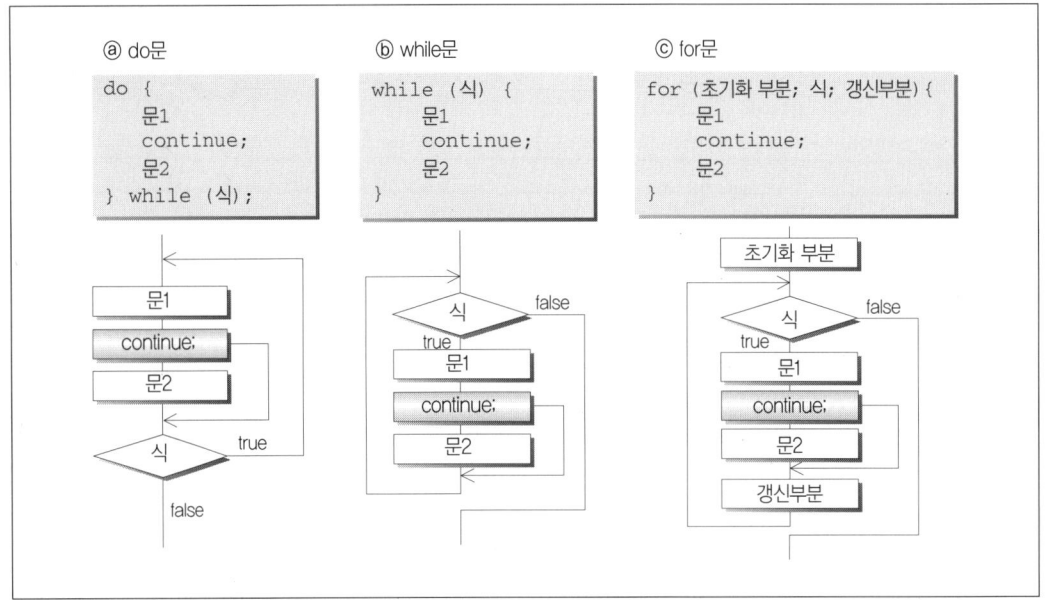

● 그림 4-21 continue문의 역할

즉 continue문을 실행한 직후의 프로그램 흐름은 다음과 같이 됩니다.

■ do문과 while문

continue문의 뒤에 오는 문2의 실행이 생략되고, 반복을 계속할지 여부를 판정하기 위한 식(제어식)의 평가가 이루어집니다.

■ for문

continue문의 뒤에 오는 문2의 실행이 생략됩니다. 다음 반복을 준비하기 위한 갱신부분이 평가 실행되고 나서 식(제어식)의 평가가 이루어집니다.

*

리스트 4-19는 continue문을 이용한 프로그램입니다. 앞의 프로그램과 마찬가지로 입력된 정수의 덧셈을 계산합니다. 단 덧셈을 하는 것은 0 이상의 값뿐입니다.

변수 t에 입력된 값이 0 미만이면 '음수는 계산하지 않습니다' 라고 표시한 다음에 continue문을 실행하기 때문에 덧셈을 실행하는 흰색 부분은 생략됩니다.

리스트 4-19

◎ 예제파일 : Chap04/SumContinue.java

```java
// 입력한 정수의 덧셈(음수는 계산하지 않는다)

import java.util.Scanner;

class SumContinue {

    public static void main(String[ ] args) {
        Scanner stdIn = new Scanner(System.in);

        System.out.println("정수의 덧셈을 계산합니다.");
        System.out.print("덧셈할 개수는? : ");
        int n = stdIn.nextInt( );         // 덧셈할 개수

        int sum = 0;                      // 합계
        for (int i = 0; i < n; i++) {
            System.out.print("정수 : ");
            int t = stdIn.nextInt( );
            if (t < 0) {
                System.out.println("음수는 계산하지 않습니다.");
                continue;
            }
            sum += t;   ──── t가 음수일 경우는 실행되지 않는다
        }
        System.out.println("합계는 " + sum + "입니다.");
    }
}
```

실 행 예
정수의 덧셈을 계산합니다.
덧셈할 개수는? : 3 ↵
정수 : 2 ↵
정수 : -5 ↵
음수는 계산하지 않습니다.
정수 : 13 ↵
합계는 15입니다.

▶ 음수는 덧셈의 대상이 아니지만 입력한 개수에는 포함되기 때문에 주의하기 바랍니다(즉, 음수를 포함해서 n개를 입력할 수 있습니다).

연습 4-25

합계뿐만이 아니라 평균도 계산하도록 리스트 4-17 및 리스트 4-18의 프로그램을 수정하시오.

연습 4-26

합계뿐만이 아니라 평균도 계산하도록 리스트 4-19의 프로그램을 수정하시오. 또한 입력한 음수의 개수는 평균을 계산할 때 분모에서 제외할 것.

레이블이 있는 break문

지금까지 break문과 continue문을 '단일루프'로 적용한 프로그램의 예를 배웠습니다. 다중루프 실행 중에 바깥쪽의 반복을 한번에 탈출하거나 강제적으로 반복을 계속하고 싶을 경우에는 레이블이 있는 break문이나 레이블이 있는 continue문을 사용할 필요가 있습니다.

리스트 4-20은 레이블이 있는 break문을 이용한 프로그램의 예입니다.

리스트 4-20 ◎ 예제파일 : Chap04/SumGroup1.java

```java
// 입력한 정수 그룹의 덧셈(정수 5개X10그룹)

import java.util.Scanner;

class SumGroup1 {

    public static void main(String[ ] args) {
        Scanner stdIn = new Scanner(System.in);

        System.out.println("정수의 덧셈을 계산합니다.");
        int total = 0;              // 모든 그룹의 합계

    Outer:
        for (int i = 1; i <= 10; i++) {
            System.out.println("■ 제" + i + "그룹");
            int sum = 0;            // 그룹의 소계
    Inner:
            for (int j = 0; j < 5; j++) {
                System.out.print("정수 : ");
                int t = stdIn.nextInt( );
                if (t == 99999)
                    break Outer;                    ──❶
                else if (t == 88888)
                    break Inner;                    ──❷
                sum += t;
            }
            System.out.println("소계는" + sum + "입니다. \n");
            total += sum;
        }
        System.out.println("\n합계는" + total + "입니다.");
    }
}
```

실 행 예

정수의 덧셈을 계산합니다.
■ 제1그룹
정수 : 175 ↵
정수 : 634 ↵
정수 : 394 ↵
정수 : 88888 ↵
소계는 1203입니다.

■ 제2그룹
정수 : 555 ↵
정수 : 777 ↵
정수 : 88888 ↵
소계는 1332입니다.

■ 제3그룹
정수 : 99999 ↵

합계는 2535입니다.

이 프로그램은 5개의 정수로 구성된 그룹의 합계를 계산합니다. 그룹은 10개이기 때문에 전부 50개의 정수를 입력할 수 있지만 다음과 같은 조건으로 입력을 중단시킬 수 있습니다.

1 99999를 입력하면 전체 입력을 종료한다.
2 88888을 입력하면 현재 입력 중인 그룹의 입력을 종료한다.

프로그램 전체는 2중의 for문으로 구성되어 있습니다. 바깥쪽 for문에는 레이블 Outer가 있고, 안쪽 for문에는 레이블 Inner가 있습니다. 이와 같이 레이블이 있는 문을 레이블문(labeled statement)이라고 합니다. 그림 4-22는 레이블문의 구문입니다.

▶ 레이블이라는 단어는 3-2절 'switch문'에서 학습했습니다.

● **그림 4-22** 레이블문의 구문

프로그램의 흐름이 레이블이 있는 break문에 걸리면 그 레이블을 가진 반복문의 실행이 종료됩니다. 따라서 이 프로그램의 break문은 그림 4-23과 같은 역할을 합니다.

1 break문이 실행되면 레이블 Outer:가 있는 for문의 실행이 중단된다.
2 break문이 실행되면 레이블 Inner:가 있는 for문의 실행이 중단된다.

```
Outer:
for (int i = 1; i <= 10; i++) {
    System.out.println("■제" + i + "그룹");
    int sum = 0;              // 그룹의 소계
    Inner:
    for (int j = 0; j < 5; j++) {
        System.out.print("정수 : ");
        int t = stdIn.nextInt( );
        if (t == 99999)
    1 •   break Outer;
        else if (t == 88888)
    2 •   break Inner;
        sum += t;
    }
    System.out.println("소계는 " + sum + "입니다. \n");
    total += sum;
}
```

Outer 레이블이 있는 for문을 탈출
Inner 레이블이 있는 for문을 탈출

● **그림 4-23** 레이블이 있는 break문과 다중루프

또한 **2**는 다음과 같이 수정할 수도 있습니다.

```
break;
```

레이블이 없는 break문은 이것을 직접 포함하고 있는 반복문을 탈출하기 때문입니다(리스트 4-17에서 설명).

레이블이 있는 continue문

만약 각 그룹마다 소계를 계산할 필요가 없으면 리스트 4-20의 프로그램은 더욱 간단하게 작성할 수 있습니다. 이와 같이 수정한 프로그램이 리스트 4-21입니다.

리스트 4-21 ◎ 예제파일 : Chap04/SumGroup2.java

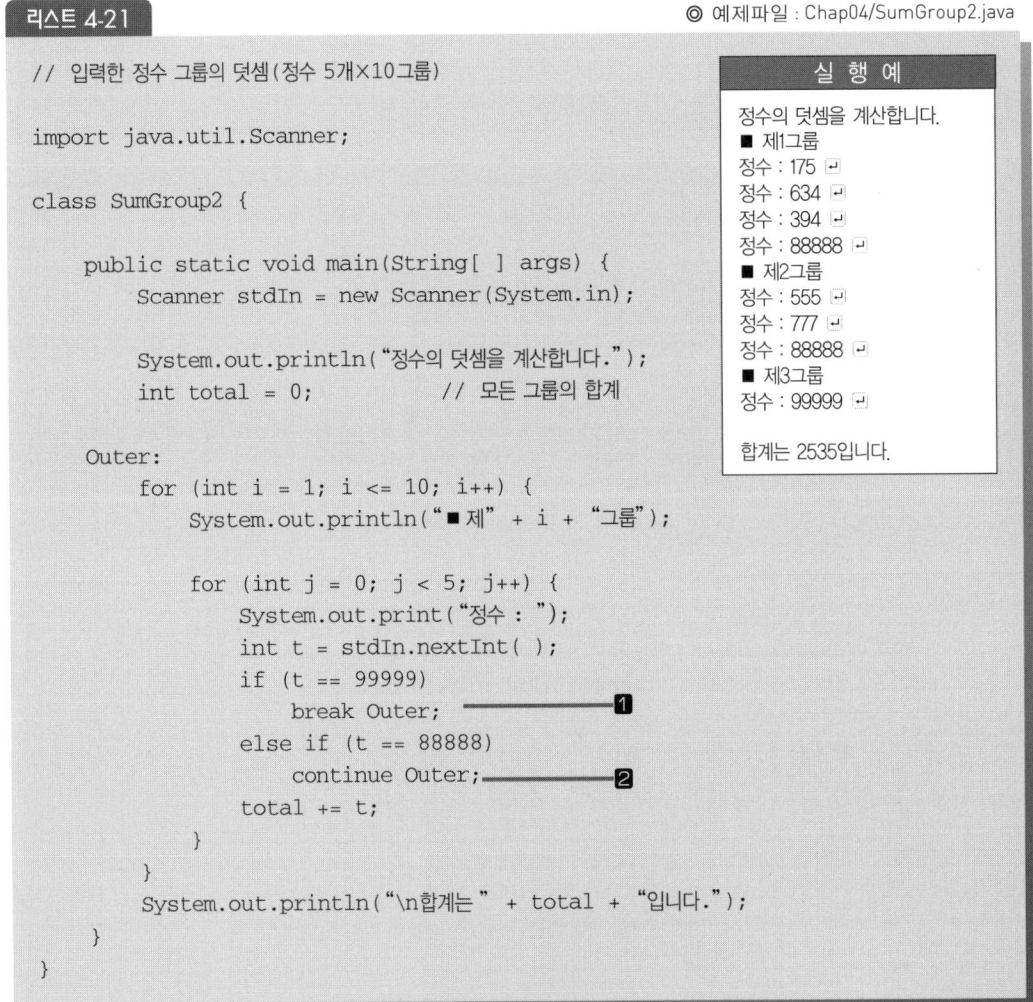

```java
// 입력한 정수 그룹의 덧셈(정수 5개×10그룹)

import java.util.Scanner;

class SumGroup2 {

    public static void main(String[ ] args) {
        Scanner stdIn = new Scanner(System.in);

        System.out.println("정수의 덧셈을 계산합니다.");
        int total = 0;              // 모든 그룹의 합계

    Outer:
        for (int i = 1; i <= 10; i++) {
            System.out.println("■제" + i + "그룹");

            for (int j = 0; j < 5; j++) {
                System.out.print("정수 : ");
                int t = stdIn.nextInt( );
                if (t == 99999)
                    break Outer;              ──1
                else if (t == 88888)
                    continue Outer;           ──2
                total += t;
            }
        }
        System.out.println("\n합계는" + total + "입니다.");
    }
}
```

실행 예
정수의 덧셈을 계산합니다.
■ 제1그룹
정수 : 175
정수 : 634
정수 : 394
정수 : 88888
■ 제2그룹
정수 : 555
정수 : 777
정수 : 88888
■ 제3그룹
정수 : 99999

합계는 2535입니다.

이 프로그램의 **1**은 리스트 4-20의 프로그램과 동일합니다. **2**가 레이블이 있는 continue문입니다. 이 continue문이 실행되면 레이블 Outer:가 있는 for 문이 다음 반복처리로 진행됩니다(먼저 for문의 갱신부분 i++의 평가·실행에 의해 변수 i의 값이 증가된 다음 반복하며 진행됩니다).

연습 4-27
리스트 4-3의 숫자 맞히기 게임의 플레이어가 입력할 수 있는 횟수에 제한을 둔 프로그램을 작성하시오.(제한된 횟수 안에 맞히지 못할 경우에는 정답을 표시하고 게임을 종료할 것)

Column 4-5 ⋯ break문과 continue문

break문과 continue문은 각각 레이블이 있는 것과 레이블이 없는 것이 있기 때문에 전부 4종류입니다.

*

이 중에서 continue문은 레이블이 있든 없든 반복문 안에서만 이용할 수 있습니다.

*

한편 break문은 다음과 같이 조금 다릅니다.

- **레이블이 없는 break문** : switch문과 반복문(do문·while문·for문) 안에서만 이용할 수 있습니다. 레이블이 없는 break문이 switch문이나 반복문에 포함되어 있지 않으면 컴파일 에러가 발생합니다.

- **레이블이 있는 break문** : switch문과 반복문 안에 포함되지 않더라도 레이블문 안에만 포함되어 있으면 이용할 수 있습니다. 이와 같은 프로그램의 예를 리스트 4C-1에 제시합니다.

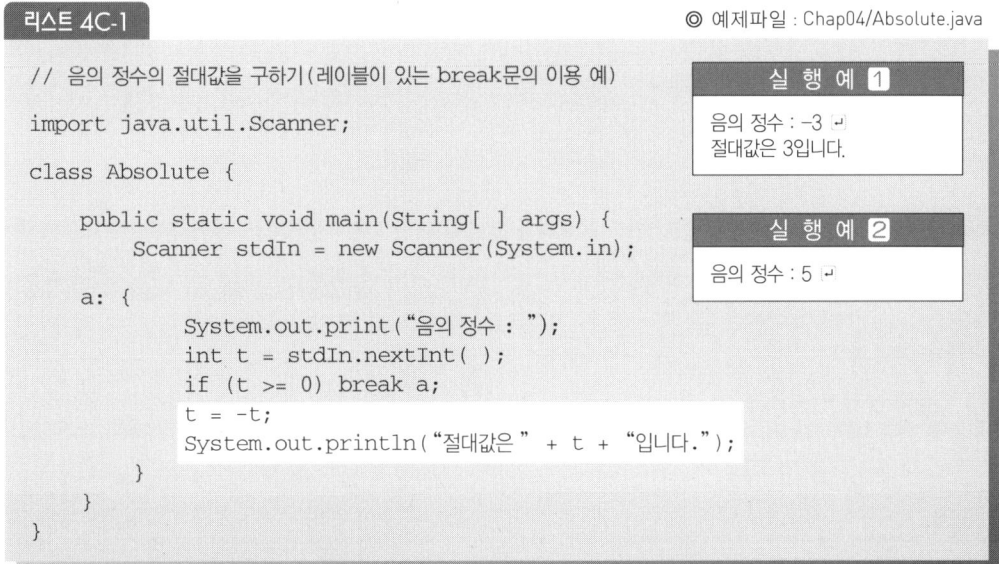

리스트 4C-1　　　　　　　　　　　　　　　　　◎ 예제파일 : Chap04/Absolute.java

```java
// 음의 정수의 절대값을 구하기(레이블이 있는 break문의 이용 예)
import java.util.Scanner;

class Absolute {
    public static void main(String[ ] args) {
        Scanner stdIn = new Scanner(System.in);
        a: {
            System.out.print("음의 정수 : ");
            int t = stdIn.nextInt( );
            if (t >= 0) break a;
            t = -t;
            System.out.println("절대값은 " + t + "입니다.");
        }
    }
}
```

실 행 예 **1**
음의 정수 : -3 ↵
절대값은 3입니다.

실 행 예 **2**
음의 정수 : 5 ↵

변수 t에 입력된 값이 음이면 break문의 역할에 의해 레이블 a가 있는 블록문 { }의 실행이 종료됩니다. 즉, 절대값을 구해서 표시하는 흰색 부분의 실행은 생략됩니다.

4-6 printf 메소드

이 절에서는 화면으로 표시를 출력하는 printf 메소드에 대해서 학습합니다. 이 메소드를 이용하면 출력 시에 자릿수 등의 서식을 지정할 수 있습니다.

printf 메소드

다음 프로그램은 리스트 4-15 프로그램의 일부분입니다. 흰색 부분의 if문은 수치를 정렬해서 표시하기 위한 것입니다.

```
for (int i = 1; i <= 9; i++) {
    for (int j = 1; j <= 9; j++) {
        if (i * j < 10)
            System.out.print("  ");      ── 스페이스 2개
        else
            System.out.print(" ");        ── 스페이스 1개
        System.out.print(i * j);
    }
    System.out.println( );
}
```

홀수와 자릿수 등의 서식을 제어해서 화면에 표시를 출력하는 System.out.printf라는 메소드를 이용하면 프로그램을 간결하게 표현할 수 있습니다.

리스트 4-22 ◎ 예제파일 : Chap04/MultiTablePrintf.java

```java
// 구구단을 표시(System.out.printf를 이용)

class MultiTablePrintf {

    public static void main(String[ ] args) {
        for (int i = 1; i <= 9; i++) {
            for (int j = 1; j <= 9; j++)
                System.out.printf("%3d", i * j);
            System.out.println( );
        }
    }
}
```

실행 결과

```
  1   2   3   4   5   6   7   8   9
  2   4   6   8  10  12  14  16  18
  3   6   9  12  15  18  21  24  27
  4   8  12  16  20  24  28  32  36
  5  10  15  20  25  30  35  40  45
  6  12  18  24  30  36  42  48  54
  7  14  21  28  35  42  49  56  63
  8  16  24  32  40  48  56  64  72
  9  18  27  36  45  54  63  72  81
```

그림 4-24는 리스트 4-22의 프로그램에서 printf 메소드의 역할을 나타냅니다. "%3d"는

콤마 뒤에 오는 정수값을 적어도 3자릿수 크기의 10진수로 표시하십시오.

라는 서식지정을 위한 서식 문자열입니다. %는 서식지정의 시작을 나타내는 문자이고, d는 '10진수'를 의미하는 decimal의 첫 글자입니다.

따라서 i * j의 값이 1이면 '□□1'이라고 표시되고, 15이면 '□15'라고 표시됩니다(□는 스페이스).

```
System.out.printf("%3d", i * j);
```
적어도 3자릿수의 10진수로 표시하시오!!

● **그림 4-24** printf 메소드의 역할(예1)

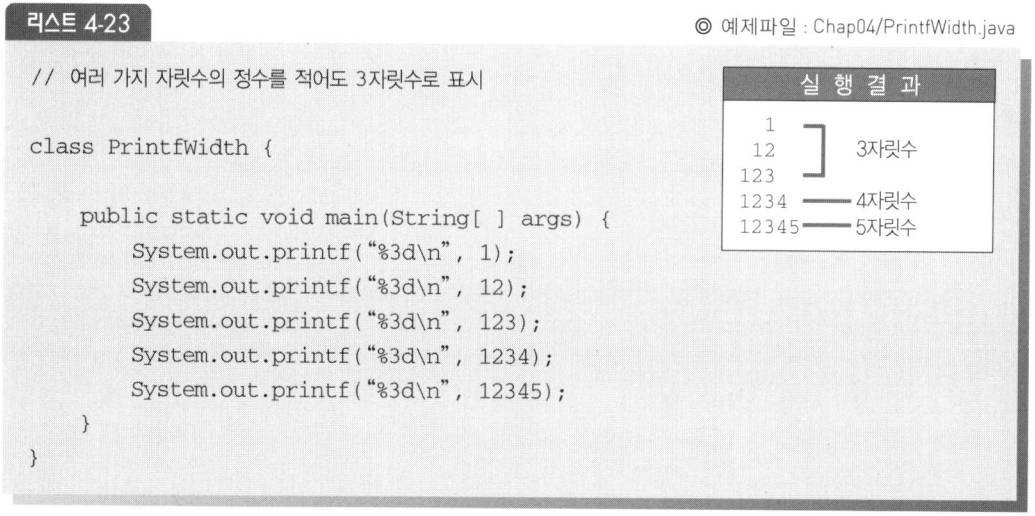

이번에는 리스트 4-24의 프로그램을 실행하면 그림 4-25와 같이 서식 문자열 이외의 문자가 그대로 화면에 표시됩니다.

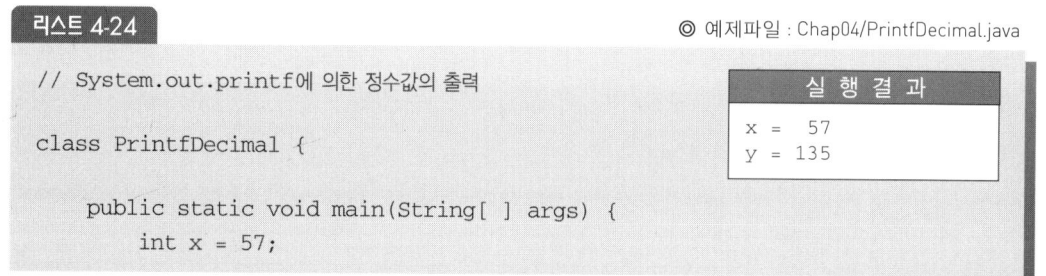

```
            int y = 135;
            System.out.printf("x = %3d\n", x);
            System.out.printf("y = %3d\n", y);
        }
    }
```

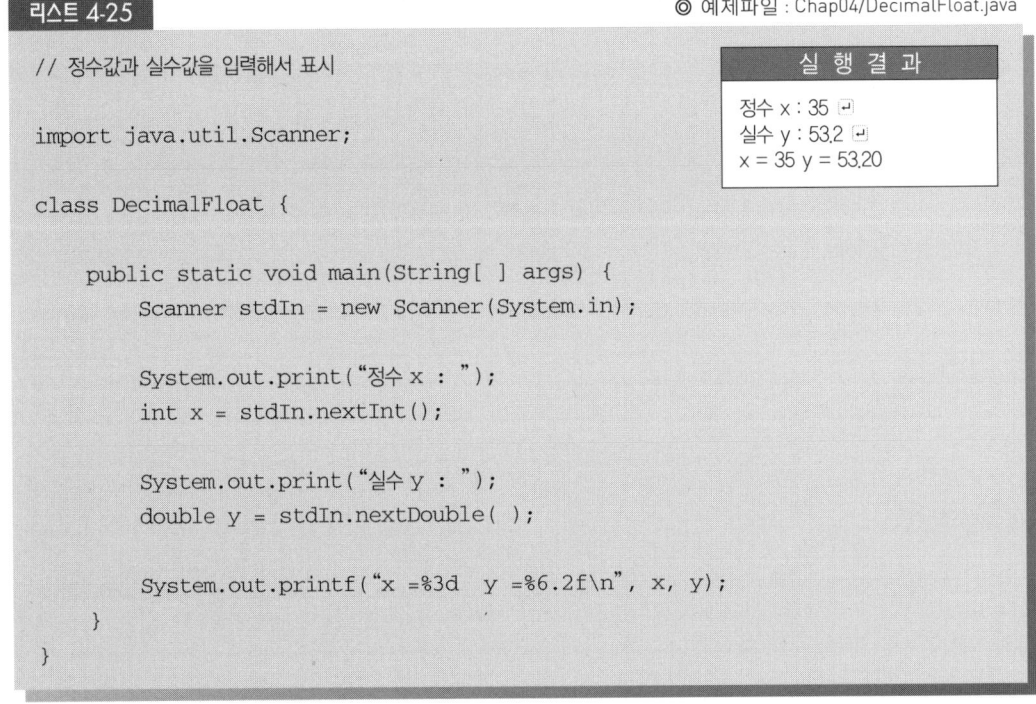

● 그림 4-25 printf 메소드의 역할(예2)

리스트 4-25는 키보드로 입력한 정수값과 실수값을 printf 메소드를 이용해서 표시하는 프로그램입니다.

리스트 4-25   ◎ 예제파일 : Chap04/DecimalFloat.java

```
// 정수값과 실수값을 입력해서 표시

import java.util.Scanner;

class DecimalFloat {

    public static void main(String[ ] args) {
        Scanner stdIn = new Scanner(System.in);

        System.out.print("정수 x : ");
        int x = stdIn.nextInt();

        System.out.print("실수 y : ");
        double y = stdIn.nextDouble( );

        System.out.printf("x =%3d  y =%6.2f\n", x, y);
    }
}
```

실 행 결 과
정수 x : 35 ↵
실수 y : 53.2 ↵
x = 35 y = 53.20

리스트 4-25의 프로그램에서는 두 수치의 서식화를 한번에 실행하고 있습니다. 그 모습을 나타낸 것이 그림 4-26입니다. 여러 식의 값을 출력하는 경우 각 식을 콤마문자 ,로 구분합니다. 두 변수의 표시는 다음과 같이 이루어집니다.

- 정수 x : 적어도 3자릿수의 10진수로 표시합니다.
- 정수 y : 전체를 적어도 6자릿수로, 소수점 이하의 부분을 2자릿수로 표시합니다. f는 '부동소수점'을 의미하는 floating-point의 첫 문자입니다.

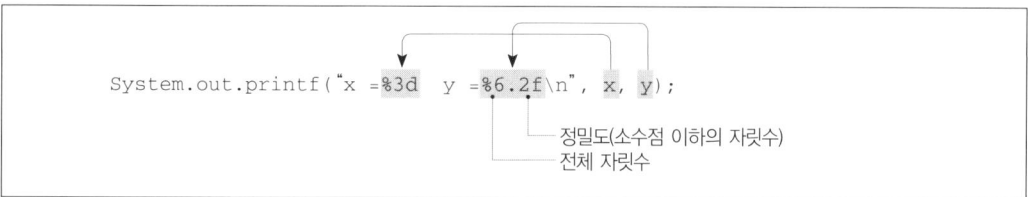

● **그림 4-26** printf 메소드의 역할(예3)

문자 %는 서식지정의 첫 문자입니다. 문자 % 자체를 출력하고 싶은 경우에는 다음 예와 같이 %% 라고 표기해야 합니다. 2문자인 %%가 단일 %로서 표시됩니다.

```
int x = 5;
int y = 2;

System.out.printf("x / y = %d\n", x / y);
System.out.printf("x %% y = %d\n", x % y);
```

```
x / y = 2
x % y = 1
```

%와 %f 이외에도 여러 가지 지정을 할 수 있습니다. 표 4-4는 기본적인 변환문자이고, 리스트 4-26은 변환문자를 이용한 프로그램입니다.

리스트 4-26 ◎ 예제파일 : Chap04/PrintfTester.java

```java
// System.out.printf의 테스트 프로그램

class PrintfTester {

    public static void main(String[ ] args) {
        System.out.printf("%d\n",  12345);      // 10진수
        System.out.printf("%3d\n", 12345);      // 적어도 3자릿수
        System.out.printf("%7d\n", 12345);      // 적어도 7자릿수
        System.out.println( );
```

```
        System.out.printf("%5d\n", 123);      // 적어도 5자릿수
        System.out.printf("%05d\n", 123);     // 적어도 5자릿수
        System.out.println( );
                        여백을 0으로 처리
        System.out.printf("%d\n", 13579);     // 10진수
        System.out.printf("%o\n", 13579);     // 8진수
        System.out.printf("%x\n", 13579);     // 16진수
        System.out.println( );

        System.out.printf("%f\n",    123.45);// 부동소수점수
        System.out.printf("%15f\n",  123.45);// 전체를 15자릿수
        System.out.printf("%9.2f\n", 123.45);
        // 전체는 9자릿수, 소수점 이하는 2자릿수
        System.out.println( );

        System.out.printf("%s\n",    "ABCDE");// 문자열
        System.out.printf("%3s\n",   "ABCDE");// 적어도 3자릿수
        System.out.printf("%10s\n",  "ABCDE");// 적어도 10자릿수
        System.out.println( );
    }
}
```

실 행 결 과
```
12345
12345
12345

  123
00123

13579
32413
350b

123.450000
     123.450000
   123.45

ABCDE
ABCDE
     ABCDE
```

%05d\n의 0은 여백을 공백으로 처리하는 것이 아니고 0으로 처리하기 위한 지시입니다. 실행결과를 보면 00123으로 표시되는 것을 알 수 있습니다.

*

printf 메소드의 모든 것을 설명하려면 수십 페이지에 이를 정도로 상당히 많은 기능이 있습니다. 자세한 사항은 JDK의 도큐먼트를 참조하기 바랍니다.

▶ 도큐먼트의 읽는 법 등은 제9장의 Column 9-5에 있습니다.

● 표 4-4 … 변환문자

변환문자	해설
%d	10진수로 출력
%o	8진수로 출력
%x	16진수로 출력
%f	소수점 형식으로 출력
%s	문자열로 출력

이장의 요약

- 후판정 반복은 do문으로 작성할 수 있다

- 전판정 반복은 while문과 for문으로 작성할 수 있다. while문과 for문은 서로 치환할 수 있다.

- do문·while문·for문을 반복문이라고 한다. 반복의 대상이 되는 문을 루프 본체라고 한다.

- 후판정 반복이 실행되는 do문에서는 루프 본체가 반드시 실행되지만, 전판정 반복이 실행되는 while문과 for문에서는 루프 본체가 한번도 실행되지 않는 경우도 있다.

- 반복문의 루프 본체를 반복문으로 구성해도 된다. 이와 같은 구조로 구성되어 있는 반복문을 다중루프라고 한다.

- break문은 switch문과 반복문의 실행을 중단시키는 문이다. 레이블이 있는 break문은 레이블이 있는 임의의 문의 실행을 중단시키는 문이다.

- continue문과 레이블이 있는 continue문은 루프 본체의 남은 부분의 실행을 생략하고, 다음 반복으로 진행시키기 위한 문이다.

- 전치(후치) 증가연산자/감소연산자를 적용한 식을 평가하면 증가/감소를 실행한 후(전)의 값을 얻을 수 있다.

- 2항연산자에 의한 연산에서는 먼저 왼쪽 피연산자가 평가되고, 오른쪽 피연산자가 평가된 후에 연산이 실행된다.

- 작은 따옴표로 한 개의 문자를 감싼 'x'는 문자 리터럴이다.

- 복합대입연산자는 연산과 대입 모두를 실행하는 연산자이다. 왼쪽 피연산자의 평가는 한번만 실행된다.

- System.out.printf 메소드를 이용하면 수치와 문자열에 서식을 지정해서 표시할 수 있다.

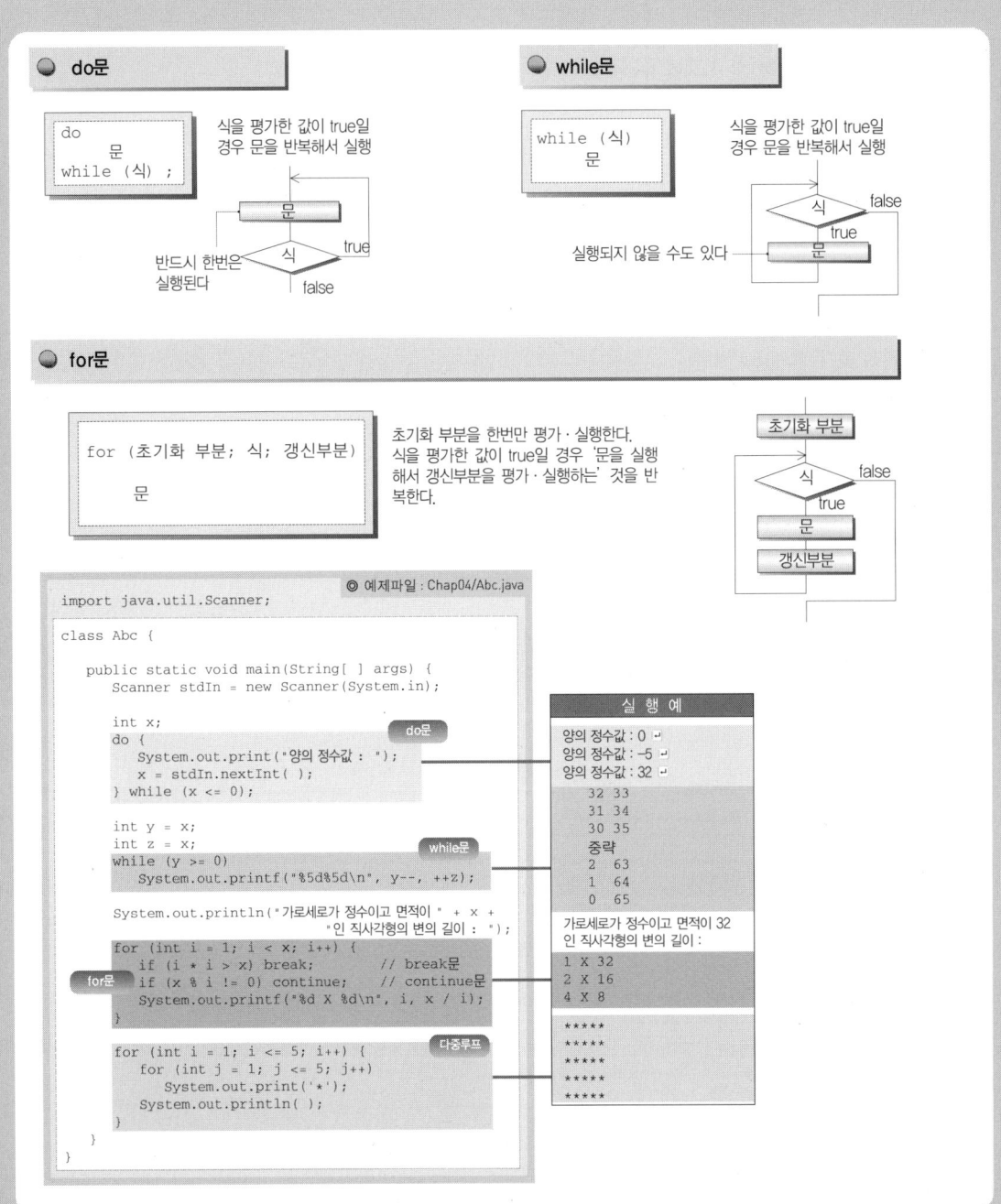

제 5 장

기본형과 연산

이 장에서는 기본형과 연산에 대해서 학습합니다.

- … 기본형과 참조형
- … 정수형과 정수 리터럴
- … 부동소수점형과 부동소수점 리터럴
- … 논리형(boolean형)과 논리값 리터럴
- … 연산과 형
- … 형 변환
- … 기본형의 확대변환 · 축소변환
- … 확장표기

5-1 기본형

지금까지의 프로그램에서는 여러 가지 형의 변수와 상수(리터럴)를 이용했습니다. Java에서 취급할 수 있는 형에는 기본형과 참조형이 있습니다. 이 절에서는 기본형에 대해서 학습합니다.

기본형

제4장까지의 프로그램에서는 주로 int형, double형, String형의 변수와 상수(리터럴)를 이용했습니다. 제2장에서도 간단하게 설명했듯이 Java에서는 여러 가지 형(type)을 취급할 수 있습니다. 그림 5-1은 Java에서 이용할 수 있는 형의 일람입니다. Java에서 이용할 수 있는 형은 크게 기본형(primitive type)과 참조형(reference type)으로 구분됩니다.

▶ primitive는 '기본적인' '원시적인' '초기의' 라는 의미입니다.

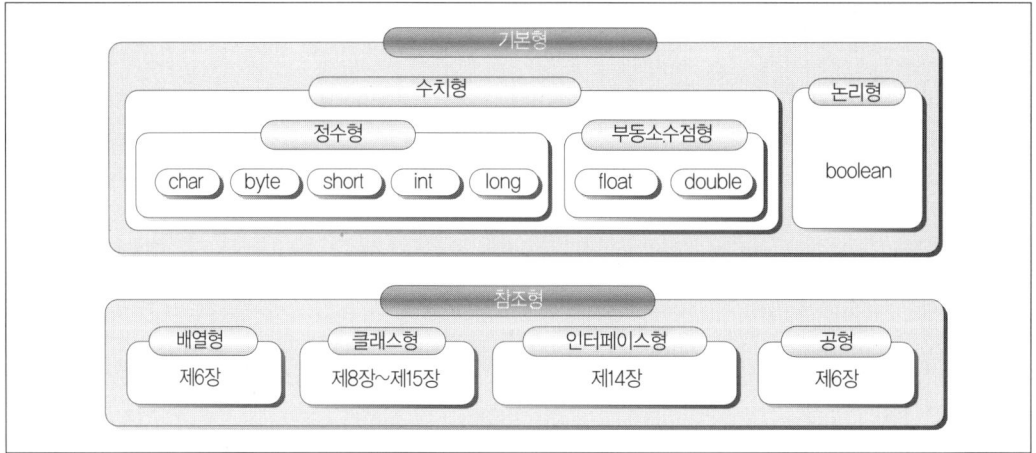

● 그림 5-1 Java에서 이용할 수 있는 형(type)

이 장에서는 기본형에 대해서 배웁니다. 기본형은 크게 2종류로 구분됩니다.

■ 수치형(numeric type)
정수를 표시하는 5종류의 정수형과 실수를 표시하는 2종류의 부동소수점형이 있습니다.

■ 논리형(boolean type)
논리값을 표시하는 논리(boolean)형은 참과 거짓 중에 하나의 값을 표현하는 형입니다.

▶ 문자열을 표시하는 String형은 기본형이 아니고 클래스형입니다. 제15장에서 학습합니다.

형과 비트

제2장에서 학습한 것과 같이 변수는 형으로 만들어집니다. 예를 들어

```
int x;            // int형의 변수
```

라고 선언된 x는 int형입니다. 그리고 정수 상수를 표시하는 정수 리터럴도 int형입니다.

```
32                // int형의 정수 리터럴
```

변수 x의 값이 15이면 식 x의 평가는 그림 5-2 ⓐ와 같이 표현할 수 있고, 식 32의 평가는 그림 ⓑ와 같이 표현할 수 있습니다.

▶ 이중 박스 안에서 왼쪽의 작은 문자가 '형'을 나타내고, 오른쪽의 큰 문자가 '값'을 나타냅니다.

● **그림 5-2** 식의 평가

또한 x와 32의 덧셈을 계산하는 다음의 식을 평가하면 int형의 값 47을 얻을 수 있습니다.

```
x + 32            // int형끼리 덧셈을 계산하는 식(int형)
```

식에는 형이 있습니다. 형과 값이 같으면 기억영역(컴퓨터의 메모리)에서의 내부표현도 같게 됩니다. 내부표현은 0 또는 1의 값을 갖는 데이터 단위인 비트(bit)의 모임입니다.

▶ bit는 binary digit(2진수)의 줄임말입니다. 그림 5-3과 같이 비트는 0과 1만을 표시할 수 있는 2진수 1자릿수에 해당합니다.

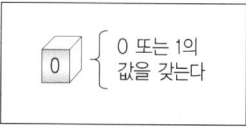

● **그림 5-3** 비트

예를 들어 int형의 변수와 int형의 정수 리터럴의 내용은 그림 5-4와 같이 32개의 비트로 구성됩니다. 앞으로 배우겠지만 값을 표현하기 위한 비트의 개수와 각 비트의 의미는 형에 따라서 달라집니다.

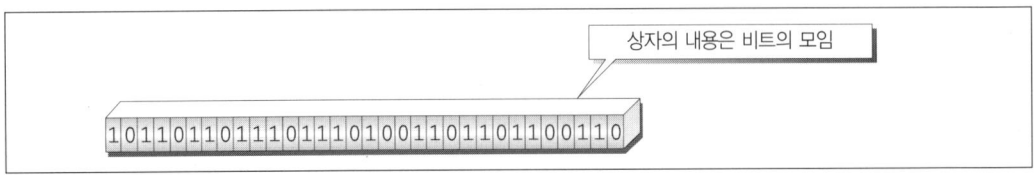

○ 그림 5-4 비트에 의한 값의 표현

정수형

정수형(integral type)은 유한 범위의 연속한 정수를 표현하는 형입니다. 다음과 같이 5종류가 있습니다.

    char   byte   short   int   long

정수형은 소수점 이하의 부분을 갖는 실수를 나타낼 수 없습니다. 그림 5-5는 각 형에서 표현할 수 있는 수치의 범위와 비트 수를 정리한 그림입니다.

예를 들어 int형의 표현범위는 −2,147,483,648부터 2,147,483,647까지입니다. 따라서 int형의 변수와 리터럴과 식은 이 범위의 값 중에서 하나(예를 들면 10이나 537)를 표현하게 됩니다.

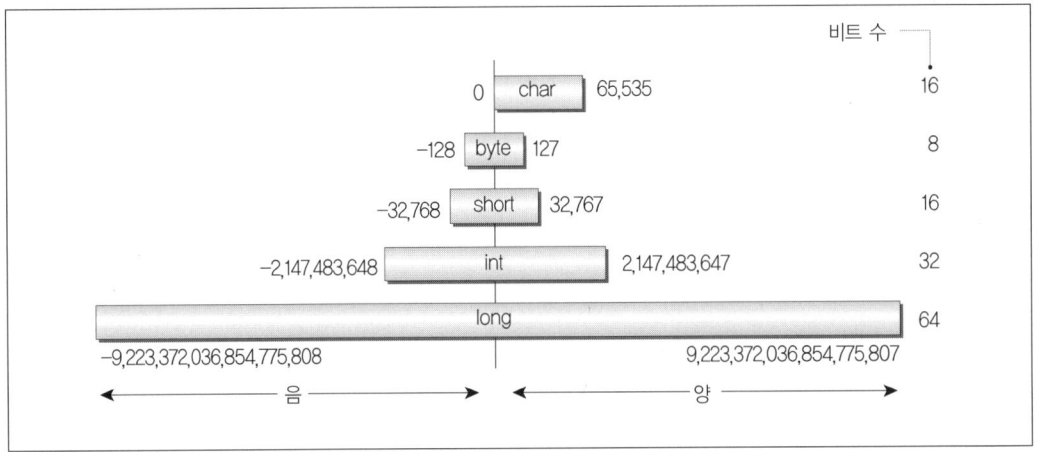

○ 그림 5-5 정수형에서 표현할 수 있는 범위와 비트 수

먼저 각 형에 대해서 간략하게 살펴보겠습니다.

char형

문자를 표현하기 위한 형입니다. 그림과 같이 다른 정수형과는 다르게 음의 값을 제외한 0과 양의 값만 표현할 수 있습니다. 0과 양의 값을 표현하는 부호 없는 정수형입니다.

▶ char형의 자세한 내용은 제15장에서 학습합니다.

byte형 / short형 / int형 / long형

정수를 표현하기 위한 형입니다. 음의 값, 0, 양의 값을 표현하는 부호 있는 정수형입니다. 각 형이 표현할 수 있는 값이 다른 이유는 구성 비트 수가 다르기 때문입니다. 비트 수 n의 형으로 표현할 수 있는 범위는 $-2^{(n-1)}$에서 $2^{(n-1)} - 1$까지인 2^n 종류의 정수입니다.

정수형은 비트 수가 크면 클수록 표현범위도 넓어집니다. 표 5-1은 각 형의 사용 기준을 정리한 것입니다.

Column 5-1 ··· 정수형의 피연산자에 적용할 수 있는 연산자

정수형의 피연산자에 대해서 적용할 수 있는 연산자를 나타냅니다.

비교연산자

연산의 결과는 논리형의 값이 됩니다.

- 관계연산자   〈 〈= 〉 〉=   - 등가연산자   == !=

수치연산자

연산의 결과는 int형 또는 long형의 값이 됩니다.

- 단항부호연산자   + -   - 승제연산자   * / %
- 가감연산자   + -   - 증가연산자   ++ (전치 또는 후치)
- 감소연산자   -- (전치 또는 후치)   - 시프트연산자   〈〈 〉〉 〉〉〉
- 비트단위의 보수연산자   ~   - 비트단위의 논리연산자   & | ^
- 조건연산자   ? :

캐스트연산자 ( )

정수형의 값을 지정된 임의의 수치형의 값으로 변환합니다.

문자열 연결연산자 +

한쪽이 String형 피연산자이고 다른 쪽이 정수형 피연산자일 경우, 정수형 피연산자를 10진수 표기의 String으로 변환한 후에 연결한 문자열을 생성합니다.

● 표 5-1 ⋯ 정수형의 성질과 용도

형	성질과 용도
byte	이름처럼 1바이트(8비트)인 정수입니다. 1바이트의 데이터를 표시할 때 이용합니다.
short	단정수입니다. 값이 작기 때문에 메모리를 절약하고 싶을 경우에 이용합니다.
int	정수형 중에서 가장 기본적인 형입니다. 보통은 이 형을 이용해서 정수를 나타냅니다.
long	장정수입니다. int형으로 표현할 수 없는 큰 값이 필요한 경우에 이용합니다.

정수 리터럴

정수형의 상수를 표현하는 것이 정수 리터럴(integer literal)입니다. 정수 리터럴에 대해서 자세히 알아 보겠습니다. 정수 리터럴의 이용법은 다양합니다.

- 10진수뿐만 아니고 8진수와 16진수(Column 5-2)로도 표현할 수 있습니다.
- int형과 long형이 있습니다.

즉 정수 리터럴에는 다음과 같이 6종류가 있습니다.

- 10진 정수 리터럴(int형 / long형)
- 8진 정수 리터럴(int형 / long형)
- 16진 정수 리터럴(int형 / long형)

표 5-2와 표 5-3은 정수 리터럴에서 표현할 수 있는 범위이고, 그림 5-6은 정수 리터럴의 구문입니다.

▶ 정수 리터럴은 부호를 포함하지 않습니다. 예를 들어 음수를 나타내는 -10은 정수 리터럴이 아니고, 정수 리터럴 10에 대해서 단항-연산자를 적용한 식입니다.

정수 접미사

정수 리터럴은 기본적으로는 int형이지만 정수 접미사(integer type suffix)인 l 또는 L을 끝에 붙인 정수 리터럴의 형은 long형이 됩니다. 예를 들어 5는 int형이고, 5L은 long형입니다.

▶ 소문자 l은 숫자 1과 구분하기 어렵기 때문에 대문자 L을 주로 사용합니다.

● 표 5-2 ⋯ 10진 정수 리터럴로 표현할 수 있는 최솟값과 최댓값

형	최솟값	최댓값	단항-연산자의 피연산자의 최댓값
int	0	2147483647	2147483648
long	0	9223372036854775807L	9223372036854775808L

▶ 2147483648은 단항-연산자가 적용되어 -2147483648로 된 경우에 한해서 int형으로 간주됩니다(그렇지 않은 경우 2147483648에는 L을 붙여서 long형으로 해야 됩니다). 9223372036854775808L은 단항-연산자가 적용된 문에서만 이용할 수 있습니다.

◉ **표 5-3** ··· 8진수 정수 리터럴·16진수 정수 리터럴로 표현할 수 있는 최소값과 최대값

	형	최소값	최대값
8진 정수 리터럴	int	020000000000	017777777777
	long	01000000000000000000000L	0777777777777777777777L
16진 정수 리터럴	int	0x80000000	0x7fffffff
	long	0x8000000000000000L	0x7fffffffffffffffL

▶ 8진·16진의 최소값·최대값을 10진 정수 리터럴로 표기하면 다음과 같습니다.
- int형 : -2147483648 ~ 2147483647
- long형 : -9223372036854775808L ~ 9223372036854775807L

Column 5-2 ··· 밑수(기준수)에 대해서

10진수는 10을 밑수로 하는 수이고, 8진수는 8을 밑수로 하는 수이고, 16진수는 16을 밑수로 하는 수입니다. 각 밑수에 대해서 간단히 설명합니다.

10진수

다음과 같이 10종류의 숫자를 이용해서 수를 표현합니다.

0 1 2 3 4 5 6 7 8 9

10진수는 0부터 시작해서 9가 되면 자릿수가 올라가서 10으로 됩니다. 2자릿수의 수는 10부터 시작해서 99까지입니다. 그 다음은 자릿수가 올라가서 100이 됩니다. 즉

- 1자릿수　　: 0부터 9까지의 10종류의 수를 표시한다
- ~2자릿수 : 0부터 99까지의 100종류의 수를 표시한다
- ~3자릿수 : 0부터 999까지의 1,000종류의 수를 표시한다

10진수의 각 자릿수는 아래 자릿수부터 순서대로 10^0, 10^1, 10^2, ··· 하고 10의 거듭제곱의 가중치를 가집니다. 따라서 예를 들어 1234는 다음과 같이 해석할 수 있습니다.

$1234 = 1 \times 10^3 + 2 \times 10^2 + 3 \times 10^1 + 4 \times 10^0$

※ 10^0은 1입니다(2^0, 8^0 어쨌든 0승의 값은 1입니다).

8진수

8진수에서는 다음과 같이 8종류의 숫자를 이용해서 수를 표현합니다.

0 1 2 3 4 5 6 7

8진수는 0부터 시작해서 7이 되면 자릿수가 올라가서 10으로 올라가고 다음 수는 11이 됩니다. 2자릿수의 수는 10부터 시작해서 77까지 이고, 다음 자릿수의 수는 100이 됩니다.

- 1자릿수 : 0부터 7까지의 8종류의 수를 표시한다
- ~2자릿수 : 0부터 77까지의 64종류의 수를 표시한다
- ~3자릿수 : 0부터 777까지의 512종류의 수를 표시한다

8진수의 각 자릿수는 아래 자릿수부터 순서대로 $8^0, 8^1, 8^2, \cdots$ 하고 8의 거듭제곱의 가중치를 가집니다. 따라서 예를 들어 5306(정수 리터럴에서는 05306으로 표기)은 다음과 같이 해석할 수 있습니다.

$5306 = 5 \times 8^3 + 3 \times 8^2 + 0 \times 8^1 + 6 \times 8^0$

10진수로 표현하면 2758입니다.

16진수

16진수에서는 다음과 같이 16종류의 숫자를 이용해서 수를 표현합니다.

0 1 2 3 4 5 6 7 8 9 A B C D E F

앞에서부터 순서대로 10진수의 0~15에 대응합니다(A~F는 소문자도 상관없습니다).

16진수는 0부터 시작해서 F가 되면 자릿수가 올라가서 10으로 됩니다. 2자릿수의 수는 10부터 시작해서 FF까지 이고, 다음은 자릿수가 올라가서 100이 됩니다.

16진수의 각 자릿수는 아래 자릿수부터 순서대로 $16^0, 16^1, 16^2, \cdots$ 하고 16의 거듭제곱의 가중치를 가집니다. 따라서 예를 들어 12A0(정수 리터럴은 0x12A0으로 표기)은 다음과 같이 해석할 수 있습니다.

$12A0 = 1 \times 16^3 + 2 \times 16^2 + A \times 16^1 + 0 \times 16^0$

10진수로 표현하면 4768입니다.

10진 정수 리터럴

지금까지 사용한 10이나 57과 같은 정수 리터럴은 우리가 일상생활에서 사용하는 10진수이기 때문에 10진 정수 리터럴(decimal integer literal)이라고 합니다.

8진 정수 리터럴

8진 정수 리터럴(octal integer literal)은 10진 정수 리터럴과 구별할 수 있도록 첫 문자에 0을 붙여서 2자릿수 이상으로 표기합니다. 다음 두 정수 리터럴은 언뜻 보면 같아 보이지만 그 값은 전혀 다릅니다.

- 13 : 10진 정수 리터럴(10진수의 13)
- 013 : 8진 정수 리터럴(10진수로는 11)

16진 정수 리터럴

16진 정수 리터럴(hexadecimal integer literal)은 첫 문자에 0x를 붙여서 표기합니다. 또한 A~F는 대문자든 소문자든 상관없습니다.

- 0xA : 16진 정수 리터럴(10진수로는 10)
- 0x13 : 16진 정수 리터럴(10진수로는 19)

리스트 5-1은 10진 정수 리터럴 13, 8진 정수 리터럴 013, 16진 정수 리터럴 0x13의 값을 10진수로 표시하는 프로그램입니다.

리스트 5-1

◎ 예제파일 : Chap05/DecOctHexLiteral.java

```java
// 정수 리터럴(10진/8진/16진)

class DecOctHexLiteral {

    public static void main(String[ ] args) {
        int a = 13;         // 10진수의 13
        int b = 013;        // 8진수의 13
        int c = 0x13;       // 16진수의 13

        System.out.println("a = " + a);
        System.out.println("b = " + b);
        System.out.println("c = " + c);
    }
}
```

실행 결과
```
a = 13
b = 11
c = 19
```

▶ System.out.printf 메소드를 사용하면 8진과 16진의 표시를 간단하게 처리할 수 있습니다. 예를 들어 변수 a의 값을 10진수, 8진수, 16진수로 표시하는 것은 다음과 같이 작성합니다.

```java
System.out.printf("a = %d\n", a);       // 10진수로 표시
System.out.printf("a = %o\n", a);       // 8진수로 표시
System.out.printf("a = %x\n", a);       // 16진수로 표시
```

연습 5-1

실행 예와 같이 10진 정수를 입력하면 그 값을 8진수와 16진수로 표시하는 프로그램을 작성하시오.

실행 예
```
정수 : 27
8진수로는 33입니다.
16진수로는 1b입니다.
```

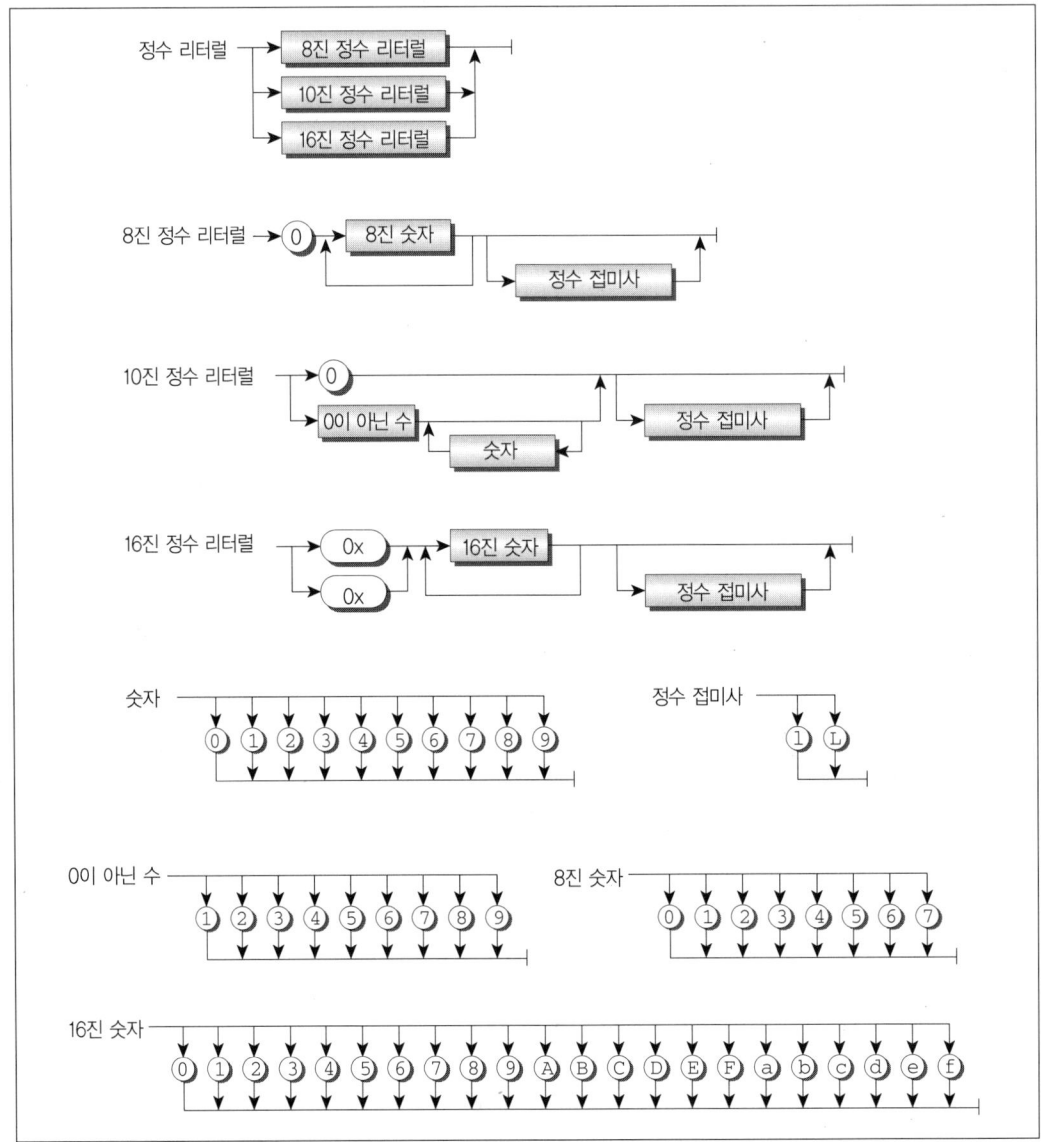

● 그림 5-6 정수 리터럴의 구문

정수의 내부

값은 비트의 나열로 표현됩니다. 여기에서는 byte형, short형, int형, long형의 값을 표현하는 방법에 대해서 학습합니다.

부호비트

그림 5-7은 정수형의 값이 어떻게 비트로 표현되는지를 나타냅니다. 여기에서 n비트의 정수의 각 비트를 아래쪽(오른쪽)부터 B_0, B_1, B_2, $\cdots$, B_{n-1} 이라고 가정합니다(그림에서는 n이 32인 int형의 예입니다).

수치의 '부호'을 나타내는 것이 최상위 비트인 B_{n-1}입니다(int형이면 B_{31}). 값이 음이면 1 그렇지 않으면 0이 됩니다. 그리고 부호비트를 제외한 남은 비트로 구체적인 값을 표현합니다.

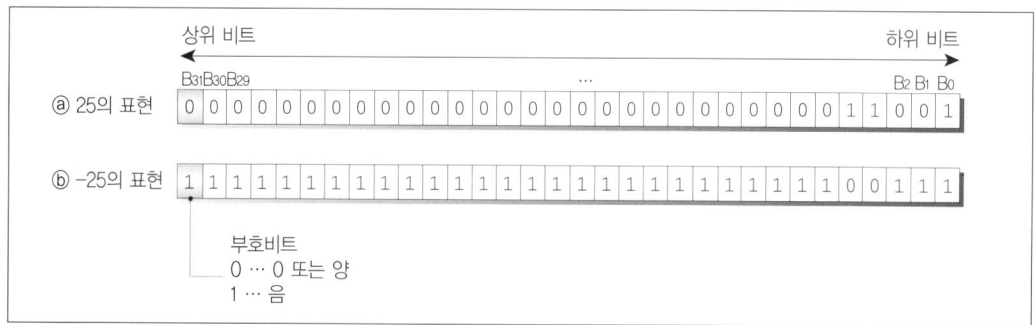

● **그림 5-7** int형의 정수값 25와 –25의 내부표현

음이 아닌 값

음이 아닌 값은 그 2진 표현을 각 비트에 대응시켜서 표현합니다. 예를 들면 10진수의 25는 2진수로 11001이기 때문에 그림 ⓐ에 표시한 것처럼 상위 비트 쪽이 0으로 채워진 00000000000000000000000000011001이 됩니다.

▶ 형에 의해 비트 수가 변하기 때문에 예를 들어 구성 비트가 8비트인 byte형이면 정수값 25의 내부표현은 000110001이 됩니다.

음의 값

음의 값은 2의 보수 표현(Column 5-3)이라는 표현법으로 표시됩니다. 그림 ⓑ에 표시한 것은 –25의 내부 표현입니다.

*

그림 5-8은 32비트로 구성된 int형의 값과 그 내부 비트를 표시한 것입니다.

▶ 프로그램 상에서 비트를 조작할 수도 있습니다. 제7장에서 학습합니다.

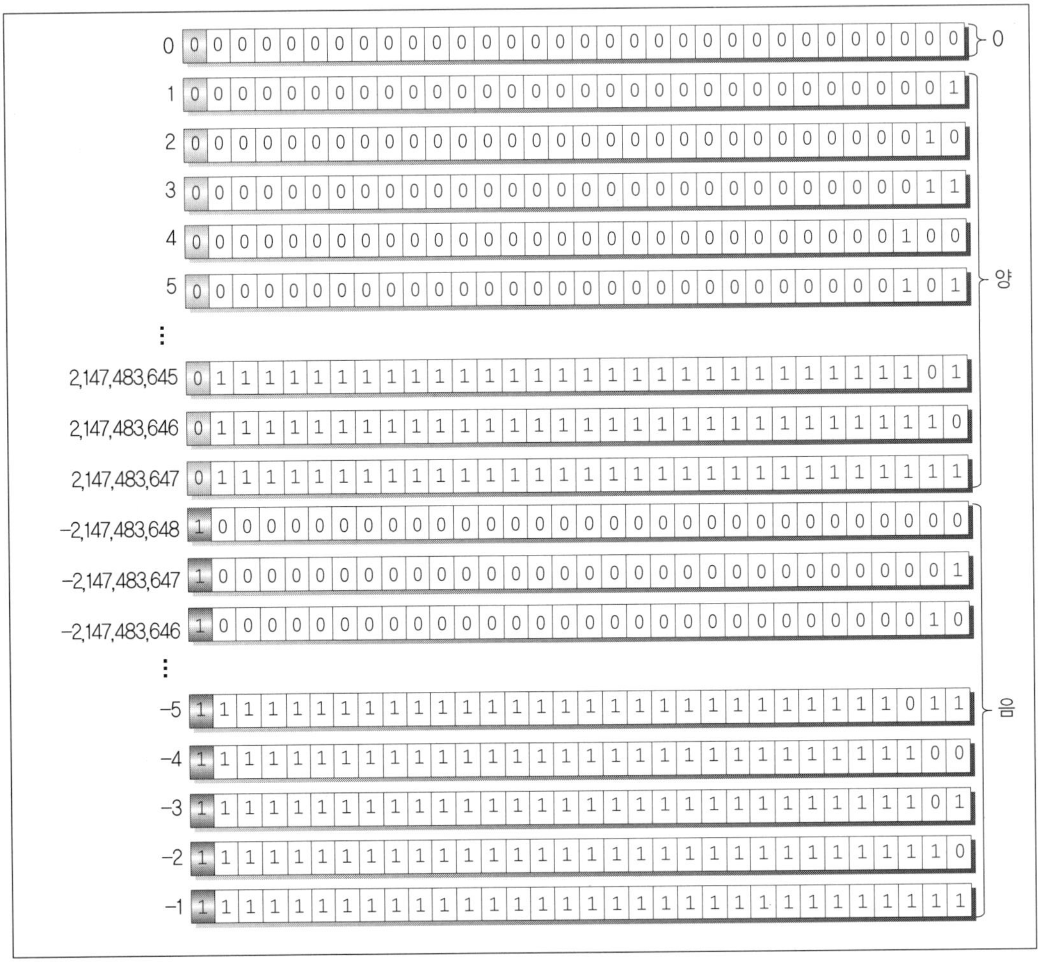

● 그림 15-8 int형의 내부 표현

Column 5-3··· 2의 보수 표현

양수의 모든 비트를 반전시킨 것을 1의 보수라고 합니다. 그리고 1의 보수에 1을 더한 것이 2의 보수입니다. 따라서 양수의 모든 비트를 반전시켜서 1을 더하면 그 값의 부호를 반전시킨 값의 비트 구성을 구할 수 있게 됩니다.
그림 5C-1은 short형의 5에서 -5를 구하는 순서입니다.

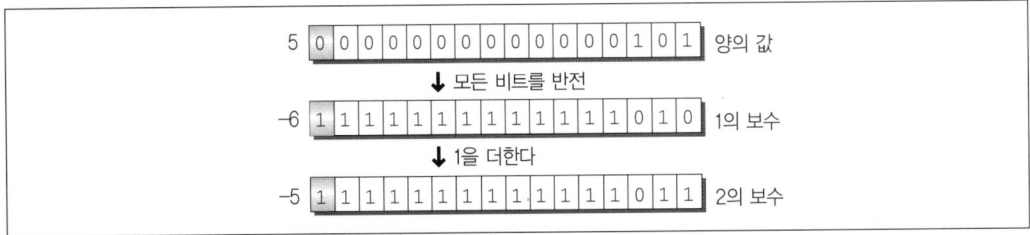

● 그림 5C-1 양의 값에서 2의 보수 표현인 음의 값으로 변환

부동소수점형

부동소수점형(floating-point type)은 소수점 이하의 부분을 갖는 실수를 표현합니다. 다음과 같이 2종류가 있고 그 특성은 표 5-4와 같습니다.

- float
- double

리스트 5-2는 부동소수점형의 변수에 수치를 대입해서 표시하는 프로그램입니다.

리스트 5-2 ◎ 예제파일 : Chap05/FloatDouble.java

```java
// float형과 double형의 정밀도가 유한한 경우

class FloatDouble {

    public static void main(String[ ] args) {
        float  a = 123456789;
        double b = 1234567890123456789L;

        System.out.println("a = " + a);
        System.out.println("b = " + b);
    }
}
```

실행결과
```
a = 1.23456792E8
b = 1.23456789012345677E18
```

▶ 표시된 E는 10의 거듭제곱을 나타내는 수학적 표기입니다. 예를 들어 a는 1.23456792E8이라고 표시되어 있지만 이 값은 1.23456792×10^8이라는 의미입니다.

실행결과를 보면 변수에 대입된 값이 정확하게 표현되지 않았습니다. 왜냐하면 정수형이 유한범위의 연속한 정수를 표현하는 것과는 달리 부동소수점형의 표현범위는 크기와 정밀도의 제한이 있기 때문입니다.

이것을 비유적으로 설명하면 다음과 같습니다.

크기는 12자릿수까지 나타낼 수 있고, 정밀도는 6자릿수까지 유효하다.

여기에서 다음 수치를 예로 생각해 봅시다.

1234567890 … ⓐ

이것은 10자릿수이기 때문에 크기는 12자릿수의 표현 범위 안이지만, 6자릿수의 정밀도에서는 표현할 수 없습니다. 따라서 왼쪽부터 7번째 자릿수를 사사오입하면

1234570000 ··· ⓑ

그림 5-9는 ⓑ를 수학적으로 표현한 그림입니다. 여기에서 1.23457을 가수, 9를 지수라고 합니다. 가수의 자릿수가 '정밀도'에 해당하고 지수의 값이 '크기'에 해당합니다.

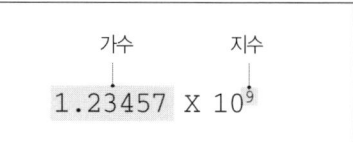

● 그림 5-9 부동소수점수와 가수·지수

● 표 5-4 ··· 부동소수점형의 특성

형	형식	표현범위	정밀도	비트 수(부호·지수·가수)
float	IEEE754 형식	± 3.40282347E+38 ~ ± 1.40239846E-45	약 6~7 자릿수	32 (1·8·23)
double	IEEE754 형식	± 1.79769313486231507E+378 ~ ± 4.94065645841246544E-324	약 15 자릿수	64 (1·11·52)

여기까지는 10진수로 가정하고 설명했지만 실제로는 가수부와 지수부가 2진수로 표현되어 있습니다. 따라서 크기와 정밀도를 '6자릿수'라는 형태의 10진 정수로 정확히 표현할 수는 없습니다(Column 5-4).

그림 5-10은 부동소수점수의 내부 표현입니다. 지수부와 가수부의 비트 수는 float형과 double형이 다릅니다(지수부와 가수부의 비트 수는 표 5-4에 제시합니다).

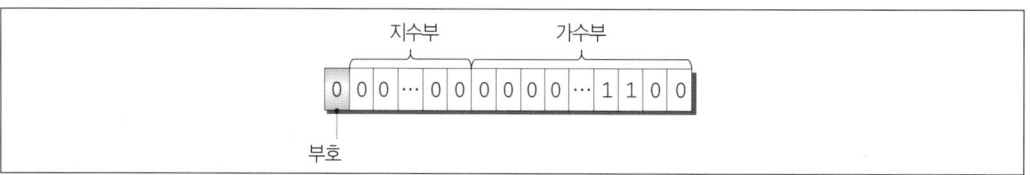

● 그림 5-10 부동소수점수의 내부 표현

▶ float형이라는 이름은 부동소수점(floating-point)에서 유래했고, double형이라는 이름은 정밀도가 float형 보다 약 2배의 정밀도(double precision)라는 의미에서 유래했습니다.

연습 5-2

실행 예와 같이 float형의 변수와 double형의 변수에 값을 입력해서 표시하는 프로그램을 작성하시오. float형의 입력은 nextFloat( )을 이용할 것.

```
실 행 예
변수 x는 float형이고, 변수 y는 double형입니다.
x : 0.12345678901234567890 ↵
y : 0.12345678901234567890 ↵
x = 0.12345679
y = 0.12345678901234568
```

Column 5-4··· 소수부를 갖는 2진수

2진수의 각 자릿수는 2의 거듭제곱의 가중치를 가집니다. 따라서 2진수의 소수점 이하의 자릿수를 10진수에 대응시키면 표 5C-1과 같은 관계가 됩니다. 0.5, 0.25, 0.125, …의 합이 아닌 값은 유한 자릿수의 2진수로는 표현할 수 없습니다. 다음은 예입니다.

- 유한 자릿수로 표현할 수 있는 예

  10진수의 0.75 = 2진수의 0.11 ※ 0.75는 0.5와 0.25의 합

- 유한 자릿수로 표현할 수 없는 예

  10진수의 0.1 = 2진수의 0.00011001…

● 표 5C-1 ··· 2진수와 10진수

2진수	10진수	
0.1	0.5	※2의 -1승
0.01	0.25	※2의 -2승
0.001	0.125	※2의 -3승
0.0001	0.0625	※2의 -4승
⋮	⋮	

부동소수점 리터럴

57.3과 같이 실수를 나타내는 상수를 부동소수점 리터럴(floating-point literal)이라고 합니다.

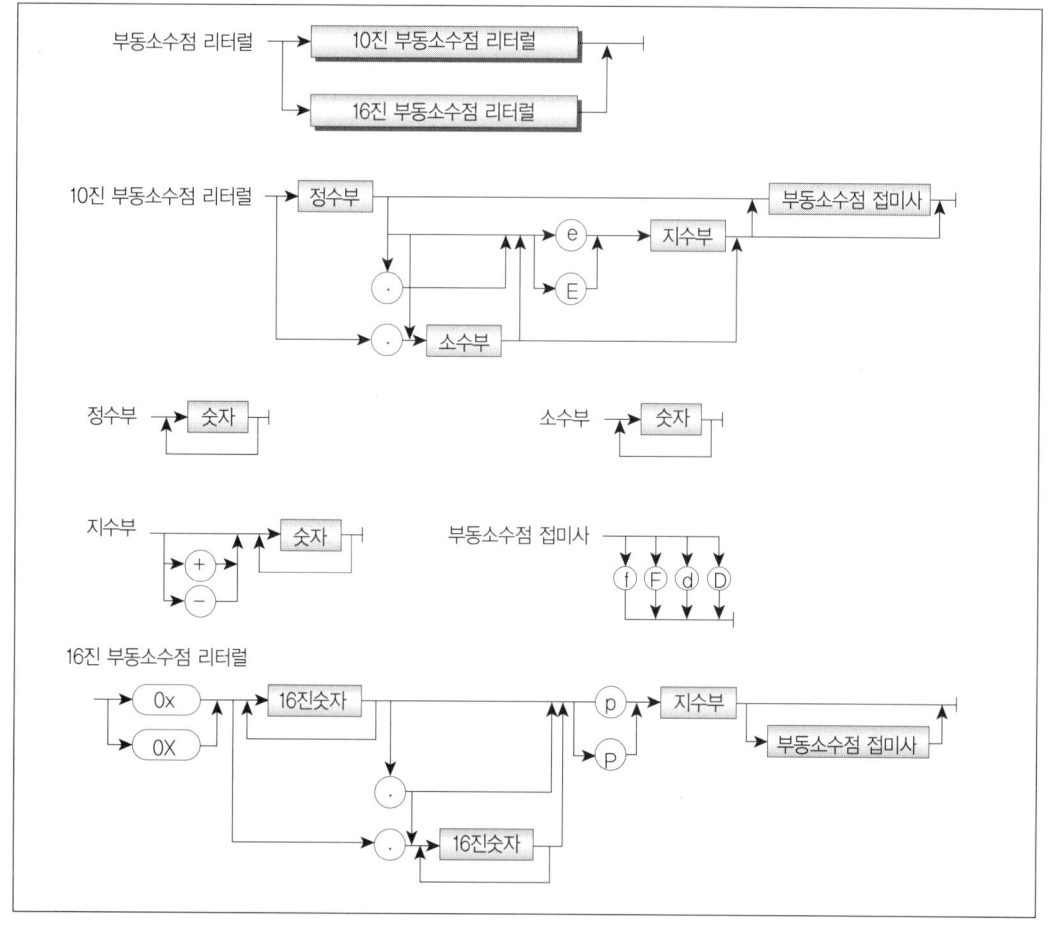

● 그림 5-11 부동소수점 리터럴의 구문

그림 5-11은 부동소수점 리터럴의 구문입니다. 형을 지정하는 것이 부동소수점 접미사(float type suffix)입니다. float형을 지정하는 것이 f와 F이고, double형을 지정하는 것이 d와 D입니다. 지정하지 않는 경우에는 double형으로 간주하게 됩니다. 따라서 다음과 같이 됩니다.

```
80.0     // double형
80.0D    // double형
80.0F    // float형
```

구문에서와 같이 지수가 있는 수학적 표기가 가능합니다. 다음은 예입니다.

```
1.23E4    // 1.23X10⁴
80.0E-5   // 80.0X10⁽⁻⁵⁾
```

또한 정수부와 소수부를 생략할 수도 있습니다. 단 모든 부분을 생략할 수는 없습니다. 구문을 잘 보고 이해하길 바랍니다. 몇 가지 예를 제시합니다.

```
.5      // 0.5
10.     // 10.0
.5f     // float형의 0.5
1       // 불가(int형이 정수 리터럴로 간주된다)
1D      // 1.0
```

▶ 만약 소수점 .과 소수부를 모두 생략한 경우에는 정수부를 생략할 수 없습니다.

구문을 보면 알 수 있듯이 부동소수점 리터럴은 10진 표기와 16진 표기가 가능합니다. 8진 표기는 할 수 없기 때문에 주의하기 바랍니다.

Column 5-5··· 부동소수점형의 피연산자에 적용할 수 있는 연산자

부동소수점형의 피연산자에 대해서 적용할 수 있는 연산자입니다.

비교연산자

연산결과는 논리형의 값이 됩니다.

- 관계연산자 〈   〈=   〉   〉=   • 등가연산자   ==   !=

수치연산자

연산결과는 float형 또는 double형의 값이 됩니다.

- 단항부호연산자   +   -
- 승제연산자   *   /   %
- 가감연산자   +   -
- 증가연산자   ++ (전치 또는 후치)
- 감소연산자   -- (전치 또는 후치)
- 조건연산자   ? :

캐스트연산자 ( )
부동소수점 수치를 지정된 임의의 수치형의 값으로 변환합니다.

문자열 연결연산자 +
한쪽이 String 피연산자이고 다른쪽은 부동소수점형 피연산자일 경우 부동소수점형 피연산자를 10진 표기의 String으로 변환한 뒤 연결된 문자열을 생성합니다.

논리형(boolean형)

논리값을 나타내는 논리형(boolean형)에 대해서는 제3장에서도 배웠습니다. 이 형은 참을 나타내는 true와 거짓을 나타내는 false 중에서 하나의 값을 가집니다. 다음과 같은 경우에는 논리형만 이용할 수 있습니다.

- if문의 제어식(조건판정을 위한 식)
- do문 · while문 · for문의 제어식(반복을 계속할지 안 할지의 판정을 위한 식)
- 조건연산자 ? : 의 제1피연산자

▶ 위 내용들은 논리형뿐만 아니라 랩퍼 클래스인 Boolean형도 이용할 수 있습니다('입문편'의 범위를 넘기 때문에 자세한 내용은 생략합니다).

■ 논리값 리터럴

논리형의 값을 나타내는 false와 true가 논리값 리터럴이라고 하는 것을 이미 배웠습니다. 그림 5-12는 논리값 리터럴의 구문입니다.

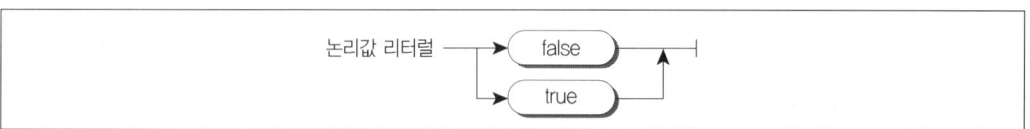

● **그림 5-12** 논리값 리터럴의 구문

제3장에서 학습한 것처럼 관계연산자·등가연산자·논리부정연산자는 논리형의 값을 생성합니다. 이것을 검증하는 프로그램이 리스트 5-3입니다.

실행결과를 보면 판정을 위한 각 식을 평가한 값이 'true' 또는 'false' 라고 표시됩니다.

Column 5-6··· 논리형의 피연산자에 적용할 수 있는 연산자

설명할 것도 없지만 boolean형의 값을 더하거나 빼거나 나누기는 할 수 없습니다. boolean형에 대해서 적용할 수 있는 연산자는 한정되어 있습니다. 다음은 그 일람입니다.

- 등가연산자   ==   !=
- 논리부정연산자   !
- 논리연산자   &   ^ |
- 논리곱연산자·논리합연산자 && ||
- 조건연산자   ? :
- 문자열 연결연산자   +

리스트 5-3

◎ 예제파일 : Chap05/BooleanTester.java

```java
// 관계연산자·등가연산자·논리부정연산자가 생성하는 값을 표시

import java.util.Scanner;

class BooleanTester {

    public static void main(String[ ] args) {
        Scanner stdIn = new Scanner(System.in);

        System.out.print("정수 a : "); int a = stdIn.nextInt( );
        System.out.print("정수 b : "); int b = stdIn.nextInt( );

        System.out.println("a <  b  = " + (a <  b));
        System.out.println("a <= b  = " + (a <= b));
        System.out.println("a >  b  = " + (a >  b));
        System.out.println("a >= b  = " + (a >= b));
        System.out.println("a == b  = " + (a == b));
        System.out.println("a != b  = " + (a != b));
        System.out.println("!(a==0) = " + !(a == 0));
        System.out.println("!(b==0) = " + !(b == 0));
    }
}
```

실 행 예
```
정수 a : 0
정수 b : 9
a <  b = true
a <= b = true
a >  b = false
a >= b = false
a == b = false
a != b = true
!(a==0)= false
!(b==0)= true
```

'문자열 + 수치'와 '수치 + 문자열'의 연산에서는 수치가 문자열로 변환된 후에 연결됩니다. 이것과 마찬가지로 '문자열 + 논리값'과 '논리값 + 문자열'의 연산에서는 논리형의 값이 'true' 또는 'false'라는 문자열로 변환된 후에 연결됩니다.

> **주의** '문자열 + 논리값' 또는 '논리값 + 문자열'의 연산을 실행하면 논리형의 값이 'true' 또는 'false'로 변환된 후 연결된다.

그림 5-13은 a < b가 true일 경우 문자열 연결의 과정입니다.

```
System.out.println("a < b = " + (a < b));
                                  ↓ ─── ① a<b의 평가가 실행된다.
System.out.println("a < b = " + true );
                                  ↓ ─── ② 논리값 true가 문자열 "true"로 변환된다.
System.out.println("a < b = " + "true");
                                  ↓ ─── ③ 문자열 "a < b = "과 "true"가 연결된다.
System.out.println(    "a < b = true"   );
```

● **그림 5-13** 문자열 연결의 과정(리스트 5-3)

연습 5-3

논리형의 변수에 true와 false를 대입해서 그 값을 표시하는 프로그램을 작성하시오.

5-2 연산과 형

제2장에서 정수를 정수로 나누면 몫과 나머지도 정수라는 것을 배웠습니다. 그럼 실수를 계산하려면 어떻게 해야 될까요? 이 절에서는 연산과 형에 대해서 학습합니다.

연산과 형

리스트 5-4는 두 정수값을 입력해서 그 평균값을 표시하는 프로그램입니다. 계산한 평균값을 저장하는 변수가 흰색 부분에서 선언하고 있는 double형의 변수 ave입니다. 실행 예를 보면 실수를 나타낼 수 있는 double형의 변수 ave에 평균값을 대입했음에도 불구하고 7과 8의 평균이 7.5가 아니고 7.0으로 되어 있습니다.

이와 같이 된 이유를 살펴봅시다. 먼저 변수 ave의 초기화 값 (x + y) / 2를 주목하기 바랍니다. 식 x + y는 int + int이기 때문에 그 결과는 int형입니다. 이것을 2로 나눈 연산은 int / int이기 때문에 그림 5-14 ⓐ와 같이 그 결과도 int형이 됩니다.

▶ 정수 / 정수의 연산에서는 소수부(소수점 이하의 부분)를 버립니다.

초기화 값(x + y) / 2의 값은 소수부가 버려지는 정수값입니다. 변수 ave가 아무리 double형이라고 해도 이 변수에 대입되는 원래의 값이 소수부를 갖지 않기 때문에 ave가 소수부를 갖지 않습니다.

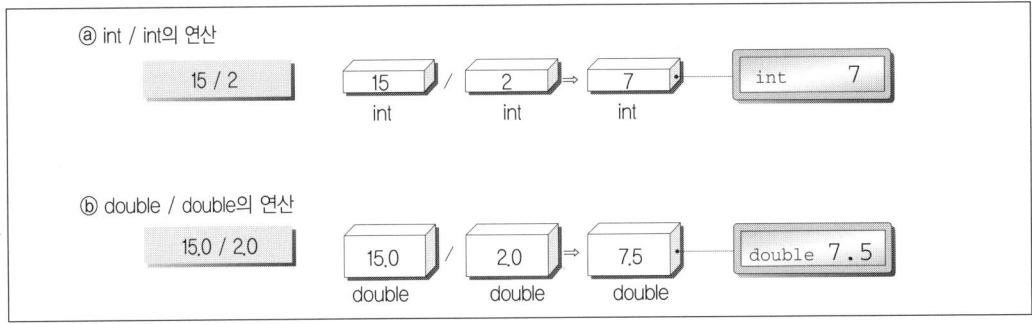

● 그림 5-14 동일형끼리의 산술연산

또한 그림 ⓑ는 double형끼리의 나눗셈입니다. 이 연산에 의해 얻어지는 결과는 double형입니다. 이와 같이 int형끼리의 산술연산 · double형끼리의 산술연산에 의해 얻어지는 값의 형은 피연산자와 같은 형이 됩니다.

리스트 5-4

◎ 예제파일 : Chap05/Average1.java

```java
// 두 정수값의 평균값을 실수로 계산하기(오류)

import java.util.Scanner;

class Average1 {

    public static void main(String[ ] args) {
        Scanner stdIn = new Scanner(System.in);

        System.out.println("정수값 x와 y의 평균값을 계산합니다.");
        System.out.print("x의 값 : ");   int x = stdIn.nextInt();
        System.out.print("y의 값 : ");   int y = stdIn.nextInt();

        double ave = (x + y) / 2;                                    // 평균값
        System.out.println("x와 y의 평균값은 " + ave + "입니다.");      // 표시
    }
}
```

실 행 예
```
정수값 x와 y의 평균값을 계산합니다.
x의 값 : 7 ↵
y의 값 : 8 ↵
x와 y의 평균값은 7.0입니다.
```

연산 중에 int와 double이 섞여 있으면 연산결과의 형은 어떻게 될까요? 그림 5-15는 int형과 double형이 섞여 있을 경우의 산술연산을 나타냅니다.

이 연산들은 암묵적으로 이항수치승격(binary numerical promotion)이라는 형 변환(type conversion)이 이루어집니다. 연산이 수행되기 전에 int형 피연산자의 값이 double형으로 승격되어 int형의 2가 double형의 2.0으로 변환됩니다. 이 연산들은 양쪽의 피연산자가 double형이기 때문에, 이 연산에 의해 얻어지는 연산결과는 ⓐ와 ⓑ 모두 double형이 됩니다.

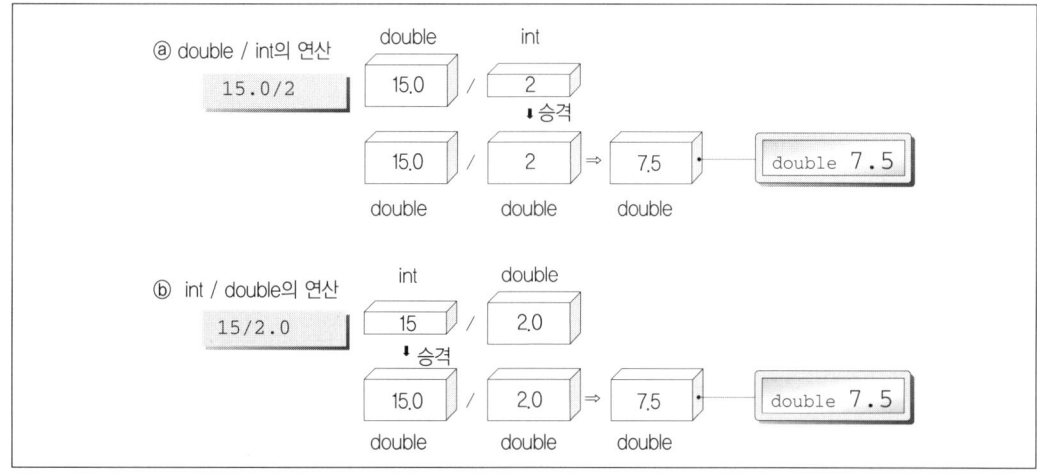

◎ **그림 5-15** int형과 double형이 섞여 있는 산술연산

위의 내용들을 리스트 5-5를 실행해서 확인해 보도록 합니다.

리스트 5-5 ◎ 예제파일 : Chap05/Quotient.java

```
// 두 수치의 몫을 계산하기

class Quotient {

    public static void main(String[ ] args) {
        System.out.println("15    /  2    = " + 15   / 2  );
        System.out.println("15.0  /  2.0  = " + 15.0 / 2.0);
        System.out.println("15.0  /  2    = " + 15.0 / 2  );
        System.out.println("15    /  2.0  = " + 15   / 2.0);
    }
}
```

실 행 예
```
15   / 2   = 7
15.0 / 2.0 = 7.5
15.0 / 2   = 7.5
15   / 2.0 = 7.5
```

int / int의 연산에서는 int형의 결과를 얻을 수 있지만 이 밖의 연산결과는 double형이 됩니다.

*

이 프로그램에서 실행되고 있는 / 뿐만이 아니라 +와 - 등의 연산에서도 이항수치승격이 적용됩니다. 따라서 다음과 같이 이해하기 바랍니다.

> **중요** 산술연산의 대상이 되는 피연산자의 형이 다를 경우 작은 쪽 형의 피연산자는 보다 큰(표현 범위가 넓은) 쪽의 형으로 변환된 후에 연산이 이루어진다.

여기에서 '큰' 이라는 표현은 물리적인 크기를 나타내는 것이 아닙니다. double형은 소수점 이하의 부분을 저장한다라는 점에서, int형에 비해서 '여유가 있다' 라는 의미입니다. 구체적으로는 이항수치승격에서 형 변환은 다음과 같이 실행됩니다.

- 한쪽의 피연산자가 double형이면 다른 쪽을 double형으로 변환한다
- 그렇지 않고 한쪽의 피연산자가 float형이면 다른 쪽을 float형으로 변환한다
- 그렇지 않고 한쪽의 피연산자가 long형이면 다른 쪽을 long형으로 변환한다
- 그렇지 않으면 양쪽의 피연산자를 int형으로 변환한다

소수부를 포함한 평균값을 계산하기 위해서는 '정수/정수' 의 연산 방법이 아닌, 다음과 같은 방법으로 작성해야 됩니다.

> **중요** 수치의 나눗셈에서 몫을 실수값으로 계산하기 위해서는 적어도 한쪽의 피연산자가 부동소수점이어야 된다.

리스트 5-6은 평균값을 실수값으로 계산하도록 수정한 프로그램입니다.

리스트 5-6 　　　　　　　　　　　　　　　　　　　◎ 예제파일 : Chap05/Average2.java

```java
// 두 정수값의 평균값을 실수로 계산하기(합계를 2.0으로 나누기)

import java.util.Scanner;

class Average2 {
    public static void main(String[ ] args) {
        Scanner stdIn = new Scanner(System.in);

        System.out.println("정수값 x와 y의 평균값을 계산합니다.");
        System.out.print("x의 값 : ");   int x = stdIn.nextInt( );
        System.out.print("y의 값 : ");   int y = stdIn.nextInt( );

        double ave = (x + y) / 2.0 ;                              // 평균값
        System.out.println("x와 y의 평균값은 " + ave + "입니다.");   // 표시
    }
}
```

실 행 예
```
정수값 x와 y의 평균값을 계산합니다.
x의 값 : 7 ↵
y의 값 : 8 ↵
x와 y의 평균값은 7.5입니다.
```

평균값을 계산하는 흰색 부분의 식을 보기 바랍니다. 처음에 실행되는 연산은 ( ) 사이에 기술한 x + y입니다. 이것은 int + int이고, 이 연산결과도 int형입니다. 한편 분모에 해당하는 부동소수점 리터럴 2.0은 double형입니다.

```
int / double             // 정수를 실수로 나눈다
```

이 연산결과는 double형이기 때문에 실행결과는 7과 8의 평균값 7.5가 됩니다.

연습 5-4
세 개의 정수값을 입력하면 그 합계와 평균을 표시하는 프로그램을 작성하시오. 평균은 실수로 표시할 것.

캐스트연산자

일반적으로 우리가 평균을 계산할 때는 '2.0으로 나눈다'고 생각하지 않고 '2로 나눈다'라고 생각합니다. 리스트 5-7은 두 정수의 합을 일단 실수로 변환한 후 2로 나누어서 평균값을 계산하는 프로그램입니다.

리스트 5-7

◎ 예제파일 : Chap05/Average3.java

```java
// 두 정수값의 평균을 계산하기(캐스트연산자를 이용)

import java.util.Scanner;

class Average3 {

    public static void main(String[ ] args) {
        Scanner stdIn = new Scanner(System.in);

        System.out.println("정수값 x와 y의 평균값을 계산합니다.");
        System.out.print("x의 값 : ");   int x = stdIn.nextInt( );
        System.out.print("y의 값 : ");   int y = stdIn.nextInt( );

        double ave = (double)(x + y) / 2 ;                            // 평균값
        System.out.println("x와 y의 평균값은 " + ave + "입니다.");      // 표시
    }
}
```

실 행 예

```
정수값 x와 y의 평균값을 계산합니다.
x의 값 : 7
y의 값 : 8
x와 y의 평균값은 7.5입니다.
```

평균값을 계산하는 흰색 부분의 식이 리스트 5-6의 프로그램과 다릅니다. 연산자 / 의 왼쪽 피연산자의 식 (double)(x + y)의 형식을 일반적으로 표시하면 다음과 같이 됩니다. 이 형식은 처음 등장합니다.

- (형) 식

이것은 식의 값이 형의 값으로 변환된 것을 생성하기 위한 식입니다.

예를 들어 (int)5.7은 double형인 부동소수점 리터럴의 값 5.7에서 소수점 이하를 버린 int형의 5가 생성됩니다. 또한 (double)5에서는 int형의 정수 리터럴의 값 5에서 double형의 부동소수점인 5.0이 생성됩니다. 여기에서 실행되는 형 변환을 캐스트(cast)라고 합니다. 그리고 ( )는 우선적으로 연산을 실행하기 위한 부호가 아니고 캐스트연산자(cast operator)라는 연산자입니다(표 5-5).

● 표 5-5 ⋯ 캐스트연산자

(형)x	x를 형으로 변환한 값을 생성

▶ ( )는 메소드 호출연산자(제7장)로도 사용됩니다.

이 프로그램에서 평균값을 계산할 때 먼저 캐스트에 의해 x + y의 값이 double형으로 변환됩니다

```
(double)(x + y)
```

그림 5-16과 같이 x + y가 15이면 이 캐스트 식을 평가한 값은 double형인 15.0이 됩니다.

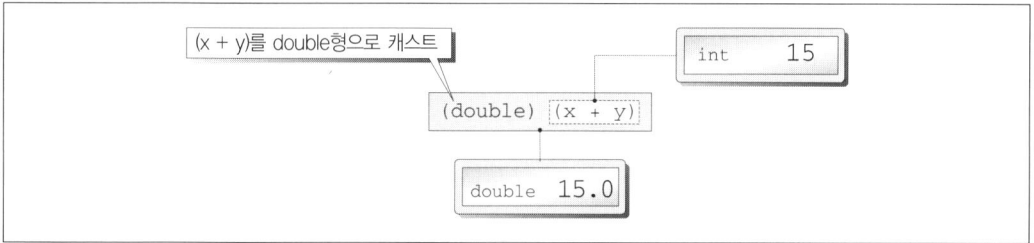

● **그림 5-16** 캐스트 식의 평가

식 (x + y)의 값이 double형으로 캐스트되기 때문에 평균값을 구하는 계산은 다음과 같이 됩니다.

```
double / int           // 실수를 정수로 나눈다
```

이 연산결과는 double형이 됩니다. 따라서 만약 x + y가 15이면 프로그램 흰색 부분의 식을 평가한 값은 7.5가 됩니다.

연습 5-5
세 개의 정수값을 입력해서 그 합계와 평균을 표시하는 프로그램을 작성하시오. 평균은 캐스트연산자를 이용해서 구하고 실수로 표시할 것.

Column 5-7··· 캐스트의 적용 범위
컴파일 할 때 에러가 발생하는 캐스트도 있습니다. 예를 들어 기본값을 참조형(제6장·제8장)으로 캐스트 할 수 없고, 정수나 부동소수점수와 boolean형과의 형 변환도 할 수 없습니다.

기본형의 축소변환

리스트 5-7에서는 int형의 값을 double형으로 변환하기 위해서 캐스트를 이용했습니다. 다음에 제시한 프로그램의 일부분으로 반대 경우의 형 변환에 대해서 살펴봅시다.

```
        int a;
❶  a = 10.0;         // 에러
❷  a = (int)10.0;    // OK
```

이 프로그램을 컴파일하면 ❶은 에러가 발생하기 때문에 ❷와 같이 캐스트가 필수입니다. 그림 ⓐ와 같이 대입된 값이 10.0이면 int형의 표현범위 내에서 표현할 수 있기 때문에 대입은 가능합니다.

또한 그림 ⓑ와 같이 대입된 값이 10000000000.0이면 int형의 표현범위를 넘기 때문에 대입은 불가능합니다(값이 그릇에서 넘치기 때문).

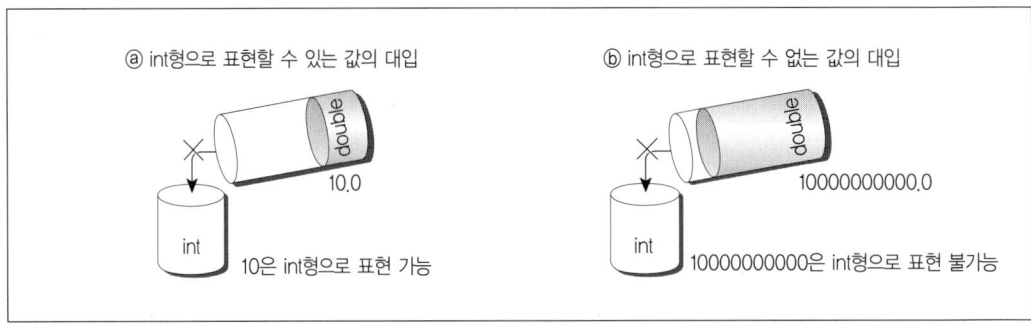

● **그림 5-17** 보다 작은 형으로 값을 대입

그렇지만 대입되는 값이 대입되는 곳의 형으로 표현할 수 있는 범위인지 아닌지를 대입할 때마다 일일이 체크하려면 프로그램이 커지고 실행속도도 느려집니다.

따라서 double형의 값을 int형으로 대입하는 것은(가령 10.0이든, 10000000000.0이든 대입되는 값과는 상관없습니다) 허용되지 않기 때문에 보다 작은 형으로 값을 대입할 때는 캐스트가 필요하게 됩니다.

> 주의 보다 작은 형으로 값을 대입할 때는 캐스트가 필요하다.

다음 22개의 변환을 기본형의 축소변환(narrowing primitive conversion)이라고 합니다.

- short에서 byte, char로 변환
- char에서 byte, short로 변환
- int에서 byte, short, char로 변환
- long에서 byte, short, char, int로 변환

- float에서 byte, short, char, int, long으로 변환
- double에서 byte, short, char, int, long, float로 변환

축소변환에서는 원칙적으로 캐스트가 필수입니다. 변환에 의해 수치의 '크기' 정보와 '정밀도'를 잃어버리는 경우가 있기 때문입니다.

■ 정수의 대입 · 정수에 의한 초기화

기본형의 축소변환에서 원칙적으로 캐스트가 필수라고는 해도 다음과 같이 예외도 있습니다.

```
byte      a = 0;        // OK
a = 5;                  // OK
short     b = 53;       // OK
```

이미 배운 대로 정수 접미사 l과 L이 없는 정수 리터럴은 int형이었습니다. 따라서 byte형과 short형에 대해서 int형인 0과 5와 53의 값을 대입할 때는 캐스트가 필요합니다. 그러나 캐스트하지 않아도 컴파일 에러가 발생하지 않는 것은 다음과 같은 규칙이 있기 때문입니다.

> 대입할 우변의 식과 초기화 값이 byte, short, char, int형의 상수식이고, 대입되는 곳 또는 초기화 되는 곳의 변수 형이 byte, short, char이고, 상수식의 값이 변수 형으로 표현할 수 있는 경우에는 기본형의 축소변환이 자동적으로 이루어진다(캐스트는 필요 없다).

캐스트하지 않고 대입할 수 있는 것은 상수식으로 제한되어 있기 때문에 주의하기 바랍니다. 변수이면 반드시 캐스트가 필요합니다.

```
short  a = 1;        // OK
byte   b = a;        // 에러
```

또한 부동소수점형에 대해서는 이와 같은 규칙이 없기 때문에 float형 변수에 대해서 캐스트하지 않고 double형의 상수값을 대입할 수는 없습니다. 다음은 예입니다.

```
float  a = 3.14;           // 에러:3.14는 double형
float  b = (float)3.14     // OK
float  c = 3.14f           // OK:3.14f는 float형
```

기본형의 확대변환

기본형의 축소변환의 반대가 기본형의 확대변환(widening primitive conversion)입니다. 다음과 같이 19개가 있습니다.

- byte에서 short, int, long, float, double로 변환
- char에서 int, long, float, double로 변환
- long에서 float, double로 변환
- short에서 int, long, float, double로 변환
- int에서 long, float, double로 변환
- float에서 double로 변환

이 변환은 대입 또는 초기화할 때 자동적으로 이루어집니다. 다음 예처럼 축소변환과는 달리 캐스트는 필요 없습니다.

```
int    a = '5';            // OK
long   b = a;              // OK
double c = 3.14f;          // OK
```

기본형의 확대변환에서 수치의 '크기'에 관한 정보는 원칙적으로 없어지지 않습니다(Column 5-8). 단 다음과 같은 변환에서는 '정밀도'를 잃어버리는 경우도 있습니다.

- int 또는 long의 값에서 float로 변환
- long의 값에서 double로 변환

이 경우 부동소수점의 변환 결과는 가장 근사치로 처리된 정수값이 됩니다. 리스트 5-8은 정밀도를 잃어버린 확대변환의 예입니다.

리스트 5-8 ◎ 예제파일 : Chap05/IntegralToFloat.java

```
// 정수형에서 부동소수점형으로의 변환(정밀도를 잃어버린 예)

class IntegralToFloat {

    public static void main(String[] args) {
        int  a = 123456789;
        long b = 1234567890123456789L;

        System.out.println("         a = " +         a);
        System.out.println("(float)  a = " + (float)a);

        System.out.println("         b = " +         b);
        System.out.println("(double)b = "  + (double)b);
    }
}
```

```
실 행 예
         a = 123456789
(float)  a = 1.23456792E8
         b = 1234567890123456789
(double) b = 1.23456789012345677E18
```

실행 결과처럼 int에서 float로 변환되는 과정과 long에서 double로 변환되는 과정에서 정밀도에 관한 정보를 잃어버립니다.

Column 5-8 ··· strictfp와 FP-strict식

부동소수점수의 내부는 복잡하기 때문에 모든 실행환경에서 부동소수점수의 연산결과가 정확하게 일치하는 것은 아닙니다. 왜냐하면 엄격하게 IEEE754 형식으로 표현할 수 있는 값만을 이용해서 연산을 실행하면, 하드웨어 자원을 충분히 활용할 수 없게 되고 연산에 많은 시간이 걸리기 때문입니다.

▶ 예를 들어 Intel CPU의 경우 부동소수점수는 내부적으로 80비트의 연산이 실행되는 사양으로 되어 있고, 이것을 이용해서 고속의 연산이 이루어집니다.

실행환경에 의존하지 않고 같은 연산결과를 얻기 위해서는 특별한 선언이 필요합니다. 클래스 선언(제8장) · 인터페이스 선언(제14장) · 메소드 선언(제7장)에 strictfp라는 키워드를 지정합니다. 예를 들면 클래스 선언에 지정할 경우에는 다음과 같이 작성합니다.

```
// 클래스 ABC 내의 모든 부동소수점식을 FP-strict로 한다
strictfp class ABC {
    // ...
}
```

이와 같이 선언된 클래스(또는 인터페이스) 내에서 모든 부동소수점식은 FP-strict가 됩니다. 이렇게 하면 실행환경에 의존하지 않고 동일한 연산결과를 얻을 수 있습니다.

FP-strict의 경우 float에서 double로의 확대변환에서는 변환 전후의 수치의 크기가 변하는 일은 없습니다. 한편 FP-strict가 아니면 변환 후 수치의 크기에 관한 정보가 누락될 가능성이 있습니다.

또한 클래스 내의 특정 메소드만을 FP-strict로 할 필요가 있으면 이 메소드에 strictfp를 붙입니다.

```
// 메소드 f 내의 모든 부동소수점식을 FP-strict로 한다
strictfp void f( ) {
    // ...
}
```

클래스 · 인터페이스 · 메소드에 strictfp가 없는 경우에도 0.0과 3.14 등의 상수식에 한해서는 반드시 FP-strict로 해야 됩니다.

*

일반적인 계산에서는 FP-strict로 할 필요는 없습니다. 엄격하게 IEEE754 형식에 따라 연산을 해야 할 경우에만 지정하면 됩니다.

기본형의 확대변환과 축소변환

다음 변환은 기본형의 확대변환과 축소변환의 2단계로 실행됩니다.

- byte에서 char로의 변환

먼저 byte는 기본형의 확대변환에 의해 int로 변환되고, 그 후 기본형의 축소변환에 의해 int에서 char로 변환됩니다.

반복 제어

리스트 5-9는 float형 변수 x의 값을 0.0에서 1.0까지 0.001씩 증가시키면서 표시하고 마지막에 합계를 표시하는 프로그램입니다.

리스트 5-9 ◎ 예제파일 : Chap05/FloatSum1.java

```java
// 0.0에서 1.0까지 0.001단위로 증가시키고 합계를 표시(반복을 float로 제어)

class FloatSum1 {

    public static void main(String[ ] args) {
        float sum = 0.0F;

        for (float x = 0.0F; x <= 1.0F; x += 0.001F) {
            System.out.println("x = " + x);
            sum += x;
        }
        System.out.println("sum = " + sum);
    }
}
```

실행 예
```
x = 0.0
x = 0.0010
x = 0.0020
x = 0.0030
중략
x = 0.9979907
x = 0.9989907
x = 0.9999907
sum = 500.49667
```

마지막 x의 값이 1.0이 아니고 0.9999907인 점에 주의하기 바랍니다. 이것은 부동소수점수가 모든 자릿수의 정보를 표현할 수 없기 때문에 1,000개 분의 오차가 x에 누적된 것입니다(그림 5-18 ⓐ).

만약 for문을 다음과 같이 하면 어떻게 될까요?

```java
for (float x = 0.0F; x != 1.0F; x += 0.001F) {        // 리스트 5-9'
```

x의 값이 정확하게 1.0이 되는 경우는 없기 때문에 그림 b와 같이 1.0을 넘어도 for문이 계속 반복됩니다.

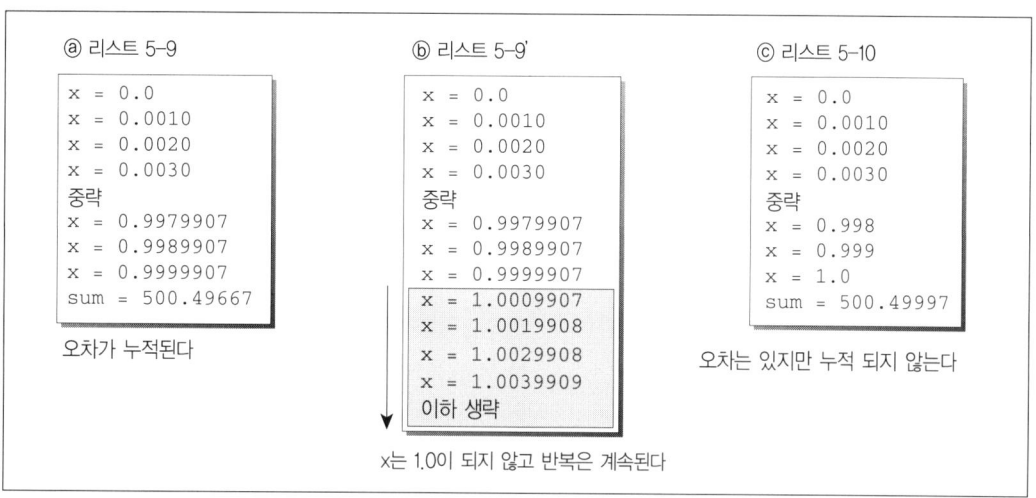

● **그림 5-18** 리스트 5-9의 반복과 리스트 5-10의 반복의 비교

리스트 5-10은 반복 제어를 정수로 실행하도록 수정한 프로그램입니다.

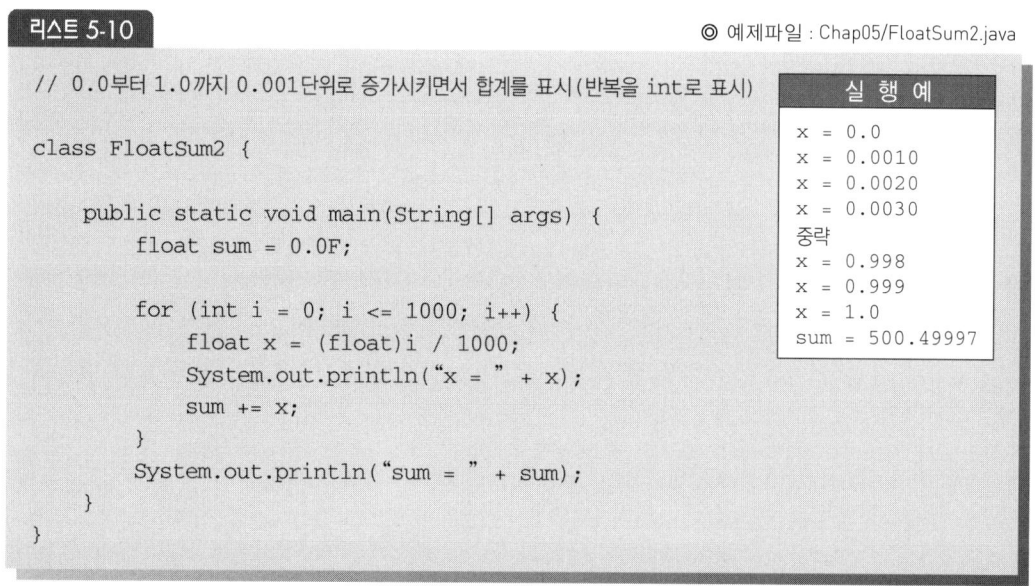

for문에서는 변수 i의 값을 0부터 1000까지 증가시킵니다. 반복할 때마다 i를 1000으로 나눈 값을 x라고 합니다. x가 목적으로 하는 실수값을 정확하게 표현할 수는 없지만, 매번 x의 값을 고쳐서

계산하기 때문에 리스트 5-9와는 달리 오차는 누적되지 않습니다. 얻어지는 합계도 가장 정확한 근사치가 됩니다.

> **주의** 반복판정의 기준으로 할 변수에는 부동소수점수가 아니고 정수를 사용한다.

연습 5-6

리스트 5-9와 같이 float형의 변수를 0.0부터 1.0까지 0.001씩 증가시키는 연산과 리스트 5-10과 같이 int형의 변수를 0부터 1000까지 증가시킨 값을 1000으로 나눈 값을 구하는 연산을 가로로 나열해서 표시하는 프로그램을 작성하시오.

```
실 행 결 과
float           int
------------------------
0.0000000       0.0000000
0.0010000       0.0010000
0.0020000       0.0020000
           중략
0.9989907       0.9990000
0.9999907       1.0000000
```

연습 5-7

0.0부터 1.0까지 0.001 간격으로 그 값과 그 값의 제곱을 표시하는 프로그램을 작성하시오.

5-3 확장표기

여기에서는 줄 바꿈 문자 등을 표시하기 위한 수단인 확장표기에 대해서 학습합니다.

확장표기

제1장에서는 줄 바꿈 문자를 나타내는 \n을 배웠습니다. 역사선 기호 \를 사용해서 단일 문자를 표시하는 표기법을 확장표기(escape sequence)라고 합니다. 확장표기는 문자 리터럴과 문자열 리터럴에서 이용합니다. 표 5-6은 확장표기의 일람입니다.

● 표 5-6 ⋯ 확장표기와 Unicode 확장

확장표기(escape sequence)			
\b	백스페이스(backspace)	표시위치를 직전 위치로 이동	\u0008
\f	용지 먹임(form feed)	페이지를 바꿔서 다음 페이지 처음으로 이동	\u000c
\n	줄 바꿈(new line)	줄을 바꿔서 다음 줄의 처음으로 이동	\u000a
\r	되돌림(carriage return)	현재 줄의 처음 위치로 이동	\u000d
\t	수평 탭(horizontal tab)	다음 수평 탭 위치로 이동	\u0009
\"	문자 "	큰 따옴표	\u0022
\'	문자 '	작은 따옴표	\u0027
\\	문자 \	역사선(back slash)	\u005C
\ooo	ooo은 8진수	8진수로 ooo의 값을 갖는 문자	
Unicode 확장(Unicode escape)			
\uhhhh	hhhh는 16진수	16진수로 hhhh의 값을 갖는 문자	

▶ 오른쪽 마지막 열은 Unicode 확장에 따른 표기입니다. 제15장에서 학습합니다.

\b : 백스페이스(backspace)

백스페이스 \b를 출력하면 현재 표시위치가 '현재 줄 내에서의 직전 위치'로 이동합니다.

▶ 현재 표시위치란 출력할 곳이 콘솔화면일 경우 커서 위치를 의미합니다. 현재 표시위치가 줄의 처음에 있을 경우에 백스페이스를 출력한 결과는 규정되어 있지 않습니다. 대부분의 환경에서는 이전 줄(윗줄)로는 커서를 되돌리지 않기 때문입니다.

\f : 용지 먹임(form feed)

용지 먹임 \f를 출력하면 현재 표시위치가 '다음 논리 페이지의 처음 위치'로 이동합니다. 일반적인 환경에서는 용지 먹임을 콘솔화면으로 출력해도 아무런 변화가 일어나지 않습니다. 프린터로 출력할 때 페이지를 바꿀 경우 이용합니다.

\n : 줄 바꿈

줄 바꿈 \n을 출력하면 현재 표시위치가 '다음 줄의 처음'으로 이동합니다.

\r : 되돌림

되돌림 \r을 출력하면 현재 표시위치가 '그 줄의 처음'으로 이동합니다. 화면에 되돌림을 출력하면 문자의 위치를 바꿔서 출력할 수 있습니다. 리스트 5-11의 프로그램은 A부터 Z까지의 알파벳 문자를 먼저 표시하고 나서, 되돌림으로 커서를 줄의 처음으로 되돌린 후 그 상태에서 '12345'를 표시합니다.

리스트 5-11　　　　　　　　　　　　　　　　　◎ 예제파일 : Chap05/CarriageReturn.java

실행 결과
```
12345ABCDEFGHIJKLMNOPQRSTUVWXYZ
```

```java
// 되돌림 확장표기를 이용해서 문자의 위치를 바꾸기

class CarriageReturn {

    public static void main(String[ ] args) {
        System.out.print("ABCDEFGHIJKLMNOPQRSTUVWXYZ");
        System.out.println("\r12345");
    }
}
```

\t 수평 : 탭

수평 탭 \t를 출력하면 현재 표시위치가 그 줄에서 '다음 수평 탭의 위치'로 이동합니다. 또한 현재 표시위치가 줄에서 마지막 수평 탭의 위치에 있을 경우와 그 위치를 지나쳐서 있을 경우의 동작은 규정되어 있지 않습니다. 리스트 5-12는 수평 탭을 출력하는 프로그램의 예입니다.

수평 탭의 위치는 OS 등의 환경에 의존합니다.

▶ 따라서 실행에 의해 표시되는 ABC와 123 사이의 여백의 폭은 환경에 따라 달라집니다.

리스트 5-12 ◎ 예제파일 : Chap05/HorizontalTab.java

```java
// 수평 탭 문자의 출력

class HorizontalTab {

    public static void main(String[ ] args) {
        System.out.println("ABC\t123");
    }
}
```

실 행 예
ABC   123

\"와 \' : 큰 따옴표와 작은 따옴표

따옴표 "와 '를 표시하는 확장표기가 \"와 \'입니다. 문자열 리터럴 내에서 사용할 경우와 문자 리터럴 내에서 사용할 경우에는 다음과 같이 주의할 필요가 있습니다.

■ 문자열 리터럴에서의 표기

- **큰 따옴표** : 확장표기 \"를 사용해서 표기해야 하기 때문에 문자열 XY"Z을 나타내는 문자열 리터럴은 "XY\"Z"라고 표기하는 것이 됩니다.
- **작은 따옴표** : 작은 따옴표의 표기는 '와 \' 모두 표기할 수 있습니다.

그림 5-19는 3문자의 ABC를 나타내는 문자열 리터럴 "ABC"와 5문자의 "ABC"를 나타내는 문자열 리터럴 "\"ABC\""를 비교한 것입니다.

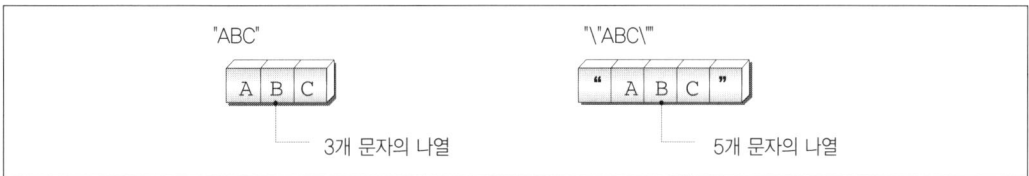

◎ **그림 5-19** 문자열 리터럴과 큰 따옴표

■ 문자 리터럴에서의 표기

- **큰 따옴표** : 큰 따옴표의 표기 "와 확장표기 \" 모두 표기할 수 있습니다.
- **작은 따옴표** : 확장표기 \'를 이용해서 표기해야 되기 때문에 작은 따옴표를 나타내는 문자 리터럴 '\''가 됩니다 (' ' '는 사용할 수 없습니다).

그림 5-20은 문자 A를 나타내는 문자 리터럴 'A'와 문자 '를 나타내는 문자 리터럴 '\''를 비교한 것입니다.

● 그림 5-20 문자 리터럴과 작은 따옴표

리스트 5-13은 확장표기 \"와 \'를 이용한 문자열 리터럴과 문자 리터럴을 표시하는 프로그램입니다.

리스트 5-13   ◎ 예제파일 : Chap05/Quotation.java

```
// 확장표기 \"와 \'의 이용 예

class Quotation {

    public static void main(String[ ] args) {
        System.out.println("문자열 리터럴과 문자 상수에 대해서.");

        System.out.println("큰 따옴표 사이에 표기된 \"ABC\"는 문자열 리터럴입니다.");

        System.out.print("작은 따옴표 사이에 표기된 ");
        System.out.print('\'');
        System.out.println("A'는 문자 리터럴입니다.");
    }
}
```

실행 결과
문자열 리터럴과 문자 상수에 대해서.
큰 따옴표 사이에 표기된 "ABC"는 문자열 리터럴입니다.
작은 따옴표 사이에 표기된 'A'는 문자 리터럴입니다.

\\ : 역사선

역사선(back slash) 문자 \의 표기는 확장표기 \\을 사용합니다. 다음은 역사선 문자를 표시하는 프로그램입니다.

```
System.out.println("\\");       // 역사선을 1개 표시
System.out.println("\\\\");     // 역사선을 2개 표시
```

```
\
\\
```

연속하는 2개의 문자 \\가 단일 \로 출력됩니다.

> ▶ 주의 : 한글판 MS-Windows 등에서는 역사선 \ 대신에 ₩ 기호를 이용합니다.

8진 확장표기

8진수의 코드로 문자를 표시하는 것이 8진 확장표기입니다. 지정할 수 있는 값의 범위는 0 ~ 377 입니다. 예를 들면 숫자 문자 '0'의 문자 코드는 10진수의 48이고, 8진 확장표기로는 '\60'이라고 나타낼 수 있습니다.

또한 8진수의 0 ~ 377의 범위에서 표기할 수 있는 것은 영문자와 일부 기호문자이고, 한글과 한자 등은 나타낼 수 없습니다.

*

문자 코드와 Unicode 확장에 대해서는 제15장에서 학습합니다.

이장의 요약

- Java에서 이용할 수 있는 형은 기본형과 참조형이다. 기본형에는 수치형과 논리형이 있다. 수치형에는 정수형과 부동소수점형이 있다. 형이 다르면 값을 표현하는 비트의 의미가 달라진다.

- 정수형은 유한범위의 연속한 정수를 나타내는 형이다. char형 · byte형 · short형 · int형 · long형이 있다.

- char형 이외의 정수형은 음의 값, 0, 양의 값을 나타내는 부호 있는 정수형이다. 이 내부는 2의 보수표현에 의해 표시된다.

- 정수 리터럴은 int형이다. 단 정수 접미사 L 또는 l을 붙이면 long형이 된다. 처음에 0x 또는 0X가 있으면 16진 정수 리터럴, 2자릿수 이상에서 선두가 0이면 8진 정수 리터럴, 그 외는 10진 정수 리터럴이 된다.

- 부동소수점형은 부호 · 지수 · 가수로 구성되기 때문에 크기와 정밀도에 일정한 제한이 있고, float형과 double형이 있다.

- 부동소수점 리터럴은 double형이 있다. 단 정수 접미사 F 또는 f를 붙이면 float형이 된다. 처음에 0x 또는 0X가 있으면 16진 부동소수점 리터럴, 그 외는 10진 부동소수점 리터럴이 된다.

- 반복을 제어할 변수로써 부동소수점형의 변수를 이용하면 오차가 누적된다. 정수형의 변수를 이용해야 한다.

- 참 또는 거짓을 나타내는 것이 논리형(boolean형)이다. 참을 나타내는 논리값 리터럴은 true이고, 거짓을 나타내는 논리값 리터럴은 false이다.

- 수치형으로 표현할 수 있는 값의 범위

정수형	char형	0	~65,535
	byte형	−128	~127
	short형	−32,768	~32,767
	int형	−2,147,483,648	~2,147,483,647
	long형	−9,223,372,036,854,775,808	~9,223,372,036,854,775,807
부동소수점형	float형	± 3.40282347E+38	~ ± 1.40239846E−45
	double형	± 1.79769313486231507E+378	~ ± 4.94065645841246544E−324

- '문자열 + boolean형 값' 또는 'boolean형 값 + 문자열'의 연산을 실행하면 boolean형의 값이 "true" 또는 "false"로 변환된 다음에 연결된다.

- 2항 산술연산에서는 피연산자에 대해서 이항수치승격이 이루어진다.

- 캐스트연산자 ( )를 이용하면 피연산자의 값을 임의의 형으로 표현한 값으로 변환할 수 있다.

- 기본형의 축소변환에서는 상수만은 예외로 하더라도 원칙적으로 명시적인 캐스트가 필요하다. 한편 기본형의 확대변환은 캐스트를 하지 않아도 자동적으로 실행된다.

- 문자 \(₩)를 이용해서 단일 문자를 표시하는 것이 확장표기이다. \b, \f, \n 등이 있다.

```
int    / int    → int
double / double → double
double / int    → double
int    / double → double
```

실행 예
```
15   / 2   = 7
15.0 / 2.0 = 7.5
15.0 / 2   = 7.5
15   / 2.0 = 7.5
변수 x : 7
변수 y : 8
이것은 같지 않습니다.
평균값은 7.5입니다.
x = 0.00000
x = 0.00100
x = 0.00200
중략
x = 0.99900
x = 1.00000
"ABC"는 문자열 리터럴.
\
\\
\\\
\\\\
```

```java
import java.util.Scanner;

class Abc {
    public static void main(String[ ] args) {
        Scanner stdIn = new Scanner(System.in);

        System.out.println("15   / 2   = " + 15   / 2  );
        System.out.println("15.0 / 2.0 = " + 15.0 / 2.0);
        System.out.println("15.0 / 2   = " + 15.0 / 2  );
        System.out.println("15   / 2.0 = " + 15   / 2.0);

        System.out.print("변수 x : "); int x = stdIn.nextInt( );
        System.out.print("변수 y : "); int y = stdIn.nextInt( );

        boolean eq = (x == y);
        System.out.println("이것은 같" +
                          (eq ? "습니다." : "지 않습니다."));

        System.out.println("평균값은 " +
                          (double)(x + y) / 2 + "입니다.");       // 캐스트

        for (int i = 0; i <= 1000; i++)
            System.out.printf("x = %6.5f\n", (float)i / 1000);

        System.out.println("\"ABC\"은 문자열 리터럴.");            // 한 개의 큰 따옴표를 표시

        for (int i = 0; i <= 3; i++) {
            for (int j = 0; j <= i; j++)
                System.out.print('\\');                            // 한 개의 백슬래시 \을 표시
            System.out.println( );
        }
    }
}
```

◎ 예제파일 : Chap05/Abc.java

제 6 장

배열

이 장에서는 형이 같은 변수의 집합인 배열에 대해서 학습합니다.

- … 배열과 다차원 배열
- … 구성요소와 인덱스
- … new 연산자에 의한 객체의 생성
- … 배열 변수와 참조 · null 참조
- … 디폴트 값
- … 배열의 탐색과 확장 for문
- … 선형검색 알고리즘
- … garbage collection

6-1 배열

동일형인 변수의 집합은 따로따로 취급하는 것보다는 하나로 모으는 것이 취급하기 편합니다. 이것을 위해서 이용하는 것이 배열입니다. 이 절에서는 배열의 기본을 학습합니다.

배열

학생의 '시험 점수'를 집계하는 프로그램을 만들어 봅시다. 리스트 6-1은 5명의 점수를 입력해서 그 '합계'와 '평균'을 계산하는 프로그램입니다.

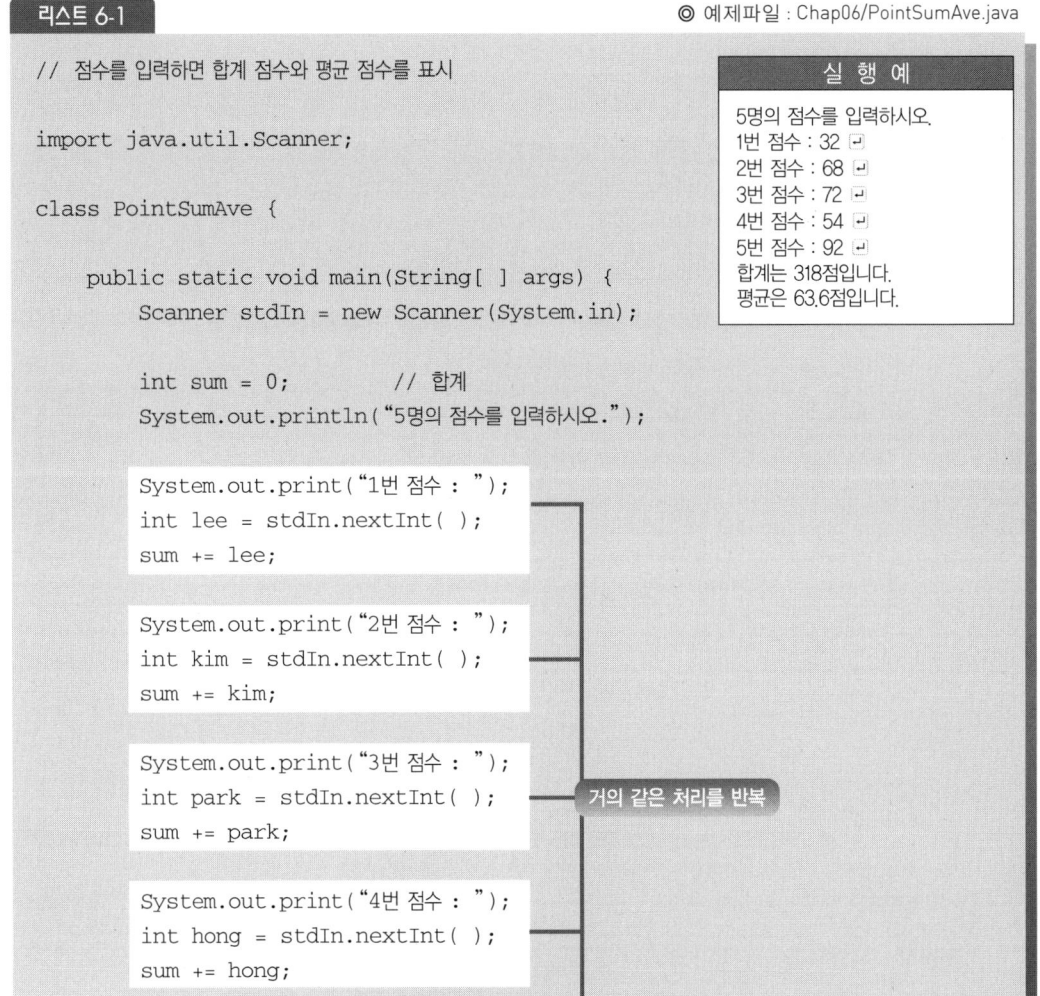

리스트 6-1　　　　　　　　　　　　　　　◎ 예제파일 : Chap06/PointSumAve.java

```
    System.out.print("5번 점수 : ");
    int jung = stdIn.nextInt( );
    sum += jung;

    System.out.println("합계는 " + sum + "점입니다.");
    System.out.println("평균은 " + (double)sum / 5 + "점입니다.");
  }
}
```

실수로 계산하기 위한 캐스트

이 프로그램에서는 그림 6-1과 같이 각 학생의 점수에 대해서 하나씩 변수를 할당하고 있습니다. 학생 수가 더 많으면 변수명의 관리는 물론, 오류 없이 입력하는 것도 쉬운 일이 아닙니다.

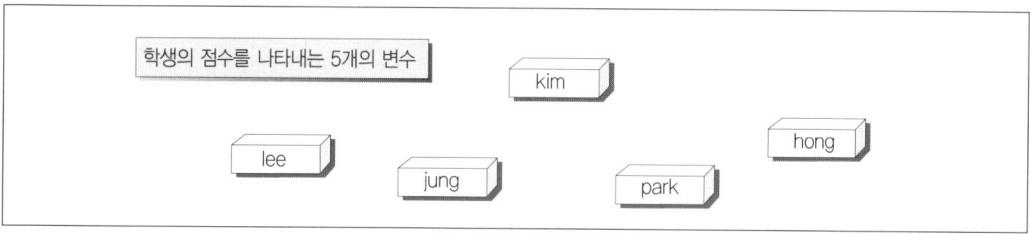

● 그림 6-1 각각 정의된 변수

문제는 다른 점도 있습니다. 변수명과 번호가 다른 것은 물론 거의 비슷한 처리를 5번에 걸쳐서 반복하고 있습니다(흰색 부분).

- 점수의 입력을 요청한다
- 키보드로 입력한 점수를 변수에 저장한다
- 입력한 점수를 sum으로 더한다

각 학생의 점수를 학생 번호와 등 번호와 같이 '몇 번'이라고 정의할 수 있으면 편리합니다. 이것을 실현하는 것이 배열(array)이라고 하는 데이터 구조입니다.

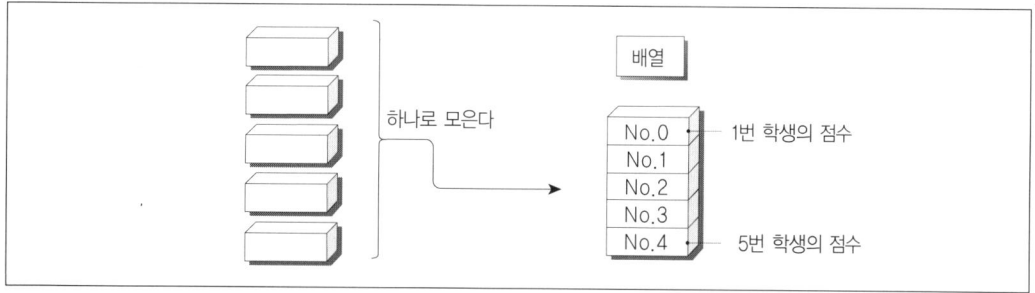

● 그림 6-2 배열 이미지

그림 6-2는 배열의 이미지를 나타낸 것입니다. 각각의 변수를 따로따로 취급하는 것이 아니고 하나로 모아서 취급합니다.

배열 내 각각의 변수를 식별하기 위해서는 '등 번호'에 해당하는 것이 필요합니다. 단 스포츠 선수와 같이 자유롭게 등 번호를 결정할 수는 없습니다. 번호는 0번부터 시작하는 일련 번호입니다.

*

배열은 동일형 변수인 구성요소(component)가 직선 모양으로 나열된 것입니다. 각각의 구성요소의 형인 구성요소형(component type)은 무엇이든 상관없습니다. 시험 점수는 변수이기 때문에 먼저 구성요소형이 int인 배열을 예로 설명하겠습니다.

배열 변수의 선언

일반적인 변수와 마찬가지로 배열도 이용하기에 앞서 다음과 같은 형식으로 선언을 해야 합니다.

    ⓐ int[ ] a;   int형을 구성요소형으로 하는 배열의 선언
    ⓑ int a[ ];

어느 형식이래도 상관없지만 이 책에서는 ⓐ 형식으로 통일합니다(Column 6-1). 이 선언으로 만들어진 a는 배열 변수(array variable)라고 하는 특수한 변수입니다. 배열 변수는 배열 본체는 아닙니다. 그림 6-3을 보면서 이해하길 바랍니다.

배열 본체의 생성

배열 본체는 정해진 과정에 따라서 배열 변수와는 별도로 생성할(만들) 필요가 있습니다. 학생은 5명이기 때문에 구성요소가 5개인 배열 본체를 생성합니다. 이 생성을 실행하는 것이 다음과 같은 식입니다.

    new int[5]   int형을 구성요소형으로 하는 구성요소가 5개인 배열 본체를 생성

생성한 배열 본체와 배열 변수는 서로 관련을 갖게 해야 됩니다. 이 관계는 다음에 표시하는 대입으로 표현할 수 있습니다.

> a = new int[5]   // a는 구성요소 수 5인 배열을 참조(a에 대입)

이것으로 배열 본체가 생성되고 동시에 변수 a가 이것을 '참조'하게 됩니다. 배열 변수가 배열 본체를 참조하는 표시가 배열 변수에서 본체로 향하는 화살표입니다.

또한 배열 변수를 선언할 때 배열 본체의 생성식에 초기화 값을 할당하면 프로그램은 간결하게 됩니

다. 다음과 같이 선언합니다.

```
int[ ] a = new int[5];        // a는 구성요소 수 5인 배열을 참조(a의 초기화)
```

이렇게 하면 생성된 배열 본체를 '참조' 하도록 변수 a가 초기화됩니다.

> 주의 배열 본체는 new에 의해 생성된다. 배열 변수는 배열 본체를 참조하는 변수이다.

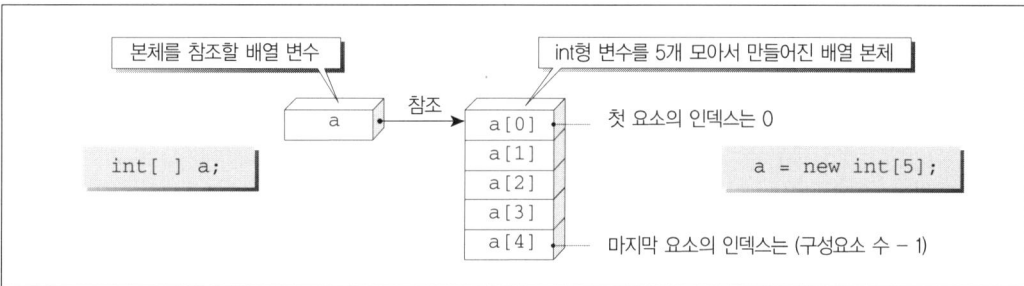

그림 6-3 배열 변수와 배열 본체

구성요소의 액세스

배열 본체 내에서 각 구성요소에 대한 액세스는 다음과 같이 등 번호에 해당하는 인덱스(index)를 [ ] 안에 할당해서 실행합니다.

배열 변수 [인덱스]

인덱스에는 '처음 구성요소부터 몇 번째의 구성요소인지' 를 나타내는 int형 값을 할당합니다(표 6-1). 첫 구성요소의 인덱스는 0이기 때문에 각 구성요소는 처음부터 순서대로 a[0], a[1], a[2], a[3], a[4]로서 액세스할 수 있습니다.

▶ 구성요소가 n개인 배열의 구성요소는 a[0], a[1], ···, a[n-1]입니다. a[n]이라는 구성요소는 존재하지 않기 때문에 주의하기 바랍니다.

표 6-1 ··· 인덱스연산자

x[y]	배열 변수 x가 참조할 배열 본체의 선두부터 y개 뒤의 구성요소를 액세스한다.

▶ new를 이용해서 배열 본체를 생성할 때 구성요소 수로써 음의 값을 지정하거나 존재하지 않는 요소(이 프로그램에서는 a[-1]과 a[5] 등)에 액세스하게 되면 프로그램 실행 시에 에러가 발생합니다.

Column 6-1··· 배열 변수의 선언 형식

배열 변수는 다음 두 가지 형식으로 선언할 수 있다고 설명했습니다.

ⓐ int[ ] a;

ⓑ int a[ ];

이 책뿐만 아니라 일반적으로 ⓐ쪽을 선호해서 사용하는 이유는 다음과 같습니다.

① a의 형이 'int형'이 아닌 'int의 배열형'으로 표현하면 이해하기 쉽습니다.

② 배열을 반환하는 메소드 선언에서는 ⓐ를 사용해야 됩니다(단 초기 Java 프로그램의 호환성을 위해서 ⓑ도 인정은 하고 있습니다. 제7장에서 설명).

```
int[ ] genArray(int a, int b) { /* 이 형식을 사용해야 됩니다. */
int genArray(int a, int b)[ ] { /* 이 형식은 호환성을 위해서만 인정되고 있습니다. */
```

또한 int와 [와]는 각각 독립된 단어이기 때문에 이들 사이에 스페이스와 탭을 넣어도 상관 없습니다.

배열의 구성요소

먼저 단순한 프로그램을 통해서 배열과 익숙해지도록 합니다. 리스트 6-2는 구성요소형이 int형인 배열을 만들고, 그 구성요소에 값을 대입해서 표시하는 프로그램입니다.

리스트 6-2 ◎ 예제파일 : Chap06/IntArray1.java

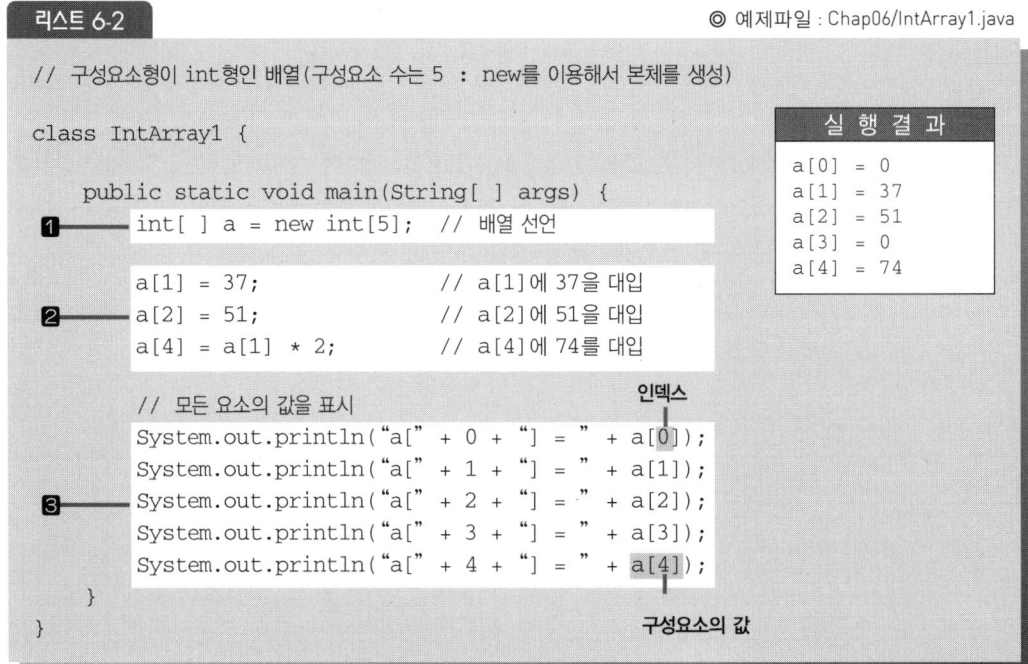

■1 배열 변수의 선언입니다. 구성요소형이 int형이고 구성요소 수가 5인 배열이 생성되고 배열 변수 a가 이것을 참조하도록 초기화됩니다.

■2 세 구성요소 a[1], a[2], a[4]에 대해서 37, 51, a[1] * 2를 대입하고 있습니다.

▶ a[1]의 값을 평가해서 얻어지는 것은 int형인 37입니다. 여기에 2를 곱한 값 74가 a[4]에 대입됩니다.

대입이 완료된 후의 모습을 나타낸 것이 그림 6-4입니다(배열 변수는 생략하고 배열 본체만을 나타내고 있습니다). 왼쪽의 작은 숫자는 인덱스를 나타내고, 상자 안의 값이 각 구성요소의 값을 나타내고 있습니다.

■3 모든 구성요소의 값을 표시합니다.

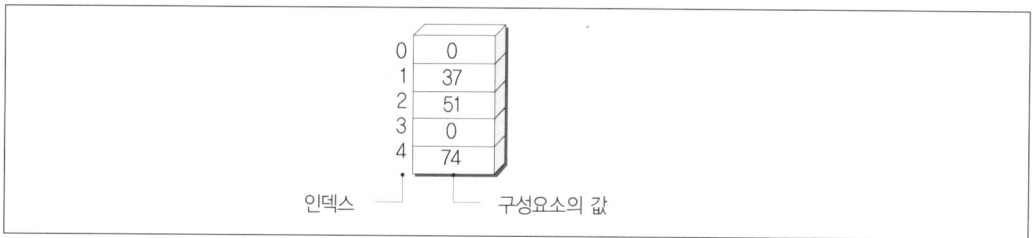

● 그림 6-4 배열의 인덱스와 구성요소의 값

디폴트 값

실행결과에서는 값이 대입되지 않은 a[0]과 a[3]의 값으로 0을 표시하고 있습니다. 배열의 구성요소는 자동적으로 0으로 초기화되는 규칙이 있기 때문입니다. 이것은 보통의 변수와는 많이 다르기 때문에 확실하게 기억해 두길 바랍니다.

> 주의 배열의 구성요소는 명시적으로 초기화하지 않아도 0으로 초기화된다.

구성요소가 초기화되는 값을 디폴트 값(default value)이라고 합니다. 표 6-2는 각 형의 디폴트 값을 정리한 것입니다.

▶ 배열의 구성요소뿐 아니라 인스턴스 변수(제8장)와 클래스 변수(제10장)도 이 표에 표시한 디폴트 값으로 초기화됩니다.

● 표 6-2 … 각 형의 디폴트 값

형	디폴트 값
byte	0 즉 (byte)0
short	0 즉 (short)0
int	0
long	0 즉 0L
float	0 즉 0.0f
double	0 즉 0.0d
char	공백문자 즉 '\u0000'
boolean	거짓 즉 false
참조형	null

▶ 참조형과 null에 대해서는 리스트 6-15에서 배웁니다.

일반적으로 구성요소형이 Type인 배열을 'Type형 배열' 또는 'Type형인 배열'이라고 합니다. 이 프로그램의 배열 a는 'int형 배열'입니다.

만약 구성요소형이 double형이면 'double형 배열'입니다. 구성요소 수가 7인 double형 배열의 선언은 다음과 같이 됩니다.

```
double[ ] c = new double[7];        // 구성요소형이 double형이고 구성요소 수는 7
```

또한 앞으로 구성요소를 '요소'라고 하고, 구성요소 수를 '요소 수'라고 하겠습니다.

▶ 문법 정의상, 구성요소와 요소, 구성요소 수와 요소 수는 다릅니다. 단 이 절에서 학습하는 배열(일차원 배열)에 한해서는 실질적으로 같은 의미로 간주하겠습니다. 자세한 내용은 다음 절에서 학습합니다.

연습 6-1

요소 형이 double형이고 요소 수가 5인 배열을 생성하고, 그 모든 요소의 값을 표시하는 프로그램을 작성하시오.

■ 요소 수의 취득

이번에 학습할 리스트 6-3의 프로그램은 요소 형이 int형이고, 요소 수가 5인 배열을 만들어 그 선두부터 순서대로 1, 2, 3, 4, 5를 대입해서 표시합니다.

리스트 6-3

◎ 예제파일 : Chap06/IntArray2.java

```
// 배열의 각 요소에 1, 2, 3, 4, 5를 대입해서 표시

class IntArray2 {

    public static void main(String[ ] args) {
        int[] a = new int[5];    // 배열의 선언

        for (int i = 0; i < a.length ; i++)
            a[i] = i + 1;

        for (int i = 0; i < a.length ; i++)
            System.out.println("a[" + i + "] = " + a[i]);
    }
}
```

실 행 결 과
```
a[0] = 1
a[1] = 2
a[2] = 2
a[3] = 2
a[4] = 2
```

두 for문의 제어식(흰색 부분)에서는 다음과 같은 형식의 식이 사용되고 있습니다.

배열 변수명.length

이것은 배열의 요소 수를 취득하기 위한 식입니다. 또한 배열의 요소 수는 길이(length)라고 하는 것도 기억해 두기 바랍니다.

> **중요** 배열의 길이 = 요소 수는 '배열 변수명.length'를 이용해서 취득할 수 있다.

이 프로그램의 경우 a.length의 값은 5가 됩니다. 배열 변수가 배열 본체를 참조하는 것은 이미 배웠습니다. 이것을 좀더 정확하게 표시한 것이 그림 6-5입니다. 배열 본체와 길이를 나타내는 length가 세트로 되어 있는 것을 배열 변수가 참조하고 있습니다.

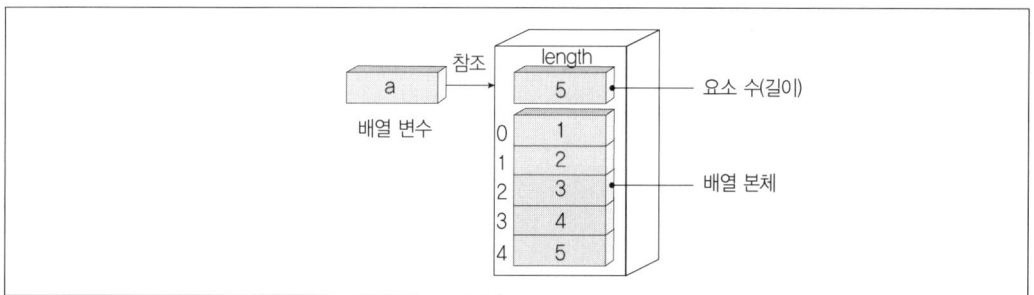

◎ **그림 6-5** 배열 변수와 배열 본체와 length

최초의 for문에 주목하기 바랍니다. 변수 i를 0부터 증가시키면서 5번의 반복을 실행합니다. 따라서 이 for문의 흐름을 '풀어서' 기술하면 다음과 같이 됩니다.

```
i가 0일 경우    a[0] = 0 + 1;      // a[0]에 1을 대입
i가 1일 경우    a[1] = 1 + 1;      // a[1]에 2를 대입
i가 2일 경우    a[2] = 2 + 1;      // a[2]에 3을 대입
i가 3일 경우    a[3] = 3 + 1;      // a[3]에 4를 대입
i가 4일 경우    a[4] = 4 + 1;      // a[4]에 5를 대입
```

배열의 모든 요소에 대해서 인덱스에 1을 더한 값을 대입하고 있습니다.

두 번째 for문도 5번의 반복을 실행합니다. 이 for문은 배열 a의 모든 요소의 값을 표시합니다. 그림 6-6에 표시한 것과 같이 리스트 6-2의 ③과 같습니다.

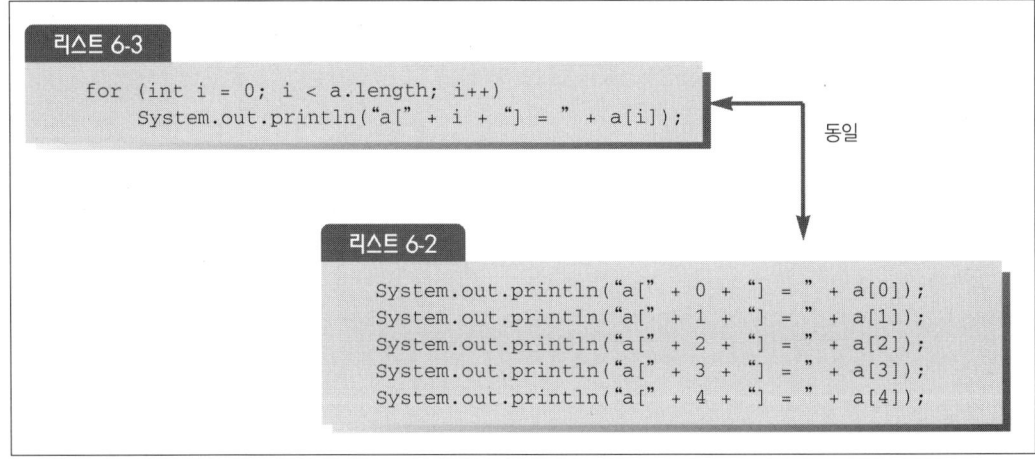

● **그림 6-6** 배열의 모든 요소의 값을 표시

연습 6-2
요소 형이 int형이고 요소 수가 5인 배열의 요소에 대해서 선두부터 순서대로 5, 4, 3, 2, 1을 대입해서 표시하는 프로그램을 작성하시오.

연습 6-3
요소 형이 double형이고 요소 수가 5인 배열의 요소에 대해서 선두부터 순서대로 1.1, 2.2, 3.3, 4.4, 5.5를 대입해서 표시하는 프로그램을 작성하시오.

Column 6-2 ··· 배열의 요소 수 length의 형

배열의 요소 수를 나타내는 length는 int형이 아니고 final int형이기 때문에 length에 값을 대입할 수는 없습니다. 즉

```
a.length = 10;       // 에러
```

에 의해 배열의 요소 수를 마음대로 수정할 수는 없습니다(컴파일 시에 에러가 발생합니다).

■ 배열 요소에 대한 값의 입력

지금까지의 프로그램에서 배열의 요소 수는 모두 상수였습니다. 리스트 6-4와 같이 키보드로 배열의 요소 수와 각 요소의 값을 입력하는 프로그램을 만들면 배열의 요소 수와 각 요소의 값을 프로그램 실행 시에 결정할 수 있게 됩니다.

리스트 6-4   ◎ 예제파일 : Chap06/IntArrayScan.java

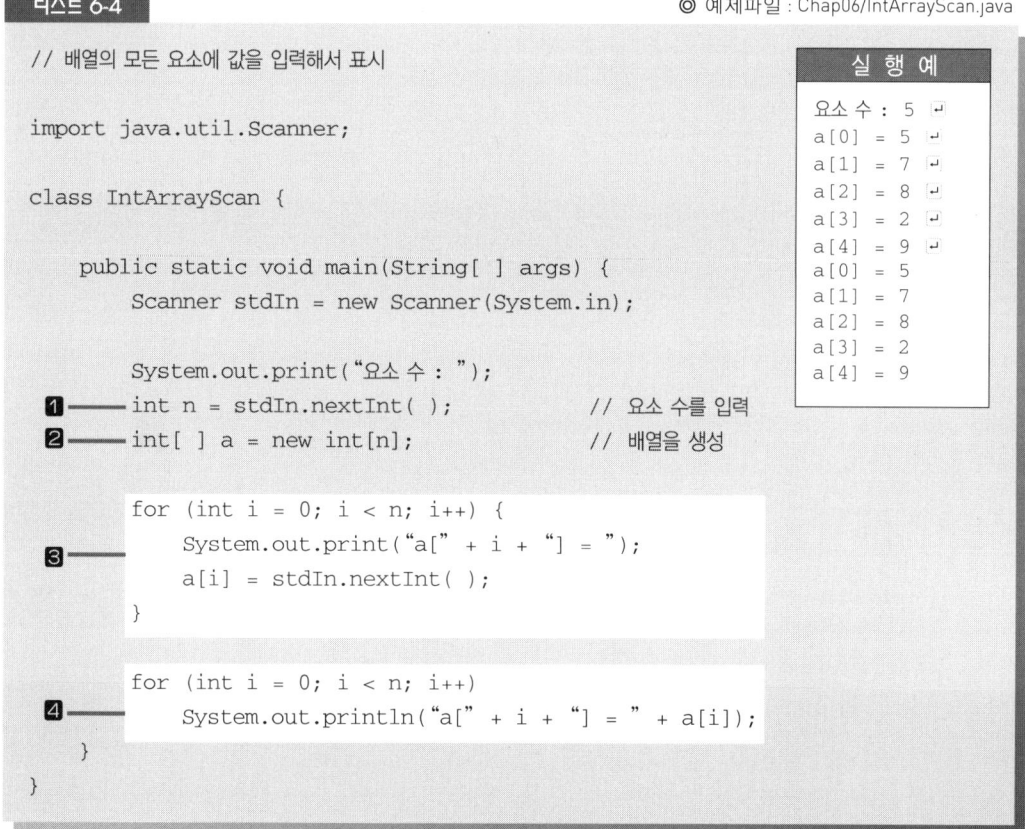

프로그램의 흐름은 다음과 같이 되어 있습니다.

1 배열의 요소 수를 변수 n에 입력합니다.

2 배열의 선언입니다. 요소 수가 n인 배열 본체를 생성함과 동시에 이것을 참조하도록 배열 변수 a가 초기화됩니다.

3 for문에 의해 i를 0부터 n - 1까지 증가시키면서 배열의 요소 a[i]에 값을 입력합니다. 이 결과 배열 a의 모든 요소에 값이 대입됩니다.

4 모든 요소의 값을 표시합니다.

▶ **3**과 **4**에서 for문의 제어식 i < n은, i < a.length로 표시해도 상관없습니다.

■ 막대그래프의 표시

이번에는 모든 요소의 값을 난수로 하겠습니다. 리스트 6-5는 배열의 모든 요소에 1~10의 난수를 대입해서 표시하는 프로그램입니다.

▶ 식 rand.nextInt(10)은 0~9의 난수가 됩니다(리스트 2-14 참조).

리스트 6-5　　　　　　　　　　　　　　　　　　　◎ 예제파일 : Chap06/IntArrayRand.java

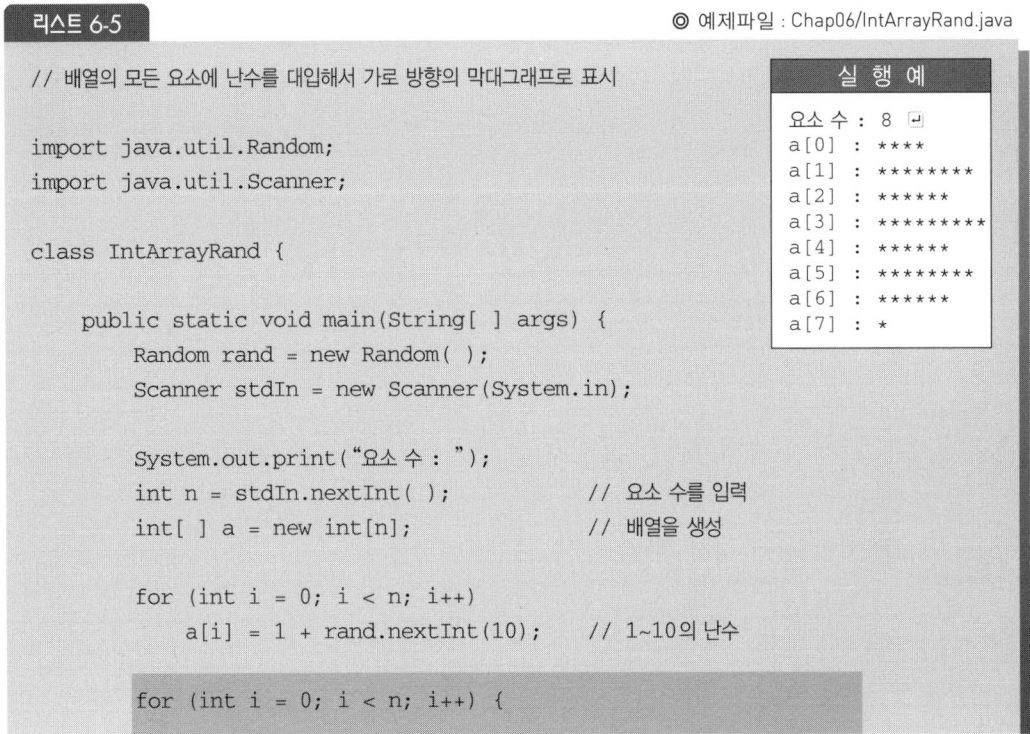

```
// 배열의 모든 요소에 난수를 대입해서 가로 방향의 막대그래프로 표시

import java.util.Random;
import java.util.Scanner;

class IntArrayRand {

    public static void main(String[ ] args) {
        Random rand = new Random( );
        Scanner stdIn = new Scanner(System.in);

        System.out.print("요소 수 : ");
        int n = stdIn.nextInt( );          // 요소 수를 입력
        int[ ] a = new int[n];             // 배열을 생성

        for (int i = 0; i < n; i++)
            a[i] = 1 + rand.nextInt(10);   // 1~10의 난수

        for (int i = 0; i < n; i++) {
```

실행 예
```
요소 수 : 8
a[0] : ****
a[1] : ********
a[2] : ******
a[3] : *********
a[4] : ******
a[5] : ********
a[6] : ******
a[7] : *
```

```
            System.out.print("a[" + i + "] : ");
            for (int j = 0; j < a[i]; j++)
                System.out.print('*');                    1
            System.out.println( );                        2
        }
    }
}
```

첫번째 for문에서는 배열 a의 모든 요소에 난수를 대입하고 있습니다. 두 번째 for문에서는 기호 문자 *를 나열한 막대그래프로 요소의 값을 표시하기 때문에 변수 i의 값을 0부터 n – 1까지 증가시키면서 1과 2과정을 n번 반복합니다.

1 이 for문의 반복 회수는 a[i]입니다. 따라서 a[i] 개의 *를 표시하게 됩니다. 예를 들어 a[i]의 값이 5이면 표시되는 것은 *****입니다.

2 줄 바꿈을 합니다.

연습 6-4

리스트 6-5를 수정해서 실행 예와 같이 세로 방향의 막대그래프로 표시하는 프로그램을 작성하시오. 맨 아랫줄에는 인덱스를 10으로 나눈 나머지를 표시할 것.

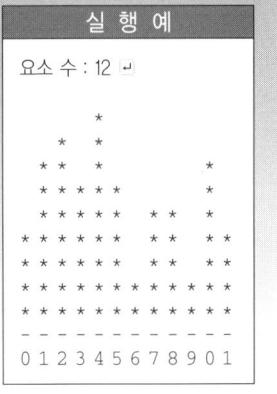

배열의 초기화와 대입

배열의 모든 요소는 디폴트 값인 0으로 초기화됩니다. 그러나 만약 각 요소에 대입되는 값을 미리 알고 있으면 명시적으로 초기화를 실행해야 합니다. 리스트 6-6은 리스트 6-3의 배열 본체의 각 요소를 초기화하도록 수정한 프로그램입니다.

리스트 6-6
◎ 예제파일 : Chap06/IntArrayInit.java

```java
// 배열의 각 요소를 1, 2, 3, 4, 5로 초기화해서 표시

class IntArrayInit {

    public static void main(String[ ] args) {
        int[] a = {1, 2, 3, 4, 5};

        for (int i = 0; i < a.length; i++)
            System.out.println("a[" + i + "] = " + a[i]);
    }
}
```

실행 예
```
a[0] = 1
a[1] = 2
a[2] = 3
a[3] = 4
a[4] = 5
```

배열에 할당되는 초기화 값은 각 요소에 대한 초기화 값을 콤마 , 로 구분하고 순서대로 { } 사이에 나열합니다. 생성되는 배열의 요소 수는 초기화 값의 개수를 기초로 자동적으로 결정됩니다.

따라서 이 프로그램에서는(명시적으로 new하고 있지 않음에도 불구하고) 요소 수 5인 배열이 생성되어 각 요소가 처음부터 순서대로 1, 2, 3, 4, 5로 초기화됩니다.

> **중요** 배열에 할당되는 초기화 값은 각 요소에 할당되는 초기화 값 ○, △, □를 콤마로 구분해서 { }사이에 기술한 { ○, △, □ } 형식이다.

또한 다음과 같이 초기화 값을 '대입' 할 수는 없습니다.

```java
int[ ] a;
// ...
a = {1, 2, 3, 4, 5}                    // 에러
```

정확한 표현은 다음과 같습니다.

```java
int[ ] a;
// ...
a = new int[ ]{1, 2, 3, 4, 5};        // OK
```

이것은 new연산자에 의해 배열을 생성할 경우 'new 요소형[ ]' 뒤에 초기화 값을 입력해도 상관 없기 때문입니다.

new 연산자는 요소 수가 5이고 요소의 값이 선두부터 순서대로 {1, 2, 3, 4, 5}인 int형의 배열을 만들고 그 배열로의 참조를 생성합니다. 이 참조가 배열 변수 a에 대입되기 때문에 생성된 배열을 a가 참조하게 됩니다.

배열에 의한 성적처리

리스트 6-7은 리스트 6-1의 성적처리 프로그램을 배열을 이용해서 수정한 프로그램입니다.

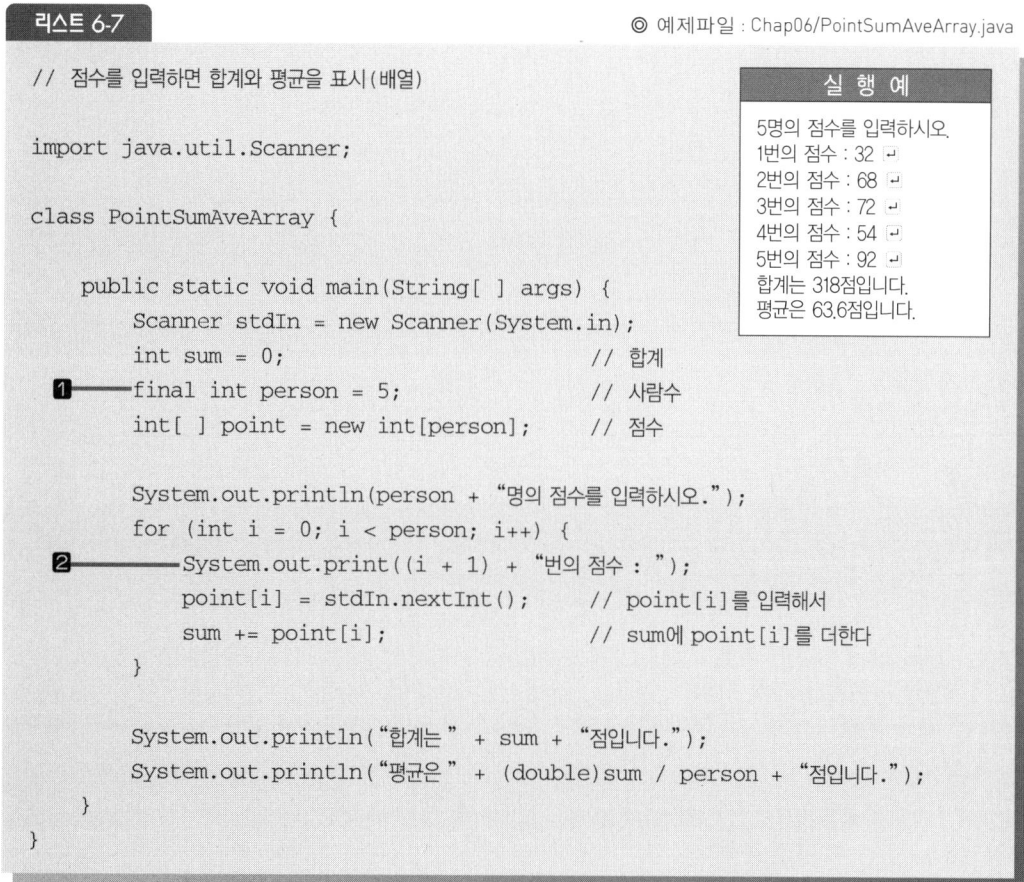

1 학생 수를 정수 리터럴 5가 아니고 person이라는 final 변수로 나타내고 있습니다. final 변수의 편리성은 제2장에서 배웠습니다. 만약 사람 수를 변경할 경우 5만 수정하면 됩니다.

> 배열의 요소 수가 이미 알고 있는 상수이면 이 값을 final 변수로 표시한다.

2 배열의 인덱스는 0부터 시작하는 값입니다. 한편 우리가 일반적으로 수를 셀 때는 '1번', '2번', … 이라고 1부터 시작합니다. 그러나 이 프로그램에서는 점수의 입력을 요청할 때 인덱스에 1을 더한 다음에 '*번 점수 :'라고 표시하고 있습니다.

▶ 예를 들면 i가 0일 경우에는 '1번 점수 :'라고 표시하고 i가 1일 경우에는 '2번 점수 :'라고 표시합니다.

연습 6-5

배열의 요소 수와 각 요소의 값을 입력하면 실행 예와 같이 각 요소의 값을 표시하는 프로그램을 작성하시오. 표시 형식은 초기화 값과 같은 형식, 즉 각 요소의 값을 콤마로 구분해서 { } 사이에 입력하는 형식으로 할 것.

```
실 행 예
요소 수 : 3
a[0] = 5
a[1] = 7
a[2] = 8
a = {5, 7, 8}
```

배열 요소의 최대값 구하기

배열 요소의 최대값을 구하는 과정을 살펴봅시다. 배열의 요소 수가 3일 경우 세 요소 a[0], a[1], a[2]의 최대값은 다음과 같이 구할 수 있습니다.

```
max = a[0];
if (a[1] > max) max = a[1];
if (a[2] > max) max = a[2];
```

변수명이 다른 점을 제외하면 세 값의 최대값을 구하는 순서는 완전히 같습니다. 물론 요소 수가 4일 경우에는 다음과 같이 됩니다.

```
max = a[0];
if (a[1] > max) max = a[1];
if (a[2] > max) max = a[2];
if (a[3] > max) max = a[3];
```

먼저 첫 번째 요소 a[0]의 값을 max에 대입하는 작업이 배열의 요소 수와는 관계없이 실행됩니다. 그리고 if문을 실행하는 과정에서 필요에 따라 max의 값을 갱신합니다. 요소 수가 n이면 if문의 실행은 n - 1회만 필요합니다. 따라서 배열 a의 최대값을 구하는 프로그램은 다음과 같이 됩니다.

```
max = a[0]                              1
for (int i = 1; i < a.length; i++)      
    if (a[i] > max) max = a[i];         2
```

그림 6-7에 표시한 것은 요소 수가 5인 배열 요소의 최대값을 구하는 과정입니다.

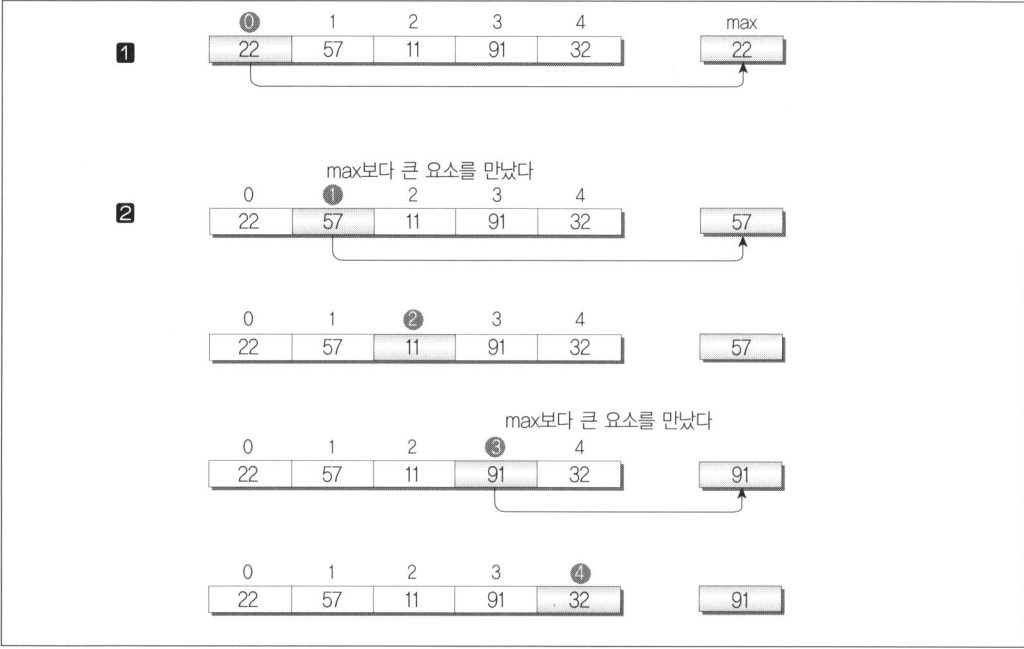

● **그림 6-7** 배열 요소의 최대값을 구하는 순서

그림에서 원 안의 값은 검색되고 있는 요소의 인덱스입니다. 검색되는 요소는 처음부터 시작해서 하나씩 뒤쪽 방향으로 이동합니다.

▶ 이 책에서는 배열을 세로 방향 혹은 가로 방향으로도 기술합니다. 요소를 세로로 나열하는 경우는 인덱스의 작은 요소를 위쪽으로, 가로로 나열하는 경우는 인덱스의 작은 요소를 왼쪽으로 합니다.

1에서는 a[0], **2**의 for문에서는 a[1]부터 마지막 요소까지 순서대로 검색합니다. 이와 같이 배열의 요소를 하나씩 순서대로 되풀이해 가는 과정을 탐색(traverse)이라고 합니다. 프로그램의 기본 용어이기 때문에 반드시 기억하기 바랍니다.

> 배열 요소를 순서대로 하나씩 되풀이해 가는 과정을 '탐색'이라고 한다.

탐색 과정에서 if문이 성립하면(탐색되고 있는 요소의 값이 지금까지의 최대값 max보다 크면) a[i]의 값이 max에 대입됩니다. 탐색이 종료되면 배열 a의 최대요소 값이 max에 대입됩니다.

*

리스트 6-8은 키보드로 점수를 입력해서 그 최고 점수를 구하는 프로그램입니다. 흰색 부분이 최고 점수를 구하는 부분입니다.

리스트 6-8   ◎ 예제파일 : Chap06/HighScore.java

```java
// 점수를 입력하면 최고 점수를 표시

import java.util.Scanner;

class HighScore {

    public static void main(String[ ] args) {
        Scanner stdIn = new Scanner(System.in);
        final int person = 5;                   // 사람 수
        int[ ] point = new int[person];         // 점수

        System.out.println(person + "명의 점수를 입력하시오.");
        for (int i = 0; i < person; i++) {
            System.out.print((i + 1) + "번 점수 : ");
            point[i] = stdIn.nextInt( );        // point[i]를 입력
        }

        int max = point[0];
        for (int i = 1; i < point.length; i++)
            if (point[i] > max) max = point[i];

        System.out.println("최고 점수는 " + max + "점입니다.");
    }
}
```

실 행 예
```
5명의 점수를 입력하시오.
1번 점수 : 22
2번 점수 : 57
3번 점수 : 11
4번 점수 : 91
5번 점수 : 32
최고 점수는 91점입니다.
```

연습 6-6

시험 점수의 합계, 평균, 최고 점수, 최저 점수를 표시하는 프로그램을 작성하시오. 사람 수와 점수는 키보드로 입력할 것.

선형검색

배열의 요소 중에 어떤 값이 포함되어 있는지 없는지 만약 포함되어 있으면 그 요소의 인덱스를 조사하는 프로그램을 만들어 봅시다.

이와 같이 어떤 값을 갖는 요소의 존재를 조사하는 것을 검색(search)이라고 하고, 조사할 값을 키(key)라고 합니다.

검색은 배열의 요소를 처음부터 순서대로 검색해서 실현할 수 있습니다. 검색해야 할 키 값과 같은 값의 요소와 만나면 검색은 성공입니다. 이것은 선형검색(linear search) 또는 순차검색(sequential search)이라고 하는 알고리즘입니다.

구체적인 과정을 다음에 제시하는 배열 a의 예로 살펴보겠습니다.

| 22 | 57 | 11 | 32 | 91 | 68 | 70 |

그림 6-8은 이 배열에서 값이 32인 요소를 선형검색하는 모습입니다. 그림에서 원 안에 표시되어 있는 값은 배열을 검색하는 과정에서 비교되는 요소의 인덱스입니다.

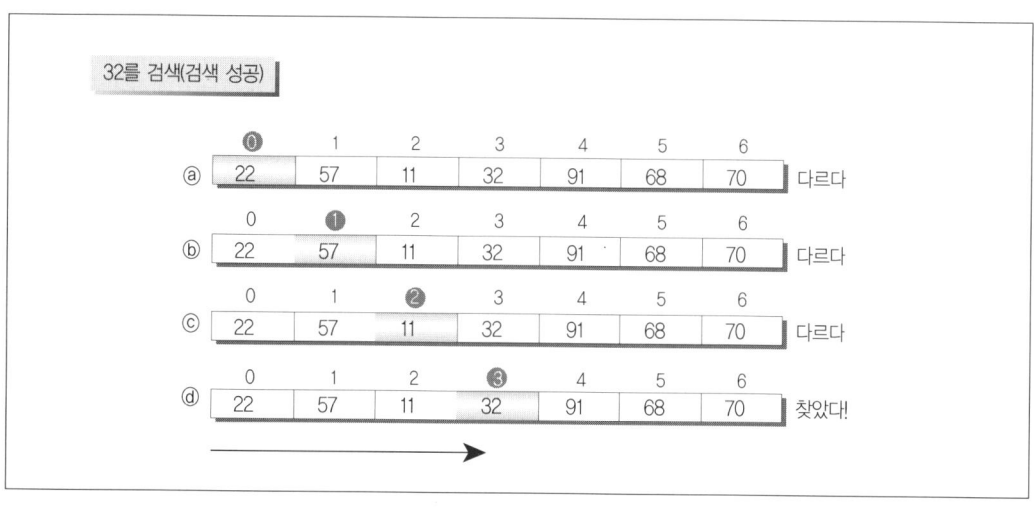

● 그림 6-8 선형검색(성공 예)

검색은 다음과 같이 실행됩니다.

ⓐ 1번째 요소 22를 비교합니다. 목적하는 값이 아닙니다.
ⓑ 2번째 요소 57을 비교합니다. 목적하는 값이 아닙니다.

ⓒ 3번째 요소 11을 비교합니다. 목적하는 값이 아닙니다.

ⓓ 4번째 요소 32를 비교합니다. 목적하는 값이기 때문에 검색은 성공입니다.

목적하는 키 값과 같은 요소는 4번째 요소 a[3]에 존재하는 것을 알 수 있습니다. 그러나 키 값과 같은 값이 배열 중에 항상 존재하는 것은 아닙니다. 예를 들어 같은 배열에서 30을 검색하면 실패합니다. 그 모습을 표시한 것이 그림 6-9입니다.

그림 ⓐ부터 그림 ⓖ까지 배열의 요소를 처음부터 순서대로 검색해 갑니다. 키 값과 동일한 값의 요소를 만날 수는 없습니다.

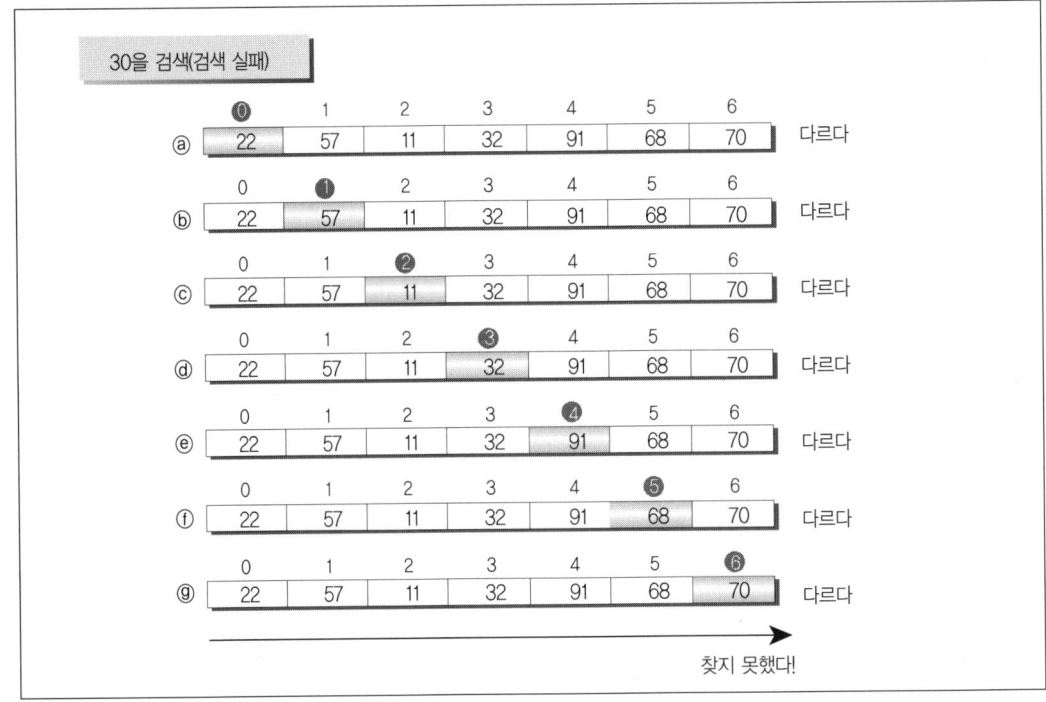

● **그림 6-9** 선형검색(실패 예)

성공 예와 실패 예에서 검색의 종료 조건은 하나가 아니라 두 개인 점을 알 수 있습니다. 다음에 제시하는 조건 중에서 하나라도 성립하면 검색은 종료됩니다.

1 검색해야 할 키 값이 발견되지 않고 마지막 요소까지 넘어갔다(또는 넘길 것 같다).

2 검색해야 할 키 값과 같은 요소를 발견했다.

조건 1이 성립할 경우에는 검색 실패이고 조건 2가 성립할 경우에는 검색 성공입니다.

*

위에서 각 조건의 부정을 취하면 검색의 종료 조건이 아니고 검색을 계속하기 위한 계속 조건이 됩니다. 즉 다음과 같은 조건이 모두 성립하는 동안 검색을 계속합니다.

1의 부정 : 아직 마지막 요소를 넘기지 않았다.
2의 부정 : 검색해야 할 값과 같은 요소를 발견하지 못하고 있다.

따라서 요소 수 n의 배열 a부터 key와 같은 값을 갖는 요소를 검색하는 프로그램은 다음과 같이 됩니다.

```
int i;                  조건 1의 부정
for (i = 0; i < n && a[i] != key; i++)
    ;                          조건 2의 부정
// i < n이면 검색 성공. 그렇지 않으면 검색 실패.
```

이 for문은 배열을 처음부터 순서대로 검색합니다. for문이 반복되는 것은 조건1의 부정과 조건2의 부정 모두 성립하고 있는 동안입니다. 또한 각 반복에서 행해지는 것은 아무 것도 없기 때문에 루프 본체는 공문이 됩니다.

▶ 변수 i가 for문의 내부가 아니고 for문의 앞에 선언되어 있는 점에 주의하기 바랍니다. for문의 실행 종료 후에 i의 값을 조사할 필요가 있기 때문입니다.

*

조건1과 조건2의 어느 한쪽의 경우라도 성립하면 반복은 종료됩니다. 이때 i의 값에 의해 검색에 성공했는지 아닌지를 판단합니다.

■ 검색 실패 : i가 n과 동일

조건1이 성립하면(즉 i < n가 성립하지 않으면) for문은 종료합니다. 모든 요소의 검색이 끝났기 때문에 검색 실패입니다.

■ 검색 성공 : i가 n보다 작다

주목하는 요소 a[i]가 key와 동일한 값이 되어 조건2가 성립하면(즉 a[i] != key가 성립하지 않으면) 검색 성공이고, for문은 종료됩니다. 또한 위 프로그램은 break문을 이용해서 다음과 같이 수정할 수 있습니다.

```
int i;          조건1의 부정
for (i = 0; i < n; i++)
    if (a[i] == key)  조건2
        break;
// i < n이면 검색 성공, 그렇지 않으면 검색 실패.
```

리스트 6-9는 선형검색을 실현하는 프로그램의 예입니다. 먼저 요소 수가 12인 배열 a를 생성하고, 모든 요소를 0~9의 난수를 이용해서 값을 표시합니다. 그리고 나서 검색해야 할 값을 키보드로 key에 입력합니다.

흰색 부분이 선형검색과 성공의 판정을 실행하는 부분입니다. for문의 종료 시에 i의 값이 n 미만이면 검색 성공입니다. 인덱스인 i의 값을 '이것은 a[i]에 있습니다' 라고 표시합니다. 또한 i의 값이 n이면 검색 실패입니다. '이것은 없습니다' 라고 표시합니다.

리스트 6-9 ⊙ 예제파일 : Chap06/LinearSearch.java

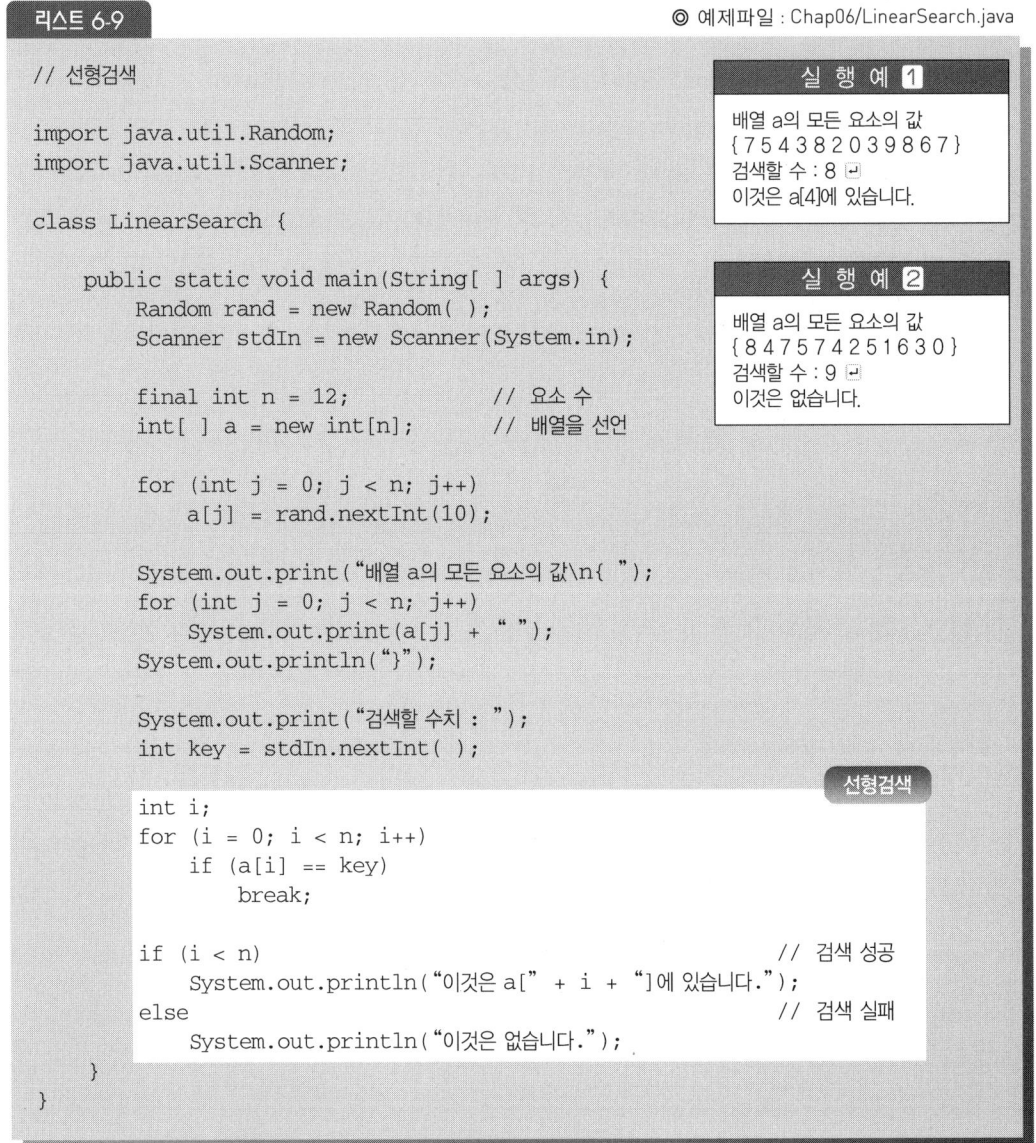

```java
// 선형검색

import java.util.Random;
import java.util.Scanner;

class LinearSearch {

    public static void main(String[ ] args) {
        Random rand = new Random( );
        Scanner stdIn = new Scanner(System.in);

        final int n = 12;              // 요소 수
        int[ ] a = new int[n];         // 배열을 선언

        for (int j = 0; j < n; j++)
            a[j] = rand.nextInt(10);

        System.out.print("배열 a의 모든 요소의 값\n{ ");
        for (int j = 0; j < n; j++)
            System.out.print(a[j] + " ");
        System.out.println("}");

        System.out.print("검색할 수치 : ");
        int key = stdIn.nextInt( );

        int i;
        for (i = 0; i < n; i++)
            if (a[i] == key)
                break;

        if (i < n)                                                  // 검색 성공
            System.out.println("이것은 a[" + i + "]에 있습니다.");
        else                                                        // 검색 실패
            System.out.println("이것은 없습니다.");
    }
}
```

실행 예 1
배열 a의 모든 요소의 값
{ 7 5 4 3 8 2 0 3 9 8 6 7 }
검색할 수 : 8 ↵
이것은 a[4]에 있습니다.

실행 예 2
배열 a의 모든 요소의 값
{ 8 4 7 5 7 4 2 5 1 6 3 0 }
검색할 수 : 9 ↵
이것은 없습니다.

선형검색

선형검색 알고리즘에서 키와 동일한 값의 요소가 여러 개 존재할 경우 그 안에서 가장 처음에 위치하는 요소를 찾습니다. 실행 예 1이 그 예입니다.

> ▶ 선형검색 부분의 for문에서 반복을 제어하기 위한 변수는 'i'이지만, 그 이외의 for문(난수를 생성해서 요소에 값을 대입하는 for문과 모든 요소의 값을 표시하는 for문)에서는 'j'로 되어 있습니다. 만약 변수명 j를 i로 변경하면 컴파일 에러가 발생합니다. for문에서 선언할 변수명과 동일한 이름의 변수를 동일 메소드 안의 for문 이외의 장소에서 선언할 수는 없기 때문입니다.

연습 6-7
리스트 6-9는 검색할 키 값과 동일한 값의 요소가 여러 개 존재하는 경우 가장 처음에 위치하는 요소를 발견하는 프로그램이다. 가장 마지막 쪽에 위치하는 요소를 찾는 프로그램을 작성하시오.

확장 for문

지금까지 살펴본 프로그램과 같이 배열을 취급할 때는 필수라고 할 만큼 for문을 이용합니다. 이 for문을 기본 for문이라고 합니다(4-3 for문). 또 하나의 for문인 확장 for문(enhanced for statement)을 이용하면 배열의 검색을 매우 간결하게 표현할 수 있습니다. 리스트 6-10은 배열의 모든 요소의 합계를 구해서 표시하는 프로그램입니다.

리스트 6-10 ◎ 예제파일 : Chap06/ArraySumForIn.java

```java
// 배열의 모든 요소의 합을 구해서 표시(확장 for문)

class ArraySumForIn {

    public static void main(String[] args) {
        double[] a = { 1.0, 2.0, 3.0, 4.0, 5.0 };

        for (int i = 0; i < a.length; i++)
            System.out.println("a[" + i + "] = " + a[i]);

        double sum = 0;        // 합계
        for (double i : a)
            sum += i;

        System.out.println("모든 요소의 합은 " + sum + "입니다.");
    }
}
```

실 행 결 과
```
a[0] = 1.0
a[1] = 2.0
a[2] = 3.0
a[3] = 4.0
a[4] = 5.0
모든 요소의 합은 15.0입니다.
```

(확장 for문)

흰색 부분이 확장 for문입니다. ( ) 내의 콜론 문자 :는 '~의 안에' 라는 의미이기 때문에, 이 for문의 :을 in이라고 읽기도 합니다. 그래서 확장 for문을 'for-in 문' 또는 'for-each 문' 이라고도 합니다. 이 for문은 다음과 같이 이해하기 바랍니다.

> 배열 a의 처음부터 마지막까지 모든 요소를 1개씩 검색합니다. 루프 본체에서는 현재 검색하고 있는 요소를 i로 표현합니다.

즉 그림 6-10과 같이 변수 i는 int형의 정수값인 '인덱스'를 나타내는 것이 아니고 double형의 '검색에서 비교되고 있는 요소'를 나타내는 것입니다.

*

확장 for문을 이용하면 다음과 같은 장점이 있습니다.

- 배열의 크기(요소 수)를 조사하는 노력을 절약할 수 있다.
- Iterator와 같은 방법으로 검색을 실행할 수 있다.

▶ Iterator에 대해서는 '입문편'의 범위를 넘어서기 때문에 이 책에서는 학습하지 않습니다.

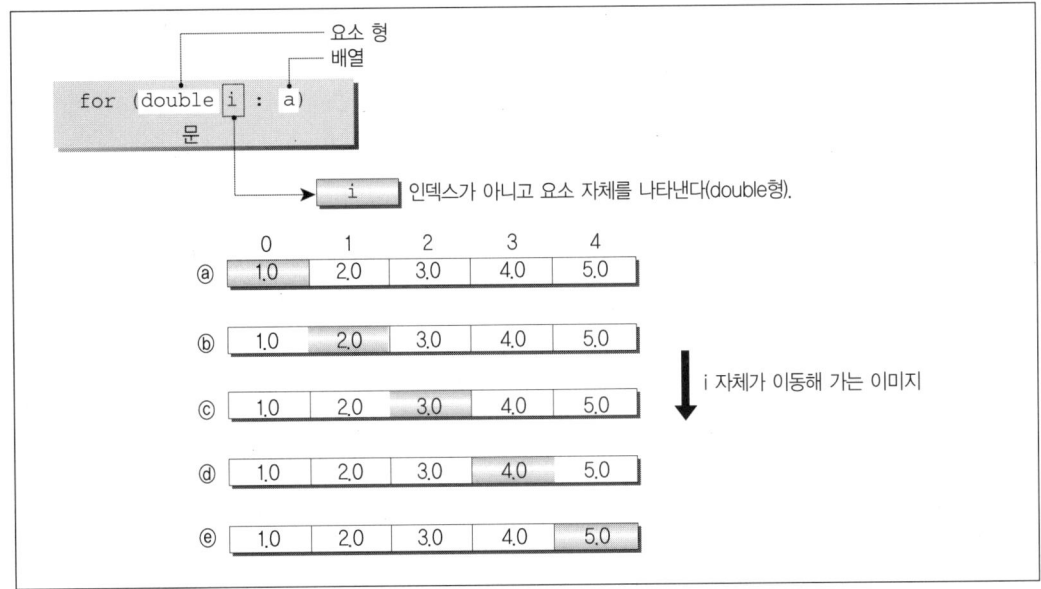

● 그림 6-10 확장 for문에 의한 배열의 검색

> **중요** 배열의 모든 요소를 검색하는 과정에서 인덱스 자체의 값이 필요하지 않으면 그 검색은 확장 for문으로 표현할 수 있다.

연습 6-8

double형 배열의 모든 요소의 합계와 평균을 구하는 프로그램을 작성하시오. 요소 수와 모든 요소의 값은 키보드로 입력할 것

Column 6-3 ··· 확장 for문에 의한 다차원 배열의 검색

확장 for문은 다음 절에서 학습할 '다차원 배열'에도 적용할 수 있습니다. 여기에서는 2차원 배열에 적용한 예를 살펴봅니다. 리스트 6C-1은 2차원 배열의 모든 요소의 값을 표시하는 프로그램의 일부입니다.

리스트 6C-1 ◎ 예제파일 : Chap06/ForIn2DArray.java

```
double[ ][ ] a = {{1.0, 2.0}, {3.0, 4.0, 5.0}, {6.0, 7.0}};

for (double[ ] i : a) {                     1
    for (double j : i) {                    2
        System.out.printf("%5.1f", j);
    }
    System.out.println( );
}
```

실 행 결 과
```
1.0  2.0
3.0  4.0  5.0
6.0  7.0
```

2차원 배열의 구성요소형은 1차원 배열입니다. 따라서 배열 a를 검색하는 확장 for문인 1에서 구성요소 i의 형은 double[ ]이 됩니다.

안쪽 2의 for문에서는 double[ ]형의 1차원 배열인 i를 검색합니다. 배열 i의 구성요소 j의 형은 double입니다.

배열을 역순으로 나열하기

배열의 모든 요소를 역순으로 바꿔서 나열하는 프로그램을 만들어 봅니다. 먼저 알고리즘을 생각해 보도록 합시다. 그림 6-11은 7개의 요소를 역순으로 바꾸어서 나열하는 과정입니다.

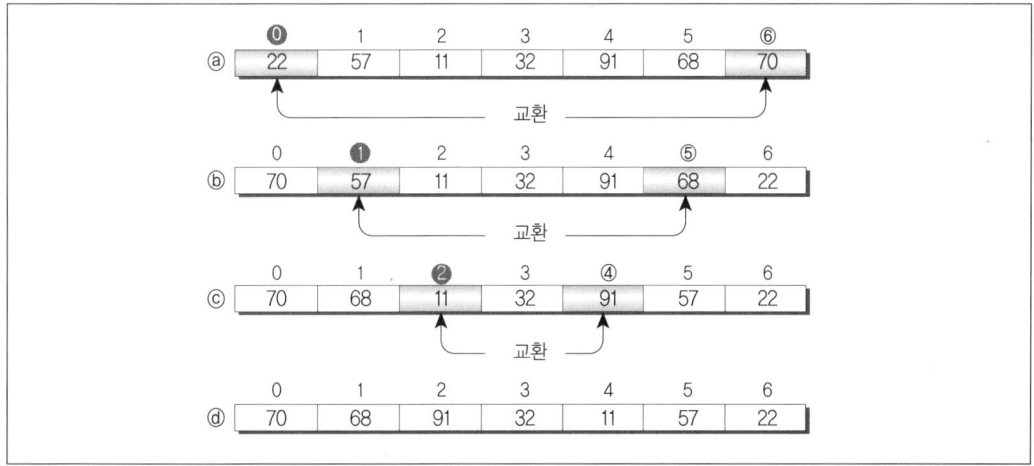

◎ 그림 6-11 배열을 역순으로 나열하는 순서

먼저 그림 ⓐ에 표시한 것과 같이 첫 요소인 a[0]과 마지막 요소 a[6]의 값을 교환합니다. 다음에는 그림 ⓑ, 그림 ⓒ와 같이 각각 하나씩 안쪽 요소의 값을 교환하는 작업을 반복합니다.

일반적으로 요소 수가 n이면 교환회수는 n / 2회입니다. 여기에서 나머지는 버립니다. 이것은 요소 수가 홀수일 경우 중앙의 요소를 교환할 필요가 없기 때문입니다.

> ▶ '정수 / 정수'의 연산에서는 나머지가 버려진 정수부를 얻을 수 있습니다(물론 요소 수가 7일 경우 교환회수는 7 / 2 즉 3입니다).

ⓐ → ⓑ → … 의 과정을 변수 i의 값으로 (i의 값을 0, 1, … 하고 증가시킴) 표시하면 교환되는 요소의 인덱스는 다음과 같이 됩니다.

- 왼쪽 요소의 인덱스(그림 안의 ●안의 값)   : i   0 → 1 → 2
- 오른쪽 요소의 인덱스(그림 안의 ○안의 값) : n - i - 1   6 → 5 → 4

따라서 요소 수가 n인 배열 요소의 나열을 역전시키는 알고리즘의 개념은 다음과 같습니다.

```
for (int i = 0; i < n / 2; i++)
    a[i]와 a[n - i - 1]을 교환한다
```

이 알고리즘을 기초로 만든 프로그램이 리스트 6-11입니다. 배열의 모든 요소에 10부터 99까지의 난수를 대입해서 역순으로 표시합니다.

리스트 6-11　　　　　　　　　　　　　　　　　◎ 예제파일 : Chap06/ReverseArray.java

```java
// 배열 요소의 순서를 역순으로 표시

import java.util.Random;
import java.util.Scanner;

class ReverseArray {

    public static void main(String[ ] args) {
        Random rand = new Random( );
        Scanner stdIn = new Scanner(System.in);

        System.out.print("요소 수 : ");
        int n = stdIn.nextInt( );   // 요소 수를 입력
        int[ ] a = new int[n];      // 배열을 선언

        for (int i = 0; i < n; i++) {
```

실 행 예

```
요소 수 : 7
a[0] = 22
a[1] = 57
a[2] = 11
a[3] = 32
a[4] = 91
a[5] = 68
a[6] = 70
요소의 나열을 반대로 바꾸었습니다.
a[0] = 70
a[1] = 68
a[2] = 91
a[3] = 32
a[4] = 11
a[5] = 57
a[6] = 22
```

```
            a[i] = 10 + rand.nextInt(90);
            System.out.println("a[" + i + "] = " + a[i]);
        }

        for (int i = 0; i < n / 2; i++) {
            int t = a[i];
            a[i] = a[n - i - 1];       a[i]와 a[n-i-1]을 교환
            a[n - i - 1] = t;
        }

        System.out.println("요소의 나열을 반대로 바꾸었습니다.");
        for (int i = 0; i < n; i++)
            System.out.println("a[" + i + "] = " + a[i]);
    }
}
```

배열의 나열을 역전시키는 것이 흰색 부분입니다. 이 for문의 반복회수는 n / 2이고, 루프 본체의 블록 { }에서는 a[i]과 a[n - i - 1]의 교환이 이루어집니다.

▶ 두 값의 교환은 제3장에서 배웠습니다.

연습 6-9
요소 형이 int형인 배열을 만들고 모든 요소를 1~10의 난수로 만드는(1이상 10이하의 값을 대입하는) 프로그램을 작성하시오. 요소 수는 키보드로 입력.

연습 6-10
연속하는 요소가 같은 값을 갖지 않도록 연습 6-9의 프로그램을 수정한 프로그램을 작성하시오. 예를 들어 {1, 3, 5, 5, 3, 2}처럼 되지 않도록 할 것.

연습 6-11
서로 다른 요소가 같은 값을 갖지 않도록 연습 6-9의 프로그램을 수정한 프로그램을 작성하시오. 예를 들어 {1, 3, 5, 6, 1, 2}처럼 되지 않도록 할 것(배열의 요소 수는 10이하로 할 것).

연습 6-12
배열 요소의 나열을 섞는(무작위 순서가 되도록) 프로그램을 작성하시오.

배열의 복사

어떤 배열의 모든 요소의 값을 다른 배열에 통째로 복사하는 것을 생각해 봅시다. 이와 같이 만든 (만들었다고 생각한) 프로그램이 리스트 6-12입니다.

리스트 6-12 ◎ 예제파일 : Chap06/AssignArray.java

실 행 결 과
```
a = 1 2 3 4 5
b = 6 5 4 3 2 1 0
a를 b에 대입했습니다.
a = 10 2 3 4 5
b = 10 2 3 4 5
```

```java
// 배열의 대입(틀림)

class AssignArray {

    public static void main(String[ ] args) {
        int[ ] a = {1, 2, 3, 4, 5};
        int[ ] b = {6, 5, 4, 3, 2, 1, 0};

        System.out.print("a = ");            // 배열 a의 모든 요소를 표시
        for (int i = 0; i < a.length; i++)
            System.out.print(a[i] + " ");
        System.out.println( );

        System.out.print("b = ");            // 배열 b의 모든 요소를 표시
        for (int i = 0; i < b.length; i++)
            System.out.print(b[i] + " ");
        System.out.println( );

❶      b = a;                               // 배열 a를 b에 복사(?)

❷      a[0] = 10;                           // 배열 a[0]의 값을 변경

        System.out.println("a를 b에 대입했습니다.");
        System.out.print("a = ");            // 배열 a의 모든 요소를 표시
        for (int i = 0; i < a.length; i++)
            System.out.print(a[i] + " ");
        System.out.println( );

        System.out.print("b = ");            // 배열 b의 모든 요소를 표시
        for (int i = 0; i < b.length; i++)
            System.out.print(b[i] + " ");
        System.out.println( );
    }
}
```

a는 요소 수 5인 배열, b는 요소 수 7인 배열입니다. 배열 a는 {1, 2, 3, 4, 5}이고, **1**에서는 b = a 의 대입을 실행합니다. 계속해서 **2**에서는 a[0]에 10을 대입하기 때문에 배열 a는 {10, 2, 3, 4, 5}가 되고, 배열 b는 {1, 2, 3, 4, 5}가 될 것입니다.

그런데 실행결과를 보면 a와 b 양쪽 모두 {10, 2, 3, 4, 5}가 되어 있습니다. 이 실행결과는 다음과 같은 의미를 가지고 있습니다.

- **대입 후의 배열 a와 b는 동일하게 되어 있다. 바꾸어 말하면 : 대입 후의 배열 변수 a와 b는 동일한 배열 본체를 참조하고 있다.**

대입연산자 =에 의한 배열 변수의 대입은 모든 요소의 복사가 아닙니다. 그림 6-12는 대입연산자의 역할을 나타냅니다.

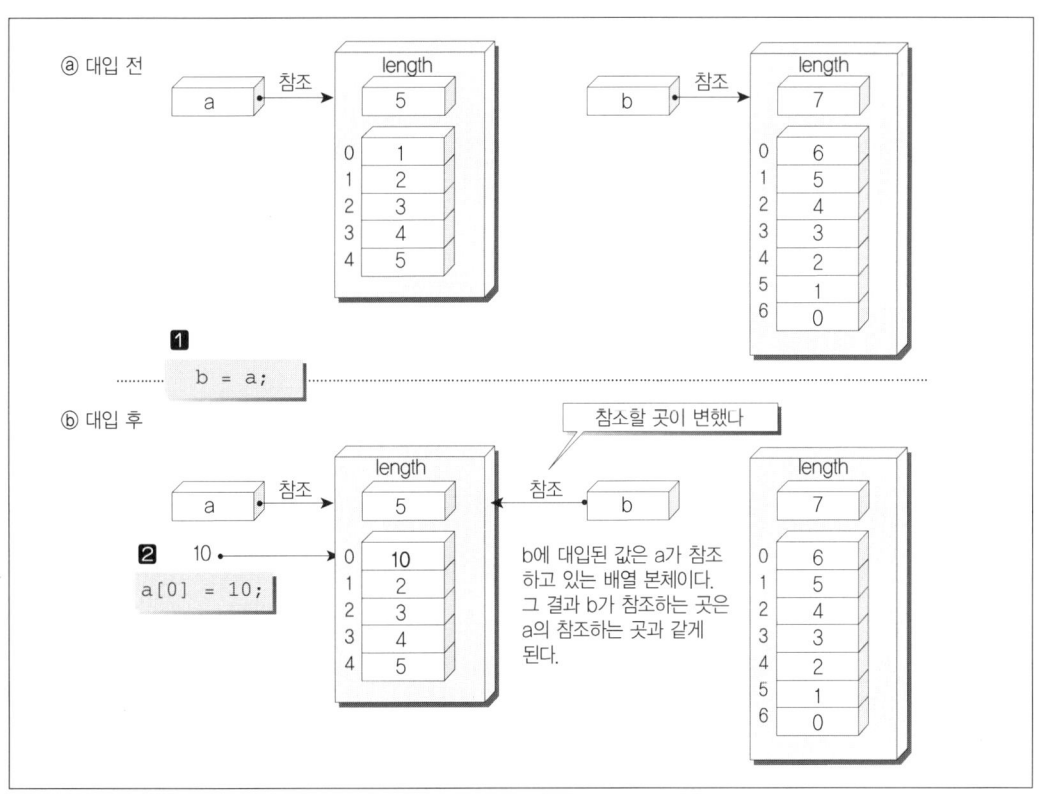

● **그림 6-12** 배열 변수의 대입

대입 b = a는 a가 참조하는 곳을 b에 대입합니다. 참조하는 곳을 복사하기 때문에 대입 결과는 배열 변수 b가 배열 a의 본체를 참조하게 됩니다.

> **중요** 대입연산자를 이용해서 배열을 대입해도 모든 요소가 복사되는 것은 아니다. 참조할 곳이 변경될 뿐이다.

Column 6-4 ··· 배열 변수와 등가연산자

대입연산자 =에 의해 배열 본체가 아니고 그것을 참조하는 배열 변수의 값(참조할 곳)이 대입됩니다. 등가연산자인 ==연산자와 !=연산자도 연산의 대상이 '본체'가 아니고 '배열 변수'라는 점에서 동일합니다. 예를 들어

```
a == b
```

는 '배열 a와 b의 모든 요소의 값이 같은지 다른지'를 판단하는 것은 아닙니다. '배열 변수 a와 b가 동일한 배열 본체를 참조하고 있는지 아닌지'를 조사합니다.

■ 배열의 복사

배열을 복사할 때는 반복문에 의해 모든 요소를 상세하게 복사할 필요가 있습니다. 리스트 6-13은 배열의 복사를 실행하는 프로그램입니다.

리스트 6-13 ◎ 예제파일 : Chap06/CopyArray.java

```java
// 배열의 모든 요소를 복사해서 표시

import java.util.Scanner;

class CopyArray {

    public static void main(String[ ] args) {
        Scanner stdIn = new Scanner(System.in);

        System.out.print("요소 수 : ");
        int n = stdIn.nextInt();        // 요소 수를 대입
        int[ ] a = new int[n];
        int[ ] b = new int[n];

        for (int i = 0; i < n; i++) {           // 배열 a에 값을 대입
            System.out.print("a[" + i + "] = ");
            a[i] = stdIn.nextInt( );
        }

        for (int i = 0; i < n; i++)             // 배열 a의 모든 요소를 배열 b로 복사
            b[i] = a[i];
```

```
실 행 예
요소 수 : 5
a[0] = 42
a[1] = 35
a[2] = 85
a[3] = 2
a[4] = -7
a의 모든 요소 수를 b로 복사했습니다.
b[0] = 42
b[1] = 35
b[2] = 85
b[3] = 2
b[4] = -7
```

```
            System.out.println("a의 모든 요소를 b로 복사했습니다.");

        for (int i = 0; i < n; i++)           // 배열 b를 표시
            System.out.println("b[" + i + "] = " + b[i]);
    }
}
```

이 프로그램에서는 먼저 요소 수를 n에 대입하고 그리고 두 배열 a, b를 생성합니다. 양쪽 모두 요소 수는 n입니다.

*

배열의 복사를 실행하는 것이 흰색 부분의 for문입니다. 그림 6-13과 같이 배열 a의 모든 요소의 값을 동일한 인덱스를 갖는 배열 b의 요소에 대입합니다.

for문이 시작할 때 변수 i의 값은 0입니다. 따라서 그림 ⓐ와 같이 루프 본체

```
b[i] = a[i];
```

에서는 a[0]의 값을 b[0]에 대입합니다.

for문의 역할에 따라 i의 값이 증가되어 1이 되면 이번에는 그림 ⓑ와 같이 a[1]의 값을 b[1]에 대입합니다. 이와 같이 변수 i의 값을 하나씩 증가시키면서 요소의 대입을 반복하면 배열 a에서 b로의 복사가 완료됩니다.

Column 6-5 ··· 요소 수가 서로 다른 배열의 복사

리스트 6-13의 프로그램은 복사되는 곳과 복사하는 곳의 요소가 동일한 예입니다. 요소 수가 다른 경우에는 단순하게 모든 요소의 값을 복사해서는 안됩니다.

복사하는 곳의 구성요소를 복사되는 곳의 요소 수와 같게 한 후 모든 요소의 값을 복사해야 하기 때문에 다음과 같이 작성해야 됩니다.

```
if (a.length != b.length)              // 배열 a와 b의 요소 수가 다르면
    b = new int[a.length];             // a와 같은 요소 수의 배열로 고쳐 생성한다.

for (int i = 0; i<a.length; i++)       // 배열 a의 모든 요소를 배열 b로 복사
    b[i] = a[i];
```

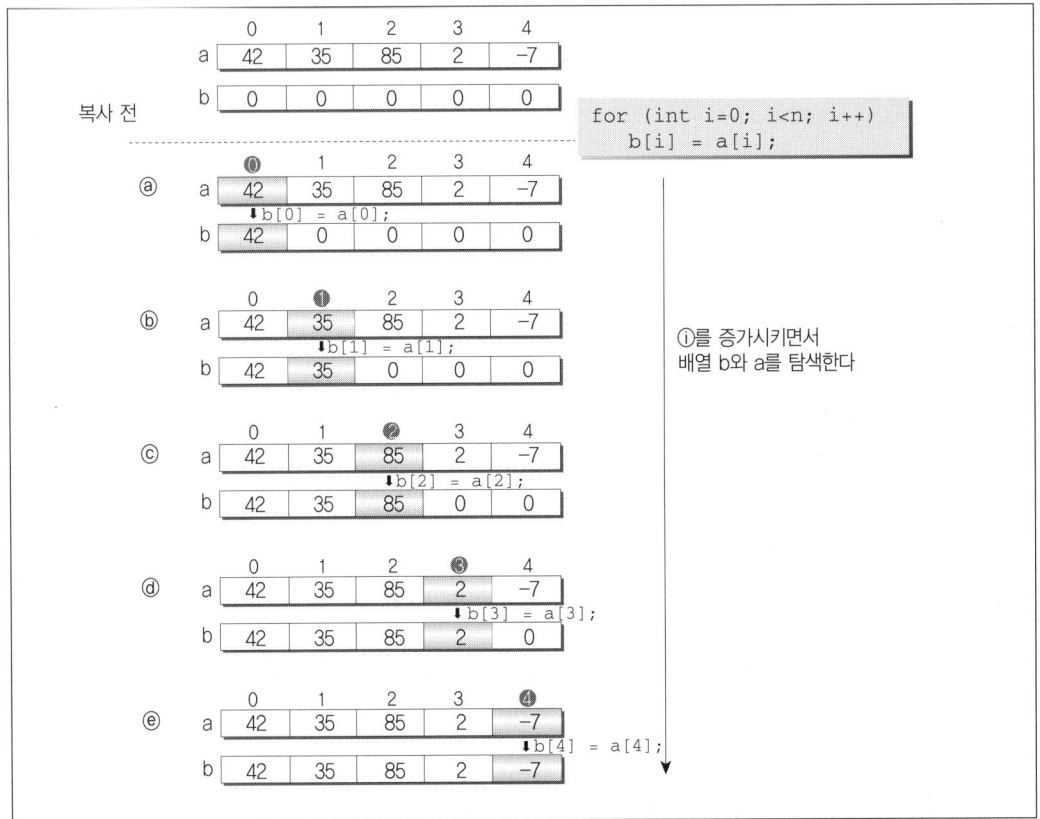

● 그림 6-13 배열의 복사

연습 6-13

배열 a의 모든 요소를 배열 b에 역순으로 복사하는 프로그램을 작성하시오. 두 배열의 요소 수는 동일하다고 가정합니다.

문자열의 배열

문자열은 String형으로 나타낼 수 있기 때문에 이 배열의 형은 String[ ]이 됩니다.

▶ String형에 대해서는 제15장에서 학습하기 때문에 여기에서는 문자열의 배열을 선언하는 방법과 이용하는 방법에 대해서만 학습합니다.

먼저 가위바위보의 손인 '가위', '바위', '보' 라는 문자열의 배열을 생각해 봅시다. 요소 형이 String형이고 요소 수가 3인 배열을 생성해서 각 요소에 문자열을 대입하면 되기 때문에 다음과 같이 작성할 수 있습니다.

```
    String[ ] hands = new String[3];
    hands[0] = "가위";
    hands[1] = "바위";
    hands[2] = "보";
```

선언하는 법도, 이용하는 법도 int형이나 double형과 같습니다. 또한 다음과 같이 선언하면 배열의 생성 시에 각 요소를 초기화할 수 있습니다(대입이 필요하지 않습니다).

```
    String[ ] hands = {"가위", "바위", "보"};
```

*

리스트 6-14는 문자열 배열을 이용해서 월의 영어 단어를 학습하는 프로그램입니다. 이 프로그램은 매우 짧고 간결합니다. 무작위로 선택된 월의 영어 단어(예를 들어 "August")를 표시하면 이것이 몇 월인지 대답합니다. 문자열 배열을 사용하고 있는 점을 제외하면 제4장에서 작성한 '숫자 맞히기 게임'과 거의 비슷한 구조입니다.

1 출제하는 월의 값을 0~11의 난수로 생성하고 이 문자열을 표시합니다. 예를 들면 난수로 만들어진 month가 7이면 monthString[7] 즉 "August"를 표시합니다.

2 해답의 입력을 요청하고 월의 값을 m에 대입합니다.

3 입력한 해답 m이 month에 1을 더한 값과 같으면 정답이기 때문에 break문에 의해 while문이 강제적으로 중단, 종료됩니다. 이 결과 '정답입니다'라고 표시되고 프로그램은 종료됩니다.

▶ 정답인지 아닌지를 판정할 때 month에 1을 더하는 것은 난수로 생성한 0~11과 키보드로부터 입력된 1~12의 값 사이의 차를 보정하기 위함입니다.

또한 정답이 아닌 경우에는 '아닙니다'라고 표시합니다. while문이 반복을 계속할지 안 할지를 판정하기 위한 제어식은 true이기 때문에 이 while문은 정답이 아니면 무한히 반복됩니다.

리스트 6-14　　　　　　　　　　　　　　　　　　　　　◎ 예제파일 : Chap06/MonthCAI.java

```java
// 월을 나타내는 영어단어의 학습 프로그램

import java.util.Random;
import java.util.Scanner;

class MonthCAI {

    public static void main(String[ ] args) {
```

```
Random rand = new Random( );
Scanner stdIn = new Scanner(System.in);
String[ ] monthString = {
    "January", "February", "March", "April", "May", "June", "July",
    "August", "September", "October", "November", "December"
};
```

1
```
int month = rand.nextInt(12);    // 맞혀야 할 월 : 0~11의 난수
System.out.println("문제는 " + monthString[month]);
```

```
while (true) {
```

2
```
    System.out.print("몇 월입니까? : ");
    int m = stdIn.nextInt( );
```

3
```
    if (m == month + 1) break;
    System.out.println("아닙니다.");
```

```
}
System.out.println("정답입니다.");
    }
}
```

실 행 예
```
문제는 August
몇 월입니까? : 7 ↵
아닙니다.
몇 월입니까? : 6 ↵
아닙니다.
몇 월입니까? : 8 ↵
정답입니다.
```

연습 6-14

실행 예와 같이 월을 1~12의 수치로 표시한 후 영어 단어를 입력시키는 영어 단어 학습 프로그램을 작성하시오.

- 출제할 월의 값은 난수로 생성한다
- 학습자가 원하면 몇 번이고 반복시킨다
- 같은 월을 연속해서 출제하지 않는다
- 문자열 s1과 s2가 같은지(모든 문자가 같은지) 다른지의 판정은 s1.equals(s2)를 이용한다.

실 행 예
```
월을 영어단어로 입력해 주십시오.
또한 처음 문자는 대문자로, 2번째 문자 이후는 소문자로 합니다.
6월 : June ↵
정답입니다. 다시 한번 하겠습니까? 1…Yes / 0…No : 1 ↵
5월 : March ↵
아닙니다.
5월 : May ↵
정답입니다. 다시 한번 하겠습니까? 1…Yes / 0…No : 0 ↵
```

연습 6-15

실행 예와 같이 요일을 표시하고 그 영어 단어를 입력시키는 영어 단어 학습 프로그램을 작성하시오.

- 출제할 요일은 난수로 생성한다.
- 학습자가 원하면 몇 번이고 반복시킨다.
- 같은 요일을 연속해서 출제하지 않는다.

실 행 예
```
요일을 영어의 소문자로 입력하십시오.
수요일 : wednesday ↵
정답입니다. 다시 한번 하겠습니까? 1…Yes / 0…No : 1 ↵
월요일 : monday ↵
정답입니다. 다시 한번 하겠습니까? 1…Yes / 0…No : 0 ↵
```

참조형과 객체

리스트 6-15는 배열 요소의 값이 아니고 배열 변수의 값을 표시하는 프로그램입니다.

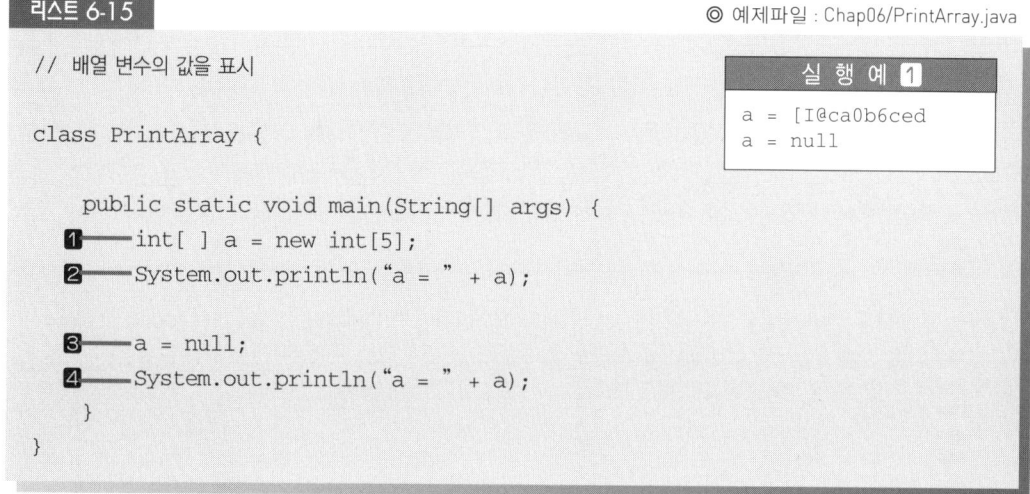

참조형과 객체

①은 배열의 선언입니다. new로 생성된 배열 본체는 일반적인 변수와는 다르게 프로그램을 실행할 때 생성되기 때문에 메모리가 동적으로 '확보' 됩니다.

배열 본체는 일반적인 변수와는 성질이 다르기 때문에 객체(object)라고 합니다. 객체를 지정하기 위한 변수의 형이 참조형(reference type)입니다. 배열 변수의 형인 배열형(array type)은 참조형의 일종입니다.

▶ 배열 본체와 클래스 형의 인스턴스를 통합해서 객체라고 합니다. 자세한 사항은 제8장에서 학습합니다.

이어지는 ②에서는 배열 변수 a의 값이 'I@ca0b6' 이라고 표시되고 있습니다. 배열 변수를 출력하면 특수한 문자의 나열이 표시됩니다(Column 12-3에서 설명).

null 형과 null 참조 · null 리터럴

③에서는 배열 변수 a에 null을 대입하고 있습니다. null은 null 리터럴(null literal)이라는 리터럴입니다.

null 리터럴이 대입된 a는 null 참조(null reference)가 됩니다. null 참조는 아무것도 참조하지 않는 것을 나타내는 특수한 참조이고, null형(null type)입니다.

> 중요 null 리터럴 null은 아무것도 참조하지 않는 'null 참조'를 나타낸다.

계속되는 ④에서는 변수 a의 값을 표시하고 있습니다. 실행결과는 다음과 같이 됩니다.

> 중요 null 참조를 출력하면 'null'이라고 표시된다.

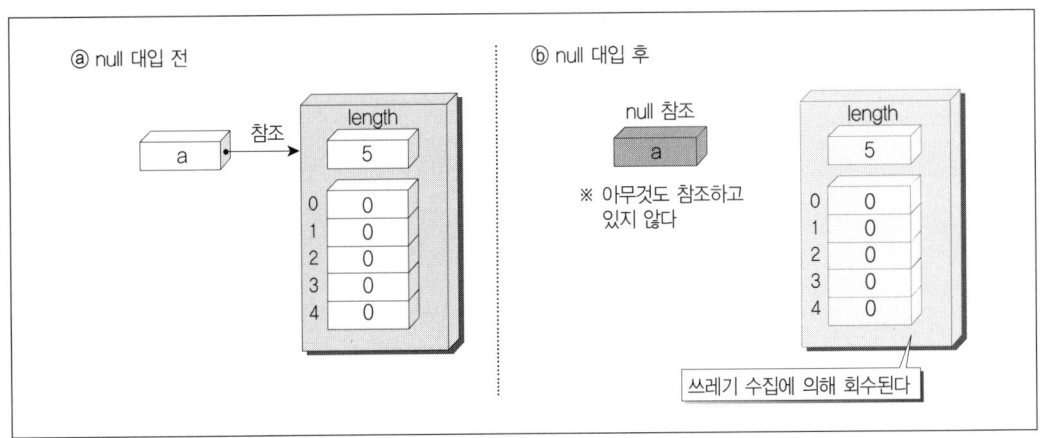

● 그림 6-14 null 참조와 쓰레기 수집

garbage collection

배열 변수에 대해서 null을 대입하거나(리스트 6-15) 다른 배열 본체에 대한 참조를 대입하면(리스트 6-12), 원래의 배열 본체는 어디에서도 참조되지 않는 '쓰레기'가 되고 맙니다. 쓰레기를 방치하면 메모리 영역의 부족을 초래하기 때문에 어디에서도 참조하지 않게 된 객체용 영역은 재사용할 수 있도록 자동적으로 '해제' 되도록 되어 있습니다.

이와 같이 불필요하게 된 객체의 영역을 해제해서 재사용할 수 있도록 하는 것을 garbage collection이라고 합니다.

▶ garbage collection은 '쓰레기 수집'이라는 의미입니다.

final 선언된 배열

배열 변수는 다음과 같이 final 변수로서 선언할 수도 있습니다.

```
final int[ ] a = new int[5];
```

final이 되는(값을 변경할 수 없게 되는) 것은 배열 a가 참조할 곳입니다. 배열의 각 요소의 값은 변경할 수 없습니다. 즉 다음과 같이 됩니다.

```
a[0] = 10;              // OK
a = null;               // 에러
a = new int[10];        // 에러
```

배열 변수를 final로 해두면 잘못해서 null을 대입하거나 다른 배열 본체에 대한 참조를 대입하거나 하는 사고를 방지할 수 있습니다.

6-2 다차원 배열

앞 절에서는 구성요소가 직선으로 나열된 배열을 배웠습니다. 구성요소 자체가 배열로 되어 있는 복잡한 구조의 배열을 다차원 배열이라고 합니다. 이 절에서는 다차원 배열을 학습합니다.

다차원 배열

지금까지 학습해 온 배열은 모든 구성요소가 직선으로 나열된 것이었습니다. 사실은 배열의 구성요소 자체가 배열인 다중구조의 배열을 만들 수도 있습니다.

배열이 구성요소형으로 되어 있는 배열이 2차원 배열이고, 2차원 배열이 구성요소형으로 되어 있는 배열이 3차원 배열입니다. 이것을 앞 절에서 학습한 배열(1차원 배열)과 구별해서 다차원 배열(multidimensional array)이라고 합니다.

> ▶ Java의 문법 정의에서 다차원 배열은 존재하지 않습니다(어디까지나 구성요소형이 배열인 배열이라고 생각합니다). 이 책에서는 편의상 '다차원 배열'이라는 용어를 사용하고 있습니다.

■ 2차원 배열

먼저 다차원 배열 중에서 가장 단순한 구조를 갖고 있는 int형의 2차원 배열을 살펴봅시다. 이 2차원 배열의 정체는 다음과 같습니다.

'int형을 구성요소형으로 하는 배열'을 구성요소형으로 하는 배열

이 배열의 형은 int[ ][ ]이고, 다음과 같이 ⓐ, ⓑ, ⓒ 중에 하나를 이용해서 선언할 수도 있습니다. 이 책에서는 ⓐ로 통일합니다.

```
ⓐ int[ ][ ] x;
ⓑ int [ ] x[ ];        'int형을 구성요소형으로 하는 배열'을 구성요소형으로 하는 배열의 선언
ⓒ int x[ ][ ];
```

구체적인 예로써 여기에서는 다음과 같은 배열을 만들어 봅니다.

'int형을 구성요소형으로 하는 요소 수 4인 배열'을 구성요소형으로 하는 요소 수 2인 배열

본체의 생성을 동시에 실행하면 배열 변수의 선언은 다음과 같이 됩니다.

```
int[ ][ ] x = new int[2][4];
```

그림 6-15는 이 선언에 의해 생성된 배열 x의 이미지를 나타냅니다. 2차원 배열 내의 각 요소는 2중으로 [ ][ ]를 적용한 a[i][j] 형식으로 액세스할 수 있습니다. 물론 어느 쪽 인덱스도 그 처음 값은 0이고, 마지막 값은 배열의 요소 수에서 1을 뺀 값이 됩니다.

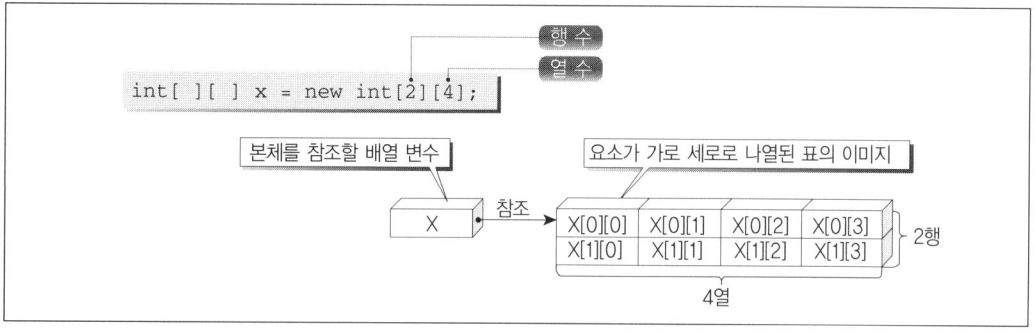

● 그림 6-15 2차원 배열의 이미지

그림 6-15는 요소가 가로 세로로 나열된 표와 같은 형태로 되어 있기 때문에 이 배열을 '2행 4열'의 2차원 배열이라고 표현합니다.

3차원 배열

이번에는 3차원 배열입니다. 예를 들어 long형의 3차원 배열 형은 long[ ][ ][ ]가 됩니다. 여기에서는 다음과 같은 배열을 살펴봅시다.

「'long형을 구성요소형으로 하는 배열'을 구성요소형으로 하는 배열」
을 구성요소형으로 하는 배열

2차원 배열 x와 3차원 배열 y의 구성요소형은 각각 다음과 같습니다.

- x : int형을 구성요소형으로 하는 배열
- y : 'long형을 구성요소형으로 하는 배열'을 구성요소형으로 하는 배열

이 배열들을 더 이상 분해할 수 없는(배열이 아닌) 요소까지 분해하면 배열 x는 int형이 되고, 배열 y는 long형으로 됩니다. 이와 같은 형을 요소 형(element type)이라 하고, 요소 형 레이블의 구성요소를 요소(element)라고 합니다. 그리고 모든 요소의 개수가 요소 수입니다.

▶ 예를 들어 2차원 배열 x의 x[0], x[1]는 구성요소이고, x[0][0], · · · , x[1][3]은 요소입니다. 또한 1차원 배열에서는 실질적으로 구성요소=요소이고, 구성요소형=구성형으로 간주됩니다.

3차원 배열 y의 구성요소는 y[0]와 y[1]입니다. 그리고 각 요소는 3개의 인덱스를 사용한 y[0][0][0], y[0][0][1], y[0][0][2],… , y[1][2][3]로 표현할 수 있습니다.

예제 프로그램

리스트 6-16은 2차원 배열을 생성해서 모든 요소를 0 ~ 99의 난수로 채우는 프로그램입니다.

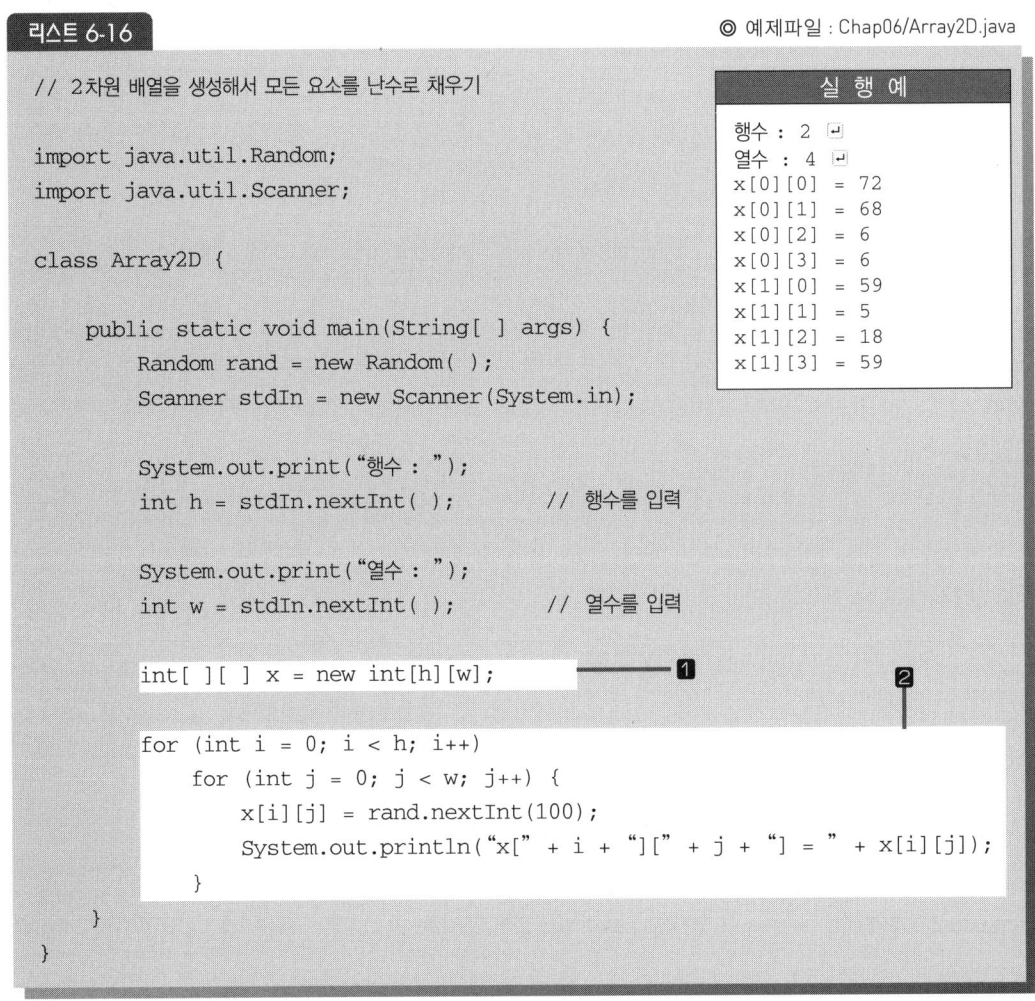

리스트 6-16 　　　　　　　　　　　　　　　◎ 예제파일 : Chap06/Array2D.java

```java
// 2차원 배열을 생성해서 모든 요소를 난수로 채우기

import java.util.Random;
import java.util.Scanner;

class Array2D {

    public static void main(String[ ] args) {
        Random rand = new Random( );
        Scanner stdIn = new Scanner(System.in);

        System.out.print("행수 : ");
        int h = stdIn.nextInt( );         // 행수를 입력

        System.out.print("열수 : ");
        int w = stdIn.nextInt( );         // 열수를 입력

        int[ ][ ] x = new int[h][w];      ──1

        for (int i = 0; i < h; i++)
            for (int j = 0; j < w; j++) {
                x[i][j] = rand.nextInt(100);
                System.out.println("x[" + i + "][" + j + "] = " + x[i][j]);
            }
    }
}
```

실행 예
행수 : 2 ⏎
열수 : 4 ⏎
x[0][0] = 72
x[0][1] = 68
x[0][2] = 6
x[0][3] = 6
x[1][0] = 59
x[1][1] = 5
x[1][2] = 18
x[1][3] = 59

배열의 행수 h와 열수 w는 키보드로 입력합니다. 1은 배열을 생성하기 위한 선언입니다. 2의 2

중 루프에서는 모든 요소에 난수를 대입함과 동시에 그 값을 표시합니다.

*

리스트 6-17은 또 다른 예제 프로그램입니다. 이것은 두 행렬의 합을 계산해서 표시하는 프로그램입니다. a, b, c는 모두 2행 3열의 배열이고 초기화 값이 할당되어 있기 때문에 배열 a와 b는 그림 6-16과 같이 각 요소가 초기화됩니다.

▶ 초기화 값은 { } 안에 { }가 포함되어 있는 구조입니다. 초기화 값에서 설명합니다.

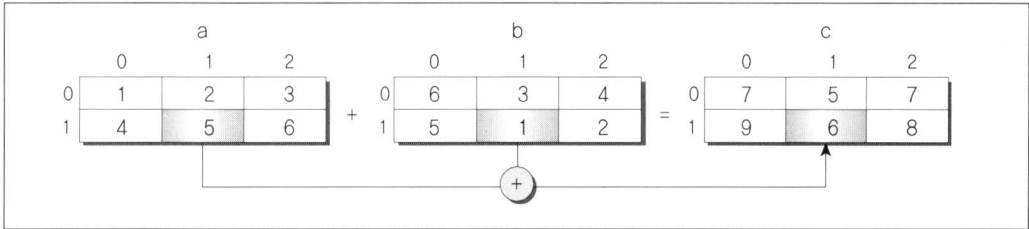

● 그림 6-16 2행 3열인 행렬의 덧셈

리스트 6-17   ◎ 예제파일 : Chap06/Matrix.java

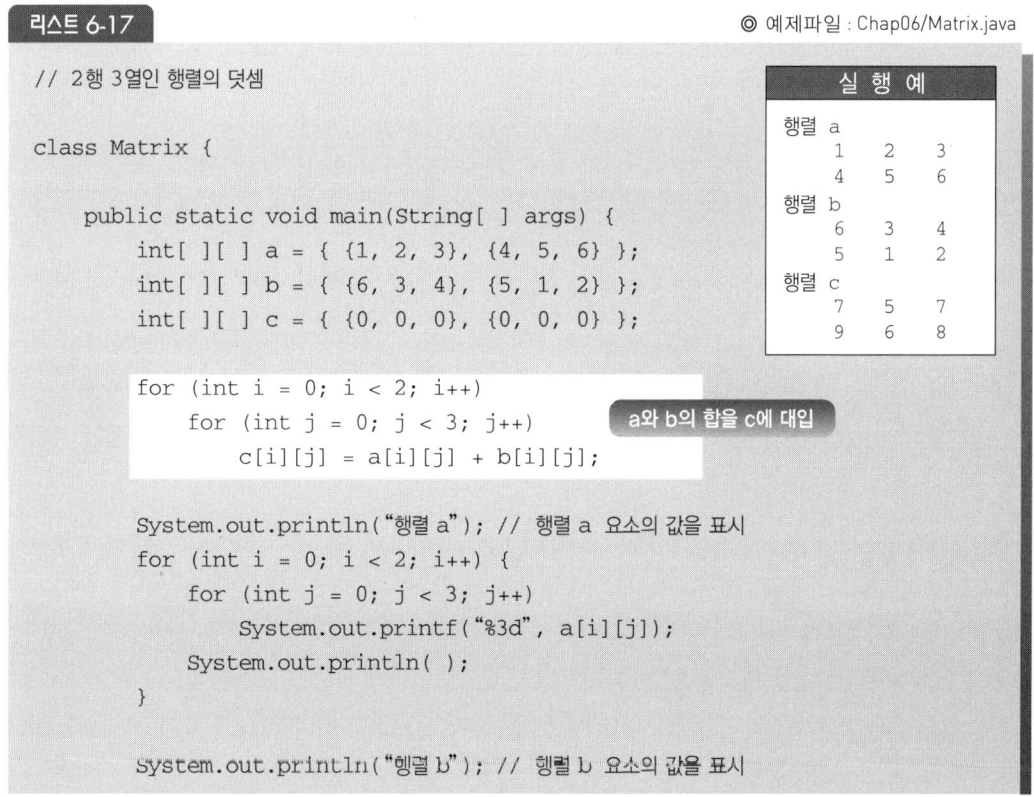

```
// 2행 3열인 행렬의 덧셈

class Matrix {

    public static void main(String[ ] args) {
        int[ ][ ] a = { {1, 2, 3}, {4, 5, 6} };
        int[ ][ ] b = { {6, 3, 4}, {5, 1, 2} };
        int[ ][ ] c = { {0, 0, 0}, {0, 0, 0} };

        for (int i = 0; i < 2; i++)
            for (int j = 0; j < 3; j++)
                c[i][j] = a[i][j] + b[i][j];         // a와 b의 합을 c에 대입

        System.out.println("행렬 a");  // 행렬 a 요소의 값을 표시
        for (int i = 0; i < 2; i++) {
            for (int j = 0; j < 3; j++)
                System.out.printf("%3d", a[i][j]);
            System.out.println( );
        }

        System.out.println("행렬 b");  // 행렬 b 요소의 값을 표시
```

실 행 예

```
행렬 a
   1  2  3
   4  5  6
행렬 b
   6  3  4
   5  1  2
행렬 c
   7  5  7
   9  6  8
```

```java
        for (int i = 0; i < 2; i++) {
            for (int j = 0; j < 3; j++)
                System.out.printf("%3d", b[i][j]);
            System.out.println( );
        }

        System.out.println("행렬 c"); // 행렬 c 요소의 값을 표시
        for (int i = 0; i < 2; i++) {
            for (int j = 0; j < 3; j++)
                System.out.printf("%3d", c[i][j]);
            System.out.println( );
        }
    }
}
```

행렬의 덧셈을 실행하는 부분이 흰색 부분입니다. a[i][j]와 b[i][j]를 더한 값을 c[i][j]에 대입하는 작업, 즉 동일한 두 개의 인덱스인 a요소와 b요소의 합을 동일한 인덱스의 c요소에 대입하는 처리를 반복합니다.

▶ 그림 6-16에서 강조된 박스 부분은 a[1][1]와 b[1][1]의 합을 c[1][1]에 대입하는 모습입니다. 동일한 형식의 덧셈을 모든 요소에 대해서 실행합니다.

연습 6-16
4행 3열의 행렬과 3행 4열의 행렬의 곱을 계산하는 프로그램을 작성하시오. 각 요소의 값은 키보드로 입력할 것.

연습 6-17
6명의 2과목(국어, 수학) 점수를 입력해서 과목별 평균점수와 학생 별 평균점수를 계산하는 프로그램을 작성하시오.

다차원 배열의 내부

다차원 배열의 취급에 익숙해졌으면 그 내부를 좀더 자세하게 배우도록 하겠습니다. 처음에 학습한 2행4열 배열의 선언은 다음과 같이 되어 있었습니다.

```
int[ ][ ] x = new int[2][4];
```

이 선언에서는 2차원 배열 x의 배열 변수를 선언함과 동시에 본체의 생성을 동시에 실행하고 있습니다. 배열 변수의 선언과 본체의 생성을 개별적으로 실행하면 다음과 같이 됩니다.

```
1  int[ ][ ] x;
2  x = new int[2][ ];
3  x[0] = new int[4];
4  x[1] = new int[4];
```

이 배열은 4단계의 선언·처리로 분해할 수 있습니다. 이것은 2차원 배열의 내부구조가 복잡하다는 것을 시사하고 있습니다. 그림 6-17을 보면서 이해하길 바랍니다.

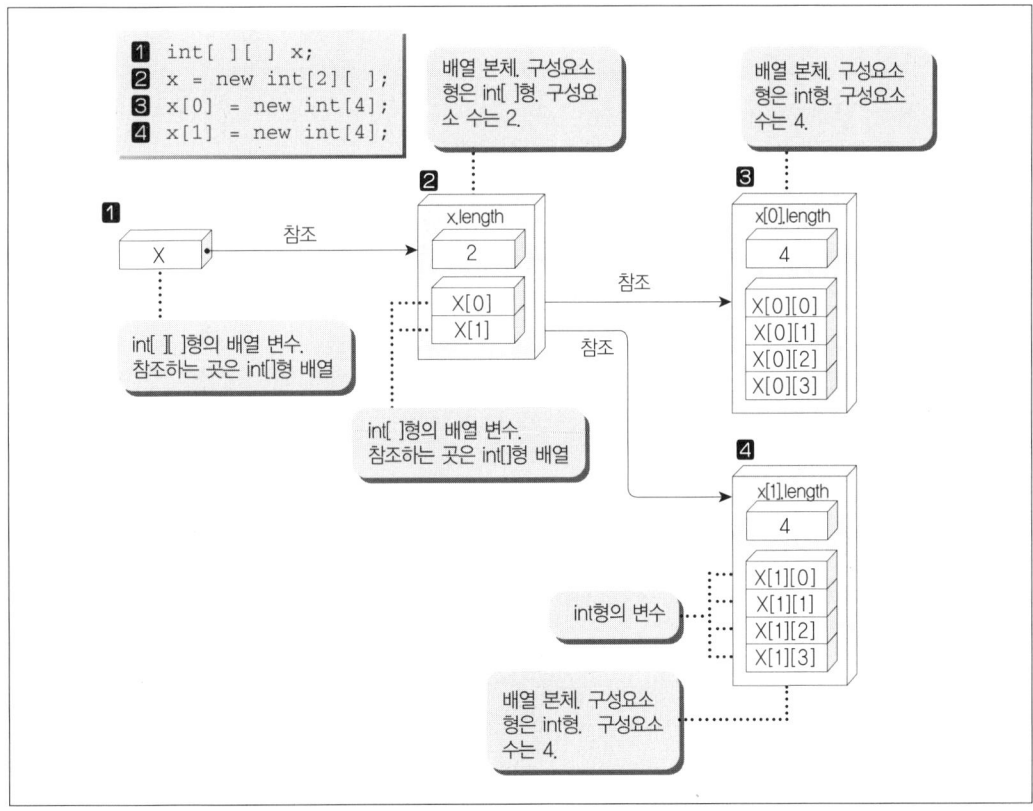

● 그림 6-17 2차원 배열의 구조적인 이미지

1 2차원 배열 x의 선언입니다. int[ ][ ]형의 x는 배열 본체가 아니고 배열 변수입니다.

2 배열 본체를 생성함과 동시에 x가 이것을 참조하도록 대입을 실행합니다. 여기에서 생성되는 것은 다음의 배열입니다.

구성요소형이 int[ ]형이고 구성요소 수가 2인 배열

생성된 배열은 x에 의해 참조되기 때문에 그 각 요소는 x[0], x[1]로 액세스할 수 있습니다. 또한 이 배열의 구성요소 수인 2는 x.length로 취득할 수 있습니다.

3 배열 본체를 생성함과 동시에 x[0]가 이것을 참조하도록 대입을 실행합니다. 여기에서 생성되는 것은 다음의 배열입니다.

구성요소형이 int형이고 구성요소 수가 4인 배열

생성된 배열은 x[0]에 의해 참조되기 때문에 이 각 요소는 x[0][0], x[0][1]로 액세스할 수 있습니다. 또한 이 배열의 구성요소 수인 4는 x[0].length로 취득할 수 있습니다.

4 배열 본체를 생성함과 동시에 x[1]가 이것을 참조하도록 대입을 실행합니다. 여기에서 생성되는 것은 다음의 배열입니다.

구성요소형이 int형이고 구성요소 수가 4인 배열

생성된 배열은 x[1]에 의해 참조되기 때문에 이 각 요소는 x[1][0], x[1][1]로 액세스할 수 있습니다. 또한 이 배열의 구성요소 수인 4는 x[1].length로 취득할 수 있습니다.

▶ x의 구성요소는 int[ ]형인 x[0]과 x[1] 2개이고, 요소는 int형인 x[0][0], x[0][1], … , x[1][3] 8개입니다.

Column 6-6… 다차원 배열의 선언 형식

다음 선언에서 x와 y의 형은 무엇일까요?

```
int[ ] x, y[ ];
```

정답은 x는 1차원 배열 int[ ]형이고, y는 2차원 배열 int[ ][ ]형입니다. 이와 같이 혼동하기 쉬운 선언은 피해서 다음과 같이 선언해야 합니다.

```
int[ ] x;           // x는 int[ ]형의 배열(1차원 배열)
int[ ][ ] y;        // y는 int[ ][ ]형의 배열(2차원 배열)
```

요소 수가 다른 2차원 배열의 내부

앞 페이지의 배열 x의 구성요소인 x[0]와 x[1]는 각각 독립된 배열 변수입니다. 따라서 이 요소들이 참조할 배열의 요소 수가 같을 필요는 없습니다. 생성될 각 배열의 요소 수를 다르게 하면 요소수가 다른 배열이 됩니다. 리스트 6-18은 요소 수가 다른 2차원 배열을 만드는 프로그램입니다.

리스트 6-18　　　　　　　　　　　　　　　　　　예제파일 : Chap06/UnevennessArray.java

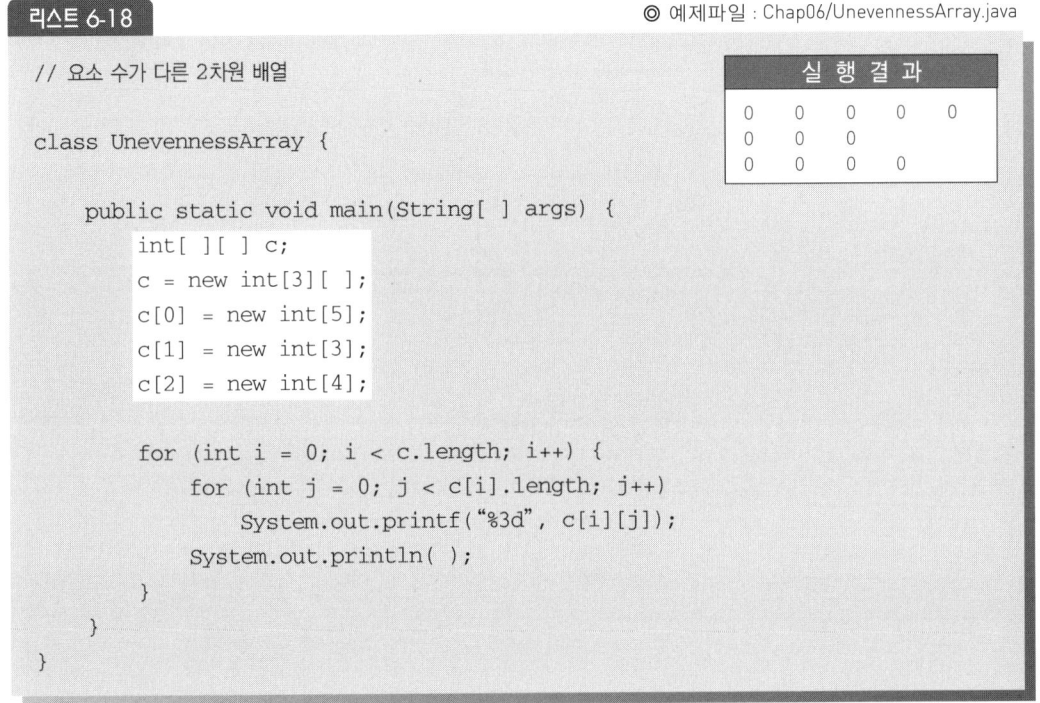

```
// 요소 수가 다른 2차원 배열

class UnevennessArray {

    public static void main(String[ ] args) {
        int[ ][ ] c;
        c = new int[3][ ];
        c[0] = new int[5];
        c[1] = new int[3];
        c[2] = new int[4];

        for (int i = 0; i < c.length; i++) {
            for (int j = 0; j < c[i].length; j++)
                System.out.printf("%3d", c[i][j]);
            System.out.println( );
        }
    }
}
```

실행 결과
```
  0  0  0  0  0
  0  0  0
  0  0  0  0
```

이 프로그램의 배열 c의 논리적인 이미지를 나타낸 것이 그림 6-18의 ⓐ이고, 물리적인 이미지를 나타낸 것이 그림 ⓑ입니다. 변수 c가 참조하는 것은 다음의 배열입니다.

- c : 구성요소형이 int[ ]형이고, 구성요소 수가 3인 배열

그리고 각 구성요소 c[0], c[1], c[2]는 다음 배열을 참조합니다.

- c[0] : 구성요소형이 int형이고, 구성요소 수가 5인 배열
- c[1] : 구성요소형이 int형이고, 구성요소 수가 3인 배열
- c[2] : 구성요소형이 int형이고, 구성요소 수가 4인 배열

그림을 보면 알 수 있듯이 배열 c의 행수 및 요소 수는 다음 식으로 구할 수 있습니다.

- 행수 : c.length

- 각 행의 열수 : c[0].length, c[1].length, c[2].length

▶ 요소 수가 다른 배열의 예에서도 알 수 있듯이 Java에서 이용할 수 있는 다차원 배열은 엄밀한 의미에서 다차원 배열이 아닌 점에 주의하기 바랍니다.

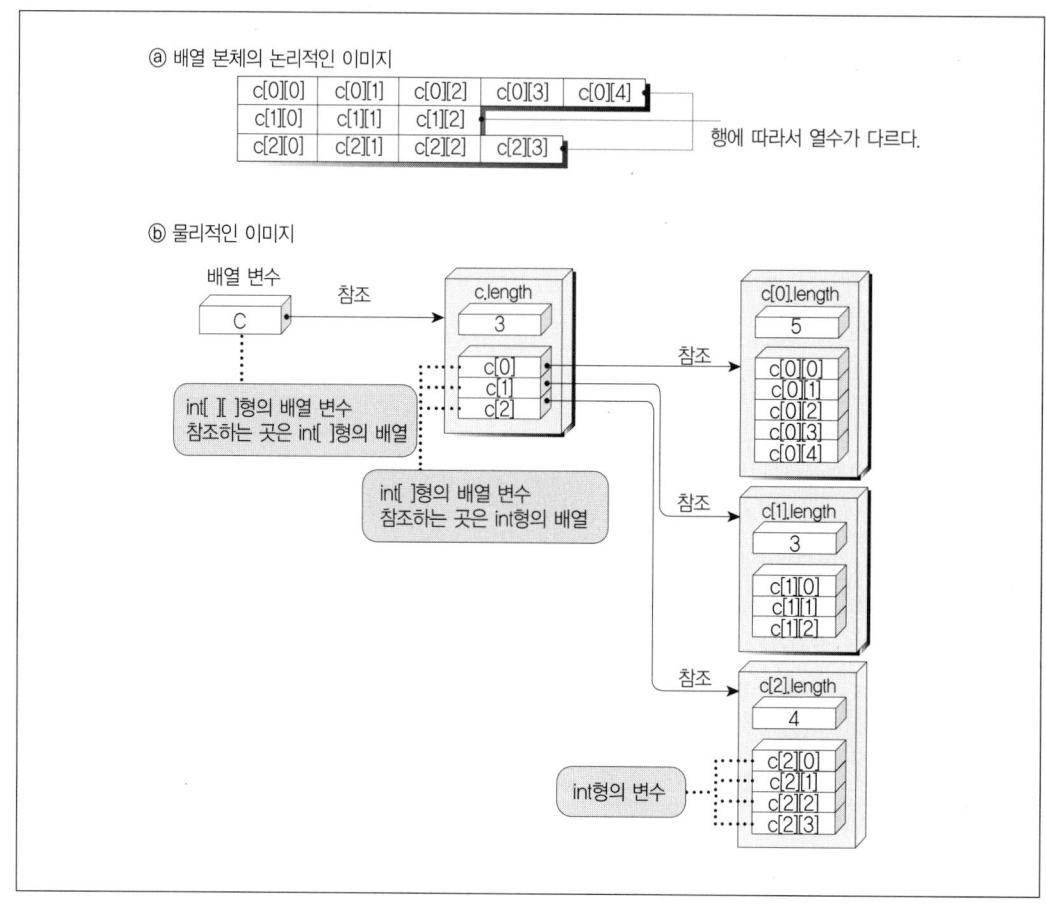

● 그림 6-18 요소 수가 다른 2차원 배열

또한 흰색 부분은 다음과 같이 간결하게 선언할 수 있습니다.

```
int[ ][ ] c = {new int[5], new int[3], new int[4]};
```

초기화 값이 3개 할당되어 있기 때문에 배열 c의 요소 수는 자동적으로 3으로 결정됩니다. 그리고 그 구성요소 c[0], c[1], c[2]는 각각 int형이 5개인 배열의 참조, int형이 3개인 배열의 참조, int형이 4개인 배열의 참조로 초기화됩니다.

연습 6-18
행수·각 행의 열수·각 요소의 값을 키보드로 입력하도록 리스트 6-18을 수정한 프로그램을 작성하시오.

초기화 값

리스트 6-17을 보기 바랍니다. 배열 a에 대해서 초기화 값이 할당되어 있습니다. 이 초기화 값은 다음과 같이 가로 세로로 나열해서 선언하면 읽기 쉽습니다.

```
int[ ][ ] a = {
    {1, 2, 3},      // 0번째 행의 요소에 대한 초기화 값
    {4, 5, 6},      // 1번째 행의 요소에 대한 초기화 값
};
```

여기에서 흰색 부분의 콤마 ,는 쓸데없는 것처럼 보입니다. 이 콤마는 있든 없든 상관없지만, 일부러 여분의 콤마를 사용한 이유는 다음과 같은 장점이 있기 때문입니다.

초기화 값을 세로로 나열할 때 시각적으로 균형이 잡힌다
마지막 행을 포함해서 모든 행의 마지막 문자가 콤마로 이루어지기 때문에 시각적으로 균형이 잡혀 보기에 좋습니다.

행 단위에서 초기화 값의 추가·삭제가 쉽다
예를 들어 다음과 같이 행이 추가될 때 콤마문자를 누락하는 실수를 방지할 수 있습니다(흰색 부분의 콤마를 누락하는 일이 없게 됩니다).

```
int[ ][ ] a = {
    {1, 2, 3},      // 0번째 요소에 대한 초기화 값
    {4, 5, 6},      // 1번째 요소에 대한 초기화 값
    {7, 8, 9},      // 2번째 요소에 대한 초기화 값 ── 이 행을 추가
};
```

여분의 콤마가 허용되기 때문에 초기화 값의 구문은 그림 6-19와 같이 복잡합니다.

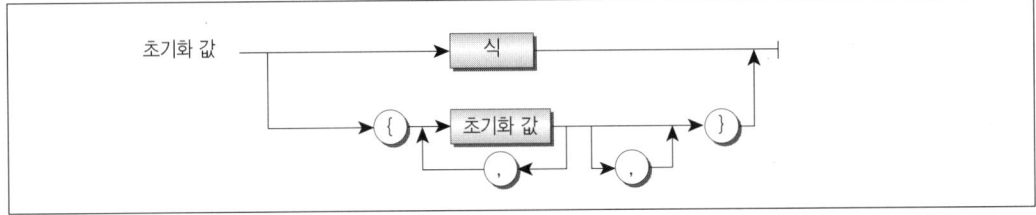

● 그림 6-19 초기화 값의 구문

이 구문이 나타내는 것과 같이 1차원 배열의 선언에서도 여분의 ,를 사용할 수 있습니다.

```
int d[3] = {1, 2, 3,};     // 마지막 요소 뒤에 콤마가 있어도 된다
```

1차원 배열에서 여분의 콤마는 문자열 배열을 선언할 때 유효합니다. 예를 들어 가위바위보의 손을 나타내는 문자열의 배열은 다음과 같이 선언할 수 있습니다.

```
String[ ] hands = {
    "가위",
    "바위",
    "보",
};
```

2차원 배열의 경우 안쪽의 {} 안에 쓰여진 초기화 값을 기초로 각 배열의 요소 수가 결정됩니다. 따라서 리스트 6-18과 같이 요소 수가 다른 배열은 그림 6-20과 같이 선언할 수 있습니다.

```
int[ ][ ] c = {
    {10, 11, 12, 13, 14},        // 0번째 요소에 대한 초기화 값
    {15, 16, 17},                // 1번째 요소에 대한 초기화 값
    {18, 19, 20, 21},            // 2번째 요소에 대한 초기화 값
};
```

	0	1	2	3	4
0	10	11	12	13	14
1	15	16	17		
2	18	19	20	21	

● 그림 6-20 2차원 배열 요소의 초기화

연습 6-19

실행 예와 같이 반 수·각 반의 인원·전원의 점수를 입력해서 점수의 합계와 평균점수를 구하는 프로그램을 작성하시오. 합계점수와 평균점수는 전체와 반 별로 표시할 것.

실 행 예

```
반 수 : 2
1반의 인원 : 3
1반 1번의 점수 : 50
1반 2번의 점수 : 63
1반 3번의 점수 : 72

2반의 인원 : 2
2반 1번의 점수 : 79
2반 2번의 점수 : 43

반      합계    평균
1반     185     61.7
2반     122     61.0
계      307     61.4
```

이장의 요약

- 배열은 동일형 변수의 집합이다. 각 변수가 구성요소이고, 그 형이 구성요소형이다. 구성요소 자체가 배열인 배열을 다차원 배열이라고 한다.

- 배열 본체는 new연산자에 의해 동적으로 생성해야 하는 객체이다. 이 배열 본체를 참조하는 것이 배열 변수이다.

- 배열 a 내의 각 구성요소는 배열 변수에 대해서 인덱스연산자를 적용한 a[i]로 액세스를 할 수 있다. [ ]안에 할당되는 인덱스는 0부터 시작하는 int형의 연속된 번호이다.

- 배열 내의 각 구성요소는 명시적으로 초기화되지 않으면 디폴트 값 0으로 초기화된다.

- 배열에 할당되는 초기화 값은 각 구성요소에 대한 초기화 값 ○, △, □를 { } 사이에 입력한 {○, △, □,}라는 형식이 된다. 마지막 콤마는 생략할 수 있다. 다차원 배열의 경우는 다중구조가 된다.

- 배열의 구성요소 수는 '배열 변수명.length'에 의해 취득할 수 있다. 요소의 검색은 기본 for문과 확장 for문으로 실행할 수 있다.

- 대입연산자 =을 이용한 배열 변수의 대입은 참조하는 곳의 복사이며, 요소의 복사가 아니다.

- final 선언된 배열은 참조할 곳을 변경할 수 없게 된다(요소의 값은 변경할 수 있다).

- 아무것도 참조하지 않는 참조가 null 참조이고, 이것을 나타내는 리터럴이 null 리터럴이다. 어느 곳에서도 참조하지 않는 객체용 메모리는 쓰레기 수집(garbage collection)에 의해 자동적으로 회수되어 재이용된다.

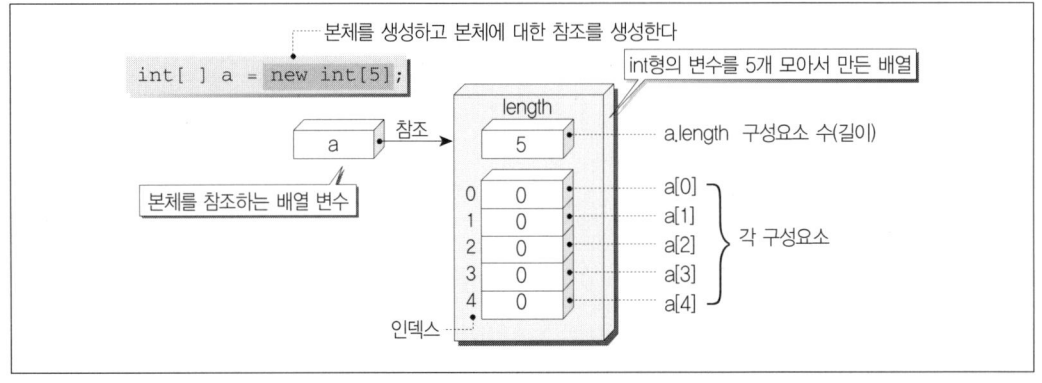

```
import java.util.Scanner;                                          Chap06/Abc.java

class Abc {
    public static void main(String[ ] args) {
        Scanner stdIn = new Scanner(System.in);

        // 모든 요소를 디폴트 값 0으로 초기화
        int[ ] a = new int[5];

        // 명시적으로 초기화
        int[ ] b = {1, 2, 3, 4, 5};

        for (int i = 0; i < a.length; i++)
            System.out.println("a[" + i + "] = " + a[i]);

        for (int i = 0; i < b.length; i++)
            System.out.println("b[" + i + "] = " + b[i]);

        // 배열 a의 모든 요소에 값을 입력
        for (int i = 0; i < a.length; i++) {
            System.out.print("a[" + i + "] = ");
            a[i] = stdIn.nextInt( );
        }

        // 배열 a의 모든 요소의 합계를 계산
        int sum = 0;
        for (int i : a)            확장 for문
            sum += i;
        System.out.println("a의 합계 = " + sum);

        // 2행4열의 2차원 배열
        int[ ][ ] c = new int[2][4];

        System.out.println("배열 c");
        for (int i = 0; i < c.length; i++) {
            for (int j = 0; j < c[i].length; j++)
                System.out.printf("%3d", c[i][j]);
            System.out.println( );
        }

        // 행에 따라서 열수가 다른 2차원 배열
        int[ ][ ] d = {
            new int[5], new int[3], new int[4]
        };

        System.out.println("배열 d");
        for (int i = 0; i < d.length; i++) {
            int j = 0;
            for ( ; j < d[i].length; j++)
                System.out.printf("%3d", d[i][j]);
            for ( ; j < 5; j++)
                System.out.print("  -");
            System.out.println( );
        }
    }
}
```

실행 예

```
a[0] = 0
a[1] = 0
a[2] = 0
a[3] = 0
a[4] = 0
b[0] = 1
b[1] = 2
b[2] = 3
b[3] = 4
b[4] = 5
a[0] = 7 ⏎
a[1] = 6 ⏎
a[2] = 3 ⏎
a[3] = 8 ⏎
a[4] = 5 ⏎
a의 합계 = 29
배열 c
  0  0  0  0
  0  0  0  0
배열 d
  0  0  0  0  0
  0  0  0  -  -
  0  0  0  0  -
```

기본 for문
```
for (int i = 0; i < a.length; i++)
    sum += a[i];
```

별 해
```
int[ ][ ] c = {
    {0, 0, 0, 0},
    {0, 0, 0, 0},
} ;

int[ ][ ] c;
c = new int[2][ ];
c[0] = new int[4];
c[1] = new int[4];

int[ ][ ] c = {
    new int[4],
    new int[4],
} ;
```

제 7 장

메 소 드

이 장에서는 프로그램을 구성하는 부품인 메소드에 대해서 그 작성법과 사용법 등을 학습합니다.

… 메소드

… 실인수 · 가인수와 인수전달

… 반환값과 return문

… 배열의 전달

… void

… 유효범위

… 다중정의

… 비트 단위의 논리연산

… 비트의 시프트

7-1 메소드

무엇인가 만들 때 여러 가지 '부품'을 조합해서 만드는 경우가 있습니다. 프로그램도 부품으로 조합되어 있으며, 프로그램의 부품 중에서 가장 작은 단위가 메소드입니다. 이 절에서는 메소드의 기본을 학습합니다.

메소드

리스트 7-1은 3명의 신장·체중·나이를 입력해서 각각의 최대값을 표시하는 프로그램이고, 각 데이터는 배열로 입력합니다.

리스트 7-1　　　　　　　　　　　　　　　◎ 예제파일 : Chap07/MaxHwa.java

```java
// 3명의 신장·체중·나이의 최대값을 구해서 표시

import java.util.Scanner;

class MaxHwa {

    public static void main(String [ ] args) {
        Scanner stdIn = new Scanner(System.in);

        int[ ] height = new int[3];      // 신장
        int[ ] weight = new int[3];      // 체중
        int[ ] age    = new int[3];      // 나이

        for (int i = 0; i < 3; i++) {                  // 입력
            System.out.print("[" + (i + 1) + "] ");
            System.out.print("신장:");        height[i] = stdIn.nextInt( );
            System.out.print("   체중:");     weight[i] = stdIn.nextInt( );
            System.out.print("   나이:");     age[i]    = stdIn.nextInt( );
        }

        // 신장의 최대값을 구한다
        int maxHeight = height[0];
        if (height[1] > maxHeight) maxHeight = height[1];       ──❶
        if (height[2] > maxHeight) maxHeight = height[2];
```

실 행 예
```
[1] 신장: 172 ↵
    체중: 64 ↵
    나이: 31 ↵
[2] 신장: 168 ↵
    체중: 57 ↵
    나이: 24 ↵
[3] 신장: 181 ↵
    체중: 62 ↵
    나이: 18 ↵
신장의 최대값은 181입니다.
체중의 최대값은 64입니다.
나이의 최대값은 31입니다.
```

```
            // 체중의 최대값을 구한다
            int maxWeight = weight[0];
            if (weight[1] > maxWeight) maxWeight = weight[1];      ─── 2
            if (weight[2] > maxWeight) maxWeight = weight[2];

            // 나이의 최대값을 구한다
            int maxAge = age[0];
            if (age[1] > maxAge) maxAge = age[1];                  ─── 3
            if (age[2] > maxAge) maxAge = age[2];

        System.out.println("신장의 최대값은 " + maxHeight + "입니다.");
        System.out.println("체중의 최대값은 " + maxWeight + "입니다.");
        System.out.println("나이의 최대값은 " + maxAge    + "입니다.");
    }
}
```

세 값의 최대값을 구하는 방법은 제3장에서 학습했습니다. 다음과 같은 프로그램으로 a, b, c의 최대값을 max에 저장할 수 있었습니다.

```
int max = a;
if (b > max) max = b;
if (c > max) max = c;
```

리스트 7-1의 프로그램은 이 방법을 그대로 이용하고 있습니다. **1**·**2**·**3**에서는 신장·체중·나이에 대해서 같은 처리를 3번 실행하고 있습니다.

만약 가슴둘레와 앉은키 등의 데이터가 추가되면 어떻게 될까요? 프로그램은 비슷한 처리로 넘쳐날 것입니다.

*

그래서 다음과 같은 규칙을 정하도록 하겠습니다.

일괄적인 과정은 하나의 '부품'으로 정리한다.

프로그램의 '부품'을 실현하는 것이 메소드(method)입니다. 이 프로그램을 수정하기 위해 필요한 것은 '세 개의 int형 값을 전달하면, 그 최대값을 구해서 반환한다'라는 부품입니다. 전자회로와 같은 그림으로 표현하면 그림 7-1과 같은 이미지가 될 것입니다.

▶ method는 '방법', '순서'라는 의미입니다.

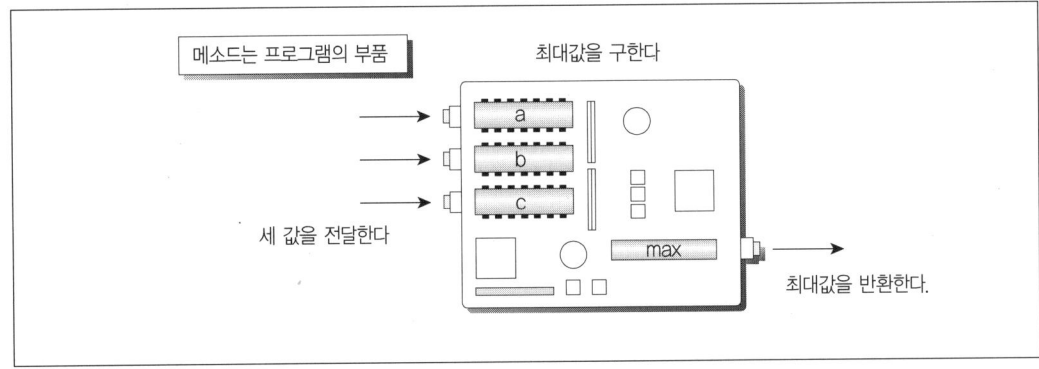

● 그림 7-1 세 값의 최대값을 구해서 반환하는 메소드의 이미지

처리를 실행하는 '마법의 회로'라고도 할 수 있는 메소드를 능숙하게 구사하기 위해서 다음에 제시한 두 가지를 먼저 설명하겠습니다.

- 메소드의 작성법 : 메소드의 선언
- 메소드의 사용법 : 메소드의 호출

▶ System.out.print가 메소드라는 것은 제1장에서 설명했습니다. 이 메소드는 전달된 문자열과 수치 등을 화면에 표시하는 편리한 '부품'입니다. 잘 만들어진 부품은 가령 내용을 모르더라도 사용법만 알면 쉽고 능숙하게 사용할 수 있습니다.

메소드 선언

먼저 메소드의 '작성법'입니다. 그림 7-2는 세 개의 int형 정수값을 받아서, 그 최대값을 구하는 메소드의 메소드 선언(method declaration)입니다.

▶ 첫머리의 static은 main 메소드에도 있습니다. static의 의미는 제10장에서 학습합니다.

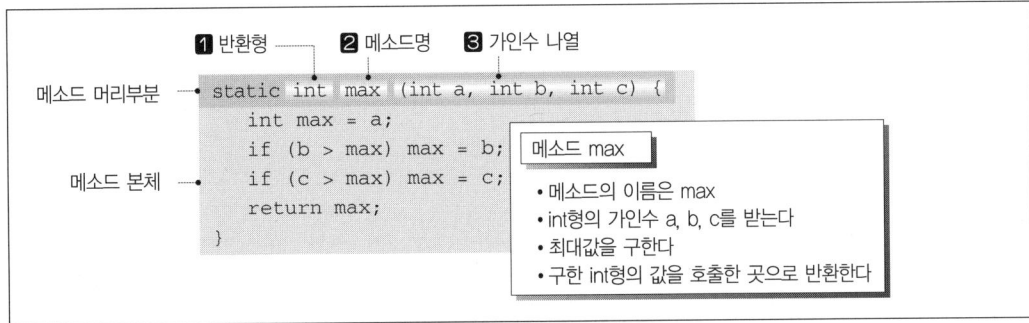

● 그림 7-2 세 값의 최대값을 반환하는 메소드의 메소드 선언

먼저 각 부분에 대한 개략적인 설명을 하겠습니다.

메소드 머리 부분(method header)

프로그램의 부품인 메소드의 이름과 사양을 기술한 부분입니다. 메소드 머리 부분이라고 했지만 메소드의 얼굴이라고 표현하는 편이 적절할지도 모릅니다.

1 반환형(return type)

자신을 호출한 부품=메소드로 반환하는 값인 반환값(return value)의 형입니다. 이 메소드의 경우 반환하는 것은 최대값이기 때문에 int형이 됩니다.

2 메소드명(method name)

메소드의 이름입니다. 메소드는 이름을 기초로 다른 부품으로부터 호출됩니다.

3 가인수 나열(formal parameter list)

메소드는 보조적인 지시를 받아들일 수 있습니다. 지시를 받기 위한 변수인 가인수(formal parameter)를 ( )안에 선언합니다. 이 메소드와 같이 복수의 가인수를 받는 경우에는 콤마로 구분합니다.

▶ 메소드 max에서는 a, b, c가 모두 int형의 가인수로 선언되어 있습니다.

메소드 본체(method body)

메소드 본체는 블록(즉 { } 사이에 기술된 0개 이상의 문의 집합)입니다. 메소드 max의 본체에서는 max라는 변수가 선언되어 있습니다. 이와 같이 메소드 내에서만 이용되는 변수는 이 메소드 안에서 선언하고 이용하는 것이 원칙입니다.

또한 메소드 본체 내에서는 메소드명과 동일한 이름의 변수를 선언할 수 있습니다. 메소드와 변수는 종류가 다르기 때문에 이름이 충돌하지 않습니다.

▶ 단 메소드 본체 내에서 가인수와 동일한 이름의 변수를 선언할 수는 없습니다. 이유는 그림 7-1을 보면 알 수 있듯이 메소드 max의 회로 안에 a, b, c라는 변수(가인수)가 있기 때문에 이것과 같은 이름의 변수를 회로 안에 만들 수는 없습니다.

*

리스트 7-2는 그림 7-2에 나타낸 메소드를 이용해서 리스트 7-1의 프로그램을 수정한 것입니다.

리스트 7-2

◎ 예제파일 : Chap07/MaxHwaMethod.java

```java
// 3명의 신장, 체중, 나이의 최대값을 구해서 표시(메소드 이용)

import java.util.Scanner;

class MaxHwaMethod {

    //--- a, b, c의 최대값을 반환 ---//
    static int max(int a, int b, int c) {
        int max = a;
        if (b > max) max = b;
        if (c > max) max = c;
        return max;
    }

    public static void main(String[ ] args) {
        Scanner stdIn = new Scanner(System.in);
        int[ ] height = new int[3];     // 신장
        int[ ] weight = new int[3];     // 체중
        int[ ] age    = new int[3];     // 나이

        for (int i = 0; i < 3; i++) {   // 입력
            System.out.print("[" + (i + 1) + "] ");
            System.out.print("신장:");         height[i] = stdIn.nextInt( );
            System.out.print("   체중:");      weight[i] = stdIn.nextInt( );
            System.out.print("   나이:");      age[i]    = stdIn.nextInt( );
        }

        int maxHeight = max(height[0], height[1], height[2]);// 신장의 최대값
        int maxWeight = max(weight[0], weight[1], weight[2]);// 체중의 최대값
        int maxAge    = max(age[0], age[1], age[2]);         // 나이의 최대값

        System.out.println("신장의 최대값은 " + maxHeight + "입니다.");
        System.out.println("체중의 최대값은 " + maxWeight + "입니다.");
        System.out.println("나이의 최대값은 " + maxAge    + "입니다.");
    }
}
```

메소드 선언

메소드 호출식

▶ 프로그램의 동작은 리스트 7-1과 같기 때문에 실행 예는 생략합니다.

이 프로그램에는 두 개의 메소드 max와 main이 있습니다. 프로그램이 기동되면 main 메소드가 실행됩니다. main 메소드보다 먼저 선언되어 있는 max 쪽이 먼저 실행되는 일은 없습니다.

메소드 호출

부품인 메소드를 이용하는 것을 '메소드를 호출한다(기동한다)'라고 합니다. 이 프로그램에서 메소드 max를 호출하고 있는 것이 아래 부분입니다.

```
int maxHeight = max(height[0], height[1], height[2]); // 신장의 최대값
int maxWeight = max(weight[0], weight[1], weight[2]); // 체중의 최대값
int maxAge    = max(age[0], age[1], age[2]);          // 나이의 최대값
```

신장, 체중, 나이의 최대값을 구하기 위해서 메소드 max를 3번 호출하고 있습니다. 이 가운데 신장의 최대값을 구하는 흰색 부분을 주목하기 바랍니다. 이 식은 다음과 같은 의뢰를 받고 있다고 생각하면 이해하기 쉽습니다.

> 메소드 max씨, 3개의 정수값 height[0], height[1], height[2]를 전달하니까 이 정수들의 최대값을 가르쳐 주십시오!

메소드 호출은 메소드명의 뒤에 ( )를 붙여서 실행합니다. 이 ( )는 표 7-1에 표시한 메소드 호출연산자(method invocation operator)입니다. 메소드에 대한 보조적인 지시로 할당되는 실인수(actual argument)는 콤마로 구분해서 ( ) 안에 할당합니다.

▶ ○○연산자를 이용한 식을 ○○식이라고 합니다. 따라서 메소드 호출연산자를 이용한 식을 메소드 호출식(method invocation expression)이라고 합니다.

● 표 7-1 ···· 메소드 호출연산자

x(arg)	실인수 arg를 전달해서 메소드 x를 호출한다(arg는 0개 이상의 실인수를 콤마로 구분한 것). (반환형이 void가 아니면) 메소드 x가 반환한 값을 생성한다.

메소드 호출이 실행되면 프로그램의 흐름은 그 메소드로 일시에 이동합니다. 따라서 main 메소드의 실행이 일시적으로 중단되고, 메소드 max가 실행됩니다.

> **중요** 메소드 호출이 실행되면 프로그램의 흐름은 호출되는 메소드로 이동한다.

호출된 메소드에서는 가인수용의 변수가 생성됨과 동시에 실인수의 값으로 초기화됩니다. 그림에서와 같이 실인수 a, b, c가 각각의 실인수 height[0], height[1], height[2]의 값인 172, 168, 181로 초기화됩니다.

| 중요 | 메소드에 전달되는 가인수는 전달된 실인수의 값으로 초기화된다. |

가인수의 초기화가 종료되면 메소드 본체가 실행됩니다. 여기에서는 a, b, c의 최대값 181을 변수 max에 대입하게 됩니다.

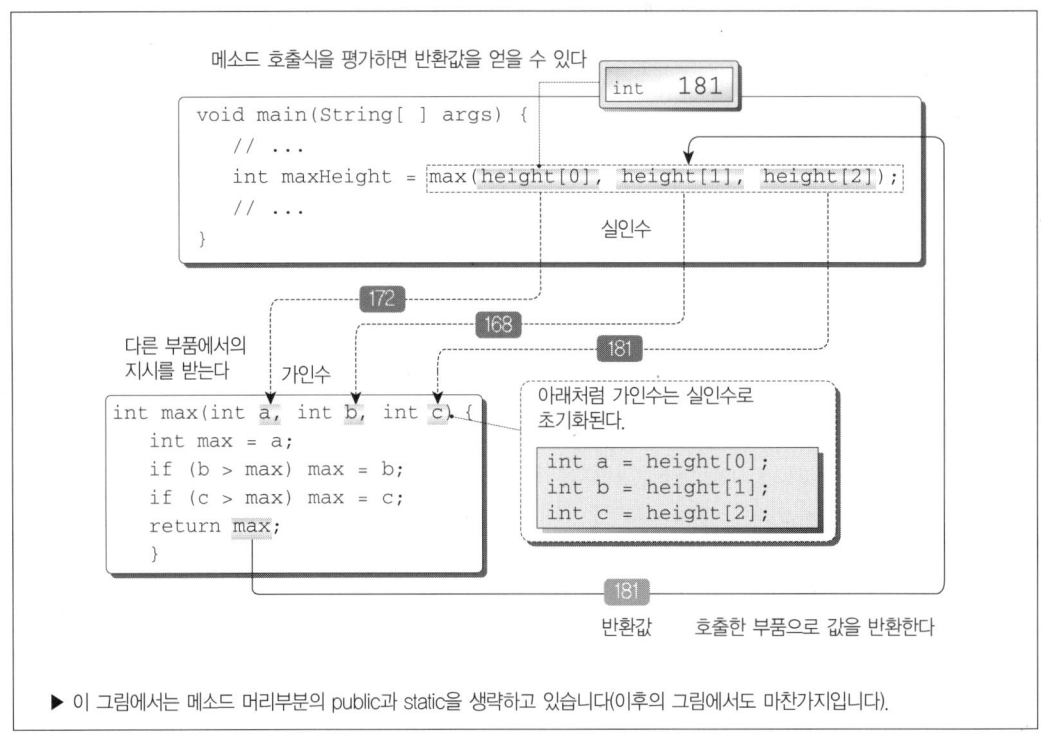

● 그림 7-3 메소드 호출

다음 문에서 메소드 max는 호출한 곳으로 최대값을 반환합니다.

```
return max;
```

이와 같은 문을 return문(return statement)이라고 합니다. return문이 실행되면 프로그램의 흐름은 호출한 곳으로 되돌아갑니다. 이때 '작은 선물' 이 반환값(이 경우에는 max의 값인 181)입니다.

*

이 반환값은 메소드 호출식의 평가에 의해 얻을 수 있습니다. 이 경우 반환된 값은 181이기 때문에 그림에서 'max(height[0], height[1], height[2])' 의 식을 평가한 값은 'int형인 181' 이 됩니다.

중요 메소드 호출식을 평가하면 메소드에 의해 반환된 반환값을 얻을 수 있다.

이 결과 변수 maxHeight는 메소드 max의 반환값 181로 초기화됩니다. 체중과 나이를 구하는 메소드 호출식도 마찬가지입니다. 메소드 max에 의해 구해진 체중 weight[0], weight[1], weight[2]의 최대값이 maxWeight에 대입되고, 나이 age[0], age[1], age[2]의 최대값이 maxAge에 대입됩니다.

return문

그림 7-4는 메소드의 실행을 종료하고 프로그램의 흐름을 호출한 곳으로 되돌리는 return문의 구문입니다. 반환값을 지정하기 위한 '식'은 생략할 수 있습니다.

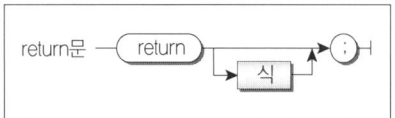

▶ 생략한 예는 void 메소드에서 학습합니다.

● 그림 7-4 return문의 구문

리스트 7-3　　　　　　　　　　　　　　　　　　　● 예제파일 : Chap07/Max3Method.java

```java
// 세 정수값의 최대값을 구하기(메소드 이용)

import java.util.Scanner;

class Max3Method {

    //--- a, b, c의 최대값을 반환 ---//
    static int max(int a, int b, int c) {
        int max = a;
        if (b > max) max = b;
        if (c > max) max = c;
        return max;
    }

    public static void main(String[ ] args) {
        Scanner stdIn = new Scanner(System.in);

        System.out.print("정수 a : ");   int a = stdIn.nextInt( );
        System.out.print("정수 b : ");   int b = stdIn.nextInt( );
        System.out.print("정수 c : ");   int c = stdIn.nextInt( );

        System.out.println("최대값은 " + max(a, b, c) + "입니다.");
    }
}
```

실 행 예
정수 a : 1
정수 b : 3
정수 c : 2
최대값은 3입니다.

리스트 7-3은 세 값의 최대값을 구하는 메소드 max를 이용해서 리스트 3-12를 수정한 프로그램입니다.

화면으로 출력을 실행하는 부분을 메소드 호출식으로 수정했기 때문에 메소드의 반환값이 그대로 화면으로 표시됩니다.

▶ 먼저 처음에 메소드가 반환하는 정수값(예를 들면 3)이 문자열(예를 들면 "3")로 변환됩니다. 그리고 +연산자에 의해 문자열이 연결됩니다.

main 메소드의 변수 a, b, c와 메소드 max의 가인수 a, b, c는 우연히 같은 이름이지만 이것은 서로 다른 것들입니다. 메소드 max가 호출될 때 가인수 a, b, c가 main 메소드의 a, b, c의 값으로 초기화됩니다.

리스트 7-2와 리스트 7-3의 프로그램에서 메소드로 전달되고 있는 실인수는 모두 변수입니다. 변수뿐만 아니라 정수 리터럴 등의 상수를 전달하는 경우도 있습니다. 예를 들면

```
max(32, 57, 48)
```

라고 호출하면 메소드 max는 57을 반환합니다.

*

리스트 7-4는 세 개의 값이 아니고 두 개의 값의 최대값을 구하는 메소드입니다.

▶ 클래스 선언과 main 메소드 등은 표시하지 않았으므로 리스트 7-3을 참고하면서 작성하기 바랍니다. 소스 파일에는 클래스 선언과 main 메소드 등이 포함되어 있는 완전한 프로그램입니다.

리스트 7-4　　　　　　　　　　　　　　　　　　　◎ 예제파일 : Chap07/Max2Method.java

```
//--- a, b의 최대값을 반환 ---//
    static int max2(int a, int b) {
        if (a > b)
            return a;
        else
            return b;
    }
```

return문은 여러 개 있어도 OK

이 메소드에는 return문이 두 개 있습니다. a가 b보다 크면 처음 return문이 실행되어 호출한 곳으로 되돌아갑니다. 그렇지 않으면 두 번째 return문이 실행되어 호출한 곳으로 되돌아갑니다.

▶ 복수의 return문이 동시에 실행되는 경우는 없습니다.

연습 7-1
전달된 int형의 인수 값이 음이면 -1을 반환하고, 0이면 0을 반환하고, 양이면 1을 반환하는 메소드 signOf를 작성하시오.

    int signOf(int n)

▶ 메소드 선언의 선두에 static이 필요합니다(연습문제의 지시에서는 생략합니다). 메소드 본체인 { } 부분을 만듭니다. 단 메소드를 만들어도 바르게 동작하는지 안 하는지는 검증할 수 없습니다. 따라서 메소드를 테스트할 main 메소드 등도 만들 필요가 있습니다. 이후의 연습문제도 마찬가지입니다.

연습 7-2
세 개의 int형 인수 a, b, c의 최소값을 구하는 메소드 min을 작성하시오.

    int min(int a, int b, int c)

연습 7-3
세 개의 int형 인수 a, b, c의 중앙값을 구하는 메소드 med을 작성하시오.

    int med(int a, int b, int c)

인수 전달

리스트 7-5는 거듭제곱 (x의 n승)을 구하는 메소드이며, x는 double형이고 n은 int형입니다.

리스트 7-5   ◎ 예제파일 : Chap07/Power.java

```
// 거듭제곱 계산하기

import java.util.Scanner;

class Power {

    //--- x의 n승을 반환 ---//
    static double power(double x, int n) {
        double tmp = 1.0;

        for (int i = 1; i <= n; i++)
            tmp *= x;      // tmp에 x를 곱한다
        return tmp;
```

실 행 예

a의 b승을 계산합니다.
실수 a : 5.5
정수 b : 3
5.5의 3승은 166.375입니다.

```
    }
    public static void main(String[ ] args) {
        Scanner stdIn = new Scanner(System.in);

        System.out.println("a의 b승을 계산합니다.");
        System.out.print("실수 a : ");   double a = stdIn.nextDouble();
        System.out.print("정수 b : ");   int b = stdIn.nextInt();

        System.out.println(a + "의" + b + "승은" + power(a, b) + "입니다.");
    }
}
```

n이 정수이기 때문에 x를 n번 곱한 값이 x의 n승입니다. 메소드 power에서는 1.0으로 초기화된 변수 tmp에 대해서 x의 값을 n번 곱하고 있습니다. for문이 종료될 때 tmp 값은 x의 n승입니다.

*

그림 7-5와 같이 가인수 x는 실인수 a의 값으로 초기화되고, 가인수 n은 실인수 b의 값으로 초기화됩니다. 이와 같이 인수로 값을 주고받게 되는 메커니즘을 인수전달(pass by value) 또는 값 넘기기라고 합니다.

> **중요** 메소드간 인수의 전달은 값 넘기기로 이루어진다.

따라서 호출된 쪽의 메소드 power 안에서 전달된 가인수의 값을 변경해도 호출하는 쪽의 실인수가 영향을 받는 일은 없습니다.

책을 복사해서 그곳에 연필 등으로 무엇인가 써도 원래의 책에는 아무 영향도 없는 것과 같은 원리입니다. 메소드 내에서는 가인수의 값을 마음대로 주물러도 괜찮습니다.

x의 값을 n번 곱하는 처리는 n의 값을 5, 4, 3 … 1하고 카운트다운을 해서 실행할 수도 있습니다. 리스트 7-6은 이 방법을 이용해서 수정한 메소드 power입니다.

▶ 클래스 선언과 main 메소드 등은 제외되어 있기 때문에 리스트 7-5를 모방해서 보완하겠습니다.

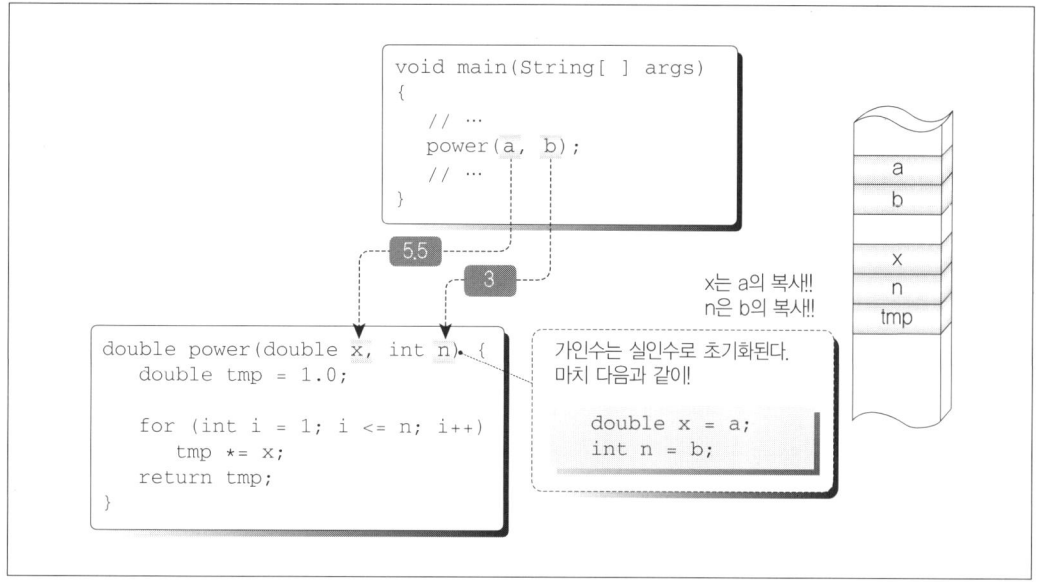

● **그림 7-5** 메소드 호출에서 인수의 전달

리스트 7-6
◎ 예제파일 : Chap07/Power2.java

```java
//--- x의 n승을 반환 ---//
    static double power(double x, int n) {
        double tmp = 1.0;

        while (n-- > 0)
            tmp *= x;      // tmp에 x를 곱한다
        return tmp;
    }
```

반복을 제어하기 위한 변수 i가 불필요하게 되고 메소드는 간결하게 됩니다.

> 중요 인수전달의 장점을 살리면 메소드는 간결하게 된다.

메소드 power의 실행이 종료될 때 가인수 n의 값은 0이 되지만 호출하는 쪽인 main 메소드의 실인수 b의 값이 0이 되는 일은 없습니다.

연습 7-4

1부터 n까지의 모든 정수의 합을 계산해서 반환하는 메소드를 작성하시오.

```java
    int sumUp(int n)
```

void 메소드

제4장에서는 기호문자 '*'를 나열해서 직각삼각형을 표시하는 프로그램을 작성했습니다. 리스트 7-7은 문자 '*'를 연속해서 표시하는 부분을 메소드로 표현하고, 이것을 이용해서 좌하변이 직각인 직각삼각형을 표시하는 프로그램입니다.

리스트 7-7 ◎ 예제파일 : Chap07/IsoscelesTriagleLB.java

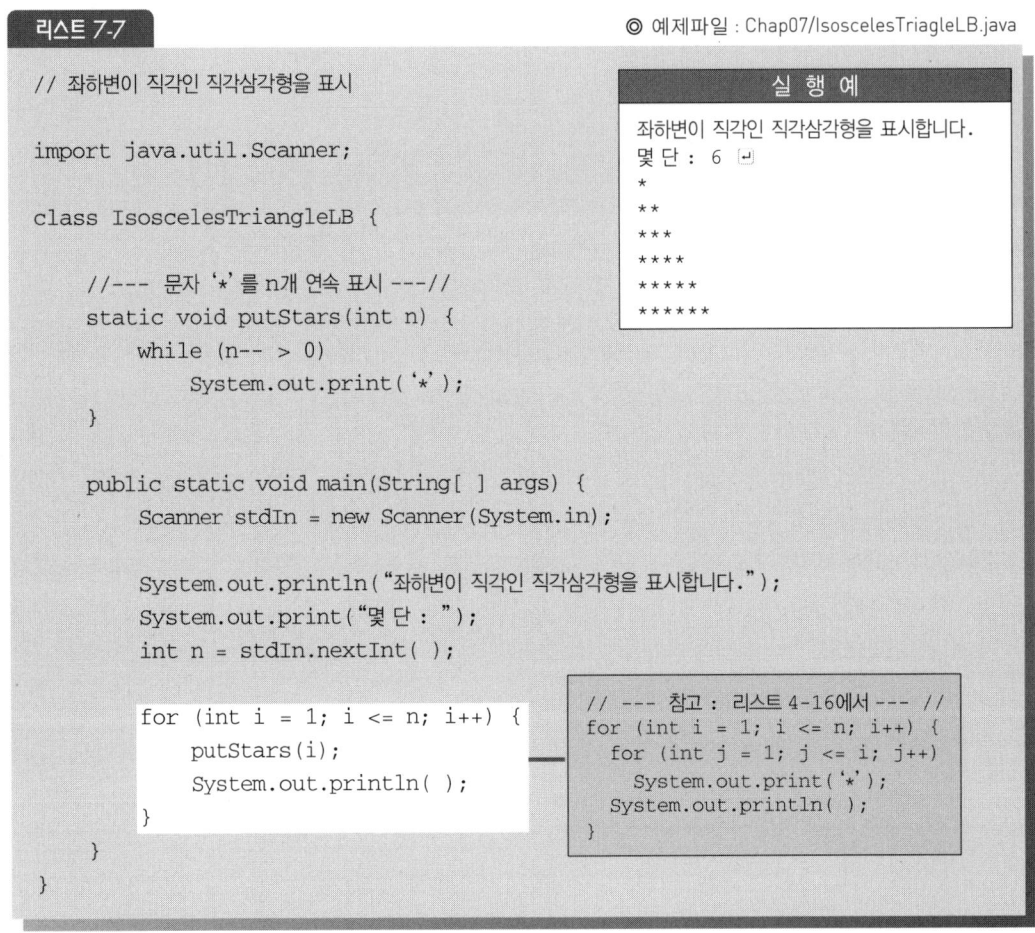

```
// 좌하변이 직각인 직각삼각형을 표시

import java.util.Scanner;

class IsoscelesTriangleLB {

    //--- 문자 '*'를 n개 연속 표시 ---//
    static void putStars(int n) {
        while (n-- > 0)
            System.out.print('*');
    }

    public static void main(String[ ] args) {
        Scanner stdIn = new Scanner(System.in);

        System.out.println("좌하변이 직각인 직각삼각형을 표시합니다.");
        System.out.print("몇 단 : ");
        int n = stdIn.nextInt( );

        for (int i = 1; i <= n; i++) {
            putStars(i);
            System.out.println( );
        }
    }
}
```

```
// --- 참고 : 리스트 4-16에서 --- //
for (int i = 1; i <= n; i++) {
    for (int j = 1; j <= i; j++)
        System.out.print('*');
    System.out.println( );
}
```

메소드 putStars는 n개의 '*'를 연속해서 표시합니다. 단지 표시를 하는 것뿐이고 반환되는 값은 없습니다. 이와 같은 메소드는 반환형을 void로 선언합니다.

주의 값을 반환하지 않는 메소드의 반환형은 void로 선언한다.

void 메소드는 값을 반환하지 않기 때문에 return문이 꼭 필요한 것은 아닙니다. 만약 메소드의 중간에서 프로그램의 흐름을 강제적으로 메소드를 호출한 곳으로 되돌릴 필요가 있는 경우에는

```
return;            //  값을 반환하지 않고 호출한 곳으로 되돌린다
```

즉, 반환값을 할당하지 않는 return문을 실행합니다.

*

메소드 putStars를 도입한 덕분에 프로그램은 간결하게 됩니다. 리스트 4-16에서는 삼각형을 이중루프로 표시했지만 이 프로그램에서는 루프가 하나로 구성되어 있습니다.

메소드의 범용성

리스트 7-8은 우하변이 직각인 직각삼각형을 표시하는 프로그램입니다.

리스트 7-8　　　　　　　　　　　　　　　　◎ 예제파일 : Chap07/IsoscelesTriangleRB.java

```java
// 우하변이 직각인 직각삼각형을 표시

import java.util.Scanner;

class IsoscelesTriangleRB {

    //--- 문자 c를 n개 연속표시 ---//
    static void putChars(char c, int n) {
        while (n-- > 0)
            System.out.print(c);
    }

    public static void main(String[ ] args) {
        Scanner stdIn = new Scanner(System.in);

        System.out.println("우하변이 직각인 직각삼각형을 표시합니다.");
        System.out.print("몇 단 : ");
        int n = stdIn.nextInt( );

        for (int i = 1; i <= n; i++) {
            putChars(' ', n - i);         // ' '를 n - i개 표시
            putChars('+', i);             // '+'를 i개 표시
            System.out.println( );
        }
    }
}
```

실 행 예

```
우하변이 직각인 직각삼각형을 표시합니다.
몇 단 : 6
     +
    ++
   +++
  ++++
 +++++
++++++
```

이 프로그램에서 메소드 putChars가 새롭게 정의되었습니다. 이 메소드는 가인수 c에 주어진 문자를 n개 연속해서 표시합니다.

임의의 문자를 표시할 수 있다는 점에서 '*'밖에 표시할 수 없는 메소드 putStars보다는 범용성이 좋아졌습니다.

> **주의** 메소드는 가능한 범용성이 높은 것으로 한다.

main 메소드에서는 i번째 줄에 n - i개의 공백문자 ' '와 i개의 기호문자 '+'를 표시해서 우하변이 직각인 직각삼각형을 표시하고 있습니다.

▶ 문자를 나타내는 char형에 대해서는 제5장에서 간단하게 배웠습니다. 자세한 내용은 제15장에서 학습합니다.

연습 7-5
'안녕하세요'라고 표시하고 줄 바꿈을 하는 메소드 hello를 작성하시오.

```
void hello()
```

다른 메소드의 호출

지금까지의 프로그램은 main 메소드 내에서 표준 라이브러리 메소드(println과 printf 등)와 자신이 만든 메소드를 호출하고 있었습니다. 물론 자신이 만든 메소드 안에서도 메소드를 호출할 수 있습니다. 리스트 7-9는 직사각형과 정사각형을 표시하는 프로그램입니다.

리스트 7-9
◎ 예제파일 : Chap07/SquareRectangle.java

```
// 직사각형과 정사각형을 표시

import java.util.Scanner;

class SquareRectangle {

    //--- 문자 c를 n개 연속표시 ---//
    static void putChars(char c, int n) {
        while (n-- > 0)
            System.out.print(c);
    }

    //--- 문자 '+'를 나열해서 한 변의 길이가 n인 정사각형을 표시 ---//
```

실 행 예

```
정사각형을 표시합니다.
한 변은 : 3 ↵
+++
+++
+++
직사각형을 표시합니다.
세로는 : 3 ↵
가로는 : 5 ↵
*****
*****
*****
```

```java
    static void putSquare(int n) {
        for (int i = 1; i <= n; i++) {      // 아래의 처리를 n회 실행
            putChars('+', n);                // 문자 '+'를 n개 표시
            System.out.println( );           // 줄 바꿈
        }
    }

    //--- 문자 '*'를 나열해서 높이 h이고 너비 w인 직사각형을 표시 ---//
    static void putRectangle(int h, int w) {
        for (int i = 1; i <= h; i++) {      // 아래의 처리를 h회 실행
            putChars('*', w);                // 문자 '*'를 w회 실행
            System.out.println( );           // 줄 바꿈
        }
    }

    public static void main(String[ ] args) {
        Scanner stdIn = new Scanner(System.in);

        System.out.println("정사각형을 표시합니다.");
        System.out.print("한 변은 : ");    int n = stdIn.nextInt();
        putSquare(n);                        // 정사각형을 표시

        System.out.println("직사각형을 표시합니다.");
        System.out.print("세로는 : ");    int h = stdIn.nextInt( );
        System.out.print("가로는 : ");    int w = stdIn.nextInt( );
        putRectangle(h, w);                  // 직사각형을 표시
    }
}
```

메소드 putChars는 앞의 프로그램과 같습니다. 정사각형을 표시하는 메소드 putSquare와 직사각형을 표시하는 putRectangle에서는 모두 내부에서 메소드 putChars를 호출하고 있습니다(흰색 부분).

> **중요** 메소드는 프로그램의 '부품'이다. 부품을 만들 때 편리한 부품이 있으면 적극적으로 이용한다.

연습 7-6

인수 m으로 지정된 월의 계절을 표시하는 메소드 printSeason을 표시하시오. m이 3, 4, 5이면 '봄', 6, 7, 8이면 '여름', 9, 10, 11이면 '가을', 12, 1, 2이면 '겨울'이라고 표시하고, 그 이외의 값이면 아무 것도 표시하지 말 것.

```java
void printSeason(int m)
```

연습 7-7

리스트 7-7과 같이 n개의 '*'를 연속으로 표시하는 메소드 putStars를, 내부에서 리스트 7-8의 메소드 putChars를 호출해서 표시를 실행하도록 수정하시오.

연습 7-8

a이상 b미만의 난수를 생성해서 그 값을 반환하는 메소드 random을 작성하시오. 내부에서 난수를 생성하는 표준 라이브러리(Column 2-3)를 호출할 것.

    int random(int a, int b)

또한 b의 값이 a보다 작은 경우에는 a의 값을 그대로 반환할 것.

Column 7-1 ··· final 선언된 가인수

가인수가 final 선언되어 있으면 메소드 안에서는 그 가인수의 값을 변경할 수 없게 됩니다. 7C-1은 이와 같은 프로그램의 예입니다.

리스트 7C-1 ◎ 예제파일 : Chap07/FinalParameter.java

```java
// final 가인수에 값을 대입할 수 없는 것을 확인

class FinalParameter {
    //--- 세 개의 가인수 값의 합을 계산하기 ---//
    static int sumOf(final int x, final int y, final int z) {
    // x = 10;
        return x + y + z;
    }

    public static void main(String[ ] args) {
        System.out.println(sumOf(1, 2, 3));
    }
}
```

실행결과
```
6
```

컴파일 에러가 발생하는 부분을 코멘트 아웃하고 있습니다. //을 삭제해서 컴파일 에러가 발생하는 것을 확인해 보십시오.

유효범위

변수는 메소드 내부는 물론 외부에서도 선언할 수 있습니다. 리스트 7-10은 메소드의 내부와 외부에서 변수를 선언하는 프로그램입니다.

A와 B에서 같은 이름의 변수 x가 선언되어 있습니다. 이것들은 식별자(이름)가 적용되는 범위인 유효범위(scope)가 다릅니다.

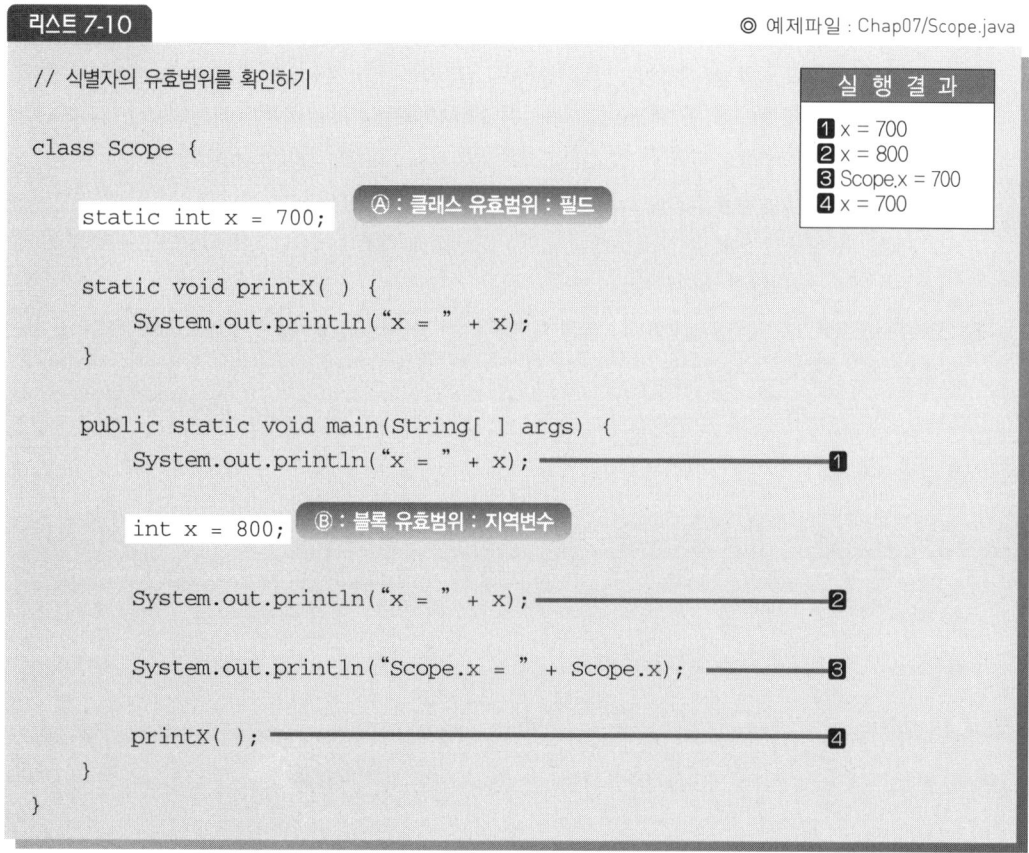

클래스 유효범위(class scope)

A에서 선언된 x와 같이 메소드 외부에서 선언되어 있는 변수의 식별자는 이 클래스 전체에 적용되기 때문에, 이 x는 메소드 printX와 main 메소드 양쪽에 모두 적용됩니다.

메소드 외부에서 선언된 변수는 필드(field)라고 하며, 메소드 내부에서 선언된 변수와 구별됩니다. 자세한 내용은 제10장에서 학습하기 때문에 그때까지는 다음과 같이 기억해 두길 바랍니다.

> 복수의 메소드에서 공유하는 변수는 메소드 외부에서 static을 이용해서 선언한다.

블록 유효범위(block scope)

블록 내부에서 선언된 변수는 지역변수(local variable)라고 합니다. 지역변수의 식별자는 선언된 직후부터 그 블록의 끝인 } 까지 적용되기 때문에 B에서 선언된 x는 main 메소드 끝인 } 까지 적용됩니다. 프로그램이 실행되는 과정을 살펴봅시다.

1 이것은 B의 선언보다 앞에 위치하기 때문에 x는 A의 적용을 받습니다. 따라서 값은 700으로 표시됩니다.

2 이것은 A의 x와 B의 x 양쪽의 유효범위 안에 위치하고 있습니다. 이와 같이 클래스 유효범위와 블록 유효범위을 갖는 동일한 이름의 변수가 존재하는 경우에는 지역변수가 가시(visible)적이 되고, 필드는 감추어지게 (shadowed)됩니다. 따라서 여기에서 x는 B의 적용을 받게 되고, 그 값은 800으로 표시됩니다.

3 여기에서 출력하고 있는 것은 Scope.x입니다. 이와 같이 '클래스명.필드명'을 이용해서 블록 유효범위를 갖는 동일한 이름의 지역변수에 의해 감추어진 클래스 유효범위의 필드를 엿볼 수 있습니다. Scope.x는 A의 적용을 받기 때문에 이 값은 700으로 표시됩니다.

4 메소드 printX에 의해 출력을 실행합니다. 물론 여기에서 x는 클래스 유효범위를 갖는 필드 A의 적용을 받기 때문에 이 값은 700으로 표시됩니다.

■ 변수의 종류

그림 7-6은 지금까지 배운 네 종류의 변수를 정리한 그림입니다.

```
class A {

    static int x;
    static double y;

    static void f(double c, int n) {
    // ...
    }
    public static void main(String[ ] args) {
        int n;
        double b;
        int[ ] a = new int[5];

        for (int i = 0; i < a.length; i++) {
            a[i] = i;
        }
    }
}
```

필드: 메소드 외부에서 선언된 변수. 클래스 전체에 적용된다.

메소드 가인수: 메소드가 건네받는 변수. 이 메소드 전체에 적용된다.

지역변수: 블록과 for문에서 선언된 변수. 블록과 for의 내부에서만 적용.

배열 구성요소: 배열 본체 내부의 각 요소. 생성 시에 0으로 초기화된다.

● 그림 7-6 변수의 종류

인수를 전달받지 않는 메소드

이번에는 암산을 연습하는 프로그램을 만들어 봅니다. 리스트 7-11을 실행하면 3자릿수의 수를 세 개 더하는 문제가 제시됩니다. 답이 틀리면 다시 질문하기 때문에 반드시 정답을 제시해야 됩니다. 먼저 실행시켜서 즐겨보길 바랍니다.

리스트 7-11　　　　　　　　　　　　　　　　　◎ 예제파일 : Chap07/MentalArithmetic.java

```
// 암산 연습                         ┌─────── 실 행 예 ───────┐
                                     │ 암산 트레이닝!!              │
import java.util.Random;             │ 341 + 616 + 741 = 1678 ↵    │
import java.util.Scanner;            │ 틀렸습니다!!                 │
                                     │ 341 + 616 + 741 = 1698 ↵    │
class MentalArithmetic {             │ 다시 한번? <Yes-1/No-0> : 1 ↵│
                                     │ 674 + 977 + 760 = 2411 ↵    │
 ❶─static Scanner stdIn = new Scanner(System.in);
                                     │ 다시 한번? <Yes-1/No-0> : 0 ↵│
                                     └─────────────────────────────┘
    //--- 지속 여부의 확인 ---//
    static boolean confirmRetry( ) {
        int cont;                          ┌─ 인수를 받지 않는다
        do {
            System.out.print("다시 한번? <Yes-1/No-0> : ");
            cont = stdIn.nextInt( );
        } while (cont != 0 && cont != 1);
        return cont == 1;
    }                              └─ cont가 1이면 true, 아니면 false

    public static void main(String[ ] args) {
        Random rand = new Random( );

        System.out.println("암산 트레이닝!!");
        do {
            int x = rand.nextInt(900) + 100;    // 3자릿수의 수
            int y = rand.nextInt(900) + 100;    // 3자릿수의 수
            int z = rand.nextInt(900) + 100;    // 3자릿수의 수

            while (true) {
                System.out.print(x + " + " + y + " + " + z + " = ");
                int k = stdIn.nextInt( );                // 입력한 값
                if (k == x + y + z)                      // 정답
                    break;
                System.out.println("틀렸습니다!!");
            }
        } while (confirmRetry( ));
    }
}
```

main 메소드에서는 3개의 난수 x, y, z을 생성한 다음에 문제로 제시합니다. 키보드에서 입력된 k가 x + y + z과 같으면 정답입니다(break문에 의해 while문을 중단·종료합니다). 또한 정답이 아닐 경우 while문은 계속 반복됩니다.

confirmRetry는 다시 한번 트레이닝을 할지 안 할지를 확인하기 위한 메소드입니다. 키보드에서 1이 입력되면 true를 반환하고, 0이 입력되면 false를 반환합니다. 이 메소드와 같이 전달받을 인수가 없는 메소드는 ( ) 안을 비워 둡니다.

> 주의 가인수를 전달받지 않는 메소드는 ( ) 안을 비워두고 선언한다.

이 프로그램에서는 메소드 confirmRetry와 main 메소드 양쪽에서 '키보드로 입력된 값을' 받아 처리를 실행합니다. 메소드 confirmRetry에서도 main 메소드에서도 변수 stdIn을 이용할 필요가 있기 때문에 지금까지의 프로그램에서는 main 메소드 안에 선언했던 **1** 부분이 메소드의 외부로 이동한 점에 주의하기 바랍니다.

▶ 유효범위에서 설명한 대로 선언의 선두에 static을 포함해야 합니다(더욱 자세한 내용은 제10장에서 설명합니다).

연습 7-9

실행 예와 같이 '양의 정수값 : '을 표시하고, 키보드로 양의 정수값을 입력하면 그 값을 반환하는 메소드 readPlusInt를 작성하시오. 0과 음의 값이 입력되면 재입력하도록 할 것. 실행 예에서는 15를 반환한다.

```
int readPlusInt( )
```

실행 예
양의 정수값 : -5 ↵
양의 정수값 : 0 ↵
양의 정수값 : 15 ↵

연습 7-10

리스트 7-11을 확장해서 다음과 같이 네 개의 문제를 무작위로 출제하는 프로그램을 작성하시오.

```
x + y + z
x + y - z
x - y + z
x - y - z
```

Column 7-2 ··· 실인수의 평가 순서

메소드의 호출 시에 실인수는 선두 쪽(왼쪽)부터 순서대로 평가됩니다. 이것을 확인하는 프로그램이 리스트 7C-2 입니다.

리스트 7C-2 ◎ 예제파일 : Chap07/Argument.java

```java
// 실인수의 평가 순서를 확인

class Argument {
    //--- 세 인수의 값을 표시 ---//
    static void method(int x, int y, int z) {
        System.out.println("x = " + x + "  y = " + y + "  z = " + z);
    }

    public static void main(String[ ] args) {
        int i = 0;
        method(i, i = 5, ++i);
    }
}
```

실 행 결 과
```
x = 0   y = 5   z = 6
```

메소드 method에 전달되고 있는 실인수는 세 개입니다. 선두부터 순서대로 평가되기 때문에 그림 7C-1과 같이 값이 전달됩니다.

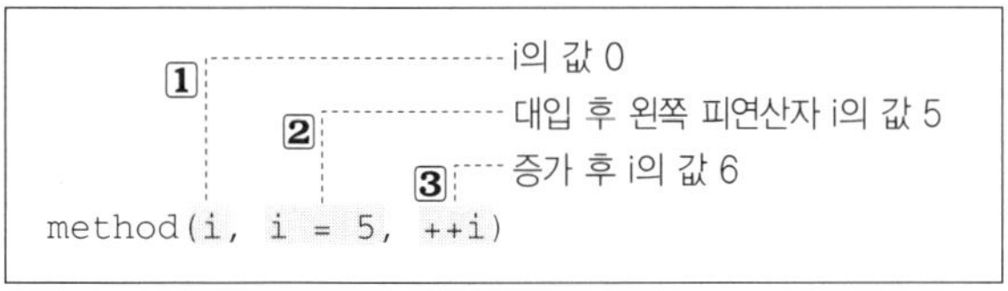

```
                ┌──── i의 값 0
         ①     │┌─── 대입 후 왼쪽 피연산자 i의 값 5
            ②   ││┌── 증가 후 i의 값 6
               ③│││
method(i,  i = 5,  ++i)
```

● **그림 7C-1** 메소드 호출식에서 실인수의 평가

7-2 정수의 내부를 조사하기

제5장에서 학습한 것처럼 값은 비트의 나열로써 표현됩니다. 이 절에서는 정수 내부의 비트를 취급하는 연산자를 학습하고, 이것을 이용한 메소드를 작성합니다.

비트단위의 논리연산

제3장에서 배운 '논리연산'은 논리형 외에도 정수형에 대해서도 적용할 수 있습니다. 정수형 피연산자에 논리연산자를 적용하면 비트단위의 논리연산이 수행됩니다. 표 7-2는 정수형에 대해서 적용할 수 있는 비트단위의 논리연산자를 정리한 것입니다.

● 표 7-2 … 비트단위의 논리연산자

x & y	x와 y의 비트단위의 논리곱을 생성
x | y	x와 y의 비트단위의 논리합을 생성
x ^ y	x와 y의 비트단위의 배타적 논리합을 생성
~x	x의 비트단위의 보수(모든 비트를 반전시킨 값)를 생성

&는 비트 논리곱연산자(bitwise and operator), |는 비트 논리합연산자(bitwise inclusive or operator), ^는 비트 배타적 논리합연산자(bitwise exclusive or operator), ~는 비트단위의 보수연산자(bitwise complement operator)라고 합니다. 그림 7-7은 이 연산자들로 실행되는 논리연산의 진위값을 표로 나타낸 것입니다.

▶ 비트단위의 논리연산은 0을 false, 1을 true로 간주하고 실행됩니다.

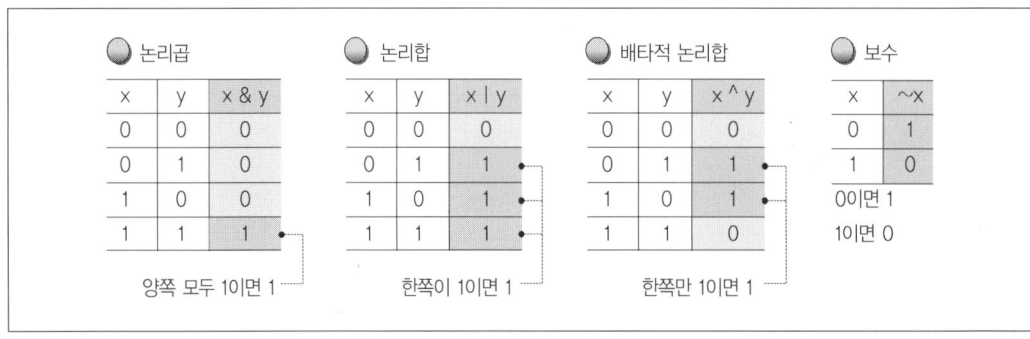

● 그림 7-7 비트단위의 논리연산의 진위값

7-2 정수의 내부를 조사하기

리스트 7-12는 두 개의 정수를 입력하면 비트단위의 논리연산을 실행한 결과를 표시하는 프로그램입니다. 메소드 printBits는 int형 정수 x의 내부의 비트구성을 0과 1로 표시하는 메소드입니다 (이 메소드는 그림 7-12에서 자세히 설명합니다).

리스트 7-12　　　　　　　　　　　　　　　　　◎ 예제파일 . Chap07/BitwiseOperation.java

```java
// int형 정수의 비트단위의 논리곱, 논리합, 배타적 논리합, 보수를 표시

import java.util.Scanner;

class BitwiseOperation {

    //--- int형의 비트구성을 표시 ---//
    static void printBits(int x) {
        for (int i = 31; i >= 0; i--)
            System.out.print(((x >>> i & 1) == 1) ? '1' : '0');
    }

    public static void main(String[ ] args) {
        Scanner stdIn = new Scanner(System.in);

        System.out.println("두 정수를 입력해 주십시오.");
        System.out.print("a : ");    int a = stdIn.nextInt();
        System.out.print("b : ");    int b = stdIn.nextInt();

        System.out.print("a     = ");  printBits(a);
        System.out.print("\nb     = ");  printBits(b);
        System.out.print("\na & b = ");  printBits(a & b);// 논리곱
        System.out.print("\na | b = ");  printBits(a | b);// 논리합
        System.out.print("\na ^ b = ");  printBits(a ^ b);// 배타적 논리합
        System.out.print("\n~a    = ");  printBits(~a);   // 보수
        System.out.print("\n~b    = ");  printBits(~b);   // 보수
    }
}
```

```
실 행 예
두 정수를 입력해 주십시오.
a : 3
b : 5
a     = 00000000000000000000000000000011
b     = 00000000000000000000000000000101
a & b = 00000000000000000000000000000001
a | b = 00000000000000000000000000000111
a ^ b = 00000000000000000000000000000110
~a    = 11111111111111111111111111111100
~b    = 11111111111111111111111111111010
```

여기에 제시한 실행 예에서 표시되는 비트의 나열 가운데 하위 4비트를 보면 각 연산자의 역할을 잘 알 수 있습니다. 그림 7-8은 동일한 위치의 비트마다 논리곱과 논리합 등의 논리연산이 실행되는 모습을 나타내고 있습니다.

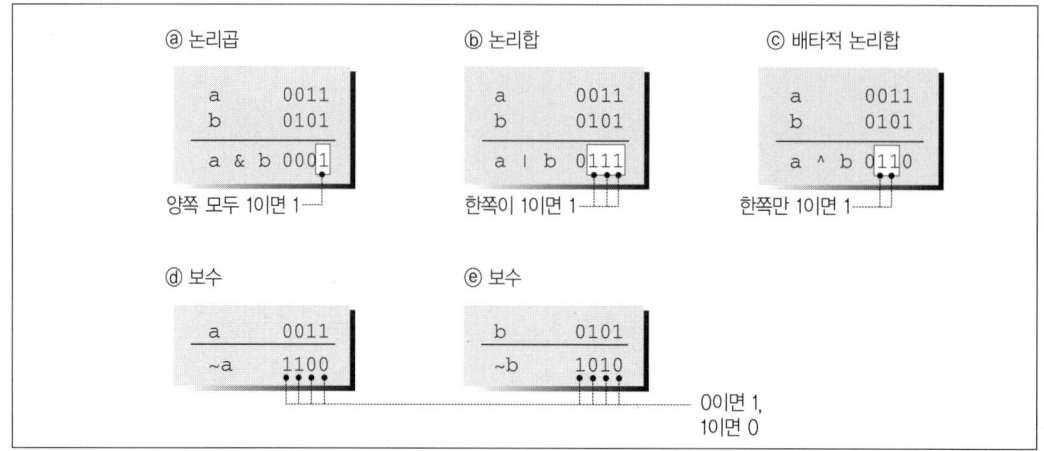

● 그림 7-8 리스트 7-12에서 비트단위의 논리연산

시프트 연산

메소드 printBits에서 처음 등장하는 연산자가 〉〉〉연산자(〉〉〉 operator)입니다. 이 연산자와 〈〈연산자(〈〈 operator)와 〉〉연산자(〉〉 operator)는 정수 내의 비트를 왼쪽 또는 오른쪽으로 시프트한(옮긴) 값을 생성하는 연산입니다. 이 연산자들을 모아서 시프트연산자(shift operator)라고 합니다(표 7-3).

리스트 7-13 ◎ 예제파일 : Chap07/ShiftOperation.java

```java
// int형의 값을 좌우로 시프트 한 값을 표시

import java.util.Scanner;

class ShiftOperation {              그림 7-11에서 학습합니다

    //--- int형의 비트구성을 표시 ---//      리스트 7-12와 동일
    static void printBits(int x) {
        for (int i = 31; i >= 0; i--)
            System.out.print(((x >>> i & 1) == 1) ? '1' : '0');
    }
```

```java
    public static void main(String[ ] args) {
        Scanner stdIn = new Scanner(System.in);

        System.out.print("정수 : ");              int x = stdIn.nextInt( );
        System.out.print("시프트 할 비트 수 : "); int n = stdIn.nextInt( );

        System.out.print( "정수  = ");  printBits(x);
        System.out.print("\nx <<  n = ");  printBits(x << n);   ──❶
        System.out.print("\nx >>  n = ");  printBits(x >> n);   ──❷
        System.out.print("\nx >>> n = ");  printBits(x >>> n);  ──❸
    }
}
```

그림 7-9를 보면서 세 연산자의 역할을 이해하기 바랍니다.

❶ x ≪ n : 왼쪽 시프트

x를 n비트 왼쪽으로 시프트하고, 비게 된 비트에 0을 채운 값을 생성합니다(그림 7-9 ⓐ). 시프트 결과는 x × 2^n이 됩니다.

> ▶ 2진수는 각 자릿수가 2의 거듭제곱의 가중치를 가지고 있기 때문에 1비트 왼쪽으로 시프트하면 값이 2배가 됩니다(10진수를 왼쪽으로 1자릿수 시프트하면 값이 10배가 되는 것과 마찬가지입니다. 예를 들어 10진수의 196을 왼쪽으로 1자릿수 시프트하면 1960이 됩니다).

❷ x ≫ n : 오른쪽 시프트(산술 시프트)

오른쪽 방향으로 산술 시프트(arithmetic shift)를 실행합니다. 그림 ⓑ와 같이 최상위의 부호 비트를 제외한 비트를 시프트하고, 비게 된 비트를 시프트 전의 부호 비트로 채운 값을 생성합니다.

그리고 1비트 왼쪽으로 시프트하면 값이 2배로 되고, 1비트 오른쪽으로 시프트하면 값이 절반이 되는 관계를 가집니다. x가 음의 값이 아닐 경우, x ÷ 2^n의 몫의 정수부가 시프트 결과가 됩니다.

● 표 7-3 … 시프트 연산자

x ≪ y	x를 y비트 왼쪽으로 시프트하고, 비게 된 비트에 0을 채운 값을 생성
x ≫ y	x를 y비트 오른쪽으로 시프트하고, 비게 된 비트에 시프트 전의 부호 비트를 채운 값을 생성
x ⋙ y	x를 y비트 오른쪽으로 시프트하고, 비게 된 비트에 0을 채운 값을 생성

3 x >>> n : 오른쪽 시프트(논리 시프트)

오른쪽 방향으로 논리 시프트(logical shift)를 실행합니다. 그림 ⓒ와 같이 부호 비트를 특별하게 고려하지 않고 그대로 n비트 시프트한 값을 생성합니다.

x가 음의 값이면 부호 비트가 1에서 0으로 변하기 때문에 연산에 의해 얻어지는 결과는 양의 값이 됩니다.

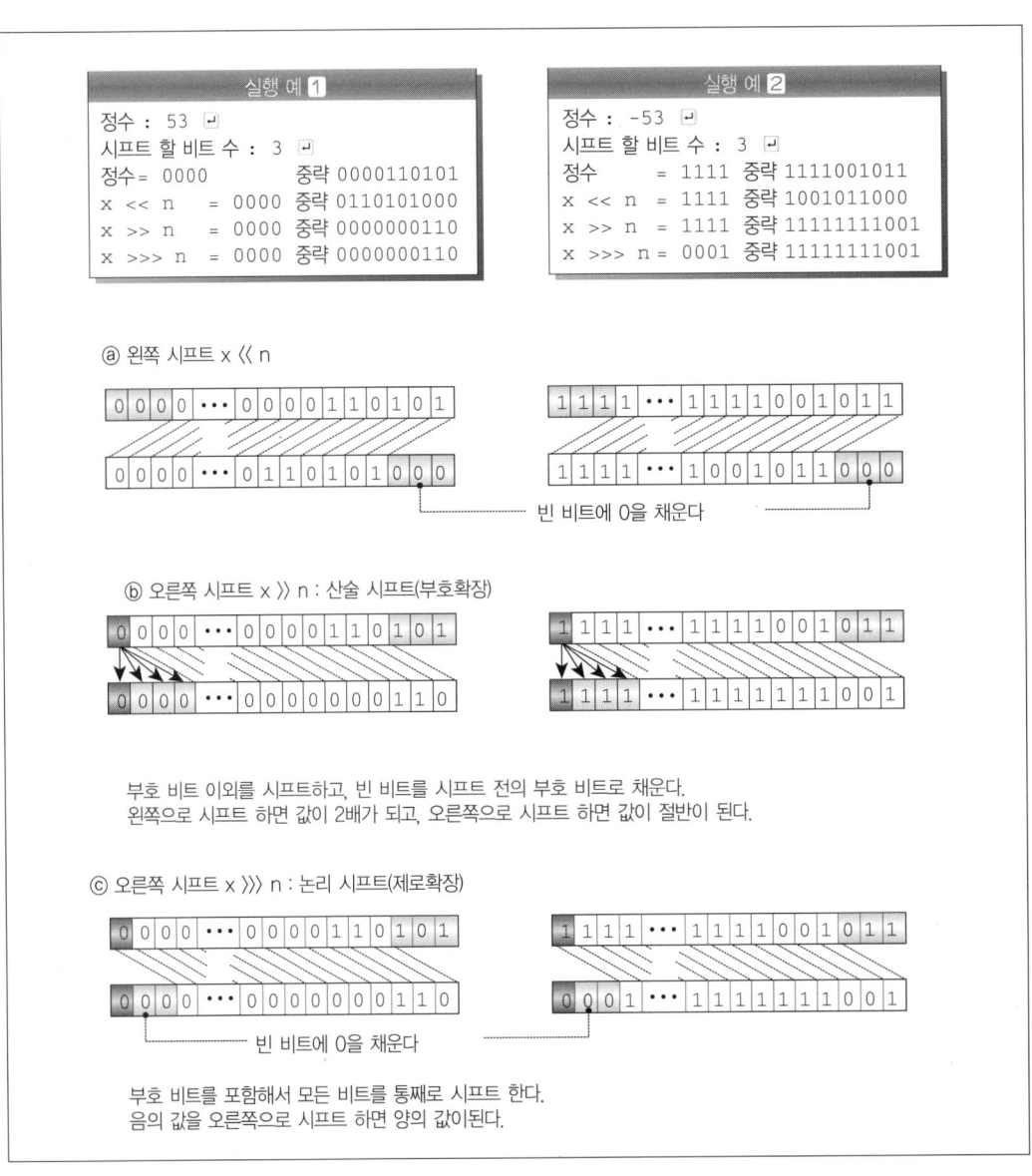

● 그림 7-9 시프트 연산에 의한 비트의 시프트

비트 수의 카운트

리스트 7-14는 int형의 정수를 구성하는 32개의 비트 안에 '1'인 비트가 몇 개인지를 카운트하는 프로그램입니다.

리스트 7-14   ◎ 예제파일 : Chap07/CountBits.java

```java
// int형 정수 내의 1인 비트 수를 카운트

import java.util.Scanner;

class CountBits {

    //--- int형의 비트 구성을 표시 ---//
    static void printBits(int x) {
        for (int i = 31; i >= 0; i--)
            System.out.print(((x >>> i & 1) == 1) ? '1' : '0');
    }

    //--- int형 정수 x 안의 1인 비트 수를 카운트 ---//
    static int countBits(int x) {
        int bits = 0;
        while (x != 0) {
            if ((x & 1) == 1) bits++;    // 최하위 비트는 1인가?
            x >>>= 1;                     // 검색이 끝난 최하위 비트를 밀어낸다
        }
        return bits;
    }

    public static void main(String[ ] args) {
        Scanner stdIn = new Scanner(System.in);

        System.out.print("정수 : ");
        int x = stdIn.nextInt( );

        System.out.print("비트 구성 = ");
        printBits(x);
        System.out.println("\n1인 비트 수 = " + countBits(x));
    }
}
```

실 행 예
```
정수 : 26 ↵
비트 구성 = 000000 중략 011010
1인 비트 수 = 3
```

❶ if ((x & 1) == 1) bits++;
❷ x >>>= 1;

메소드 countBits는 가인수 x에 전달된 정수 내에 존재하는 비트 '1'의 개수를 카운트해서 그 값

을 반환하는 메소드입니다. 그림 7-10은 정수 26을 예로 비트 '1'을 카운트하는 모습을 나타낸 것입니다.

1 그림 7-10과 같이 x와 1의 논리곱이 1이 되는지 안 되는지로 x의 최하위 비트 값을 조사합니다. 그 결과가 1이면 x의 최하위 비트는 1이기 때문에 bits을 증가시킵니다.

2 모든 비트를 오른쪽으로 1비트 논리 시프트합니다. 그 결과 검사가 끝난 최하위 비트가 밀려나게 됩니다.

▶ >>>=는 복합대입연산자이기 때문에 x = y >>> 1;과 같은 역할을 합니다.

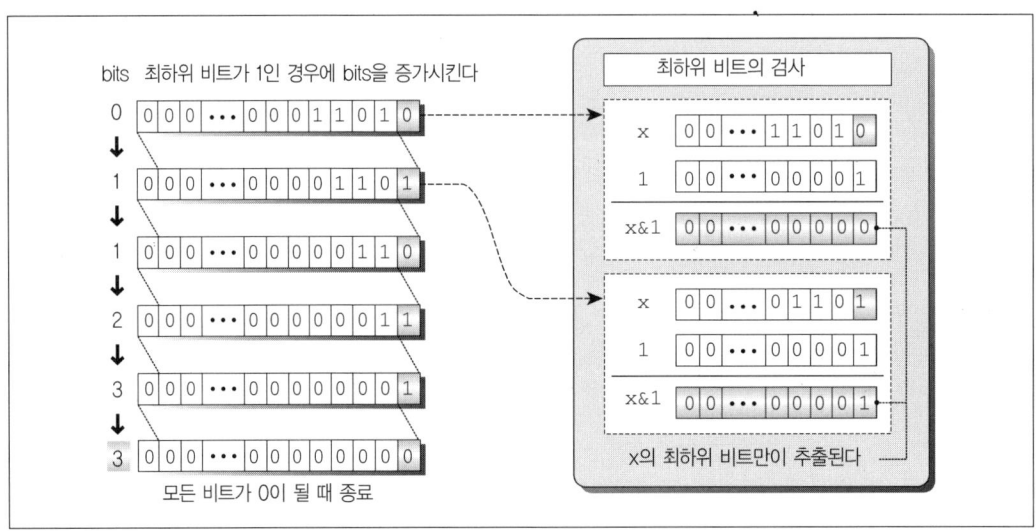

● **그림 7-10** 비트의 카운트

위 작업을 x가 0으로 될 때(즉 모든 비트가 0이 되는)까지 반복하면 변수 bits에는 비트 '1'의 모든 개수가 들어가게 됩니다.

Column 7-3··· 비트 수를 카운트하는 방법

비트 '1'의 수를 카운트하는 방법으로 많은 알고리즘이 고안되어 있습니다. 아래에 세 가지 프로그램을 제시합니다. 해독을 해보면 재미있을지도 모릅니다.

리스트 7C-3　　　　　　　　　　　　　　◎ 예제파일 : Chap07/CountBitsC1.java

```java
static int countBits(int x) {
    int bits = 0;
    for ( ; x != 0 ; x &= x - 1) {
        bits++;
    }
    return bits;
}
```

리스트 7C-4

◎ 예제파일 : Chap07/CountBitsC2.java

```java
static int countBits(int x) {
    int bits = (x >> 1) & 03333333333;
    bits = x - bits - ((bits >> 1) & 03333333333);
    bits = ((bits + (bits >> 3)) & 0707070707) % 077;
    return bits;
}
```

리스트 7C-5

◎ 예제파일 : Chap07/CountBitsC3.java

```java
static int countBits(int x) {
    x = (x & 0x55555555) + (x >> 1 & 0x55555555);
    x = (x & 0x33333333) + (x >> 2 & 0x33333333);
    x = (x & 0x0f0f0f0f) + (x >> 4 & 0x0f0f0f0f);
    x = (x & 0x00ff00ff) + (x >> 8 & 0x00ff00ff);
    return (x & 0x0000ffff) + (x >> 16 & 0x0000ffff);
}
```

비트의 표시

리스트 7-12 ~ 리스트 7-14에서 이용한 메소드 printBits는 int형 정수의 비트 내용을 표시하는 메소드입니다.

```java
//--- int형의 비트 구성을 표시 ---//
    static void printBits(int x) {
        for (int i = 31; i >= 0; i--)
            System.out.print(((x >>> i & 1) == 1) ? '1' : '0');
```

for문의 반복에서는 i번째 비트가 1인지 아닌지를 흰색 부분으로 조사하고 있습니다. 그 결과가 1이면 '1'이라고 표시하고, 0이면 '0'이라고 표시합니다(그림 7-11).

연습 7-11

정수를 좌우로 시프트 한 값이, 2의 거듭제곱의 곱셈이나 나눗셈과 같게 되는 것을 확인하는 프로그램을 작성하시오.

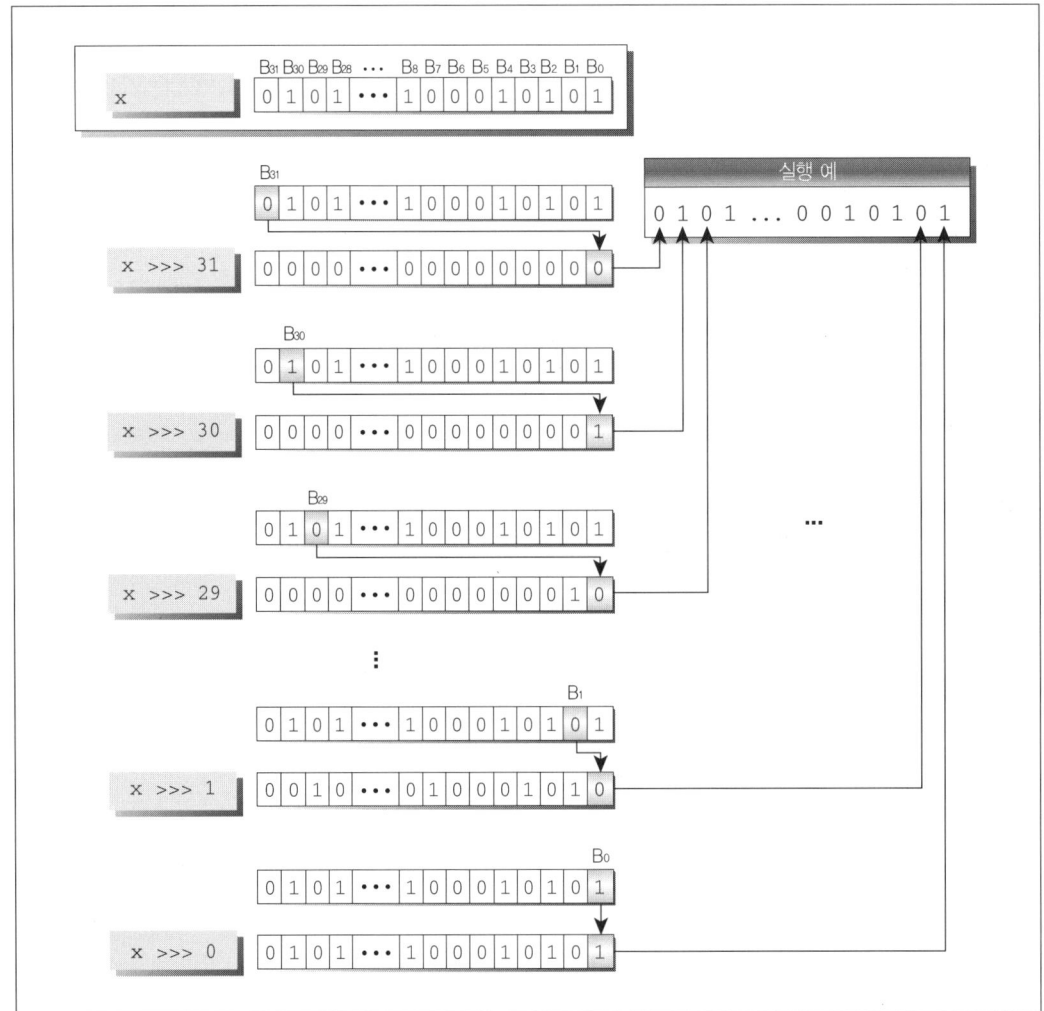

● 그림 7-11 비트의 표시

연습 7-12

정수 x를 오른쪽으로 n비트 회전한 값을 반환하는 메소드 rRotate와 왼쪽으로 n비트 회전한 값을 반환하는 메소드 lRotate를 작성하시오.

```
int rRotate(int x, int n)
int lRotate(int x, int n)
```

※ 회전이란 최하위 비트와 최상위 비트가 연결되어 있다고 가정하고 시프트 하는 것이다. 예를 들어 오른쪽으로 5비트 회전한 경우에는 시프트에 의해 밀려나게 되는 하위 5비트를 상위 비트로 이동시켜야 한다.

연습 7-13

정수 x의 pos 비트 번째(최하위부터 0, 1, 2 …라고 센다)를 1로 한 값을 반환하는 메소드 set, 0으로 한 값을 반환하는 메소드 reset, 반전된 값을 반환하는 메소드 inverse를 작성하시오.

```
int set(    int x, int pos)
int reset(  int x, int pos)
int inverse(int x, int pos)
```

연습 7-14

정수 x의 pos 비트 번째를 최하위로써 연속하는 n개의 비트를 1로 한 값을 반환하는 메소드 setN, 0으로 한 값을 반환하는 메소드 resetN, 반전된 값을 반환하는 메소드 inverseN을 작성하시오.

```
int setN(    int x, int pos, int n)
int resetN(  int x, int pos, int n)
int inverseN(int x, int pos, int n)
```

Column 7-4 ··· 비트단위의 논리연산자에 의한 논리연산

비트 단위의 논리연산자 &, |가 논리형을 피연산자로 하는 논리연산을 실행하는 것은 제3장에서도 해설했습니다. 따라서 month가 봄(3이상 5이하)인지 아닌지의 판정은 아래의 **1**과 **2** 가운데 하나로도 판정할 수 있습니다.

1 `if (month >= 3 &  month <= 5) // Java에서는 가능. C와 C++에서는 다른 의미.`
2 `if (month >= 3 && month <= 5) // Java, C, C++에서 가능.`

대부분의 프로그램에서 **2**쪽이 이용되는 것은 주로 다음과 같은 이유 때문입니다.

- & 연산자는 단락평가가 이루어지지 않지만, && 연산자는 단락평가가 이루어지기 때문에 실행 효율이 높다
- C언어와 C++의 프로그램과 공통성이 있다.

덧붙여서 말하면 배타적 논리합을 구하는 ^ 연산자도 논리형의 피연산자에 적용할 수 있습니다. 따라서 변수 a와 변수 b 가운데 한쪽만 5인지 아닌지를 판단하는 if문은 다음과 같이 구현할 수 있습니다.

```
if (a == 5 ^ b ==)      // 변수 a와 b 가운데 한쪽만 5이면
    문                   // 문을 실행한다
```

연산자 &, |, ^가 정수의 비트연산 전용이기 때문에 논리형 피연산자로 하는 논리연산에는 사용할 수 없다고 설명하는 Java 입문서도 있지만 그것은 잘못된 설명입니다.

7-3 배열을 취급하는 메소드

메소드는 인수로써 배열을 전달받을 수도 있고, 배열을 반환할 수도 있습니다. 이 절에서는 메소드 사이에 배열을 취급하는 실용적인 프로그램을 학습합니다.

최대값을 구하는 메소드

리스트 7-15는 키와 몸무게를 입력하면 배열로 저장해서 각각의 최대값을 구하는 프로그램입니다.

리스트 7-15　　　　　　　　　　　　　　◎ 예제파일 : Chap07/MaxOfHeightWeight.java

```java
// 가장 키가 큰 사람의 신장과 가장 뚱뚱한 사람의 체중을 구하기

import java.util.Scanner;

class MaxOfHeightWeight {

    //--- 배열 a의 최대값을 구해서 반환 ---//
    static int maxOf(int[ ] a) {
        int max = a[0];
        for (int i = 1; i < a.length; i++)
            if (a[i] > max)
                max = a[i];
        return max;
    }

    public static void main(String[ ] args) {
        Scanner stdIn = new Scanner(System.in);

        System.out.print("인원 수는? : ");
        int person = stdIn.nextInt( );      // 인원 수를 입력

        int[] height = new int[person];     // 신장의 배열을 생성
        int[] weight = new int[person];     // 체중의 배열을 생성

        System.out.println(person + "명의 신장과 체중을 입력하시오.");

        for (int i = 0; i < person; i++) {
            System.out.print((i + 1) + "번의 신장 : ");
            height[i] = stdIn.nextInt( );
```

실 행 예

```
인원 수는? : 5
1번의 신장 : 175
1번의 체중 : 72
2번의 신장 : 163
2번의 체중 : 82
3번의 신장 : 150
3번의 체중 : 49
4번의 신장 : 181
4번의 체중 : 76
5번의 신장 : 170
5번의 체중 : 64
가장 키가 큰 사람의 신장은 : 181cm
가장 뚱뚱한 사람의 체중은 : 82kg
```

```
            System.out.print((i + 1) + "번의 체중 : ");
            weight[i] = stdIn.nextInt( );
        }

        System.out.println("가장 키가 큰 사람의 신장 : " + maxOf(height) + "cm");
        System.out.println("가장 뚱뚱한 사람의 체중 : " + maxOf(weight) + "kg");
    }
}
```

main 메소드에서는 먼저 인원 수를 입력하고 나서 신장의 배열 height와 체중의 배열 weight을 생성해서 각 요소에 값을 입력합니다. 마지막으로 메소드 maxOf를 호출해서 각각의 최대값을 구합니다.

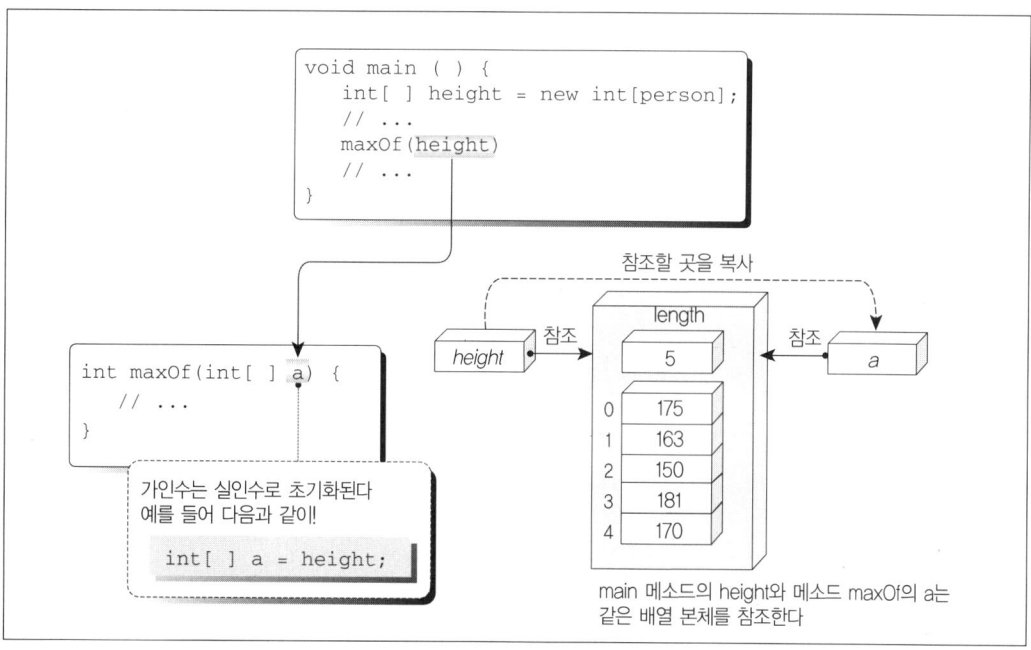

● 그림 7-12   메소드끼리의 배열 전달

maxOf는 배열 요소의 최대값을 구해서 반환하는 메소드입니다. 배열을 전달받기 위한 가인수는 int[ ] a로 선언되어 있습니다. 이것은 일반적인 배열 선언과 같은 형식입니다. 따라서 이 가인수는 int[ ] a가 아니고 int a[ ]로 선언할 수도 있습니다.

프로그램의 흰색 부분은 신장의 최대값을 구하기 위한 메소드 호출입니다. 그림 7-12는 여기에서 실행되는 배열 전달의 모습을 나타낸 것입니다.

실인수인 height는 배열 본체를 참조하는 배열 변수이기 때문에 메소드 maxOf로 전달되는 '배열 본체를 참조' 하게 됩니다.

호출된 메소드 maxOf에서 배열 변수인 가인수 a는 전달받은 참조로 초기화됩니다. 그 결과 배열 변수 a는 배열 height의 본체를 참조하게 됩니다. 다시 말하면 메소드 maxOf 내의 배열 a는 사실상 main 메소드의 배열 height가 됩니다.

> ▶ 배열은 본체와 요소 수 length가 세트로 되어 있기 때문에 메소드 maxOf 내에서는 식 a.length에 의해 배열 height의 요소 수를 참조할 수 있습니다.

배열 요소의 최대값을 구하는 알고리즘은 제6장에서 배웠습니다. 이 메소드에서는 그 알고리즘을 그대로 이용해서 최대값을 구하고 있습니다.

*

또한 체중의 최대값을 구할 때 메소드 maxOf 내에서는 배열 변수 a는 체중의 배열 weight의 본체를 참조하게 됩니다.

선형검색

제6장에서는 배열에서 목적하는 키 값과 같은 값을 갖는 요소를 찾아내는 선형검색을 배웠습니다. 리스트 7-16은 선형검색을 독립된 메소드로 작성한 프로그램입니다.

리스트 7-16 ◎ 예제파일 : Chap07/LinearSearch.java

```java
// 선형검색

import java.util.Scanner;

class LinearSearch {

    //--- 배열 a의 요소에서 key와 일치하는 가장 선두의 요소를 선형검색 ---//
    static int linearSearch(int[ ] a, int key) {
        for (int i = 0; i < a.length; i++)
            if (a[i] == key)
                return i;          // 검색 성공(인덱스를 반환)
        return -1;                 // 검색 실패(-1을 반환)
    }

    public static void main(String[ ] args) {
        Scanner stdIn = new Scanner(System.in);
```

```
실 행 예
요소 수는? : 7
x[0] : 22
x[1] : 5
x[2] : 11
x[3] : 32
x[4] : 120
x[5] : 68
x[6] : 70
검색할 값은? : 120
이 값은 x[4]에 있습니다.
```

```
            System.out.print("요소 수는? : ");
            int num = stdIn.nextInt( );
            int[] x = new int[num];      // 요소 수 num의 배열

            for (int i = 0; i < num; i++) {
                System.out.print("x[" + i + "] : ");
                x[i] = stdIn.nextInt( );
            }
            System.out.print("검색할 값은? : ");   // 키 값의 입력
            int ky = stdIn.nextInt( );

            int idx = linearSearch(x, ky);       // 배열 x에서 값이 ky인 요소를 검색

            if (idx == -1)
                System.out.println("이 값은 요소는 존재하지 않습니다.");
            else
                System.out.println("이 값은 x[" + idx + "]에 있습니다.");
        }
    }
```

선형검색을 실행하는 메소드 linearSearch입니다. 배열 a에서 key와 일치하는 요소 중에서 가장 처음에 위치하는 요소를 선형검색합니다. 검색에 성공한 경우에는 발견한 요소의 인덱스를 반환하고, 실패한 경우에는 -1을 반환합니다.

▶ 검색을 실패했을 경우에 반환하는 -1은 배열의 인덱스로써 있을 수 없는 값입니다. 따라서 검색 성공과 검색 실패 시에 반환하는 값은 반드시 구별을 해야 됩니다.

*

main 메소드에서는 반환된 값에 따라서 검색결과를 표시하고 있습니다.

■ 일회용 배열

아래 프로그램을 보기 바랍니다(변수 k에는 적당한 값이 대입되어 있다고 가정합니다).

```
// k에는 적당한 값이 대입되어 있다
    int[ ] a = {1, k, k + 5, 2 * k};
    int i = linearSearch(a, 3);       // 값이 3인 요소를 검색
    // 이 시점에서 배열 a는 필요 없게 된다
```

선두부터 순서대로 1, k, k + 5, 2 * k로 초기화된 배열 a의 요소 중에서 값 3이 존재하는지 안 하는지를 조사하려는 의도입니다. 여기에서는 값 3이 존재하는지 안 하는지를 조사만 하고, 조사가 끝나면 배열 a는 필요없게 됩니다.

*

이와 같이 '다른 메소드로 전달하고 처리를 해서 받은 후 필요없게' 된 '일회용' 배열을 위해 일부러 배열 변수를 할당할 필요는 없습니다. 왜냐하면 다음과 같이 작성할 수 있기 때문입니다.

```
// k에는 적당한 값이 대입되어 있다
int i = linearSearch(new int[ ] {1, k, k+5, 2 * k}, 3);
// 이 시점에서 배열 a는 필요 없게 된다
```

흰색 부분은 배열을 생성하는 식입니다. new연산자를 이용해서 배열을 생성한 후 각 요소를 초기화합니다. 그리고 생성된 배열의 참조를 그대로 인수로써 메소드에 전달합니다.

▶ 어렵게 느낄지 모르지만 고도의 실용적인 프로그램에서는 여기에 표시한 테크닉이 빈번하게 사용됩니다. 예를 들면 메소드 m1이 문자열(String형)의 배열을 전달 받으면 다음과 같이 메소드 m1을 호출할 수 있습니다.

m1(new String[ ]{"PC", "Mac", "Workstation"})

또한 제8장 이후에 학습할 '클래스'의 인스턴스('배열'의 본체에 해당하는 것)를 일회용으로 호출할 때도 동일한 테크닉이 사용됩니다(리스트 9-15 참조).

연습 7-15

배열 a의 모든 요소의 합계를 계산하는 메소드 sumOf를 작성하시오.

```
int sumOf(int[ ] a)
```

연습 7-16

배열 a 요소의 최소값을 구하는 메소드 minOf를 작성하시오.

```
int minOf(int[ ] a)
```

연습 7-17

메소드 linearSearch는 검색할 키와 같은 값의 요소가 여러 개 존재할 경우, 가장 선두에 위치하는 요소를 찾는 것이다. 가장 마지막에 위치하는 요소를 찾는 메소드 linearSearchR을 작성하시오.

```
int linearSearchR(int[ ] a, int key)
```

배열 요소의 나열을 바꾸기

리스트 6-11에서는 배열 요소의 나열을 바꾸는 프로그램을 배웠습니다. 리스트 7-17은 요소의 나열을 바꾸는 부분을 독립된 메소드로써 작성한 프로그램입니다.

리스트 7-17　　　　　　　　　　　　　　　　◎ 예제파일 : Chap07/ReverseArray.java

```java
// 배열의 요소에 값을 입력해서 나열을 바꾸기

import java.util.Scanner;

class ReverseArray {

    //--- 배열 요소 a[idx1]와 a[idx2]를 교환 ---//
    static void swap(int[ ] a, int idx1, int idx2) {
        int t = a[idx1]; a[idx1] = a[idx2]; a[idx2] = t;
    }

    //--- 배열 a 요소의 나열을 바꾸기 ---//
    static void reverse(int[ ] a) {
        for (int i = 0; i < a.length / 2; i++)
            swap(a, i, a.length - i - 1);
    }

    public static void main(String[ ] args) {
        Scanner stdIn = new Scanner(System.in);

        System.out.print("요소 수 : ");
        int num = stdIn.nextInt( );            // 요소 수

        int[] x = new int[num];                // 요소 수 num의 배열

        for (int i = 0; i < num; i++) {
            System.out.print("x[" + i + "] : ");
            x[i] = stdIn.nextInt( );
        }

        reverse(x);                            // 배열 x 요소의 나열을 바꾸기

        System.out.println("요소의 나열을 바꾸었습니다.");
        for (int i = 0; i < num; i++)
            System.out.println("x[" + i + "] = " + x[i]);
    }
}
```

실 행 예
```
요소 수 : 5
x[0] : 10
x[1] : 73
x[2] : 2
x[3] : -5
x[4] : 42
요소의 나열을 바꾸었습니다.
x[0] : 42
x[1] : -5
x[2] : 2
x[3] : 73
x[4] : 10
```

나열 바꾸기를 실행하는 것이 메소드 reverse입니다. 배열 요소의 나열을 바꾸기 위해서는 2요소의 교환을 (요소 수 / 2)번 실행했습니다.

배열 내의 2요소의 교환을 실행하는 것이 메소드 swap입니다. 이 메소드가 가인수로써 입력하는 것은 배열(로의 참조) a와 두 인덱스 idx1과 idx2입니다.

이 메소드는 a[idx1]과 a[idx2]의 값을 교환합니다. 예를 들면 swap(a, 1, 3)라고 호출되면 a[1]의 값과 a[3]의 값을 교환합니다. 두 값의 교환은 아래 프로그램으로 실행할 수 있었습니다. 이것과 같은 방법을 이용하고 있습니다.

▶ main 메소드에서 생성된 배열로의 참조 x가 reverse로 전달됩니다. reverse에서는 가인수 a로 전달받은 참조를 그대로 swap로 전달합니다. 따라서 메소드 reverse의 가인수 a와 swap의 가인수 a는 모두 main 메소드 내에서 x로 생성된 배열 본체를 참조하게 됩니다.

```
// a와 b의 교환
int t = a;
a = b;
b = t;
```

연습 7-18

배열 a에서 요소 a[idx]를 삭제하는 메소드 aryRmv를 작성하시오.

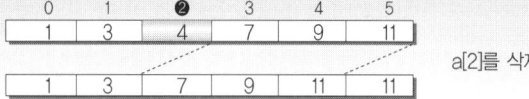

삭제는 a[idx]보다 뒤에 있는 모든 요소를 하나씩 앞으로 이동시켜서 처리할 것. 이동되지 않고 남게 되는 마지막 요소 a[a.length - 1]의 값은 변경하지 않아도 된다.

예 배열 a의 요소가 {1, 3, 4, 7, 9, 11}일 경우, aryRmv(a, 2)로 호출한 후의 배열 a의 요소는 {1, 3, 7, 9, 11, 11}이 된다.

a[2]를 삭제

연습 7-19

배열 a에서 요소 a[idx]를 선두로 하는 n개의 요소를 삭제하는 메소드 aryRmvN을 작성하시오.

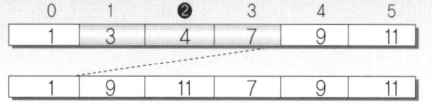

삭제는 a[idx]보다 뒤에 있는 모든 요소를 n개 앞으로 이동시켜서 처리할 것. 또한 이동되지 않고 남게 되는 요소의 값은 변경하지 않아도 된다.

예 배열 a의 요소가 {1, 3, 4, 7, 9, 11}일 경우, aryRmvN(a, 1, 3)으로 호출한 후의 배열 a의 요소는 {1, 9, 11, 7, 9, 11}이 된다.

a[1]~a[3]을 삭제

연습 7-20

배열 a의 요소 a[idx]에 x를 삽입하는 메소드 aryIns를 작성하시오.

    int aryIns(int[ ] a, int idx, int x)

삽입과 함께 a[idx]~a[a.length - 2]를 하나씩 뒤로 이동시켜야 한다.

예 배열 a의 요소가 {1, 3, 4, 7, 9, 11}일 경우, aryIns(a, 2, 99)로 호출한 후의 배열 a의 요소는 {1, 3, 99, 4, 7, 9}가 된다.

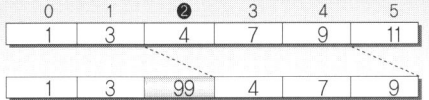

두 배열의 비교

지금까지의 메소드는 단일 배열을 취급하는 것이었습니다. 복수 배열의 처리를 실행하는 메소드를 만들어 봅시다. 리스트 7-18은 두 배열이 같은지 다른지를 판정하는 프로그램입니다.

▶ 두 배열을 ==연산자 또는 !=연산자를 이용해서 비교하면 모든 요소의 값이 같은지 다른지가 아니라 참조할 곳이 같은지 다른지의 판정이 이루어집니다(Column 6-4 참조).

리스트 7-18   ◎ 예제파일 : Chap07/ArrayEqual.java

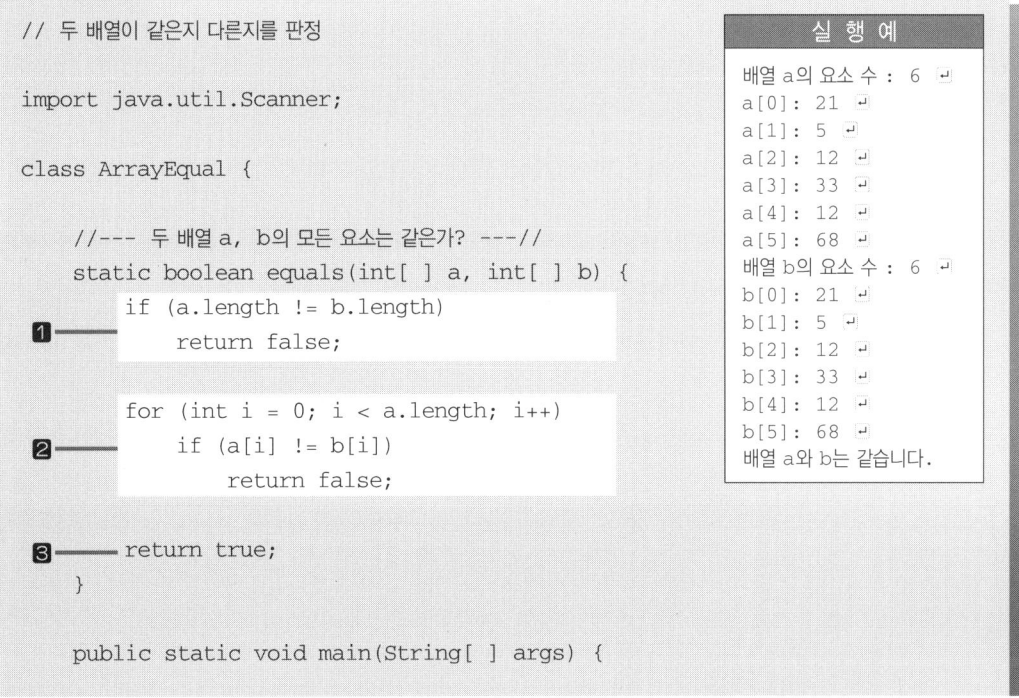

```java
// 두 배열이 같은지 다른지를 판정

import java.util.Scanner;

class ArrayEqual {

    //--- 두 배열 a, b의 모든 요소는 같은가? ---//
    static boolean equals(int[ ] a, int[ ] b) {
        if (a.length != b.length)
            return false;

        for (int i = 0; i < a.length; i++)
            if (a[i] != b[i])
                return false;

        return true;
    }

    public static void main(String[ ] args) {
```

```
        Scanner stdIn = new Scanner(System.in);

        System.out.print("배열 a의 요소 수 : ");
        int na = stdIn.nextInt( );          // 배열 a의 요소 수

        int[] a = new int[na];              // 요소 수 na의 배열

        for (int i = 0; i < na; i++) {
            System.out.print("a[" + i + "] : ");
            a[i] = stdIn.nextInt( );
        }

        System.out.print("배열 b의 요소 수 : ");
        int nb = stdIn.nextInt( );          // 배열 b의 요소 수

        int[] b = new int[nb];              // 요소 수 nb의 배열

        for (int i = 0; i < nb; i++) {
            System.out.print("b[" + i + "] : ");
            b[i] = stdIn.nextInt( );
        }

        System.out.println("배열 a와 b는 " +
                            (equals(a, b) ? "같습니다."
                                          : "다릅니다."));
    }
}
```

메소드 equals는, 두 배열 a와 b의 모든 요소가 같은지 다른지를 판정해서 그 결과에 따라 true 또는 false를 반환합니다. 판정은 다음과 같이 세 과정을 거쳐 실행됩니다.

1 두 배열 a, b의 요소 수(길이)를 비교합니다. 요소 수가 다르면 배열이 다르다는 것도 분명해지기 때문에 false를 반환합니다(그림 7-13 ⓐ).

2 이 for문에서는 두 배열을 선두부터 검색하면서 요소 a[i]와 b[i] 값의 비교를 반복합니다. 이 과정에서 값이 다른 요소를 발견하면 return문을 실행해서 false를 반환합니다(그림 7-13 ⓑ).

3 프로그램의 흐름이 여기에 도달하는 것은 for문이 중단되지 않고 마지막까지 실행되는 경우입니다(그림 7-13 ⓒ).

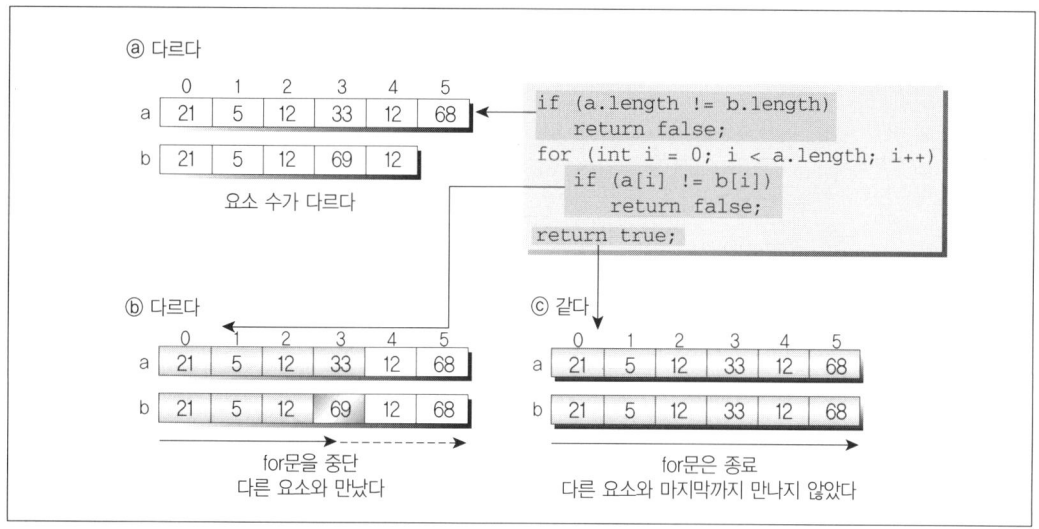

● 그림 7-13 두 배열의 비교

연습 7-21

배열 a와 배열 b의 모든 요소의 값을 교환하는 메소드 aryExchng를 작성하시오.

　　int aryExchng(int[ ] a, int[ ] b)

두 배열의 요소 수가 다른 경우에는 작은 쪽의 요소 수만큼의 요소를 교환할 것.

> **예** 배열 a의 요소가 {1, 2, 3, 4, 5, 6, 7}이고, 배열 b의 요소가 {5, 4, 3, 2, 1}일 경우에 aryExchng(a, b)로 호출한 후에 배열 a는 {5, 4, 3, 2, 1, 6, 7}이 되고, 배열 b는 {1, 2, 3, 4, 5}가 되어야 한다.

배열을 반환하는 메소드

메소드는 배열을 전달받을 뿐만 아니라 반환할 수도 있습니다. 리스트 7-19는 배열을 반환하는 메소드를 만드는 프로그램입니다.

리스트 7-19　　　　　　　　　　　　　　　　　　　◎ 예제파일 : Chap07/GenIdxArray.java

```java
// 모든 요소가 인덱스와 같은 값을 갖는 배열의 생성

import java.util.Scanner;

class GenIdxArray {

    //--- 모든 요소가 인덱스와 같은 값을 갖는 요소 수 n의 배열을 생성해서 반환 ---//
```

```
static int[ ] idxArray(int n) {
    int[ ] a = new int[n];          // 요소 수 n의 배열
    for (int i = 0; i < n; i++)
        a[i] = i;
    return a;
}

public static void main(String[ ] args) {
    Scanner stdIn = new Scanner(System.in);

    System.out.print("요소 수는 : ");
    int n = stdIn.nextInt( );         // 요소 수
    int[ ] x = idxArray(n);           // 요소 수 n의 배열

    for (int i = 0; i < n; i++)
        System.out.println("x[" + i + "] = " + x[i]);
}
```

```
실 행 예
요소 수는 : 5 ↵
x[0] = 0
x[1] = 1
x[2] = 2
x[3] = 3
x[4] = 4
```

메소드 idxArray의 반환형은 int[ ]로 되어 있습니다. 이것은 메소드가 int형인 배열에 대한 참조를 반환하는 선언입니다.

> **중요** 메소드는 배열에 대한 참조를 반환할 수 있다.

메소드 idxArray는 가인수 n에 int형 정수값을 입력합니다. 메소드 본체의 실행은 다음과 같습니다.

- 요소 수가 n인 배열 a를 생성
- 배열 a의 모든 요소에 인덱스와 같은 값을 대입
- a 즉 배열 본체로의 참조를 반환

실행 예와 같이 가인수 n에 5를 입력한 경우에는 요소 수가 5인 배열을 생성해서 요소에 {0, 1, 2, 3, 4}를 대입한 후에 그 배열로의 참조를 반환합니다.

main 메소드에서 선언되어 있는 배열 변수 x의 초기화 값은 idxArray(n)입니다. 따라서 그림 7-14와 같이 메소드 idxArray의 반환값(배열 변수 a의 값인 참조)이고, 배열

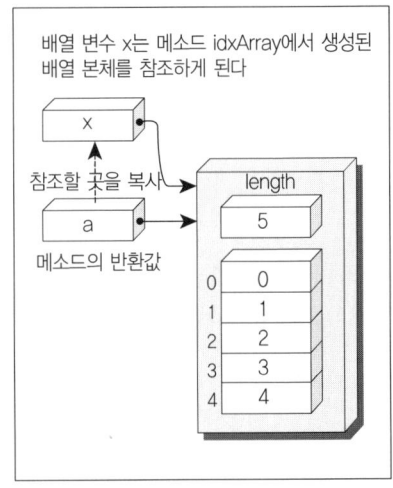

● **그림 7-14** 배열의 반환

변수 x가 초기화됩니다. 이 결과 배열 변수 x는 메소드 idxArray 안에서 생성된 배열 본체를 참조하게 됩니다.

▶ 또한 흰색 부분의 메소드 머리 부분은 반환형의 배열 선언을 위해 [ ]을 마지막에 표시해서 다음과 같이 선언할 수도 있습니다.

```
static int idxArray(int n) [ ]
```

단 이 형식은 초기 무렵 작성되었던 Java 프로그램과의 호환성을 위해 예외적으로 인정하고 있는 것에 지나지 않습니다. 리스트 7-19의 형식으로 쓰는 것이 원칙입니다.

연습 7-22

배열 a와 같은 배열(요소 수가 동일하고, 모든 요소의 값이 동일한 배열)을 생성해서 반환하는 메소드 arrayClone을 작성하시오.

```
int[ ] arrayClone(int[ ] a)
```

연습 7-23

배열 a의 요소 중에서 값이 x인 모든 요소의 인덱스를 선두부터 순서대로 저장한 배열을 반환되는 메소드 arrayClone을 작성하시오.

```
int[ ] arrayRmvOf(int[ ] a, int idx)
```

> **예** 배열 a의 요소가 {1, 5, 4, 8, 5, 5, 7}이고 arraySrchIdx(a, 5)로 호출된 경우, 반환되는 배열은 {1, 4, 5}가 된다 (값이 5인 요소의 인덱스를 나열한 것이 된다).

연습 7-24

배열 a에서 요소 a[idx]를 삭제한 배열을 반환하는 메소드 arrayRmOf을 작성하시오.

```
int[ ] arrayRmOf(int[ ] a, int idx)
```

삭제는 a[idx]보다 뒤에 있는 모든 요소를 하나씩 앞으로 이동시켜서 처리한다.

> **예** 배열 a의 요소가 {1, 3, 4, 7, 9, 11}일 경우에 arrayRmvOf(a, 2)로 호출된 경우, 반환되는 배열의 요소는 {1, 3, 7, 9, 11}이 된다.

연습 7-25

배열 a에서 요소 a[idx]를 선두로 하는 n개의 요소를 삭제한 배열을 반환하는 메소드 arrayRmvOfN을 작성하시오.

```
int[ ] arrayRmvOfN(int[ ] a, int idx, int n)
```

삭제는 a[idx]보다 뒤에 있는 모든 요소를 n개 앞으로 이동시켜서 처리한다.

> **예** 배열 a의 요소가 {1, 3, 4, 7, 9, 11}일 때 arrayRmvOfN(a, 1, 3)으로 호출된 경우, 반환되는 배열의 요소는 {1, 9, 11}이 된다.

> **연습 7-26**
>
> 배열 a의 요소 a[idx]에 x를 삽입한 배열을 반환하는 메소드 arrayInsOf을 작성하시오.
>
> ```
> int[ ] arrayInsOf(int[ ] a, int idx, int x)
> ```
>
> 삽입과 함께 a[idx]~a[a.length-2]를 하나씩 뒤쪽으로 이동시켜서 처리한다.
>
> **예** 예를 들면 배열 a의 요소가 {1, 3, 4, 7, 9, 11}일 때 arrayInsOf(a, 2, 99)로 호출된 경우, 반환되는 배열의 요소는 {1, 3, 99, 4, 7, 9, 11}이 된다.

다차원 배열의 전달

리스트 6-17에서는 두 행렬의 합을 구하는 프로그램이었습니다. 리스트 7-20은 합을 구하는 부분을 독립된 메소드로 표현한 프로그램입니다.

리스트 7-20　　　　　　　　　　　　　　　　　　　　◎ 예제파일 : Chap07/AddMatrix.java

```java
// 두 행렬의 합을 계산하기

class AddMatrix {

    //--- 행렬 x와 y의 합을 z에 대입 ---//
    static void addMatrix(int[ ][ ] x, int[ ][ ] y, int[ ][ ] z) {
        for (int i = 0; i < x.length; i++)
            for (int j = 0; j < x[i].length; j++)
                z[i][j] = x[i][j] + y[i][j];
    }

    //--- 행렬 m의 모든 요소를 표시 ---//
    static void printMatrix(int[ ][ ] m) {
        for (int i = 0; i < m.length; i++) {
            for (int j = 0; j < m[i].length; j++)
                System.out.print(m[i][j] + " ");
            System.out.println( );
        }
    }

    public static void main(String[ ] args) {
        int[ ][ ] a = { {1, 2, 3}, {4, 5, 6} };
        int[ ][ ] b = { {6, 3, 4}, {5, 1, 2} };
        int[ ][ ] c = new int[2][3];

        addMatrix(a, b, c);     // a와 b의 합을 c에 대입
```

실 행 예

행렬 a
1　2　3
4　5　6
행렬 b
6　3　4
5　1　2
행렬 c
7　5　7
9　6　8

```
            System.out.println("행렬 a"); printMatrix(a);
            System.out.println("행렬 b"); printMatrix(b);
            System.out.println("행렬 c"); printMatrix(c);
        }
    }
```

메소드 addMatrix는 행렬 x와 행렬 y의 합을 행렬 z에 저장합니다. 2차원 배열을 전달받는 가인수의 선언은 일반적인 2차원 배열의 선언과 동일합니다.

▶ 가인수는 int[ ][ ] x가 아니고 int x[ ][ ]와 int[ ] x[ ]등으로 선언할 수도 있습니다.

또 하나의 메소드 printMatrix는 전달받은 2차원 배열 m의 모든 요소를 표시합니다. 이 메소드를 예로 2차원 배열의 전달을 이해하기 바랍니다.

그림 7-15는 printMatrix(a)로 호출될 때 인수 전달의 모습을 나타낸 것입니다.

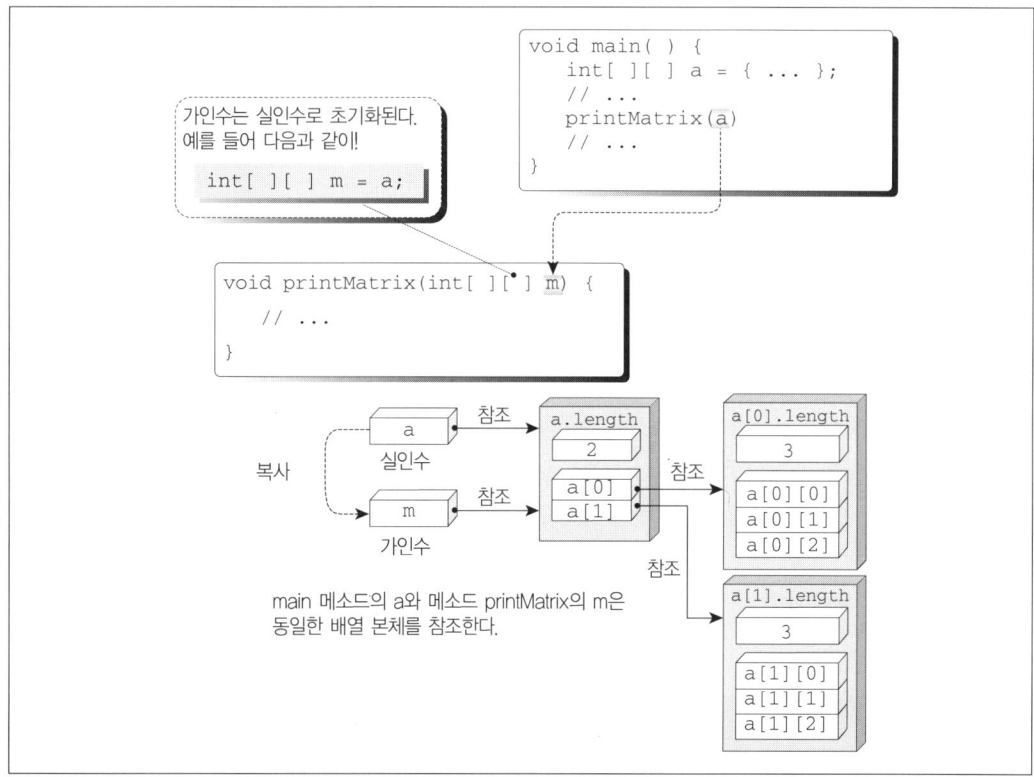

● **그림 7-15** 메소드 사이의 2차원 배열의 전달

전달하는 쪽의 실인수 a는 배열 본체를 참조하는 배열 변수이기 때문에 1차원 배열과 마찬가지로 전달되는 것은 배열 본체가 아니라 배열에 대한 참조입니다. 호출된 메소드 printMatrix는 그 참조를 가인수 m에 전달받습니다. 메소드 printMatrix 내에서는 배열 a용으로 생성된 배열 본체를 배열 변수 m을 통해서 액세스하게 됩니다.

연습 7-27

리스트 7-20의 프로그램은 세 배열 x, y, z의 행수 및 열수가 동일하다고 가정한다. 세 배열의 요소 수가 같으면 덧셈을 실행해서 true를 반환하고, 다르면 덧셈을 하지 않고 false를 반환하는 메소드로 수정하시오.

```
boolean addMatrix(int[ ][ ] x, int[ ][ ] y, int[ ][ ] z)
```

연습 7-28

행렬 x와 y의 합을 저장한 2차원 배열을 반환하는 메소드를 작성하시오(행수 및 열수가 동일한 배열을 x와 y로 전달받는 것을 전제로 한다).

연습 7-29

2차원 배열 a와 동일한 배열(요소 수가 동일하고 모든 요소의 값이 동일한 배열)을 생성해서 반환하는 메소드 aryClone2를 작성하시오.

```
int[ ][ ] aryClone2(int[ ][ ] a)
```

7-4 다중정의

매우 닮은 메소드에 하나씩 서로 다른 이름을 할당하면 프로그램은 넘쳐나는 이름으로 비대해 집니다. 이 절에서는 서로 다른 메소드에 같은 이름을 할당하는 다중정의에 대해서 학습합니다.

메소드의 다중정의

이 장의 앞부분에서 작성한 메소드 max는 세 개의 int형 인수를 받아서 그 최대값을 반환하는 것이었습니다. 그러나 '두 개의 long형의 최대값을 구하는 메소드'나 '네 개의 double형의 최대값을 구하는 메소드' 등이 필요할 지도 모릅니다.

이들 메소드에 대해서 개별적으로 이름을 할당하게 되면 이름을 기억하는 것도 관리하는 것도 구분하는 것도 쉬운 작업이 아닙니다.

▶ 즉, 메소드의 작성자뿐만 아니라 이용자의 입장에서도 문제가 됩니다.

Java에서는 하나의 클래스 안에 동일한 이름의 메소드가 여러 개 존재하는 것을 허용합니다. 동일한 이름의 메소드를 동일한 클래스 내에서 여러 개 선언하는 것을 '메소드의 다중정의(overload)'라고 합니다.

단 '동일한 시그니처(signature, 서명)의 메소드는 다중정의를 할 수 없다'라는 제약이 있습니다. signature는 그림 7-16과 같이 메소드의 이름과 가인수의 개수와 형을 합한 것이고 반환형은 포함되지 않습니다.

> **중요** 메소드의 시그니처는 메소드 이름과 가인수의 개수와 형의 조합이다.

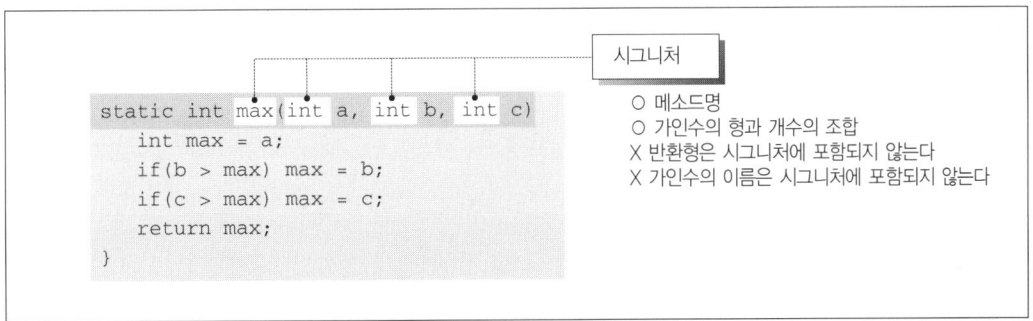

● 그림 7-16 메소드의 시그니처

'동일한 시그니처의 메소드는 다중정의를 할 수 없다' 라는 의미를 바꾸어 말하면 어느 메소드를 호출해야 되는지 호출하는 쪽에서 명확하게 구별할 수 있도록, 가인수의 형과 개수가 다르지 않으면 다중정의를 할 수 없다라는 의미입니다.

> **중요** 동일한 클래스 내의 시그니처가 서로 다른 메소드에는 동일한 이름을 할당하는 다중정의를 실행할 수 있다.

▶ 메소드의 다중정의는 동일한 클래스 내에 동일한 이름의 메소드를 복수 정의하는 것이기 때문에 서로 다른 클래스에 동일한 이름의 메소드를 정의해도 다중정의는 되지 않습니다.

시그니처에 대해서 실례를 통해서 이해하기 바랍니다. 먼저 다음과 같은 예를 생각해 봅니다. 두 메소드는 int형의 인수 x와 y가 입력되면 그 평균을 계산합니다. 다른 것은 반환형입니다. ❶은 int형이고 ❷는 double형입니다.

```java
// ❶ 정수 x와 y의 평균값을 정수로 계산한다
static int ave(int x, int y) {
    return (x + y) / 2;
}

// ❷ 정수 x와 y의 평균값을 실수로 계산한다
static double ave(int x, int y) {
    return (double)(x + y) / 2;
}
```

이것은 컴파일 시에 에러가 발생합니다. 왜냐하면 두 메소드의 시그니처가 동일하기 때문입니다. 왜 시그니처에 반환형이 포함되지 않았는지는 다음의 호출을 생각하면 알 수 있습니다.

```java
ave(5, 3)
```

이 호출식을 만나도 컴파일은 ❶과 ❷ 가운데 어느 메소드를 호출하면 되는지 판단할 수 없기 때문입니다. 또한 다음과 같이 가인수의 이름만 다르게 하는 것도 허용되지 않습니다.

```java
// ❶ 정수 x와 y의 합을 정수로 계산한다
static int sumOf(int x, int y) {
    return x + y;
}
```

```
// ❷ 정수 x와 y의 합을 실수로 계산한다
static double sumOf(int x, int y) {
    return x + y;
}
```

                                  *

다중정의는 오버로드(overload)라고도 합니다. 이 책에서 '다중정의'라는 용어를 사용하는 이유는 제12장에서 배울 '오버라이드'와 구별하기 위해서 입니다. 또한 overload는 '과적하다' '지나치게 많이 싣다'라는 의미입니다. 리스트 7-21은 두 int형의 최대값을 구하는 메소드와 세 int형의 최대값을 구하는 메소드를 다중정의한 프로그램입니다.

리스트 7-21   ◎ 예제파일 : Chap07/Max.java

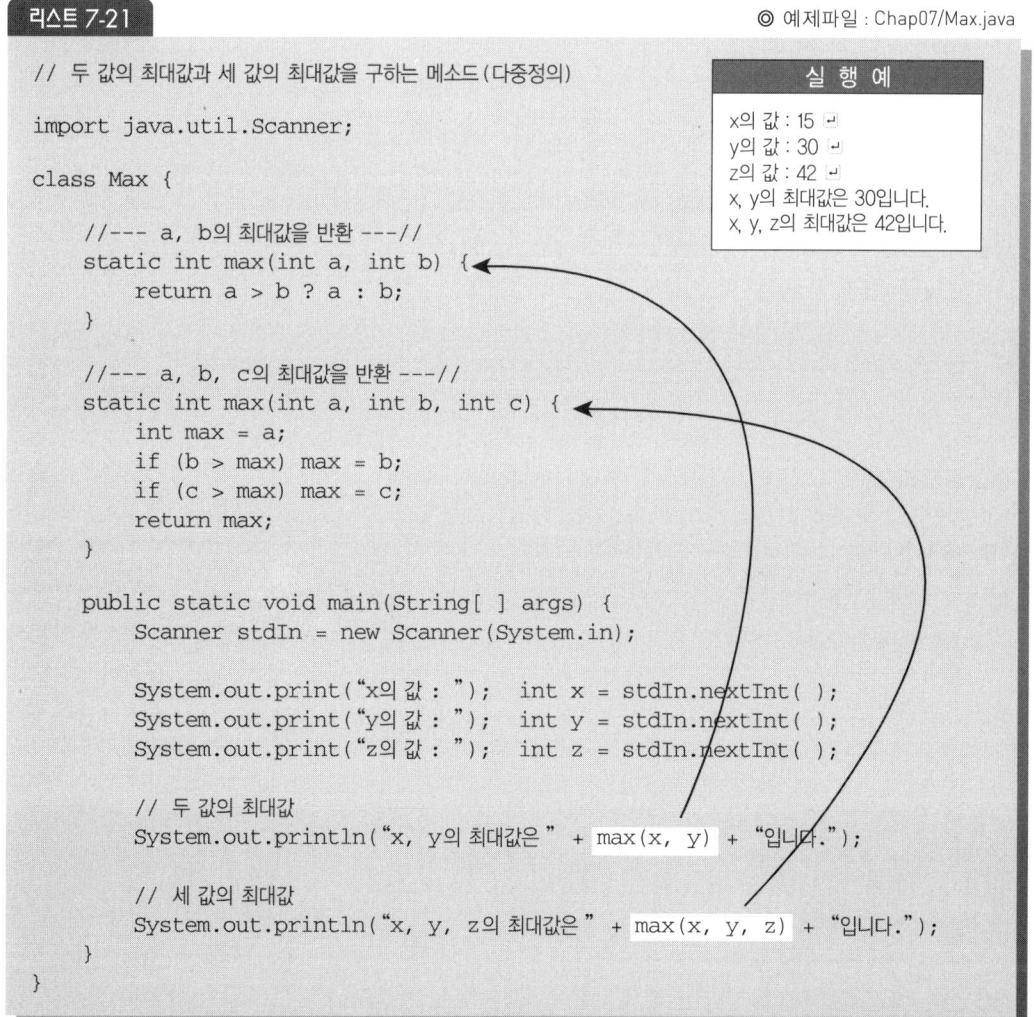

메소드 호출 시에 어느 메소드를 호출할 것인지 지정할 필요는 없습니다. 각각에 적합한 메소드가 자동적으로 선별되어 호출되기 때문입니다.

*

두 값의 최대값을 구하는 메소드를 max2라고 이름을 할당하고, 세 값의 최대값을 구하는 메소드를 max3라고 이름을 할당하는 것은 은행계좌의 명의를 은행에 따라서 구분해 사용하고 '영진 A은행' '영진 B은행' 이라고 하는 발상과 비슷합니다.

비슷한 처리를 실행하는 메소드를 다중정의하면 프로그램이 많은 메소드명으로 넘쳐나는 것을 막을 수 없습니다.

> **주의** 비슷한 처리를 실행하는 메소드에는 동일한 이름을 할당해서 다중정의를 한다.

▶ 당연한 일이지만 main 메소드를 다중정의할 수는 없습니다.

연습 7-30

두 int형 정수 a, b의 최소값, 세 int형 정수 a, b, c의 최소값, 배열 a 요소의 최소값을 구하는 다중정의된 메소드 들을 작성하시오.

```
int min(int a, int b)
int min(int a, int b, int c)
int min(int[ ] a)
```

연습 7-31

int형 정수 x의 절대값, long형 정수 x의 절대값, float형 실수 x의 절대값, double형 실수 x의 절대값을 구하는 다중정의된 메소드 들을 작성하시오.

```
int absolute(int x)
long absolute(long x)
float absolute(float x)
double absolute(double x)
```

연습 7-32

리스트 7-12의 메소드 printBits는 int형 정수값의 내부 비트를 표시하는 것이었다. 다른 정수형에 대해서도 같은 역할을 실행하는 다중정의된 메소드들을 작성하시오.

```
void printBits(byte x)
void printBits(short x)
void printBits(int x)
void printBits(long x)
```

연습 7-33

int형의 1차원 배열과 int형의 2차원 배열(행에 따라서 열이 달라질 수도 있다)의 모든 요소의 값을 표시하는 다중정의된 메소드 들을 작성하시오.

```
void printArray(int[ ] a)
void printArray(int[ ][ ] a)
```

또한 아래의 예와 같이 1차원 배열을 표시할 때는 각 요소 사이에 1문자 크기의 스페이스를 포함하고, 2차원 배열을 표시할 때는 각 열의 수치가 왼쪽 맞춤이 되도록 최소한의 스페이스를 포함할 것

```
1차원 배열의 표시 예
12 536 -8 7
```

```
2차원 배열의 표시 예
32   -1   32  45  67
535  9999 2
2    5    -123 9
```

이장의 요약

- 일괄적인 과정은 메소드라는 부품으로 표현할 수 있다.

- 메소드의 이름, 반환형, 가인수 나열, 메소드 본체 등을 정의하는 것이 메소드 선언이다.

- 메소드는 메소드 호출연산자 ( )를 이용해서 호출할 수 있다. 메소드를 호출하면 프로그램의 흐름은 호출한 곳에서 호출되는 메소드로 이동한다.

- 메소드 호출에서 인수를 건네 받는 것은 인수전달에 의해 실행된다. 호출한 쪽이 전달하는 실인수의 값에 의해 메소드가 전달받는 가인수가 초기화된다. 호출된 메소드에서 가인수의 값을 변경해도 호출한 쪽의 실인수 값은 변하지 않는다.

- 메소드는 return문에 의해 값을 반환할 수 있다. return문이 실행되면 프로그램의 흐름은 호출한 곳으로 되돌아 간다. 반환된 값은 메소드 호출식을 평가해서 얻을 수 있다.

- 값을 반환하지 않는 메소드의 반환형은 void로 한다.

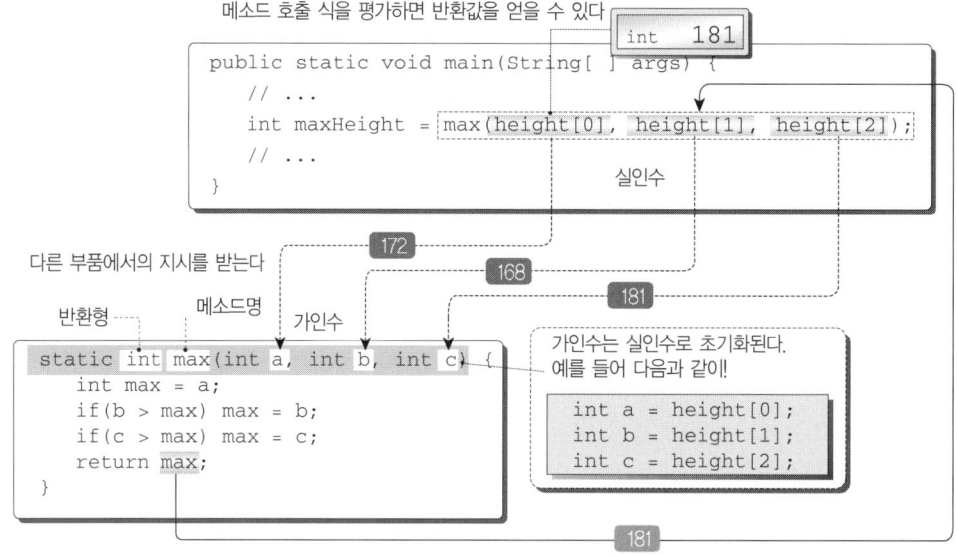

7장 이장의 요약

- 가인수와 반환형을 배열형으로 하면 배열을 전달하거나 반환할 수 있다. 이때 전달받게 되는 것은 배열에 대한 참조이다.

- 메소드의 시그니처는 메소드명과 가인수의 개수와 형의 조합이다. 시그니처에 반환형은 포함되지 않는다.

- 동일한 클래스 내의 시그니처가 서로 다른 메소드에 대해서 동일한 이름을 할당하는 다중정의를 실행할 수 있다. 다중정의하면 메소드의 이름이 지나치게 많아지는 것을 방지할 수 있다.

- 메소드의 외부에서 선언된 변수=필드는 그 클래스 내의 모든 메소드에 적용된다. 메소드의 내부에서 선언된 변수=지역변수는 그 메소드 안에서만 적용된다.

- 동일한 이름의 필드와 지역변수가 존재하는 경우 필드는 감추어진다. 단 감추어진 필드도 '클래스명.필드명'을 이용해서 액세스할 수 있다.

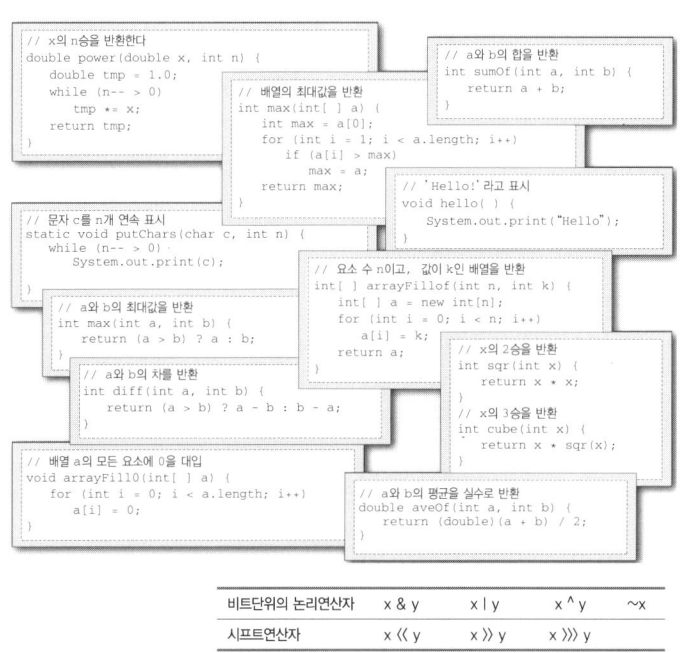

제 8 장

클래스의 기본

객체지향 프로그래밍을 유지하는 가장 근본적이고 기초적인 기술을 제공하는 것이 클래스라는 사고방식입니다. 이 장에서는 은행계좌를 취급하는 프로그램과 자동차를 취급하는 프로그램을 통해서 클래스의 기본을 학습합니다.

- … 클래스
- … 클래스형 변수
- … 멤버 액세스연산자
- … 인스턴스와 객체
- … 필드와 인스턴스 변수
- … 생성자와 인스턴스 메소드
- … this
- … 데이터 숨김과 캡슐화

8-1 클래스

제7장에서는 일련의 처리를 조합한 프로그램의 부품인 메소드에 대해서 배웠습니다. 메소드보다 한 단계 큰 단위의 부품인 클래스는 메소드와 그 처리대상이 되는 데이터를 조합시킨 구조를 나타낸 것이고, 객체지향 프로그램을 지탱하는 가장 근본적이고 기초적인 기술입니다. 이 절에서는 클래스의 기본을 학습합니다.

데이터의 취급

리스트 8-1은 철수와 영희의 은행계좌의 데이터를 나타내는 변수에 값을 설정해서 표시하는 단순한 프로그램입니다.

리스트 8-1 ◎ 예제파일 : Chap08/Accounts.java

```java
// 두 사람의 은행계좌 데이터를 취급하는 프로그램

class Accounts {

    public static void main(String[ ] args) {
        String chulsooAccountName    = "철수";      // 철수의 계좌명의
        String chulsooAccountNo      = "123456";   // 철수의 계좌번호
        long   chulsooAccountBalance = 1000;       // 철수의 예금잔고

        String youngheeAccountName    = "영희";     // 영희의 계좌명의
        String youngheeAccountNo      = "654321";  // 영희의 계좌번호
        long   youngheeAccountBalance = 200;       // 영희의 예금잔고

        chulsooAccountBalance   -= 200;    // 철수가 200원을 인출
        youngheeAccountBalance  += 100;    // 영희가 100원을 예금

        System.out.println("■ 철수의 계좌");
        System.out.println("    계좌명의 : " + chulsooAccountName);
        System.out.println("    계좌번호 : " + chulsooAccountNo);
        System.out.println("    예금잔고 : " + chulsooAccountBalance);

        System.out.println("■ 영희의 계좌");
        System.out.println("    계좌명의 : " + youngheeAccountName);
        System.out.println("    계좌번호 : " + youngheeAccountNo);
        System.out.println("    예금잔고 : " + youngheeAccountBalance);
    }
}
```

실행결과
```
■ 철수의 계좌
  계좌명의 : 철수
  계좌번호 : 123456
  예금잔고 : 800
■ 영희의 계좌
  계좌명의 : 영희
  계좌번호 : 654321
  예금잔고 : 300
```

두 명의 은행계좌 데이터를 6개의 변수로 나타내고 있습니다. 예를 들면 chulsooAccountName 은 계좌명의, chulsooAccountNo는 계좌번호, chulsooAccountBalance는 예금잔고입니다.

> '이름이 chulsoo로 시작하는 변수는 철수의 은행계좌에 관한'

내용이라는 것은 변수명과 주석으로 추측할 수 있습니다.

그렇다고 해도 철수의 계좌명의를 youngheeAccountNo로 표시하고, 영희의 계좌번호를 chulsooAccountName으로 표시하는 것도 불가능하진 않습니다.

문제는 변수 사이의 관계를 변수명으로 추측은 할 수 있지만 확신할 수 없다는 점입니다. 각각 선언된 계좌명의, 계좌번호, 예금잔고의 변수가 하나의 은행계좌에 관련된 것이라는 내용은 프로그램 상에서 표현되어 있지 않습니다.

클래스

우리가 프로그램을 작성할 때는 현실세계의 객체(사물)와 개념을 프로그램 세계의 객체(변수)로 투영합니다. 이 프로그램에서는 그림 8-1 ⓐ와 같이 하나의 '계좌'에 관한 계좌명의, 계좌번호, 예금잔고의 데이터가 개별 변수로 투영되고 있습니다.

> ▶ 이 그림은 일반화시켜서 나타낸 것입니다. 철수의 계좌와 영희의 계좌에 대해서 세 개의 데이터가 각각의 변수로써 투영됩니다.

계좌를 한 측면이 아니라 복수의 측면에서 생각해 봅시다. 그러면 그림 ⓑ와 같이 계좌명의와 계좌번호와 예금잔고를 하나로 조합한 객체로 투영할 수 있기 때문에 간결해 보입니다. 이와 같은 투영을 처리하는 것이 클래스(class)라는 사고방식의 기본입니다.

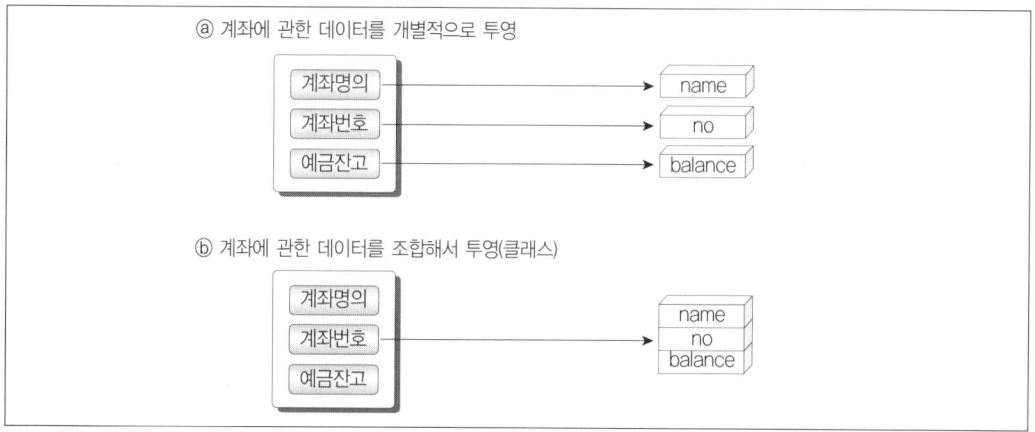

● **그림 8-1** 객체의 투영과 클래스

프로그램에서 취급하는 문제의 종류와 범위에 따라서 다르지만 현실 세계에서 프로그램 세계로의 투영은

- 하나로 조합할 것은 조합시킨다.
- 원래부터 조합되어 있는 것은 그대로 이용한다.

라는 방침을 따르면 보다 자연스럽게 됩니다.

클래스

리스트 8-2는 앞 페이지에서 설명한 클래스의 방침에 따라서 수정한 프로그램입니다.

리스트 8-2　　　　　　　　　　　　　　　◎ 예제파일 : Chap08/AccountTester.java

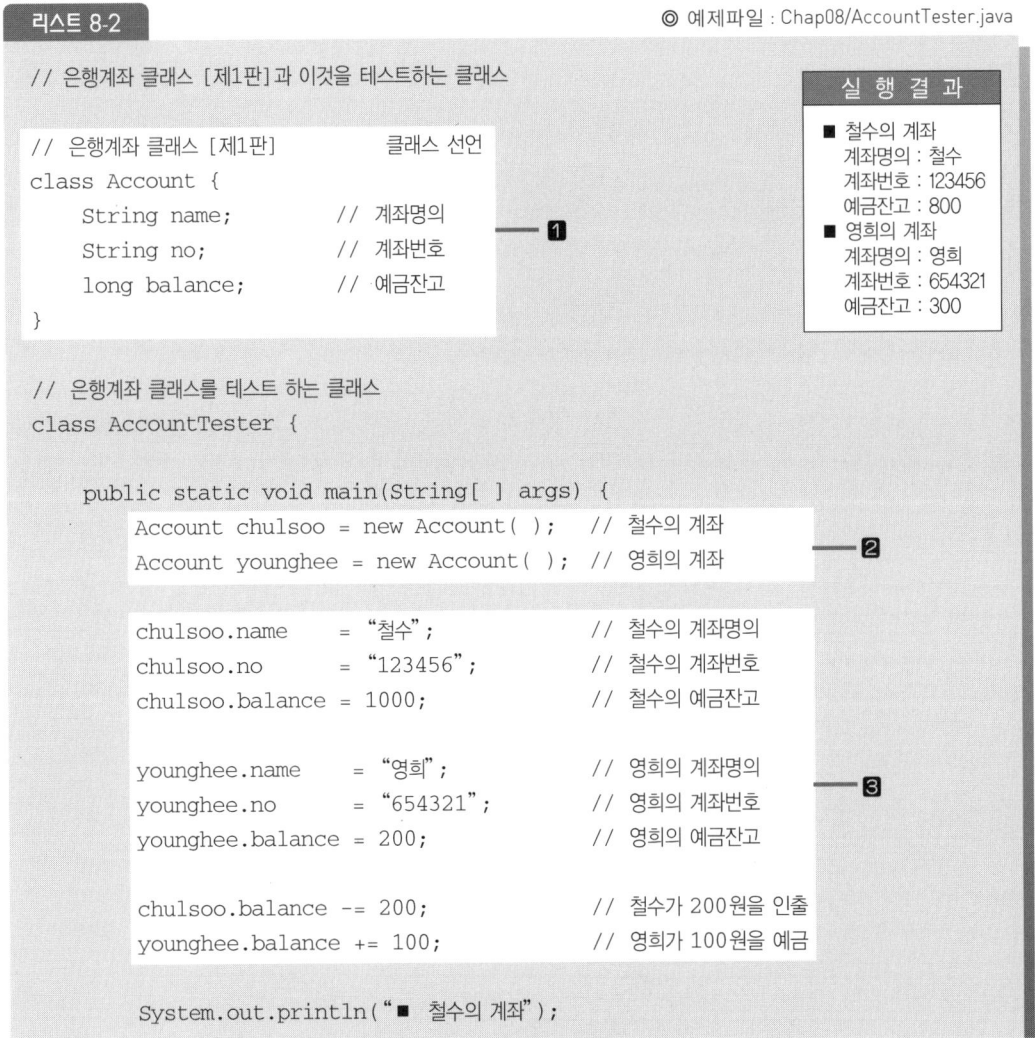

```
// 은행계좌 클래스 [제1판]과 이것을 테스트하는 클래스

// 은행계좌 클래스 [제1판]        클래스 선언
class Account {
    String name;        // 계좌명의
    String no;          // 계좌번호
    long balance;       // 예금잔고
}

// 은행계좌 클래스를 테스트 하는 클래스
class AccountTester {
    public static void main(String[ ] args) {
        Account chulsoo = new Account( );    // 철수의 계좌
        Account younghee = new Account( );   // 영희의 계좌

        chulsoo.name    = "철수";             // 철수의 계좌명의
        chulsoo.no      = "123456";          // 철수의 계좌번호
        chulsoo.balance = 1000;              // 철수의 예금잔고

        younghee.name    = "영희";            // 영희의 계좌명의
        younghee.no      = "654321";         // 영희의 계좌번호
        younghee.balance = 200;              // 영희의 예금잔고

        chulsoo.balance  -= 200;             // 철수가 200원을 인출
        younghee.balance += 100;             // 영희가 100원을 예금

        System.out.println("■ 철수의 계좌");
```

실행 결과
■ 철수의 계좌
　계좌명의 : 철수
　계좌번호 : 123456
　예금잔고 : 800
■ 영희의 계좌
　계좌명의 : 영희
　계좌번호 : 654321
　예금잔고 : 300

```
            System.out.println("    계좌명의 : "+ chulsoo.name);
            System.out.println("    계좌번호 : "+ chulsoo.no);
            System.out.println("    예금잔고 : "+ chulsoo.balance);

            System.out.println("■ 영희의 계좌");
            System.out.println("    계좌명의 : "+ younghee.name);
            System.out.println("    계좌번호 : "+ younghee.no);
            System.out.println("    예금잔고 : "+ younghee.balance);
    }
}
```

이 프로그램은 두 개의 클래스로 구성되어 있기 때문에 지금까지의 프로그램과는 많이 다릅니다. 각 클래스의 개념은 다음과 같습니다.

- Account   : 은행계좌 클래스
- AccountTester : 클래스 Account를 테스트하는 클래스

지금까지의 프로그램은 main 메소드가 중심인 구조였습니다. 이 프로그램의 중심은 클래스 AccountTester입니다. 프로그램 실행 시에는 이 클래스 내의 main 메소드가 실행됩니다. 소스 프로그램의 클래스명도 이 클래스명에 확장자 .java를 붙인 것입니다(AccountTester.java이지 Account.java가 아닙니다). 프로그램의 컴파일은 다음과 같이 실행합니다(현재 디렉터리는 제8장용 디렉터리인 Chap08에 있다고 가정합니다).

▶ `javac AccountTester.java` ↵

클래스 파일은 클래스마다 만들어지고, 두 개의 클래스 파일 Account.class와 AccountTester.class가 생성됩니다(그림 8-2). java 커맨드로 실행하는 것은 클래스 AccountTester입니다.

▶ `java AccountTester` ↵

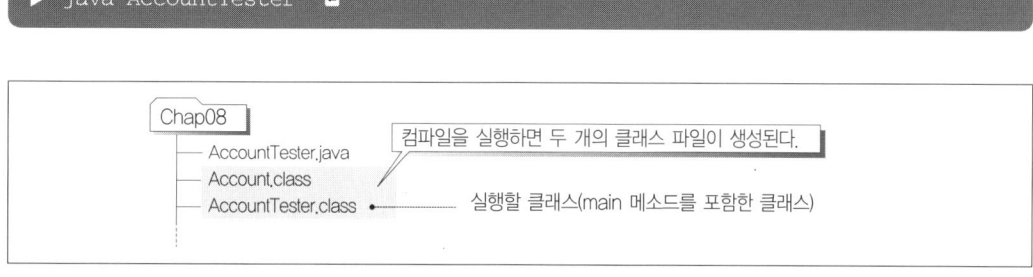

● 그림 8-2 소스 프로그램으로부터 만들어진 클래스 파일

클래스 선언

1을 살펴 봅시다. 이것은 클래스 Account가 '계좌명의, 계좌번호, 예금잔고의 세트로 구성된 것'이라는 점을 나타내기 위한 선언입니다. 선두의 'class Account {' 가 선언의 시작이고, 이 선언은 '}' 까지 계속됩니다. 이와 같은 선언을 클래스 선언(class declaration)이라고 합니다.

{}안에 기술되어 있는 것은 클래스를 구성하는 데이터를 나타내는 필드(field)의 선언입니다. 클래스 Account는 세 개의 필드로 구성되어 있습니다(그림 8-3).

- 계좌명의를 표시하는 String형인 name
- 계좌번호를 표시하는 String형인 no
- 예금잔고를 표시하는 long형인 balance

▶ 필드라는 용어는 제7장의 유효범위에서 배웠습니다.

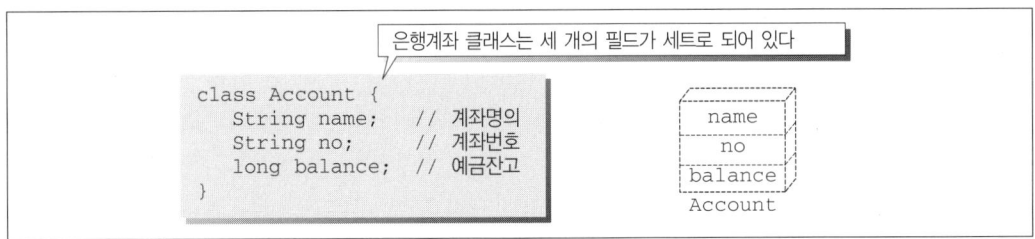

● 그림 8-3 클래스와 필드

클래스와 객체

클래스 선언은 '형'을 선언하는 것이지, 실체(변수)를 선언하는 것은 아닙니다. 클래스 Account형의 변수는 다음과 같이 선언합니다.

```
Account chulsoo;        // 철수의 계좌 (클래스형 변수)
Account younghee;       // 영희의 계좌 (클래스형 변수)
```

단 이 선언으로 만들어진 chulsoo와 younghee는 은행계좌 클래스의 실체가 아니고 그것을 참조하기 위한 클래스형 변수(class type variable)입니다.

▶ 배열 본체를 참조하는 변수가 배열 변수였습니다(제6장). 그것과 동일합니다.

클래스는 붕어빵을 굽기 위한 '틀'과 같습니다. 진짜 붕어빵의 실체는 별도로 생성할 필요가 있습니다. 배열의 경우와 마찬가지로 클래스의 본체인 '실체'의 생성은 new연산자를 이용해서 다음과 같이 처리합니다.

```
new Account( )
```

이 식은 'new 클래스명 ( )'라는 형식입니다. 그림 8-4는 클래스형 변수 chulsoo와 younghee의 선언과 본체인 '실체'를 생성하는 모습을 나타낸 것입니다.

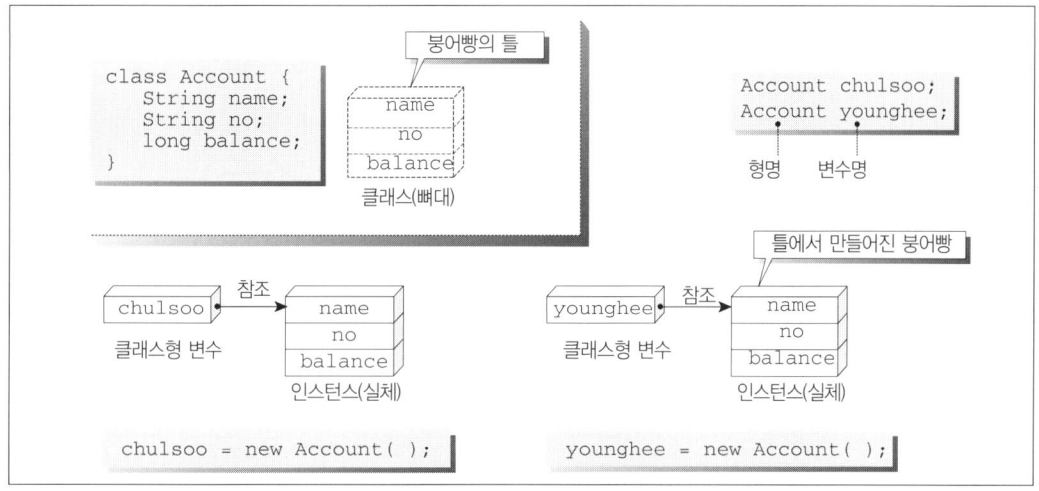

● 그림 8-4 클래스와 인스턴스

new연산자에 의해 생성된 클래스 형의 '실체'를 인스턴스(instance)라고 하며, 인스턴스를 생성하는 것을 인스턴스화라고 합니다. 이 용어들은 반드시 기억하기 바랍니다.

> 중요 클래스형의 실체를 인스턴스라고 하며, 인스턴스를 생성하는 것을 인스턴스화라고 한다.

클래스형 변수와 인스턴스는 관계설정이 필요하기 때문에 다음과 같은 대입으로 처리합니다.

```
chulsoo = new Account( );
younghee = new Account( );
```

이것으로 chulsoo와 younghee는 생성된 인스턴스를 참조하게 됩니다.

▶ new연산자를 이용해서 생성을 평가하면 인스턴스 참조를 얻을 수 있습니다. 생성된 인스턴스 참조가 변수 chulsoo와 younghee에 대입됩니다.

배열형과 마찬가지로 클래스형은 참조형의 일종입니다(5-1 기본형 참조). 따라서 변수와는 별도로 본체(실체)를 생성하며, 이들을 관련 짓는 과정은 배열과 거의 같습니다. 그림 8-5와 같이 클래스형 변수(배열 변수)를 선언할 때 본체를 생성하는 식을 초기화 값으로 할당하면 프로그램은 간결하게 됩니다. 이 프로그램의 **2**부분도 이와 같이 되어 있습니다.

```
ⓐ 클래스
    형        클래스형 변수  = 생성식
    Account   chulsoo   = new Account( ); // Account형의 chulsoo
    Account   younghee  = new Account( ); // Account형의 younghee

ⓑ 배열
    형        배열 변수     = 생성식
    int[ ]    a          = new int[10];   // int형의 배열 a
```

● **그림 8-5** 배열과 클래스의 생성

제 6장에서 배열의 본체를 객체(object)라고 배웠습니다. 클래스의 인스턴스와 배열의 본체는 모두 new에 의해 동적으로 생성됩니다. 객체는 프로그램 실행 시에 동적으로 생성되는 실체의 총칭입니다.

> 주의 클래스의 인스턴스와 배열의 본체를 합쳐서 객체라고 한다.

클래스의 인스턴스와 객체라는 단어의 의미는 다음과 같습니다.

- class : '반' '부류' '항목'
- instance : '실례' '사실'
- object : '물체' '대상' '목적'

■ 인스턴스 변수와 필드 액세스

클래스 Account 형의 인스턴스는 계좌명, 계좌번호, 예금잔고가 '세트'로 되어 있는 변수입니다. 이 중에서 특정한 필드를 액세스하기 위해 이용하는 것이 표 8-1에 나타낸 멤버 액세스연산자(member access operator)입니다. 이 연산자를 통칭해서 도트연산자(dot operator)라고 하기 때문에 이름도 외워두기 바랍니다.

● 표 8-1 ··· 멤버 액세스연산자(도트연산자)

x.y	x가 참조하는 인스턴스 내의 멤버(요소) y를 액세스한다.

▶ 필드를 특정하기 때문에 필드 액세스연산자라고도 합니다. 단 이 연산자는 메소드를 특정할 때도 이용됩니다. 또한 도트(dot)는 '점'이라는 의미입니다.

예를 들어 철수 계좌의 각 필드를 액세스하는 식은 다음과 같습니다.

```
chulsoo.name      // 철수의 계좌명의
chulsoo.no        // 철수의 계좌번호
chulsoo.balance   // 철수의 예금잔고
```

철수 계좌의 필드도 마찬가지로 액세스할 수 있습니다(그림 8-6).

▶ 멤버 액세스연산자는 '~의'에 해당합니다. 예를 들어 chulsoo.name은 '철수의 계좌명의'이고, younghee.balance는 '영희의 예금잔고' 입니다.

인스턴스 내의 필드는 인스턴스마다 만들어지는 변수이기 때문에 인스턴스 변수(instance variable)라고 합니다. chulsoo.name도 younghee.balance도 인스턴스 변수입니다.

> 중요 인스턴스 내의 각 필드인 인스턴스 변수는 멤버 액세스연산자 .을 이용한 '클래스형 변수명.필드명'에 의해 액세스할 수 있다.

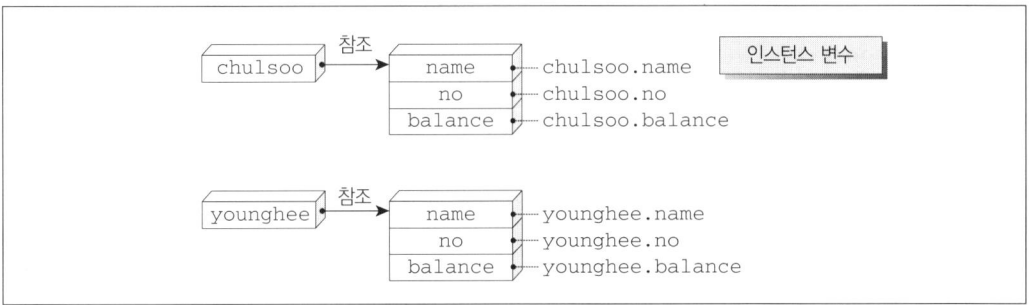

● 그림 8-6 필드(인스턴스 변수)의 액세스

■ 필드의 초기화

프로그램에서 각 인스턴스 변수에 값을 설정하는 ❸의 부분을 삭제한 후 프로그램을 실행하면 다음과 같은 실행결과를 얻을 수 있습니다.

이 결과로부터 String형의 계좌명의와 계좌번호의 인스턴스 변수는 null
참조인 null로 초기화되고, long형인 예금잔고의 인스턴스 변수는 0으로
초기화되어 있는 것을 알 수 있습니다.

배열 내의 각 구성요소는 '디폴트 값'인 0으로 초기화됩니다(6-1 디폴트 값
참조). 이것과 마찬가지입니다. 클래스 내의 각 인스턴스 변수도 디폴트 값
으로 초기화됩니다.

실 행 결 과
■ 철수의 계좌 　계좌명의 : null 　계좌번호 : null 　예금잔고 : 0 ■ 영희의 계좌 　계좌명의 : null 　계좌번호 : null 　예금잔고 : 0

> 중요 클래스 인스턴스 내의 필드인 인스턴스 변수는 디폴트 값으로 초기화된다(배열의 구성요소와 동일)

▶ 클래스형인 String형은 일종의 참조형입니다. 참조형의 디폴트 값은 null 참조인 null이기(6-1 디폴트 값 참
조) 때문에 계좌명의와 계좌번호를 출력하면 'null'이라고 표시됩니다(6-1 참조형과 객체 참조).

■ 문제점

클래스를 도입하면 계좌의 데이터를 나타내는 변수 사이의 관계가 프로그램 내에 명확하게 표현
되지만 아직 문제는 남아 있습니다.

확실한 초기화에 대한 무보증

계좌 인스턴스의 각 필드는 명시적으로 초기화되어 있지 않습니다. 인스턴스를 만든 후 값을 대입
하고 있을 뿐입니다. 값을 설정할지 안 할지가 프로그래머에게 위임되어 있는 상태이기 때문에 초
기화를 잊어버린 경우 생각하지 못한 결과가 발생할 위험성이 있습니다. 실제로 위에 제시한 예에
서는 계좌명의와 계좌번호가 null로 되어 있습니다. 이것은 곤란한 일이기 때문에 초기화해야 할
필드는 강제로 초기화를 해야합니다.

데이터 보호에 대한 무보증

철수의 예금잔고인 chulsoo.balance의 값은 프로그램(다른 클래스)으로부터 자유롭게 읽고 쓸 수
있습니다. 이것을 현실 세계에 적용하면 철수가 아니래도 (통장이나 도장 없이도) 철수의 계좌로
부터 마음대로 돈을 찾을 수 있게 됩니다. 일반적으로 계좌번호를 공개하는 일은 있어도 예금잔고
를 조작할 수 있는 상태로 공개하는 일은 현실 세계에서는 있을 수 없는 일입니다.

위와 같은 문제점을 해결할 수 있도록 클래스를 정의하고 이용할 수 있습니다. 다음 프로그램에서
이와 같이 수정해 보도록 합시다.

은행계좌 클래스 제2판

리스트 8-3은 수정한 프로그램입니다. 클래스 Account가 복잡한 반면에 이것을 이용하는 클래스 AccountTester는 간결하게 됩니다.

▶ 이 책에서는 여러 단계에 걸쳐서 클래스를 수정하는 경우가 있습니다. 그때 그때 순서대로 '제*판'으로 이름을 붙이겠습니다.

*

그림 8-7과 같이 이 소스 프로그램은 디렉터리 account2에 저장되어 있습니다. 왜냐하면 제1판과 제2판을 같은 디렉터리에 저장할 수 없기 때문입니다. 동일한 이름의 클래스를 갖는 소스 파일을 동일한 디렉터리 내에 저장하면 하나는 삭제됩니다.

▶ 제2판의 테스트 클래스의 이름을 AccountTester2로 하고, 파일명을 AccountTester2.java로 하면 문제를 해결할 수 있을 것 같은 생각이 듭니다. 그러나 은행계좌 클래스의 이름이 Account인 상태로 컴파일해서 만들어지는 클래스 파일의 이름 Account.class가 예1의 것과 충돌합니다. 서로 다른 소스파일로부터 동일한 이름의 클래스 파일이 만들어지는 것은 곤란합니다. 동일한 디렉터리 상의 소스 파일 내에 동일한 이름의 클래스가 존재하지 않도록 할 필요가 있습니다.

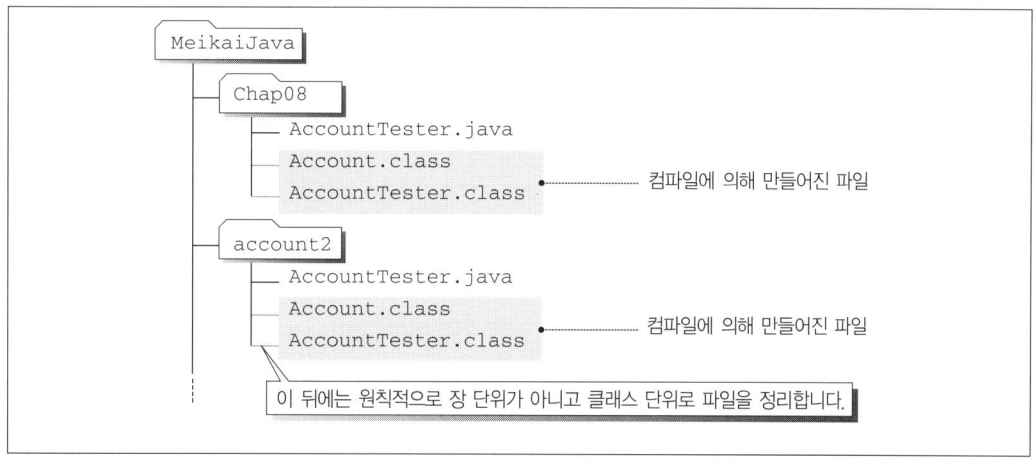

● **그림 8-7** 디렉터리의 구조

또한 다음 장 이후에도 마찬가지입니다. 일반적으로 클래스 Abcd의 '제?'판은 abcd? 라는 이름의 디렉터리에 저장하도록 합니다.

▶ 디렉터리의 첫 문자는 소문자로 합니다. 그 이유는 제11장에서 학습합니다. 또한 테스트를 위한 소규모의 프로그램은 지금까지 대로 Chap** 디렉터리에 저장합니다.

리스트 8-3　　　　　　　　　　　　　　　　　　　예제파일 : account2/AccountTester.java

```java
// 은행계좌 클래스 [제2판]과 이것을 테스트하는 클래스

// 은행계좌 클래스 [제2판]
class Account {
    private String name;        // 계좌명의
    private String no;          // 계좌번호
    private long balance;       // 예금잔고

    //--- 생성자 ---//
    Account(String n, String num, long z) {
        name = n;               // 계좌명의
        no = num;               // 계좌번호
        balance = z;            // 예금잔고
    }

    //--- 계좌명의를 검색한다 ---//
    String getName( ) {
        return name;
    }

    //--- 계좌번호를 검색한다 ---//
    String getNo( ) {
        return no;
    }

    //--- 예금잔고를 검색한다 ---//
    long getBalance( ) {
        return balance;
    }

    //--- k원을 예금한다 ---//
    void deposit(long k) {
        balance += k;
    }

    //--- k원을 인출한다 ---//
    void withdraw(long k) {
        balance -= k;
    }
}

// 은행계좌 클래스 [제2판]을 테스트하는 클래스
class AccountTester {

    public static void main(String[ ] args) {
        // 철수의 계좌
        Account chulsoo = new Account("철수", "123456", 1000);
```

실 행 결 과

■ 철수의 계좌
　계좌명의 : 철수
　계좌번호 : 123456
　예금잔고 : 800
■ 영희의 계좌
　계좌명의 : 영희
　계좌번호 : 654321
　예금잔고 : 300

```
        // 영희의 계좌
        Account younghee = new Account("영희", "654321", 200);

        chulsoo.withdraw(200);                  // 철수가 200원을 인출
        younghee.deposit(100);                  // 영희가 100원을 예금

        System.out.println("■ 철수의 계좌");
        System.out.println("   계좌명의 : " + chulsoo.getName( ));
        System.out.println("   계좌번호 : " + chulsoo.getNo( ));
        System.out.println("   예금잔고 : " + chulsoo.getBalance( ));

        System.out.println("■ 영희의 계좌");
        System.out.println("   계좌명의 : " + younghee.getName( ));
        System.out.println("   계좌번호 : " + younghee.getNo( ));
        System.out.println("   예금잔고 : " + younghee.getBalance( ));
    }
}
```

데이터 숨김

그림 8-8은 새로운 클래스 Account의 구조를 표시한 것입니다.

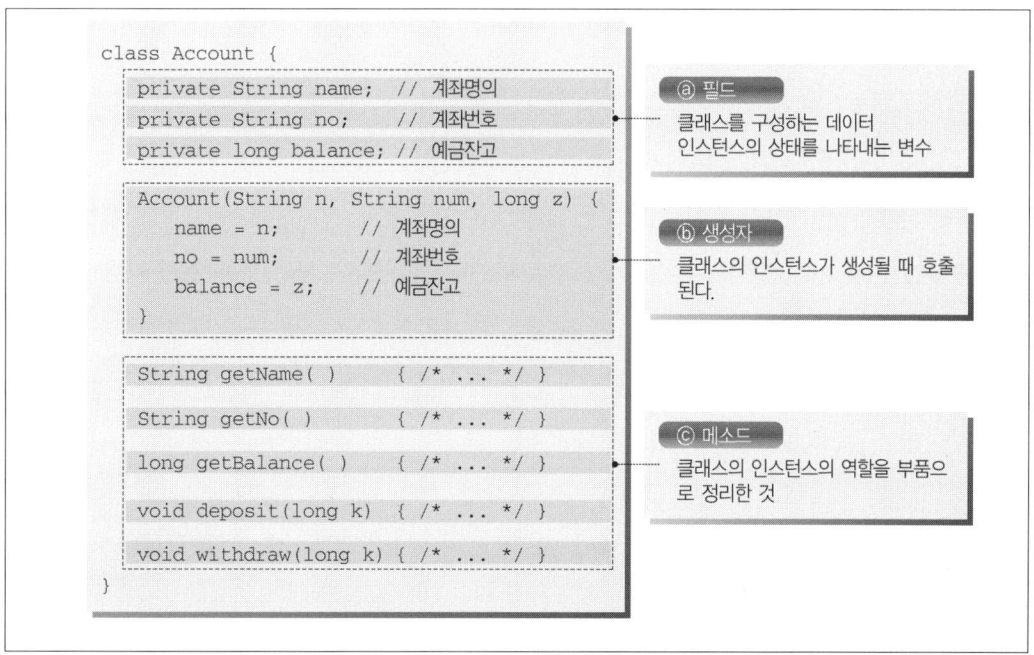

● **그림 8-8** 클래스 Account의 구조

클래스 선언의 내부가 크게 세 부분으로 구성되어 있습니다.

▶ 이 클래스에서는 필드·생성자·메소드 순으로 나열되어 있습니다. 모두 모아서 하나로 정리할 필요도 없고 순서도 임의대로 정할 수 있습니다.

ⓐ 필드

클래스에 세 개의 필드 name, no, balance가 존재하는 점은 제1판과 동일합니다. 단 필드 선언에서 키워드 private가 기술되어 있습니다. private 선언된 필드의 액세스 성질은 비공개 액세스(private access)가 됩니다.

> 주의 private 선언된 필드는 클래스의 외부에 대해서 비공개가 된다.

따라서 클래스 Account의 입장에서 외부인 클래스 AccountTester의 main 메소드에서는 비공개인 필드 name, no, balance에 액세스할 수는 없습니다. 만약 main 메소드에 다음과 같은 프로그램이 있으면 컴파일 시에 에러가 발생합니다.

```
chulsoo.name = "영진";                    // 에러 : 철수의 계좌명의를 바꾼다
chulsoo.no = "999999";                    // 에러 : 철수의 계좌번호를 바꾼다
System.out.println(chulsoo.balance);      // 에러 : 철수의 예금잔고를 표시
```

클래스 외부에서 '이 데이터를 특별하게 취급해 주십시오'라고 부탁할 수는 없습니다. 정보를 공개할지 안 할지를 결정하는 것은 클래스 쪽입니다.

데이터를 외부에서 부정하게 액세스하지 못하게 보호하는 것을 데이터 숨김(data hiding)이라고 합니다. 여러분이 은행계좌의 현금인출 카드의 비밀번호를 비밀로 하고 있는 것과 마찬가지입니다. 필드를 비공개로 해서 데이터를 숨기면 데이터의 보호성·은폐성뿐만 아니라 프로그램의 보수성도 향상시킬 수 있습니다.

모든 필드는 원칙적으로 비공개로 합니다.

> 주의 프로그램의 품질을 향상시키기 위해서 클래스 내의 필드는 원칙적으로 비공개(데이터 숨김)로 해야한다.

▶ 이 뒤에 학습하겠지만 필드의 값은 생성자와 메소드를 통해서 간접적으로 읽거나 쓸 수 있습니다. 따라서 필드를 비공개로 한다고 해서 문제가 발생하는 일은 기본적으로 없습니다.

또한 private가 지정되어 있지 않은 필드는 디폴트 액세스(default access)가 됩니다. 디폴트 액세스는 '공개'라고 이해해 두길 바랍니다.

> ▶ 좀더 엄밀하게 설명하면 패키지 내에서 '공개'가 되고, 패키지 외부에서 '비공개'가 되기 때문에 디폴트 액세스는 패키지 액세스(package access)라고도 합니다. 자세한 내용은 제11장에서 학습합니다.

ⓑ 생성자

ⓑ 부분은 생성자(constructor)라고 합니다. 형태만 보면 메소드와 비슷하지만 다음과 같은 점이 메소드와 다릅니다.

- 클래스와 동일한 이름이다.
- 반환형이 없다.

ⓒ 메소드

ⓒ 부분은 메소드입니다. 메소드에 대해서는 제7장에서 배웠습니다. 단 제7장에서 배운 메소드와는 달리 static을 붙이지 않고 선언되어 있습니다. 생성자를 학습한 후에 배웁니다.

*

또한 필드와 메소드를 합해서 멤버(member)라고 합니다.

> ▶ member는 '회원' '구성원' '일부'라는 의미입니다. 뒤에서 배우겠지만, 문법을 정의할 때 생성자는 멤버에 포함되지 않습니다.

생성자

메소드와 매우 비슷한 형태를 가진 생성자(constructor)의 역할은 클래스의 인스턴스를 초기화하는 것입니다.

생성자가 호출되는 것은 인스턴스가 생성될 때입니다. 즉 프로그램의 흐름이 다음과 같은 선언문을 통과해서 음영부분의 식이 평가되는 동안에 생성자가 호출되어 실행됩니다.

```
Account chulsoo  = new Account("철수", "123456", 1000); ──❶
Account younghee = new Account("영희", "654321", 200); ──❷
```

그림 8-9와 같이 호출된 생성자는 가인수 n, num, z로 받은 값을 필드 name, no, balance에 대입합니다. 대입하는 곳은 chulsoo.name과 younghee.name이 아니고 단지 name입니다.

❶에서 호출된 생성자에서의 name은 chulsoo.name을 나타내고, ❷에서 호출된 생성자에서의 name은 younghee.name을 나타냅니다.

이와 같이 필드명만을 나타내는 것은 생성자가 자신의 인스턴스가 무엇인지를 알고 있기 때문입니다. 그림에서와 같이 각 인스턴스에 대해서 전용 생성자가 존재합니다.

> ▶ 각 인스턴스에 생성자를 준비하는 것은 현실적으로 불가능합니다. '각 인스턴스에 대해서 전용 생성자가 존재한다' 라는 것은 개념적인 의미이고, 물리적으로 그렇다는 것은 아닙니다. 컴파일에 의해서 생성되는 생성자의 내부적인 코드는 실제로는 1개뿐입니다.

❶과 ❷의 선언을 다음과 같이 수정하면 컴파일 에러가 발생합니다.

```
Account chulsoo = new Account( );            // 에러 : 인수가 없다
Account younghee = new Account("영희");      // 에러 : 인수가 부족
```

이것으로 생성자가 불완전한 또는 부정한 초기화를 방지한다는 것을 알 수 있습니다. 생성자의 역할은 인스턴스를 적절하게 초기화하는 것입니다.

> **중요** 클래스 형을 선언할 때는 반드시 생성자를 준비해서 인스턴스를 확실하고 적절하게 초기화하는 수단을 제공한다.

> ▶ construct는 '구축하다' 라는 의미입니다. 따라서 생성자는 구축자라고도 합니다.

또한 생성자는 메소드와 달리 값을 반환할 수 없습니다. 실수로 반환형으로 지정하지 않도록 주의하기 바랍니다.

제1판의 클래스 Account에서는 생성자를 정의하지 않았습니다. 생성자를 정의하지 않았는데 어떻게 인스턴스를 생성할 수 있었을까요?

사실은 생성자를 정의하지 않은 클래스는 인수를 받지 않고 그 본체가 비어 있는 디폴트 생성자(default constructor)가 자동적으로 만들어집니다.

> **중요** 클래스에 생성자를 정의하지 않으면 본체가 빈 디폴트 생성자가 자동적으로 정의된다.

즉 제1판의 클래스 Account에서는 아래의 생성자가 컴파일에 의해 만들어 집니다.

```
Account( ) { }
```

▶ 제1판의 클래스 AccountTester에서 아래와 같이 ( ) 안이 빈 인스턴스를 생성한 것은 인수를 전달 받지 않는 디폴트 생성자를 호출하기 위한 것이었습니다.

```
Account chulsoo = new Account( );    // 인수를 전달 받지 않는 생성자를 호출한다
```

또한 디폴트 생성자의 내부는 사실 비어 있는 것은 아닙니다. 자세한 내용은 제12장에서 학습합니다.

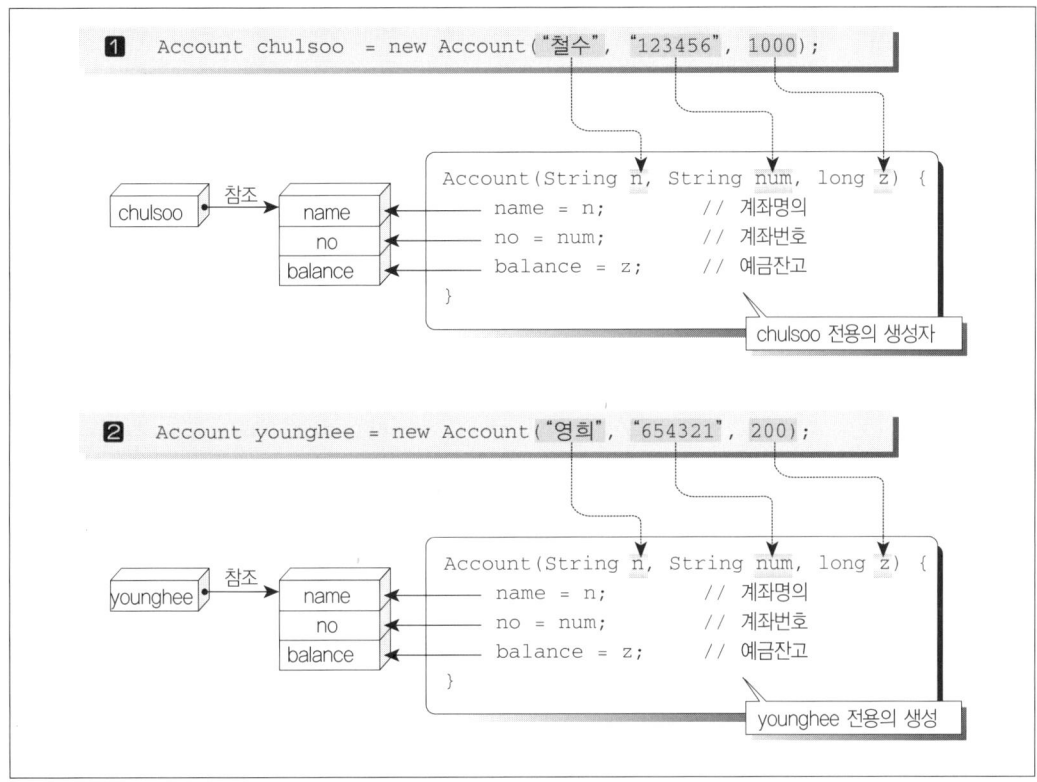

● 그림 8-9 클래스의 인스턴스와 생성자

메소드

필드와 생성자를 학습했고, 마지막으로 남은 것이 메소드입니다. 그림 8-10은 클래스 Account의 메소드입니다. 다음은 이 메소드들의 개요를 설명하겠습니다.

■ getName
계좌명의를 검색하기 위한 메소드입니다. 필드 name의 값을 String형으로 반환합니다.

■ **getNo**

계좌번호를 검색하기 위한 메소드입니다. 필드 no의 값을 String형으로 반환합니다.

■ **getBalance**

예금잔고를 검색하기 위한 메소드입니다. 필드 balance의 값을 long형으로 반환합니다.

■ **deposit**

돈을 예금하기 위한 메소드입니다. 예금잔고가 k원만큼 증가하게 됩니다.

■ **withdraw**

돈을 인출하기 위한 메소드입니다. 예금잔고가 k원만큼 감소하게 됩니다.

```
//--- 계좌명의를 검색한다 ---//
String getName( ) {
  return name;
}

//--- 계좌번호를 검색한다 ---//
String getNo( ) {
  return no;
}

//--- 예금잔고를 검색한다 ---//
long getBalance( ) {
  return balance;
}

//--- k원을 예금한다 ---//
void deposit(long k) {
  balance += k;
}

//--- k원을 인출한다 ---//
void withdraw(long k) {
  balance -= k;
}
```

● **그림 8-10** 클래스 Account의 메소드

제7장의 메소드와는 달리 클래스 Account의 모든 메소드가 static을 사용하지 않고 선언되어 있습니다. static없이 선언된 메소드는 그 클래스의 각 인스턴스마다 만들어집니다. 즉 chulsoo도 younghee도 자기 전용의 메소드 getName, getNo, getBalance, …을 가집니다.

▶ 각 인스턴스마다 메소드가 만들어진다는 것은 어디까지나 개념적인 의미입니다. 생성자와 마찬가지로 컴파일된 클래스 파일 내에 만들어진 코드는 1개입니다.

static이 없는 메소드를 인스턴스 메소드(instance method)라고 합니다. 왜냐하면 각각의 인스턴스에 소속되기 때문입니다.

> **주의** static을 사용하지 않고 선언된 인스턴스 메소드는 개념적으로는 각 인스턴스마다 만들어지고 그 인스턴스에 소속된다.

인스턴스 메소드 내에서는 chulsoo.name과 younghee.name이 아니고 단지 name에 의해 자신이 소속된 인스턴스의 계좌명의 필드에 액세스합니다(생성자와 마찬가지입니다).

또한 메소드는 클래스 Account 입장에서는 '집안 사람'과 같은 존재이기 때문에 비공개 필드에도 액세스할 수 있습니다(이 점도 생성자와 마찬가지입니다).

▶ 인스턴스 메소드와 구별하기 위해서 static으로 선언된 메소드를 클래스 메소드(class method)라고 하며, 제7장에서 학습한 메소드는 클래스 메소드였습니다. 클래스 메소드와 인스턴스 메소드의 차이점은 제10장에서 학습합니다.

다음은 인스턴스 메소드를 호출하는 예입니다.

```
chulsoo.getBalance( )       // 철수의 예금잔고를 검색한다
chulsoo.withdraw(200)       // 철수의 계좌에서 200원을 인출한다
younghee.deposit(100)       // 영희의 계좌에 100원을 예금한다
```

필드를 액세스하는 경우와 마찬가지로 멤버 액세스연산자 .을 이용합니다. 그림 8-11과 같이 철수의 예금잔고를 검색해서 표시하는 모습입니다. 호출된 메소드 getBalance는 필드 balance의 값을 그대로 반환합니다.

클래스 외부로부터 직접 액세스할 수 없는 계좌번호와 예금잔고 등의 데이터도 메소드를 통해서 간접적으로 액세스할 수 있습니다.

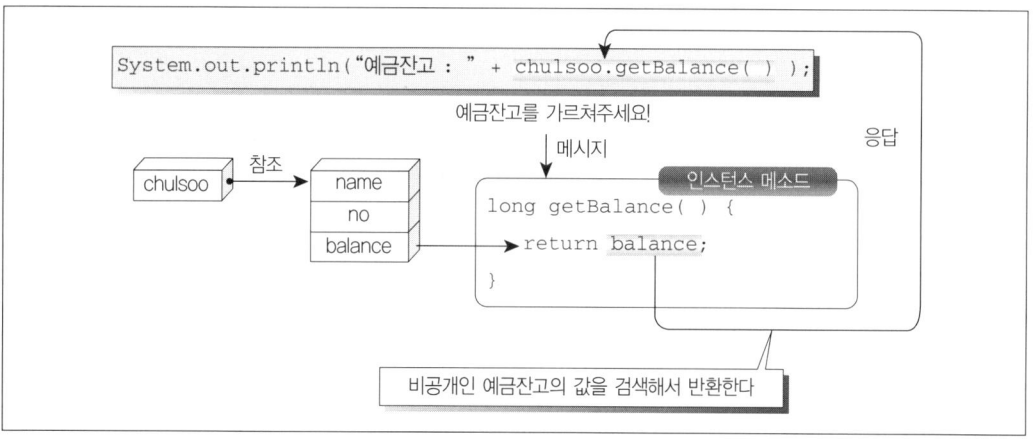

● **그림 8-11** 인스턴스 메소드의 호출과 메시지

또한 생성자는 메소드가 아니기 때문에 생성이 된 인스턴스에 대해서 메소드와 같은 방법으로 생성자를 호출할 수는 없습니다.

```
chulsoo.Account("철수", "123456", 5000)      // 에러
```

메소드와 메시지

객체지향 프로그래밍(object oriented programming)의 세계에서는 인스턴스 메소드의 호출을 다음과 같이 표현합니다.

> 객체에 '메시지'을 보낸다

그림 8-11에서와 같이 chulsoo.getBalance( )는 객체(인스턴스) chulsoo에 '예금잔고를 가르쳐 주세요!' 라는 메시지를 보내고 있습니다. 이 결과 chulsoo는 '예금잔고를 반환해 주면 되겠지' 하고 능동적으로 의사결정을 수행해서 '예금잔고는 ○○원입니다' 라고 응답처리를 수행합니다.

클래스와 객체

일반적으로 메소드는 필드의 값을 기초로 처리를 실행하며 필요에 따라 필드의 값을 갱신합니다. 따라서 메소드와 필드는 밀접한 관계가 있습니다. 필드를 비공개로 해서 외부로부터 보호한 다음, 메소드와 필드 사이를 바람직한 관계로 만드는 것을 캡슐화(encapsulation)라고 합니다.

▶ 성분을 채워서 이것이 유효하게 작용하도록 하는 캡슐 약을 만드는 것이라고 생각하면 될 것입니다.

이 책에서는 캡슐화된 클래스의 이미지를 그림 8-12와 같이 나타냅니다. 클래스는 '회로' 의 '설계도' 에 해당합니다(그림 ⓐ). 그리고 이 설계도를 기초로 만들어진 실체로서의 '회로' 가 클래스의 인스턴스인 객체입니다(그림 ⓑ). 이 인스턴스를 참조하는 클래스형 변수는 회로를 조정하기 위한 '리모컨' 입니다.

인스턴스의 회로를 기동시키는 것과 동시에 입력된 계좌명의, 계좌번호, 예금잔고를 각 필드로 세트하는 것이 생성자입니다. 생성자는 '전원 버튼' 에 의해 호출되는 칩(소형 회로)으로 생각할 수 있습니다. 그리고 필드(인스턴스 변수)의 값은 이 회로(인스턴스)의 현재 상태를 나타내기 때문에 필드는 상태(state)라고도 합니다.

▶ state는 '상태' 라는 의미입니다.

Column 8-1 ··· 클래스와 동일한 이름의 메소드

문법상 클래스명과 동일한 이름의 메소드를 정의할 수 있습니다. 다음과 같이 반환형이 지정되어 있지 않으면 생성자로 간주되고, 반환형이 지정되어 있으면 메소드로 간주됩니다. 단, 생성자와 구분하기 어렵기 때문에 이와 같은 메소드 정의는 추천하지 않습니다.

```
class Abc {
    Abc( ) { /* 생성자 */ }
    int Abc( ) { /* 메소드 */ }
}
```

한편, 메소드는 회로의 속성(behavior)을 나타냅니다. 각 메소드는 회로의 현재 상태를 검색하거나 변경하기 위한 칩입니다. 그리고 각 칩(메소드)을 간접적으로 조정하는 것이 리모컨상의 버튼입니다.

▶ 리모컨을 조정하는 쪽에서는 private한 예금잔고의 값(상태)을 직접 볼 수 없습니다. 그 대신 getBalance 버튼을 누름으로써 검색할 수 있게 됩니다.

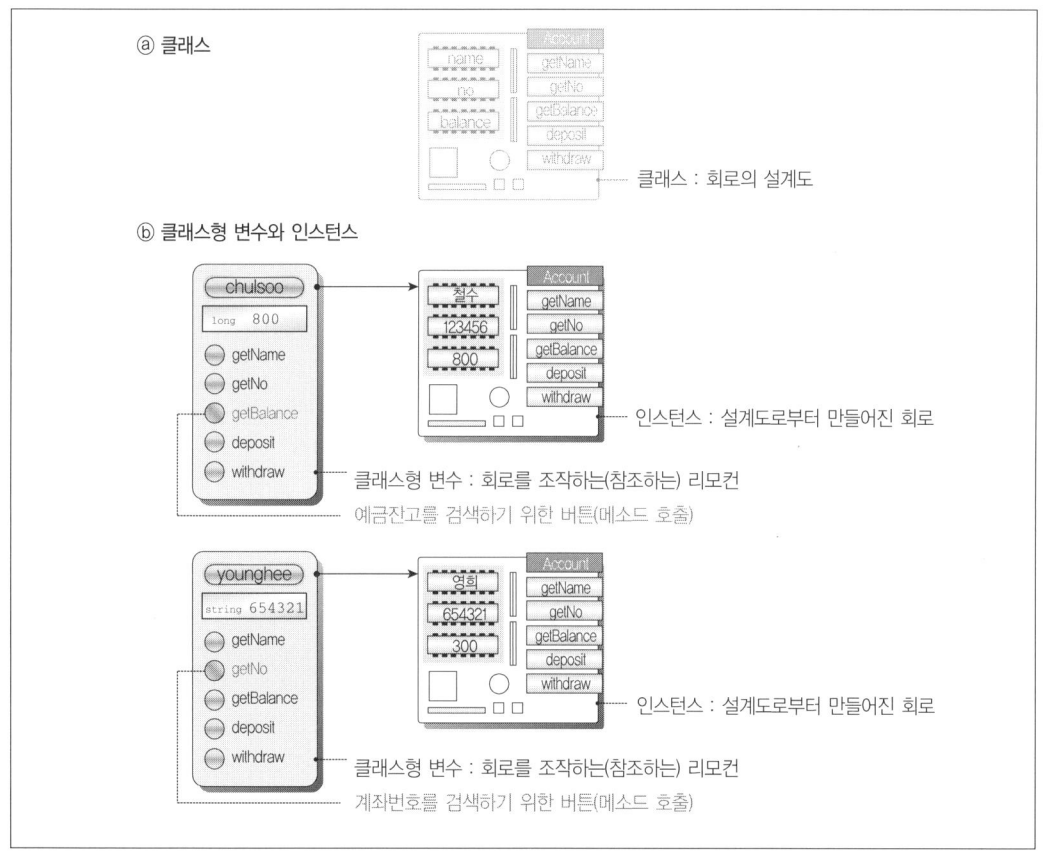

● 그림 8-12 클래스와 인스턴스와 클래스형 변수

제7장까지의 프로그램은 실질적으로는 메소드의 집합이고, 클래스는 메소드만 포함하는 존재였습니다. 원래 Java 프로그램은 클래스의 집합입니다. 클래스를 훌륭하게 작성하면 Java가 지닌 강력한 효과를 발휘할 수 있습니다.

▶ 문법상으로 Java 프로그램은 클래스의 집합이 아니고 패키지의 집합이라고 되어 있습니다. 패키지에 대해서는 제11장에서 학습합니다.

8-2 자동차 클래스

앞 절에서 학습한 은행계좌 클래스는 필드가 세 개뿐인 단순한 구조였습니다. 이 절에서는 7개의 필드를 가진 자동차 클래스를 작성하면서 클래스에 대한 이해를 하도록 합시다.

클래스의 독립

은행계좌 클래스와 이것을 테스트하는 클래스는 단일한 소스 파일에 저장되어 있었습니다. 그러나 아주 작은 규모의 프로그램이 아니라면 클래스 선언의 프로그램과 이 클래스를 이용하는 프로그램을 단일한 소스 파일로 저장하는 경우는 거의 없습니다.

클래스를 만들기 쉽고 사용하기 쉽게 하기 위해서는 각 클래스를 독립된 소스 파일로 작성해야 합니다. 이것은 '자동차' 클래스를 만들면서 학습하겠습니다. 자동차 클래스에는 다음과 같은 데이터를 필드로 가정합니다(그림 8-13).

- 이름
- 너비
- 높이
- 길이
- 현재 위치의 X좌표
- 현재 위치의 Y좌표
- 남은 연료

오른쪽 세 가지는 자동차의 '이동'에 필요한 필드입니다. X좌표와 Y좌표는 그림 ⓑ의 평면상의 어느 위치에 자동차가 위치하고 있는지를 나타냅니다.

물론 이동을 하면 연료가 줄어듭니다. 연료가 남아있는 동안에만 이동할 수 있다고 가정합니다. 필드만 생각하면 자동차 클래스 Car는 다음과 같이 선언할 수 있습니다.

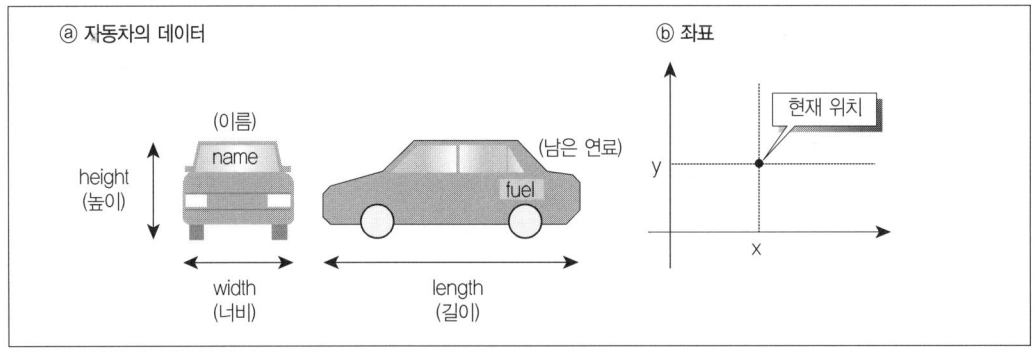

● 그림 8-13 자동차의 데이터

```
class Car    {
    private String name;            // 이름
    private int width;              // 너비
    private int height;             // 높이
    private int length;             // 길이
    private double x;               // 현재의 위치 X좌표
    private double y;               // 현재의 위치 Y좌표
    private double fuel;            // 남은 연료
}
```

각 필드의 값이 자동차의 상태를 나타냅니다. 모든 필드는 외부로부터 액세스할 수 없게 '비공개'로 합니다(private을 이용해서 선언합니다). 따라서 예를 들어 연료를 도둑맞아서 0이 되는 경우는 없습니다.

*

클래스는 필드 외에 생성자와 메소드가 필요합니다. 그림 8-14는 자동차 클래스의 개요를 나타냅니다.

생성자

현재 위치의 좌표를 원점(0, 0)으로 맞춥니다. 좌표 이외의 필드에는 인수로 입력된 값을 설정합니다.

메소드

아래의 메소드를 만들도록 합니다.

- 현재 위치의 X좌표를 검색한다(getX).
- 남은 연료를 검색한다(getFuel).
- 자동차를 움직인다(move).
- 현재 위치의 Y좌표를 검색한다(getY).
- 자동차의 사양을 표시한다(putSpec).

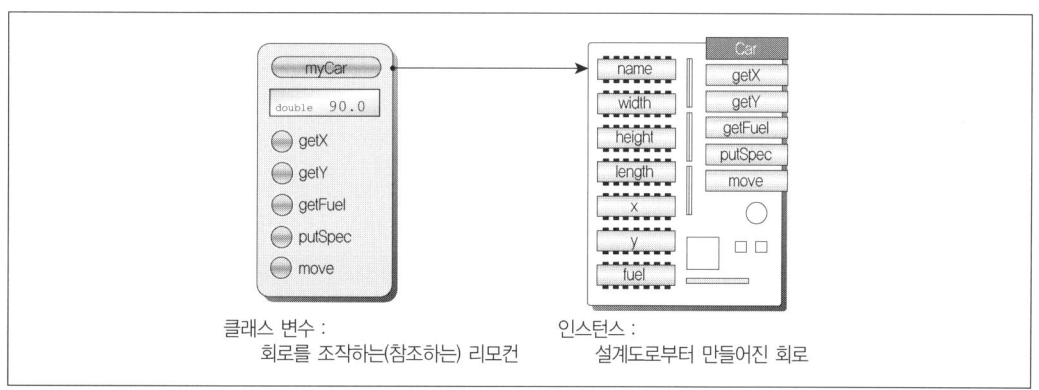

● **그림 8-14** 자동차 클래스의 이미지

this 참조

먼저 생성자를 만들어 봅시다. 좌표를 원점(0, 0)으로 맞추고, 좌표 이외의 필드에는 인수로 전달된 값을 설정했습니다. 따라서 이 선언은 다음과 같이 됩니다.

```
Car (String n, int w, int h, int l, double f) {
    name = n;    width = w;    height = h;
    length = l;  fuel = f;
    x = y = 0.0;
}
```
― 가인수
― 필드
필드에 가인수의 값을 대입

가인수의 이름 n, w, h, l, f는 대응하는 필드의 첫 문자입니다. 하지만 n과 w라는 이름으로는 무엇을 나타내는 인수인지 알 수 없습니다. 특히 4번째의 l은 숫자 1로 틀리게 읽을 가능성도 있습니다.

*

다음과 같이 가인수를 필드와 같은 이름으로 하면 이해하기 쉬울 것입니다.

```
Car (String name, int width, int height, int length, double fuel) {
    name = name;       width = width;     height = height;
    length = length;   fuel = fuel;
    x = y = 0.0;
}
```
― 가인수
― 가인수
가인수에 자기 자신의 값을 대입? ✕

그렇지만 이것은 불가능합니다. 왜냐하면 다음과 같은 규칙이 있기 때문입니다.

> **중요** 클래스의 필드와 같은 이름의 가인수나 지역변수를 갖는 생성자 및 메소드의 본체에서는 필드의 이름이 감추어진다.

즉 이 생성자 내의 height는 자동차 클래스의 필드 height가 아니고 가인수 height를 나타내기 때문에 '가인수에 대해서 자기 자신의 값을 대입하는' 무의미한 일을 실행하게 됩니다.

*

> **중요** 생성자 및 메소드는 자신을 기동시킨 인스턴스 참조를 this로써 가지고 있다.

그림 8-15는 this의 이미지를 나타냅니다. this는 자신의 인스턴스를 참조하는 변수입니다. 물론 이 형은 자신의 클래스 형이기(클래스 Car의 this는 클래스 Car형) 때문에 자신을 조작하는 리모컨으로 묘사되고 있습니다.

this 참조를 이용하면 클래스 내의 필드 abc는 this.abc로 액세스할 수 있게 됩니다. this를 이용해서 수정한 생성자는 다음과 같습니다.

```
Car (String name, int width, int height, int length, double fuel) {
    this.name = name;   this.width = width;    this.height = height;
    this.length = length;   this.fuel = fuel;
    x = y = 0.0;
}
```
필드 | 가인수
필드에 가인수의 값을 대입

this.height는 클래스의 필드이고 height는 가인수이기 때문에 두 개를 확실하게 구별할 수 있습니다.

*

필드와 같은 이름을 가인수로 할당하는 방법은 다음과 같은 장점이 있기 때문에 널리 사용되고 있습니다.

- 가인수의 이름을 무엇으로 할지 고민할 필요가 없다
- 어느 필드에 값을 설정하기 위한 인수인지를 이해하기 쉽다

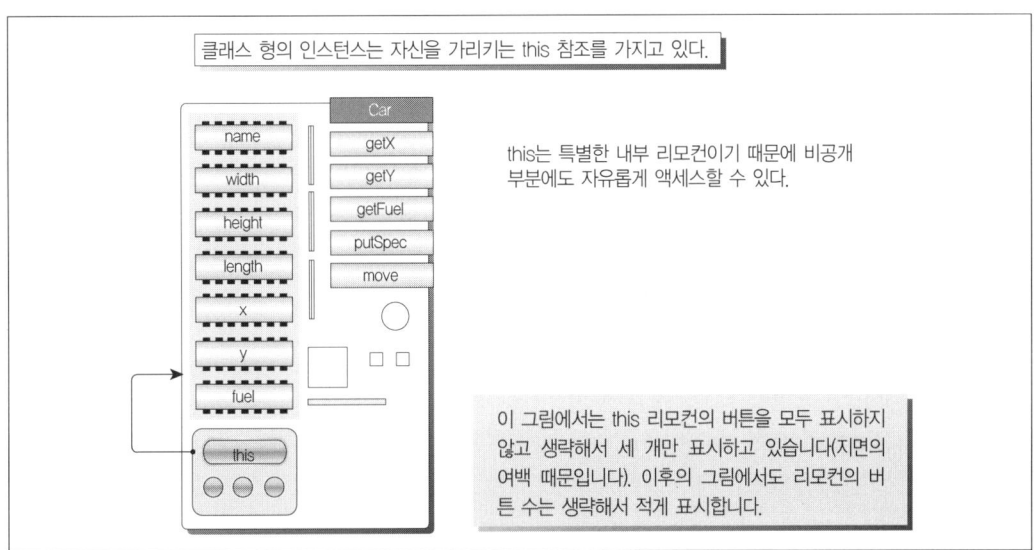

● 그림 8-15 this 참조

단, 생성자와 메소드 안에 this.을 누락하면 필드가 아니고 가인수를 나타내게 되는 것이 가장 큰 결점입니다. 따라서 this.을 누락하지 않도록 주의하기 바랍니다.

▶ 이밖에도 주의해야 할 점이 있습니다. Column 8-2에서 해설합니다.

리스트 8-4는 생성자와 메소드를 추가한 자동차 클래스 Car를 나타냅니다.

리스트 8-4 ◎ 예제파일 : car1/Car.java

```java
// 자동차 클래스 [제1판]

class Car {
    private String name;        // 이름
    private int width;          // 너비
    private int height;         // 높이
    private int length;         // 길이
    private double x;           // 현재 위치 X좌표
    private double y;           // 현재 위치 Y좌표
    private double fuel;        // 남은 연료

    //--- 생성자 ---//
    Car(String name, int width, int height, int length, double fuel) {
        this.name = name;   this.width = width;    this.height = height;
        this.length = length;   this.fuel = fuel;
        x = y = 0.0;
    }

    double getX( ) { return x; }            // 현재 위치 X좌표를 취득
    double getY( ) { return y; }            // 현재 위치 Y좌표를 취득
    double getFuel( ) { return fuel; }      // 남은 연료를 취득

    //--- 사양 표시 ---//
    void putSpec( ) {
        System.out.println("이름 : " + name);
        System.out.println("차 너비 : "+ width  + "mm");
        System.out.println("차 높이 : "+ height + "mm");
        System.out.println("차 길이 : "+ length + "mm");
    }

    //--- X방향으로 dx, Y방향으로 dy ---//
    boolean move(double dx, double dy) {
        double dist = Math.sqrt(dx * dx + dy * dy);         // 이동거리

        if (dist > fuel)
```

```
                return false;              // 이동할 수 없다 - 연료 부족
            else {
                fuel -= dist;              // 이동거리만큼 연료가 감소한다
                x += dx;
                y += dy;
                return true;               // 이동완료
            }
        }
    }
}
```

각 메소드는 다음과 같이 구성되어 있습니다.

■ 메소드 getX, getY

현재 위치의 좌표를 검색하기 위한 메소드입니다. 메소드 getX는 X좌표의 값 x를 반환하고, 메소드 getY는 Y좌표의 값 y를 반환합니다.

■ 메소드 getFuel

남은 연료를 검색하기 위한 메소드입니다. fuel의 값을 그대로 반환합니다.

■ 메소드 putSpec

차의 이름과 너비, 높이, 길이를 표시하는 메소드입니다. 표시는 다음과 같은 방식으로 처리합니다.

이름 : 비츠
차 너비 : 1660 mm
차 높이 : 1500 mm
차 길이 : 3640 mm

■ 메소드 move

자동차를 X방향으로 dx, Y 방향으로 dy만큼 이동시키는 메소드입니다. 이동거리 dist는 그림 8-16에 나타낸 식을 이용해서 계산합니다.

▶ 제곱근을 구하는 라이브러리인 Math 클래스의 sqrt 메소드는 인수의 제곱근을 반환합니다. 호출 형식을 '클래스명.메소드명(...)'으로 하는 이유는 제10장에서 학습합니다.

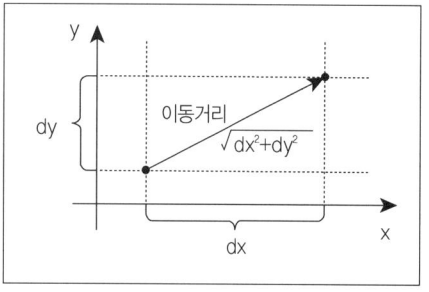

● 그림 8-16 자동차의 이동거리

또한 연료의 단위는 1이기 때문에 거리 1을 이동하면 연료도 1만큼 감소합니다. 이 메소드는 이동해야 할 거리 dist에 대해서 남은 연료 fuel이 충분한지 아닌지에 따라서 다음과 같이 동작합니다.

• 남은 연료가 부족하다 → 이동 불가능하다고 판단해서 false를 반환한다.

• 남은 연료가 충분하다 → 현재 위치와 남은 연료를 갱신해서 true를 반환한다.

▶ 이 책에서는 한 줄이라도 많은 프로그램을 접할 수 있도록 프로그램과 주석을 상당히 많이 이용해서 표기하고 있습니다. 자신이 프로그램을 작성할 때에도 메소드 사이에 빈 줄을 넣거나 꼼꼼한 주석을 기입하도록하기 바랍니다. 또한 클래스의 매뉴얼이라고도 할 수 있는 도큐먼트를 생성하기 위한 문서화 주석의 기술에 대해서는 제13장에서 학습합니다.

Column 8-2… this를 이용할 때 또 다른 주의점

생성자나 메소드의 가인수와 동일한 이름의 클래스 필드에 this를 이용해서 액세스할 때 또 한가지 주의할 점이 있습니다. 이것을 다음과 같이 선언된 생성자로 생각해 봅시다. 어느 값을 전달해도 자동차의 길이를 나타내는 필드 height의 값은 반드시 0이 됩니다. 이 이유는 무엇일까요?

```
Car (String name, int width, int heigth, int length, double fuel) {
    this.name = name;   this.width = width;   this.height = height;
    // ...
}
```

가인수가 height가 아니고 heigth로 되어 있는 것을 발견했습니까? 생성자의 본체에서는 this.height에 대해서 디폴트 값 0으로 초기화 된 height(즉 this.height)의 값을 대입하게(필드 height에 자신의 값을 대입하게) 됩니다. 가인수의 heigth는 선언만 되어 있을 뿐이고 생성자 본체에서는 사용되고 있지 않습니다. 컴파일 에러가 발생하지 않기 때문에 에러의 원인을 발견하기 힘듭니다.

리스트 8-5는 자동차 클래스 Car를 이용하는 프로그램입니다. 클래스 Car형의 인스턴스를 두 개 생성해서 그 사양을 표시만 하는 단순한 프로그램입니다.

리스트 8-5 ◎ 예제파일 : car1/CarTester1.java

```java
// 자동차 클래스 [제1판]의 이용 예(예1)

class CarTester1 {

    public static void main(String[ ] args) {
        Car vitz   = new Car("비츠", 1660, 1500, 3640, 40.0);
        Car march = new Car("마치", 1660, 1525, 3695, 41.0);

        vitz.putSpec( );              // vitz의 사양을 표시
        System.out.println( );
        march.putSpec( );             // march의 사양을 표시
    }
}
```

실 행 결 과

이름 : 비츠
차 넓이 : 1660mm
차 높이 : 1500mm
차 길이 : 3640mm

이름 : 마치
차 넓이 : 1660mm
차 높이 : 1525mm
차 길이 : 3695mm

소스 파일을 Car와 동일한 디렉터리에 저장합니다. java 커맨드로 클래스 CarTester1을 기동하면 동일한 디렉터리상의 클래스 파일 Car.class로부터 클래스 Car의 바이트코드가 자동적으로 입력됩니다.

*

리스트 8-6은 대화식으로 자동차를 이동하는 프로그램입니다.

1 자동차의 이름과 너비 등의 데이터를 입력합니다.

2 입력된 값을 기초로 클래스 Car형의 인스턴스 myCar를 구축합니다. 생성자의 역할에 의해 이름과 너비 등이 입력된 값으로 세트되고, 좌표가 (0, 0)으로 세트됩니다. 이어지는 while문에서는 현재 위치의 이동을 대화식으로 반복합니다. 현재 위치와 남은 연료를 표시하고 이동할 거리를 입력합니다.

3 자동차를 X방향으로 dx, Y방향으로 dy만큼 이동합니다. 연료 부족일 경우에는 false가 반환되기 때문에 '연료가 부족합니다!' 라고 표시합니다.

*

자동차 클래스 Car를 독립된 소스 프로그램으로 작성했습니다. 그리고 두 개의 이용 예 CarTester1과 CarTester2의 프로그램을 표시했습니다. 물론 이외의 프로그램(클래스)에서도 클래스 Car는 이용할 수 있습니다. 다음과 같이 하는 것이 원칙입니다.

> **중요** 각각의 클래스는 독립된 소스 프로그램으로 작성해야 된다.

리스트 8-6

◎ 예제파일 : car1/CarTester2.java

```java
// 자동차 클래스 [제1판]의 이용 예(예2 : 대화식으로 자동차를 이동)

import java.util.Scanner;

class CarTester2 {

    public static void main(String[ ] args) {
        Scanner stdIn = new Scanner(System.in);

        System.out.println("자동차의 데이터를 입력하시오.");
        System.out.print("이름은 : ");     String name = stdIn.next( );
        System.out.print("차 너비는 : ");  int width = stdIn.nextInt( );
        System.out.print("차 높이는 : ");  int height = stdIn.nextInt( );
        System.out.print("차 길이는 : ");  int length = stdIn.nextInt( );
        System.out.print("연료량은? : ");  double fuel = stdIn.nextDouble( );
```

```
❷      Car myCar = new Car(name, width, length, height, fuel);

       while (true) {
           System.out.println("현재 위치 ("+ myCar.getX() + ", "+
                   myCar.getY() + ") · 남은 연료 "+ myCar.getFuel());
           System.out.print("이동합니까? [0…No/1…Yes] : ");
           if (stdIn.nextInt() == 0) break;

           System.out.print("X방향의 이동거리 : ");
           double dx = stdIn.nextDouble();
           System.out.print("Y방향의 이동거리 : ");
           double dy = stdIn.nextDouble();

           if(!myCar.move(dx, dy))
❸             System.out.println("연료가 부족합니다!");
       }
   }
}
```

실 행 결 과

자동차의 데이터를 입력하시오.
이름은 : My Car ↵
차 너비는 : 1885 ↵
차 높이는 : 1490 ↵
차 길이는 : 5220 ↵
연료량은? : 90 ↵
현재 위치 (0.0, 0.0) · 남은 연료 90.0
이동합니까? [0···No/1···Yes] : 1 ↵
X방향의 이동거리 : 5.5 ↵
Y방향의 이동거리 : 12.3 ↵
현재 위치 (5.5, 12.3) · 남은 연료 76.52632195723825
이동합니까? [0···No/1···Yes] : 0 ↵

연습 8-1
이름 · 신장 · 체중 등을 멤버로 갖는 '인간 클래스'를 작성하시오(필드와 메소드 등은 자유롭게 설계할 것).

연습 8-2
자동차 클래스 Car에 대한 필드와 메소드를 자유롭게 추가하시오. 예를 들어 연료탱크 용량을 나타내는 필드를 추가하기/멤버를 나타내는 필드를 추가하기/연비를 나타내는 필드를 추가하기/이동에 따른 남은 연료량을 계산할 때 연비를 반영하기/급유를 위한 메소드를 추가하기 등.

식별자의 명명

변수 · 메소드 · 클래스에 대한 명명법에 대해서는 지금까지 자세하게 설명하지 않았습니다. Java에서는 이름을 정할 때, 고려해야 할 여러가지 사항을 제시하고 있습니다. 이 중에서 기본적인 것을 설명합니다.

※ 여기에 제시하고 있는 것은 단순한 '관습'이 아니라 '추천'하는 것이기 때문에 이 방침에 따르는 것을 원칙으로 합니다. 또한 여기에서는 이 책에서 학습하지 않는 내용도 정리해 두었습니다.

■ 클래스

- 클래스의 내용을 간결하게 나타내는 명사로 한다.

- 단어의 첫 문자는 대문자, 두 번째 문자 이후는 소문자로 한다.

    예 Thread
        Dictionary

- 복수의 단어를 나열해도 된다. 단 너무 길지 않도록 한다.

    예 ClassLoader
        SecurityManager
        BufferedInputStream

    ※ 이 책에서 제7장까지의 클래스명은 여기에서 제시하는 방침과 다른 경우도 있었습니다(명사가 아닌 클래스명도 있습니다).

■ 인터페이스

- 인터페이스의 명명은 원칙적으로 클래스에 준한다.

- 인터페이스의 내용을 간결하게 나타내는 명사로 한다.

- 단어의 첫 문자는 대문자, 두 번째 문자 이후는 소문자로 한다.

    예 Activator
        Icon

- 복수의 문자를 나열해도 된다. 단 너무 길지 않도록 한다.

    예 ViewFactory
        XMLWriter

- 속성을 나타내는 인터페이스의 이름은 형용사로 한다. '~가능한'이라는 의미의 인터페이스명은 어미를 '~able'로 한다.

    예 Runnable
        Cloneable

■ 메소드

- 내용을 간결하게 나타내는 소문자의 동사로 한다.

    예 move

- 복수의 단어를 연속시킨 경우에는 2번째 이후 단어의 첫 문자를 대문자로 한다.

    예 moveTo

- 변수 v의 값과 속성을 취득(get)하는 메소드인 getter의 이름은 getV로 한다.

예 `getPriority`

- boolean형의 값과 속성을 취득하는 getter를 포함하고, 객체에 관한 논리값 v를 판정하는 메소드의 이름은 isV로 한다.

  예 `isInterrupted`

- 변수 v의 값과 속성을 설정(set)하는 메소드인 setter의 이름은 setV로 한다.

  예 `setPriority`

- 객체를 특정한 형식 F로 변환하는 메소드명은 toF로 한다.

  예 `toString`
  　　`toLocaleString`
  　　`toGMTString`

- 배열의 요소 수와 문자열의 문자 수 등의 '길이'을 반환하는 메소드명은 length로 한다.

- 수학함수 등은 예외적으로 명사 또는 그 줄임말을 사용한다.

  예 `sin`
  　　`cos`

■ 필드(final 제외)

- 내용을 간결하게 나타내는 명사의 단어 또는 명사의 준말을 소문자로 기술한다.

  예 `buf`
  　　`pos`
  　　`count`

- 복수의 단어를 연속시킨 경우에는 두 번째 이후 단어의 첫 문자를 대문자로 한다.

  예 `bytesTransferred`

■ 상수(final 변수)

- 어떤 품사를 사용해도 된다.

- 이해하기 쉽도록 해야 하며 불필요하게 생략하지 않는다(필드와 메소드에 비해서 다소 길어도 된다).

- 1개 이상의 단어·머리글자·준말 모두 대문자로 나타내고 각 요소를 밑줄 '_'로 구분한다.

  예 `MIN_VALUE`
  　　`MAX_VALUE`
  　　`MIN_RADIX`
  　　`MAX_RADIX`

- 집합이나 동일한 범주에 속하는 상수의 그룹에 대해서는 공통적인 머리글자를 이름의 접두사로 이용한다.

  예 `PS_RUNNING`
  　　`PS_SUSPENDED`

■ 지역변수와 가인수

- 알기 쉽게 짧은 소문자의 이름으로 한다. 완전한 단어가 아닌 경우도 된다.

- 나열된 단어의 첫 문자를 연결한 머리 글자

    예) `cp`   `ColoredPoint`로의 참조

- 준말

    예) `buf`   어떤 버퍼(buffer)로의 포인터를 저장한다.

- 어떤 규칙을 기초로 외우기 쉽고 이해하기 쉬운 형태로 된 니모닉(nemonic)으로 한다. 이때 널리 이용되고 있는 클래스의 인수명을 패턴화한 '지역변수명 규약집' 등의 수단을 이용해도 된다.

    예) `int`   `out`

    어떤 입출력을 포함하는 경우. System 클래스의 필드에 준하는 예.

    예) `off`   `len`

    offset과 길이를 포함하는 경우. java.io 패키지에 소속되는 인터페이스 DataInput과 DataOutput의 메소드 read와 write의 인수명에 준하는 예.

- 이름은 2문자 이상으로 하는 것이 원칙이다. 단 일시적인 용도와 루프 제어용의 변수는 1문자로도 상관없다. 아래 단어들은 1문자 이름으로 표현할 때 약속된 표현법이다.

    `byte`의 경우는 `b`
    `char`의 경우는 `c`
    `double`의 경우는 `d`
    `Exception`의 경우는 `e`
    `float`의 경우는 `f`
    정수의 경우는 `i, j, k`
    `long`의 경우는 `l`
    `Object`의 경우는 `o`
    `String`의 경우는 `s`
    어떤 형의 임의의 값인 경우는 `v`

- 두 글자 또는 세 글자의 소문자만으로 이루어진 지역변수 명과 매개변수(parameter) 명은 유일한 패키지 명의 최초 구성요소인 국가별 코드 또는 도메인 이름(com과 kr 등)과 충돌하는 일이 없도록 한다.

■ 패키지

광범위하게 이용 가능한 패키지명

- 제11장에서 설명하는 형식으로 한다.

- 최초 식별자의 첫 문자는 인터넷, 도메인 이름 등을 나타낸 com, edu, gov, mil, net, org, 또는 2문자의 ISO 국가별 코드를 나타낸 kr과 uk와 같이 2문자 또는 3문자의 소문자로 한다.

다음 예는 이 규약에 따라 만든 유일한 가공의 이름이다.

예) com.JavaSoft.jag.Oak
    org.npr.pledge.driver
    uk.ac.city.rugby.game

지역적인 사용을 목적으로 한 패키지명

- 최초 식별자의 첫 문자는 소문자로 한다. 단 최초 식별자로서 java를 사용해서는 안 된다. 왜냐하면 식별자 java로 시작하는 패키지 명은 Java 플랫폼 패키지의 이름으로서 Sun Microsystems에 의해 예약되어 있기 때문이다.

  ※ 일반적으로 형 이름의 첫 문자는 대문자이기 때문에 패키지명의 최초 구성요소와 형 이름이 혼동되는 것을 피할 수 있다.

■ 형 변수명

- 간결하고 기억하기 쉬운 것으로 한다.

- 가능한 1문자로서 소문자는 사용하지 않는다.

- 컨테이너 형의 경우 이 요소형으로서 E라는 이름을 사용한다. 또한 맵의 경우 키 형은 K, 값의 형은 V를 사용한다. 임의의 예외형은 X를 사용한다. 특별하게 구별할 필요가 없는 형은 T로 한다.

  예) Stack<E>
      Map<K, V>

이장의 요약

- 클래스는 필드·생성자·메소드 등이 캡슐화된 것이고, 프로그램으로 만들어진 '회로의 설계도'에 해당한다. 각 클래스는 독립된 소스 프로그램으로 작성해야 한다.

- 설계도인 클래스로부터 만들어진 실체가 인스턴스이다. 인스턴스화(인스턴스의 생성)는 new 연산자를 이용해서 처리한다.

- static이 없는 필드는 각 인스턴스에 소속되기 때문에 인스턴스 변수라고 한다. 이 값은 인스턴스의 상태(state)를 나타낸다.

- 필드의 액세스 속성은 원칙적으로 비공개(private)로 해야 한다. 클래스 외부에 대해서 존재가 감추어지기 때문에 데이터 숨김을 실현할 수 있다.

- 생성자는 클래스와 같은 이름의 반환형을 갖지 않는다. 생성자의 목적은 인스턴스를 적절하게 초기화하는 일이다. 생성자를 정의하지 않은 클래스에는 인수를 전달받지 않는 형식의 디폴트 생성자가 자동적으로 정의된다.

- static이 없는 메소드는 각 인스턴스에 소속되기 때문에 인스턴스 메소드라고 하며, 인스턴스의 속성(behavior)을 나타낸다. 인스턴스 메소드를 호출해서 인스턴스에 대해서 메시지를 보낼 수 있다.

- 클래스의 멤버(필드와 메소드 등)는 멤버 액세스연산자 .을 이용한 식 '클래스형 변수명.멤버명'을 이용해서 액세스할 수 있다.

- 클래스의 필드와 같은 이름의 가인수와 지역변수를 갖는 생성자 및 인스턴스 메소드의 본체에서는 필드의 이름이 감추어진다.

- 생성자와 인스턴스 메소드는 자신이 소속되어 있는 인스턴스 참조인 this를 가지고 있다.

- 생성자 및 인스턴스 메소드 내에서는 그 클래스의 필드 a를 그 이름 그대로 a로서 액세스할 수 있을 뿐만 아니라 this.a로도 액세스할 수 있다.

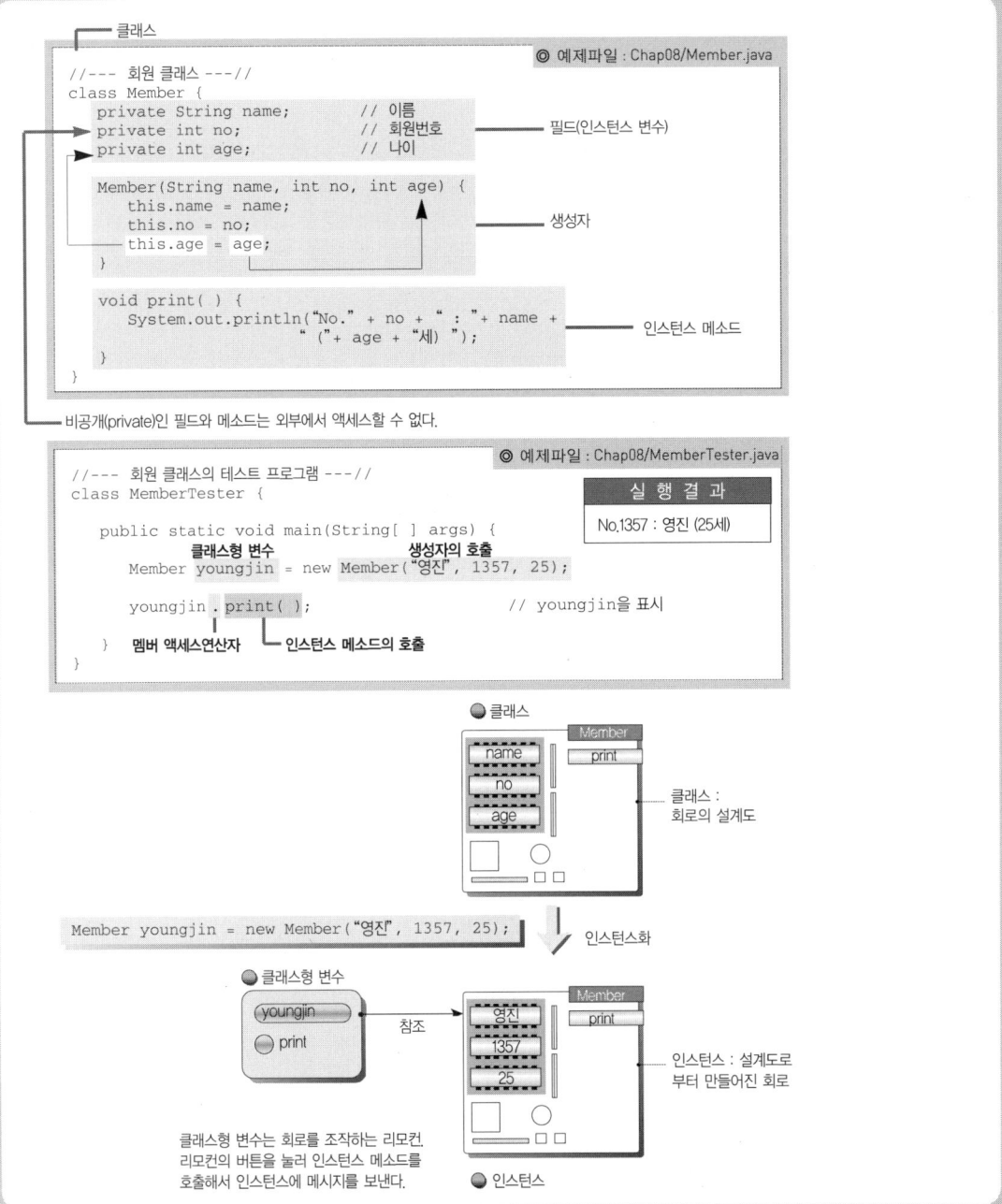

제 9 장

날짜 클래스의 작성

이 장에서는 단순한 구조의 날짜 클래스와 이것을 일부 포함하는 자동차 클래스를 작성해서 클래스에 대해 제8장보다 더 깊고 자세하게 학습합니다.

··· accessor(getter와 setter)
··· 클래스형 변수와 인스턴스 참조
··· 클래스 인스턴스의 배열
··· 복사 생성자
··· 문자열 생성과 toString 메소드
··· 클래스 인스턴스의 비교
··· has-A의 관계

9-1 날짜 클래스의 작성

이 절에서는 단순한 구조를 가진 날짜 클래스의 작성을 통해서, 클래스에 대해 전장보다 더 깊고 자세하게 학습합니다.

날짜 클래스

날짜는 년·월·일 3항목으로 나타낼 수 있습니다. 이 항목들을 int형 필드로 갖는 날짜 클래스를 만들겠습니다. 이름을 Day로 하면 필드만을 나타낸 클래스는 다음과 같이 선언할 수 있습니다. 그림 9-1 ⓐ는 클래스 Day의 이미지입니다.

```
class Day {
    private int year;       // 년
    private int month;      // 월
    private int date;       // 일
}
```

제8장에서 제시한 원칙을 기초로 모든 필드를 비공개로 합니다. 외부로부터의 액세스는 생성자와 메소드를 통해서 간접적으로 실행하게 됩니다. 생성자와 메소드를 만들어 보겠습니다.

생성자와 메소드

생성자는 인스턴스를 생성할 때 확실한 초기화를 실행하기 위한 부품이었습니다. 클래스 Day의 생성자는 다음과 같이 정의할 수 있습니다. 가인수로 입력된 세 개의 정수값은 그대로 각 필드에 대입합니다.

```
Day (int year, int month, int date) {
    this.year    = year;     // 년
    this.month   = month;    // 월
    this.date    = date;     // 일
}
```

▶ 가인수와 동일한 이름의 필드에 액세스하기 위해 this를 사용하고 있습니다. 만약 this를 사용하지 않으면 다음과 같이 됩니다(8-2 this 참조).

```
Day(int y, int m, int d) {
    year    = y;     // 년
    month   = m;     // 월
    date    = d;     // 일
}
```

클래스 Day형의 인스턴스를 생성할 때에는 이 생성자에 대해서 세 개의 int형 인수를 전달하게 됩니다. 아래에 일례를 제시합니다(그림 ⓑ).

```
Day birthday = new Day(1963, 11, 18);      // 생일
```

생성자가 기동되어 birthday의 필드 year, month, date에 대해서 각각 1963, 11, 18이 대입됩니다.

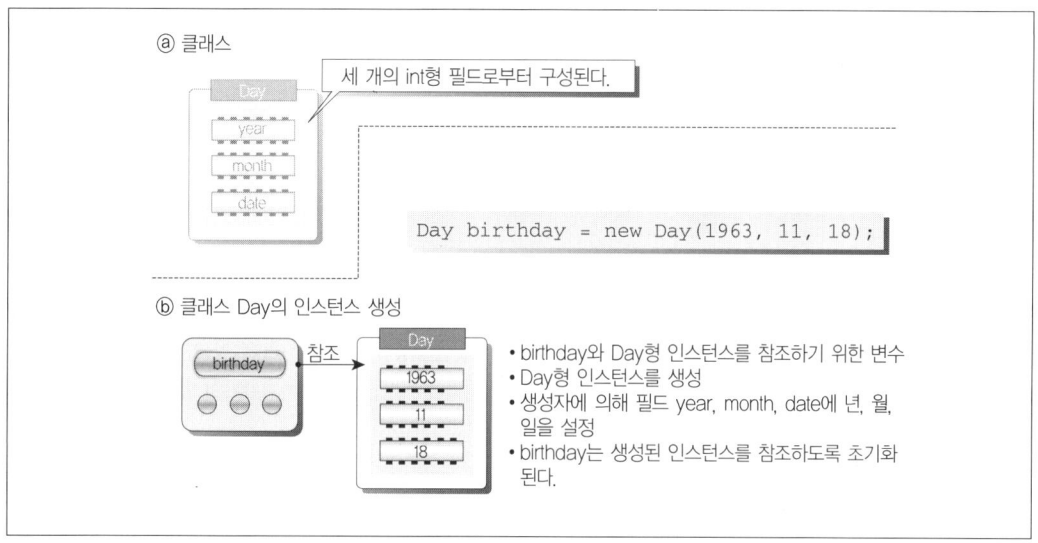

● 그림 9-1 날짜 클래스의 변수와 인스턴스

물론 다음과 같은 선언은 허용되지 않기 때문에 컴파일을 하면 에러가 발생합니다. 부정한 방법으로 인스턴스를 생성할 수는 없습니다.

```
Day xDay = new Day( );           // 에러 : 언제인지 모르는 날?
Day yDay = new Day(2005);        // 에러 : 월과 일이 할당되어 있지 않다
```

*

생성자가 완성되었기 때문에 다음은 메소드를 만들어 보겠습니다. 여기에서는 다음에 나타내는 메소드를 만들어 봅시다.

- getYear   : 년을 취득한다.
- getMonth   : 월을 취득한다.
- getDate   : 일을 취득한다.
- dayOfWeek : 요일을 취득한다.
- setYeat   : 년을 설정한다.
- setMonth   : 월을 설정한다.
- setDate   : 일을 설정한다.
- set   : 연월일을 설정한다.

리스트 9-1은 생성자와 메소드를 추가해서 완성시킨 클래스 Day입니다. 메소드 dayOfWeek는 계산한 요일을 정수값으로 반환합니다. 반환하는 값은 일요일이면 0, 월요일이면 1, ⋯ , 토요일이면 6입니다.

▶ 메소드 dayOfWeek는 제라의 공식(Zeller's congruence)이라는 계산법으로 요일을 계산합니다(공식대로 계산하는 것이기 때문에 여러분은 요일을 계산하는 방법을 자세히 이해할 필요는 없습니다). 그레고리력 (Gregorian calendar, Column 9-2)을 전제로 하고 있기 때문에 정확한 요일이 계산되는 것은 1582년 10월 15일 이후의 날짜입니다.

리스트 9-1 ◎ 예제파일 : day1/Day.java

```java
// 날짜 클래스 Day [제1판]

class Day {
    private int year;              // 년
    private int month;             // 월
    private int date;              // 일

    //--- 생성자 ---//
    Day(int year, int month, int date) {
        this.year  = year;         // 년
        this.month = month;        // 월
        this.date  = date;         // 일
    }

    //--- 년, 월, 일을 취득 ---//
    int getYear()  { return year; }       // 년을 취득
    int getMonth() { return month; }      // 월을 취득
    int getDate()  { return date; }       // 일을 취득

    //--- 년, 월, 일을 설정 ---//
    void setYear(int year)   { this.year  = year; }    // 년을 설정
    void setMonth(int month) { this.month = month; }   // 월을 설정
    void setDate(int date)   { this.date  = date; }    // 일을 설정

    void set(int year, int month, int date) {          // 연월일을 설정
        this.year  = year;         // 년
        this.month = month;        // 월
        this.date  = date;         // 일
    }

    //--- 요일을 계산한다 --//
```

```
    int dayOfWeek( ) {
        int y = year;                       // 0 일요일
        int m = month;                      // 1 월요일
        if (m == 1 || m == 2) {             // …
            y--;                            // 5 금요일
            m += 12;                        // 6 토요일
        }
        return(y + y / 4 - y / 100 + y / 400 + (13 * m + 8) / 5 + date) % 7;
    }
}
```

accessor

흰색 부분의 메소드 들을 주목하기 바랍니다. 이름이 get로 시작하는 메소드는 필드의 값을 취득·반환하고, 이름이 set로 시작하는 메소드는 필드에 값을 설정합니다.

그림 9-2와 같이 필드의 값을 취득하는 메소드를 getter, 필드에 값을 설정하는 메소드를 setter라고 합니다. 이 두 가지를 함께 accessor라고 합니다. 이것은 모두 기본적인 용어이기 때문에 반드시 외워두기 바랍니다.

또한 필드abc의 setter명은 setAbc로, getter명은 getAbc로 할 것을 장려하고 있습니다(이 클래스에서도 이와 같이 되어 있습니다).

▶ 모든 필드에 값을 설정하는 메소드 set도 넓은 의미에서 setter의 일종입니다. 필드 abc가 boolean형일 경우 getter의 이름은 getAbc가 아니고 isAbc로 하는 것이 일반적입니다.

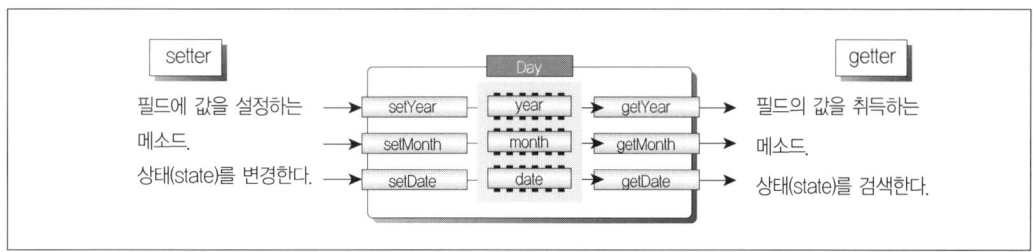

● **그림 9-2** accessor(setter와 getter)

리스트 9-2는 클래스 Day를 이용하는 프로그램의 예입니다.

리스트 9-2

◎ 예제파일 : day1/DayTester.java

```
// 날짜 클래스 Day [제1판] 이용 예(예1 : 날짜를 표시)

import java.util.Scanner;

class DayTester {

    public static void main(String[ ] args) {
        Scanner stdIn = new Scanner(System.in);
        String[ ] wd = {"일", "월", "화", "수", "목", "금", "토"};

        System.out.println("생일을 양력으로 입력하시오.");
        System.out.print("년 : ");   int y = stdIn.nextInt( );
        System.out.print("월 : ");   int m = stdIn.nextInt( );
        System.out.print("일 : ");   int d = stdIn.nextInt( );

■1─ Day birthday = new Day(y, m, d);

        System.out.println("당신의 생일 "
■2─                + birthday.getYear( )  + "년"
                    + birthday.getMonth( ) + "월"
                    + birthday.getDate( )  + "일은"
                    + wd[birthday.dayOfWeek( )] + "요일입니다.");
    }
}
```

실 행 예

생일을 양력으로 입력하시오.
년 : 1963 ↵
월 : 11 ↵
일 : 18 ↵
당신의 생일 1963년 11월 18일은 월요일입니다.

■1 키보드로부터 입력된 년, 월, 일에 대응하는 정수값 y, m, d를 기초로 birthday를 생성합니다. 실행 예에서는 세 개의 필드 year, month date의 값은 1963, 11, 18이 됩니다.

■2 birthday의 날짜와 요일을 나타냅니다. 날짜의 년, 월, 일의 값은 각각의 getter인 getYear, getMonth, getDate를 호출해서 취득합니다. 요일은 메소드 dayOfWeek에 의해 0~6의 값으로 반환됩니다. 실행 예와 같이 월요일이면 wd[1] 즉 '월'을 표시합니다.

▶ 메소드 호출식 birthday.dayOfWeek( )를 평가해서 int형인 1을 얻습니다.

클래스형 변수의 대입

리스트 9-3의 프로그램을 실행해 봅시다. 이것은 리스트 9-2에 흰색 부분을 추가한 프로그램입니다.

리스트 9-3

◎ 예제파일 : day1/DayAssign.java

```
// 날짜 클래스 Day[제1판] 이용 예(예2: 클래스형 변수의 대입)

import java.util.Scanner;

class DayAssign {

    public static void main(String[ ] args) {
        Scanner stdIn = new Scanner(System.in);
        String[] wd = {"일", "월", "화", "수", "목", "금", "토"};

        System.out.println("생일을 양력으로 입력하시오.");
        System.out.print("년 : ");   int y = stdIn.nextInt( );
        System.out.print("월 : ");   int m = stdIn.nextInt( );
        System.out.print("일 : ");   int d = stdIn.nextInt( );

        Day birthday = new Day(y, m, d);
        System.out.println("당신의 생일 "
                        + birthday.getYear()   + "년"
                        + birthday.getMonth()  + "월"
                        + birthday.getDate()   + "일은 "
                        + wd[birthday.dayOfWeek( )] + "요일입니다.");

  ①──  Day xDay = birthday;

  ②──  xDay.set(2100, 12, 31);     // 2100년 12월 31일로 설정

        System.out.println("birthday = "
                        + birthday.getYear( )  + "년"
                        + birthday.getMonth( ) + "월"
                        + birthday.getDate( )  + "일 ("
                        + wd[birthday.dayOfWeek( )] + ") ");

        System.out.println("xDay = "
                        + xDay.getYear( )  + "년"
                        + xDay.getMonth( ) + "월"
                        + xDay.getDate( )  + "일 ("
                        + wd[xDay.dayOfWeek( )] + ") ");
    }
}
```

실 행 예

```
생일을 양력으로 입력하시오.
년 : 1963
월 : 11
일 : 18
당신의 생일 1963년 11월 18일은 월요일입니다.
birthday = 2100년 12월 31일 (금)
xDay     = 2100년 12월 31일 (금)
```

실행 예를 보기 바랍니다. 키보드로부터 생일 birthday의 날짜를 입력해서 화면에 표시하는 곳까지는 앞의 프로그램과 동일합니다. 이 프로그램에서 또 하나의 Day형 변수 xDay를 만들어 2100년 12월 31일로 설정하고 있지만, 값을 설정하지 않은 birthday의 날짜까지도 수정되고 맙니다. 이와 같이 되는 이유를 살펴보겠습니다.

1 Day형의 변수 xDay의 선언입니다. 변수의 초기자인 birthday는 본체인 인스턴스를 참조하기 때문에 birthday의 인스턴스를 참조하도록 xDay가 초기화됩니다. 이 결과 그림 9-3과 같이 리모컨 birthday와 xDay가 조작대상으로 하는(참조하는) 인스턴스는 동일한 인스턴스가 됩니다. 생성자를 호출하고 있지 않기 때문에 결코 새로운 날짜 인스턴스가 만들어지지 않는 것을 이해하기 바랍니다.

▶ 초기화와 대입에 의해 '참조' 가 복사되는 것은 배열의 경우와 마찬가지입니다.

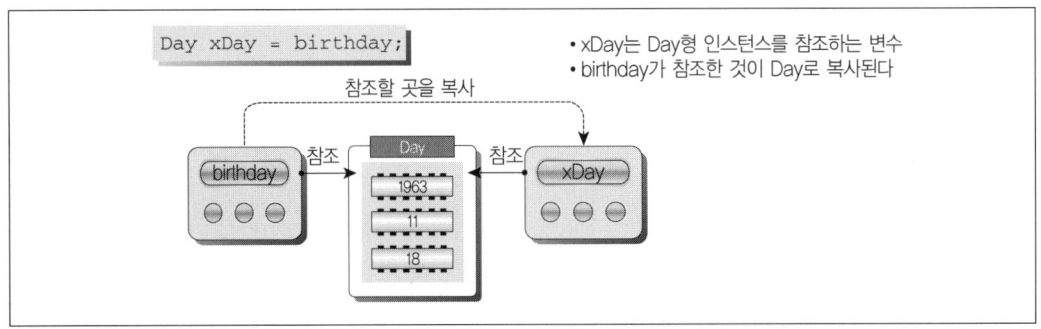

● 그림 9-3 동일한 인스턴스를 참조하는 두 개의 클래스형 변수

2 메소드 set에 의해 xDay의 각 필드에 2100, 12, 31을 설정합니다. xDay가 참조하는 인스턴스에 값을 설정하는 것은 원래 birthday 용으로 만들어진 인스턴스의 값을 변경하는 것입니다(그림 9-4).

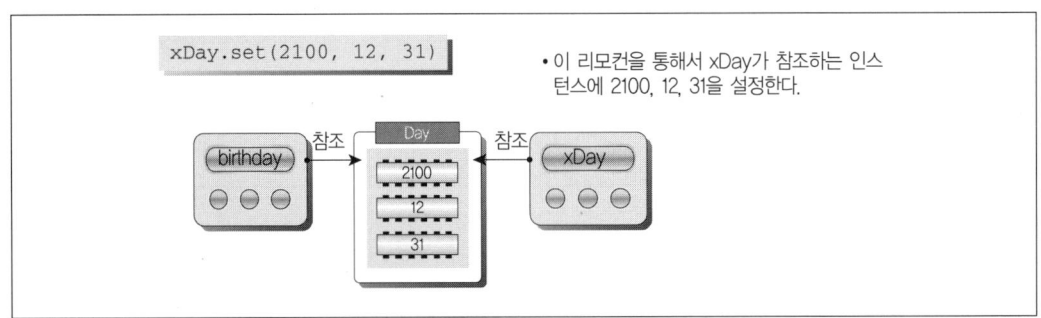

● 그림 9-4 인스턴스의 값 설정

이제 birthday와 xDay 모두 2100년 12월 31일이 되는 이유를 이해했습니까? 여기에서는 클래스형 변수의 '초기화' 를 예로 들었지만 '대입' 의 경우에도 마찬가지입니다.

중요 클래스형의 변수를 동일한 형의 변수에 의해 초기화하거나, 동일한 형의 변수를 대입하면 참조할 곳이 복사된다. 모든 필드의 값이 복사되는 것은 아니다.

클래스형 변수의 비교

리스트 9-4는 '두 날짜가 같은지 다른지'를 판정하는 프로그램입니다. 먼저 **1**과 **2**에서 키보드로 입력된 날짜로부터 day1과 day2를 생성하고, 그 후에 **3**의 if문에서 이들의 비교를 실행합니다. 실행 예와 같이 같은 날짜를 입력해도 다른 날짜를 입력해도 '다릅니다'라고 표시됩니다. 이것은 아래와 같은 이유 때문입니다.

중요 클래스형 변수에 적용된 등가연산자 ==와 !=는 참조할 곳이 같은지 다른지를 판정할 뿐, 필드의 값이 같은지 다른지의 판정을 실행하는 것은 아니다.

이 프로그램의 if문에서는 그림 9-5와 같이 day1과 day2가 참조하는 곳이 같은지 다른지 판단합니다. day1과 day2는 개별적으로 생성된 인스턴스이기 때문에 참조할 곳이 같아지는 경우는 없습니다. 따라서 필드의 값과는 관계없이 ==연산자는 false를 생성하게 됩니다.

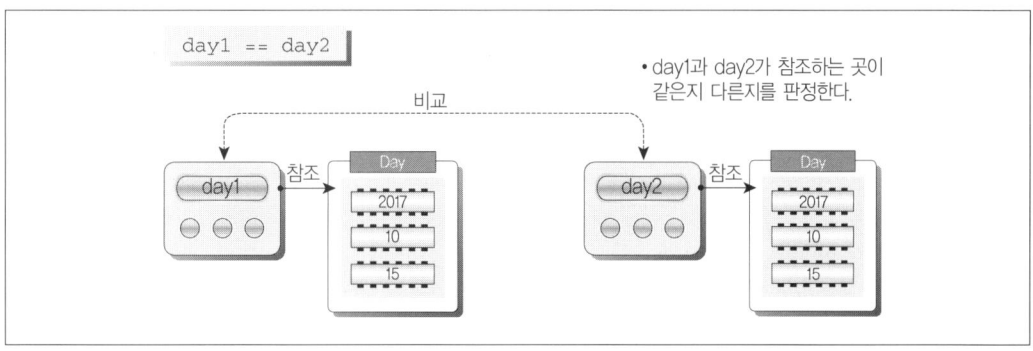

● **그림 9-5** 클래스형 변수의 비교

Column 9-1… 클래스형 변수에 적용할 수 있는 연산자

클래스 인스턴스를 참조하는 클래스형 변수에 대해서 덧셈과 뺄셈 등의 산술연산을 실행할 수는 없습니다. 클래스형 변수에 적용할 수 있는 연산자는 제한되어 있습니다.

. 연산자 : 멤버 액세스(필드 액세스 또는 메소드 호출)　　( ) 연산자 : 캐스트
+ 연산자 : 문자열 연결　　　　　　　　　　　　　　　　instanceof 연산자
== 연산자와 !=연산자 : 참조의 등가성을 판정　　　　　　 ? : 연산자 : 조건연산자

리스트 9-4
◎ 예제파일 : day1/DayComparator1.java

```java
// 날짜 클래스 Day [제1판] 이용 예(예3 : 두 날짜를 비교 1)

import java.util.Scanner;

class DayComparator1 {

    public static void main(String[ ] args) {
        Scanner stdIn = new Scanner(System.in);

        int y, m, d;
        System.out.println("날짜 1을 입력하시오.");
        System.out.print("년 : ");   y = stdIn.nextInt( );
        System.out.print("월 : ");   m = stdIn.nextInt( );
        System.out.print("일 : ");   d = stdIn.nextInt( );
1       Day day1 = new Day(y, m, d);

        System.out.println("날짜 2를 입력하시오.");
        System.out.print("년 : ");   y = stdIn.nextInt( );
        System.out.print("월 : ");   m = stdIn.nextInt( );
        System.out.print("일 : ");   d = stdIn.nextInt( );
2       Day day2 = new Day(y, m, d);

        if (day1 == day2)
            System.out.println("같습니다.");
3       else
            System.out.println("다릅니다.");       ← 반드시 이쪽이 실행된다.
    }
}
```

실행 예 1
날짜 1을 입력하시오.
년 : 2017 ↵
월 : 10 ↵
일 : 15 ↵
날짜 2를 입력하시오.
년 : 2017 ↵
월 : 10 ↵
일 : 15 ↵
다릅니다.

실행 예 2
날짜 1을 입력하시오.
년 : 2017 ↵
월 : 10 ↵
일 : 15 ↵
날짜 2를 입력하시오.
년 : 2001 ↵
월 : 1 ↵
일 : 1 ↵
다릅니다.

모든 필드의 값이 같은지 다른지 판정할 때 getter를 호출해서 년, 월, 일을 검색할 필요가 있기 때문에 정확한 프로그램은 리스트 9-5와 같이 됩니다.

▶ 리스트 9-4의 3 부분을 변경합니다.

리스트 9-5
◎ 예제파일 : day1/DayComparator2.java

```java
// 날짜 클래스 Day [제1판] 이용 예(예4 : 두 날짜를 비교 2)

import java.util.Scanner;

class DayComparator2 {
```

```
    public static void main(String[ ] args) {
        Scanner stdIn = new Scanner(System.in);
        // … 중략 …
        if(day1.getYear( )==day2.getYear( ) && day1.getMonth( )==day2.getMonth( )
                                        && day1.getDate()==day2.getDate())
            System.out.println("같습니다.");

        else

            System.out.println("다릅니다.");

    }
}
```

실행 예 1
… 생략 …   다릅니다.

실행 예 2
… 생략 …   같습니다.

프로그램을 실행해 봅니다. 같은 날짜를 입력하면 '같습니다' 라고 표시되고, 다른 날짜를 입력하면 '다릅니다' 라고 표시됩니다.

인수로서의 클래스형 변수

두 날짜가 같은지 다른지를 판정하는 메소드를 만들면 프로그램은 간결하게 됩니다. 리스트 9-6은 메소드를 만들어 수정한 프로그램입니다. 흰색 부분이 추가 · 변경된 부분입니다.

리스트 9-6　　　　　　　　　　　　　　　　　　　　　◎ 예제파일 : day1/DayComparator3.java

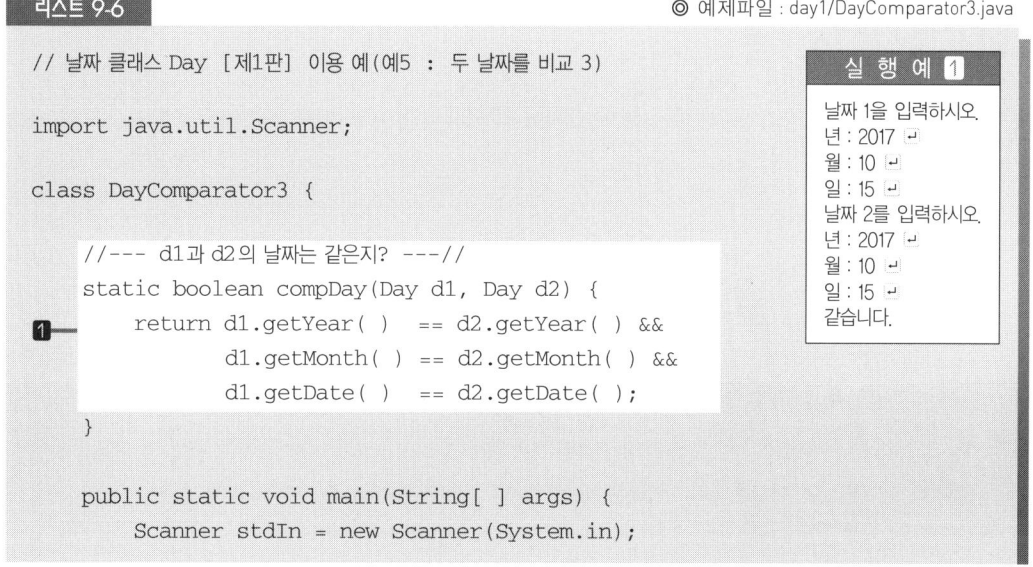

```
// 날짜 클래스 Day [제1판] 이용 예(예5 : 두 날짜를 비교 3)

import java.util.Scanner;

class DayComparator3 {

    //--- d1과 d2의 날짜는 같은지? ---//
    static boolean compDay(Day d1, Day d2) {
1       return d1.getYear( )  == d2.getYear( ) &&
               d1.getMonth( ) == d2.getMonth( ) &&
               d1.getDate( )  == d2.getDate( );
    }

    public static void main(String[ ] args) {
        Scanner stdIn = new Scanner(System.in);
```

실행 예 1
날짜 1을 입력하시오.   년 : 2017 ↵   월 : 10 ↵   일 : 15 ↵   날짜 2를 입력하시오.   년 : 2017 ↵   월 : 10 ↵   일 : 15 ↵   같습니다.

```java
            int y, m, d;
            System.out.println("날짜 1을 입력하시오.");
            System.out.print("년 : ");   y = stdIn.nextInt( );
            System.out.print("월 : ");   m = stdIn.nextInt( );
            System.out.print("일 : ");   d = stdIn.nextInt( );
            Day day1 = new Day(y, m, d);

            System.out.println("날짜 2를 입력하시오.");
            System.out.print("년 : ");   y = stdIn.nextInt( );
            System.out.print("월 : ");   m = stdIn.nextInt( );
            System.out.print("일 : ");   d = stdIn.nextInt( );
            Day day2 = new Day(y, m, d);

            if (compDay(day1, day2))         ■2
                System.out.println("같습니다.");
            else
                System.out.println("다릅니다.");
        }
    }
```

실행 예 2
날짜 1을 입력하시오.
년 : 2017
월 : 10
일 : 15
날짜 2를 입력하시오.
년 : 2001
월 : 1
일 : 1
다릅니다.

■1 두 날짜를 비교하기 위한 메소드입니다. 이 메소드 compDay는 클래스 Day의 외부에 선언된 것입니다. 아래와 같은 점에 주의하기 바랍니다.

• **클래스형의 인수를 전달 받는다**

가인수 d1과 d2는 Day형의 변수입니다. 그림 9-6와 같이 이 가인수들이 전달 받는 것은 day1 인스턴스와 day2 인스턴스입니다. 따라서 d1은 day1의 인스턴스를 참조하고, d2는 day2의 인스턴스를 참조하게 됩니다.

▶ 인수로써 참조가 전달되는 것은 배열을 전달하는 원리와 같습니다(그림 7-12 참조).

• **static으로 선언되어 있다**

이 메소드는 클래스 Day의 외부에서 정의되어 있기 때문에 각 인스턴스에 소속되지는 않습니다. 이 점에서는 제7장에서 학습한 메소드와 마찬가지입니다. 메소드에 static이 선언되어 있습니다.

▶ static으로 선언된 메소드는 클래스 메소드가 됩니다. 클래스 메소드와 인스턴스 메소드의 차이점 등은 제10장에서 설명합니다.

• **비공개 필드에 액세스할 수 없다**

클래스 Day의 외부에서 정의된 메소드이기 때문에 날짜 필드 year, month date를 직접 액세스할 수는 없습니다. getter인 getYear, getMonth, getDate를 호출해서 년, 월, 일의 값을 검색하고 있습니다.

❷ 메소드 compDay의 호출입니다. 실인수로 day1이 참조하는 인스턴스와 day2가 참조하는 인스턴스를 전달하고 있습니다. 이 if문에서는 boolean형인 메소드의 반환값에 따라서 '같습니다' 또는 '다릅니다'를 표시합니다.

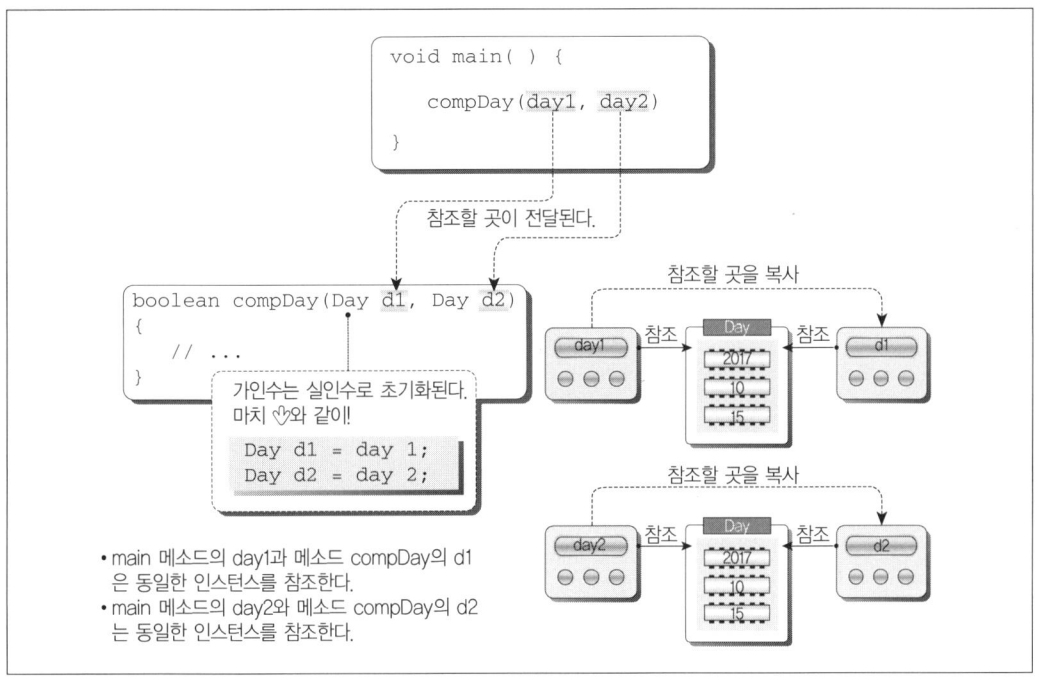

● 그림 9-6 메소드 사이의 클래스형 변수의 전달

클래스형 인스턴스의 배열

이번에는 Day형 인스턴스의 배열을 만들어 봅니다. 리스트 9-7은 키보드로부터 입력된 값을 요소 수로 하는 배열을 생성해서, 모든 요소 수의 날짜를 2017년 10월 15일로 설정·표시하는 프로그램입니다.

리스트 9-7   ◎ 예제파일 : day1/DayArrayError.java

```java
// 날짜 클래스 Day [제1판]의 배열(예1 : 실행 시 에러 발생)

import java.util.Scanner;

class DayArrayError {

    public static void main(String[ ] args) {
```

```
Scanner stdIn = new Scanner(System.in);
String[ ] wd = {"일", "월", "화", "수", "목", "금", "토"};

System.out.print("날짜는 몇 개? : ");
int n = stdIn.nextInt( );

Day[ ] a = new Day[n];              // 요소 수n개의 Day형 배열    ──1

for (int i = 0; i < a.length; i++)
    a[i].set(2017, 10, 15);  // 모든 요소를 2017년 10월 15일로 설정  ──2

for (int i = 0; i < a.length; i++)
    System.out.println("a[" + i + "] = "
                        + a[i].getYear( )   + "년"
                        + a[i].getMonth( )  + "월"
                        + a[i].getDate( )   + "일("
                        + wd[a[i].dayOfWeek( )] + ")");
}
}
```

```
───────────── 실 행 예 ─────────────
날짜는 몇 개? : 3 ↵
Exception in thread "main" java.lang.NullPointerException
    at Day1.DayArrayError.main(DayArrayError.java:17)
```

프로그램을 실행해서 날짜의 개수 n을 입력하면 실행 시에 에러가 발생합니다. 1에서 a용의 배열 본체를 생성하고 있는데 왜 에러가 발생할까요? 그 이유를 나타낸 것이 그림 9-7입니다. 요소 a[1]은 Day를 참조하는 클래스형 변수(리모컨)이지 날짜의 인스턴스(본체)는 아닙니다. 물론 a[0], a[2]도 마찬가지입니다.

▶ 여기에 나타낸 그림은 배열의 요소 수가 3개인 예입니다. 배열 a는 날짜 본체의 배열이 아니고 리모컨이 세 개 모인 배열입니다. 배열이 생성될 때 각 요소는 null로 초기화됩니다(6-1의 디폴트 값 참조). 2의 실행 시에 에러가 발생하는 것은 아무 것도 참조하고 있지 않은 null 참조인 a[i]에 대해서 메소드 set을 호출하려고 하기 때문입니다.

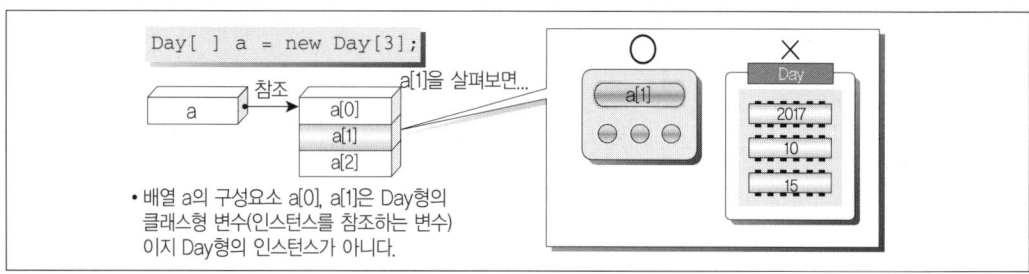

● 그림 9-7 Day형 배열의 구성요소

각각의 날짜 인스턴스는 클래스형 변수와는 별도로 new 연산자를 이용해서 생성할 필요가 있기 때문에 제대로 된 프로그램은 리스트 9-8과 같습니다.

▶ 리스트 9-7의 **2**를 리스트 9-8과 같이 수정합니다(다른 부분은 같기 때문에 생략합니다).

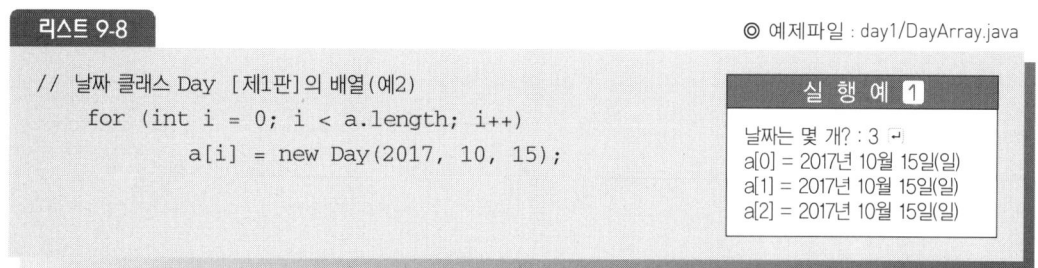

그림 9-8은 for문으로 실행되는 것을 분해한 이미지입니다. 반복할 때마다 Day형 인스턴스를 생성해서 2017년 10월 15일로 초기화합니다. 그리고 생성된 인스턴스가 대입연산자에 의해 a[i]에 대입됩니다.

> 클래스형 인스턴스의 배열을 이용하기 위해서는 클래스형 변수의 배열을 생성한 후에 각 요소의 인스턴스를 생성해야 한다.

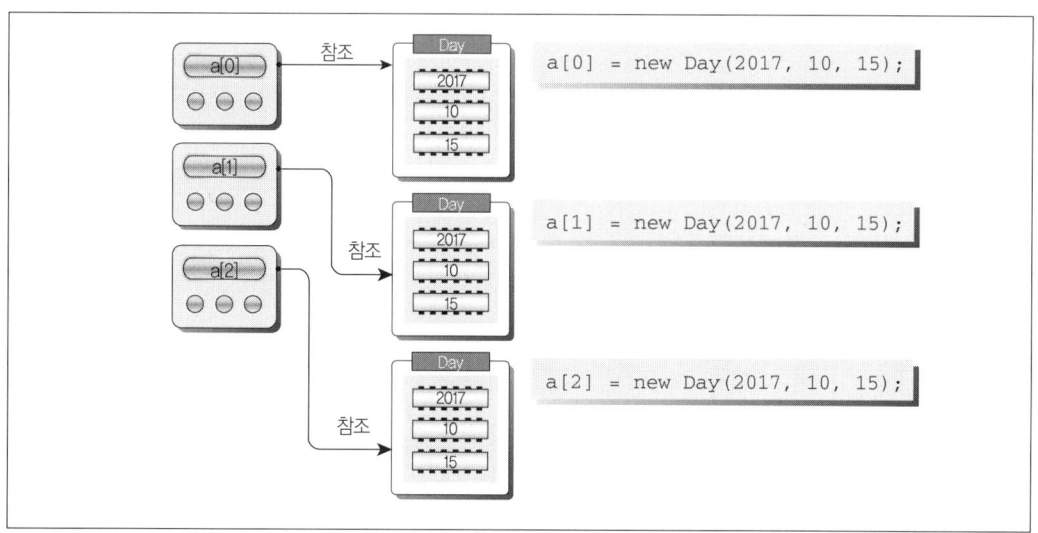

● 그림 9-8 Day형 배열 구성요소의 인스턴스의 생성

또한 프로그램을 다음과 같이 할 수는 없습니다. 생성자에는 세 개의 int형 인수를 전달해야 되기 때문입니다.

```
for (int i = 0; i < a.length; i++)      // 일단 생성
    a[i] = new Day( );                  // 에러
for (int i = 0; i < a.length; i++)      // 나중에 값을 설정
    a[i].set(2017, 10, 15);
```

■ 클래스와 배열의 생성 · 초기화와 대입

int형 배열의 생성을 기억하기 바랍니다. 각 요소에 대한 초기화 값을 할당하지 않을 때 ⓐ와 같이 선언하고, 초기화 값을 할당하는 경우에는 ⓑ와 같이 선언합니다.

```
ⓐ    int[ ] a = new int[5];
ⓑ    int[ ] a = {1, 2, 3, 4, 5};
```

또한, 이미 만들어진 배열형 변수에 대해서 새롭게 배열 본체를 생성해서 이것을 참조하도록 대입하는 것은 ⓒ와 같이 작성할 수 있었습니다.

```
     int[ ] a;
     // ...
ⓒ    a = new int[ ]{1, 2, 3, 4, 5};
```

> 배열 본체의 생성과 대입

▶ 또한 ⓑ를 다음과 같이 선언할 수도 있습니다.

```
int[ ] a = new int[ ]{1, 2, 3, 4, 5};
```

클래스형 인스턴스의 생성도 마찬가지입니다. 이미 만들어진 Day형 변수에 대해 인스턴스를 생성해서 이것을 참조하도록 대입하는 것은 ⓓ와 같이 작성합니다. 이것은 배열에서 ⓒ에 해당합니다.

```
     Day d;
     // ...
ⓓ    d = new Day(2017, 10, 15);
```

> 클래스 인스턴스의 생성과 대입

*

클래스형 인스턴스의 배열에서 각 요소에 초기화 값을 할당하는 경우에는 ⓑ와 ⓓ를 응용합니다.

여기에서는 헌법이 개정된 날을 나타내는 날짜의 배열을 예로 생각해 봅니다. 배열의 요소형은 Day형이고 요소 수는 4입니다. ⓑ를 참고해서 다음과 같은 형식으로 선언할 수 있습니다.

```
Day[ ] x = { ○, △, □, ◇ };
```

여기에서 ○, △, □, ◇는 x[0], x[1], x[2], x[3]에 대한 초기화 값입니다. 이전 페이지에서 학습한 것처럼 각 요소는 날짜의 본체를 참조하기 위한 클래스형 변수(리모컨)입니다. 따라서 초기화 값은 인스턴스를 참조해야 됩니다.

인스턴스 참조를 생성하는 것이 ⓓ부분의 new Day(y, m, d)라는 형식의 식입니다. 따라서 배열 x의 선언은 다음과 같이 됩니다.

```
Day[ ] x = {new Day(1948, 7, 17),     // 제1공화국
            new Day(1960, 6, 15),     // 제2공화국
            new Day(1962, 12, 17),    // 제3공화국
            new Day(1972, 11, 21),    // 제4공화국
     };
```

이것으로 x[0]은 new Day(1948, 7, 17)에 의해 생성된 인스턴스를 참조하도록 초기화됩니다. 물론 x[1] 이후의 요소도 마찬가지입니다. 리스트 9-9는 실제로 확인하는 프로그램입니다.

리스트 9-9

◎ 예제파일 : day1/DayArrayInit.java

실행 예 1
```
x[0] = 1948년  7월 17일(토)
x[1] = 1960년  6월 15일(수)
x[2] = 1962년 12월 17일(월)
x[3] = 1972년 11월 21일(화)
```

```java
// 날짜 클래스 Day [제1판]의 배열(예3 : 초기화)

class DayArrayInit {

    public static void main(String[ ] args) {
        String[] wd = {"일", "월", "화", "수", "목", "금", "토"};

        // 제1, 2, 3, 4공화국의 헌법 개정일
        Day[ ] x = {new Day(1948, 7, 17),      // 제1공화국
                    new Day(1960, 6, 15),      // 제2공화국
                    new Day(1962, 12, 17),     // 제3공화국
                    new Day(1972, 11, 21),     // 제4공화국
               };
```

```
        for (int i = 0; i < x.length; i++)
            System.out.println("x["+ i + "] = "
                                        + x[i].getYear( )  + "년"
                                        + x[i].getMonth( ) + "월"
                                        + x[i].getDate( )  + "일("
                                        + wd[x[i].dayOfWeek( )] + ")");
    }
}
```

이번에는 배열의 요소를 생성과 동시에 초기화하는 것이 아니라, 일단 생성한 후에 대입하도록 수정해 봅니다. ⓒ를 참고해서 다음과 같은 형식으로 선언할 수 있습니다.

```
Day[ ] x;
// ...
x = new Day[ ]{ ○, △, □, ◇ };
```

여기에서 각 요소에 대한 초기화 값 ○, △, □, ◇는 리스트 9-9와 같은 것을 그대로 사용할 수 있기 때문에 다음과 같이 됩니다.

```
Day[ ] x;
// ...
x = new Day[ ]{
    new Day(1948, 7, 17),   // 제1공화국
    new Day(1960, 6, 15),   // 제2공화국
    new Day(1962, 12, 17),  // 제3공화국
    new Day(1972, 11, 21),  // 제4공화국
};
```

연습 9-1

연습 8-1에서 작성한 '인간 클래스'의 배열을 생성하는 프로그램을 작성하시오. 생성 시에 요소를 초기화하는 것, 생성 후의 요소에 값을 대입하는 것 등 복수의 패턴을 만들 것.

날짜 클래스의 수정

날짜 클래스를 이용하는 프로그램을 만들면서 이 클래스에는 여러 가지 문제점이 있다는 것을 알았습니다.

1. 생성자는 세 개의 int형 인수를 요구하기 때문에 인스턴스를 생성할 때 유연성이 부족하다. 예를 들어 배열을 만드는 동안 '값을 설정하는 것이 아니라 일단 요소를 생성해 두고, 그 후에 값을 설정하는' 것이 불가능하다.
2. 어떤 날짜와 같은 날짜를 갖는 인스턴스의 구축이 쉽지 않다.
3. 두 개의 날짜가 같은지 다른지의 판정이 쉽지 않다.
4. 날짜를 표시하기 위해서 3~4 줄의 프로그램이 필요하다.

리스트 9-10은 위의 문제점들을 수정한 제2판입니다.

리스트 9-10A ◎ 예제파일 : day2/Day.java

```java
// 날짜 클래스 Day [제2판]

public class Day {
    private int year;      // 년
    private int month;     // 월
    private int date;      // 일
```
리스트 9-10B에 계속

public 클래스

클래스의 선언에 키워드 public이 있습니다. public의 유무에 따라서 클래스의 액세스 속성이 다음과 같이 변합니다.

- public 있을 때 : 클래스는 패키지 내에서만 이용할 수 있게 된다.
- public 없을 때 : 클래스는 어디에서도 이용할 수 있게 된다.

패키지에 대해서는 제11장에서 학습하기 때문에, 정확하지는 않지만 우선 아래와 같이 이해해두기 바랍니다.

소규모이고 일회용 클래스가 아닌 한, 클래스에는 원칙적으로 public을 함께 선언한다.

필드

필드 year, month, date는 변한 것이 없습니다.

accessor(getter와 setter)

필드의 값을 취득하는 getter 메소드와 값을 설정하는 setter 메소드는 제1판과 동일합니다(프로그램은 9-10B).

단 모든 메소드에 public이 선언되어 있습니다. public 클래스 내에서 public이 선언되어 있는 메소드는 패키지와 상관없이 어디에서도 이용할 수 있게 됩니다.

▶ accessor 이외의 메소드와 생성자도 public을 함께 선언합니다.

Column 9-2… 달력과 Java의 라이브러리

유럽에서는 예전에 율리우스력이 사용되고 있었습니다. 이것은 1회귀년을 365.25일로 하고 실제의 1회귀년인 365.2422일과의 차를 보정하지 않고 4로 나눈 해를 윤년으로 하는 것이기 때문에 오차가 누적됩니다.

현재 많은 나라에서 사용되고 있는 그레고리력은 지구가 태양을 1바퀴 도는데 필요한 일수(1회귀년=365.2422일)를 365일로 계산하고 그 오차를 다음과 같이 보정하는 방법입니다.

- 4로 나누어지는 해는 윤년으로 한다.
- 100으로 나누어지는 해는 평년으로 한다.
- 400으로 나누어지는 해는 윤년으로 한다.

율리우스력의 오차를 한번에 해소하기 위해서 율리우스력의 1582년 10월 4일의 다음날을 그레고리력의 10월 15일로 설정한 후 현재의 그레고리력으로 전환되었습니다. 단 각국에 따라서 다른 달력을 사용하고 있기 때문에 고문서의 날짜를 조사하거나 프로그램에서 취급할 때에는 세심한 주의가 필요합니다.

*

Java의 표준 라이브러리에서는 날짜, 시간을 취급하기 위한 Calendar와 GregorianCalendar 등의 클래스가 제공됩니다. 참고적으로 리스트 9C-1은 GregorianCalendar 클래스를 이용해서 현재의 날짜, 시간을 취득해서 표시하는 프로그램입니다.

리스트 9C-1 ◎ 예제파일 : Chap09/Today.java

```
// 오늘의 날짜를 표시

import java.util.GregorianCalendar;
import static java.util.GregorianCalendar.*;            ①

class Today {

    public static void main(String[ ] args) {
                                                        ②
        GregorianCalendar today = new GregorianCalendar( );
        System.out.printf("오늘은 %04d년 %02d월 %02d일입니다.\n",
                          today.get(YEAR),              // 년
```

실행결과 예
오늘은 2010년 11월 18일입니다.

```
                                today.get(MONTH) + 1,        // 월
                                today.get(DATE)              // 일
                            );
    }
}
```

현재 날짜를 취득하는 순서는 다음과 같습니다. 상용문구로 기억해 두기 바랍니다.

- **1**의 import 선언을 한다.
- **2**의 식에서 현재의 날짜로 설정된 GregorianCalendar 형의 인스턴스가 생성된다.
- GregorianCalendar형 날짜의 년, 월, 일은 메소드 get로 취득할 수 있다. 이때 인수에는 YEAR, MONTH, DATE을 할당한다.
- get(MONTH)가 반환하는 월의 값은 1~12가 아니고 0~11이다.

라이브러리의 도큐먼트에 대해서는 Column 9–5에서 설명합니다.

리스트 9-10B ◎ 예제파일 : day2/Day.java

```java
//--- 생성자 ---//
    public Day( )                               { set(1, 1, 1); }
    public Day(int year)                        { set(year, 1, 1); }
    public Day(int year, int month)             { set(year, month, 1); }
    public Day(int year, int month, int date)   { set(year, month, date); }
    public Day(Day d)                           { set(d.year, d.month, d.date); }

//--- 년, 월, 일을 취득 ---//
    public int getYear( )  { return year; }     // 년
    public int getMonth( ) { return month; }    // 월
    public int getDate ( ) { return date; }     // 일

//--- 년, 월, 일을 설정 ---//
    public void setYear(int year)   { this.year  = year; }   // 년
    public void setMonth(int month) { this.month = month; }  // 월
    public void setDate(int date)   { this.date  = date; }   // 일

    public void set(int year, int month, int date) {// 연월일
        this.year  = year;     // 년
        this.month = month;    // 월
        this.date  = date;     // 일
    }
```

리스트 9–10C에 계속

생성자

년, 월, 일을 전달 받지 않는 것부터 전달 받는 것까지 포함해서 5개의 생성자를 다중정의하고 있습니다. 메소드와 마찬가지로 생성자도 다중정의할 수 있습니다. 복수의 생성자가 제공되면 클래스 이용자 입장에서는 클래스 인스턴스를 구축할 때 선택의 폭이 넓어지게 됩니다.

> **주의** 메소드와 마찬가지로 생성자는 다중정의할 수 있다. 필요하면 생성자를 다중정의해서 클래스 인스턴스의 구축을 위한 복수의 방법을 제공한다.

각 생성자는 다음에 나타내는 초기화를 실행합니다. 인수가 전달되지 않은 항목에는 1을 설정합니다.

- (A) public Day( )   1년 1월 1일로 초기화
- (B) public Day(int year)   year년 1월 1일로 초기화
- (C) public Day(int year, int month)   year년 month월 1일로 초기화
- (D) public Day(int year, int month, int date)   year년 month월 date일로 초기화
- (E) public Day(Day d)   d와 같은 날짜로 초기화

모든 생성자는 그 내부에서 메소드 set을 호출하고 있습니다. 동일한 클래스 내의 메소드는 '메소드명 (...)'라는 형식으로 호출할 수 있습니다.

> ▶ 제7장에서 작성한 메소드도 마찬가지였습니다. 동일 클래스내의 메소드이기 때문에 main 메소드로부터 '메소드명 (...)'로 호출할 수 있었습니다.

생성자를 다중정의하면 다음과 같은 문제점(1)과 (2)를 해결할 수 있습니다.

■ 문제점(1)

날짜를 1년 1월 1일로 설정하는 생성자 (A)는 인수를 받지 않습니다. 제1판의 클래스 Day에서 에러가 발생한 프로그램이 제2판에서는 제대로 동작하게 됩니다.

```
for (int i = 0; i < a.length; i++)      // 일단 생성
    a[i] = new Day( );                  // 제1판에서는 에러 / 제2판에서는 OK
for (int i = 0; i < a.length; i++)      // 나중에 값을 설정
    a[i].set(2017, 10, 15);
```

생성자를 우선 생성해 두고 나중에 값을 설정하는 것이 가능하기 때문에 배열의 생성을 유연하게 할 수 있습니다.

■ 문제점(2)

생성자 (E)의 인수 d형은 Day입니다. 전달받은 날짜 d의 필드 d.year, d.month, d.date의 값을 복사해서 날짜를 초기화합니다. 그림 9-9는 이 생성자의 역할을 나타낸 이미지입니다. day1의 필드 값이 대응하는 day2의 각 필드에 복사됩니다.

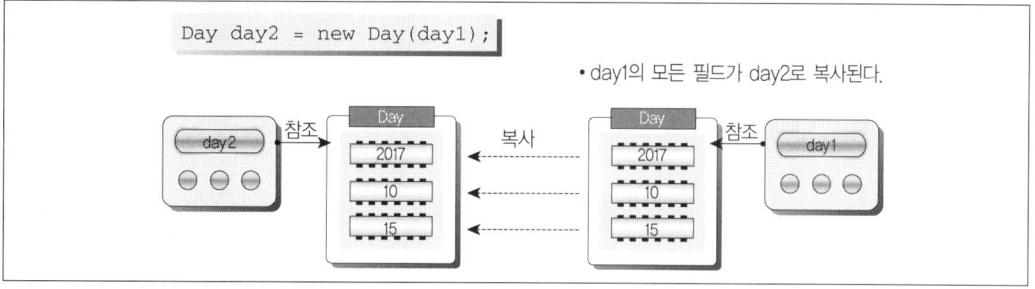

● **그림 9-9** 동일한 형의 인스턴스 복사를 생성하는 생성자

(E)와 같이 자기 자신과 동일한 클래스형의 인수를 전달 받아서 모든 필드의 값을 복사하는 생성자를 복사 생성자(copy constructor)라고 합니다.

> 필요에 따라서 복사 생성자를 정의한다.

▶ Java의 라이브러리에서는 String 클래스, PriorityQueue 클래스, EnumMap 클래스 등에서 복사 생성자가 정의되어 있지만 대부분의 클래스에서는 복사 생성자는 정의되어 있지 않습니다. 이것은 clone이라는 메소드로 구현가능하기 때문입니다.

리스트 9-10C ◎ 예제파일 : day2/Day.java

```
//--- 요일을 계산한다 ---//
   public int dayOfWeek( ) {
       int y = year;            // 0 … 일요일
       int m = month;           // 1 … 일요일
       if (m == 1 || m == 2) {  // …
           y--;                 // 5 … 일요일
           m += 12;             // 6 … 일요일
       }
       return (y + y / 4 - y / 100 + y / 400 + (13 * m + 8) / 5 + date) % 7;
   }

//--- 날짜 d와 같은가? ---//
```

```java
    public boolean equalTo(Day d) {
        return year == d.year && month == d.month && date == d.date;
    }

    //--- 문자열 표현을 반환 ---//
    public String toString( ) {
        String[ ] wd = {"일", "월", "화", "수", "목", "금", "토"};
        return String.format("%04d년 %02d월 %02d일(%s)",
                             year, month, date, wd[dayOfWeek( )]);
    }
}
```

■ **dayOfWeek : 요일을 계산하기**

요일을 계산하는 메소드 dayOfWeek는 제1판과 마찬가지입니다. 일요일부터 토요일까지를 0부터 9의 값으로 반환합니다.

■ **equalTo : 등가 판정을 실행하는 메소드**

날짜가 같은지 다른지를 판정하기 위한 메소드가 equalTo입니다. 자신의 날짜와 가인수 d에 입력된 날짜를 비교합니다. 년, 월, 일이 모두 같으면 true를 반환하고, 다르면 false를 반환합니다.

그림 9-10은 두 날짜가 day1이 day2와 같은지 다른지를 equalTo 메소드로 판정하는 모습을 나타낸 이미지입니다. 등가연산자 ==가 참조할 곳을 비교하는 것과는 달리 모든 필드의 값이 같은지 다른지를 비교합니다. 이 메소드로 문제점(3)을 해결합니다.

■ **toString : 문자열 표현을 반환하는 메소드**

toString은 날짜를 문자열 표현으로 반환하는 메소드입니다. 반환하는 문자열은 년의 부분이 4자릿수이고, 월과 일을 2자릿수로 한 '2010년 05월 04일(금)' 이라는 형식입니다.

문자열을 작성하기 위해 이용하고 있는 것이 String.format 메소드입니다. 이것은 System.out.printf의 출력할 곳을 화면에서 문자열로 바꾼 메소드라고 이해하기 바랍니다(자세한 내용은 제15장에서 설명합니다).

만약 toString 대신에 System.out.println으로 날짜를 표시하는 메소드를 만들면 어떻게 될까요? 줄 바꿈이 되면 곤란한 상황에서는 이용할 수 없습니다.

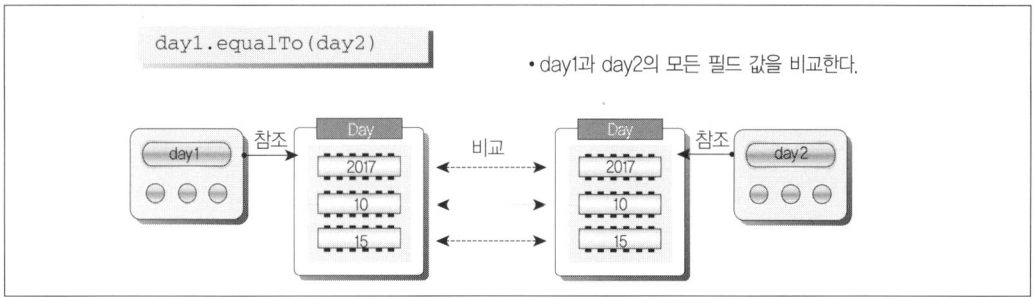

● 그림 9-10 equalTo 메소드에 의한 비교

일반적으로 화면에 표시를 실행하는 메소드보다 문자열 표현을 반환하는 메소드 쪽이 유연하게 이용할 수 있습니다. 왜냐하면 이 메소드가 반환하는 문자열을 System.out.print와 println과 printf에 전달하면 화면에 날짜를 표시할 수 있기 때문입니다. 이 메소드를 이용하면 문제점(4)를 해결할 수 있습니다.

*

toString에 대해서는 리스트 9-11과 제15장에서 다시 학습하기 때문에 우선 Column 9-3에 기술한 대로 외워두기 바랍니다.

> 중요 클래스 인스턴스의 '현재 상태'를 문자열 표현으로 반환하는 메소드는 아래 형식으로 정의한다.
> ```
> public String toString( ) { /* … */ }
> ```

Column 9-3 ··· toString 메소드를 public 선언해야 하는 이유

인수를 받지 않고 String형을 반환하는 toString 메소드는 다른 메소드와는 다른 특별한 메소드이며, 정의할 때는 public 메소드로 정의해야 합니다. 이것은 아래와 같은 이유 때문입니다(다음 장부터 제15장까지의 내용을 배우지 않으면 이해하기 어렵습니다. 이 부분을 학습한 후에 다시 읽어보기 바랍니다).

- toString은 java.lang.Object 클래스 내에서 public String toString( )로 정의된 메소드이다.
- 모든 클래스는 java.lang.Object 클래스의 하위 클래스(subclass)이다.
- 클래스 내에서 String toString( ) 메소드를 정의하는 것은 java.lang.Object 클래스 내의 메소드를 오버라이드하는 것이다.
- 메소드를 오버라이드할 때 액세스 제한을 강화할 수 없기 때문에 어떤 클래스에서도 String toString( )은 public 메소드로 정의해야 한다.

리스트 9-11은 날짜 클래스 제2판을 이용한 프로그램 예입니다.

리스트 9-11 ◎ 예제파일 : day2/DayTester.java

```java
// 날짜 클래스 Day [제2판] 이용 예

import java.util.Scanner;

class DayTester {

    public static void main(String[ ] args) {
        Scanner stdIn = new Scanner(System.in);

        System.out.println("day1을 입력하시오.");
        System.out.print("년 : ");   int y = stdIn.nextInt( );
        System.out.print("월 : ");   int m = stdIn.nextInt( );
        System.out.print("일 : ");   int d = stdIn.nextInt( );

        Day day1 = new Day(y, m, d);           // 입력된 날짜
❶       System.out.println("day1 = " + day1);

        Day day2 = new Day(day1);              // day1과 같은 날짜
        System.out.println("day2를 day1과 같은 날짜로 만들었습니다.");
        System.out.println("day2 = " + day2);

        if (day1.equalTo(day2))
            System.out.println("day1과 day2는 같습니다.");
❷       else
            System.out.println("day1과 day2는 다릅니다.");

        Day d1 = new Day( );                    // 1년 1월 1일
        Day d2 = new Day(2010);                 // 2010년 1월 1일
        Day d3 = new Day(2010, 10);             // 2010년 10월 1일
        Day d4 = new Day(2010, 10, 15);         // 2010년 10월 15일

        System.out.println("d1   = " + d1);
        System.out.println("d2   = " + d2);
        System.out.println("d3   = " + d3);
        System.out.println("d4   = " + d4);

        Day[ ] a = new Day[3];                  // 요소 수 3인 Day형 배열
❸       for (int i = 0; i < a.length; i++)
            a[i] = new Day( );                  // 모든 요소를 1년 1월 1일로 한다
```

```
            for (int i = 0; i < a.length; i++)
                System.out.println("a[" + i + "] = " + a[i]);
    }
}
```

```
┌─────── 실 행 예 ───────┐
day1을 입력하시오.
년 : 2017 ↵
월 : 10 ↵
일 : 15 ↵
day1 = 2017년 10월 15일(일)
day2를 day1과 같은 날짜로 만들었습니다.
day2 = 2017년 10월 15일(일)
day1과 day2는 같습니다.
d1   = 0001년 01월 01일(월)
d2   = 2010년 01월 01일(금)
d3   = 2010년 10월 01일(금)
d4   = 2010년 10월 15일(금)
a[0] = 0001년 01월 01일(월)
a[1] = 0001년 01월 01일(월)
a[2] = 0001년 01월 01일(월)
```

❶ Day형 인스턴스인 day1을 그대로 System.out. println으로 전달해서 날짜를 표시하고 있습니다. 이와 같이 실행할 수 있는 것은 암묵적으로 toString 메소드가 호출되기 때문입니다.

'수치 + 문자열' 또는 '문자열 + 수치'의 연산에서 수치가 문자열로 변환된 후에 연결되는 규칙과 마찬가지입니다.

> 중요 '문자열 + 클래스형 변수' 또는 '클래스형 변수 + 문자열' 연산에서는 이 클래스형 변수에 대해서 toString 메소드가 자동적으로 호출되어 문자열로 변환된 후 문자열 연결이 실행된다.

물론 다음과 같이 명시적으로 toString 메소드를 호출해도 상관없습니다.

```
System.out.println("day1 = " + day1.toString( ));
```

❷ 날짜 day1이 day2와 같은지 다른지를 equalTo 메소드로 판정합니다. 실행되는 판정은 년, 월, 일의 모든 필드 값이 같은지 다른지입니다.

  ▶ 만약 day1 == day2로 판정하면 참조할 곳이 같은지 다른지가 판정되고 맙니다.

❸ Day형의 배열을 생성합니다. 인수를 받지 않은 생성자가 각 요소의 인스턴스를 양력 1년 1월 1일로 초기화합니다.

                              *

제2판에서는 앞에서 제시한 네 가지 문제점이 모두 해결되었지만 아직도 문제는 남아 있습니다.

생성자 (A), (B), (C)는 인수로 지정되지 않은 연월일의 항목을 1로 초기화하기 때문에 정수 리터럴 1이 여러 생성자의 정의 내에 포함되어 있습니다. 이 값을 다른 값으로 바꾸는 등의 사양 변경은

쉽지 않습니다. 또한 모든 생성자는 '비슷하지만 다르게' 되어 있습니다. 프로그램의 유지, 보수와 확장성을 생각하면 동일 또는 유사한 코드는 가능한 하나의 장소로 집중시켜야 합니다.

리스트 9-12는 이와 같은 내용을 반영해서 수정한 날짜 클래스 제3판입니다.

Column 9-4··· toString 메소드를 정의하지 않은 클래스

클래스 내에서 toString 메소드를 정의하지 않으면 암묵적으로 toString 메소드가 정의됩니다. 이 경우 toString 메소드가 반환하는 것은 다음과 같은 문자열입니다.

```
getClass( ).getName( ) + '@' + Integer.toHexString(hashCode( ))
```

이것은 클래스명, 앳 마크, 인스턴스 해시코드의 부호없는 16진 표현을 연결한 것입니다. Day 클래스형의 경우에는 "Day@e09713"이란 문자열이 됩니다(16진수값 e09713의 부분은 인스턴스마다 다릅니다).

toString 메소드에 대해서는 Column 12-6에서도 해설합니다.

리스트 9-12 ◎ 예제파일 : day3/Day.java

```
// 날짜 클래스 Day [제3판]

public class Day {
    private int year  = 1;    // 년
    private int month = 1;    // 월  ──── 각 필드는 초기자로 초기화된다.
    private int date  = 1;    // 일

    //-- 생성자 --//
1── public Day( )                              { }
2── public Day(int year)                       { this.year = year; }
3── public Day(int year, int month)            { this(year); this.month = month; }
4── public Day(int year, int month, int date)
                                               { this(year, month); this.date = date; }
5── public Day(Day d)                          { this(d.year, d.month, d.date); }

    //--- 년, 월, 일을 취득 ---//
    public int getYear( )  { return year;  }      // 년을 취득
    public int getMonth( ) { return month; }      // 월을 취득
    public int getDate( )  { return date;  }      // 일을 취득

    //--- 년, 월, 일을 설정 ---//
    public void setYear(int year)   { this.year  = year;  }    // 년을 설정
    public void setMonth(int month) { this.month = month; }    // 월을 설정
```

```java
    public void setDate(int date)    { this.date = date; }// 일을 설정

    public void set(int year, int month, int date) {          // 연월일을 설정
        this.year  = year;            // 년
        this.month = month;           // 월
        this.date  = date;            // 일
    }

    //--- 요일을 계산한다 ---//
    public int dayOfWeek( ) {
        int y = year;                 // 0 … 일요일
        int m = month;                // 1 … 월요일
        if (m == 1 || m == 2) {       // …
            y--;                      // 5 … 금요일
            m += 12;                  // 6 … 토요일
        }
        return (y + y / 4 - y / 100 + y / 400 + (13 * m + 8) / 5 + date) % 7;
    }

    //--- 날짜 d와 같은가? ---//
    public boolean equalTo(Day d) {
        return year == d.year && month == d.month && date == d.date;
    }

    //--- 문자열 표현을 반환 ---//
    public String toString( ) {
        String[ ] wd = {"일", "월", "화", "수", "목", "금", "토"};
        return String.format("%04d년 %02d월 %02d일(%s)",
                             year, month, date, wd[dayOfWeek( )]);
    }
}
```

필드의 초기값

흰색 부분을 주목하기 바랍니다. 필드 year, month, date의 선언에 초기화 값 1이 할당되어 있습니다. 할당된 초기화 값에 의해 각 필드가 초기화되는 것은 Day형 인스턴스의 생성 직후이고 생성자가 기동되기 전입니다.

▶ 초기화 값이 없는 경우에는 디폴트 값 0으로 초기화됩니다.

따라서 생성자 **1**이 호출된 경우에는 생성자 본체가 비어 있음에도 불구하고 정확하게 year, month, date가 1로 초기화됩니다.

> 필드 선언에 초기화 값을 할당해 두면 이 필드는 인스턴스 생성 시에 할당된 초기화 값으로 초기화된다.

▶ 조금 더 정확히 설명하면 year, month, date는 생성과 동시에 디폴트 값 0으로 초기화되고, 이 값 이후에 1이 대입된다.

■ 동일 클래스 내의 생성자 호출

생성자 **3**, **4**, **5**에는 this(...)라는 형식이 있습니다. 이것은 동일 클래스 내의 생성자 호출입니다. 또한 this(...)를 이용해서 생성자를 호출할 때는 생성자의 선두에 기술해야 합니다.

> 생성자의 선두에 this(...)를 기술해서 클래스 내의 다른 생성자를 호출할 수 있다.

생성자 **3**에서는 **2**를 호출하고, 생성자 **4**에서는 **3**을 호출하고, 생성자 **5**에서는 **4**를 호출하고 있습니다. 이와 같은 프로그래밍은 번거로운 작업이라고 느낄지도 모르지만 더 큰 장점이 있습니다. 구체적인 예를 검증해 보면 이해할 수 있습니다.

양력에서 '0년'이라는 해는 존재하지 않기 때문에 'year에 대해서 0이 지정될 경우 강제로 1로 조정'한다고 가정합니다. 이 경우에는 생성자 **2**만 다음과 같이 수정하면 되고 **3**, **4**, **5**는 수정할 필요가 전혀 없습니다.

```
public Day(int year) ( if (year == 0) year =1; this.year = year; )
```

만약 제2판의 Day라면 생성자와 메소드 set 등 많은 부분을 수정해야 됩니다.

> 동일 또는 유사한 코드를 클래스 내에 분산시켜서는 안된다. 실행해야 할 처리가 다른 메소드와 생성자로 작성되어 있으면 그 메소드와 생성자를 호출해야 한다.

연습 9-2

날짜 클래스 제3판을 이용하는 프로그램을 작성하시오. 모든 생성자의 역할을 확인할 수 있도록 할 것.

9-2 클래스형 필드

지금까지 클래스의 필드는 모두 기본형과 String형이었습니다. 이 절에서는 클래스형 필드를 갖는 클래스를 학습합니다.

클래스형 필드

제8장에서 학습한 자동차 클래스 Car에 '구입일'이란 데이터를 추가해 봅니다. 물론 구입일을 나타내는 것은 이 장에서 작성한 제3판의 날짜 클래스 Day입니다. 리스트 9-13은 이와 같이 수정한 자동차 클래스 Car 프로그램입니다.

❶ 구입일을 저장하기 위한 필드가 purchaseDay입니다. 이 필드의 형은 클래스형입니다. 즉 그림 9-11과 같이 Day형의 회로(인스턴스)가 아니고 리모컨(인스턴스를 참조하는 변수)이라는 점에 주의하기 바랍니다.

❷ 생성자에서 날짜를 설정하는 부분입니다. 여기에서는 new 연산자와 복사 생성자를 이용해서 구입일의 인스턴스를 생성하고 있습니다. 가인수 purchaseDay에 전달된 날짜를 복사하고, 그 복사된 것을 참조해서 필드 purchaseDay에 대입하고 있습니다. 따라서 필드 purchaseDay는 가인수에 전달된 날짜의 복사를 참조하게 됩니다.

▶ 만약 new로 인스턴스를 생성하지 않고 this.purchaseDay = purchaseDay;라는 단순한 대입으로 되어 있으면 리스트 9-3에서 나타난 것과 같은 문제점이 발생하게 됩니다.

리스트 9-13　　　　　　　　　　　　　　　　　　　◎ 예제파일 : car2/Car.java

```
// 자동차 클래스 [제2판]

public class Car {
    private String name;           // 이름
    private int width;             // 너비
    private int height;            // 높이
    private int length;            // 길이
    private double x;              // 현재위치 X좌표
    private double y;              // 현재위치 Y좌표
    private double fuel;           // 남은 연료
    private Day purchaseDay;       // 구입일 ——❶

    //--- 생성자 ---//
    public Car(String name, int width, int height, int length, double fuel,
               Day purchaseDay) {
```

389

```java
        this.name = name;        this.width = width;      this.height = height;
        this.length = length;    this.fuel = fuel;        x = y = 0.0;
        this.purchaseDay = new Day(purchaseDay);                        ─❷
    }

    public double getX( ) { return x; }           // 현재위치 X좌표를 취득
    public double getY( ) { return y; }           // 현재위치 Y좌표를 취득
    public double getFuel( ) { return fuel; }     // 남은 연료를 취득
    public Day getPurchaseDay( ) {                // 구입일을 취득
        return new Day(purchaseDay);                                    ─❸
    }

    //--- 사양 표시 ---//
    public void putSpec() {
        System.out.println("이름 : " + name);
        System.out.println("너비 : " + width  + "㎜");
        System.out.println("높이 : " + height + "㎜");
        System.out.println("길이 : " + length + "㎜");
    }

    //--- X방향으로 dx, Y방향으로 dy 이동 ---//
    public boolean move(double dx, double dy) {
        double dist = Math.sqrt(dx * dx + dy * dy);// 이동거리

        if (dist > fuel)
            return false;               // 이동할 수 없다 - 연료부족
        else {
            fuel -= dist;               // 이동거리만큼 연료가 감소한다
            x += dx;
            y += dy;
            return true;                // 이동완료
        }
    }
}
```

▶ 이 프로그램은 날짜 클래스 제3판을 이용하기 때문에 이 프로그램을 저장할 디렉터리 car2에 날짜 클래스 제3판의 클래스 파일을 복사해 둘 필요가 있습니다.

❸ 구입일의 getter입니다. 여기에서도 복사 생성자를 이용, 구입일 필드의 복사를 생성해서 그 참조를 반환합니다 ('참조를 반환하는 메소드'에서 자세하게 설명합니다).

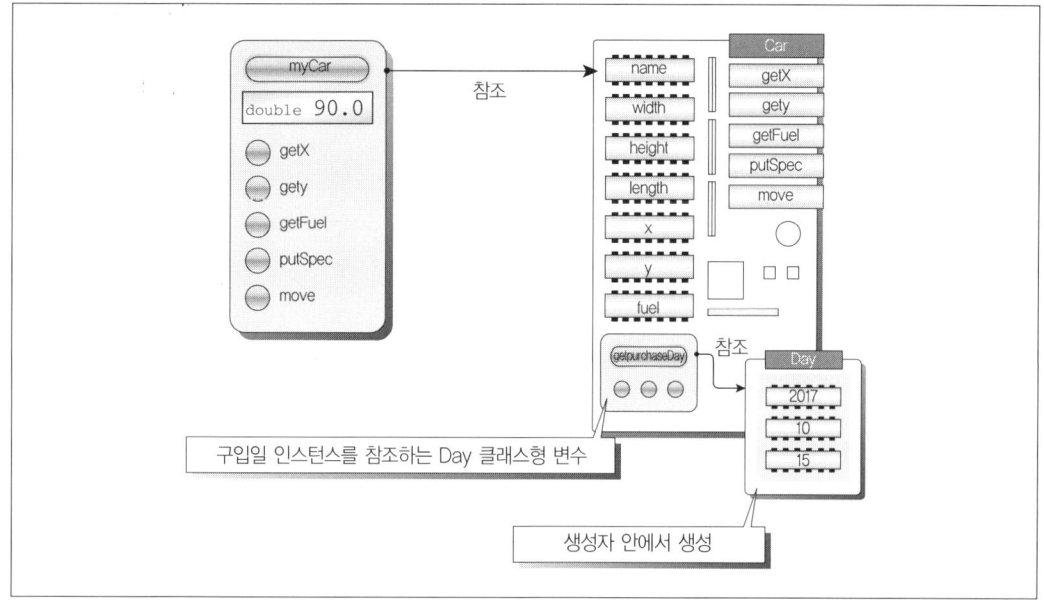

● **그림 9-11** 클래스 Car와 클래스 Day

참조를 반환하는 메소드

구입일의 getter인 getPurchaseDay가 필드 purchaseDay의 값을 그대로 반환하는 것이 아니라 복사 생성자를 호출해서 복제를 한 다음, 그 복제된 것을 참조해서 반환하는 이유를 생각해 봅시다. 여기에서는 리스트 9-14를 이용해서 검증을 하겠습니다. 먼저 실행해 보기 바랍니다.

리스트 9-14　　　　　　　　　　　　　　　　　◎ 예제파일 : car2/CarTester1.java

```
// 자동차 클래스 [제2판]의 이용 예(예1)

class CarTester1 {

    public static void main(String[ ] args) {
        Day d = new Day(2010, 10, 15);
        Car myCar = new Car("마이카", 1885, 1490, 5220, 90.0, d);

1       Day p = myCar.getPurchaseDay( );
        System.out.println("마이카의 구입일 : " + p);

2       p.set(1999, 12, 31);            // 구입일을 수정(?)

3       Day q = myCar.getPurchaseDay( );
        System.out.println("마이카의 구입일 : " + q);
    }
}
```

그림 9-12는 이 프로그램의 실행결과입니다. 클래스 Car가 리스트 9-13대로 정의되어 있는 것이 그림 ⓐ이고, 메소드 getPurchaseDay가 필드 purchaseDay의 값을 그대로 반환하도록 정의되어 있는 것이 그림 ⓑ입니다.

*

myCar는 2010년 10월 15일 구입한 차입니다. **1**에서는 메소드 getPurchaseDay에 의해 구입일을 취득해서 표시하고 있습니다. **2**에서는 취득한 날짜 p에 대해서 메소드 set을 호출함으로써 날짜를 1999년 12월 31일로 설정하고 있습니다. **3**에서는 다시 구입일을 취득해서 표시하고 있습니다. 그림 ⓐ에서는 구입일이 2010년 10월 15일까지이지만 그림 ⓑ에서는 구입일이 1999년 12월 31일로 수정되어 있습니다.

그림 ⓐ - 메소드 getPurchaseDay가 new Day(purchaseDay)를 반환

메소드 getPurchaseDay는 purchaseDay가 참조하는 날짜 인스턴스의 복사를 생성해서 참조한 곳을 반환합니다. **1**에서는 이 복사를 참조하도록 p가 초기화되기 때문에 **2**에서는 구입일 필드의 복사를 수정하게 됩니다. **3**에서 구입일을 검색하는 동안 구입일에 대한 복사가 다시 이루어지고, q는 그 복사를 참조하게 됩니다. 따라서 구입일은 2010년 10월 15일 그대로 입니다.

그림 ⓑ - 메소드 getPurchaseDay가 purchaseDay를 반환

메소드 getPurchaseDay는 구입일인 purchaseDay를 참조해서 그대로 반환합니다. **1**에서는 구입일 필드 purchaseDay를 참조하도록 p가 초기화되기 때문에 **2**에서는 구입일 필드 자체를 수정하게 됩니다. **3**에서 구입일을 검색하는 동안 q는 그 날짜를 참조하게 됩니다. 따라서 구입일은 수정된 1999년 12월 31일이 됩니다.

*

이와 같은 예에서 다음과 같은 교훈을 얻을 수 있습니다.

> **중요** 부주의하게 참조형 필드의 값을 반환해서는 안 된다. 이 참조 값을 통해서 외부로부터 간접적으로 값이 수정되기 때문이다.

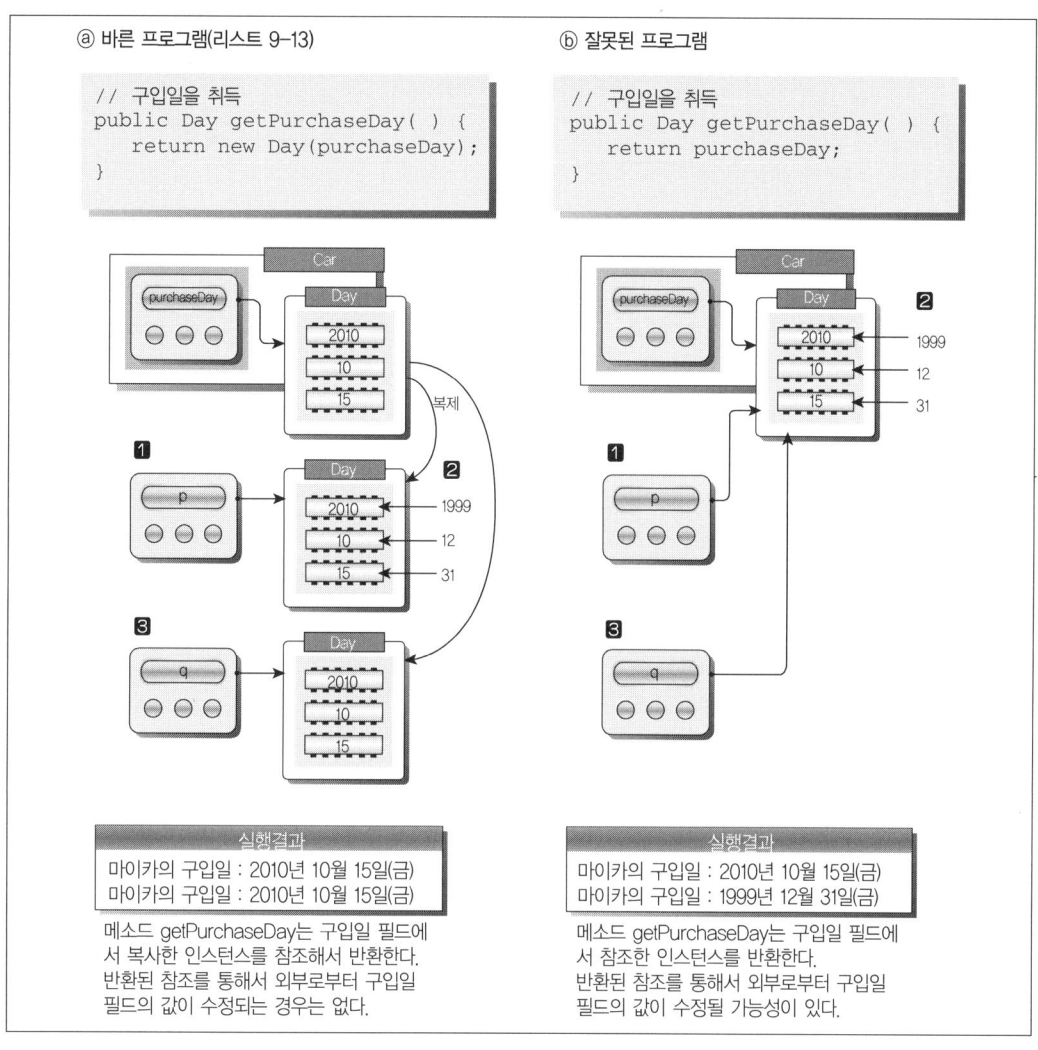

● 그림 9-12 클래스 Car의 메소드 getPurchaseDay

자동차 클래스의 이용 예

리스트 9-15는 자동차 클래스 Car를 이용하는 프로그램의 예입니다. 클래스 Car형의 인스턴스를 생성해서 사양과 구입일만을 표시하는 단순한 프로그램입니다.

리스트 9-15　　　　　　　　　　　　　　　　　　　　　◎ 예제파일 : car2/CarTester2.java

```
// 자동차 클래스 [제2판]의 이용 예 (예2)

class CarTester2 {
```

```
public static void main(String[ ] args) {
    Car myCar = new Car("마이카", 1885, 1490,
        5220, 90.0, new Day(2000, 11, 18));

    myCar.putSpec( );
    System.out.println("구입일 : " +
        myCar.getPurchaseDay( ).toString( ));
}
}
```

```
실 행 결 과
이름 : 마이카
너비 : 1885mm
높이 : 1490mm
길이 : 5220mm
구입일 : 2000년 11월 18일(토)
```

❶ Day형의 인스턴스를 new로 생성하는 식입니다. 생성된 인스턴스 참조가 생성자로 전달됩니다.

▶ 제7장에서 new에 의해 생성된 배열에 이름을 할당하지 않고 그대로 메소드의 인수로 전달하는 방법을 배웠습니다. 그 원리와 마찬가지입니다.

여기에서 생성되는 인스턴스에는 이름이 할당되지 않습니다. 만약 이름을 할당하고 싶으면 프로그램을 다음과 같이 수정해야 됩니다.

```
Day p = new Day(2000, 11, 18);
Car myCar = new Car("마이카", 1885, 1490, 5220, 90.0, p);
```

myCar를 구축한 후에 클래스형 변수 p를 어떤 형식으로든 이용할 경우에는 이것으로 충분하지만, myCar를 구축한 후에 p가 필요 없으면 일부러 클래스형 변수까지 도입할 필요는 없습니다.

▶ '9-2 클래스형의 필드'에서 설명한 것처럼 생성자는 전달 받은 날짜의 복사를 만들어서 그 인스턴스를 필드 purchaseDay가 참조하도록 설정합니다.

❷ 멤버 액세스연산자 . 가 이중으로 적용되어 있습니다. 메소드 getpurchaseDay의 호출 myCar.getPurchaseDay( )에 의해 반환되는 것은 Day형의 날짜(구입일의 복사) 참조입니다. 여기에 대응해서 클래스 Day의 toString 메소드를 호출하고 있습니다.

> **주 의** 클래스형 인스턴스 a의 메소드 b가 Type형 인스턴스 참조를 반환하면 a.b( ).c( )에 의해서 Type형의 메소드 c를 호출할 수 있다.

▶ 어렵다고 느낄 지 모르지만, 다음과 같이 분해하면 이해하기 쉬워집니다.

```
Day temp = myCar.getPurchaseDay( );          // myCar의 구입일의 복사
    System.out.println("구입일 : " + temp.toString( ));
```

리스트 9-16은 자동차의 각 필드에 설정해야 할 값을 키보드로 입력해서 인스턴스를 생성하고 표시하는 프로그램입니다.

리스트 9-16 ◎ 예제파일 : car2/CarTester3.java

```java
// 자동차 클래스 [제2판]의 이용 예(예3)

import java.util.Scanner;

class CarTester3 {

    public static void main(String[ ] args) {
        Scanner stdIn = new Scanner(System.in);

        System.out.println("자동차의 데이터를 입력하시오.");
        System.out.print("이름은 : ");      String name = stdIn.next( );
        System.out.print("너비는 : ");      int width = stdIn.nextInt( );
        System.out.print("높이는 : ");      int height = stdIn.nextInt( );
        System.out.print("길이는 : ");      int length = stdIn.nextInt( );
        System.out.print("연료량은 : ");    double fuel = stdIn.nextDouble( );
        System.out.print("구입연도 : ");    int y = stdIn.nextInt( );
        System.out.print("구입월 : ");      int m = stdIn.nextInt( );
        System.out.print("구입일 : ");      int d = stdIn.nextInt( );

        Car car2 = new Car(name width,height,length,fuel,new Day(y, m, d));

        car2.putSpec( );
        System.out.println("구입일 : " + car2.getPurchaseDay( ));
    }
}
```

실 행 예
```
자동차의 데이터를 입력하시오.
이름은 : 마이카
너비는 : 1650
높이는 : 1430
길이는 : 4000
연료량은 : 40
구입연도 : 2008
구입월 : 6
구입일 : 21
이름은 : 마이카
너비는 : 1650mm
높이는 : 1430mm
길이는 : 4000mm
구입일 : 2008년 06월 21일(토)
```

흰색 부분에 주목하기 바랍니다. 리스트 9-15의 프로그램과는 달리 '.toString( )'이 없습니다. '문자열 + 클래스형 변수'의 연산에서는 자동으로 toString( )가 호출되기 때문에 명시적인 호출을 생략할 수 있습니다(리스트 9-11 참조).

▶ 물론 리스트 9-15에서 **2**부분의 '.toString( )'을 삭제할 수도 있습니다.

연습 9-3
제8장에서 작성한 '은행계좌 클래스 [제2판]'에 계좌 개설일의 필드와 toString 메소드를 추가하시오.
※ 생성자를 변경하거나 계좌 개설일의 getter(계좌 개설일 필드가 참조하는 날짜 인스턴스의 복사를 반환) 등의 메소드를 추가할 것.

연습 9-4
연습 8-1에서 작성한 '인간 클래스'에 생일 필드와 toString 메소드를 추가하시오.
※ 생성자를 변경하거나 생일의 getter 등의 메소드를 추가할 것.

has-A

그림 9-13은 자동차 클래스 제2판과 날짜 클래스의 관계를 나타낸 것입니다. 이 그림은

클래스 Car는 클래스 Day를 일부분으로 포함한다.

라는 것을 나타냅니다. 이와 같이 '어떤 클래스가 다른 클래스를 포함하는 것'을 has-A의 관계라고 합니다.

● **그림 9-13** 클래스 Car와 클래스 Day(has-A의 관계)

설계도인 클래스뿐만 아니라 클래스로부터 만들어진 실체인 인스턴스에도 같은 관계가 성립합니다. 자동차 클래스 Car형의 인스턴스는 날짜 클래스 Day의 필드를 포함합니다. 이 필드가 참조하는 곳에는 Day형의 인스턴스가 존재하기 때문에 Car형의 인스턴스는 Day형의 인스턴스를 실질적으로 포함하게 됩니다.

그림 9-11에서도 알 수 있듯이 엄밀하게는 Car형 인스턴스가 포함하는 것은 Day형 인스턴스가 아니고 Day형의 클래스형 변수(인스턴스를 참조하는 변수)입니다.

인스턴스가 내부에 별도의 인스턴스를 포함하는 구조를 콤퍼지션(합성)이라고 합니다. has-A는 콤퍼지션을 작성하는 하나의 수단입니다.

연습 9-5

개시일과 종료일로 구성되는 '기간'을 나타내는 클래스 Period를 작성하시오. 필드는 다음과 같다.

```
class Period {
    private Day from;    // 개시일
    private Day to;      // 종료일
}
```

생성자와 메소드를 자유롭게 정의할 것.

Column 9-5 ··· API 도큐먼트

날짜와 시간을 나타내는 클래스를 포함해서 방대한 양의 클래스가 표준 API(application program interface)로 제공되고 있습니다. API의 도큐먼트는 인터넷 상에서 공개되어 있고 다운로드해서 자신의 컴퓨터에 설치할 수도 있습니다. 그림 9C-1은 도큐먼트를 표시한 모습입니다.

● 그림 9C-1 JDK의 표준 라이브러리(API)의 도큐먼트(http://java.sun.com/javase/6/docs/api/)

이장의 요약

- 일회용이 아닌 한 클래스와 메소드에는 public을 함께 선언하는 것이 좋다. 패키지를 초월해서 이용할 수 있기 때문이다.

- 클래스에는 필요에 따라서 accessor를 정의한다. 필드 abc의 값을 취득하는 getter를 getAbc로, 설정하는 setter를 setAbc로 정의한다.

- 대입 또는 초기화에 의해 클래스형 변수의 값을 복사하면 모든 필드의 값이 아니고 참조하는 곳이 복사된다. 메소드 인수로 클래스형 변수를 주고받을 때는 인스턴스 참조를 주고받게 된다.

- 클래스형 변수의 값을 등가연산자로 비교하면 참조할 곳이 같은지 다른지의 판단이 이루어진다. 모든 필드의 값이 같은지 다른지 판단되는 것은 아니다.

- 생성자를 다중정의하면 그 클래스의 인스턴스를 구축할 때 선택의 폭이 넓어진다. 생성자의 선두에서는 동일 클래스 내의 생성자를 this(...)로 호출할 수 있다.

- 동일 클래스형의 인수를 받아서 그 모든 필드의 값을 복사하는 복사 생성자를 필요에 따라서 정의한다.

- 동일 또는 유사 코드를 클래스 내에 분산시켜서는 안 된다. 실행해야 할 처리가 다른 메소드와 생성자로 구현되어 있으면 그 메소드와 생성자를 호출해야 한다.

- 클래스에는 인스턴스의 현재 '상태'를 문자열로 반환하는 toString 메소드를 public String toString( ) { / *…*/ }의 형식으로 정의한다. 이 메소드는 '클래스형 변수 + 문자열' 및 '문자열 + 클래스형 변수'의 연산에서 자동적으로 호출된다.

- 클래스형 배열을 생성하면 모든 요소가 null 참조로 초기화된다. 초기화 또는 대입을 이용해서 각 요소에 인스턴스 참조를 대입해야 한다.

- 클래스의 필드가 다른 클래스형으로 되어 있을 경우 has-A의 관계가 성립한다.

- 부주의로 참조형 필드의 값을 반환해서는 안 된다. 이 참조값을 통해서 외부로부터 간접적으로 값이 수정되기 때문이다.

9장 이장의 요약

```
                                            ┌─ 클래스
                                            │
                                            ▼
//--- 2차원 좌표 클래스 ---//                            ◎ 예제파일 : Chap09/Point2D.java
public class Point2D {
    private int x = 0;              // X좌표
    private int y = 0;              // Y좌표
                                                    ┌── 다중정의된 생성자
    public Point2D( ) { }
    public Point2D(int x, int y) { set(x, y); }     ┌── 복사 생성자
    public Point2D(Point2D p)     { this(p.x, p.y); }
                                          └── 다른 생성자의 호출

    public int getX( ) { return x; }
    public int getY( ) { return y; }                    getter

    public void setX(int x)           { this.x = x; }
    public void setY(int y)           { this.y = y; }   setter
    public void set(int x, int y) { setX(x);  setY(y); }

    public String toString( ) { return "("+ x + ", "+ y + ")"; }
}                   └── 인스턴스의 상태를 간결하게 표현한 문자열을 반환
```

has-A : 클래스 Circle은 클래스 Point2D를 포함하고 있다.

```
//--- 원 클래스 ---//                                  ◎ 예제파일 : Chap09/Circle.java
public class Circle {
    private Point2D center;              // 중심 좌표

    private int radius = 0;              // 반지름

    public Circle( ) { center = new Point2D( ); }

    public Circle(Point2D c, int radius) {
       center = new Point2D(c);   this.radius = radius;
    }

    public Point2D getCenter( ) { return new Point2D(center); }
    public int getRadius( ) { return radius; }

    public void setCenter(Point2D c) {
       center.set(c.getX( ), c.getY( ));
    }
    public void setRadius(int radius) { this.radius = radius; }

    public String toString( ) {
       return "중심좌표 : "+ center.toString( ) + " 반지름 : "+ radius;
    }                              생략가능
}
```

```
//--- 원과 좌표의 테스트 ---//                          ◎ 예제파일 : Chap09/CircleTest.java
public class CircleTester {

    public static void main(String[ ] args) {
       Point2D[ ] p = new Point2D[ ] {
          new Point2D(3, 7), new Point2D(4, 6)
       };
       Circle c1 = new Circle( );
       Circle c2 = new Circle(new Point2D(10,15), 5);

       for (int i = 0; i < p.length; i++)
          System.out.println("p["+ i + "] = "+ p[i].toString( ));
                                        생략가능       생략가능
       c1.setRadius(10);
       System.out.println("c1 = "+ c1.toString( ));
       System.out.println("c2 = "+ c2.toString( ));
    }
}
```

실 행 결 과
```
p[0] = (3, 7)
p[1] = (4, 6)
c1 = 중심좌표 : (0, 0) 반지름 : 10
c2 = 중심좌표 : (10, 15) 반지름 : 5
```

399

제 10 장
클래스 변수와 클래스 메소드

이 장에서는 클래스 변수와 클래스 메소드를 학습합니다. 이것은 각 클래스의 인스턴스에 속하는 인스턴스 변수와 인스턴스 메소드와는 달리 클래스에 소속되어 그 클래스의 인스턴스로부터 공유되는 변수와 메소드입니다.

- … 클래스 변수(정적 필드)
- … 클래스 메소드(정적 메소드)
- … 정적 초기자와 인스턴스 초기자
- … 유틸리티 클래스

10-1 클래스 변수

제9장까지 필드=인스턴스 변수는 그 클래스의 각 인스턴스에 속하는 데이터였습니다. 이 절에서는 동일 클래스의 인스턴스 사이에서 공유되는 데이터를 나타내는 필드=클래스 변수에 대해서 학습합니다.

클래스 변수(정적 필드)

제8장에서 작성한 '은행계좌 클래스'의 각 인스턴스에 '식별번호'를 추가하도록 합니다. 인스턴스가 생성될 때마다 1, 2, 3 … 이라고 연속하는 정수값을 할당한다고 가정합니다. 예를 들어 그림 10-1과 같이 인스턴스를 생성하면 chulsoo의 식별번호를 1로 younghee의 식별번호를 2로 합니다.

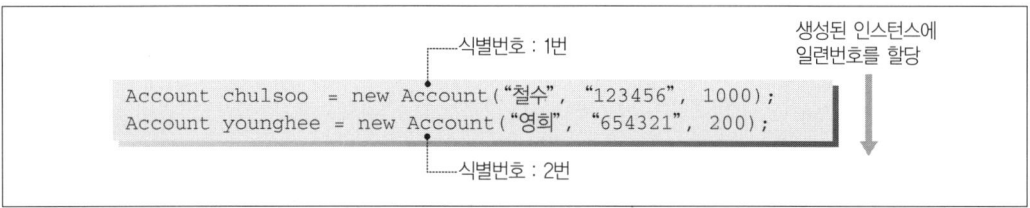

● **그림 10-1** 은행계좌의 인스턴스에 할당하는 식별번호

이것을 작성하기 위해서는 클래스 Account에 식별번호용 필드를 추가할 필요가 있습니다. 형이 int형이고 이름이 id라는 필드를 추가하도록 합니다. 그러나 이것만으로는 불충분합니다. 또 하나의 데이터가 필요하기 때문입니다.

현 시점에서 식별번호를 몇 번까지 할당했는가?

이 데이터는 chulsoo도 younghee도 가지고 있을 필요가 없습니다. 각 인스턴스가 갖는 데이터가 아니고 클래스 Account의 모든 인스턴스에서 공유해야 할 데이터입니다.

이와 같은 데이터는 필드를 선언할 때 static을 함께 선언하면 작성할 수 있습니다. 클래스에서 공유하는 변수이기 때문에 클래스 변수(class variable) 또는 선언에 static이 사용되기 때문에 정적 필드(static field)라고도 합니다.

> 중요 static을 사용해서 선언된 필드는 클래스 변수(정적 필드)가 된다

▶ static은 '정적인(변화가 없는, 고정된)'이라는 의미입니다. '클래스 변수'와 '정적 필드(static 필드)' 모두 사용되기 때문에 두 가지 용어 모두 기억해두기 바랍니다. 또한 클래스 변수와 클래스형 변수를 혼동하지 않도록 합니다.

그림 10-2는 클래스형 변수를 도입한 클래스 Account와 이곳에서 만들어진 인스턴스의 이미지이고, 그림 10-1의 프로그램에 따라서 인스턴스를 2개 생성한 후의 상태입니다.

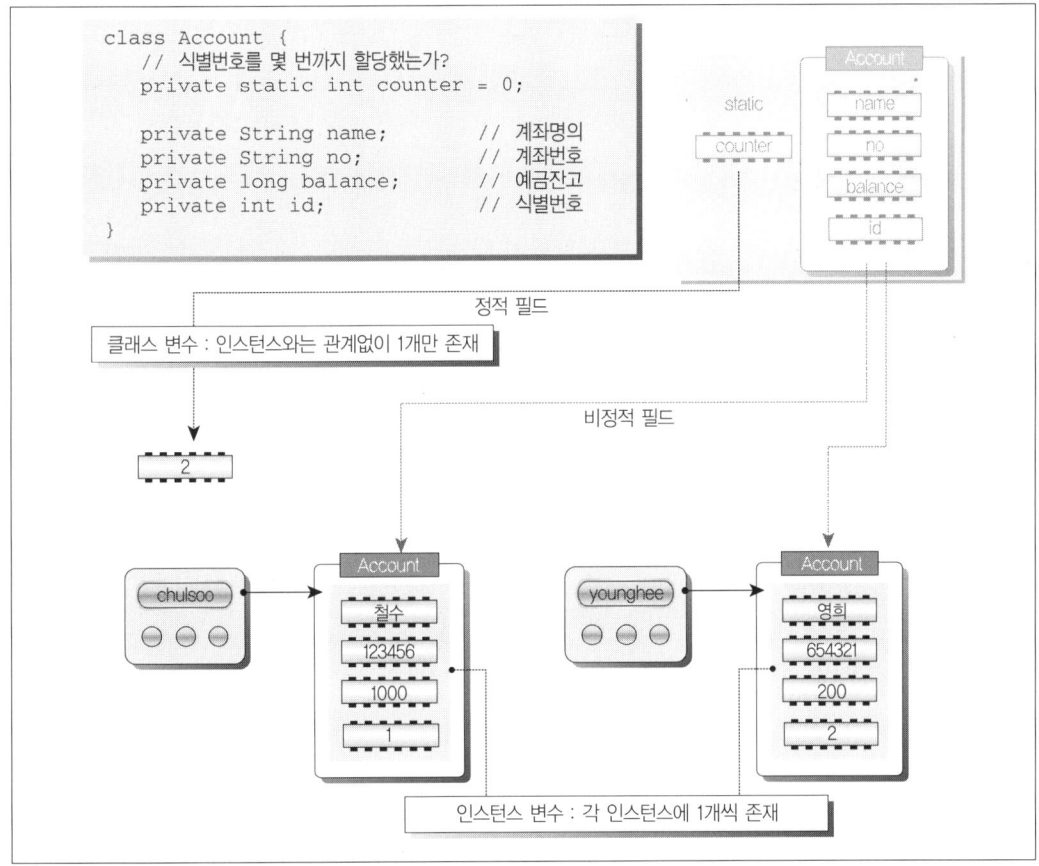

● 그림 10-2 인스턴스와 클래스 변수

클래스 변수 counter : 현 시점에서 식별번호를 몇 번까지 할당했는가?

현 시점에서 식별번호를 몇 번까지 할당했는지를 나타내는 것이 static으로 선언된 클래스 변수 counter입니다. 클래스 Account형을 이용하는 프로그램 내에서 Account형의 인스턴스가 여러 개 생성되어도(가령 1개도 생성되지 않아도) 이 클래스에 속하는 클래스 변수(정적 필드)의 실체는 1개만 만들어집니다.

인스턴스 변수 id : 각 인스턴스의 식별번호

각 인스턴스의 식별번호를 나타내는 것이 static없이 선언된 id입니다. 정적이 아닌 필드(비정적 필드)의 실체는 각 인스턴스의 일부이기 때문에 인스턴스 변수라고도 합니다(8-1절의 '인스턴스 변수' 참조).

리스트 10-1은 식별번호를 취급할 수 있도록 수정한 은행계좌 클래스 Account의 제3판입니다. ❶, ❷, ❸, ❹번이 추가한 부분입니다.

제9장에서 제시한 방침에 따라서 클래스와 모든 메소드를 public으로 수정되어 있습니다.

리스트 10-1 ◎ 예제파일 : account3/Account.java

```java
// 은행계좌 클래스 [제3판]

public class Account {
                                                              // 클래스 변수(정적 필드)
❶──private static int counter = 0;      // 식별번호를 몇 번까지 할당했는가?

    private String name;                 // 계좌명의
    private String no;                   // 계좌번호        // 인스턴스 변수(비정적 필드)
    private long balance;                // 예금잔고
❷──private int id;                       // 식별번호

    //-- 생성자 --//
    public Account(String n, String num, long z) {
        name = n;                        // 계좌명의
        no = num;                        // 계좌번호
        balance = z;                     // 예금잔고
❸────── id = ++counter;                  // 식별번호
    }

    //--- 계좌명의를 취득 ---//
    public String getName( ) {
        return name;
    }

    //--- 계좌번호를 취득 ---//
    public String getNo( ) {
        return no;
    }

    //--- 예금잔고를 취득 ---//
    public long getBalance( ) {
```

```
        return balance;
    }

    //--- 식별번호를 취득 ---//
4   public int getId( ) {
        return id;
    }

    //--- k원을 예금 ---//
    public void deposit(long k) {
        balance += k;
    }

    //--- k원을 인출 ---//
    public void withdraw(long k) {
        balance -= k;
    }
}
```

1 모든 계좌(모든 Account형의 인스턴스)에서 공유하는 클래스 변수 counter의 선언입니다. 이 값이 외부로부터 수정되면 인스턴스에 정확한 일련번호를 할당할 수 없기 때문에 비공개 필드로 합니다. 또한 초기화 값으로 0을 할당하고 있습니다.

▶ 만약 초기화 값을 100으로 하면 인스턴스가 생성될 때마다 100, 101, …라는 식별번호를 할당하게 됩니다.

2 각 계좌(각 Account형 인스턴스)가 갖는 인스턴스 변수 id의 선언입니다. 값의 설정은 생성자에서 설정됩니다.

3 프로그램의 흐름이 여기를 통과하는 것은 인스턴스를 생성할 때입니다. 변수 counter의 값을 증가시킨 값을 식별번호 id에 대입해서 인스턴스마다 다른 식별번호를 할당할 수 있습니다.

▶ 생성자가 처음 호출된 시점에서 counter의 값은 0이기 때문에 이것을 증가시킨 값 1이 인스턴스의 id에 세트 됩니다. 그리고 2번째 만들어진 Account 인스턴스의 id 필드의 값은 2가 됩니다.

4 식별번호 id의 getter입니다. 이 메소드를 호출해서 인스턴스의 식별번호를 검색합니다.

*

리스트 10-2는 은행계좌 클래스 제3판을 이용하는 프로그램의 예입니다.

리스트 10-2　　　　　　　　　　　　　　　　　　　　　　◎ 예제파일 : account3/AccountTester.java

```
// 은행계좌 클래스 [제3판]의 이용 예

class AccountTester {
```

```
    public static void main(String[ ] args) {
        // 철수의 계좌
        Account chulsoo = new Account("철수", "123456", 1000);

        // 영희의 계좌
        Account younghee = new Account("영희", "654321", 200);
        System.out.println("■ 철수의 계좌");
        System.out.println("    계좌명의 : " + chulsoo.getName( ));
        System.out.println("    계좌번호 : " + chulsoo.getNo( ));
        System.out.println("    예금잔고 : " + chulsoo.getBalance( ));
        System.out.println("    식별번호 : " + chulsoo.getId( ));

        System.out.println("■ 영희의 계좌");
        System.out.println("    계좌명의 : " + younghee.getName( ));
        System.out.println("    계좌번호 : " + younghee.getNo( ));
        System.out.println("    예금잔고 : " + younghee.getBalance( ));
        System.out.println("    식별번호 : " + younghee.getId( ));
    }
}
```

실행결과
■ 철수의 계좌
  계좌명의 : 철수
  계좌번호 : 123456
  예금잔고 : 1000
  식별번호 : 1
■ 영희의 계좌
  계좌명의 : 영희
  계좌번호 : 654321
  예금잔고 : 200
  식별번호 : 2

각 계좌의 식별번호를 취득하는 것이 흰색 부분입니다. 처음에 만들어진 chulsoo의 식별번호는 1이 되고, 그 후에 만들어진 younghee의 식별번호는 2가 되는 것을 실행결과에서도 확인할 수 있습니다.

▶ 클래스 변수 counter는 Account형 인스턴스의 개수와 반드시 일치하지는 않습니다. 이것은 구축된 인스턴스가 프로그램 도중에 소멸할 가능성이 있기 때문입니다. 클래스 변수를 이용해서 '클래스형의 모든 인스턴스의 개수를 저장해 두는 것'은 불가능합니다.

클래스 변수의 액세스

클래스 변수는 이름대로 각 인스턴스가 아닌 클래스에 속하기 때문에 클래스 변수는 다음과 같은 식으로 액세스할 수 있습니다

    클래스명.필드명   // 형식 A

원래 비공개인 은행계좌 클래스의 counter는 외부로부터 액세스할 수 없습니다. 리스트 10-3은 Account 클래스로부터 식별번호 이외의 필드와 메소드를 삭제한 클래스를 만들어 검증해 보는 프로그램입니다.

리스트 10-3

◎ 예제파일 : Chap10/IdTester.java

```java
// 일련번호 클래스

class Id {
    static int counter = 0;      // 식별번호를 몇 번까지 할당했는가?

    private int id;              // 식별번호

    //-- 생성자 --//
    public Id( ) {
        id = ++counter;          // 식별번호
    }

    //--- 식별번호를 취득 ---//
    public int getId( ) {
        return id;
    }
}

public class IdTester {

    public static void main(String[ ] args) {
        Id a = new Id( );        // 식별번호 1번
        Id b = new Id( );        // 식별번호 2번

        System.out.println("a의 식별번호 : " + a.getId( ));
        System.out.println("b의 식별번호 : " + b.getId( ));

❶      System.out.println("Id.counter = " + Id.counter);
        System.out.println("a.counter  = " +  a.counter);
❷      System.out.println("b.counter  = " +  b.counter);
    }
}
```

실 행 결 과
```
a의 식별번호 : 1
b의 식별번호 : 2
Id.counter = 2
a.counter = 2
b.counter = 2
```

클래스 변수 counter

클래스 변수 counter는 원래 비공개로 해야 되지만 이 프로그램에서는 검증을 위해 private을 선언하지 않고 외부에 공개하고 있습니다.

인스턴스 변수 id

인스턴스 변수 id는 클래스 id의 각 인스턴스가 갖는 필드입니다. 이 값이 생성된 순서대로 1, 2, 3, …으로 되는 것은 은행계좌 클래스와 마찬가지입니다.

1에 주목하기 바랍니다. Id.counter에 의해 클래스 변수 counter를 액세스할 수 있습니다. 또한 a.counter와 b.counter에서도 변수에 액세스할 수 있는 것을 **2**에서 확인할 수 있습니다. 즉 클래스 변수는 아래의 식으로도 액세스할 수 있습니다.

클래스형 변수명.필드명   // 형식 B

'모두의 counter'는 'a의 counter'일 수도 있고 'b의 counter'일 수도 있기 때문에 이와 같은 식이 허용됩니다. 단 보기에 혼동하기 쉽기 때문에 형식 B의 사용은 장려하지 않고 형식 A를 사용하도록 장려합니다.

소스 파일과 public 클래스

프로그램 내의 두 개의 클래스 선언을 보기 바랍니다. 제9장에서 클래스는 기본적으로 public 선언을 원칙으로 했음에도 불구하고 클래스 id는 public 선언을 하지 않았습니다.

▶ public 선언된 클래스는 패키지라는 단위를 초월해서 프로그램의 어느 곳에서도 통용될 수 있는데 비해 public이 없는 클래스는 패키지 안에서만 통용됩니다.

여기에서 실험을 해 보겠습니다. 클래스 id에도 public을 선언해서 컴파일을 하면 컴파일 에러가 발생합니다. 이것은 아래와 같은 규칙이 있기 때문입니다.

> **주의** 하나의 소스 프로그램 내에서 둘 이상의 public 클래스를 선언할 수는 없다.

이 책은 '입문편'이기 때문에 위 프로그램과 같이 문법규칙의 이해를 주목적으로 합니다. 따라서 비실용적이고 비현실적인 프로그램을 제시하는 경우도 있습니다. 이와 같은 프로그램의 각 클래스를 별도의 파일로 나누면 프로그램 리스트를 많이 제시해야 되고, 여러분의 파일 관리와 컴파일·실행 작업도 번거롭게 됩니다. 따라서 이 책에서는 제9장에서의 방침을 조금 변경해서 다음과 같은 방침을 제시합니다.

■ 일반적인 방침
패키지 내에 통용시킬 내부적인 것을 제외하고 클래스는 원칙적으로 public 클래스로 하고, 단일한 소스 프로그램으로 작성한다.

■ 이 책의 독자적인 방침
소규모이고 테스트를 위한 클래스는 복수의 클래스를 하나의 소스 프로그램으로 모아서 처리한다. 이때 main 메소드를 포함하는 클래스만을 public 클래스로 하고, 그 밖의 클래스는 public이 아닌 클래스로 한다.

> ▶ 패키지에 대해서는 다음 장에서 학습합니다.

라이브러리에서 제공되는 클래스 변수

Java의 라이브러리에서도 각종 클래스 변수가 정의되어 있습니다.

Math 클래스

리스트 10-4와 같이 Math 클래스에서는 자연로그의 밑 E와 원주율 PI가 클래스 변수로 정의되어 있습니다. 모든 값이 double형의 상수이기 때문에 final 선언되어 있습니다.

리스트 10-4　　　　　　　　　　　　　　　　◎ 예제파일 : API/math1/Math.java

```java
// java.lang.Math 클래스에서 발췌

public final class Math {
    // 자연로그의 밑 e에 가장 가까운 double값
    public static final double E = 2.7182818284590452354;

    // 원둘레와 그 반지름의 비 π에 가장 가까운 double값
    public static final double PI = 3.14159265358979323846;

    // ...
}
```

> ▶ java.lang의 의미는 다음 장에서 학습합니다. 또한 클래스 자체를 final 선언하는 것에 대해서는 제12장에서 학습합니다.

원주율을 나타내는 Math.PI를 이용하면 제2장에서 작성한 '원둘레의 길이와 원의 면적을 계산하는 프로그램'은 리스트 10-5와 같이 수정할 수 있습니다.

리스트 10-5　　　　　　　　　　　　　　　　◎ 예제파일 : Chap10/Circle.java

```java
// 원둘레의 길이와 원의 면적을 계산하기(원주율 Math.PI를 이용)

import java.util.Scanner;

class Circle {
```

실 행 예
```
반지름 : 7.2
원둘레의 길이는
45.238934211693002입니다.
면적은 162.86016316200949입니다.
```

```
    public static void main(String[ ] args) {
        Scanner stdIn = new Scanner(System.in);

        System.out.print("반지름 : ");
        double r = stdIn.nextDouble( ); // r에 실수값을 대입

        System.out.println("원둘레의 길이는 " + 2 * Math.PI * r + "입니다.");
        System.out.println("면적은 " + Math.PI * r * r + "입니다.");
    }
}
```

▶ Math.PI의 값 3.141592653589793238462은 doubl형으로 표현할 수 있는 값으로는 가장 정확하게 원주율을 나타낸 것입니다. 따라서 double형으로 표현할 수 있는 범위 내에서는 오차를 최소로 해서 원둘레의 길이와 원의 면적을 계산할 수 있습니다.

Character/Byte/Short/Integer/Long 클래스

이 클래스들에서는 char형, byte형, short형, int형, long형으로 표현할 수 있는 최소값과 최대값이 MIN_VALUE 및 MAX_VALUE라는 이름의 클래스 변수로 정의되어 있습니다. 이 선언을 나타낸 것이 리스트 10-6입니다.

리스트 10-6　　　　　　　　　　　　　　　　　　　　　　　◎ 예제파일 : API/Integer.java

```
// java.lang.Integer 그 외의 클래스에서 수정발췌

public final class Character extends Object implements Comparable<Character> {
    public static final char MIN_VALUE = '\u0000';       // char형의 최소값
    public static final char MAX_VALUE = '\uffff';       // char형의 최대값
    //...
}

public final class Byte extends Number implements Comparable<Byte> {
    public static final byte MIN_VALUE = -128;           // byte형의 최소값
    public static final byte MAX_VALUE = 127;            // byte형의 최대값
    //...
}

public final class Short extends Number implements Comparable<Short> {
    public static final short MIN_VALUE = -32768;        // short형의 최소값
    public static final short MAX_VALUE = 32767;         // short형의 최대값
```

```
        //...
}

public final class Integer extends Number implements Comparable<Integer> {
    public static final int MIN_VALUE = 0x80000000;         // int형의 최소값
    public static final int MAX_VALUE = 0x7fffffff;         // int형의 최대값
        //...
}

public final class Long extends Number implements Comparable<Long> {
    public static final long MIN_VALUE = 0x8000000000000000L; // long형의 최소값
    public static final long MAX_VALUE = 0x7fffffffffffffffL; // long형의 최대값
        //...
}
```

▶ 여기에서는 복수의 클래스를 정리해서 제시하고 있습니다. 하나의 소스 파일 내에서 복수의 public 클래스를 선언할 수는 없기 때문에 리스트 10-6을 컴파일하면 에러가 발생합니다. 또한 extends는 제12장에서, implements는 제14장에서 학습합니다.

public 그리고 final 선언된 클래스 변수의 공개

필드는 비공개로 하는 것이 원칙이라고 제8장에서 배웠습니다. 그러나 여기에 제시한 것처럼 클래스 이용자에게 적극적으로 공개해야 할 '편리한 상수'는 public 선언된 클래스 변수로 합니다.

> **중요** 클래스 이용자에게 제공해야 할 상수가 있으면 public 그리고 final 선언된 클래스 변수로 제공한다.

10-2 클래스 메소드

앞 절에서는 각 인스턴스에 속하지 않는 클래스 변수(정적 필드)에 대해서 배웠습니다. 이것과 마찬가지로 각 인스턴스에 속하지 않는 메소드가 클래스 메소드(정적 메소드)입니다. 이 절에서는 클래스 메소드에 대해서 배웁니다.

클래스 메소드

제9장에서 작성한 날짜 클래스에 '윤년'을 판정하는 두 종류의 메소드를 추가하도록 합니다.

1 임의의 연도에 대한 판정

임의의 연도(예를 들면 2017년)가 윤년인지 아닌지를 판정한다.

2 임의의 날짜에 대한 판정

날짜 클래스의 인스턴스(예를 들면 2017년 10월 15일로 설정된 날짜)의 연도가 윤년인지 아닌지를 판정한다.

인스턴스에 대해서 기동하게 되는 **2**는 제8장과 제9장에서 배운 메소드와 마찬가지로 정의할 수 있습니다. 이와 같이 각 인스턴스에 속하는 메소드를 인스턴스 메소드라고 합니다.

그러나 **1**은 특정 인스턴스에 대해서 기동하는 것은 아닙니다. 특정 인스턴스에 속하는 것이 아니라는 점에서 클래스 변수(정적 필드)와 같습니다. 이와 같은 처리를 적절하게 할 수 있는 것이 클래스 메소드(class method)라는 정적 메소드(static method)입니다.

> **주의** 특정 인스턴스가 아니고 클래스 전체에 관계된 처리와 클래스에 소속된 각 인스턴스의 상태와 무관한 처리는 정적 메소드로 작성한다.

두 개의 메소드를 만들어 봅니다. **1**은 클래스 메소드, **2**는 인스턴스 메소드였습니다. 메소드의 이름은 양쪽 모두 isLeap로 합니다. 즉 7-4에서 학습한 다중정의을 실행합니다. 두 메소드를 다중정의할 수 있는 것은 다음과 같은 규칙이 있기 때문입니다.

> **주의** 서로 다른 시그니처로 동일한 이름의 메소드를 정의하는 다중정의는 클래스 메소드와 인스턴스 메소드에서 모두 실행할 수 있다.

▶ 윤년의 판정법은 Column 9-2에서 설명했습니다.

1 임의의 연도에 대한 판정(클래스 메소드=정적 메소드)

정적 메소드인 isLeap은 '어떤 연도가 윤년인지 아닌지'를 조사합니다. 날짜 클래스의 인스턴스에 대해서 호출하는 것은 아니기 때문에 int형을 받는 '보통의 메소드'라고 생각합니다.

이와 같은 메소드는 static으로 선언된 클래스 메소드로 구현합니다. 클래스를 학습하기 시작한 제7장에서부터 만들어 온 메소드는 모두 static이 선언되어 있었고, 이것은 클래스 메소드(정적 메소드)였습니다. 클래스 메소드 isLeap의 정의는 다음과 같습니다.

```
//--- 클래스 메소드 : y년은 윤년인가? ---//
public static boolean isLeap(int y) {
    return y % 4 == 0 && y % 100 != 0 || y % 400 == 0;
}
```

가인수로 입력된 y년이 윤년인지 아닌지를 판정합니다.

2 임의의 날짜에 대한 판정(인스턴스 메소드)

비정적 메소드 즉 인스턴스 메소드인 isLeap은 '클래스 인스턴스의 날짜가 윤년인지 아닌지'를 조사합니다. 판정의 대상은 자신이 소속되어 있는 인스턴스의 필드 year입니다. 인수를 받을 필요가 없기 때문에 다음과 같이 됩니다.

```
//--- 인스턴스 메소드 : 자신의 날짜는 윤년인가? ---//
public boolean isLeap( ) {
    return year % 4 == 0 && year % 100 != 0 || year % 400 == 0;
}
```

*

여기에서 실행하는 판정은 클래스 메소드와 실질적으로 같습니다. 비슷한 프로그램 조각이 하나의 프로그램 속에 지나치게 많으면 유지·보수 면에서 바람직하지 않습니다. 일부러 클래스 메소드를 만들어 두었기 때문에 이것을 사용해서 다음과 같이 작성할 수 있습니다.

```
//--- 인스턴스 메소드 : 자신의 날짜는 윤년인가? ---//
public boolean isLeap( ) {
    return isleap(year);         // 클래스 메소드인 isLeap을 호출한다.
}
```

year년이 윤년인지 아닌지를 클래스 메소드인 isLeap으로 판정합니다.

여기에서는 인스턴스 메소드에서 클래스 메소드를 호출하고 있습니다. 반대로 '클래스 메소드에서 인스턴스 메소드를 호출하는 일'은 없습니다(리스트 10-9에서 자세히 설명합니다).

*

리스트 10-7은 두 개의 메소드를 추가한 날짜 클래스 제4판을 나타낸 프로그램입니다.

리스트 10-7　　　　　　　　　　　　　　　　　　　　◎ 예제파일 : day4j/Day.java

```java
// 날짜 클래스 Day [제4판]

public class Day {
    private int year  = 1;    // 년
    private int month = 1;    // 월
    private int date  = 1;    // 일

    //-- y년은 윤년인가? --//            클래스 메소드(정적 메소드)
    public static boolean isLeap(int y) {
        return y % 4 == 0 && y % 100 != 0 || y % 400 == 0;
    }

    //-- 생성자 --//
    public Day( )                            { }
    public Day(int year)                     { this.year = year; }
    public Day(int year, int month)          { this(year); this.month = month; }
    public Day(int year, int month, int date)
                                             { this(year, month); this.date = date; }
    public Day(Day d)                        { this(d.year, d.month, d.date); }

    //--- 년, 월, 일을 취득 ---//
    public int getYear( )   { return year; }      // 년을 취득
    public int getMonth( )  { return month; }     // 월을 취득
    public int getDay( )    { return date; }      // 일을 취득

    //--- 년, 월, 일을 설정 ---//
    public void setYear(int year)    { this.year  = year; }    // 년을 설정
    public void setMonth(int month)  { this.month = month; }   // 월을 설정
    public void setDate(int date)    { this.date  = date; }    // 일을 설정

    public void set(int year, int month, int date) {           // 연월일
        this.year  = year;                    // 년
```

```java
        this.month = month;                // 월
        this.date  = date;                 // 일
    }

                                                    인스턴스 메소드
    //-- 윤년인가? --//
2   public boolean isLeap( ) { return isLeap(year); }

    //--- 요일을 계산한다 ---//
    public int dayOfWeek( ) {
        int y = year;                      // 0 … 일요일
        int m = month;                     // 1 … 월요일
        if (m == 1 || m == 2) {            //   …
            y--;                           // 5 … 금요일
            m += 12;                       // 6 … 토요일
        }
        return (y + y / 4 - y / 100 + y / 400 + (13 * m + 8) / 5 + date) % 7;
    }

    //--- 날짜 d와 같은가? ---//
    public boolean equalTo(Day d) {
        return year == d.year && month == d.month && date == d.date;
    }

    //--- 문자열 표현을 반환 ---//
    public String toString( ) {
        String[ ] wd = {"일", "월", "화", "수", "목", "금", "토"};
        return String.format("%04d년 %02d월 %02d일(%s)",
                             year, month, date, wd[dayOfWeek( )]);
    }
}
```

흰색 부분이 추가된 메소드 isLeap입니다. 리스트 10-8은 이 메소드들을 이용하는 프로그램의 예입니다.

리스트 10-8　　　　　　　　　　　　　　　　　　　　　　◎ 예제파일 : day4/DayTester.java

```java
// 날짜 클래스 Day [제4판] 이용 예

import java.util.Scanner;

class DayTester {
```

```java
        public static void main(String[ ] args) {
            Scanner stdIn = new Scanner(System.in);
            int y, m, d;

            System.out.print("양력 : ");
            y = stdIn.nextInt( );
            System.out.println("이 해는 윤년" +
                 (Day.isLeap(y) ? "입니다." : "이 아닙니다."));
                 └─ ❶ 클래스 메소드(정적 메소드)의 호출
            System.out.println("날짜를 입력하시오.");
            System.out.print("년 : ");  y = stdIn.nextInt( );
            System.out.print("월 : ");  m = stdIn.nextInt( );
            System.out.print("일 : ");  d = stdIn.nextInt( );
            Day a = new Day(y, m, d);                       // 입력된 날짜
            System.out.println(a.getYear( ) + "년은 윤년" +
                 (a.isLeap( ) ? "입니다." : "이 아닙니다."));
        }                └─ ❷ 인스턴스 메소드의 호출
    }
```

실 행 예

양력 : 2008 ⏎
이 해는 윤년입니다.
날짜를 입력하시오.
년 : 1963 ⏎
월 : 11 ⏎
일 : 18 ⏎
1963년은 윤년이 아닙니다.

❶ 클래스 메소드(정적 메소드)의 호출

y년이 윤년인지 아닌지를 판정하는 클래스 메소드 isLeap의 호출입니다. 클래스 메소드는 특정 인스턴스에 대해서 기동되는 것이 아니기 때문에 클래스 메소드의 호출은 다음과 같은 형식으로 실행됩니다.

클래스명.메소드명(...)   ──── 클래스 메소드(정적 메소드)의 호출

이것은 리스트 10-3에서 학습한 클래스 변수를 액세스하는 형식 A의 식에 해당합니다.

▶ 클래스 변수를 액세스하는 형식 B와 마찬가지로 a와 b가 Day형의 인스턴스라면 a.isLeap(y)과 b.isLeap(y)으로도 클래스 메소드를 호출할 수 있게 됩니다. 그러나 이 형식은 번거롭기 때문에 추천하지 않습니다.

❷ 인스턴스 메소드의 호출

날짜 a가 윤년인지 아닌지를 판정하기 위한 인스턴스 메소드 isLeap의 호출입니다. 제8장과 제9장에서 배운대로 인스턴스 메소드의 호출은 다음과 같은 형식으로 실행됩니다.

클래스형 변수명.메소드명(...)   ──── 인스턴스 메소드의 호출

클래스 변수와 클래스 메소드

필드와 메소드는 정적인지/비정적인지에 따라서 서로 액세스할 수 있는지 없는지 달라집니다.

▶ 예를 들면 날짜 클래스의 클래스 메소드 isLeap은 인스턴스 변수 year, month, date를 액세스할 수 없습니다. 어느 인스턴스의 year, month, date에 액세스하면 되는지 특정할 수 없기 때문입니다(뿐만 아니라 인스턴스가 1개도 생성되어 있지 않을 수도 있습니다).

리스트 10-9는 메소드와 필드의 액세스 속성을 검증하는 프로그램입니다.

리스트 10-9　　　　　　　　　　　　　　　　　　　◎ 예제파일 : Chap10/StaticTester.java

```
실 행 결 과
s = 10  a = 10
s = 20  a = 20
```

```java
// 클래스/인스턴스 필드와 클래스/인스턴스 메소드

class Static {
    private static int s;          // ■ 정적 필드(클래스 변수)
    private int a;                 // □ 비정적 필드(인스턴스 변수)

    public static void m1() { }    // ● 정적 메소드(1) (클래스 메소드)
    public        void f1() { }    // ○ 비정적 메소드(1) (인스턴스 메소드)


    //-- ● 정적 메소드(2) (클래스 메소드) --//
    public static void m2(int x) {
        s = x;         // ■ 정적 필드에는 액세스 가능
//      a = x;         // □ 비정적 필드에는 액세스 불가(에러)
        m1( );         // ● 정적 메소드는 호출 가능
//      f1( );         // ○ 비정적 메소드는 호출 불가(에러)
    }


    //-- ○ 비정적 메소드(2) (인스턴스 메소드) --//
    public void f2(int x) {
        s = x;         // ■ 정적 필드에는 액세스 가능
        a = x;         // □ 비정적 필드에는 액세스 가능
        m1( );         // ● 정적 메소드는 호출 가능
        f1( );         // ○ 비정적 메소드는 호출 가능
        System.out.println("s = "+ s + "  a = "+ a);
    }
}

public class StaticTester {
    public static void main(String[ ] args) {
        Static c1 = new Static( );
        Static c2 = new Static( );
```

```
            Static.m2(5);
            c1.f2(10);
            c2.f2(20);
        }
}
```

클래스 Static에는 정적 필드와 비정적 필드가 1개씩, 정적 메소드와 비정적 메소드가 2개씩 존재합니다. 코멘트 아웃된 부분은 부정한 액세스입니다(코멘트 아웃하지 않으면 컴파일 에러가 발생합니다).

그림 10-3은 각 필드와 메소드의 관계를 나타낸 것입니다. 비정적 필드(인스턴스 변수)와 비정적 메소드(인스턴스 메소드)는 각 인스턴스 c1과 c2에 속합니다. 한편 정적 필드(클래스 변수)와 정적 메소드(클래스 메소드)는 인스턴스와는 독립적으로 1개만 존재합니다.

비정적 메소드(인스턴스 메소드)

비정적 필드 · 정적 필드 · 비정적 메소드 · 정적 메소드 전부를 액세스할 수 있습니다(예를 들어 메소드 f2로부터는 비정적 필드 a, 정적 필드 s, 비정적 메소드 f1, 정적 메소드 m1에 전부 액세스할 수 있습니다).

인스턴스 메소드는 '자신이 소유하는 변수/메소드'와 '모두 공유하는 변수/메소드'의 양쪽 모두 액세스할 수 있습니다.

정적 메소드(클래스 메소드)

정적 필드와 정적 메소드에는 액세스할 수 있지만 비정적 필드와 비정적 메소드에는 액세스할 수 없습니다. 이것은 필드 a와 메소드 f1에 액세스하려 해도 c1에 속하는 a와 f1인지, c2에 속하는 a와 f1인지 판단할 수 없기 때문입니다.

원래 '자신이 소유하는 변수/메소드'를 갖지 않는 클래스 메소드는 '모두 공유하는 변수/메소드'에만 액세스할 수 있기 때문입니다.

> 주의 클래스 메소드에서는 동일한 클래스 내의 비정적 필드(인스턴스 변수)와 비정적 메소드(인스턴스 메소드)에 액세스할 수 없다.

10-2 클래스 메소드

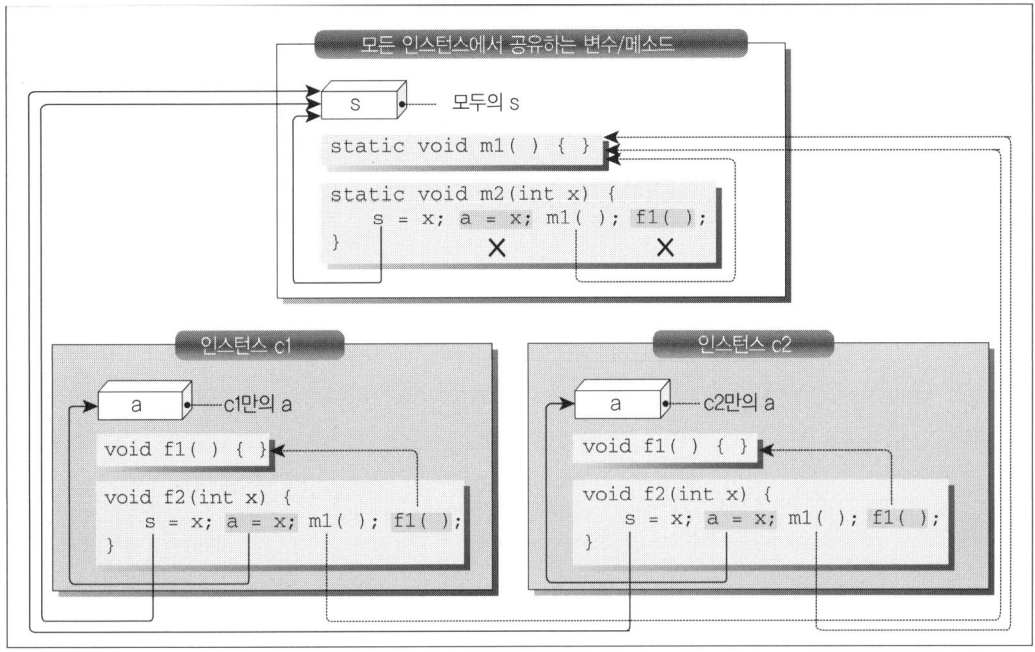

● **그림 10-3** 정적 메소드와 비정적 메소드

제7장의 프로그램에서는 모든 메소드에 static 선언을 했습니다. 예를 들면 세 개의 정수값의 최대값을 구하는 프로그램은 다음과 같습니다(리스트 7-3을 다시 게재합니다).

리스트 7-3 ◎ 예제파일 : Chap07/Max3Method.java

```java
// 세 개의 정수값의 최대값을 구하기(메소드 이용)

import java.util.Scanner;

class Max3Method {

    //--- a, b, c의 최대값을 반환 ---//
    static int max(int a, int b, int c) {
        int max = a;
        if (b > max) max = b;
        if (c > max) max = c;
        return max;
    }

    public static void main(String[ ] args) {
        Scanner stdIn = new Scanner(System.in);

        System.out.print("정수 a : ");  int a = stdIn.nextInt( );
        System.out.print("정수 b : ");  int b = stdIn.nextInt( );
```

실 행 예

변수 a : 1
변수 b : 3
변수 c : 2

419

```
        System.out.print("정수 c : ");   int c = stdIn.nextInt( );
        System.out.println("최대값은 " + max(a, b, c) + "입니다.");
    }
}
```

이 프로그램에 대해서 더 자세히 설명하겠습니다.

max를 클래스 메소드로 해야 하는 이유

static 선언된 main 메소드는 클래스 메소드(정적 메소드)입니다. 클래스 메소드에서는 동일한 클래스의 인스턴스 메소드는 호출할 수 없기 때문에, max에도 static 선언을 해서 클래스 메소드로 해야 됩니다.

▶ 만약 max에 static 선언을 하지 않고 비정적 메소드로 선언하면 main 메소드에서 호출할 수 없게 됩니다(컴파일 에러가 발생합니다).

main 메소드에서 max(...)로 호출할 수 있는 이유

클래스 메소드의 호출 형식은 '클래스명.메소드명(...)'임에도 불구하고 main 메소드에서는 단지 max(...)로 호출하고 있습니다. 이와 같이 클래스명을 생략해서 메소드 이름만으로 호출할 수 있는 이유는 단순합니다. main 메소드와 max가 동일한 클래스에 속하기 때문입니다(리스트 9-10 B 참조).

▶ 또한 흰색 부분의 호출 max(a, b, c)는 Max3Method.max(a, b, c)로 할 수도 있지만 일부러 이렇게 할 필요는 없습니다. 만약 클래스명을 변경하면 호출할 수 없게 되기 때문입니다(컴파일 에러가 발생합니다).

연습 10-1

리스트 10-3에 제시한 일련번호 클래스 Id에 마지막으로 할당한 식별번호를 반환하는 클래스 메소드 getMaxId를 추가하시오.

```
static int getMaxId( )
```

또한, 이 메소드는 인스턴스를 n개 생성한 시점에서 호출하면 n을 반환하게 된다.

연습 10-2

연습 10-1에서 작성한 클래스 Id를 다음과 같이 변경한 클래스 ExId를 작성하시오.
인스턴스를 생성할 때마다 식별번호를 n씩 증가시켜 할당한다(n은 양수). n의 값은 지정되지 않으면 1로 하지만, 메소드를 통해서 취득, 변경할 수 있게 한다.
예를 들어 인스턴스를 3개 생성한 후에 n을 4로 변경한 경우, 인스턴스에 할당하는 식별번호는 생성 순서대로 1, 2, 3, 7, 11, 15 … 가 된다.

Column 10-1 ··· 클래스 메소드 isLeap가 없으면...

클래스 Day 제4판에서 클래스 메소드 isLeap는 제공되지 않고, 인스턴스 메소드 isLeap만이 제공된다고 가정합니다. 이 경우에 '어떤 연도가 윤년인지 아닌지'를 판정할 때는 어떻게 해야 될까요?

인스턴스 메소드 isLeap의 호출은 Day형 인스턴스에 대해서 실행되어야 하기 때문에 프로그램은 리스트 10C-1과 같이 됩니다.

리스트 10C-1   ◎ 예제파일 : day4/IsLeapTester.java

```
// 날짜 클래스 Day [제4판]의 이용 예 : 인스턴스 메소드에 의한 윤년의 판정

import java.util.Scanner;

class IsLeapTester {

    public static void main(String[ ] args) {
        Scanner stdIn = new Scanner(System.in);

        System.out.print("양력 : ");
        int y = stdIn.nextInt( );
        System.out.println("이 연도는 윤년" + (new Day(y).isLeap( )
            ? "입니다." : "이 아닙니다."));
    }
}
```

실 행 예
```
양력 : 2008 ↵
이 연도는 윤년입니다.
```

흰색 부분에 주목하기 바랍니다. 'new Day(y)'의 부분은 Day(int) 형식의 생성자 호출이기 때문에 Day형 인스턴스를 생성해서 y년 1월 1일로 초기화합니다. 이 식을 평가해서 얻어지는 것은 생성된 인스턴스 참조입니다. 이 참조에 대해서 '.isLeap( )'을 적용해서 인스턴스 메소드를 호출하고 있습니다.

클래스 메소드가 없는 객체를 생성하는 테크닉은 '7-3의 일회용 배열'에서 설명한 프로그램과 리스트 9-15와 같은 방법입니다. 또한 다음과 같이 분리하면 이해하기 쉽습니다(단 프로그램은 쓸데없이 길어지게 됩니다).

```
Day temp = new Day(y);
System.out.println("이 연도는 윤년" + (new Day(y).isLeap( )
        ? "입니다." : "이 아닙니다."));
```

Math 클래스의 클래스 메소드

앞 절에서 Math 클래스가 자연로그의 밑 E와 원주율 PI를 클래스 변수로써 제공하는 것을 배웠습니다. 사실은 이 클래스가 제공하는 모든 메소드는 클래스 메소드입니다.

절대값을 계산하는 abs 메소드, 제곱근을 계산하는 sqrt 메소드 등 많은 메소드가 리스트 10-10과 같이 정의되어 있습니다.

리스트 10-10 ◎ 예제파일 : API/math2/Math.java

```java
// java.lang.Math 클래스에서 발췌

public final class Math {
    //--- 절대값을 계산한다 ---//
    public static double abs(double a) {
        return (a <= 0.0D) ? 0.0D - a : a;
    }

    //--- 제곱근을 계산한다 ---//
    public static double sqrt(double a) {
        //...
    }

    //...
}
```

제8장과 제9장에서 작성한 자동차 클래스 Car에서는 자동차의 이동거리를 계산하기 위해서 다음과 같이 sqrt 메소드를 이용했습니다.

```java
//--- X방향으로 dx, Y방향으로 dy ---//
public boolean move(double dx, double dy) {
    double dist = Math.sqrt(dx * dx + dy * dy);      // 이동거리
        // ...
}
```

Math.sqrt(...)는 Math 클래스에 속하는 클래스 메소드 sqrt의 호출이기 때문에 호출 형식이 '클래스명.메소드명(...)'으로 되어 있습니다.

*

Math 클래스가 제공하는 주요 메소드의 개념을 표 10-1에 제시합니다.

유틸리티 클래스

절대값 혹은 제곱근을 계산하는 처리 대상은 실수값이지 특정 클래스형 인스턴스가 아니기 때문

에, Math 클래스는 클래스 메소드와 클래스 변수만을 제공하고 인스턴스 메소드와 인스턴스 변수는 일체 제공하지 않습니다. 이와 같은 클래스를 유틸리티 클래스(utility class)라고 합니다.

내부에 state=상태(제8장 '클래스와 객체' 참조)를 갖지 않는 유틸리티 클래스는 '데이터와 이것을 처리하기 위한 과정을 캡슐화' 하는 클래스 본래의 목적을 가지고 있지 않습니다. 이와 같은 속성은 '유사한 상태의 메소드와 상수를 모아서 그룹화' 한 것입니다. Math 클래스의 경우에는 수치 계산과 관련된 메소드와 상수의 모임이라고 말할 수 있습니다.

▶ 즉, 유틸리티 클래스는 제8장에서 설명한 '회로의 설계도' 라고 말할 수 없는 '유사한 부품을 모아놓은 것' 입니다.

연습 10-3

데이터 값 2개와 데이터 값 3개 그리고 배열의 최소값을 구하는 메소드와 최대값을 구하는 메소드를 모은 유틸리티 클래스 MinMax를 작성하시오.

● 표 10-1 ⋯ Math 클래스의 주요 메소드

	메소드	개요
ⓐ	abs(x)	x의 절대값을 반환한다.
	max(x, y)	x와 y 가운데 큰 쪽의 값을 반환한다.
	min(x, y)	x와 y 가운데 작은 쪽의 값을 반환한다.
ⓑ	acos(x)	x의 역 코사인을 반환한다.
	asin(x)	x의 역 사인을 반환한다.
	atan(x)	x의 역 탄젠트를 반환한다.
	cbrt(x)	x의 제곱근을 반환한다.
	ceil(x)	x의 소수점 부분을 자리올림한 값을 반환한다.
	cos(x)	x의 코사인을 반환한다.
	cosh(x)	x의 쌍곡 코사인을 반환한다.
	exp(x)	오일러수 e를 x로 제곱한 값을 반환한다.
	floor(x)	x의 소수점 부분을 버린 값을 반환한다.
	log(x)	x의 자연로그 값을 반환한다.
	log10(x)	x의 10을 밑으로 하는 로그를 반환한다.
	pow(x, y)	x를 y 제곱한 값을 반환한다.

메소드		개요
	random( )	0.0이상이고 1.0보다 작은 양의 난수를 반환한다.
	rint(x)	x에 가장 가까운 정수값을 반환한다.
	sin(x)	x의 사인값을 반환한다.
	sinh(x)	x의 쌍곡 사인을 반환한다.
	sqrt(x)	x의 제곱근을 반환한다.
	tan(x)	x의 탄젠트를 반환한다.
	tanh(x)	x의 쌍곡 탄젠트를 반환한다.
	toDegrees(x)	라디안의 각도 x를 도수로 변환한 값을 반환한다.
	toRadians(x)	도수의 각도 x를 라디안으로 변환한 값을 반환한다.
ⓒ	long round(double x)	x에 가장 가까운 long값을 반환한다.
	int round(float x)	x에 가장 가까운 int값을 반환한다.

▶ ⓐ의 메소드는 인수와 반환값이 모두 int형·long형·float형·double형인 4종류가 다중정의되어 있습니다.
ⓑ의 메소드는 인수와 반환값의 형이 모두 double형입니다.

10-3 클래스 초기자와 인스턴스 초기자

여기에서는 클래스와 인스턴스의 초기화를 실행하기 위한 클래스 초기자와 인스턴스 초기자에 대해서 학습합니다.

클래스 초기자(정적 초기자)

리스트 10-3에서 작성한 클래스 Id를 상기하기 바랍니다. 클래스의 인스턴스가 생성될 때마다 1, 2, 3 … 이라는 식별번호를 일련번호로 할당했습니다. 리스트 10-11은 식별번호의 시작번호를 1이 아닌 난수 값이 되도록 변경한 클래스의 프로그램입니다.

리스트 10-11　　　　　　　　　　　　　　　　　　　◎ 예제파일 : Chap10/ RandIdTester.java

실행 예
```
a의 식별번호 : 301
b의 식별번호 : 302
c의 식별번호 : 303
```

```java
// 식별번호 클래스 (예2 : 시작 번호를 난수로 결정)

import java.util.Random;

class RandId {
    private static int counter;      // 식별번호를 몇 번까지 할당했는가?

    private int id;                  // 식별번호

    static {                                       // 정적 초기자
        Random rand = new Random( );
        counter = rand.nextInt(10) * 100;
    }

    //-- 생성자 --//
    public RandId( ) {
        id = ++counter;              // 식별번호
    }

    //--- 식별번호를 취득 ---//
    public int getId( ) {
        return id;
    }
}

public class RandIdTester {
```

```
    public static void main(String[ ] args) {
        RandId a = new RandId( );
        RandId b = new RandId( );
        RandId c = new RandId( );

        System.out.println("a의 식별번호 : "+ a.getId( ));
        System.out.println("b의 식별번호 : "+ b.getId( ));
        System.out.println("c의 식별번호 : "+ c.getId( ));
    }
}
```

흰색 부분에 주목하기 바랍니다. 이 부분은 클래스 초기자(class initializer) 또는 정적 초기자(static initializer)라고 합니다. 그림 10-4는 클래스 초기자의 구문입니다.

▶ 클래스 초기자는 정적 블록 또는 static 블록이라고도 합니다.

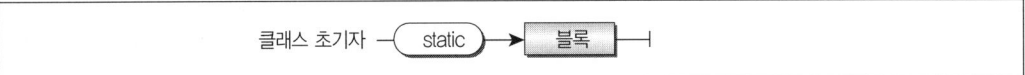

● **그림 10-4** 클래스 초기자(정적 초기자)의 구문

클래스 초기자는 이름 그대로 '클래스가 초기화되는' 동안에 실행됩니다. 클래스가 초기화되는 것은 다음과 같은 경우입니다.

- 클래스의 인스턴스가 생성된다.
- 클래스의 클래스 메소드가 호출된다.
- 클래스의 클래스 변수에 값이 대입된다.
- 클래스의 상수가 아닌 클래스 변수의 값이 추출된다.

자세한 내용은 접어두고 다음과 같이 이해하기 바랍니다.

> **주의** 어떤 형태의 클래스가 처음으로 이용되는 시점에서는 이 클래스의 클래스 초기자의 실행이 완료되어 있다.

▶ 프로그램 내에 클래스가 선언되어 있어도 전혀 사용되지 않으면 이 클래스가 초기화되는 일도 없고 클래스 초기자도 실행되지 않습니다.

리스트 10-3과 같이 클래스 변수(정적 필드)를 상수로 초기화할 때는 그 선언에 초기화 값을 할당만 하면 됩니다. 그러나 이 프로그램과 같이 클래스 변수에 할당해야 할 값이 어떤 계산에 의해 결정되는 경우에는 초기화 값을 할당할 수 없는 경우도 있습니다. 따라서 클래스 초기자 내에서 계산을 실행한 다음에 클래스 변수에 값을 설정하게 됩니다.

> **중요** 클래스 변수를 초기화하기 위해 필요한 처리는 클래스 초기자로 실행한다.

▶ 클래스 초기사 내에 return문을 사용할 수 없고, this와 super(제12장)를 이용할 수도 없습니다(컴파일 에러가 발생합니다).

클래스 RandId의 클래스 초기자에서는 클래스 변수 counter에 난수를 대입하고 있습니다. 대입되는 것은 0, 100, 200, … , 900 가운데 하나의 값입니다. 실행 예에서는 counter에 대입되는 값이 300인 경우입니다. 생성자가 클래스 RandId형의 인스턴스를 생성할 때마다 301, 302, … 식별번호로서 할당하고 있습니다.

생성자가 인스턴스를 생성할 때마다 실행되는(생성된 인스턴스의 개수와 같은 회수만큼만 실행된다) 것과는 달리, 클래스 초기자가 실행되는 것은 한번뿐입니다.

▶ 생성자가 처음으로 호출될 때에는 클래스 초기자의 실행은 반드시 완료되어 있습니다.

클래스 초기자에서는 클래스 변수의 초기화 이외의 처리를 실행해도 상관없습니다. 예를 들어 클래스에 관한 정보가 입력된 파일을 열어서 정보를 추출하는 처리 등을 실행할 수 있습니다. 리스트 10-12는 리스트 10-11의 클래스 초기자를 조금 수정해서 화면으로 표시를 실행하는 프로그램입니다.

리스트 10-12 ◎ 예제파일 : day4/DateIdTester.java

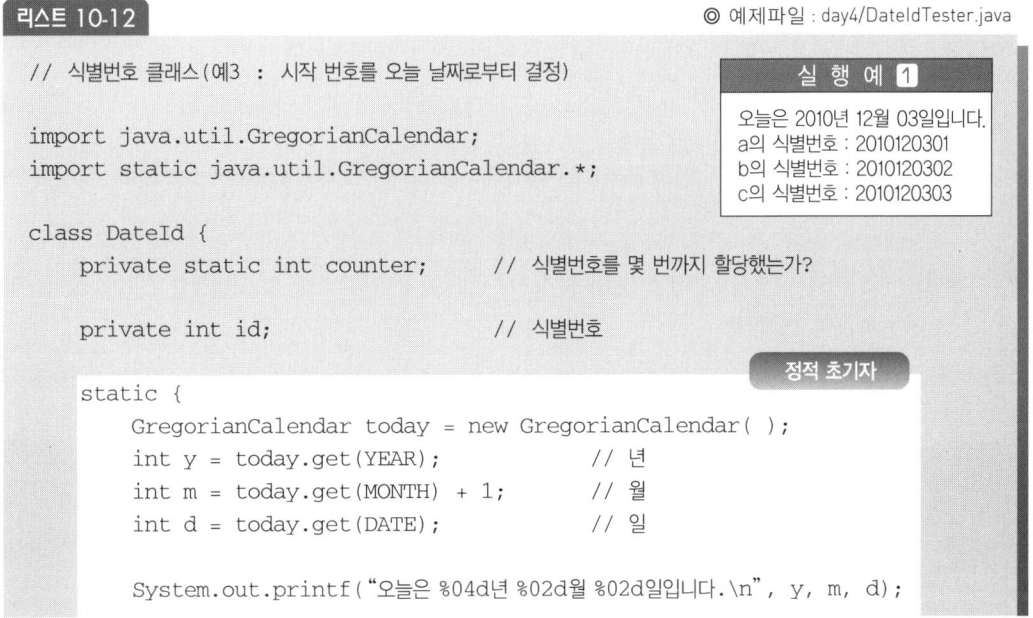

```
// 식별번호 클래스(예3 : 시작 번호를 오늘 날짜로부터 결정)

import java.util.GregorianCalendar;
import static java.util.GregorianCalendar.*;

class DateId {
    private static int counter;        // 식별번호를 몇 번까지 할당했는가?

    private int id;                    // 식별번호

    static {
        GregorianCalendar today = new GregorianCalendar( );
        int y = today.get(YEAR);       // 년
        int m = today.get(MONTH) + 1;  // 월
        int d = today.get(DATE);       // 일

        System.out.printf("오늘은 %04d년 %02d월 %02d일입니다.\n", y, m, d);
```

```java
            counter = y * 1000000 + m * 10000 + d * 100;
    }

    //-- 생성자 --//
    public DateId( ) {
        id = ++counter;                          // 식별번호
    }

    //--- 식별번호를 취득 ---//
    public int getId( ) {
        return id;
    }
}

public class DateIdTester {

    public static void main(String[ ] args) {
        DateId a = new DateId( );
        DateId b = new DateId( );
        DateId c = new DateId( );

        System.out.println("a의 식별번호 : " + a.getId( ));
        System.out.println("b의 식별번호 : " + b.getId( ));
        System.out.println("c의 식별번호 : " + c.getId( ));
    }
}
```

▶ Day 클래스 제4판을 이용하기 때문에 디렉터리 day4에서 프로그램을 작성하고 컴파일·실행합니다.

정적 초기자에서 실행하는 것은 다음과 같습니다.

- 현재(프로그램 실행 시)의 날짜를 취득한다.
- 취득한 날짜를 '오늘은 y년 m월 d일입니다'라고 표시한다.
- 날짜를 기초로 해서 counter의 초기값을 결정한다. 날짜가 yyyy년 mm월 dd일이면 변수 counter에 yyyymmdd00을 대입한다.

여기에 제시한 실행 예는 2010년 12월 3일입니다. 정적 초기자의 실행에 의해 클래스 변수 counter에 대입되는 값은 2010120300이기 때문에 인스턴스에 할당되는 식별번호는 2010120301, 2010120302,…가 됩니다.

▶ gregorianCalendar 클래스를 이용해서 프로그램 실행 시의 날짜를 취득하는 프로그램은 Column 9-2에서 제시했습니다.

연습 10-4

날짜 클래스 제4판을 다음과 같이 수정하시오.

- 인수를 받지않는 생성자에 의해 인스턴스가 생성될 경우에는 양력 1년 1월 1일로 초기화하는 것이 아니고, 프로그램 실행 시의 날짜로 초기화한다.
- 인수를 받는 생성자에 부정한 값이 지정된 경우에는 적당한 값으로 조정한다(예를 들어 13월이 지정된 경우에는 12월로 한다/9월 31일이라고 지정된 경우에는 9월 30일로 한다).

또한 다음과 같은 메소드를 추가할 것 : 한 해의 경과일수(한 해의 첫날부터 세어서 며칠째인가)를 계산하는 메소드, 한 해의 남은 일수를 계산하는 메소드, 다른 날짜와의 전후관계(보다 전일인지/같은 날인지/보다 후일인지)를 판정하는 인스턴스 메소드, 두 날짜의 전후관계를 판정하는 클래스 메소드, 날짜를 하루 뒤로 보내는 메소드(날짜가 2012년 12월 31일이면 2013년 1월 1일로 갱신한다), 다음 날의 날짜를 반환하는 메소드, 날짜를 하루 전으로 되돌리는 메소드, 전날의 날짜를 반환하는 메소드, 날짜를 n일 후로 보내는 메소드, n일 후의 날짜를 반환하는 메소드, 날짜를 n일 전으로 되돌리는 메소드, n일 전의 날짜를 반환하는 메소드 등.

Column 10-2… 클래스의 실체와 Class 클래스

제8장에서 '클래스는 〈회로의 설계도〉에 해당하며 실체가 있는 것은 아니다'라고 배웠지만, 사실은 프로그램 실행 시의 클래스에는 실체가 있습니다. 클래스 DateId을 예로 들면 이 클래스를 사용하는 프로그램에서는 실행시에 클래스가 메모리에 입력되어 클래스 초기자가 실행됩니다. 따라서 가령 클래스 DateId형의 인스턴스를 1개도 만들고 있지 않아도, 이 클래스를 운용하기 위한 어떤 데이터와 과정이 필요하게 됩니다.

프로그램 실행시에 클래스 실체를 나타내는 것이 Class라는 이름의 클래스입니다. 이 클래스는 '〈회로의 설계도〉인 클래스를 운용하기 위한 회로의 설계도'가 됩니다. 또한 실행 중인 프로그램의 클래스 및 인터페이스(제14장)를 나타내는 것은 Class 클래스형의 인스턴스입니다.

인스턴스 초기자

메소드에는 클래스 메소드와 인스턴스 메소드가 있고, 변수에는 클래스 변수와 인스턴스 변수가 있습니다. 이것과 마찬가지로 초기자에도 클래스(정적) 초기자와 인스턴스 초기자(instance initializer)가 있습니다. 인스턴스 초기자는 이름대로 인스턴스를 초기화하기 위한 것입니다. 리스트 10-13은 인스턴스 초기자를 이용하는 프로그램의 예입니다.

리스트 10-13

◎ 예제파일 : Chap10/XYTester.java

```java
// 식별번호가 있는 XY 클래스

class XY {
    private static int counter = 0;   // 식별번호를 몇 번까지 할당했는가?
    private int id;                    // 식별번호
```

```
    private int x = 0;    // X
    private int y = 0;    // Y

    {
        id = ++counter;                      인스턴스 초기자
    }

    public XY( )              { }          ── 먼저 인스턴스 초기자가 실행된다.
    public XY(int x)          { this.x = x; }
    public XY(int x, int y)   { this.x = x; this.y = y; }

    public String toString( ) {
        return "No." + id + " … (" + x + ", " + y + ")";
    }
}

public class XYTester {

    public static void main(String[] args) {
        XY a = new XY( );              // ( 0,  0)으로 초기화
        XY b = new XY(10);             // (10,  0)으로 초기화
        XY c = new XY(20, 30);         // (20, 30)으로 초기화

        System.out.println("a = " + a);
        System.out.println("b = " + b);
        System.out.println("c = " + c);
    }
}
```

실 행 결 과
a = No.1 … (0, 0)
b = No.2 … (10, 0)
c = No.3 … (20, 30)

클래스 XY는 두 개의 필드 X와 Y를 갖는 클래스입니다. 양쪽 모두 0으로 초기화되지만 다중정의된 생성자에 의해 x만 또는 x와 y 양쪽에 값을 지정할 수 있습니다. 그리고 이 클래스의 각 인스턴스에는 1, 2, 3, … 이라는 식별번호를 할당합니다. 번호의 할당 방법은 지금까지 이번 장에서 학습한 방법과 마찬가지 영역입니다.

하지만 중요한 인스턴스 초기자는 흰색 부분입니다. 클래스 내에 static을 선언하지 않고 { … }라고 기술된 부분이 인스턴스 초기자입니다(그림 10-5).

인스턴스 초기자의 역할은 counter를 증가시켜서 이 값을 id에 대입하는 것입니다. 인스턴스 초기자가 실행

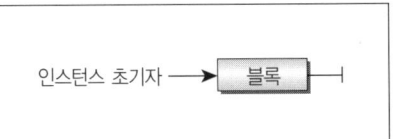

● **그림 10-5** 인스턴스 초기자의 구문

되는 것은 생성자 본체의 실행이 시작될 때입니다. 따라서 세 개의 생성자 중에서 어느 것이 호출되어도 먼저 인스턴스 초기자가 반드시 실행되고, 그리고 생성자의 본체가 실행됩니다 (Column 10-3).

*

인스턴스 초기자를 사용하지 않고 이 프로그램을 작성하기 위해서는 생성자를 다음과 같이 수정해야 합니다.

```
// 만약 인스턴스 초기자가 없으면...
public XY( )              { id = ++counter; }
public XY(int x)          { id = ++counter; this.x = x; }
public XY(int x, int y)   { id = ++counter; this.x = x; this.y = y; }
```

즉, counter와 id의 갱신처리를 모든 생성자에 적용해야 됩니다. 이렇게 되면 일부 생성자에 대한 갱신처리를 누락하거나, 새롭게 생성자를 추가할 경우에 갱신처리를 누락하는 실수를 범할 수도 있습니다. 따라서 다음과 같이 처리해야 됩니다.

> **주의** 클래스 내의 모든 생성자에서 공통으로 실행해야 될 처리(인스턴스 생성 때마다 반드시 실행해야 될 처리)가 있으면 인스턴스 초기자로 독립시킨다.

연습 10-5
인스턴스가 생성될 때마다 '영진은행에서 계좌를 개설해주셔서 감사합니다'라고 표시하도록 은행계좌 클래스 Account를 변경하시오. 표시는 인스턴스 초기자를 이용할 것.

Column 10-3··· 인스턴스 초기자의 실행 시기

제12장에서 학습하겠지만 생성자 내에서는 상위 클래스의 생성자 호출이 자동적으로 실행되기 때문에 클래스 XY의 생성자는 컴파일에 의해 다음과 같이 수정됩니다.

```
public XY( )              { super( ); ★ }
public XY(int x)          { super( ); ★ this.x = x; }
public XY(int x, int y)   { super( ); ★ this.x = x; this.y = y; }
```

기술된 super( )가 상위 클래스의 생성자 호출입니다. 인스턴스 초기자는 상위 클래스의 생성자를 호출한 후에 실행됩니다. 따라서 인스턴스 초기자가 실행되는 시기는 생성자가 실행될 때가 아니고 위에 표시한 '★'의 부분입니다.

이장의 요약

- static 선언된 필드·메소드는 클래스 변수(정적 필드)·클래스 메소드(정적 메소드)가 된다.

- 클래스 변수(정적 필드)는 각 인스턴스가 갖는 데이터가 아닌 그 클래스에 속해 있는 모든 인스턴스에서 공유하는 데이터를 나타낼 때 적합하다. 인스턴스의 개수와는 상관 없이(가령 인스턴스가 존재하지 않아도) 클래스 변수는 1개만 존재한다. 이 액세스는 '클래스명.필드명'으로 처리한다.

- 클래스 이용자에게 제공해야 할 상수는 public 그리고 final 선언된 클래스 변수로써 제공한다.

- 클래스 메소드(정적 메소드)는 특정 인스턴스가 아닌 클래스 전체에 관계되는 처리와 클래스 인스턴스의 상태와는 무관한 처리를 작성할 때 적합하다. 이 호출은 '클래스명.메소드명(...)으로 처리한다.

- 서로 다른 시그니처로 동일한 이름의 메소드를 정의하는 다중정의는 클래스 메소드와 인스턴스 메소드 모두에 실행할 수 있다.

- 클래스 메소드에서는 동일 클래스의 비정적 필드(인스턴스 변수)와 비정적 메소드(인스턴스 메소드)로 액세스할 수 없다.

- 내부에 상태(인스턴스 변수)를 갖지 않고 클래스 메소드만 제공하는 클래스를 유틸리티 클래스라고 한다. 수치계산 등 어떤 특정 분야의 메소드와 상수를 그룹화하는데 적합하다.

- 유틸리티 클래스인 Math 클래스는 수치계산에 필요한 상수와 많은 메소드를 제공한다.

- 클래스 선언 내의 { /* ... */ }는 인스턴스 초기자이다. 클래스 내의 모든 생성자에서 공통으로 실행해야 될 처리(인스턴스를 생성할 때마다 반드시 실행해야 될 처리)는 인스턴스 초기자로 독립시킨다.

- 클래스 선언 내의 static { /* ... */ }은 클래스 초기자(정적 초기자)이다. 클래스 변수의 초기자는 클래스 초기자 내에서 실행한다. 어떤 형태의 클래스가 처음 이용되는 시점에서는 이 클래스의 클래스 초기자의 실행은 완료되어 있다.

10장 이장의 요약

◎ 예제파일 : Chap10/Point3D.java

```java
//--- 식별번호가 있는 3차원좌표 클래스 ---//
import java.util.Random;
public class Point3D {
    private static int counter = 0;    // 식별번호를 몇 번까지 할당했는가?   ← 클래스 변수
    private int id;                    // 식별번호
    private int x = 0, y = 0, z = 0;   // 좌표                                ← 인스턴스 변수

    static { Random r = new Random( ); counter = r.nextInt(10)*100;}          ← 클래스 초기자

    { id = ++counter; }                                                       ← 인스턴스 초기자

    public Point3D( )                       { }
    public Point3D(int x)                   { this.x = x; }                   ← 생성자
    public Point3D(int x, int y)            { this.x = x; this.y = y; }
    public Point3D(int x, int y, int z)     { this.x = x; this.y = y; this.z = z; }

    public static int getCounter( ) { return counter; }                       ← 클래스 메소드

    public int getId( ) { return id; }
    public String toString( ) {                                               ← 인스턴스 메소드
        return "("+ x + "," + y + "," + z + ")";
    }
}
```

클래스 변수 : 인스턴스와 관계없이 1개만 존재

[204] ← 클래스 메소드 getCount가 반환하는 값

인스턴스 변수 : 각 인스턴스에 1개씩 존재

인스턴스 메소드 getId가 반환하는 값

◎ 예제파일 : Chap10/Point3DTester.java

```java
//--- 식별번호가 있는 3차원좌표 클래스의 테스트 ---//
public class Point3DTester {

    public static void main(String[ ] args) {
        Point3D p1 = new Point3D( );
        Point3D p2 = new Point3D(1);
        Point3D p3 = new Point3D(2, 3);
        Point3D p4 = new Point3D(4, 5, 6);

        System.out.println("마지막으로 할당된 식별번호 : " + Point3D.getCounter( ));
        System.out.println("p1 = "+ p1 + "  … 식별번호 : "+ p1.getId( ));
        System.out.println("p2 = "+ p2 + "  … 식별번호 : "+ p2.getId( ));
        System.out.println("p3 = "+ p3 + "  … 식별번호 : "+ p3.getId( ));
        System.out.println("p4 = "+ p4 + "  … 식별번호 : "+ p4.getId( ));
    }
}
```

실 행 예

```
마지막으로 할당된 식별번호 : 204
p1 = (0, 0, 0) … 식별번호 : 201
p2 = (1, 0, 0) … 식별번호 : 202
p3 = (2, 3, 0) … 식별번호 : 203
p4 = (4, 5, 6) … 식별번호 : 204
```

제11장

패키지

데이터와 메소드를 포장해서 캡슐화한 것이 '클래스'였습니다. 이 클래스를 모아서 캡슐화한 것이 '패키지'입니다. 이 장에서는 패키지의 사용법과 작성법 등을 학습합니다.

- … 패키지
- … type import 선언(단일형/on-demand형)
- … static import 선언(단일형/on-demand형)
- … 패키지와 디렉터리
- … 패키지와 액세스 제어
- … 유일한 패키지명

11-1 패키지와 import 선언

제8장에서 데이터와 메소드를 모아서 포장한 것이 클래스라고 배웠습니다. 이 클래스를 모아서 포장한 것이 패키지입니다. 이 절에서는 패키지의 기본에 대해서 학습합니다.

패키지

제10장까지 작성한 클래스는 Account, Car, Day, … 등 모두 평범한 이름이었습니다. 당연히 다른 누군가 똑같은 이름의 클래스를 만들지도 모릅니다. 어떤 프로그래머가 만든 클래스 Car와 또 다른 프로그래머가 만든 클래스 Car를 동시에 하나의 프로그램에서 사용하면 어떻게 될까요? 이름으로 인한 충돌로 에러가 발생하지는 않을까요?

그러나 이와 같은 걱정을 할 필요는 없습니다. 패키지(package)라는 논리적인 '이름의 공간' 에 의해 이름이 적용되는 범위를 자유롭게 제어할 수 있기 때문입니다. 그림 11-1은 패키지의 기본적인 개념입니다. 그림과 같이 'chulsoo 패키지에 속하는 Car' 와 'younghee 패키지에 속하는 Car' 를 분리해서 사용할 수 있습니다.

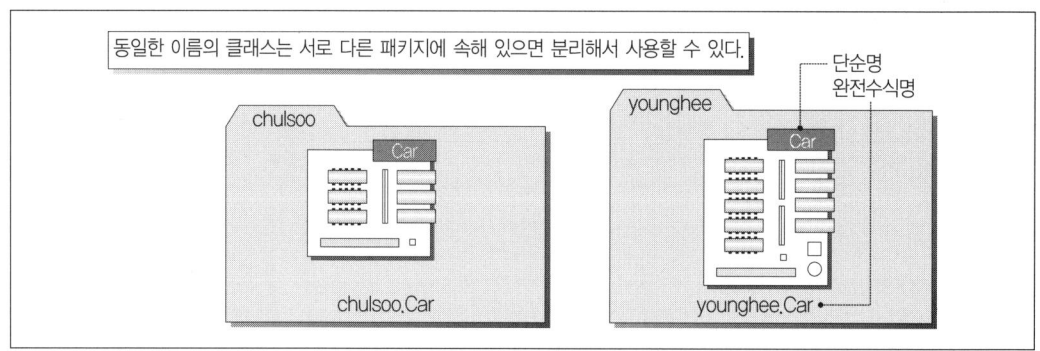

● 그림 11-1 패키지와 클래스명

패키지 p에 속하는 클래스 Type은 p.Type이라고 표기합니다. 따라서 그림에 나타낸 두 클래스는 각각 chulsoo.Car와 younghee.Car가 됩니다. 이렇게 하면 이름끼리의 충돌을 방지하고, 분리 사용할 수 있습니다.

또한 younghee.Car와 같은 형의 이름을 완전수식명(full qualified name, 생략해서 FQN이라고도 함)이라 하고, 단순한 클래스명 Car를 단순명(simple name)이라고 합니다.

패키지와 클래스의 관계는 OS의 디렉터리(폴더)와 파일의 관계와 비슷합니다. 디렉터리 chulsoo

에 저장된 파일 Car와 디렉터리에 younghee에 저장된 파일 Car는 구별할 수 있는 것과 마찬가지입니다. 또한 패키지는 계층화를 할 수 있는 점에서도 디렉터리와 비슷합니다.

예를 들어 지금까지 대부분의 프로그램에서 이용한 Scanner 클래스는 java 패키지 안의 util 패키지에 속합니다(그림 11-2). 계층적인 패키지의 이름은 각 패키지명을 .로 구분해서 표현할 수 있기 때문에 이 패키지명은 java.util이 됩니다.

'java.util 패키지에 속한 Scanner 클래스' 이기 때문에 완전수식명(FQN)은 java.util.Scanner가 되고, 단순명은 Scanner가 됩니다.

▶ 완전수식명의 표현법도 디렉터리와 파일명의 패스표기와 비슷합니다. 예를 들어 java 디렉터리 안의 util 디렉터리 안에 저장된 파일 Scanner는 UNIX와 Linux의 경우 java/util/Scanner로 표기하고, 한글 MS-Windows의 경우 java\util\Scanner로 표기합니다. 또한 패키지 계층과 다음 장에서 학습할 '클래스 계층' 과는 관계없습니다.

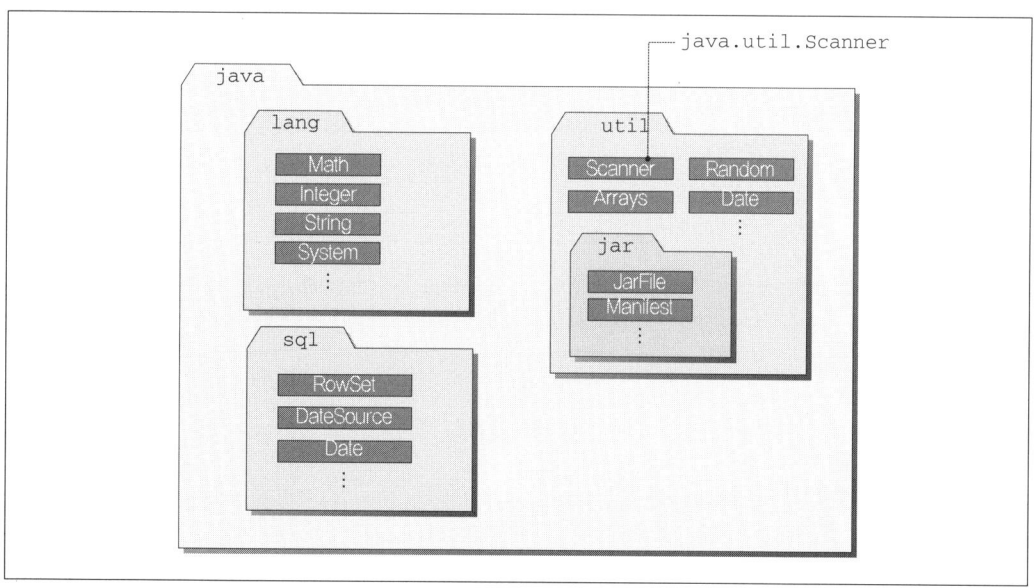

● **그림 11-2** Java 표준 API의 패키지와 클래스의 예

이 그림에서 패키지는 클래스를 카테고리 별로 '분류' 하는 역할을 하고 있습니다. 패키지의 주요 역할은 다음과 같이 세 가지입니다.

1 **이름의 충돌방지**
2 **카테고리에 의한 분류**
3 **캡슐화(액세스 제어)**

▶ 클래스뿐만 아니라 제12장에서 학습할 어노테이션(annotation)과 제14장에서 학습할 인터페이스도 패키지에 의한 분류가 가능합니다.

type import 선언

완전수식명을 이용하면 형의 이름이 길어집니다. 제2장 이후의 프로그램에서는 패키지명을 생략한 단순한 이름의 형을 이용했습니다. 이것이 type import 선언(type import declaration)입니다. 이 선언에는 두 가지 종류가 있습니다.

■ 단일형 import 선언

다음과 같은 형식으로 단일한 형을 import합니다.

　　import 완전수식명;

이 형식으로 import 선언된 형(type)의 이름은 소스 프로그램 내에서 단순명으로도 이용할 수 있습니다. 리스트 11-1은 단일형 import 선언을 실행하는 프로그램이고, 원의 반지름을 입력하면 원의 면적을 계산해서 표시합니다.

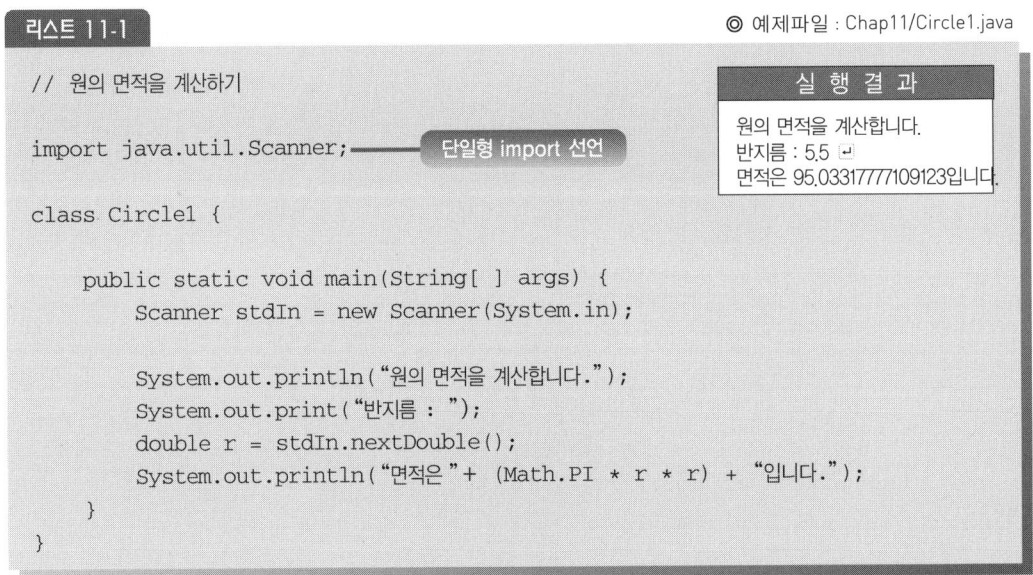

리스트 11-1　　　　　　　　　　　　　　　　　◎ 예제파일 : Chap11/Circle1.java

```java
// 원의 면적을 계산하기

import java.util.Scanner;              ← 단일형 import 선언

class Circle1 {

    public static void main(String[ ] args) {
        Scanner stdIn = new Scanner(System.in);

        System.out.println("원의 면적을 계산합니다.");
        System.out.print("반지름 : ");
        double r = stdIn.nextDouble();
        System.out.println("면적은 " + (Math.PI * r * r) + "입니다.");
    }
}
```

실행 결과
원의 면적을 계산합니다.
반지름 : 5.5
면적은 95.03317777109123입니다.

java.util.Scanner가 import 선언되어 있기 때문에 그림 11-3 ⓐ와 같이 이 소스 프로그램 내에서는 Scanner를 단순명으로 나타낼 수 있습니다. 또한 import 선언이 없으면 그림 ⓑ와 같이 완전수식명을 사용할 필요가 있습니다.

```
ⓐ import 있는 선언
    import java.util.Scanner;
    // ...
    Scanner stdIn = new Scanner(System.in);
                                                        단순명

ⓑ import 없는 선언
    // import 없는 선언이면
    java.util.Scanner stdIn = new java.util.Scanner(System.in);
                                                        완전수식명
```

● 그림 11-3 import 선언과 이름의 액세스

on-demand형 import 선언

소스 파일 내에서 이용하는 모든 클래스에 대해서 일일이 단일형 import 선언을 하는 작업은 매우 고생스런 일이기 때문에 다음과 같이 간략하게 import 선언을 하는 방법이 있습니다.

  import 패키지명.*;

이렇게 선언된 프로그램에서는 '패키지명'으로 지정된 패키지에 속하는 형(type)의 이름을 단순명으로도 이용할 수 있습니다. 리스트 11-2는 on-demand형 import 선언을 실행하는 프로그램 예입니다.

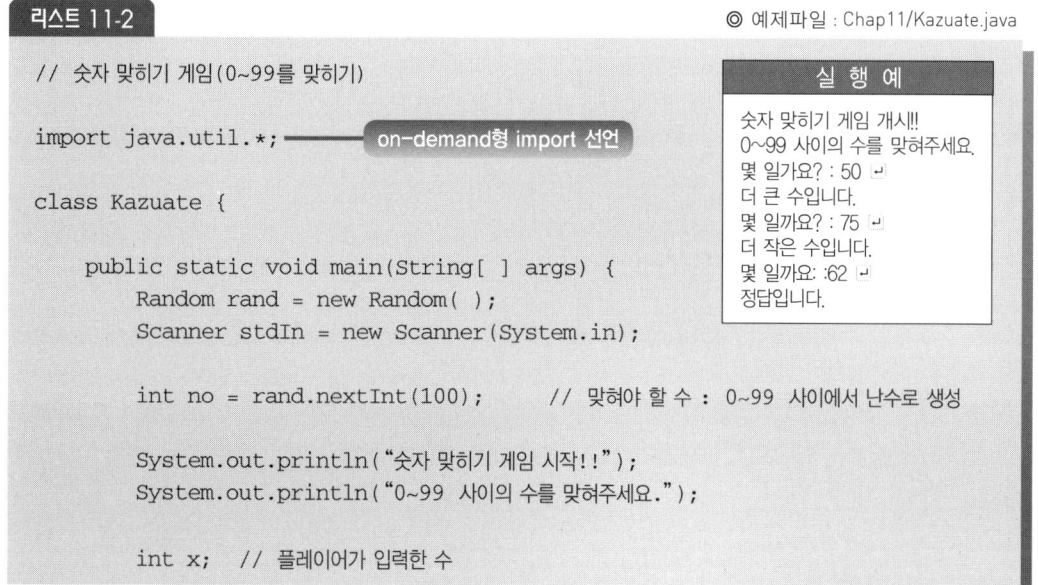

리스트 11-2   ◎ 예제파일 : Chap11/Kazuate.java

```java
// 숫자 맞히기 게임(0~99를 맞히기)

import java.util.*;          ← on-demand형 import 선언

class Kazuate {

    public static void main(String[ ] args) {
        Random rand = new Random( );
        Scanner stdIn = new Scanner(System.in);

        int no = rand.nextInt(100);     // 맞혀야 할 수 : 0~99 사이에서 난수로 생성

        System.out.println("숫자 맞히기 게임 시작!!");
        System.out.println("0~99 사이의 수를 맞혀주세요.");

        int x;   // 플레이어가 입력한 수
```

실 행 예

숫자 맞히기 게임 개시!!
0~99 사이의 수를 맞혀주세요.
몇 일가요? : 50 ⏎
더 큰 수입니다.
몇 일까요? : 75 ⏎
더 작은 수입니다.
몇 일까요: :62 ⏎
정답입니다.

```
        do {
            System.out.print("몇 일까요? : ");
            x = stdIn.nextInt( );

            if (x > no)
                System.out.println("더 작은 수입니다.");
            else if (x < no)
                System.out.println("더 큰 수입니다.");
        } while (x != no);

        System.out.println("정답입니다.");
    }
}
```

이 프로그램에서는 java.util 패키지에 속하는 Random 클래스와 Scanner 클래스를 단순명으로 이용하고 있습니다(제10장까지의 프로그램에서는 단일형 import 선언에 의해 두 개의 클래스를 개별적으로 import하고 있습니다).

▶ on-demand란 '필요에 따라서' 라는 의미이기 때문에

```
import java.util.*;
```

은 '소스 프로그램 내에서 사용하고 있는 형(type)의 이름 중에 java.util 패키지에 속하는 것이 있으면, 이것을 단순명으로 나타낼 수 있도록 import하시오' 라는 지시입니다. 'java.util 패키지의 모든 형(type)의 이름을 import하시오' 라는 지시가 아닌 점에 주의하기 바랍니다. 리스트 11-2에서 import되는 것은 java.util.Random과 java.util.Scanner 뿐이고, 사용되지 않는 형(type)의 이름(예를 들어 java.util.Date)이 import되는 일은 없습니다.

여기에서 그림 11-2를 보기 바랍니다. Date라는 이름의 클래스가 java.util 패키지와 java.sql 패키지 안에 있습니다. 물론 이 두 개의 Date는 이름만 같을 뿐이기 때문에 다음 프로그램은 컴파일 에러가 발생합니다.

```
import java.util.*;
import java.sql.*;
// ...
Date a = new Date( );        // 에러 : java.util.Date 혹은 java.sql.Date?
```

이와 같이 on-demand형 import하는 패키지에 동일한 이름의 클래스가 존재할 때 이 클래스를 단순명으로 이용하면 에러가 발생합니다. 단순명 Date가 아닌 완전수식명 java.util.Date 혹은 java.sql.Date를 사용해야 합니다.

```
    import java.util.*;
    import java.sql.*;
    // ...
    java.util.Date a = new java.util.Date( );      // 완전수식명을 사용
```

이 예는 다음과 같은 원칙을 제시하고 있습니다.

> **주의** on-demand형 import 선언을 과용하면 안 된다.

▶ 덧붙여 말하면 다음과 같이 import하면 java.util.Date를 단순명으로 이용할 수 있게 됩니다(이해하기 어렵기 때문에 별로 추천되지 않는 방법입니다).
```
    import java.util.*;
    import java.sql.*;
    import java.util.Date;
```

패키지 계층과 on-demand형 import

다시 한번 그림 11-2를 보기 바랍니다. JarFile 클래스와 Manifest 클래스가 java.util 패키지 안의 jar 패키지 안에 존재합니다. 이 두 클래스의 import를 다음과 같이 처리할 수는 없습니다.

```
import java.util.*;
```

이것은 다음과 같은 규칙이 있기 때문입니다.

> **주의** on-demand형 import에서는 계층이 다른 패키지 안의 형명을 import할 수 없다.

jar 패키지 내 클래스의 on-demand형 import는 다음과 같이 처리 합니다.

```
import java.util.jar.*;
```

java.lang 패키지의 자동 import

java.lang 패키지에는 Java 언어와 밀접하게 관련된 클래스가 모아져 있기 때문에 이 패키지 내에서 선언되어 있는 형명은 자동적으로 import됩니다. 즉 Java의 소스 프로그램에서는 마치 다음

과 같이 선언되어 있는 것처럼 취급됩니다.

```
import java.lang.*;     // 모든 Java 프로그램에서 실행되는 암묵적인 선언
```

예를 들면 제8장에서 제시한 클래스 Car에서는 자동차의 이동거리를 계산하기 위해서 다음과 같은 계산을 실행하고 있었습니다.

```
double dist = Math.sqrt(dx * dx + dy * dy);
```

import가 불필요한 이유는 Math 클래스가 java.lang 패키지에 속해 있기 때문입니다.

> **중요** java.lang 패키지 내의 형명은 import 선언을 하지 않아도 단순명으로 이용할 수 있다.

물론 위 계산은 다음과 같이 완전수식명을 이용할 수도 있습니다.

```
double dist = java.lang.Math.sqrt(dx * dx + dy * dy);
```

표 11-1은 java.lang 패키지에 포함된 주요 형명(인터페이스형·클래스형·어노테이션형)의 일람입니다.

● 표 11-1 ··· java.lang 패키지 내의 주요 인터페이스·클래스·어노테이션

인터페이스	Appendable CharSequence Cloneable Comparable⟨T⟩ Iterable⟨T⟩ Readable Runnable Threa.UncaughtExceptionHandler
클래스	Boolean Byte Character Character.Subset Character.UnicodeBlock Class⟨T⟩ ClassLoader Compiler Double Enum⟨E extends Enum⟨E⟩⟩ Float InheritableThreadLocal⟨T⟩ Integer Long Math Number Object Package Process ProcessBuilder Runtime RuntimePermission SecurityManager Short StackTraceElement StrictMath String StringBuffer StringBuilder System Thread ThreadGroup ThreadLocal⟨T⟩ Throwable Void
어노테이션	Deprecated Override SuppressWarnings

▶ 이 외에도 각종 열거형과 예외가 java.lang 패키지에 속합니다.

System도 java.lang에 속하는 패키지입니다. 만약 java.lang의 자동 import 기능이 없으면 화면으로 표시할 때는 다음과 같이 처리해야 됩니다.

```
java.lang.System.out.println("Hello!");
```

static import 선언

클래스의 '형(type)' 뿐만 아니라 클래스의 '정적 멤버'인 아래의 두 가지도 import 선언을 할 수 있습니다.

- 클래스 변수(정적 필드)
- 클래스 메소드(정적 메소드)

위 두 가지의 import를 처리하는 것이 static import(정적 import) 선언입니다. type import 선언과 마찬가지로 static import 선언에도 2종류가 있습니다. 선언의 형식은 다음과 같습니다.

- import static 형명.식별자명;   단일 static import 선언
- import static 형명.*;   on-demand static import 선언

리스트 11-3은 static import를 이용한 프로그램 예입니다.

리스트 11-3   ◎ 예제파일 : Chap11/Circle2.java

```java
// 원의 면적을 계산하기(원주율 Math.PI를 static import)

import java.util.Scanner;
import static java.lang.Math.PI;

class Circle2 {

    public static void main(String[ ] args) {
        Scanner stdIn = new Scanner(System.in);

        System.out.println("원의 면적을 계산합니다.");
        System.out.print("반지름 : ");
        double r = stdIn.nextDouble( );
        System.out.println("면적은 " + (PI * r * r) + "입니다.");
    }
}
```

실 행 예

원의 면적을 계산합니다.
반지름 : 5.5 ↵
면적은 95.03317777109123입니다.

이 프로그램에서는 java.lang.Math 클래스에 속하는 클래스 변수 PI, 즉 java.lang.Math.PI를 static import한 후에 단순명 PI로 액세스하고 있습니다.

*

제10장에서 학습한 것처럼 Math 클래스는 삼각함수를 계산하는 sin, cos, tan와 절대값을 계산하는 abs 등 많은 클래스 메소드를 제공합니다. 그림 11-4 ⓐ는 이 중에서 세 가지 메소드를 호출하는 프로그램 예입니다.

모든 메소드 호출에 Math.을 사용하고 있습니다. 이와 같이 Math 클래스에 속하는 메소드를 몇 번이고 호출하는 프로그램은 그림 ⓑ와 같이 작성할 수 있습니다. on-demand static import 선언을 사용하면 각 메소드를 따로따로 import하지 않고, 단순명인 메소드명으로 호출할 수 있습니다.

ⓐ static import 없는 선언
```
// static import 선언이 없으면
// ...
x = Math.sqr(Math.abs(y));
z = Math.sin(a) + Math.cos(b);
```

ⓑ static import 있는 선언
```
import static java.lang.Math.*;
// ...
x = sqr(abs(y));
z = sin(a) + cos(b);
```

그림 11-4 클래스 메소드의 static import

> **주의** 특정 클래스에 속하는 클래스 변수 또는 클래스 메소드를 이용하는 프로그램에서는 on-demand static import 선언을 하면 좋다.

화면 출력과 키보드 입력에서 이용하는 System.out과 System.in는 System 클래스에 속하는 클래스 변수입니다. 이것을 static import하면 단순명 out과 in으로 액세스할 수 있습니다. 리스트 11-4는 이와 같이 작성한 프로그램 예입니다.

▶ 이 프로그램은 문법을 이해하기 위한 것입니다. 단지 out과 in으로는 무엇인지 알 수 없기 때문에 이와 같이 프로그램을 작성하는 것은 추천하지 않습니다.

리스트 11-4   ◎ 예제파일 : Chap11/Circle3.java

```
// 원의 면적을 계산하기(System.in과 System.out을 static import)

import java.util.Scanner;
import static java.lang.Math.PI;
import static java.lang.System.in;
```

실 행 예
원의 면적을 계산합니다.
반지름 : 5.5
면적은 95.03317777109123입니다.

```
import static java.lang.System.out;

class Circle3 {

    public static void main(String[ ] args) {
        Scanner stdIn = new Scanner(in);
        out.println("원의 면적을 계산합니다.");
        out.print("반지름 : ");
        double r = stdIn.nextDouble( );
        out.println("면적은 "+ (PI * r * r) + "입니다.");
    }
}
```

또한 프로그램을 다음과 같이 작성할 수는 없습니다.

```
import static java.lang.System.out.println;            // 컴파일 에러
// ...
println("원의 면적을 계산합니다.");
```

이 프로그램이 에러가 발생하는 이유는 단순합니다. println이 클래스(정적) 메소드가 아니고 인스턴스 메소드이기 때문입니다.

> ▶ System.out.println의 각 요소는 다음과 같이 되어 있습니다.
>   - System : java.lang 패키지에 속하는 클래스
>   - System.out : System 클래스의 클래스(정적) 변수(형은 PrintStream 클래스형)
>   - System.out.println : PrintStream 클래스의 인스턴스 메소드

11-2 패키지 선언

앞 절에서는 패키지의 개념과 패키지에 속하는 클래스와 정적 멤버의 import 선언을 배웠습니다. 즉 패키지를 이용하는 쪽의 입장에서 학습했습니다. 이번 절에서는 패키지를 만드는 쪽의 입장에서 패키지의 작성법을 학습합니다.

패키지

이 절에서는 패키지를 만들기 위한 방법을 학습합니다. 먼저 패키지 선언(package declaration)은, 다음과 같은 형식으로 작성합니다.

package 패키지명;

이 선언은 import 선언과 클래스 선언보다 앞에 위치해야 합니다. 따라서 번역단위(translation unit)의 구문은 그림 11-5와 같이 됩니다.

▶ 번역단위란 각 소스 파일에 저장된 소스 프로그램을 의미합니다.

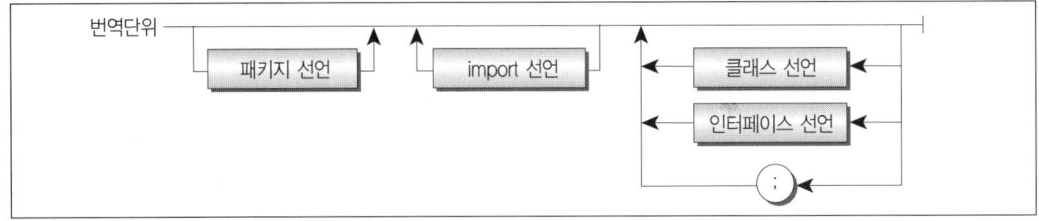

● 그림 11-5 번역단위의 구문

이 구문은 패키지 선언에 대해서 다음과 같은 내용을 나타내고 있습니다.

- 패키지 선언은 없어도 된다
- 패키지 선언을 2개 이상 사용할 수 없다

무명 패키지

소스 파일에 패키지 선언이 없는 경우 이 소스 파일 안에서 정의된 클래스는 무명 패키지(unnamed package)에 속하게 됩니다.

▶ 무명 패키지에 속한다고 해서 '어떤 패키지에도 속하지 않는 것'은 아닙니다. 제10장까지의 클래스는 '무명 패키지'라는 동일한 패키지에 속합니다.

무명 패키지에 속하는 클래스의 완전수식명은 단순명과 일치합니다. 무명 패키지를 디렉터리에 비유하면 루트 디렉터리에 해당합니다. 소규모이고 테스트를 위한 일회용 클래스는 무명 패키지에 포함시켜도 상관없지만, 어느 정도 제대로 작성되고 또한 장래에도 재이용될 것 같은 클래스는 이름의 충돌 방지와 분류를 위해서도 어떤 패키지에 포함시켜야 합니다.

> 주의 테스트를 위한 일회용 클래스가 아닌 경우, 클래스는 패키지에 소속시킨다.

패키지 선언

패키지 선언된 소스 프로그램 안의 모든 클래스는 이 패키지에 속하게 됩니다. 그림 11-6의 소스 프로그램을 예로 생각해 봅시다. 이 경우에는 클래스 Abc와 클래스 Def가 패키지 korea에 속하게 됩니다. 이 결과 각 클래스의 단순명과 완전수식명은 다음과 같이 됩니다.

```
package korea;

class Abc {
    // …
}

class Def {
    // …
}
```

● 그림 11-6 패키지 선언

- 단순명 Abc   완전수식명 korea.Abc
- 단순명 Def   완전수식명 korea.Def

또한 클래스 Abc와 클래스 Def 안에서는 서로의 클래스를 단순명으로 액세스할 수 있습니다. 이것은 다음과 같은 규칙이 있기 때문입니다.

> 주의 동일한 패키지 내에 속하는 클래스는 단순명으로 액세스할 수 있다.

▶ 리스트 8-2의 클래스 AccountTester에서 클래스 Account를 단순명으로 이용할 수 있었던 이유는 두 클래스가 '무명 패키지'라는 동일한 패키지에 속해있기 때문입니다(이 프로그램을 시작으로 제10장까지 대부분의 프로그램이 같은 구조로 되어 있습니다).

패키지와 클래스의 이름을 만들 때 다소 주의할 점이 있습니다. 이것은 하나의 패키지 안에 동일한 이름의 '패키지'와 '클래스'가 존재해서는 안된다는 점입니다. 이것은 어떤 디렉터리 안에 동일한 이름의 디렉터리와 파일이 존재할 수 없는 것과 마찬가지입니다.

원래 패키지명과 클래스명이 충돌하는 경우는 별로 없습니다. 이것은 이름을 만들 때 추천되고 있는 다음과 같은 규칙을 따르면 되기 때문입니다.

중요 패키지명은 모두 소문자로 한다.

따라서 예를 들면 date 패키지 안에 date 패키지와 Date 클래스를 포함시킬 수 있습니다(그림 11-7).

패키지와 디렉터리

패키지를 작성할 경우 패키지명과 동일한 이름의 디렉터리 안에 소스 파일과 클래스 파일을 포함시키는 것이 기본적인 구성입니다.

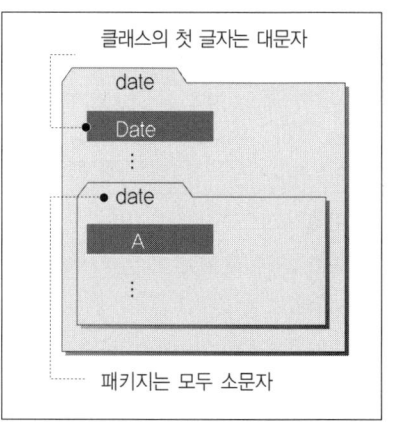

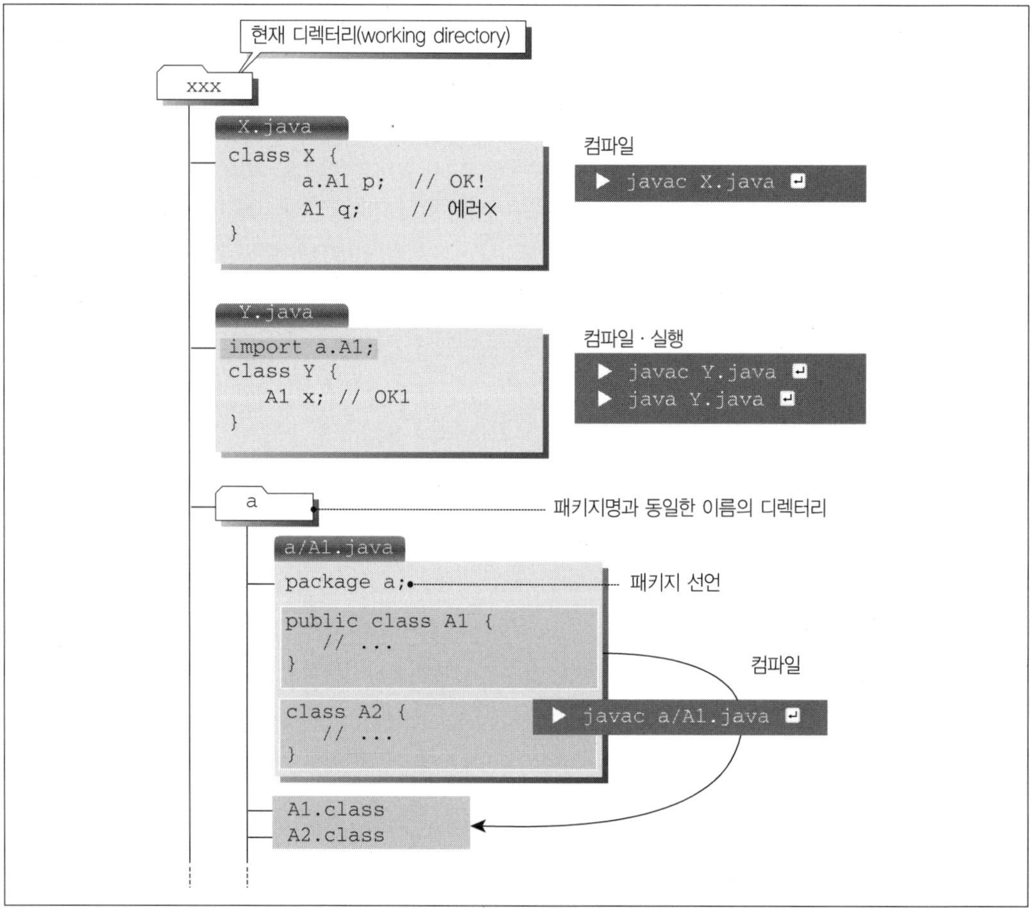

● 그림 11-7 패키지와 클래스

현재 디렉터리(working directory)
xxx

X.java
```
class X {
    a.A1 p;   // OK!
    A1 q;     // 에러X
}
```
컴파일
▶ javac X.java ⏎

Y.java
```
import a.A1;
class Y {
    A1 x; // OK1
}
```
컴파일·실행
▶ javac Y.java ⏎
▶ java Y.java ⏎

a ─── 패키지명과 동일한 이름의 디렉터리

a/A1.java
```
package a;
public class A1 {
    // ...
}

class A2 {
    // ...
}
```
패키지 선언

컴파일
▶ javac a/A1.java ⏎

A1.class
A2.class

● 그림 11-8 패키지와 디렉터리의 구성과 컴파일·실행순서

그림 11-8은 패키지와 디렉터리 구성의 예입니다. 먼저 소스 파일 A1.java에 주목하기 바랍니다. 이 소스 프로그램은 패키지 선언과 두 클래스 A1과 A2의 선언을 포함하고 있습니다.

패키지명이 a이기 때문에 a라는 이름의 디렉터리를 작성해서, 이 안에 소스 파일 A1.java를 저장합니다. 컴파일을 실행할 때 현재 디렉터리(working directory)는 디렉터리 a의 상위 디렉터리인 xxx입니다. 그림에서 나타낸 순서로 컴파일을 실행하면 디렉터리 a 안에 클래스 파일 A1.class와 A2.class가 작성됩니다.

이것으로 현재 디렉터리 xxx 안의 프로그램(클래스)에서 클래스 A1을 a.A1으로 액세스할 수 있습니다. 클래스 a.A1을 이용하고 있는 것이 아래의 두 가지 프로그램입니다.

X.java

클래스 A1을 완전수식명 a.A1로 이용하고 있습니다.

▶ import 선언이 없기 때문에 클래스 A1을 단순명 A1로 이용할 수 없습니다. 따라서 A1로만 이용하려는 q의 선언은 컴파일 할 때 에러가 발생합니다.

Y.java

a.A1을 import 선언한 후에 클래스 A1을 단순명으로 이용하고 있습니다.

▶ 하나의 소스 파일에서 복수의 public 클래스를 선언할 수는 없습니다. 또한 public이 아닌 클래스는 다른 패키지에 대해서 비공개 됩니다. 따라서 디렉터리 xxx 안의 프로그램에서 클래스 A2를 이용할 수는 없습니다 (다음 절에서 자세히 학습합니다).

이 프로그램을 실행하면 하위 디렉터리 a 안의 클래스 파일 A1.class로부터 클래스 A1이 자동적으로 기동됩니다.

> **주의** 패키지 p에 속하는 클래스의 클래스 파일은 하위 디렉터리 p 안에 저장해 둔다. 패키지 p에 속하는 클래스 Type을 이용하는 프로그램을 실행하면, 하위 디렉터리 p 안의 Type.class에서 클래스가 자동적으로 기동된다.

Column 11-1 ··· 소스 파일과 클래스 파일의 배치

소스 파일과 클래스 파일을 서로 다른 디렉터리에 저장할 수도 있습니다. 그림 11C-1은 일례입니다. 이것은 현재 디렉터리 xxx에 소스 파일을 저장하고, 클래스 파일을 패키지명의 구조와 일치시킨 장소에 만든(하위 디렉터리 a 안에 A1.class와 A2.class를 작성하는) 예입니다.

컴파일 할 때 javac 커맨드에서 -d 옵션을 지정합니다(옵션 -d와 함께 클래스 파일을 출력할 디렉터리 이름 a를 지정합니다).

11장 패키지

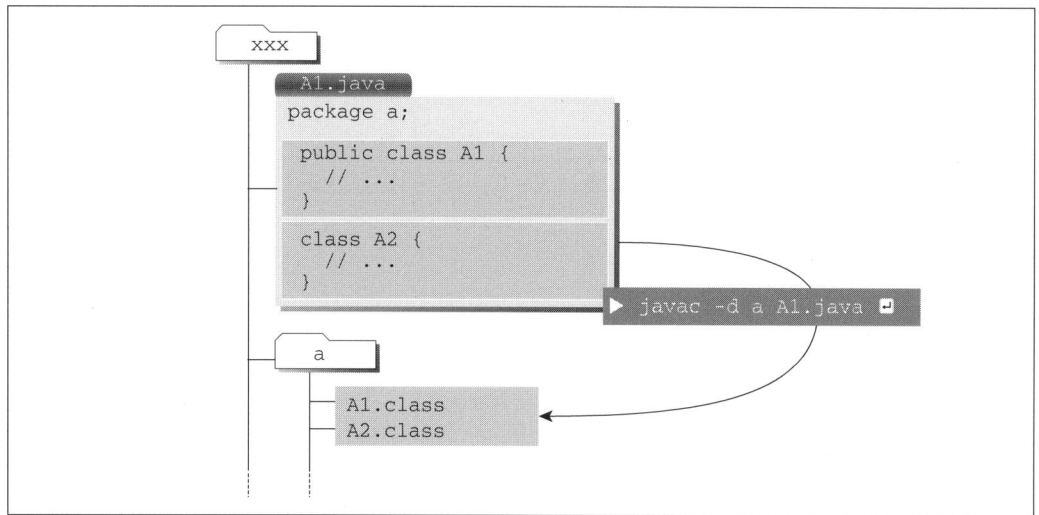

● **그림 11C-1** 소스 파일과 클래스 파일의 저장 장소의 분리

실제로 패키지를 만들어 보겠습니다. 리스트 11-5는 제10장에서 작성한 클래스 RandId를 패키지 id에 속하게 수정한 프로그램입니다.

리스트 11-5 ◎ 예제파일 : Chap11/id/RandId.java

```java
// 식별번호 클래스(패키지에 포함해서 구현)

package id;                    ━━━❶

import java.util.Random;

public class RandId {

    private static int counter;     // 식별번호를 몇 번까지 할당했는가?

    private int id;                 // 식별번호

    static {
        Random rand = new Random( );
        counter = rand.nextInt(10) * 100;
    }                                                                ❷

    //-- 생성자 --//
    public RandId( ) {
        id = ++counter;             // 식별번호
```

450

```
        }
        //--- 식별번호를 취득 ---//
        public int getId( ) {
            return id;
        }
}
```

1 패키지 선언입니다. import 선언보다 앞에 선언해야 합니다. 이 소스 프로그램 내에서 정의되는 클래스 RandId는 패키지 id에 속하게 됩니다.

2 클래스 RandId의 선언입니다. 단순명은 RandId이지만 완전수식명은 id.RandId가 됩니다. 다른 패키지에서도 이용할 수 있도록 public 클래스로 선언되어 있습니다(만약 public이 없으면 id 이외의 패키지에서는 이용할 수 없습니다).

▶ 지금까지의 프로그램과 마찬가지로 난수의 생성을 위해서 Random 클래스의 인스턴스를 생성하고 있습니다. 변수 rand를 사용하고 있는 것은 한번뿐이기 때문에 일부러 클래스형 변수를 할당할 필요는 없습니다. 클래스 초기자는 다음과 같이 짧게 기술할 수 있습니다.

```
        static { counter = (new Random( )).nextInt(10) * 100; }
```

                                    *

리스트 11-6은 RandId 클래스를 이용한 프로그램입니다. package 선언이 없기 때문에 클래스 RandId을 단순명으로 이용하기 위한 단일형 import 선언입니다.

리스트 11-6   ◎ 예제파일 : Chap11/RandIdTester.java

```
// 식별번호 클래스 RandId의 이용 예

import id.RandId;          ← 패키지 id에 속하는 클래스 RandId를 형(type) import

public class RandIdTester {

    public static void main(String[ ] args) {
        RandId a = new RandId( );
        RandId b = new RandId( );
        RandId c = new RandId( );

        System.out.println("a의 식별번호 : "+ a.getId( ));
        System.out.println("b의 식별번호 : "+ b.getId( ));
        System.out.println("c의 식별번호 : "+ c.getId( ));
    }
}
```

실 행 예
```
a의 식별번호 : 301
b의 식별번호 : 302
c의 식별번호 : 303
```

그림 11-9는 두 프로그램의 디렉터리 구성의 예입니다. RandIdTester.java가 저장되어 있는 디렉터리 Chap11을 현재 디렉터리로 해서 컴파일 · 실행합니다.

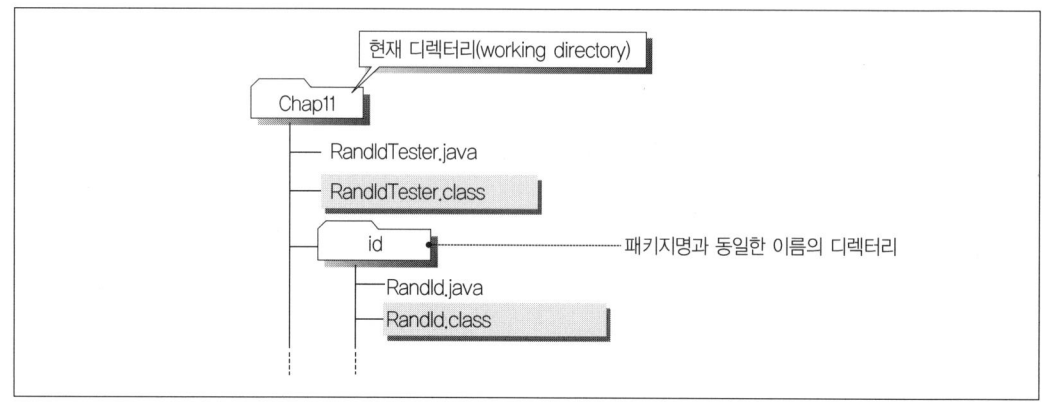

● **그림 11-9** 식별번호 클래스의 패키지와 디렉터리의 구성

▶ 컴파일과 실행 순서는 다음과 같이 됩니다(현재 디렉터리는 Chap11이라고 가정합니다).
  • RandId.java 컴파일   javac id/RandId.java ↵
  • RandIdTester.java 컴파일   javac RandIdTester.java ↵
  • RandIdTester 실행   java RandIdTester ↵

RandIdTester를 실행하면 이 실행에 필요한 클래스 RandId(패키지 id에 속하는)가 하위 디렉터리 id 내의 RandId.class로부터 기동됩니다.

연습 11-1

리스트 10-12의 클래스 DateId를 패키지 id에 속하도록 수정하시오. 또한 클래스 DateIdTester는 무명 패키지에 속하게 할 것.

유일한 패키지명

지금까지 배운 것은 자신이 만든 클래스와 패키지를 자신만이 이용할 때 사용하는 방법이었습니다. 자신이 만든 클래스들을 패키지화해서 널리 공개할 때, id와 day 같이 누구라도 만들 수 있는 패키지명을 할당할 수는 없습니다. 따라서 패키지에는 유일한 이름을 할당할 필요가 있습니다.

이와 같이 유일한 이름을 할당하기 위해 추천되고 있는 것이 인터넷의 주소를 역으로 나열하는 방법입니다. 예를 들면 youngjin.com의 math 패키지에는 다음과 같은 이름을 할당합니다.

```
com.youngjin.math
```

▶ 식별자로 허용되지 않는 하이픈 등의 특수문자가 도메인 이름에 포함되어 있는 경우 밑줄문자 _로 고치고, 키워드와 일치하는 단어는 그 뒤에 밑줄문자 _를 추가합니다. 또한 첫 문자가 식별자의 시작문자로 허용되지 않는 숫자와 그 밖의 특수문자로 시작되는 경우 그 단어의 앞에 밑줄문자 _를 추가합니다.

패키지명과 인터넷 상의 위치는 관계없습니다. 예를 들면 com.youngjin.math 패키지가 정말로 youngjin.com에서 다운로드 할 수 있어야 된다는 의미가 아닙니다.

Column 11-2 ··· 클래스 파일의 검색과 클래스 패스

패키지 p에 속하는 클래스 Type을 이용하기 위해서는 프로그램을 실행할 현재 디렉터리의 하위 디렉터리 p에 클래스 Type의 클래스 파일 Type.class가 필요합니다. 하지만 다음과 같은 의문이 생길 것입니다.

- Ⓐ java.lang.System 클래스를 이용하기 위해서는 현재 디렉터리의 하위 디렉터리 java 디렉터리의 하위 디렉터리 lang에 System 클래스의 클래스 파일이 필요할 것 같다. 그러나 그렇지 않은데 어째서 System 클래스를 이용할 수 있을까?
- Ⓑ 서로 다른 디렉터리에 저장된 클래스 A와 클래스 B 양쪽에서 패키지 p에 속하는 클래스 Type을 이용하고 싶다. 클래스 A가 저장되어 있는 디렉터리와 클래스 B가 저장되어 있는 디렉터리 양쪽에 하위 디렉터리 p를 작성해서 여기에 클래스 Type의 클래스 파일 Type.class를 복사해야 되는 건 아닌가?

이러한 문제를 해결하는 것은 간단합니다. 왜냐하면 실행 디렉터리 이외에서도 클래스 파일의 검색이 자동적으로 수행되고, 임의의 장소를 검색하도록 지정할 수도 있기 때문입니다. 실행 시에 필요한 클래스 파일의 검색은 다음과 같이 세 곳에서 이루어집니다.

① 부트스트랩 클래스패스

Java 플랫폼을 구성하는 클래스입니다. rt.jar 파일과 이외의 몇 가지 중요한 JAR 파일 내의 클래스가 포함되어 있습니다.

② 인스톨형 확장기능

Java 확장기능 기구를 사용하는 클래스입니다. 확장기능용 디렉터리에 .jar 파일로 설치되어 있습니다.

③ 사용자 클래스패스

개발자와 제3자에 의해 정의된 확장기능의 기구를 이용하지 않는 클래스입니다.

표준 라이브러리의 클래스 파일은 JDK와 JRE가 설치된 디렉터리 안에 저장되어 있고(①및 ②), 이곳부터 검색하게 되어 있습니다. System, Object, String 등의 클래스는 ①의 검색으로 발견할 수 있습니다.

원래 클래스 파일이 수백 개 또는 수천 개 존재하면 관리하기 힘들기 때문에 복수의 클래스 파일로 정리된 확장자 .jar 파일로 저장되어 있습니다. 이것으로 문제 Ⓐ는 해결되었습니다.

남은 문제는 Ⓑ입니다. 자신이 만든 패키지 p에 속하는 클래스 Type의 클래스 파일을 어느 특정한 장소에 저장해 두고, 이용하는 쪽의 장소(디렉터리)에 의존하지 않으며, 클래스 Type을 이용할 수 있도록 하기 위한 검색 패스가 **3**입니다. 이것은 다음과 같은 두 가지 방법으로 지정합니다.

ⓐ 커맨드라인에서 -classpath 옵션을 사용하는 방법
ⓑ CLASSPATH 환경변수를 사용해서 지정하는 방법

ⓑ는 Windows와 Linux 등의 시스템 전체와 다른 어플리케이션 소프트웨어에 영향을 미치기 때문에 ⓐ가 추천되고 있습니다. 실행하는 프로그램마다 패스 설정을 변경하는 것이 간단하며 유연하게 운용할 수도 있습니다.

구체적인 예로써 리스트 11-5에 제시한 '패키지 id에 속하는 클래스 RandId'를 어디에서나 이용할 수 있는 방법을 설명하겠습니다.

먼저 컴파일 한 RandId.class를 하드디스크(드라이브 C) 상의 적당한 디렉터리에 복사합니다. 여기에서는 자신이 만든 패키지를 디렉터리 MyClass에 저장하도록 합니다. 클래스 RandId가 속하는 패키지는 id이기 때문에 디렉터리 MyClass 안에 하위 디렉터리 id를 작성해서 이 안에 저장합니다(즉 C:\MyClass\id\RandId.class). 이것으로 준비가 완료되었습니다. 다음은 클래스 RandId를 임의의 장소로부터 이용하는 방법입니다.

이번에는 리스트 11-6의 RandIdTester를 예로 들겠습니다. 이 프로그램이 어느 디렉터리에 저장되어 있어도 실행할 수 있도록 하기 위해서는 다음과 같이 java 커맨드를 실행합니다.

```
java -classpath .;C:\MyClass RandIdTester
```

-classpath의 뒤에 지정한 것이 클래스 파일을 검색하는 디렉터리입니다. 디렉터리가 복수인 경우에는 세미콜론 ;으로 구분합니다. 여기에서는 먼저 현재 디렉터리 (.)부터 검색하고, 발견하지 못하면 C:\MyClass를 검색하도록 지정하고 있습니다.

이 예에서는 RandIdTester.class가 현재 디렉터리부터 검색되며, 이 실행에 필요한 RandId.class가 디렉터리 C:\MyClass부터(RandId는 패키지 id에 속하고 있기 때문에 C:\MyClass의 하위 디렉터리인 C:\MyClass\id부터) 검색됩니다.

일반적인 방법을 정리하면 다음과 같습니다.

- 자신이 만든 패키지를 디렉터리에 의존하지 않고 어디에서나 이용하고 싶을 때, 디렉터리 lib에 모아둔다(lib은 적당한 이름으로 자신이 할당한다).
- 각 패키지의 클래스 파일은 디렉터리 lib 안의 패키지명과 동일한 하위 디렉터리 안에 저장해 둔다.
- 저장된 패키지를 이용하는 클래스 A의 실행은 다음과 같이 한다.

```
java -classpath .;lib A
```

11-3 클래스와 멤버의 액세스 속성

패키지의 목적 가운데 하나가 '캡슐화'인 점을 11-1절에서 소개했습니다. 이번에는 패키지에 의한 캡슐화에 대해서 학습합니다.

클래스의 액세스 제어

제10장에서 간단하게 설명했지만 클래스의 액세스 속성은 패키지라는 관점에서 다음과 같이 2종류로 분류됩니다.

- public 클래스
- 비 public 클래스

먼저 이 두 가지의 차이점을 확실히 이해하기 바랍니다.

public 클래스

키워드 public으로 선언된 클래스입니다. 패키지와는 관계없이(패키지 내부에서도 외부에서도) 이용할 수 있습니다. 클래스의 액세스 속성은 공개 액세스(public access)가 됩니다.

비 public 클래스

키워드 public을 사용하지 않고 선언된 클래스입니다. 이 클래스가 속한 패키지 내에서는 이용할 수 있지만 다른 패키지에서는 이용할 수 없습니다. 클래스의 액세스 속성은 패키지 액세스(package access)가 되고, 패키지 액세스는 디폴트 액세스(default access)라고도 합니다.

▶ default는 '내정된'이라는 의미입니다. 디폴트 액세스라고 하는 것은 키워드를 사용하지 않고 선언될 때 '디폴트 값(내정값)'으로 자동적으로 할당되는 액세스 속성 때문입니다.

두 종류의 액세스 속성의 차이를 그림 11-10을 보면서 이해하기 바랍니다. 여기에는 두 개의 패키지 a와 b가 있습니다.

■ 패키지 a

클래스 A1과 A2는 패키지 a에 속합니다. public 선언된 A1은 공개 액세스가 되고, public 없이 선언된 A2는 패키지 액세스가 됩니다. 클래스 P도 같은 패키지 a에 속해 있습니다. 클래스 P에서 두 개의 필드 f1과 f2의 형은 A1과 A2입니다. 동일한 패키지 안의 클래스이기 때문에 public 클래스인

A1과 비 public 클래스인 A2 모두 이용할 수 있습니다(에러없이 컴파일 할 수 있습니다).

▶ 동일한 패키지이기 때문에 형(type) import하지 않고, 단순명 A1으로 액세스할 수 있습니다.

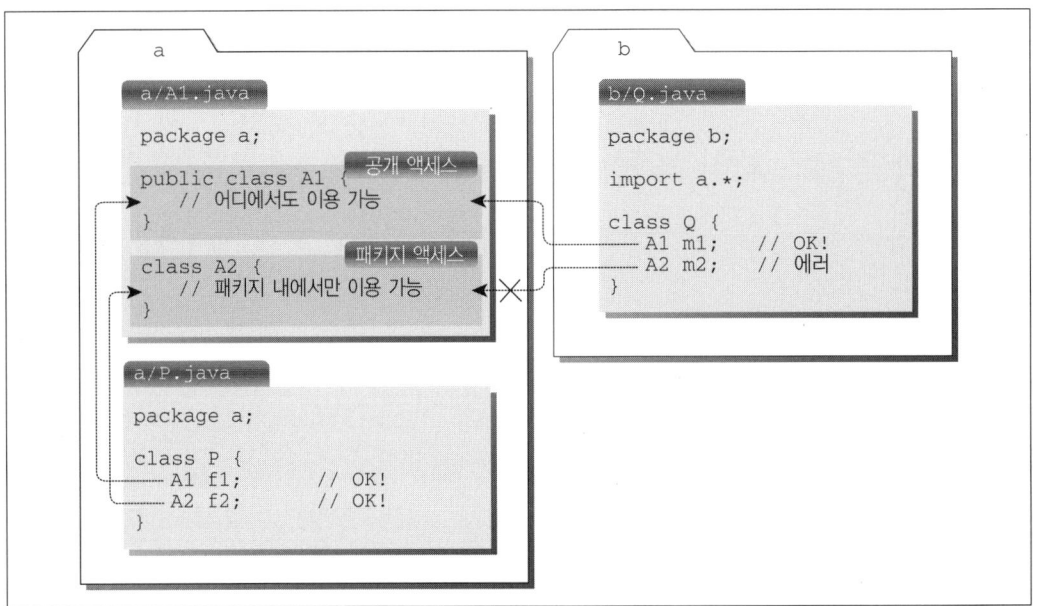

● 그림 11-10 패키지와 클래스의 액세스 속성

이 패키지에는 클래스 Q만이 속해 있습니다. 서로 다른 패키지에 속하는 클래스를 단순명으로 이용할 수 없기 때문에, 패키지 a에 속하는 클래스를 on-demand형 import하고 있습니다.

▶ 만약 명시적으로 import 선언을 하지 않으면 A1은 단순명이 아니고, 완전수식명 a.A1을 사용해야 합니다.

클래스 Q의 두 개의 필드 m1과 m2의 형은 A1과 A2 입니다. 공개 액세스 속성을 갖는 클래스 A1은 이용할 수 있지만 패키지 액세스 속성을 갖는 클래스 A2는 이용할 수 없습니다. 필드 m2의 선언은 컴파일 에러가 발생합니다.

public 선언된 클래스와 없는 클래스의 차이점을 이해했습니까? 그러나 public 선언된 클래스는 소스 프로그램을 작성할 때 다음과 같은 제약이 있습니다.

- **public 클래스명과 소스 프로그램의 파일명은 동일해야 한다**

    public 클래스 A1과 비 public 클래스 A2를 선언할 소스 프로그램의 파일명은 A1.java로 합니다. A2.java로 할 수는 없습니다.

- **하나의 소스 프로그램에는 public 선언된 클래스를 0개 또는 1개만 정의할 수 있다**

    소스 파일 내에는 비 public 클래스는 몇 개라도 정의할 수 있지만, public 클래스를 선언할 수 있는 개수는 0개 또는 1개로 제한됩니다.

멤버의 액세스 제어

어떤 클래스에 속하는 클래스 변수·인스턴스 변수·메소드 등을 정리해서 그 클래스의 멤버라고 합니다. 액세스 제어에서 변수도 메소드도 사용법은 동일하기 때문에 여기에서는 멤버라는 용어를 사용해서 설명하도록 합니다.

▶ 문법 정의상 생성자는 멤버에 포함되지 않지만, 액세스 제어에 관해서는 멤버와 동일하게 취급됩니다.

멤버 액세스 속성에는 다음과 같이 네 가지 종류가 있습니다.

- 공개(public) 액세스
- 한정공개(protected) 액세스
- 패키지(디폴트) 액세스
- 비공개(private) 액세스

공개(public) 액세스 속성을 갖는 것은 public 패키지 내에서 키워드 public 선언된 멤버뿐입니다. 키워드 protected와 private로 선언된 멤버는 이 키워드와 같은 이름의 액세스 속성이 할당됩니다. 예를 들면 protected 선언된 멤버는 한정공개(protected) 액세스 속성을 지니게 됩니다. 패키지 액세스(디폴트 액세스)를 갖는 것은 다음과 같은 멤버입니다.

- public 클래스에 속하는 키워드 없이 선언된 멤버
- 비 public 클래스에 속하는 public 선언된 멤버

*

표 11-2는 위의 규칙을 정리한 것입니다.

● **표 11-2** ··· 멤버 선언과 액세스 속성

키워드 \ 클래스	public 클래스	비 public 클래스
public	공개(public) 액세스	패키지(디폴트) 액세스
protected	한정공개(protected) 액세스	
(없을 경우)	패키지(디폴트) 액세스	
private	비공개(private) 액세스	

이 액세스 속성을 그림 11-11을 보면서 설명하겠습니다. 패키지 x에 속하는 클래스 X 안의 메소드 m1, m2, m3, m4에는 각각 서로 다른 액세스 속성이 할당되어 있습니다.

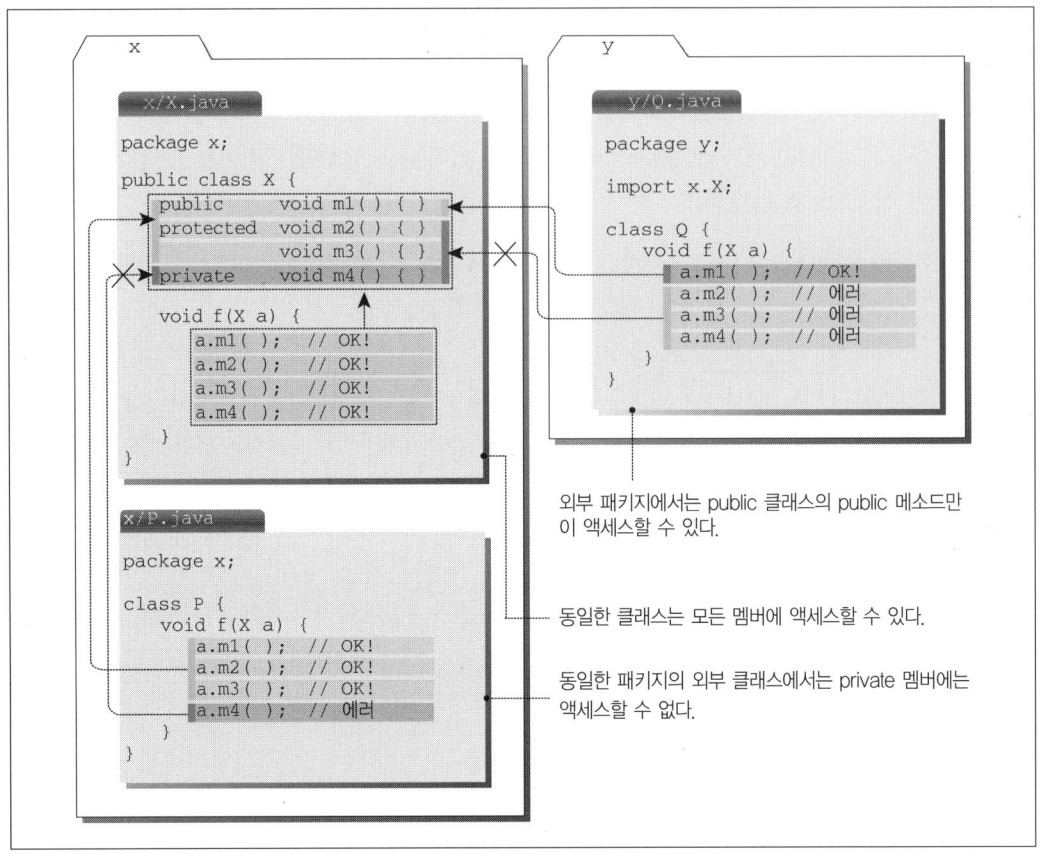

● 그림 11-11 패키지와 멤버의 액세스 속성

공개(public) 액세스 : 메소드 m1

패키지 내부・외부에서도 이용할 수 있습니다. 동일한 패키지에 속하는 클래스 P에서도, 다른 패키지에 속하는 클래스 Q에서도 멤버 m1을 호출할 수 있습니다.

한정공개(protected) 액세스 : m2

패키지 내부에서만 이용할 수 있기 때문에 다른 패키지에 속하는 클래스 Q에서 메소드 m2를 호출할 수는 없습니다.

▶ 패키지 내부에서뿐만 아니라 그 클래스에서 파생되어 다른 패키지에 속하는 하위 클래스에서도 이용할 수 있는 점이 패키지 액세스와 다릅니다. 한정공개 액세스는 클래스의 '파생'과 관련되어 있기 때문에 다음 장에서 자세하게 설명합니다.

패키지(디폴트) 액세스 : 메소드 m3

동일한 패키지 내부에서만 이용할 수 있기 때문에 다른 패키지에 속하는 클래스 Q에서 메소드 m3을 호출할 수는 없습니다.

비공개(private) 액세스 : m4

클래스 내부에서만 이용할 수 있기 때문에 동일한 패키지에 속하는 클래스 P에서 메소드 m3을 호출할 수는 없습니다.

이장의 요약

- 패키지는 클래스와 인터페이스 등의 형(type)을 모아놓은 것이다. 패키지는 계층구조를 가질 수 있고 이 배치는 디렉터리와 대응한다.

- 패키지명은 소문자로 한다. 널리 공개할 패키지는 인터넷 주소를 역으로 나열해서 유일한 패키지명을 할당한다.

- 패키지 p에 속하는 단순명이 Type인 형(type)의 완전수식명은 p.Type이다. 단순명이 동일한 형도 다른 패키지에 속해 있으면 분리해서 사용할 수 있다.

- 동일한 패키지에 속하는 형(type)의 이름은 단순명으로 나타낼 수 있다.

- 서로 다른 패키지에 속하는 형(type)의 이름은 완전수식명으로 나타낸다. 단 type import 선언을 하면 단순명으로 나타낼 수 있다. 이 선언에는 단일형 import 선언과 on-demand형 import 선언이 있다. on-demand형 import 선언을 과용하면 안 된다.

- java.lang는 Java 언어와 밀접하게 관련된 형(type)을 모아놓은 패키지이다. 이 패키지에 속하는 형(type)의 이름은 import 선언 없이도 단순명으로 이용할 수 있다.

- static import 선언을 하면 클래스 변수와 클래스 메소드를 단순명으로 액세스할 수 있게 된다. 이 선언에는 단일 static import 선언과 on-demand static import 선언이 있다.

- 하나의 소스 프로그램에는 패키지 선언을 0개 또는 1개만 둘 수 있다. 패키지 선언이 없는 소스 프로그램 내의 클래스는 무명 패키지에 속한다. 무명 패키지에 속하는 클래스의 완전수식명은 단순명과 일치한다.

- public 클래스는 패키지 내부·외부에서 액세스할 수 있다. public 없는 클래스는 패키지 내부에서만 액세스할 수 있다. 하나의 소스 프로그램 내에서 선언할 수 있는 public 클래스는 최대 1개이다.

- 공개(public) 액세스 속성을 갖는 멤버는 패키지의 내부·외부에서 액세스할 수 있다. 한정공개(protected) 액세스 속성을 갖는 멤버는 패키지 내부와 이 클래스에서 파생한 클래스로부터 액세스할 수 있다. 패키지(디폴트) 액세스 속성을 갖는 멤버는 패키지 내부에서만 액세스할 수 있다. 비공개(private) 액세스 속성을 갖는 멤버는 이 클래스 내부에서만 액세스할 수 있다.

```
import java.util.Scanner;              // 단일형 import 선언
import java.util.*;                    // on-demand형 import 선언
import static java.lang.Math.PI;       // 단일 static import 선언
import static java.lang.Math.*;        // on-demand static import 선언
```

Chap11
├─ Point2DTester.java

◎ 예제파일 : Chap11/Point2DTester.java

```java
//--- 2차원좌표 클래스의 테스트 ---//
import point.Point2D;
public class Point2DTester {
    public static void main(String[ ] args) {
        Point2D p1 = new Point2D( );
        Point2D p2 = new Point2D(10, 15);
        System.out.println("p1 = " + p1);
        System.out.println("p2 = " + p2);
    }
}
```

실행결과
p1 = (0,0)
p2 = (10,15)

패키지 point의 클래스 Point2D를 단순명으로 이용할 수 있도록 한다.

├─ Point2DTester.class ← 이 클래스의 실행 시에 하위 디렉터리 point의 Point2D.class로부터 클래스 Point2D가 입력된다.
├─ point ← 패키지 point용 디렉터리
│   ├─ Point2D.java

◎ 예제파일 : Chap11/point/Point2D.java

```java
//--- 2차원좌표 클래스 ---//
package point;  // 이 소스 프로그램에서 선언하는 클래스를 패키지 point에 소속시킨다.
public class Point2D {
    private int x = 0;                            // X 좌표
    private int y = 0;                            // Y 좌표
    public Point2D( ) { }
    public Point2D(int x, int y) { this.x = x; this.y = y; }
    public Point2D(Point2D p)    { this(p.x, p.y); }
    public String toString( ) { return "(" + x + "," + y + ")"; }
}
```

│   └─ Point2D.class

X
x/P.java
```
package x;
class P {         ┌ 단순명
    void f(X a) {
        OK!
        에러
    }
}
```

x/X.java
```
package x;
public class X {
    public    void m1( ) { }
    protected void m2( ) { }
              void m3( ) { }
    private   void m4( ) { }
    void f(X a) {
        OK!
    }
}
```

Y
z/Q.java
```
package z;        완전수식명
import x.X;
class Q {
    void f(X a) {
        OK!
        에러
    }
}
```

제 12 장

클래스의 파생과 다형성

이 장에서는 기존 클래스의 자산을 상속해서 새로운 클래스를 만드는 클래스의 파생과 이것을 응용한 다형성에 대해서 학습합니다.

- ⋯ 파생에 의한 자산의 상속
- ⋯ 상위 클래스 · 하위 클래스
- ⋯ super(...)를 이용한 상위 클래스의 생성자 호출
- ⋯ super를 이용한 상위 클래스의 멤버 액세스
- ⋯ is-A와 다형성
- ⋯ 참조형 캐스트(up/down)
- ⋯ 오버라이드와 @Override annotation
- ⋯ final 클래스
- ⋯ 상속과 액세스 속성

12-1 상속

여기에서는 기존 클래스의 자산을 상속해서 새롭게 클래스를 만들기 위한 기술인 클래스의 파생에 대해서 학습합니다.

은행계좌 클래스

제8장에서 '은행계좌' 클래스 Account를 작성했습니다. 여기에서는 '정기예금'을 나타낼 수 있도록 수정하는 방법을 생각해 봅니다. 다음과 같은 필드와 메소드를 추가하도록 합니다.

- 정기예금의 잔고를 나타내는 필드
- 정기예금의 잔고를 조사하는 메소드
- 정기예금을 예약해서 전액을 보통예금으로 이체하는 메소드

▶ 현실 세계의 은행계좌에서는 복수의 정기예금을 가질 수 있지만, 여기에서는 단순화하기 위해서 하나로 제한합니다(정기예금의 날짜 등도 생략합니다).

리스트 12-1은 상기 필드와 메소드를 추가한 '정기예금 은행계좌' 클래스 TimeAccount를 나타낸 것입니다.

▶ 이 클래스는 은행계좌 클래스의 제2판을 수정한 것입니다. 각 계좌에 식별번호를 할당하는 제3판을 기초로 한 것이 아닙니다.

리스트 12-1　　　　　　　　　　　　　　　　　　　　◎ 예제파일 : Chap12/TimeAccount.java

```java
// 정기예금 은행계좌 클래스 [시험판]

class TimeAccount {
    private String name;           // 계좌명의
    private String no;             // 계좌번호
    private long balance;          // 예금잔고
    private long timeBalance;      // 예금잔고(정기예금)

    //--- 생성자 ---//
    TimeAccount(String n, String num, long z, long timeBalance) {
        name = n;                  // 계좌명의
        no = num;                  // 계좌번호
        balance = z;               // 예금잔고
        this.timeBalance = timeBalance; // 예금잔고(정기예금)
    }
```

```java
    //--- 계좌명의를 검색한다 ---//
    String getName( ) {
        return name;
    }

    //--- 계좌번호를 검색한다 ---//
    String getNo( ) {
        return no;
    }

    //--- 예금잔고를 검색한다 ---//
    long getBalance( ) {
        return balance;
    }

    //--- 정기예금 잔고를 검색한다 ---//
    long getTimeBalance( ) {
        return timeBalance;
    }

    //--- k원 예금 ---//
    void deposit(long k) {
        balance += k;
    }

    //--- k원 인출 ---//
    void withdraw(long k) {
        balance -= k;
    }

    //--- 정기예금을 해약해서 전액 보통예금으로 이체 ---//
    void cancel(long k) {
        balance += timeBalance;
        timeBalance = 0;
    }
}
```

이 프로그램을 완성시키는 것은 간단합니다. 클래스 Account의 소스 프로그램을 복사해서 흰색 부분을 추가·수정만하면 되기 때문입니다.

*

클래스 TimeAccount는 '정기예금을 취급한다' 라는 목적을 충족시킵니다. 그러나 한편으로 보통 예금만 있는 은행계좌 클래스 Account와의 호환성은 없어지게 됩니다. 이것을 아래와 같은 메소드로 생각해 보면 두 계좌 a와 b의 예금잔고를 비교해서 그 대소관계를 정수값 1, -1, 0으로 반환하는 메소드가 됩니다.

```java
// 어느 쪽 예금잔고가 많은가?
static int compBalance(Account a, Account b) {
    if (a.getBalance( ) > b.getBalance( ))          // a 쪽이 크다
        return 1;
    else if (a.getBalance( ) < b.getBalance( ))     // b 쪽이 크다
        return -1;
    return 0;                                        // a와 b가 같다
}
```

이 메소드에 대해서 TimeAccount형 인스턴스(에 대한 참조)를 전달하는 것은 불가능합니다. 왜냐하면 클래스 Account와 클래스 TimeAccount는 별개이기 때문입니다.

*

어떤 클래스를 복사해서 부분적으로 추가·수정하는 프로그래밍을 계속하면, 호환성은 없어지고 '비슷하지만 다른' 클래스가 넘쳐나기 때문에 프로그램의 개발효율·확장성·유지보수성이 떨어지게 됩니다.

> **주의** 어떤 클래스를 적당히 복사해서 새로운 클래스를 만들어서는 안 된다.

파생과 상속

앞에서 언급한 문제를 해결하는 것이 클래스의 '파생(derive)' 입니다. 파생이란 기존 클래스의 필드와 메소드 등의 '자산' 을 상속(inheritance)한 새로운 클래스를 만드는 것입니다. 또한 파생될 때는 자산의 상속뿐만 아니라 필드와 메소드를 추가하거나 오버라이드를 할 수도 있습니다.

그림 12-1은 Base라는 클래스가 있고 이 자산을 상속한 클래스 Derived가 파생된 예입니다. 파생에 의해 새롭게 만들어진 클래스 선언에서는 extends에 이어서 파생한 곳의 클래스명을 기술합니다. extend는 '확장한다' 라는 의미이기 때문에 클래스 Derived의 선언은

클래스 Derived는 Base를 확장한 클래스입니다.

라고 읽을 수 있습니다.

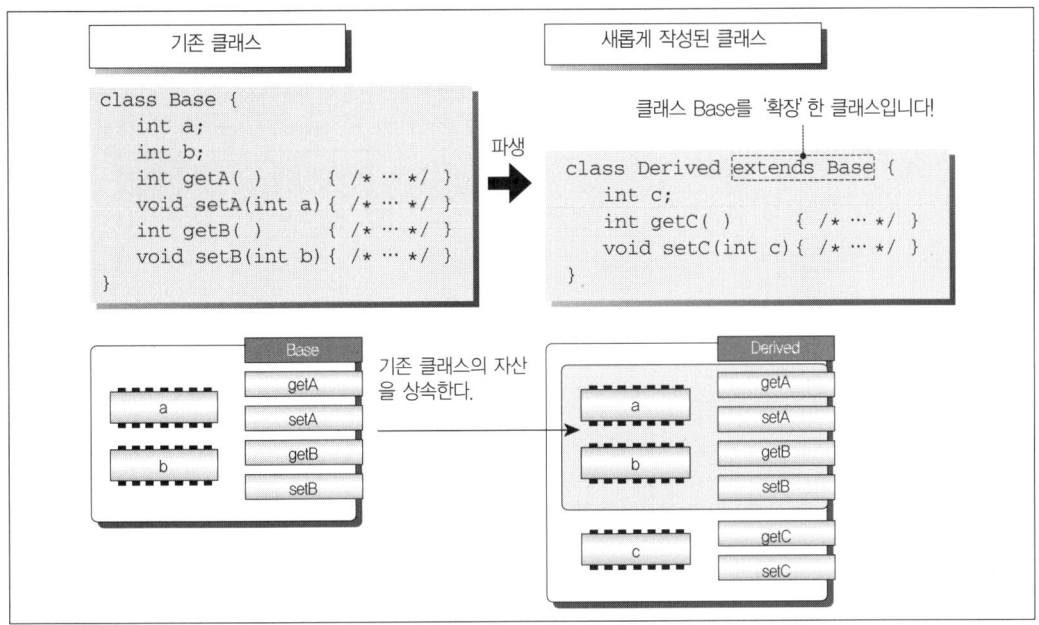

● **그림 12-1** 클래스의 파생

또한 파생한 클래스와 파생에 의해 만들어진 클래스를 다음과 같이 다양하게 표현합니다.

- **파생한 곳의 클래스** : 부모 클래스 / 상위 클래스 / 기저 클래스 / 슈퍼 클래스
- **파생된 클래스** : 자식 클래스 / 하위 클래스 / 파생 클래스 / 서브 클래스

이 책에서는 상위와 하위라는 용어를 사용하도록 합니다. 즉 '클래스 Base에서 Derived가 파생되는 것' 은 다음과 같이 표현합니다.

- **클래스 Derived에서 클래스 Base는 상위 클래스이다.**
- **클래스 Base에서 클래스 Derived는 하위 클래스이다.**

상위 / 하위라는 용어에 대해서는 '클래스 계층' 에서 다시 설명합니다.

각 클래스의 자산은 다음과 같습니다.

- **클래스 Base**

    필드는 a, b 2개이고, 메소드는 a, b의 setter와 getter 4개입니다.

- **클래스 Derived**

    이 클래스에서 선언하고 있는 것은 필드 c와 그 setter와 getter입니다. 하지만 클래스 Base의 필드와 메소드를 통째로 상속하고 있기 때문에 이것을 합하면 필드는 3개, 메소드는 6개가 됩니다.

하위 클래스는 상위 클래스 필드와 메소드 등의 자산을 상속하고 있기 때문에 상위 클래스의 멤버

는 하위 클래스 안에 포함됩니다. 따라서 상위 클래스와 하위 클래스의 자산은 그림 12-2 ⓐ에 나타낸 관계가 됩니다.

> 주의 하위 클래스는 상위 클래스의 자산을 상속하는 것과 동시에 상위 클래스를 부분으로 포함하는 클래스이다.

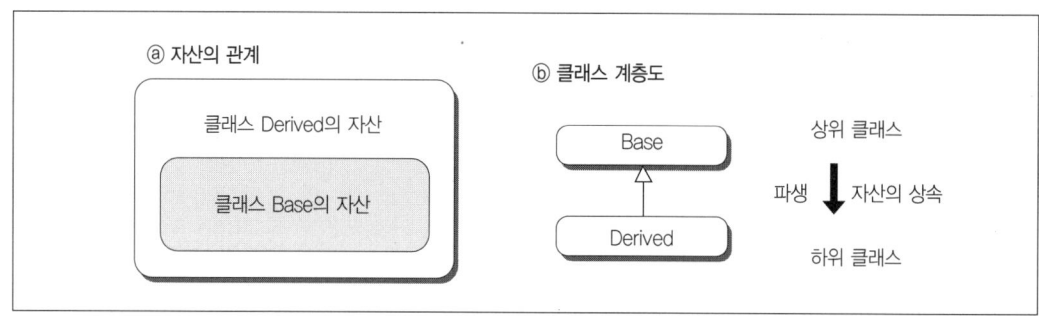

● 그림 12-2 파생에 의한 자산의 상속과 클래스 계층도

하위 클래스는 상위 클래스에서 생성된 '자식'에 비유될 수 있습니다. 이 친자 관계는 그림 ⓑ와 같이 클래스 계층도로 표현할 수 있습니다. 클래스 계층도에서는 하위 클래스에서 상위 클래스 쪽으로 화살표를 연결합니다. 자산의 상속과는 반대 방향입니다.

파생과 생성자

파생에서 상속되지 않는 자산이 있습니다. 이 가운데 하나가 생성자이기 때문에 하위 클래스에서는 생성자를 새롭게 만드는 것이 원칙입니다.

> 주의 클래스의 파생에서 생성자는 상속되지 않는다.

▶ 클래스가 회로의 설계도라고 하면 생성자는 전원 스위치용 칩에 해당합니다. '상위 클래스의 전원 스위치를 확장된 하위 클래스에서도 그대로 사용'한다는 것은 일반적으로 있을 수 없는 일이기 때문에 생성자는 상속되지 않는 것입니다.

생성자에 대해서는 클래스 파생과 관련해서 몇 가지 사항을 반드시 파악해 둘 필요가 있습니다. 먼저 리스트 12-2를 보면서 파생을 처리하는 구체적인 프로그램의 예를 설명하겠습니다.

리스트 12-2

◎ 예제파일 : Chap12/PointTester.java

실 행 예
```
a = (10, 15)
b = (20, 30, 40)
```

```java
// 2차원좌표 클래스와 3차원좌표 클래스

// 2차원좌표 클래스
class Point2D {
    int x;   // X좌표
    int y;   // Y좌표

    Point2D(int x, int y) { this.x = x; this.y = y; }

    void setX(int x) { this.x = x; }        // X좌표를 설정
    void setY(int y) { this.y = y; }        // Y좌표를 설정

    int getX( ) { return x; }               // X좌표를 취득
    int getY( ) { return y; }               // Y좌표를 취득
}

// 3차원좌표 클래스
class Point3D extends Point2D {
    int z;   // Z좌표

    Point3D(int x, int y, int z) { super(x, y); this.z = z; }

    void setZ(int z) { this.z = z; }        // Z좌표를 설정
    int getZ( ) { return z; }               // Z좌표를 취득
}

public class PointTester {

    public static void main(String[ ] args) {

        Point2D a = new Point2D(10, 15);
        Point3D b = new Point3D(20, 30, 40);

        System.out.printf("a=(%d, %d)\n",     a.getX(), a.getY());
        System.out.printf("b=(%d, %d, %d)\n", b.getX(), b.getY(), b.getZ());
    }
}
```

상속된다

상위 클래스의 생성자 호출

1 상위 클래스의 생성자는 super(...)를 이용해서 호출할 수 있다

이 프로그램에서는 2차원좌표 클래스 Point2D, 3차원좌표 클래스 Point3D, 이들을 테스트하는 클래스가 정의되어 있습니다.

▶ 필드명과 메소드명 등은 다르기 때문에 이들 클래스는 그림 12-1에 제시한 Base 및 Derived와 거의 비슷한 구조입니다.

■ 클래스 Point2D : 2차원좌표 클래스(X좌표/Y좌표)

좌표를 나타내는 2개의 필드 x, y와 4개의 setter · getter와 생성자로부터 구성되는 클래스입니다. 생성자는 가인수 x, y에 입력된 X좌표와 Y좌표의 값을 필드 x와 필드 y에 설정합니다.

■ 클래스 Point3D : 3차원좌표 클래스(X좌표/Y좌표/Z좌표)

2차원좌표 클래스 Point2D 클래스에서 파생된 클래스입니다. X좌표와 Y좌표에 관한 필드와 메소드는 그대로 상속합니다. 새롭게 추가된 것은 Z좌표의 필드 z과 이 setter · getter입니다.

*

생성자 내의 super(x, y);에 주목하기 바랍니다. super(...)라는 식은 상위 클래스의 생성자 호출입니다.

super(x, y)의 호출을 실행하는 것은 가인수 x, y에 입력된 값을 필드 x와 y에 대입하는 작업을 상위 클래스의 생성자에게 위임하기 위해서입니다. 이 결과로 클래스 Point3D의 생성자 안에서 직접 값을 대입하는 것은 새롭게 추가된 Z좌표용 필드 z뿐입니다. 또한 super(...)의 호출은 생성자의 선두에서만 실행할 수 있습니다.

> **주의** 생성자의 선두에서 super(...)를 실행해서 상위 클래스의 생성자를 호출할 수 있다.

▶ 상위 클래스의 생성자를 호출하는 super(...)는 동일한 클래스 내의 다른 생성자를 호출하는 this(...)와 비슷합니다. 또한 하나의 생성자 안에서 super와 this를 함께 호출할 수는 없습니다.

*

두 개의 좌표 클래스를 이용하는 main 메소드에 주목하기 바랍니다. 변수 a는 2차원좌표 클래스, 변수 b는 3차원좌표 클래스입니다. 3차원좌표 클래스에서는 정의되어 있지 않은 메소드 getX와 메소드 getY를 변수 b에 대해서 호출하고 있습니다. 이와 같이 실행할 수 있는 것은 상위 클래스 Point2D의 자산인 메소드 getX와 getY를 클래스 Point3D가 상속하고 있기 때문입니다.

2 하위 클래스의 생성자 안에서는 상위 클래스에 속하는 '인수를 받지 않는 생성자'가 자동적으로 호출된다

클래스 Point3D의 생성자에서 super(...)의 호출을 삭제해서 다음과 같이 수정하면 컴파일 에러가 발생합니다.

```
    // 컴파일 에러
    Point3D(int x, int y, int z) { this.x = x; this.y = y; this.z = z; }
```

이와 같이 super(...)를 명시적으로 호출하지 않는 생성자에는 상위 클래스에 속한 '인수를 받지 않는 생성자'의 호출 즉 super( )의 호출이 컴파일러에 의해 자동적으로 삽입됩니다. 즉 생성자는 다음과 같이 수정됩니다.

```
    // 컴파일 에러                  컴파일러가 삽입
    Point3D(int x, int y, int z) { super( ); this.x = x; this.y = y; this.z = z; }
```

③ 생성자를 하나도 정의하지 않으면 super( )를 호출하기 위한 디폴트 생성자가 자동적으로 정의된다

생성자를 1개도 정의하지 않은 클래스 X에 대해서는 아무 것도 실행하지 않는 빈 생성자인 '디폴트 생성자'가 컴파일에 의해 다음과 같은 형식으로 자동적으로 정의됩니다(제8장 참조).

```
X( ) { }
```

사실 제8장에서의 설명은 다소 부족한 점이 있습니다. 자동 생성된 디폴트 생성자는 사실은 다음과 같이 정의됩니다.

```
X( ) { super( ); }         // 컴파일에 의해 생성된 디폴트 생성자
```

즉, 디폴트 생성자는 상위 클래스에 속한 '인수를 받지 않는 생성자'를 호출하는 생성자로 정의됩니다.

> **중요** 생성자를 1개도 정의하지 않은 클래스에는 다음과 같은 형식의 디폴트 생성자가 자동적으로 정의된다.
> ```
>     X( ) { super( ); }
> ```

리스트 12-3은 디폴트 생성자가 생성되는 것을 검증하는 구체적인 프로그램 예입니다.

리스트 12-3

◎ 예제파일 : Chap12/DefaultConstructor.java

```java
// 상위 클래스와 하위 클래스(디폴트 생성자의 역할을 확인)

// 상위 클래스
class A {
    private int a;

    A( ) { a = 50; }

    int getA( ) { return a; }
}

// 하위 클래스
class B extends A {
    // 생성자가 정의되어 있지 않다(디폴트 생성자가 생성된다)
}

public class DefaultConstructor {

    public static void main(String[ ] args) {
        B x = new B( );

        System.out.println("x.getA( ) = " + x.getA( ));
    }
}
```

실 행 예
```
x.getA( ) = 50
```

클래스 A가 갖는 유일한 필드가 int형의 a입니다. 생성자는 이 필드 a에 50을 대입합니다. 메소드 getA는 이 값의 getter입니다.

클래스 B는 클래스 A의 하위 클래스입니다. 생성자가 1개도 정의되어 있지 않기 때문에 다음과 같은 디폴트 생성자가 컴파일러에 의해 정의됩니다.

```java
B( ) { super( ); }         // 디폴트 생성자
```

클래스 B의 인스턴스를 생성할 때는 이 생성자가 기동됩니다. 이때 super( )에 의해 클래스 A의 생성자가 호출되고, 필드 a에 50이 대입됩니다. 실행결과를 보면 확인할 수 있습니다.

▶ 상위 클래스의 생성자가 상속되지 않는다고 하지만 '인수를 받지 않는' 생성자가 간접적인 형태로 상속되는 것을 알 수 있습니다.

또한 클래스 A의 생성자를 다음과 같이 수정하면 클래스 B는 컴파일 에러가 발생합니다. 클래스 B의 생성자에서 super( )를 호출할 수 없게 되기 때문입니다.

```
A(int x) { a = x; }      // 클래스 B에서 컴파일 에러 발생
```

따라서 다음과 같은 사항을 주의해야 합니다.

> **주의** 클래스에 생성자를 정의하지 않는 경우 상위 클래스에서 '인수를 받지 않는 생성자'를 가지고 있어야 한다.

■ 메소드의 오버라이드와 super의 정체

상위 클래스의 생성자를 호출하기 위한 super의 정체는 그 클래스의 일부 포함되는 상위 클래스로의 참조입니다. 따라서 다음과 같은 규칙이 있습니다.

> **주의** 'super.메소드명'을 이용해서 상위 클래스의 멤버를 액세스할 수 있다.

리스트 12-4
◎ 예제파일 : Chap12/SuperTester.java

```
// 상위 클래스와 하위 클래스

// 상위 클래스
class Base {
    protected int x;// 한정공개(이 클래스와 하위 클래스에서 액세스할 수 있다)

    Base( )     { this.x = 0; }
    Base(int x) { this.x = x; }

    void print( )   { System.out.println("Base.x = "+ x); }
}

// 하위 클래스
class Derived extends Base {
    int x;         // 상위 클래스와 동일 이름의 필드
                                    Base의 x        Derived의 x
    Derived(int x1, int x2) { super.x = x1;   this.x = x2; }
```

실행 결과
```
-- a --
Base.x = 10
-- b --
Base.x = 20
Derived.x = 30
```

```java
        // 상위 클래스의 메소드를 오버라이드
        void print() { super.print(); System.out.println("Derived.x = " + x); }
}
                     ─────┬─────
                      Base의 print
public class SuperTester {

    public static void main(String[ ] args) {
        Base a = new Base(10);
        System.out.println("-- a --");  a.print();

        Derived b = new Derived(20, 30);
        System.out.println("-- b --");  b.print();
    }
}
```

클래스 Base

이 클래스에서 선언된 필드 x는 protected 선언되어 있습니다. 이와 같이 선언된 멤버는 가령 패키지의 외부일지라도 하위 클래스에서 액세스할 수 있는 '한정공개' 액세스가 됩니다(제11장 '멤버의 액세스 제어' 참조). 필드 x의 값을 나타내는 것이 메소드 print입니다.

▶ 클래스 Base와 Derived는 같은 '무명 패키지에 속해 있습니다. 만약 두 클래스가 속한 패키지가 달라도 클래스 Derived에서 클래스 Base x로 액세스할 수 있습니다. 또한 필드는 private 선언을 하고, 이 필드를 액세스하는 setter와 getter 등의 메소드를 protected 선언하는 것이 본래의 방법입니다.

클래스 Derived

이 클래스에서는 필드 x를 선언하고 있습니다.

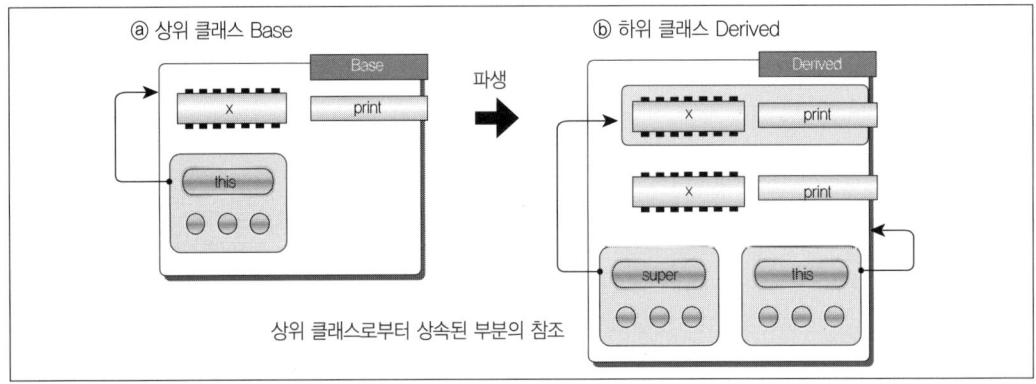

● 그림 12-3 클래스의 파생과 super

클래스 Base의 필드 x와 같은 이름이지만 그림 12-3과 같이 클래스 Base로부터 상속된 것과는 별도로 취급합니다. 생성자에 주목하기 바랍니다. 가인수 x1과 x2에 입력된 값을 두 개의 x에 대입하고 있습니다. super.x는 상위 클래스 Base로부터 상속한 필드 x이고, this.x는 자신의 클래스 Derived에서 선언된 필드 x입니다.

> ▶ 또한 super.도 this.도 사용하지 않고 단지 x로 표기하면 this.x를 시정하게 됩니다. 동일한 이름의 필드와 메소드가 있는 경우 상위 클래스 쪽의 이름이 감추어집니다.

메소드 print는 인수를 받지 않고 값을 반환하지 않는 점에서 클래스 Base의 메소드와 같은 형식입니다. 이 메소드 안의 super.print( )는 상위 클래스 Base에 속하는 메소드 print의 호출입니다. 따라서 클래스 Derived의 메소드 print를 호출하면 먼저 클래스 Base의 x가 표시되고 그리고 클래스 Derived의 x가 표시됩니다.

> ▶ 상위 클래스의 메소드와 동일한 형식의 메소드를 하위 클래스에서 정의하고 수정하는 것을 '오버라이드(override)'라고 표현합니다. 오버라이드에 대해서는 다음 절에서 자세하게 학습합니다.

Column 12-1 ··· 상위 클래스와 하위 클래스

여기에서는 상위 클래스와 하위 클래스라는 이름에 대해서 생각해 봅시다. sub은 '부분'이라는 의미이고, super는 '부분을 포함한 전체'라는 의미입니다. '자산'의 양이라는 관점에서 보면 상위 클래스는 하위 클래스의 '부분'이기 때문에 sub과 super의 의미와는 반대가 됩니다. 다소 혼란스럽기 때문에 주의하기 바랍니다. 덧붙여서 프로그래밍 언어 C++에서는 상위 클래스/하위 클래스라고 하지 않고 파생 클래스/기저 클래스라고 합니다.

클래스 계층

여기까지의 예는 어떤 클래스로부터 다른 클래스가 파생되는 예입니다. 그림 12-4는 파생된 클래스로부터 다시 파생되는 예를 나타낸 것입니다.

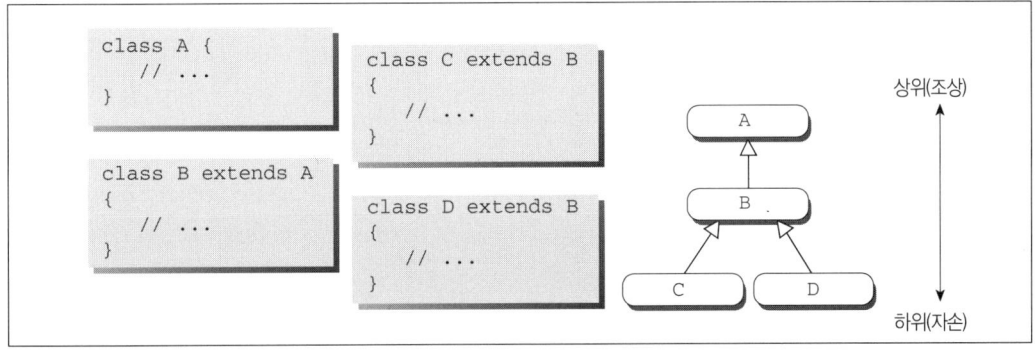

● 그림 12-4 클래스의 파생

클래스 A로부터 클래스 B가 파생되고, 클래스 B로부터 클래스 C와 클래스 D가 파생되고 있습니다. 그리고 클래스 C와 D는 B의 자식인 동시에 A의 손자에 해당됩니다. 모든 클래스는 '혈연관계' 처럼 존재합니다.

부모를 포함한 위쪽의 클래스를 조상, 자식을 포함한 아래 쪽의 클래스를 자손이라고 가정하면 상위 클래스·하위 클래스는 다음과 같이 정의됩니다.

- 상위 클래스(super class) : 조상 클래스(부모·조부모 등)
- 하위 클래스(sub class) : 자손 클래스(자식·손자 등)
- 직접 상위 클래스(direct super class) : 부모 클래스
- 직접 하위 클래스(direct sub class) : 자식 클래스

그러나 이 표현은 다소 이해하기 어려울 뿐만 아니라 혼란스러운 면도 있기 때문에 앞으로는 표 12-1과 같이 표현하도록 합니다.

● 표 12-1 … super/상위 클래스와 sub/하위 클래스(이 책에서의 정의)

명칭	정의
super class	파생한 곳의 클래스(부모)
sub class	파생에 의해 만들어진 클래스(자식)
상위 클래스	부모를 포함한 조상 클래스(부모, 조부모)
하위 클래스	자식을 포함한 자손 클래스(자식, 손자)
간접 상위 클래스	부모를 제외한 조상 클래스(조부모)
간접 하위 클래스	자식을 제외한 자손 클래스(손자)

▶ 혼란스런 이유 가운데 하나가 원래 문법용어로써의 'super'가 부모를 포함한 조상을 의미하는 반면 키워드 'super'는 부모만을 지정하기 때문입니다. 키워드 super는 부모 클래스(직접 상위 클래스)의 참조이고, super( )는 부모 클래스의 생성자의 호출입니다. 부모보다 위세대 상위 클래스의 참조와 이들 클래스의 생성자 호출은 아닙니다.

Java에서는 복수의 클래스로부터 파생되는 다중상속을 지원하지 않기 때문에 그림 12-5에서 제시한 클래스는 컴파일 에러가 발생합니다.

다중상속에서 서로 다른 상위 클래스에 동일한 이름의 필드와 메소드 등이 포함되면 내부처리가 매우 복잡하게 됩니다. 다중 상속을 무리하게 지원하지 않는 것은 Java가 지향하는 간결함의 결과입니다.

12-1 상속

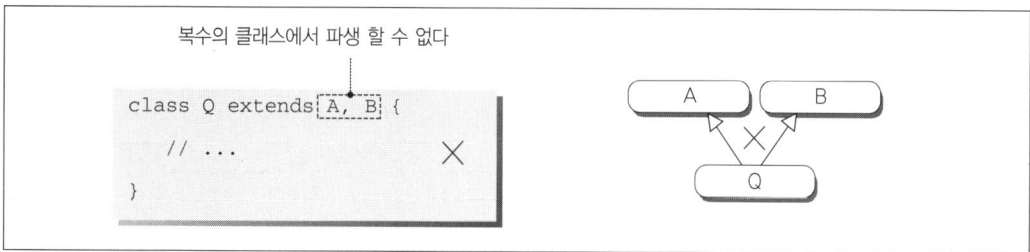

● **그림 12-5** Java는 다중상속을 지원하지 않는다

▶ C++에서는 다중상속을 지원하고 있습니다. 다중상속을 지원하면 언어 사양을 크게 해서 컴파일러에게 부담을 주지만 그렇다고 피하기만 할 것은 아닙니다. C++의 표준 라이브러리에서는 다중상속을 이용해서 입력 스트림과 출력 스트림으로부터 입출력 스트림을 만드는 매우 훌륭한 양식이 제시되어 있습니다.

Column 12-2··· 클래스 계층도에서 화살표의 방향

클래스 계층도에서 화살표가 '하위 클래스 → 상위 클래스' 즉 '자식 → 부모'로 되어 있는 것은 이유가 있습니다. 아래의 선언을 예로 살펴봅시다.

```
class Derived extends Base { /* … */ }
```

이 선언에서 'extends Base'는 '나는 Base가 부모입니다'라는 선언입니다. 이것은 부모인 클래스 Base도 모르는 사이에 멋대로 자식이 만들어지는 것을 의미합니다.

자식(하위 클래스)은 부모(상위 클래스)를 알고 있지만, 부모(상위 클래스)는 자식(하위 클래스)의 일을 모르고 있습니다. 원래 자식이 있는지, 있으면 몇 명이 있는지 등의 정보를 부모는 가지고 있지 않습니다. 인간의 부모가 자신의 자식을 알고 있는 것과는 반대입니다.

상위 클래스 쪽에서 '이 클래스를 내 자식으로 합니다'라는 선언을 할 수는 없습니다. 하위 클래스 쪽에서 실행하는 것은 '이 클래스를 내 부모로 합니다'라는 선언이기 때문에 화살표 방향은 '하위 클래스 → 상위 클래스'가 됩니다.

Object 클래스

그림 12-6을 보아 주십시오. 이것은 그림 12-4에 나타낸 클래스 선언과 클래스 계층도를 보다 정확하게 수정한 것입니다. 이 그림에는 Object라는 클래스가 등장합니다. 클래스 A와 같이 extends 없이 선언된 클래스는 Object 클래스의 하위 클래스가 됩니다.

▶ Object 클래스는 java.lang 패키지에 속합니다. 이 클래스에 대해서는 Column 12-6에서 설명합니다.

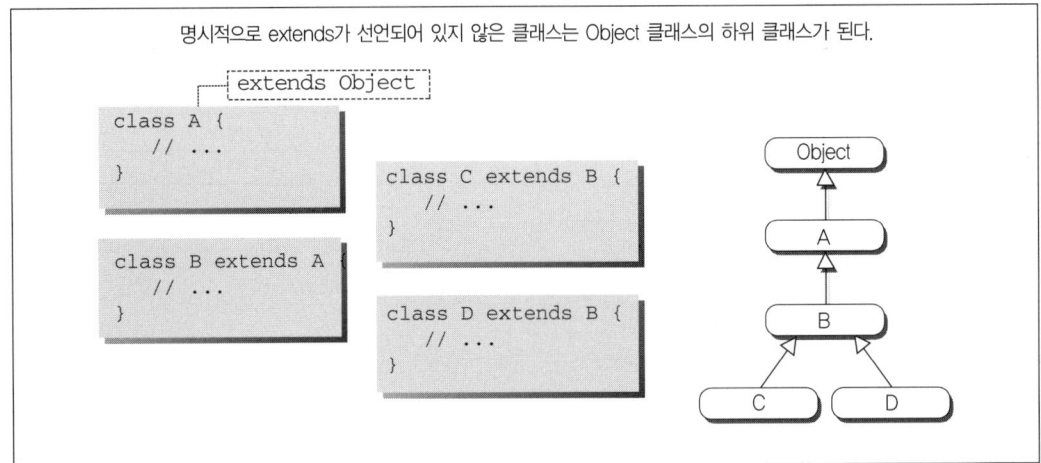

● 그림 12-6 클래스의 파생

따라서 제11장까지 작성해 온 extends를 수반하지 않는 클래스(Account, Car, Day 등의 클래스)는 Object 클래스의 하위 클래스였습니다. 그리고 Object 이외의 모든 클래스는 Object 클래스의 하위 클래스가 됩니다. 12-6의 그림을 보면 클래스 A는 Object의 자식이고 클래스 B는 손자에 해당합니다. 모든 클래스는 Object라는 공통의 조상을 가진 '친척 클래스'가 됩니다.

▶ 이것은 아무 관계도 없는 것처럼 보이는 클래스 Account, Car, Day가 Object라는 공통의 부모를 가진 '형제'가 된다는 의미입니다.

> **주의** 명시적으로 파생을 선언하지 않은 클래스는 Object 클래스의 하위 클래스가 된다. Java의 모든 클래스는 Object 클래스의 하위 클래스이다.

또한 고상한 표현은 아니지만 Object 클래스는 '두목 클래스'라고도 합니다.

증분 프로그래밍

이 장의 첫 부분에서 은행계좌 클래스에 정기예금을 추가한 예를 검토했습니다. 다른 클래스로 수정하는 것이 아니고, 파생을 이용해서 클래스를 만들도록 합니다. 이것이 리스트 12-5에 나타낸 클래스 TimeAccount입니다.

리스트 12-5

◎ 예제파일 : account2/TimeAccount.java

```java
// 정기예금인 은행계좌 클래스 [제1판]

class TimeAccount extends Account {
    private long timeBalance;                       // 예금잔고(정기예금)

    // 생성자
    TimeAccount(String name, String no, long balance, long timeBalance) {
        super(name, no, balance);                   // 클래스 Account의 생성자 호출
        this.timeBalance = timeBalance;             // 예금잔고(정기예금)
    }

    // 정기예금 잔고를 검색한다
    long getTimeBalance( ) {
        return timeBalance;
    }

    // 정기예금을 해약해서 전액 보통예금으로 이체한다
    void cancel(long k) {
        deposit(timeBalance);
        timeBalance = 0;
    }
}
```

▶ 이 프로그램을 컴파일·실행할 때 동일한 디렉터리 상에 은행계좌 클래스 [제2판]을 필요로 합니다(리스트 8-3).

이 프로그램에서는 필드·생성자·두 개의 메소드만을 선언합니다. 그 밖의 필드와 메소드는 상위 클래스 Account로부터 상속되기 때문에 새롭게 고쳐서 정의할 필요는 없습니다.

*

상속의 장점 중 하나는 '기존 프로그램에 대해서 필요한 최소한도의 추가·수정만으로 새로운 프로그램을 완성한다' 라는 증분 프로그래밍(incremental programming)을 실행할 수 있는 것입니다. 프로그램 개발 시 효율 향상과 유지 보수성을 향상시킬 수 있습니다.

> **중요** 호환성이 없는 '비슷하지만 다른' 클래스의 작성을 검토하기 전에 '상속'을 이용해서 해결 가능성을 검토한다.

▶ 2차원좌표 클래스로부터 3차원좌표 클래스를 파생하는 리스트 12-2도 증분 프로그래밍의 예입니다. 하지만 상속이 효과를 발휘하는 것은 '증분 프로그래밍'이 아니고, 다음 절에서 배울 '다형성' 입니다.

is-A의 관계와 인스턴스 참조

TimeAccount는 Account의 자식이고 Account 가족에 속해 있다고 생각할 수 있습니다. 이것을 is-A의 관계라고 하며 다음과 같이 표현합니다.

TimeAccount는 Account의 일종이다.

이 관계의 반대는 성립하지 않기 때문에 주의하기 바랍니다. Account는 TimeAccount의 일종이 아닙니다. 또한 is-A는 kind-of-A라고도 합니다.

*

is-A의 관계가 프로그램 상에서 어떻게 활용되는지 두 개의 프로그램을 통해서 학습합니다. 먼저 리스트 12-6의 프로그램입니다.

▶ 흰색 부분 ❸을 코멘트 아웃으로 처리하지 않으면 컴파일 에러가 발생합니다.

리스트 12-6

◎ 예제파일 : account2/TimeAccountTester1.java

실행 결과
x의 예금잔고 : 200
y의 예금잔고 : 200
y의 정기예금잔고 : 500

```java
// is-A의 관계와 인스턴스 참조(예1)

class TimeAccountTester1 {

    public static void main(String[ ] args) {
        Account chulsoo = new Account("철수", "123456", 1000);
        TimeAccount younghee = new TimeAccount("영희", "654321", 200, 500);

        Account x;          // 클래스형 변수는
        x = chulsoo;        // 자신의 형(type)의 인스턴스를 참조할 수 있다(당연) ──❶
        x = younghee;       // 하위 클래스형의 인스턴스도 참조할 수 있다! ──❷

        System.out.println("x의 예금잔고 : " + x.getBalance( ));

        TimeAccount y;      // 클래스형 변수는
//      y = chulsoo;        // 상위 클래스형의 인스턴스는 참조할 수 없다! ──❸
        y = younghee;       // 자신의 형(type)의 인스턴스를 참조할 수 있다(당연) ──❹

        System.out.println("y의 예금잔고 : " + y.getBalance( ));
        System.out.println("y의 정기예금잔고 : " + y.getTimeBalance( ));
    }
}
```

main 메소드 앞 부분에서 다음과 같은 두 개의 인스턴스를 생성하고 있습니다.

- chulsoo : 은행계좌 클래스 Account형의 인스턴스
- younghee : 정기예금 은행계좌 클래스 TimeAccount형의 인스턴스

이 뒤에 선언되어 있는 변수 x는 Account형의 클래스형 변수이고, 변수 y는 TimeAccount형의 클래스형 변수입니다.

■~■에서는 x와 y에 대해서 chulsoo와 younghee의 인스턴스 참조를 대입하고 있습니다. 그림 12-7을 보면서 이해하기 바랍니다.

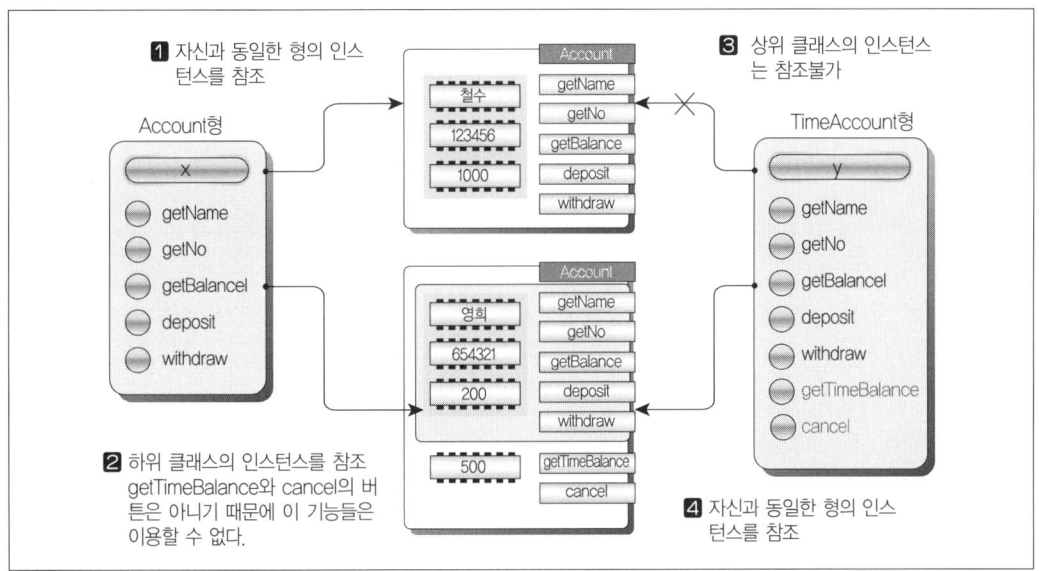

● 그림 12-7 상위 클래스/하위 클래스의 인스턴스 참조

■ · ■ Account형의 변수 x가 동일형의 chulsoo 인스턴스를 참조하고, TimeAccount형의 변수 y가 동일형 younghee 인스턴스를 참조하고 있습니다. 아무 문제도 없습니다.

■ Account형의 변수 x가(Account의 일종) 하위 클래스 TimeAccount형의 인스턴스 younghee 을 참조하고 있습니다. 그림과 같이 하위 클래스인 클래스 TimeAccount 안에 포함되어 있는 클래스 Account 부분을 x가 참조한다고 이해하기 바랍니다. TimeAccount형의 인스턴스를 Account형의 리모컨으로 조작할 수 있습니다.

▶ Account형 리모컨에는 TimeAccount 특유의 getTimeBalance와 cancel 버튼이 없기 때문에 이 기능들은 사용할 수 없게 됩니다. 즉 TimeAccount형 인스턴스를 Account형으로 조작할 수 있는 상태로 되어 있습니다.

❸ 이것은 정확히 ❷와 반대의 관계입니다. TimeAccount형의 변수 y는 상위 클래스인 Account형의 chulsoo 인스턴스를 지정할 수 없습니다. 만약 변수 y가 chulsoo를 지정할 수 있으면 어떻게 될까요?

리모컨 y의 정기예금잔고를 검색하는 버튼 getTimeBalance를 실행하는 것 즉 y.getTimeBalance( )의 호출이 가능하게 되지만 이와 같은 것은 허용되지 않습니다. 왜냐하면 리모컨 y가 참조하는 곳인 chulsoo는 정기예금을 갖지 않는 클래스 Account형의 인스턴스이기 때문입니다.

> **주의** 상위 클래스형의 변수는 하위 클래스의 인스턴스를 참조할 수 있지만 하위 클래스형의 변수는 상위 클래스의 인스턴스를 참조할 수 없다

▶ 명시적으로 캐스트 연산자를 적용하면 참조는 가능합니다('참조형 캐스트' 참조).

이번에는 리스트 12-7에 제시하는 프로그램입니다.

프로그램 흰색 부분의 메소드 compBalance는 이 장의 앞부분에서 검토한 것입니다. 이 메소드는 보통 예금의 계좌 a와 b의 예금잔고를 비교해서 이 결과에 따라 1, -1, 0 가운데 하나의 값을 반환합니다.

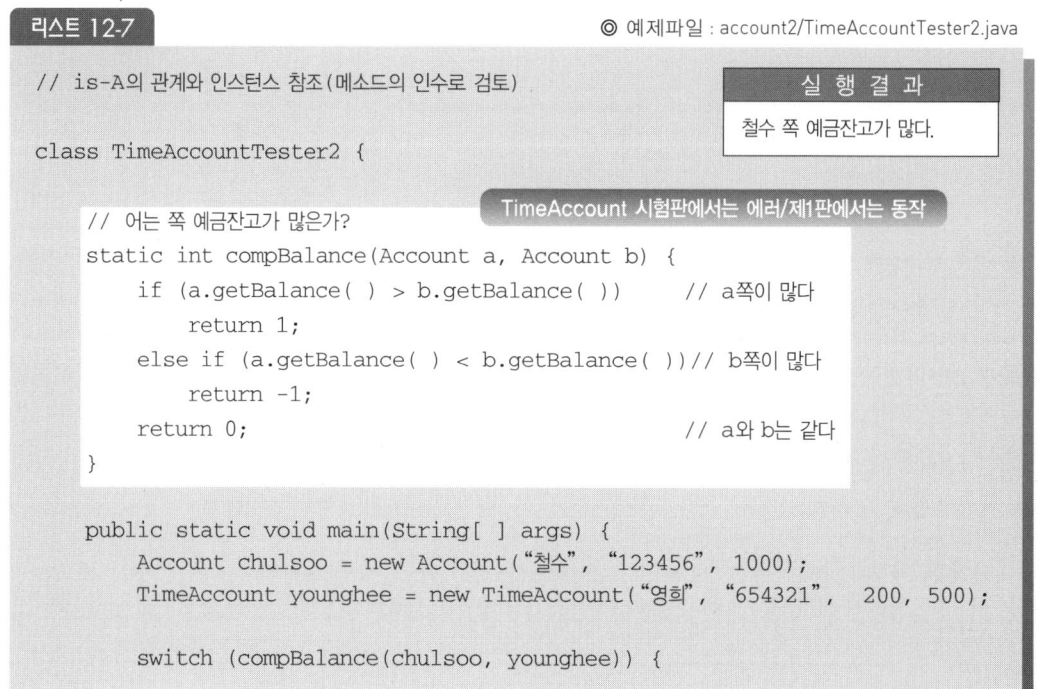

리스트 12-7 　◎ 예제파일 : account2/TimeAccountTester2.java

```java
// is-A의 관계와 인스턴스 참조(메소드의 인수로 검토)

class TimeAccountTester2 {
    // 어느 쪽 예금잔고가 많은가?
    static int compBalance(Account a, Account b) {
        if (a.getBalance( ) > b.getBalance( ))      // a쪽이 많다
            return 1;
        else if (a.getBalance( ) < b.getBalance( )) // b쪽이 많다
            return -1;
        return 0;                                    // a와 b는 같다
    }

    public static void main(String[ ] args) {
        Account chulsoo = new Account("철수", "123456", 1000);
        TimeAccount younghee = new TimeAccount("영희", "654321", 200, 500);

        switch (compBalance(chulsoo, younghee)) {
```

실행 결과
철수 쪽 예금잔고가 많다.

TimeAccount 시험판에서는 에러/제1판에서는 동작

```
            case  0 : System.out.println("철수와 영희의 예금잔고는 같다.");  break;
            case  1 : System.out.println("철수 쪽 예금잔고가 많다.");  break;
            case -1 : System.out.println("영희 쪽 예금잔고가 많다.");  break;
        }
    }
}
```

가인수 a와 b의 형(type)은 Account입니다. main 메소드에서는 가인수에 대해서 Account형 인스턴스 참조와 TimeAccount형 인스턴스 참조를 전달하고 있습니다. 이것이 제대로 동작하는 이유는 Account형의 변수가 Account형 인스턴스와 TimeAccount형 인스턴스 모두를 참조할 수 있기 때문입니다.

▶ 만약 가인수 a와 b의 형이 TimeAccount로 되어 있으면 main 메소드에서 TimeAccount 인스턴스 참조는 전달할 수 있지만 Account 인스턴스 참조를 전달할 수 없게 됩니다.

실행결과에서도 예금 잔고를 정확히 비교하고 있음을 알 수 있습니다.

> **주의** 메소드의 클래스형 인수에 대해서는 이 클래스형의 인스턴스 참조뿐만 아니라 이 클래스의 하위 클래스형의 인스턴스 참조를 전달할 수 있다.

연습 12-1

총 주행거리를 나타내는 필드와 그 값을 조사하는 메소드를 추가한 자동차 클래스를 작성하시오. 자동차 클래스 Car 제2판으로부터 파생시킬 것.

Column 12-3 ··· Object형의 인수와 배열

메소드의 가인수가 클래스형이면 이 클래스의 하위 클래스형인 인스턴스 참조도 전달 받을 수 있는 것을 알았습니다. Object 클래스는 모든 클래스의 최상위 클래스이기 때문에 가인수의 형(type)이 Object이면 모든 클래스형의 인스턴스 참조를 전달 받을 수 있습니다. 실제로 리스트 12C-1의 프로그램을 통해서 확인해 봅시다.

리스트 12C-1　　　　　　　　　　　　　　　◎ 예제파일 : Chap12/ToString.java

```
// toString이 반환하는 문자열을 표시하는 메소드(모든 클래스형에 대응)

class X {                    ──────── Object의 자식
    public String toString( ) {
        return "Class X";
    }
}
```

실 행 예
```
Class X
Class Y
[I@ca0b6
```

```java
}
class Y extends X {                    // ── Object의 손자
    public String toString( ) {
        return "Class Y";
    }
}

public class ToString {

    //--- toString 메소드가 반환하는 문자열을 표시 ---//
    static void print(Object obj) {
        System.out.println(obj);
    }

    public static void main(String[ ] args) {
        X x = new X( );
        Y y = new Y( );
        int[ ] c = new int[5];         // ── 배열도 Object의 자식

        print(x);
        print(y);
        print(c);
    }
}
```

클래스 X는 암묵적으로 Object 클래스로부터 파생되고 클래스 Y는 클래스 X로부터 파생되고 있습니다. 메소드 print에 전달되는 가인수 obj의 형은 Object형이기 때문에 모든 클래스형의 인스턴스 참조를 obj에 전달할 수 있습니다. 이 메소드가 처리하는 것은 obj에 대해서 toStirng 메소드를 기동해서 얻어지는 문자열을 표시하는 것입니다.

main 메소드에 주목하기 바랍니다. X형의 인스턴스 x와 Y형의 인스턴스 y와 int형의 배열 c를 생성하고 이 객체의 참조를 메소드 print에 전달하고 있습니다.

변수 x에 대해서는 클래스 X의 toStirng 메소드가 반환하는 문자열 'Class X'가 표시되고, 변수 y에 대해서는 클래스 Y의 toString 메소드가 반환하는 문자열 'Class Y'가 표시됩니다.

*

여기에서 주목해야 할 것은 Object형 인수에 대해서 배열 참조를 전달하는 것입니다. 사실 배열은 프로그램 내부에서는 클래스와 동등하게 취급됩니다. 즉 배열은 Object 클래스의 하위 클래스(Object의 일종)입니다. 배열 클래스는 toString 메소드와 요소 수를 나타내는 final int형의 필드 length 등을 가지고 있습니다.

배열을 출력하면 특수한 문자열이 표시된다는 것을 리스트 6-15에서 확인했습니다. 실은 배열 클래스의 toString 메소드가 호출되고 있는 것입니다.

12-2 다형성

여기에서는 '클래스 파생' 의 진정한 가치를 끌어내는 다형성에 대해서 학습합니다.

메소드의 오버라이드

리스트 12-8의 프로그램을 보기 바랍니다. 이 프로그램에는 두 가지 클래스가 정의되어 있습니다. 클래스 Pet와 이곳에서 파생된 클래스 RobotPet입니다.

클래스 Pet

■ 필드

- name : 애완동물의 이름입니다.
- masterName : 주인의 이름입니다.

■ 생성자

- Pet : 애완동물과 주인의 이름을 설정합니다.

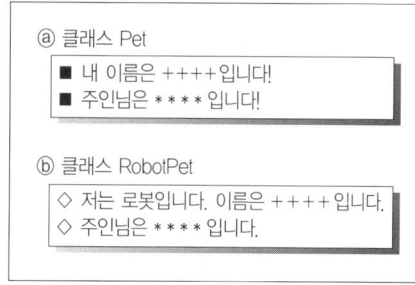

● 그림 12-8 메소드 introduce

■ 메소드

- getName : 애완동물의 이름을 검색하는 메소드(name의 getter)입니다.
- getMasterName : 주인의 이름을 검색하는 메소드(masterName의 getter)입니다.
- introduce : 자기소개를 하는 메소드입니다(그림 12-8 ⓐ).

클래스 RobotPet

■ 필드

- 클래스 Pet의 필드를 상속하고 있습니다.

■ 생성자

- RobotPet : 애완동물과 주인의 이름을 설정합니다. 설정 작업은 super(...)를 호출해서 상위 클래스 Pet의 생성자에게 위임합니다.

리스트 12-8   ● 예제파일 : pet/Pet.java

```java
// 애완동물 클래스

class Pet {
    private String name;                // 애완동물의 이름
    private String masterName;          // 주인의 이름

    // 생성자
    public Pet(String name, String masterName) {
        this.name = name;                   // 애완동물의 이름
        this.masterName = masterName;       // 주인의 이름
    }

    // 애완동물의 이름을 검색한다
    public String getName( ) { return name; }

    // 주인의 이름을 검색한다
    public String getMasterName( ) { return masterName; }

    // 자기소개
    public void introduce( ) {
        System.out.println("■ 내 이름은 "+ name + " 입니다!");
        System.out.println("■ 주인님은 "+ masterName + " 입니다!");
    }
}

class RobotPet extends Pet {
    // 생성자
    public RobotPet(String name, String masterName) {
        super(name, masterName);        // 상위 클래스의 생성자
    }

    // 자기소개
    public void introduce( ) {
        System.out.println("◇ 저는 로봇입니다. 이름은 "+ getName( ) + "。");
        System.out.println("◇ 주인님은 "+ getMasterName( ) + "。");
    }

    // 집안 일을 한다
    public void work(int sw) {
        switch (sw) {
         case 0: System.out.println("청소를 합니다."); break;
         case 1: System.out.println("빨래를 합니다."); break;
         case 2: System.out.println("밥을 짓습니다."); break;
        }
    }
}
```

하위 클래스에 상속된다

오버라이드한다

신규추가 : RobotPet 전용메소드

■ 메소드

- introduce : 자기소개를 하는 메소드입니다(그림 ⓑ). 클래스 Pet의 것을 상속하지 않고 오버라이드하고 있습니다.
- work : 집안 일을 담당하는 메소드입니다. 집안 일의 종류(청소하기/빨래하기/밥짓기)는 인수로써 0, 1, 2의 값으로 지정합니다.
- 클래스 RobotPet와 클래스 Pet의 메소드 관계를 정리하면 다음과 같습니다.
    - 그대로 상속 : getName, getMasterName
    - 오버라이드 : introduce
    - 신규 추가 : work

메소드 introduce와 같이 상위 클래스의 메소드와 동일한 형식의 메소드를 하위 클래스에서 별도로 정의하는 것을 '오버라이드(override)한다' 라고 표현합니다. 이 경우에는 다음과 같습니다.

클래스 RobotPet이 메소드 introduce는 클래스 Pet의 메소드 introduce을 오버라이드한다.

▶ override에는 '이미 결정된 것을 바꾼다' 라는 의미가 있습니다. 상위 클래스의 메소드를 무효로 해서 새로운 메소드를 오버라이드하는 것입니다.

다형성

리스트 12-9는 두 개의 클래스를 테스트하는 프로그램입니다.

리스트 12-9 ◎ 예제파일 : pet/PetTester1.java

```java
// 애완동물 클래스의 이용 예 (다형성의 검증)

class PetTester1 {

    public static void main(String[ ] args) {
        Pet kurt = new Pet("Kurt", "아이");        // ❶
        kurt.introduce( );
        System.out.println( );

        RobotPet r2d2 = new RobotPet("R2D2", "루크");  // ❷
        r2d2.introduce( );
        System.out.println( );
```

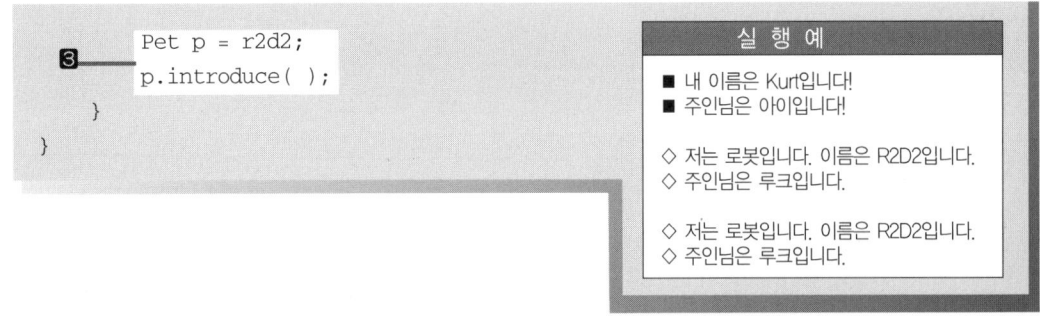

■ 클래스 Pet의 인스턴스 kurt를 생성해서 자기소개를 실행시킵니다. 호출되는 것은 클래스 Pet에 속하는 메소드 introduce입니다.

■ 클래스 RobotPet의 인스턴스 r2d2를 생성해서 자기소개를 실행시킵니다. 호출되는 것은 클래스 RobotPet에 속하는 메소드 introduce입니다.

■ Pet형의 변수 p가 RobotPet형의 인스턴스를 참조하도록 초기화하고 있습니다. 변수와 참조하는 곳의 형(type) 이 다른 점에서 ■과 ■는 다릅니다.

▶ is-A의 관계를 이용하면 '애완동물'을 참조하는 변수는 애완동물을 참조할 수 있는 것은 물론 애완동물의 일 종인 '로봇형 애완동물'도 참조할 수 있습니다.

여기에서 메소드 호출 p.introduce( )에 주목하기 바랍니다. 이 메소드 호출은 다음과 같이 A방식 과 B방식 가운데 어느 방식으로 해석될까요?

A : 애완동물 Pet용의 자기소개 메소드가 호출된다

변수 p의 형이 Pet이기 때문에 Pet형의 자기소개용 메소드 introduce가 호출됩니다. 즉 다음과 같이 표시됩니다.

■ 내 이름은 R2D2입니다!
■ 주인님은 루크입니다!

B : 로봇형 애완동물 RobotPet용의 자기소개 메소드가 호출된다

참조할 곳의 인스턴스가 RobotPet형이기 때문에 RobotPet형의 자기소개용 메소드 introduce가 호출됩니다. 즉 다음과 같이 표시됩니다.

◇ 저는 로봇입니다. 이름은 R2D2입니다.
◇ 주인님은 루크입니다.

프로그램을 다음과 같이 가정하고, 컴파일러인 javac의 입장에서 두 가지 방식을 검토해 봅시다.

```
    if  (sw == 1)
        p = kurt;           // p는 Pet형 인스턴스를 참조한다
    else
        p = r2d2;           // p는 RobotPet형 인스턴스를 참조한다

    p.introduce( );         // p가 참조할 곳은 pet와 Robot 중에서 어느 것?
```

여기에서 sw는 int형의 변수라고 가정합니다. 당연히 이 값은 프로그램을 실행할 때마다 변할 가능성이 있습니다.

따라서 흰색 부분이 실행될 때 p가 참조하는 곳은 Pet형의 kurt인지 RobotPet형의 r2d2인지는 프로그램을 컴파일 할 때가 아니고 실행할 때 결정된다는 것을 기억하기 바랍니다.

Ⓐ 방식

변수 p가 kurt를 참조하고 있는지 r2d2를 참조하고 있는지 상관없이 Pet형의 메소드 introduce를 호출하는 코드를 생성하기 때문에 컴파일러 작업은 간단하고 생성되는 코드도 단순하게 됩니다.

Ⓑ 방식

생성하는 코드는 다음과 같이 됩니다.

- **sw가 1일 경우** : 클래스 Pet형의 메소드 introduce를 호출한다.
- **그렇지 않은 경우** : 클래스 RobotPet형의 메소드 introduce를 호출한다.

즉 프로그램을 실행할 때 호출하는 메소드를 대신할 코드를 생성해야 합니다. 때문에 컴파일 작업은 번거롭고 생성되는 코드는 복잡하게 됩니다.

▶ 소스 프로그램의 표면상은 단순한 '메소드 호출'이지만 클래스 파일 안의 코드는 호출할 메소드를 조건에 따라 변경해야 하는 복잡한 것이 됩니다. 따라서 A 방식과 비교하면 약간의 차이지만 프로그램 실행도 느려집니다.

*

이상의 고찰로부터 다음과 같은 사항을 알 수 있습니다.

Ⓐ **방식에서는 호출할 메소드가 컴파일 할 때 결정된다.**

→ 리모컨 형의 메소드가 호출된다.

Ⓑ **방식에서는 호출할 메소드가 실행 할 때 결정된다.**

→ 리모컨이 '현재' 참조하고 있는 회로 형의 메소드가 호출된다.

실제로 생성되는 코드는 ⓑ 방식이며, 실행결과를 확인할 수 있습니다. 클래스형 변수가 파생관계에 있는 여러 가지 클래스형의 인스턴스를 참조하는 것을 다형성(polymorphism)이라고 합니다.

▶ poly는 '많은', morph는 '형태' 라는 의미입니다. 다형성은 '다양성', '동명이형', '폴리모피즘' 등 이라고도 합니다.

다형성이 관련된 메소드 호출에서는 프로그램을 실행할 때 호출할 메소드가 결정됩니다(그림 12-9). 이것은 다음과 같은 장점이 있습니다.

- 서로 다른 클래스형의 인스턴스에 대해서 동일한 메시지를 보낼 수 있다.
- 메시지를 전달받은 인스턴스는 자신의 형이 무엇인지를 알고 적절한 행동을 취한다.

*

ⓐ 방식은 호출해야 할 메소드를 컴파일할 때 결정할 수 있기 때문에 이러한 호출 메커니즘을 정적 결합(static binding) 또는 조기 결합(early binding)이라고 합니다.

한편 Java에서 채용되고 있는 ⓑ 방식은 호출해야 할 메소드가 실행할 때 결정되기 때문에 이러한 메커니즘을 동적 결합(dynamic binding) 또는 지연 결합(late binding)이라고 합니다.

▶ binding에는 속박이라는 의미도 있습니다. 예를 들면 동적 결합은 동적 속박 또는 지연 속박이라고도 합니다.

> 중요 │ 메소드 호출에서는 동적 결합이 실행된다.

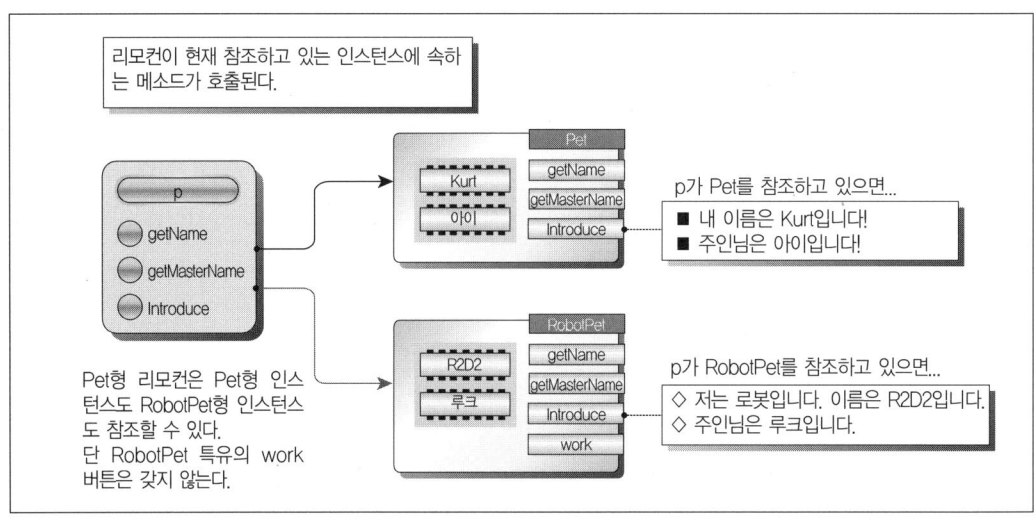

● 그림 12-9 다형성과 동적 결합

▶ C++에서 함수(메소드) 호출은 원칙적으로 ⓐ 방식인 동적 결합입니다. 특별하게 선언된 가상함수만이 동적 결합이 됩니다.

리스트 12-10은 동적 결합을 메소드 인수에 응용한 프로그램입니다.

리스트 12-10 ◎ 예제파일 : pet/PetTester2.java

```
// 애완동물 클래스의 이용 예 (메소드 인수로 다형성을 검증)

class PetTester2 {

    // p가 참조하는 인스턴스에 자기소개를 시킨다
    static void intro(Pet p) {
        p.introduce( );
    }

    public static void main(String[ ] args) {
        Pet[ ] a = {
            new Pet("Kurt", "아이"),
            new RobotPet("R2D2", "루크"),
            new Pet("마이클", "영진"),
        };

        for (Pet p : a) {
            intro(p);                    // p가 참조하는 인스턴스에 자기소개를 시킨다
            System.out.println( );
        }
    }
}
```

실 행 결 과
■ 내 이름은 Kurt입니다!
■ 주인님은 아이입니다!

◇ 저는 로봇입니다. 이름은 R2D2입니다.
◇ 주인님은 루크입니다.

■ 내 이름은 마이클입니다!
■ 주인님은 영진입니다!

메소드 intro의 가인수 p는 Pet형입니다. 이 메소드가 처리하는 것은 p에 대해 메소드 introduce를 기동시키는 것뿐입니다. 물론 가인수 p에는 Pet 클래스형의 인스턴스 참조뿐만 아니고 Pet 클래스의 하위 클래스인 RobotPet형의 인스턴스 참조도 전달될 수 있습니다.

main 메소드에서는 Pet형의 인스턴스와 RobotPet형의 인스턴스가 혼합된 배열을 생성하고, 이들 인스턴스 참조를 메소드 intro에 전달하고 있습니다.

Pet형의 인스턴스인 a[0]와 a[2]에 대해서는 Pet형의 메소드 introduce가 호출되고, RobotPet형의 인스턴스인 a[1]에 대해서는 RobotPet형의 메소드 introduce가 호출되고 있는 것을 실행결과에서 확인할 수 있습니다.

객체지향의 3대 요소

제8장부터 클래스에 대해서 조금씩 학습해 왔습니다. 그리고 이 장에서는 '상속'과 '다형성'에 대해서 학습했습니다. 다음 세 가지는 객체지향의 3대 요소라고 합니다.

- 클래스
- 상속
- 다형성

따라서 지금까지의 내용을 마스터했으면 객체지향의 기초는 습득하게 된 것입니다.

참조형 캐스트

계속해서 클래스 Pet와 클래스 RobotPet를 생각해 봅니다. 아래와 같이 상위 클래스형의 변수는 하위 클래스의 인스턴스를 참조할 수 있습니다.

```
Pet p = new RobotPet("R2D2", "루크");
```

이때 RobotPet형 참조가 Pet형 참조에 암묵적으로 캐스트되고 있습니다. 여기에서 처리되는 형 변환은 참조형의 확대변환(widening reference conversion) 또는 업 캐스트(up cast)라고 합니다(그림 12-10 ⓐ).

물론 캐스트 연산자를 명시적으로 적용해도 상관없습니다. 이와 같은 경우에는 다음과 같이 됩니다.

```
Pet p = (Pet)new RobotPet("R2D2", "루크");
```

▶ 확대변환이 암묵적으로 이루어지는 것은 기본형의 확대변환(제5장의 '기본형의 확대변환' 참조)의 경우와 마찬가지입니다.

한편 하위 클래스형의 변수는 상위 클래스의 인스턴스를 참조할 수 없었습니다. 하지만 다음과 같이 캐스트 연산자를 명시적으로 적용하면 형 변환이 가능합니다.

```
RobotPet r1 = new Pet("Kurt", "아이");              // 에러
RobotPet r2 = (RobotPet)new Pet("Kurt", "아이");    // OK!
```

여기에서 처리되는 형 변환은 참조형의 축소변환(narrowing reference conversion) 또는 다운 캐스트(down cast)라고 합니다(그림 ⓑ).

▶ 참조형의 확대변환/축소변환이라는 이름은 Java의 문법 용어이고, 업 캐스트/다운 캐스트는 일반적인 프로그래밍 용어입니다. 또한 업/다운은 변환되는 곳이 클래스 계층의 상위/하위인 점에서 유래합니다.

r2가 참조하는 곳은 로봇이 아니고 애완동물이기 때문에 다음과 같이 집안 일을 명령하면 프로그램 실행 시에 에러가 발생합니다.

```
r2.work(0);        // 실행 시 에러
```

실수로 다운 캐스트를 실행해서 하위 클래스형의 변수에 상위 클래스 형의 인스턴스를 참조시키는 것은 원칙적으로 피해야 합니다.

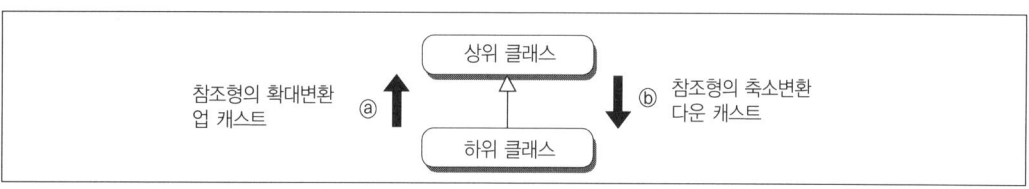

● 그림 12-10 업 캐스트와 다운 캐스트

instanceof 연산자

클래스형의 변환은 이 클래스형의 인스턴스뿐만 아니라, 상위 클래스의 인스턴스 참조와 하위 클래스의 인스턴스 참조도 가능합니다. 리스트 12-11은 변수가 참조하고 있는 것이 어느 클래스인지를 검색하는 프로그램입니다.

리스트 12-11　　　　　　　　　　　　　　　　　　　　◎ 예제파일 : pet/PetInstanceOf.java

```
// instanceof 연산자의 이용 예

class PetInstanceOf {

    public static void main(String[ ] args) {
        Pet[ ] a = {
            new Pet("Kurt", "아이"),
            new RobotPet("R2D2", "루크"),
            new Pet("마이클", "영진"),
        };

        for (int i = 0; i < a.length; i++) {
```

실 행 결 과
```
a[0]
■ 내 이름은 Kurt입니다!
■ 주인님은 아이입니다!
a[1]
청소를 합니다.
a[2]
■ 내 이름은 마이클입니다!
■ 주인님은 영진입니다!
```

```
            System.out.println("a["+ i + "] ");
            if (a[i] instanceof RobotPet)              // a[i]가 로봇이면
                ((RobotPet)a[i]).work(0);              // 집안 일(청소)
            else                                       // 그렇지 않으면
                a[i].introduce( );                     // 자기소개
        }
    }
}
```

흰색 부분에 주목하기 바랍니다. 처음 등장하는 instanceof 연산자를 이용하고 있습니다. 이것은 다음과 같은 형식으로 이용하는 일종의 관계연산자입니다(표 12-2).

클래스형 변수명 instanceof 클래스명

이 프로그램에서 a[i]가 참조하는 곳이 클래스 RobotPet의 인스턴스이면 집안 일을 명령하고, 그렇지 않으면 자기소개를 명령하도록 되어 있습니다. 또한 집안 일을 명령할 때는 a[i]를 RobotPet형을 참조형으로 다운 캐스트한 다음에 실행할 필요가 있습니다.

● 표 12-2 ⋯ instanceof 연산자

| x instanceof t | 변수 x가 형 t에 암묵적으로 캐스트할 수 있는 하위 클래스이면 true, 그렇지 않으면 false를 생성 |

▶ 또한 이 프로그램의 if문을 다음과 같이 할 수는 없습니다. a[i]가 참조하는 곳이 Pet이든 RobotPet이든 식 a[i] instanceof Pet를 평가한 값은 true가 되기 때문입니다.

```
    if (a[i] instanceof Pet)            // Pet를 포함해서 Pet의 하위 클래스이면 true가 된다
        a[i].introduce( );              // 즉 a[i]가 Pet이든 RobotPet이든 실행된다
    else
        ((RobotPet)a[i]).work(0);       // 실행되지 않는다
```

@Override 어노테이션

다음에 제시하는 프로그램의 일부를 보기 바랍니다. 이것은 클래스 RobotPet과 자기소개 메소드입니다. instanceof로 해야 할 메소드명을 introduction으로 잘못 기술했습니다.

```
class RobotPet {
    // … 중략 …
    public void introduction( ) {          // 자기소개
```

```
        System.out.println("◇ 저는 로봇입니다. 이름은 "+ getName( ) + "。");
        System.out.println("◇ 주인님은 "+ getMasterName( ) + "。");
    }
    // … 중략 …
}
```

현실세계에서는 단지 철자가 틀린 것이지만 융통성이 없는 컴파일러는 '클래스 RobotPet에서는 메소드 introduction이 신규로 선언되어 있다'고 간주합니다. 따라서 상위 클래스에서 정의된 introduce는 그대로 상속되고, 여기에서 정의된 introduction은 새롭게 추가된 메소드로써 취급됩니다. 이때 리스트 12-9의 p.introduce( )에서는 클래스 Robotpet가 아니고, 클래스 Pet의 자기소개 메소드가 호출됩니다.

*

이와 같은 인위적인 실수를 방지할 때 효과적인 것이 어노테이션(annotation)입니다. 제1장에서 프로그램을 보는 사람에게 전달할 내용을 주석으로 기입한다고 배웠습니다. 주석의 대상은 프로그램의 작성자를 포함한 사람입니다. 한편 어노테이션은 보다 수준 높은 주석입니다. 우리 인간뿐만 아니라 컴파일러도 읽을 수 있는 주석입니다.

> **중요** 인간과 컴파일러 모두에게 전달할 내용은 어노테이션으로 기술한다.

메소드를 오버라이드 할 때에 이용하는 것이 @Override 어노테이션입니다. 사용법은 간단합니다. 다음과 같이 메소드 선언의 이름 앞에 @Override를 붙이면 됩니다.

```
class RobotPet {
    // … 중략 …
    @Override public void introduction( ) {          // 자기소개
        System.out.println("◇ 저는 로봇입니다. 이름은 "+ getName( ) + "。");
        System.out.println("◇ 주인님은 "+ getMasterName( ) + "。");
    }
    // … 중략 …
}
```

이 어노테이션은 인간과 컴파일러에 대해서 다음과 같은 것을 표명합니다.

> 지금부터 선언하는 것은 상위 클래스의 메소드를 오버라이드하는 메소드입니다. 이 클래스에서 새롭게 추가하는 메소드는 없습니다.

이때 상위 클래스 Pet에 메소드 introduction이 없기 때문에 컴파일러는 다음과 같은 에러를 발생시킵니다.

메소드는 그 상위 클래스의 메소드를 오버라이드하지 않습니다.

▶ 이것은 컴파일러가 표시하는 메시지입니다. 다시 말하면 '메소드 introduction을 오버라이드하라고 선언되어 있지만, 상위 클래스에는 이와 같은 이름의 메소드는 없습니다' 라는 경고라고 이해하기 바랍니다.

이것으로 프로그래머는 메소드명의 입력 실수를 발견하고 프로그램을 수정할 수 있습니다. 다음과 같이 수정하면 정확히 컴파일 할 수 있는 프로그램이 됩니다.

```java
class RobotPet {
    // … 중략 …
    @Override public void introduce( ) {        // 자기소개
        System.out.println("◇ 저는 로봇입니다. 이름은 "+ getName( ) + "。");
        System.out.println("◇ 주인님은 "+ getMasterName( ) + "。");
    }
    // … 중략 …
}
```

주의 상위 클래스의 메소드를 오버라이드하는 메소드에는 @Override 어노테이션을 사용해서 선언한다.

▶ annotaion은 '주석' 또는 '주해' 라는 의미입니다.

연습 12-2

정기예금 은행계좌 클래스형 변수 a, b인 보통예금과 정기예금 잔고의 합계액을 비교한 결과를 반환하는 메소드 compBalance를 작성하시오.

    static int compBalance(TimeAccount a, TimeAccount b)

합계액을 비교해서 a 쪽이 크면 1, 같으면 0, b 쪽이 크면 -1을 반환할 것. 만약 a와 b가 참조하는 곳이 정기예금을 갖지 않는 Account형의 인스턴스이면 보통예금의 금액을 비교 대상으로 할 것.

Column 12-4 ··· @Deplicate 어노테이션

여기에서 학습한 @Override 이외에도 몇 가지 어노테이션이 표준으로 준비되어 있습니다(어노테이션은 자신이 만들 수도 있습니다). 클래스와 메소드를 개량할수록 '보다 좋은 클래스를 작성했다' '클래스의 내부적인 사양변경 등에 의해 이 메소드는 사용할 수 없게 됐다' 라는 상황이 발생하는 경우가 있습니다. 이때 편리한 것이 @Deplicate 어노테이션입니다. 이용이 장려되지 않는 클래스와 메소드 앞에 @Deplicate를 추가해 두면, 이것을 이용하려는 프로그램을 컴파일 할 때 경고가 발생됩니다.

12-3 상속과 액세스 속성

클래스 파생에서 필드와 메소드는 상속되지만 생성자는 상속되지 않습니다. 이 절에서는 클래스 파생에서 어느 자산이 상속되고 어느 자산이 상속되지 않는지, 또 이들 액세스가 어떻게 되는지를 배웁니다.

멤버

12-1절에서 필드와 메소드는 상속되지만 생성자는 상속되지 않는다고 배웠습니다. 클래스의 파생에서 무엇이 상속되고 무엇이 상속되지 않는지를 명확하게 알아 둘 필요가 있습니다. 클래스의 파생으로 상속되는 것은 클래스의 멤버(member)로 제한되어 있습니다. 클래스의 멤버는 다음과 같습니다.

- 필드
- 메소드
- 클래스
- 인터페이스

▶ 여기에서의 '클래스'와 '인터페이스(제14장)'는 일반적인 클래스와 인터페이스가 아니고, 클래스 내에서 선언된 클래스와 인터페이스입니다('입문편'의 범위를 넘기 때문에 이 책에서는 배우지 않습니다).

상위 클래스의 멤버는 원칙적으로 그대로 상속됩니다. 단, 비공개 액세스 속성을 가진 멤버 즉, private 선언된 멤버는 상속되지 않습니다.

> **중요** 비공개 멤버는 상속되지 않는다.

만약 하위 클래스로부터 상위 클래스의 비공개(private) 멤버를 자유롭게 액세스할 수 있으면 어떻게 될까요? 클래스의 파생을 실행하는 것만으로 상위 클래스의 비공개 부분으로 액세스할 수 있게 됩니다. 이것은 정보를 숨기기는 커녕 오히려 내보이는 것과 같습니다.

▶ 또한 private 멤버가 상속되지 않는다고 해도 멤버가 소멸되는 것은 아닙니다. 프로그램 상에서는 액세스할 수 없지만 내부적으로는 존재하고 있습니다.

*

멤버가 아닌 클래스의 자산은 다음과 같은 것이 있습니다.

- 인스턴스 초기자
- 정적 초기자
- 생성자

이들 자산은 상속되지 않습니다.

> 파생에서 멤버가 아닌 인스턴스 초기자, 정적 초기자, 생성자는 상속되지 않는다.

final 선언된 클래스와 메소드

final 선언된 클래스와 메소드는 파생에서 특별한 취급을 받습니다.

final 클래스

final 클래스로부터 파생을 처리할 수 없습니다. 즉 final 클래스를 상위 클래스로 하는 클래스를 만들 수 없습니다. 예를 들면 문자열을 나타내는 String 클래스는 final 클래스이기 때문에 다음과 같이 String 클래스를 확장한 클래스는 만들 수 없습니다.

```
class DeluxeString extends String {    // 에러
    // ...
}
```

이것은 다음과 같은 원칙을 제시하고 있습니다.

> 확장하지 않아도 되는(멋대로 하위 클래스가 만들어지면 곤란한) 클래스는 final 클래스로 선언한다.

final 메소드

final 메소드는 하위 클래스에서 오버라이드할 수 없습니다. 다음과 같이 메소드 선두에 final을 선언합니다.

```
final void f( ) { /* … */ }
```

> 하위 클래스에서 오버라이드하면 안 되는 메소드는 final 메소드로 선언한다.

또한 final 클래스의 메소드는 모두 final 메소드가 됩니다.

▶ 리스트 2-13에서 해설한 것처럼 final에는 '최후'라는 의미가 있습니다. final 클래스와 final 메소드는 '최종 결정판이고 이미 확장하거나 오버라이드할 수 없는'이라는 의미가 있습니다.

오버라이드와 메소드의 액세스 속성

멤버의 액세스 속성에 대해서 제11장에서 학습했습니다. 메소드를 오버라이드할 때는 액세스 속성과 관련된 아래의 규칙을 반드시 알아두어야 합니다.

> 주의 | 메소드를 오버라이드할 때는 상위 클래스의 메소드와 동등하거나 약한 액세스 제한을 갖는 수식자를 할당해야 한다.

그림 12-11은 액세스 제한의 강약 관계를 나타냅니다. 수식자의 액세스 제한이 가장 약한 것이 공개(public) 액세스 제한을 갖는 m1이고, 가장 강한 것이 비공개(private) 액세스 제한을 갖는 m4입니다.

```
약한(느슨한)   public class A {
    ↑            public      void m1( ) { }    // 공개(public)
                 protected   void m2( ) { }    // 한정공개(protected)
                             void m3( ) { }    // 패키지(디폴트·수식자 없음)
    ↓            private     void m4( ) { }    // 비공개(private)
강한(단단한)   }
```

● **그림 12-11** 메소드의 액세스 제한

하위 클래스에서 메소드를 오버라이드할 때는 상위 클래스 보다 강한 액세스 제한의 수식자를 할당할 수 없습니다. 이 규칙을 정리한 것이 표 12-3입니다.

● **표 12-3** … 오버라이드하는 메소드에 할당할 수 있는 액세스 제한(수식자)

A \ B	공개	한정공개	패키지	비공개
공개	O	X	X	X
한정공개	O	O	X	X
패키지	O	O	O	X
비공개	X	X	X	X

※ A … 상위 클래스에서 메소드의 액세스 제한(수식자)
　 B … 하위 클래스에서 오버라이드하는 메소드의 액세스 제한(수식자)

예를 들면 클래스 A에서 파생된 하위 클래스에서 메소드 m1을 오버라이드할 때는 반드시 public 선언을 해야 합니다. public 선언을 하지 않으면 컴파일 에러가 발생합니다. 또한 메소드 m2를 오버라이드할 때는 반드시 public 또는 protected 선언이 필요합니다.

▶ 파생되는 상위 클래스와 파생된 하위 클래스가 각각 public 선언인지 아닌지는 관계없이 여기에서 제시한 규칙에 따라서 public과 protected 등의 액세스 수식자를 할당합니다.

또한 비공개 메소드는 원래 상속되지 않기 때문에 당연히 오버라이드 할 수 없습니다. 단 클래스 A로부터 파생된 하위 클래스에서는 메소드 m4를 정의할 수 있습니다. 이것은 다음과 같은 규칙이 있기 때문입니다.

> 비공개 메소드를 하위 클래스에서 동일 시그니처 · 동일 반환형의 메소드로 정의해도 오버라이드가 아닌 우연히 동일한 사양의 관계없는 메소드가 된다.

*

제9장에서는 '문자열 표현을 반환하는 메소드 toString을 정의할 때는 public 메소드를 이용' 하는 방침을 제시했습니다. Java의 모든 클래스의 최상위 클래스인 Object 클래스에서는 toString이 public 메소드로 정의되어 있습니다(Column 12-6). 따라서 toString 클래스를 오버라이드할 때는 반드시 public 선언이 필요합니다.

> 메소드 String toString( )는 public 수식자를 붙여서 정의해야 한다.

*

또한, 상위 클래스의 클래스 메소드를 인스턴스로 오버라이드할 수 없기 때문에 다음과 같은 프로그램은 에러가 발생합니다.

```
class A {
    static void f( ) { /*...*/ }
}

class B extends A {
    void f( ) { /*...*/ }            // 컴파일 에러
}
```

Column 12-5… 선언에서 수식자의 순서

클래스와 필드 등의 선언에서는 어노테이션과 public, final 등의 수식자로 속성을 지정합니다. 수식자가 복수일 경우에는 어떤 순서로 지정해도 상관없지만 표 12C-1의 순서로 지정할 것을 추천합니다(이 표에는 이 책에서 배우지 않는 수식자도 포함되어 있습니다).

표 12C-1 ··· 선언에 할당되는 수식자(추천 순서)

클래스	어노테이션 public protected private abstract static final strictfp
필드	어노테이션 public protected private static final transient volatile
메소드	어노테이션 public protected private abstract static final synchronized native strictfp
인터페이스	어노테이션 public protected private abstract static strictfp

Column 12-6 ··· Object 클래스

리스트 12C-2는 Java의 모든 클래스 가운데 최상위 계층인 클래스 Object의 정의입니다. 이 책에서는 배우지 않는 기술도 사용되고 있기 때문에 이 프로그램을 완전하게 이해할 필요는 없습니다. 몇 가지 중요한 내용만 이해하기 바랍니다.

리스트 12C-2

◎ 예제파일 : API/Object.java

이것은 정의의 일례입니다.
Java의 버전과 플랫폼에 따라서 정의는 달라집니다.

```java
// Object 클래스

package java.lang;
public class Object {

    static {
        registerNatives( );
    }

    public final native Class<?> getClass( );

    public native int hashCode( );                              ──1

    public boolean equals(Object obj) {
        return (this == obj);                                   ──2
    }

    protected native Object clone( ) throws CloneNotSupportedException;

    public String toString( ) {
        return getClass( ).getName( ) + "@" +
            Integer.toHexString(hashCode( ));                   ──3
    }

    public final native void notify( );

    public final native void notifyAll( );
```

```
        public final native void wait(long timeout) throws InterruptedException;

        public final void wait(long timeout,int nanos) throws InterruptedException{
            if (timeout < 0) {
                throw new IllegalArgumentException("timeout value is negative");
            }
            if (nanos < 0 || nanos > 999999) {
                throw new IllegalArgumentException(
                        "nanosecond timeout value out of range");
            }
            if (nanos >= 500000 || (nanos != 0 && timeout == 0)) {
                timeout++;
            }
            wait(timeout);
        }

        public final void wait( ) throws InterruptedException {
            wait(0);
        }

        protected void finalize( ) throws Throwable { }
}
```

1 java.lang 패키지에 속한다

Object 클래스는 java.lang 패키지에 속하기 때문에 Java의 모든 프로그램에서 명시적으로 형(type) import하지 않고 단순명으로 나타낼 수 있습니다.

2 native 메소드

getClass 등 몇 가지 메소드가 native 선언되어 있습니다. 이와 같이 선언된 메소드는 MS-Windows, Mac OS-X, Linux 등의 플랫폼(환경)에 의존하는 부분을 처리하기 위한 특수한 메소드입니다. 일반적으로는 Java 이외의 언어에서 기술되고 표현됩니다.

3 hashCode 메소드와 해시 값

모든 클래스형의 인스턴스는 해시 값이라는 int형의 정수값을 계산할 수 있습니다. 해시 값을 반환하는 것이 hashCode 메소드입니다(**1**).

해시 값이란 각 인스턴스를 구별하는 '식별번호'와 같은 것입니다. 계산 방법은 임의적이지만 동일한 상태의(모든 필드의 값이 동일) 인스턴스에는 동일한 해시 값을 할당하고, 다른 상태의 인스턴스에는 다른 해시 값을 할당해서 계산하는 것이 일반적입니다.

예를 들면 제9장의 날짜 클래스 Day에 대한 hashCode 메소드는 다음과 같이 정의할 수 있습니다.

```
public int hashCode( ) {
    return (year * 372) + (month * 31) + date;
}
```

동일한 날짜(필드 year, month, date의 값이 모두 같은 날짜)의 인스턴스의 해시 값은 동일한 값이 되고, 다른 날짜의 인스턴스의 해시 값은 다른 값이 됩니다.

▶ 양력 1년 1월 1일부터의 경과일수를 정확하게 계산하는 식으로 이용해도 좋지만, 계산하는데 시간이 많이 걸립니다. 날짜 클래스뿐만 아니라 상기와 같이 빠르게 계산할 수 있는 간단한 식에도 이용하는 것이 일반적입니다(계산식에서 372는 12x31의 값입니다).

4 equals 메소드와 인스턴스의 등가성

equals 메소드(**2**)는 참조하는 곳의 인스턴스가 '같은지' 다른지를 판정하는 메소드입니다. 같으면 true 그렇지 않으면 false를 반환합니다.

이 메소드에서 실행하는 판정은 해시 값과 모순되면 안 됩니다. a.equals(b)가 true일 경우에는 a와 b의 해시 값 (a.hashCode( )와 b.hashCode( )의 반환값)이 같은 값이 되고, false일 경우에는 a와 b의 해시 값이 달라야 합니다. equals 메소드를 정의할 때는 equals 메소드와 일치되도록 hashCode 메소드도 정의해야 합니다.

제9장의 날짜 클래스 Day에서 equals 메소드를 정의하지 않고, 가짜 equalTo 메소드를 정의한 것은 hashCode 메소드를 오버라이드하지 않았기 때문입니다(이 밖에도 Object 클래스와 파생에 대해서도 배우지 않았기 때문입니다).

날짜 클래스에서 equals 메소드를 정의한 예를 아래에 제시합니다.

```
public Boolean equals(Object obj) {
    if (this == obj)              // 비교대상이 자신일 경우
        return true;
    if(obj instanceof Day) {      // obj가 Day 클래스(의 하위 클래스)형일 경우
        Day d = (Day)obj;
        return (year == d.year && month == d.month && date == d.date) ? true
                                                                      : false;
    }
    return false;
}
```

여기에서 제시한 hashCode 메소드를 추가해서 메소드 equalTo 대신에 equals 메소드로 정의해서 수정한 날짜 클래스 [제5판]은 소스 프로그램의 디렉터리 day에 있습니다.

5 toString 메소드

Object 클래스의 toString 메소드는 '클래스명@해시 값'을 반환합니다(**3**). 자신이 만든 클래스에서 이 메소드를 오버라이드할 때는 클래스의 특성과 인스턴스의 상태를 나타내는 적절한 문자열을 반환하도록 정의합니다.

이장의 요약

- 클래스의 파생을 이용해서 기존 클래스의 자산을 상속한 클래스를 간단하게 만들 수 있다. 파생한 곳의 클래스를 상위 클래스, 파생에 의해 만들어진 클래스를 하위 클래스라고 한다. 파생은 클래스에 '혈연관계'을 부여한다.

- 명시적으로 파생을 선언하지 않는 클래스는 Object 클래스의 하위 클래스가 된다. 따라서 Java의 모든 클래스는 Object 클래스의 하위 클래스이다.

- 클래스의 파생에서 생성자는 상속되지 않는다.

- 생성자의 선두에서는 super(...)를 이용해서 상위 클래스의 생성자를 호출할 수 있다. 명시적으로 호출하지 않으면 상위 클래스의 '인수를 전달받지 않는 생성자'의 호출 super( )가 컴파일러에 의해 자동적으로 삽입된다.

- 생성자를 1개도 정의하지 않은 클래스에는 super( )만을 실행하는 디폴트 생성자가 컴파일러에 의해 자동적으로 정의된다. 상위 클래스에서 '인수를 전달받지 않는 생성자'가 없으면 컴파일 에러가 발생한다.

- 상위 클래스의 비공개가 아닌 멤버는 'super.멤버명'에 의해 액세스할 수 있다.

- 클래스 B가 클래스 A의 하위 클래스일 경우 '클래스 B는 클래스 A의 일종이다'라고 표현하고, 이것을 is-A의 관계라고도 한다.

- 상위 클래스형의 변수가 하위 클래스형의 인스턴스를 참조할 수 있는 점을 이용하면 다형성을 실현할 수 있다. 다형성을 포함한 메소드 호출에서는 호출해야 할 메소드가 프로그램 실행 시에 결정되는 동적 결합이 이루어진다.

- 하위 클래스형의 변수는 캐스트하지 않는 한 상위 클래스형의 인스턴스를 참조할 수 없다.

- 오버라이드하는 메소드에는 상위 클래스 것과 동등한 또는 느슨한 액세스 제한을 갖는 수식자를 할당해야 한다. 그렇지 않으면 컴파일 에러가 발생한다.

- 상위 클래스의 메소드를 오버라이드하는(상위 클래스와는 다른 정의를 할당해서 오버라이드하는) 메소드에는 @Override 어노테이션 선언을 한다. 어노테이션은 인간과 컴파일러 모두에게 전하는 주석이다.

12장 이장의 요약

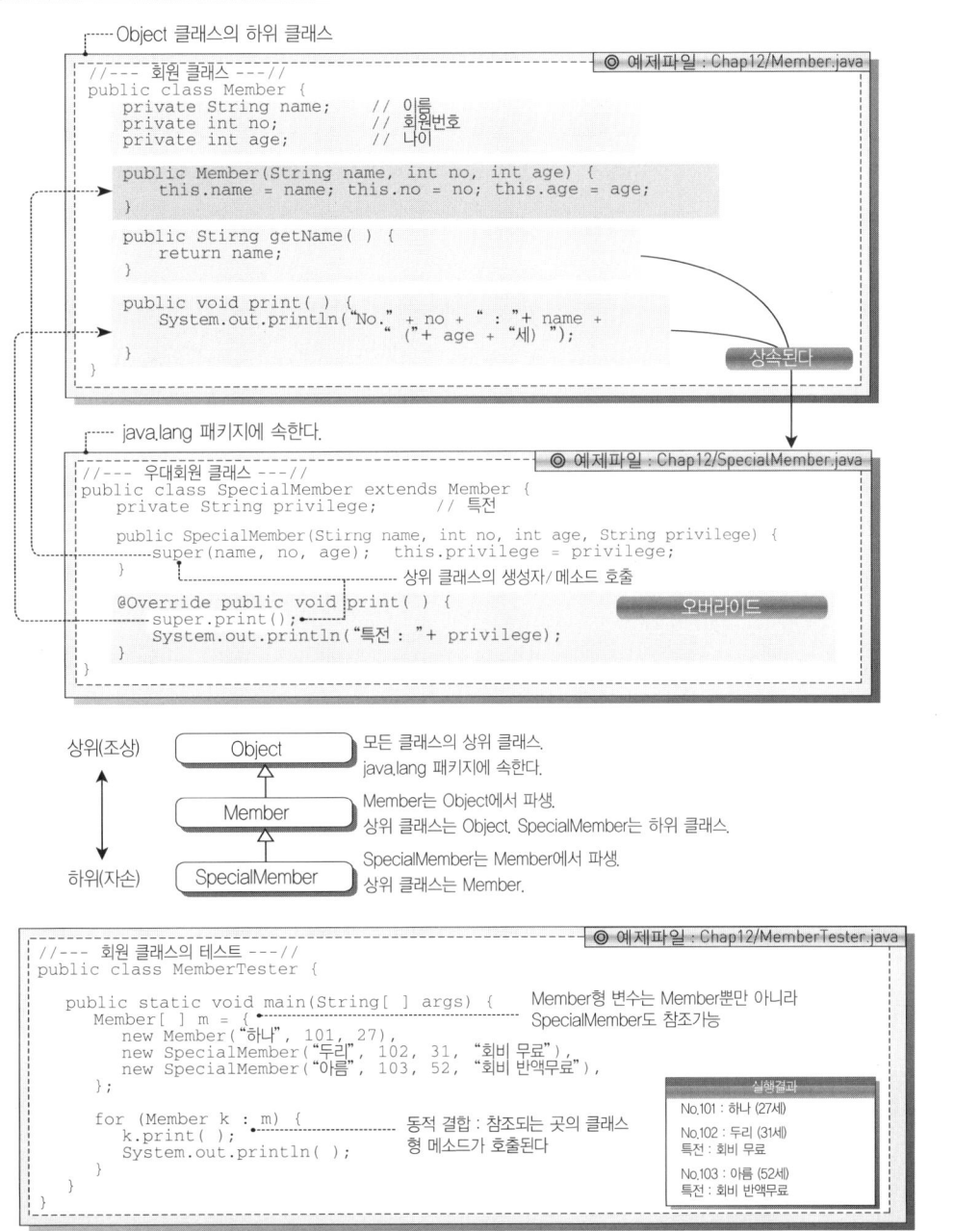

제 13 장

추상 클래스

이 장에서는 실체를 만들 수 없는 또는 만들어서는 안 되는 개념을 나타내기 위한 추상 클래스와 추상 메소드에 대해 알아보겠습니다. 추상 클래스와 추상 메소드를 이용하면 제12장에서 학습한 다형성을 보다 높은 수준에서 활용할 수 있습니다.

··· 추상 메소드

··· 추상 클래스

··· 메소드의 구현

··· 문서화 주석

··· javadoc 툴

13-1 추상 클래스

제8장부터 제12장까지 객체지향 프로그래밍의 기본을 학습했고, 이 장과 다음 장에서는 이를 응용한 내용을 학습합니다. 이 절에서는 추상 클래스에 대해서 배웁니다.

추상 클래스

이 장에서는 12장에서 배운 클래스의 파생을 응용해서 도형을 나타내는 클래스들을 만들어 보겠습니다.

처음에 살펴볼 도형은 '점'과 '직사각형'입니다. 두 클래스에 그림을 그리기 위한 메소드 draw를 포함시킵니다. 두 클래스는 다음과 같이 설계합니다.

점 클래스 Point

점을 표시하는 클래스입니다. 필드는 없으며, 메소드 draw는 다음과 같이 작성해서 기호문자 '+' 를 1개만 표시합니다.

```
// 클래스 Point의 메소드 draw
void draw( ) {
    System.out.println('+');
}
```

```
+
```

직사각형 클래스 Rectangle

직사각형을 표시하는 클래스입니다. 폭과 높이를 나타내는 int형 필드 width와 height를 가집니다. 메소드 draw는 다음과 같이 작성해서 표시를 실행합니다.

```
// 클래스 Rectangle의 메소드 draw
void draw( ) {
    for (int i = 1; i <= height; i++)
        for (int j = 1; j <= width; j++)
        System.out.print('*');
    System.out.println( );
    }
}
```

```
****
****
****
```

▶ 실행 예는 폭(width)이 4이고, 높이(height)가 3인 직사각형의 경우입니다.

개별적으로 정의된 클래스에서 메소드 draw를 만들어도 이것들은 관계 없는 것이 됩니다. 앞 장에서 학습한 '다형성'을 유효하게 활용해서 다음과 같이 설계하도록 합니다.

'도형' 클래스에서 '점'과 '직사각형'이 파생된다.

도형 클래스를 설계하도록 합니다.

도형 클래스 Shape

도형을 나타내는 클래스입니다. 점과 직사각형과 직선 등의 클래스는 이 클래스로부터 직접 또는 간접적으로 파생됩니다.

■ 메소드 draw는 무엇을 처리하면 좋을까요?

무엇을 표시해야 될까요? 적절한 것을 찾을 수 없습니다.

■ 어떻게 인스턴스를 생성하면 될까요?

각 클래스의 생성자는 아직 설계하지 않았지만 아마 다음과 같이 호출해서 인스턴스를 생성할 수도 있을 것입니다.

- 클래스 Point : new Point( )　　　　　※인수는 없다
- 클래스 Rectangle : new Rectangle(4, 3)　　※폭과 높이를 할당한다

클래스 Shape의 인스턴스는 이와 같은 형태로는 생성할 수 없을 것입니다. 어떻게 인수를 할당하면 될지 알 수 없습니다. 클래스 Shape는 도형의 설계도라기 보다는 도형이라는 '개념'을 나타내는 추상적인 설계도입니다. Shape와 같이

- 인스턴스를 생성할 수 없거나 또는 생생해서는 안 된다.
- 메소드의 본체를 정의할 수 없다. 이 내용은 하위 클래스에서 구체화해야 한다.

라는 성질을 가진 클래스를 나타내는 것이 추상 클래스(abstract class)입니다. 클래스 Shape를 추상 클래스로 정의하면 다음과 같이 됩니다.

```
// 도형 클래스(추상 클래스)
abstract class Shape {
    abstract void draw( );        // 그리기(추상 메소드)
}
```

클래스 Shape와 메소드 draw 양쪽 모두 abstract라는 키워드가 사용된 점에 주목하기 바랍니다. 또한 이 클래스에서 파생된 클래스 Point와 클래스 Rectangle은 추상 클래스가 아니고, 보통의 (비추상) 클래스가 됩니다. 그림 13-1은 세 클래스의 클래스 계층도입니다.

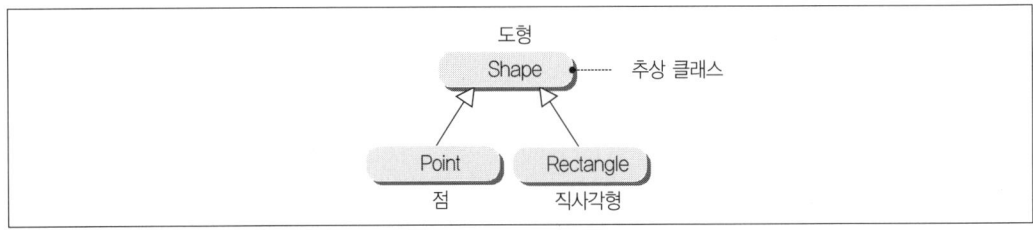

● **그림 13-1** 도형 클래스들의 클래스 계층도

리스트 13-1은 클래스 Shape를 추상 클래스로 하고, 이곳으로부터 클래스 Point와 클래스 Rectangle이 파생되도록 작성한 프로그램입니다.

리스트 13-1　　　　　　　　　　　　　　　　　　　◎ 예제파일 : shape1/Shape.java

```
// 도형 클래스 [제1판]

//===== 도형 =====//
abstract class Shape {                                      ← 추상 클래스
    abstract void draw( );                      // 그리기(추상 메소드)
}

//===== 점 =====//
class Point extends Shape {
    Point( ) { }                                // 생성자

    void draw( ) {                              // 그리기
        System.out.println('+');
    }
}

//===== 직사각형 =====//
class Rectangle extends Shape {
    private int width;                          // 폭
    private int height;                         // 높이

    Rectangle(int width, int height) {          // 생성자
        this.width = width;
        this.height = height;
    }

    void draw( ) {                              // 그리기
```

```
        for (int i = 1; i <= height; i++) {
            for (int j = 1; j <= width; j++)
                System.out.print('*');
            System.out.println( );
        }
    }
}
```

▶ 원래는 각 클래스가 독립된 소스 파일로 작성돼야 하지만 공간 절약을 위해서 하나로 정리했습니다. 그리고 메소드의 public도 생략하고 있습니다. 또한 제2판에서는 각 클래스가 독립된 소스 파일로 작성됩니다.

추상 메소드

앞 페이지에서 간단하게 배운 것처럼 클래스 Shape의 메소드 draw 앞에 abstract가 선언되어 있습니다. 이와 같이 선언된 메소드는 추상 메소드(abstract method)가 됩니다. 메소드 앞에 선언된 abstract는

여기(내 클래스)에서는 메소드의 실체를 정의할 수 없기 때문에 나로부터 파생된 클래스에서 정의해 주십시오.

라는 의미를 가집니다.

추상 메소드는 본체가 없기 때문에 이 선언에서 { } 대신에 ; 을 이용합니다. 설령 아무 것도 없어도 블록 { }를 사용해서는 안됩니다.

```
abstract void draw( ) { }        // 에러:정의할 수 없다
```

클래스 Point와 클래스 Rectangle에서는 메소드 draw를 오버라이드해서 본체를 정의하고 있습니다(메소드의 내용은 처음에 설계한 대로입니다). 이와 같이 추상 클래스로부터 파생된 클래스에서 추상 메소드를 오버라이드해서 본체를 정의하는 것을 '메소드를 구현한다(implement)' 라고 합니다.

> **주의** 상위 클래스의 추상 메소드를 오버라이드해서 메소드 본체의 정의를 선언하는 것을 '메소드를 구현한다' 라고 한다.

클래스 Point와 클래스 Rectangle은 추상 클래스 Shape의 메소드 draw를 '구현' 하고 있는 것입니다.

추상 클래스

클래스 Shape와 같이 추상 메소드를 1개라도 갖는 클래스는 반드시 추상 클래스로 선언해야 합니다. 클래스를 추상 클래스로 선언하기 위해 할당하는 것이 class 앞에 선언하는 abstract입니다. 단, 추상 메소드가 1개도 없는 클래스일 경우에도 추상 클래스로 할 수 있기 때문에 그림 13-2와 같이 이해하기 바랍니다.

▶ 추상 클래스에서 final, static, private을 지정할 수는 없습니다.

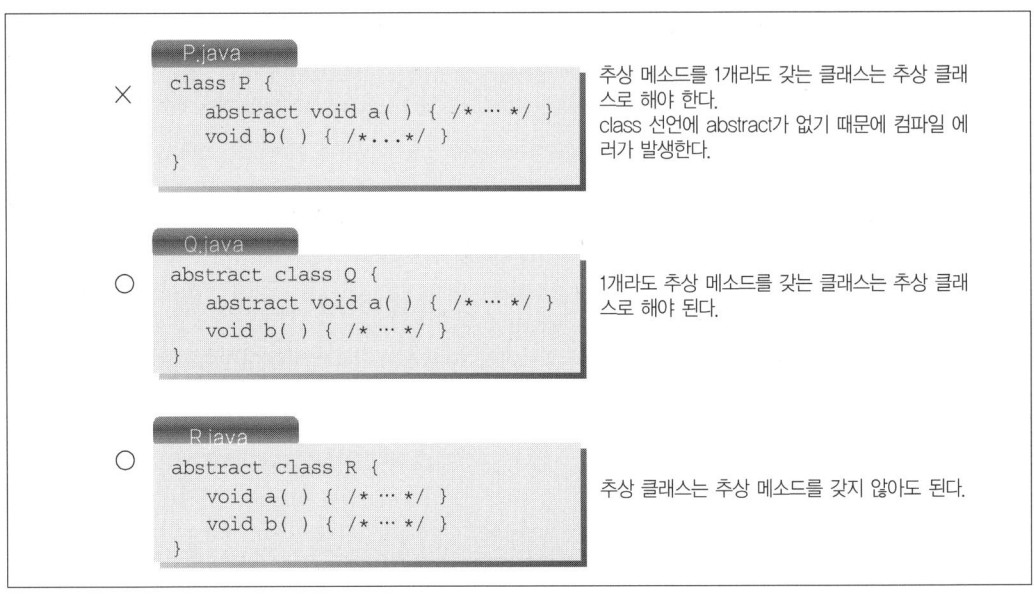

● **그림 13-2** 추상 클래스와 추상 메소드

리스트 13-2는 도형 클래스들을 이용하는 프로그램입니다.

리스트 13-2   ◎ 예제파일 : shape1/ShapeTester.java

```
// 도형 클래스 [제1판]의 이용 예

class ShapeTester {

    public static void main(String[ ] args) {
//      아래 선언은 에러 : 추상 클래스는 인스턴스로 할 수 없다
//         Shape s = new Shape( );

        Shape[ ] a = new Shape[2];
        a[0] = new Point( );              // 점
```

실 행 결 과
```
+
****
****
****
```

```
        a[1] = new Rectangle(4, 3);      // 직사각형

        for (Shape s : a) {
            s.draw( );         // 그리기
            System.out.println( );
        }
    }
}
```

```
별해 - shape1/ShapeTester2.java
for (int i = 0; i < a.length; i++) {
    a[i].draw( );
    System.out.println( );
}
```

추상 클래스의 인스턴스는 생성할 수 없다

s 선언이 에러가 되는 것을 주목하기 바랍니다(코멘트 아웃되어 있는 부분). 추상 클래스는 구체적으로 정의 되지 않은 메소드를 갖고 있기 때문에 new Shape( )에 의한 인스턴스를 생성할 수 없습니다.

> **중요** 추상 클래스의 인스턴스를 생성할 수는 없다.

▶ 만약 추상 클래스의 인스턴스를 생성할 수 있으면 실체가 없는 메소드 draw를 s.draw( )로 호출할 수 없게 됩니다.

추상 클래스와 다형성

a는 Shape형의 배열입니다. 각 요소 a[0]와 a[1]은 Shape형의 클래스형 변수이고 Shape에서 파생된 클래스의 인스턴스를 참조하고 있습니다.

▶ 클래스형 변수는 하위 클래스의 인스턴스를 참조할 수 있습니다.

그림 13-3과 같이 a[0]는 클래스 Point형의 인스턴스를 참조하고, a[1]은 클래스 Rectangle형의 인스턴스를 참조하고 있습니다.

▶ 그림이 번잡하기 때문에 그리지는 않았지만 a[0]과 a[1]과 a.length를 세트로 한 배열 본체용 객체를 참조하기 위한 Point[ ]형의 배열 변수 a도 존재합니다.

확장 for문에서는 배열 a 안의 요소에 대해서 메소드 draw를 호출합니다. 첫 번째 요소에 대해서는 클래스 Point의 메소드 draw가 호출되고, 두 번째 요소에 대해서는 클래스 Rectangle의 메소드 draw가 호출되는 것을 실행결과에서 확인할 수 있습니다.

▶ 별해에서 나타내고 있는 것은 기본 for문에 의해 작성된 프로그램입니다.

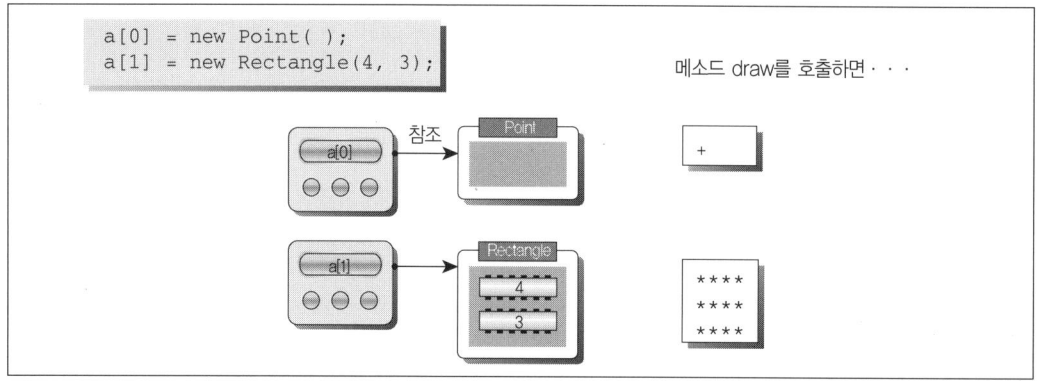

● 그림 13-3 Shape형의 배열과 다형성

추상 클래스 Shape는, 구체적인 도형이 아니고 도형의 개념을 나타내는 클래스입니다. 실체를 생성할 수 없는 불완전한 클래스이지만 자신을 포함해서 자신으로부터 파생된 클래스에 대해서 '혈연관계'를 갖게 하는 역할을 수행하고 있습니다.

> **중요** 하위 클래스를 그룹화해서 다형성을 유효하게 활용하기 위한 클래스에 구체적인 실체가 없으면 추상 클래스로 정의한다.

*

추상 클래스로부터 파생된 하위 클래스에서 추상 메소드를 구현하지 않으면 추상 메소드가 통째로 상속됩니다. 이것을 그림 13-4를 보면서 이해하기 바랍니다. 추상 클래스 A의 두 메소드 a와 b는 모두 추상 메소드입니다. 만약 클래스 B의 선언에서 abstract를 생략하면 컴파일 에러가 발생합니다. 클래스 B에서 파생된 클래스 C는 메소드 b를 구현하고 있기 때문에 추상 클래스가 아닙니다.

▶ 추상 메소드를 갖지 않는 클래스를 추상 메소드로도 할 수 있기 때문에 C를 추상 클래스로 정의할 수도 있습니다.

```
C.java
abstract class A {
    abstract void a( );
    abstract void b( );
}

abstract class B extends A {
    void a( ) { /* … */ }
}

class C extends B {
    void b( ) { /* … */ }
}
```

메소드 a를 구현.
추상 메소드 b를 상속하고 있기 때문에 이 클래스도 추상 클래스.

메소드 b를 구현.
추상 메소드는 아니기 때문에 추상 클래스로 선언하지 않아도 된다.

● 그림 13-4 추상 클래스와 메소드의 구현

13-2 추상성을 갖는 비추상 메소드의 설계

앞 절의 예에서는 각 클래스에 속하는 메소드가 추상 메소드와 비추상 메소드로 분리되어 있었습니다. 이 절에서는 추상 메소드와 비추상 메소드가 포함된 복잡한 구조의 메소드를 학습합니다.

도형 클래스들의 수정

앞 절에서 작성한 도형 클래스들에 대해서 다음과 같이 변경 · 추가를 할 수 있습니다.

1 toString 메소드의 추가

도형의 정보를 나타내는 문자열을 반환하는 toString 메소드를 추가합니다. 클래스 Point의 toString 메소드는 "Point", 클래스 Rectangle의 toString 메소드는 "Rectangle(width:4, height:3)"이라는 문자열을 반환하게 됩니다.

2 직선 클래스의 추가

수평직선 클래스 HorzLine과 수직직선 클래스 VirtLine을 추가합니다(사선은 생각하지 않습니다). 이 클래스들에는 길이를 나타내는 int형의 필드 length가 필요합니다.

3 정보해설이 있는 그리기 메소드의 추가

toString 메소드가 반환하는 문자열의 표시와 메소드 draw에 의한 그리기 두 가지를 연속해서 실행하는 메소드 print를 추가합니다. 예를 들어 점이면 ⓐ와 같이 표시하고, 폭이 4고 길이가 3인 직사각형이면 ⓑ와 같이 표시합니다.

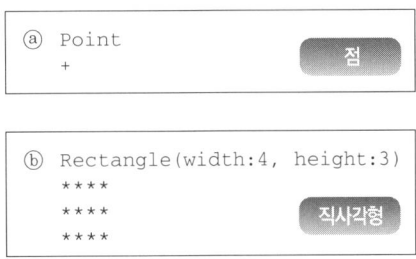

＊

그림 1 ~ 3을 순서대로 살펴 보겠습니다.

■ toString 메소드의 추가

먼저 1을 살펴봅시다. 그림 13-5는 문자열을 반환하는 toString 메소드의 선언입니다. 여기에서 다음과 같이 매우 중요한 점을 주목하기 바랍니다.

클래스 Shape에서는 toString을 추상 메소드로 선언하고 있다.

이와 같이 한 이유는 단순합니다. 도형의 개념에서 구체적인 도형이 아닌 클래스 Shape는(상태를 갖지 않기 때문에) 적절한 문자열로 표현할 수 없기 때문입니다.

```
//도형
abstract class Shape{
    public abstract String toString();    ● 추상메소드로 선언
    //도형
}

    //점
    class Point extends Shapt{
        public String toString(){
            return "Point";
        }
        // ...
    }
                                          toString 메소드를 오버라이드.
                                          만약 오버라이드를 하지 않으면
                                          이 클래스들은 추상 클래스로 선언해야 된다.
    //직사각형
    class Rectangle extends Shape{
        public String toString(){
            return "Rectangle(width:"+ width+", height:"+ height+")";
        }
        //...
    }
```

● **그림 13-5** 도형과 점과 직사각형에서 toString 메소드의 구현

toString 메소드는 Java의 모든 클래스 중에서 최상위인 Object 클래스 내에서 정의된 메소드입니다(Column 12-6 참조). 또한 extends를 할당하지 않고 선언된 클래스는 암묵적인 사이에 Object 클래스로부터 파생되고 있기 때문에 클래스 Shape는 Object 클래스의 하위 클래스입니다.

다시 말해서 클래스 Shape가 상위 클래스인 Object의 비추상 메소드를 추상 메소드로 오버라이드하고 있는 것입니다. 이것은 다음과 같은 규칙이 있기 때문에 가능합니다.

> 주의 상위 클래스의 비추상 메소드를 추상 메소드로 오버라이드할 수 있다.

만약 클래스 Shape로부터 파생된 도형 클래스에서 toString 메소드를 구현하지 않으면 이 클래스도 추상 클래스로 해야 됩니다.

▶ 모든 추상 메소드에 대해서 실체를 할당해서 오버라이드하지 않는 클래스는 추상 클래스가 되기 때문입니다.

toString 메소드를 추상 메소드로 선언하면 하위 클래스에 대해서도 toString 메소드를 강제적으로 구현시키는 역할을 합니다.

▶ 점 클래스와 직사각형 클래스의 선언에서 toString 메소드 본체의 정의가 포함되지 않으면(클래스를 abstract 선언하지 않는 한) 컴파일 에러가 발생합니다. 따라서 하위 클래스에서 toString 메소드의 구현을 실수로 잊어버리는 것을 방지할 수 있습니다.

■ 직선 클래스의 추가

이번에는 ❷번을 살펴 봅니다. 수평직선 클래스 HorzLine과 수직직선 클래스 VirtLine은 클래스 Shape로부터 파생되어 만들어지기 때문에 이 선언은 그림 13-6과 같습니다.

▶ 이 그림에서 toString 메소드의 정의는 생략하고 있습니다.

```
// 수평직선
class HorzLine extends Shape {
   private int length;   // 길이

   HorzLine(int length) {
      this.length = length;
   }

   void draw( ) {
      for (int i = 1; i <= length; i++)
         System.out.print('-');
      System.out.println( );
   }
}
```

```
// 수직직선
class VirtLine extends Shape {
   private int length;   // 길이

   VirtLine(int length) {
      this.length = length;
   }

   void draw( ) {
      for (int i = 1; i <= length; i++)
         System.out.print('|');
      System.out.println( );
   }
}
```

개별적으로 정의된 두 개의 클래스

● **그림 13-6** 수평직선 클래스와 수직직선 클래스를 개별적으로 정의

이 클래스들에 대해서 길이를 나타내는 필드 length의 accessor를 추가해 봅니다. 값을 취득하는 게터(getter) getLength와 값을 설정하는 세터(setter) setLength는 아래와 같이 두 클래스에서 완전히 같습니다.

```
int getLength( ) {
   return length;
}

void setLength(int length) {
   this.length = length;
}
```

이것은 수평직선과 수직직선의 공통 부분을 직선 클래스로 독립시키고, 이 클래스로부터 수평직선 클래스와 수직직선 클래스를 파생하는 편이 바람직하다는 것을 나타냅니다.

*

그림 13-7은 직선 클래스 AbstLine을 만들고 이 클래스로부터 수평직선 클래스와 수직직선 클래스가 파생되도록 수정한 프로그램입니다. 직선 클래스는 방향도 없고, 그리기도 할 수 없기 때문에 추상 클래스로 표현합니다.

> ▶ 클래스 AbstLine은 메소드 draw의 구체적인 정의를 포함하지 않기 때문에 클래스 Shape의 메소드 draw를 추상 메소드로 상속하게 됩니다. 상위 클래스의 모든 추상 메소드에 구체적인 정의를 하지 않는 한 이 클래스도 추상 클래스가 되기 때문에 클래스 AbstLine은 필연적으로 추상 클래스가 됩니다. 만약 클래스 AbstLine 선언에서 abstract를 삭제하면 컴파일 에러가 발생합니다.

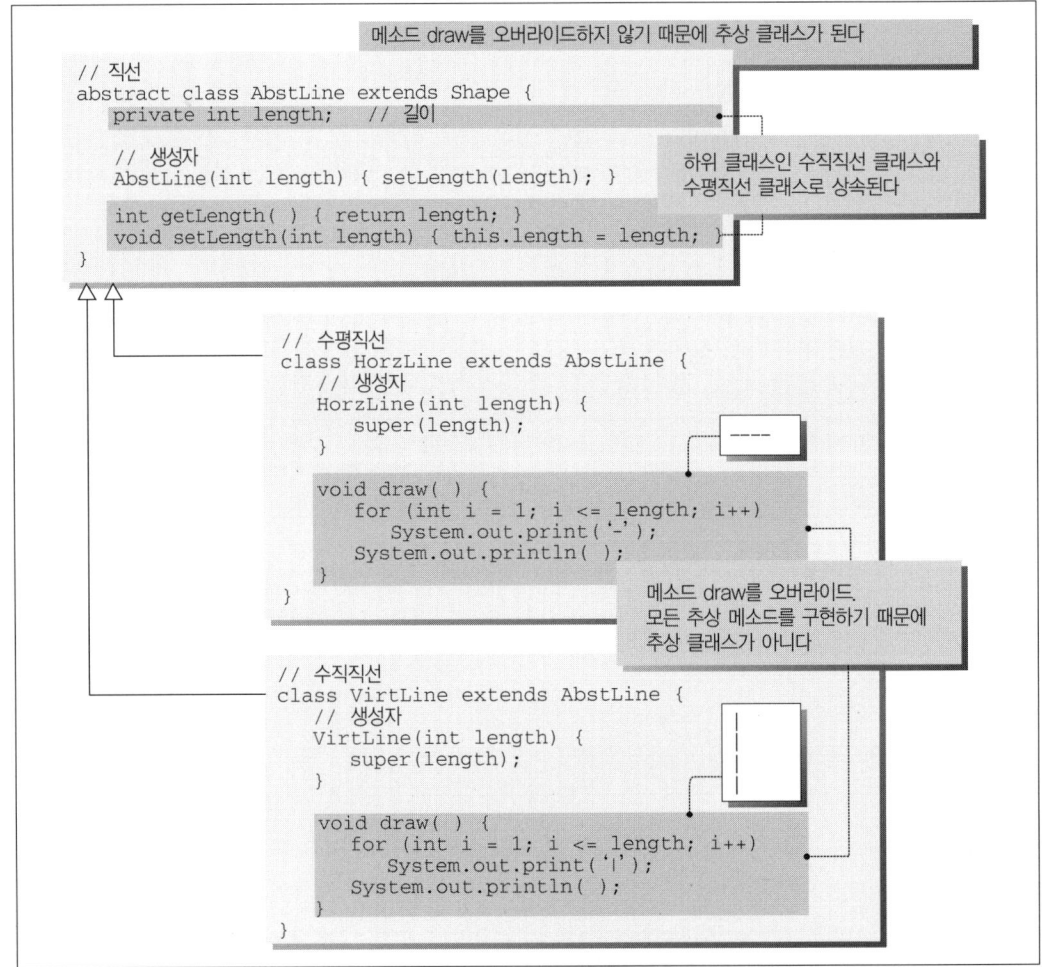

● **그림 13-7** 추상직선 클래스로부터 수평직선 클래스와 수직직선 클래스가 파생

클래스 AbstLine에서는 필드 length와 그 액세서(getter와 setter)를 정의하고 있기 때문에 이 자산들은 모두 하위 클래스로 상속됩니다. 따라서 클래스 HorzLine과 VirtLine에서는 생성자와 메소드 draw만이 정의되어 있습니다. 또한 클래스 HorzLine과 VirtLine에서는 메소드 draw를 구현하고 있기 때문에 추상 클래스가 아닙니다.

클래스 AbstLine은 추상 클래스이기 때문에 이 클래스형의 인스턴스를 생성할 수 없습니다. 한편 클래스 HorzLine과 VirtLine은 비추상 클래스이기 때문에 이 클래스형의 인스턴스는 생성할 수 있습니다. 즉 다음과 같이 됩니다.

```
AbstLine    a = new AbstLine(3);      // 에러
HorzLine    h = new HorzLine(5);      // OK : 길이 5인 수평직선
VirtLine    v = new VirtLine(4);      // OK : 길이 4인 수직직선
```

■ 정보해설이 있는 그리기 메소드의 추가

이번에는 ❸번을 생각해 봅시다. 메소드 print에서는 다음과 같은 두 가지 일을 연속해서 실행합니다.

(1) toString 메소드가 반환하는 문자열을 표시한다.
(2) 메소드 draw로 그리기를 실행한다.

점 클래스 Point와 직사각형 클래스 Rectangle을 예로 들면 그림 13-8과 같이 실현할 수 있습니다(생성자 등은 생략되어 있습니다).

```
// 점
class Point extends Shape {
  // ...
    public String toString( ) {
        return "Point";
    }
void draw( ) {
System.out.println('+');
    }

    void print( ) {
      System.out.println(toString());
      draw( );
    }
}
```

```
// 직사각형
class Rectangle extends Shape {
  // ...
    public String toString( ) {
        return "Rectangle(width:" + width +
               ", height:" + height + ")";
    }
    void draw( ) {
      for (int i = 1; i <= height; i++) {
        for (int j = 1; j <= width; j++)
          System.out.print('*');
        System.out.println( );
      }
    }

    void print( ) {
      System.out.println(toString());
      draw( );
    }
}
```

완전히 동일하게 정의된 메소드

● 그림 13-8 점과 직사각형에서의 메소드 print

여기에서 주목할 점은 다음과 같은 사항입니다.

두 클래스의 메소드 print의 정의가 완전히 동일하다.

이유는 간단합니다. 모든 클래스에서 (1)과 (2)를 순서대로 실행하기 때문입니다. 물론 수직직선 클래스와 수평직선 클래스에서도 메소드 print의 정의는 동일합니다. 완전히 같은 메소드를 모든 도형 클래스에서 선언하는 것은 확실히 쓸데없는 작업입니다.

공통된 자산은 상위 클래스에 정리해 두어야 합니다. 도형 클래스 Shape 안에 메소드 print를 정의하도록 수정하면 그림 13-9와 같이 됩니다.

```
// 도형
abstract class Shape {
    public abstract String toString( );// 문자열(도형 정보)
    
    abstract void draw( );              // 그리기
    
    void print( ) {
        System.out.println(toString( ));
        draw( );
    }
}
```
본체가 정의되지 않은 추상 메소드의 호출

○ **그림 13-9** 도형 클래스 Shape로 정리한 메소드 print

▶ 메소드 print는 클래스 Shape로부터 파생된 클래스로 상속되기 때문에 하위 클래스에서 오버라이드할 필요는 없습니다. 클래스 Point와 클래스 Rectangle 내의 메소드 print의 정의는 불필요하기 때문에 삭제합니다.

메소드 print의 정의는 아무것도 아닌 것처럼 보이지만, 매우 고도의 테크닉을 포함하고 있습니다. 여기에서 주의할 점은 다음과 같은 내용입니다.

비추상 메소드 print 내에서 본체가 정의되지 않은 추상 메소드 toString과 draw를 호출하고 있다.

이것은 다음과 같은 것을 의미합니다.

> **주의** 본체가 정의되지 않은 추상 메소드를 호출할 수 있다.

p가 Shape형의 클래스형 변수이고 다음과 같이 메소드 print를 호출한다고 가정합니다.

```
p.print( );
```

메소드 print의 내부에서는 메소드 toString과 메소드 draw의 호출이 실행됩니다.

이때 그림 13-10과 같이 p가 참조하는 인스턴스의 형(type)(Point, Rectangle, ...)에 따라서 적절한 형이 선택됩니다.

▶ 즉, 동적 결합이 이루어집니다.

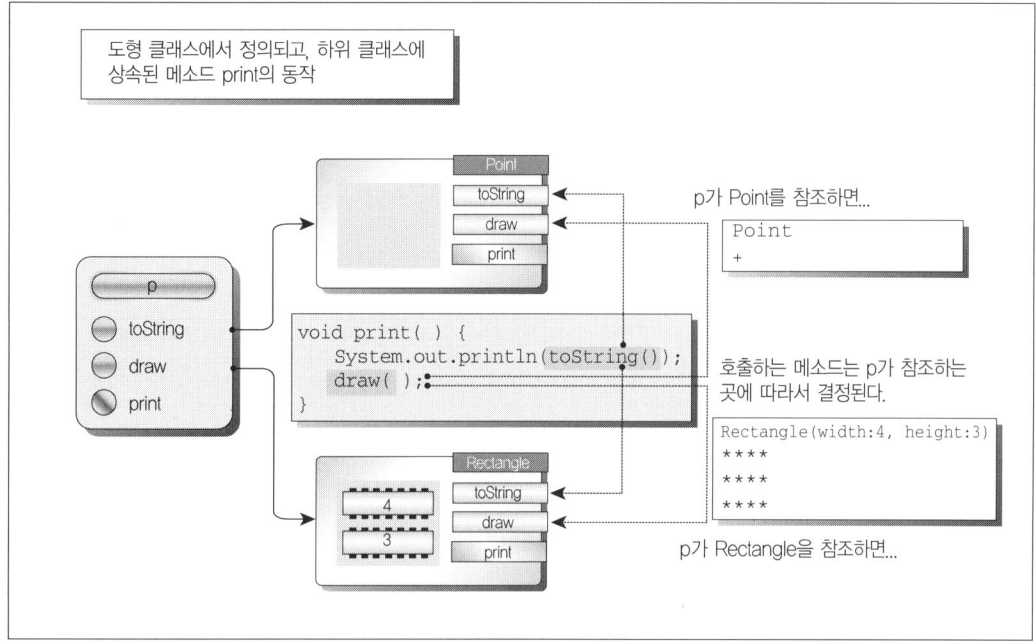

● **그림 13-10** 비추상 메소드로부터 호출되는 추상 메소드

■ 수정한 도형 클래스

그림 13-11은 지금까지의 설계를 기초로 작성된 도형 클래스들의 클래스 계층도입니다. 클래스 Shape와 AbstLine이 추상 클래스입니다.

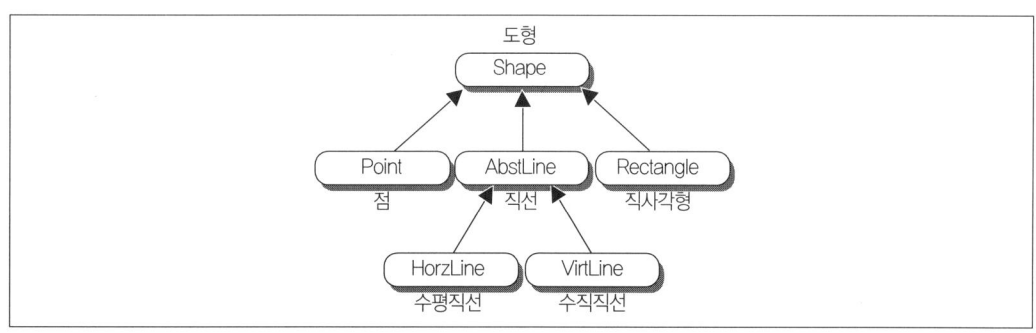

● **그림 13-11** 도형 클래스들의 클래스 계층도

각 클래스의 프로그램을 다음과 같이 제시합니다.

- 도형 Shape 리스트 13-3
- 점 Point 리스트 13-4
- 직선 AbstLine 리스트 13-5
- 수평직선 HorzLine 리스트 13-6
- 수직직선 VirtLine 리스트 13-7
- 직사각형 Rectangle 리스트 13-8

▶ 각 클래스를 독립된 소스 파일로 작성하고 동시에 클래스와 메소드와 생성자를 public 선언하고 있습니다.

리스트 13-3

◎ 예제파일 : shape2/Shape.java

```java
/**
 * 클래스 Shape는 도형의 개념을 나타내는 추상 클래스입니다.
 * 추상 클래스이기 때문에 이 클래스의 인스턴스를 생성할 수는 없습니다.
 * 구체적인 도형 클래스는 이 클래스로부터 파생됩니다.
 * @author   시바타 보요
 * @see      Object
 */
public abstract class Shape {

    /**
     * 도형 정보를 나타내는 문자열을 반환하는 추상 메소드입니다.
     * 클래스 Shape로부터 파생되는 클래스이고, 이 메소드의 본체를 구현합니다.
     * 이 메소드는 java.lang.Object 클래스의 메소드를 추상 메소드로
     * 오버라이드한 메소드입니다.
     */
    public abstract String toString( );

    /**
     * 메소드 draw는 도형을 그리기 위한 추상 메소드입니다.
     * 클래스 Shape로부터 파생된 클래스이고, 이 메소드의 본체를 구현합니다.
     */
    public abstract void draw( );

    /**
     * 메소드 print는 도형 정보의 표시와 도형의 그리기를 실행합니다.
     * 구체적으로는 아래의 두 가지 과정을 순서대로 실행합니다.  <BR>
     * Step 1. 메소드 toString이 반환하는 문자열을 표시해서 줄 바꿈.  <BR>
     * Step 2. 메소드 draw를 호출한 도형의 그리기.  <BR>
     */
    public void print( ) {
        System.out.println(toString( ));
        draw( );
    }
}
```

리스트 13-4

◎ 예제파일 : shape2/Point.java

```java
/**
 * 클래스 Point는 점을 나타내는 클래스입니다.
 * 이 클래스는 도형을 나타내는 클래스 Shape로부터 파생된 클래스입니다.
 * 필드는 없습니다.
 * @author   시바타 보요
 * @see      Shape
 */
public class Point extends Shape {

    /**
     * 점을 생성하는 생성자입니다.
     * 전달 받는 인수는 없습니다.
     */
    public Point( ) {
        // 아무 실행도 하지 않음.
    }

    /**
     * 메소드 toString은 점에 관한 도형 정보를 나타내는 문자열을 반환합니다.
     * 반환하는 문자열은 항상 "Point"입니다.
     * @return 문자열 "Point"를 반환합니다.
     */
    public String toString( ) {
        return "Point";
    }

    /**
     * 메소드 draw는 점을 그리는 메소드입니다.
     * 플러스 기호 '+'를 1개만 표시하고 줄 바꿈을 합니다.
     */
    public void draw( ) {
        System.out.println('+');
    }
}
```

▶ 메소드 print를 클래스 Shape로 정리하면 메소드 print의 사양 변경을 유연하게 할 수 있습니다. 예를 들면 '해설 표시와 그리기의 순서를 반대로 한다. 즉, 먼저 그리기를 실행하고 해설 표시를 한다'고 가정합니다. 만약 메소드 print를 각 도형 클래스에서 정의하면, 모든 도형 클래스의 메소드 print를 수작업으로 수정해야 합니다. 그러나 이 프로그램에서는 클래스 Shape의 메소드 print를 다음과 같이 수정만 하면 됩니다.

```java
public void print( )
    draw( );
    System.out.println(toString( ));
}
```

리스트 13-5 ◎ 예제파일 : shape2/AbstLine.java

```java
/**
 * 클래스 AbstLine은 직선을 나타내는 추상 클래스입니다.
 * 이 클래스는 도형을 나타내는 추상 클래스 Shape로부터 파생된 클래스입니다.
 * 추상 클래스이기 때문에 이 클래스의 인스턴스를 생성할 수는 없습니다.
 * 구체적인 직선 클래스는 이 클래스로부터 파생됩니다.
 * @author    시바타 보요
 * @see       Shape
 * @see       HorzLine VirtLine
 */
public abstract class AbstLine extends Shape {

    /**
     * 직선의 길이를 나타내는 int형 필드입니다.
     */
    private int length;

    /**
     * 직선을 생성하는 생성자입니다.
     * 길이를 인수로 전달받습니다.
     * @param length 생성할 직선의 길이.
     */
    public AbstLine(int length) {
        setLength(length);
    }

    /**
     * 직선의 길이를 취득합니다.
     * @return 직선의 길이.
     */
    public int getLength( ) {
        return length;
    }

    /**
     * 직선의 길이를 설정합니다.
     * @param length 설정할 직선의 길이.
     */
    public void setLength(int length) {
        this.length = length;
    }

    /**
     * 메소드 toString은 직선에 관한 도형 정보를 나타내는 문자열을 반환합니다.
     * @return 문자열 "AbstLine(length:3)"을 반환합니다.
     *         3은 길이의 값입니다.
```

```
    */
    public String toString( ) {
        return "AbstLine(length:" + length + ")";
    }
}
```

리스트 13-6

◎ 예제파일 : shape2/HorzLine.java

```
/**
 * 클래스 HorzLine은 수평직선을 나타내는 클래스입니다.
 * 이 클래스는 직선을 나타내는 추상 클래스 AbstLine으로부터 파생된 클래스입니다.
 * @author   시바타 보요
 * @see      Shape
 * @see      AbstLine
 */
public class HorzLine extends AbstLine {

    /**
     * 수평직선을 생성하는 클래스입니다.
     * 길이를 인수로 전달받습니다.
     * @param length 생성할 직선의 길이.
     */
    public HorzLine(int length) { super(length); }

    /**
     *  메소드 toString은 수평직선에 관한 도형 정보를 나타내는 문자열을 반환합니다.
     * @return 문자열 "HorzLine(length:3)"을 반환합니다.
     *         3은 길이의 값입니다.
     */
    public String toString( ) {
        return "HorzLine(length:" + getLength( ) + ")";
    }

    /**
     * 메소드 draw는 수평직선을 그립니다.
     * 그리기는 마이너스 기호 '-'를 가로로 나열합니다.
     * 길이의 개수만큼 '-'를 연속 표시하고 줄 바꿈을 합니다.
     */
    public void draw( ) {
        for (int i = 1; i <= getLength( ); i++)
            System.out.print('-');
        System.out.println( );
    }
}
```

리스트 13-7
◎ 예제파일 : shape2/VirtLine.java

```java
/**
 * 클래스 VirtLine은 수직직선을 나타내는 클래스입니다.
 * 이 클래스는 직선을 나타내는 추상 클래스 AbstLine으로부터 파생된 클래스입니다.
 * @author   시바타 보요
 * @see      Shape
 * @see      AbstLine
 */
public class VirtLine extends AbstLine {

    /**
     * 수직직선을 생성하는 생성자입니다.
     * 길이를 인수로 할당받습니다.
     * @param length 생성할 직선의 길이.
     */
    public VirtLine(int length) { super(length); }

    /**
     * 메소드 toString은 수직직선에 관한 도형 정보를 나타내는 문자열을 반환합니다.
     * @return 문자열 "VirtLine(length:3)"을 반환합니다.
     *         3은 길이의 값입니다.
     */
    public String toString( ) {
        return "VirtLine(length:" + getLength( ) + ")";
    }

    /**
     * 메소드 draw는 수직직선을 그립니다.
     * 그리기는 종선기호 '|'을 세로로 나열합니다.
     * 길이의 개수만큼 '|'을 표시하고 줄 바꿈 하는 것을 반복합니다.
     */
    public void draw( ) {
        for (int i = 1; i <= getLength( ); i++)
            System.out.println('|');
    }
}
```

리스트 13-8
◎ 예제파일 : shape2/Rectangle.java

```java
/**
 * 클래스 Rectangle은 직사각형을 나타내는 클래스입니다.
 * 이 클래스는 도형을 나타내는 추상 클래스 Shape로부터 파생된 클래스입니다.
 * @author   시바타 보요
 * @see      Shape
```

```java
*/
public class Rectangle extends Shape {

    /**
     * 직사각형의 폭을 나타내는 int형 필드입니다.
     */
    private int width;

    /**
     *  직사각형의 높이를 나타내는 int형 필드입니다.
     */
    private int height;

    /**
     * 직사각형을 생성하는 생성자입니다.
     * 폭과 높이를 인수로 할당받습니다.
     * @param width   직사각형의 폭.
     * @param height 직사각형의 높이.
     */
    public Rectangle(int width, int height) {
        this.width = width;
        this.height = height;
    }

    /**
     * 메소드 toString은 직사각형에 관한 도형 정보를 나타내는 문자열을 반환합니다.
     * @return 문자열 "Rectangle(width:4, height:3)"을 반환합니다.
     *         4와 3은 각각 폭과 높이의 값입니다.
     */
    public String toString( ) {
        return "Rectangle(width:" + width + ", height:" + height + ")";
    }

    /**
     * 메소드 draw는 직사각형을 그립니다.
     * 그리기는 애스터리스크 기호 '*'를 나열합니다.
     * 폭의 개수만큼 '*'를 표시하고 줄 바꿈 하는 것을 width번 만큼 반복합니다.
     */
    public void draw( ) {
        for (int i = 1; i <= height; i++) {
            for (int j = 1; j <= width; j++)
                System.out.print('*');
            System.out.println( );
        }
    }
}
```

리스트 13-9는 도형 클래스들을 이용하는 프로그램입니다. 이 프로그램에서는 다형성의 효과를 확인하기 위해서 클래스 Shape형의 배열을 이용하고 있습니다. 배열 요소 p[0]~p[3]은 각각 점 Point, 수평직선 HorzLine, 수직직선 VirtLine, 직사각형 Rectangle의 인스턴스를 참조합니다.

확장 for문에서는 모든 요소에 대해서 메소드 print를 기동하고 있습니다. 정확히 실행되고 있는 것을 실행결과로부터 확인할 수 있습니다.

리스트 13-9 ◎ 예제파일 : shape2/ShapeTester.java

```
class ShapeTester {
    public static void main(String[ ] args) {
        Shape[ ] p = new Shape[4];

        p[0] = new Point( );            // 점
        p[1] = new HorzLine(5);         // 수평직선
        p[2] = new VirtLine(3);         // 수직직선
        p[3] = new Rectangle(4, 3);     // 직사각형

        for (Shape s : p) {
            s.print( );
            System.out.println( );
        }
    }
}
```

실행결과
```
Point
+

HorzLine(length:5)
-----

VirtLine(length:3)
|
|
|

Rectangle(width:4, height:3)
****
****
****
```

연습 13-1

도형 클래스들을 테스트하는 프로그램을 작성하시오. 리스트 13-9와 같이 Shape형의 배열을 이용해서 인스턴스를 생성하고 표시를 실행할 것. 단 각 요소가 참조하는 인스턴스는 프로그램 내에서 할당되는 것이 아니라 키보드로 입력할 것.

실 행 예
```
도형의 개수는? : 6
1번 도형의 종류 (1 … 점/2 … 수평직선/3 … 수직직선/4 … 직사각형) : 3
길이 : 5
2번 도형의 종류 (1 … 점/2 … 수평직선/3 … 수직직선/4 … 직사각형) : 4
폭   : 4
길이 : 3
… 중략 …
Point
*
… 중략 …
```

13-2 추상성을 갖는 비추상 메소드의 설계

연습 13-2

도형 클래스들에 대해서 직각이등변 삼각형을 나타내는 클래스를 추가하시오. 좌하변이 직각인 것, 우하변이 직각인 것, 우상변이 직각인 것을 추가할 것. 직각이등변 삼각형을 나타내는 추상 클래스를 만들고, 이 클래스로부터 각 클래스가 파생되도록 작성할 것.

연습 13-3

가위바위보의 '플레이어'를 나타내는 추상 클래스를 정의하시오. 이 클래스로부터 다음과 같은 클래스가 파생되도록 할 것.
- 인간 플레이어 클래스(내는 손을 키보드로 입력)
- 컴퓨터 플레이어 클래스(내는 손을 난수로 생성)

문서화 주석과 javadoc

도형 클래스 제2판에서는 /** … */ 형식의 문서화 주석을 사용하고 있습니다. 이것은 프로그램의 사양서가 되는 도큐먼트를 생성하기 위한 주석입니다. 주석을 생성하는 것은 javac 컴파일러가 아니고 javadoc이라는 툴입니다.

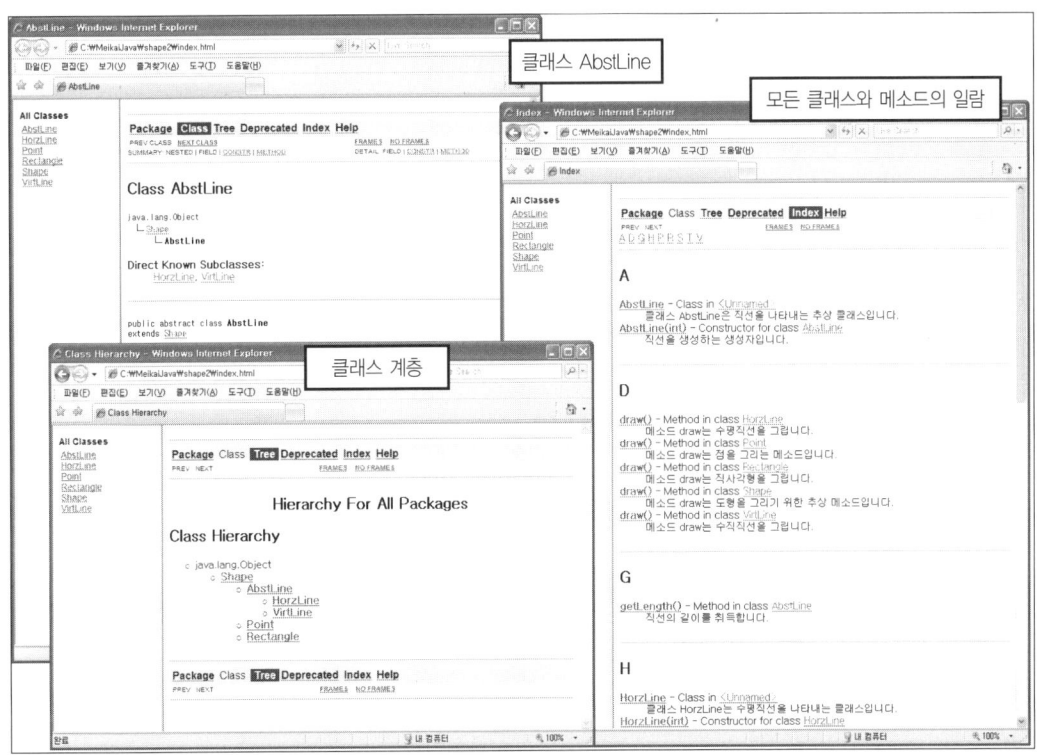

◉ 그림 13-12 javadoc을 이용해서 생성된 도형 클래스들의 도큐먼트(일부)

▶ 문서화 주석의 작성법과 javadoc 툴의 사용법에 대해서 자세히 설명하려면 수십 페이지에 이르기 때문에 여기에서는 기초적이고 중요한 몇 가지 내용만 설명합니다.

javadoc 툴을 이용하면 소스 프로그램에서 그림 13-12와 같이 도큐먼트를 아주 간단하게 만들 수 있습니다(여기에서 제시한 것은 페이지 일부입니다).

문서화 주석

문서화 주석은 /**와 */ 사이에 기술한 주석입니다. 주석이 여러 줄일 경우에는 다음과 같이 중간 줄의 앞에 *을 쓰는 것이 일반적입니다.

```
/**
 * 문서화 주석은 클래스,  인터페이스,  생성자,  메소드
 * 필드의 직전에 기술합니다.
 */
```

중간 줄의 앞에 위치하는 * 표시와 이것보다 왼쪽에 위치하는 공백과 탭 문자는 무시되기 때문에 도큐먼트를 생성할 때 흰색 부분만 이용됩니다.

*

문서화 주석은 클래스, 인터페이스, 생성자, 메소드, 필드 선언 직전에 위치한 주석만이 인식됩니다. 다음과 같이 import 선언 전에 주석을 기술하면 클래스에 대한 주석으로 간주되지(무시되지) 때문에 주의하기 바랍니다.

```
/** 클래스 Day는 날짜를 나타내는 클래스입니다. */ ──── 클래스 직전이 아니다     ✗
import java.util.*;

class Day {
    // ...
}
```

주석에는 HTML의 태그를 그대로 사용할 수 있습니다. 예를 들면 〈B〉와 〈/B〉 사이에 기술된 부분은 굵은 글꼴이 되고 〈I〉와 〈/I〉 사이에 기술된 부분은 이탤릭 체가 됩니다. 그리고 〈BR〉이 쓰인 부분에서는 줄 바꿈을 합니다.

▶ HTML(hyper text markup language)은 소위 홈 페이지를 작성할 때 이용하는 언어입니다. HTML의 태그와 URL 등의 용어에 관해서는 HTML 관련 서적 등을 학습하기 바랍니다.

13-2 추상성을 갖는 비추상 메소드의 설계

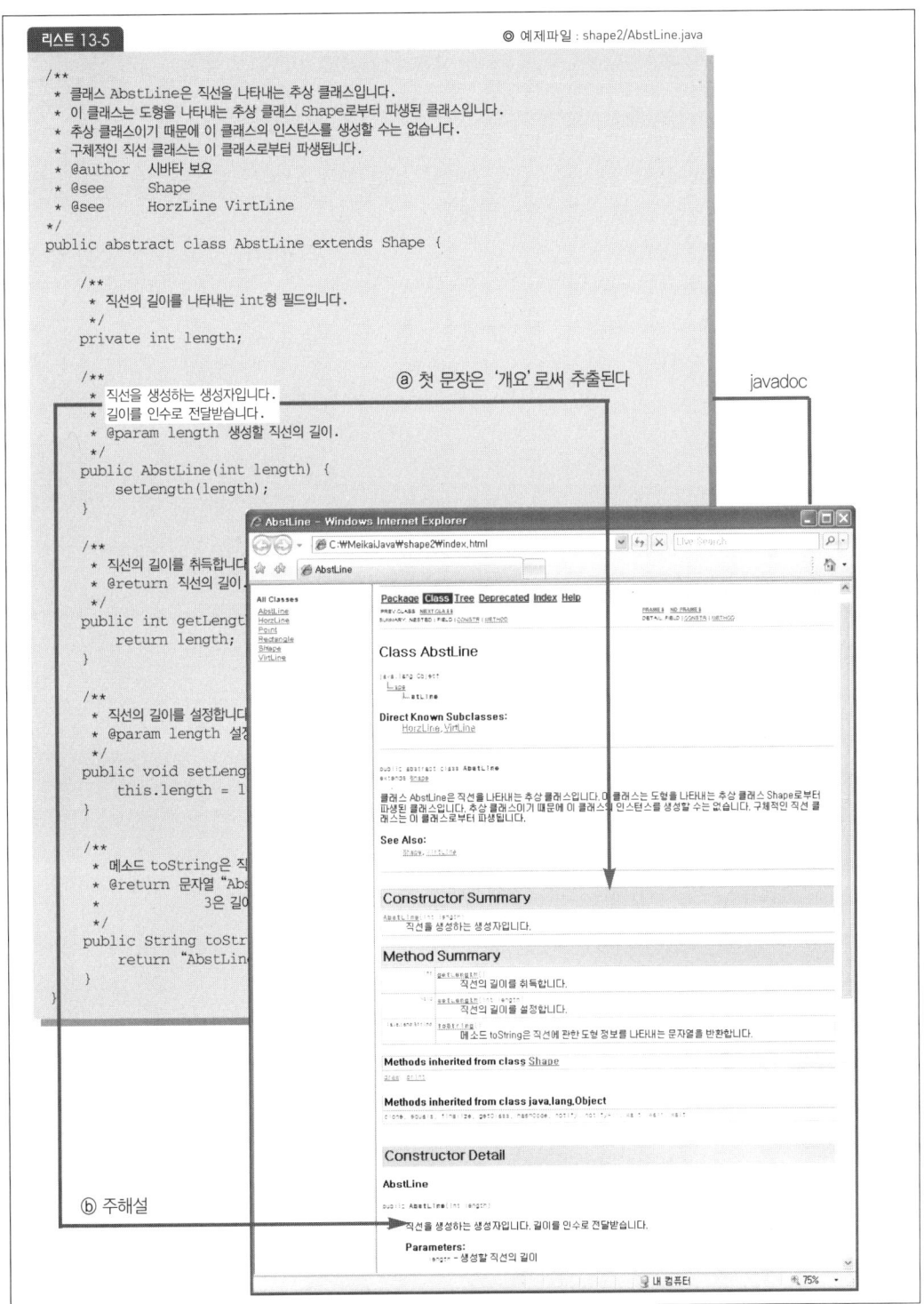

● **그림 13-13** 클래스 AbstLine의 소스와 도큐먼트

주석의 첫 부분에는 '주해설'을 기술합니다. 이 부분에는 복수의 문을 기술할 수 있지만, 첫 문장은 주석의 대상이 되는 클래스와 메소드 등의 '개요'를 간결하게 정리해서 표기합니다.

▶ 첫 문장만이 '개요'로서 추출되기 때문에 주의하기 바랍니다(그림 13-13ⓐ).

주해설 뒤에는 프로그램의 저자명 · 메소드의 반환값 등을 문서화 주석 전용의 태그를 이용해서 기술합니다. 태그는 @으로 시작하는 특별한 명령입니다.

■ @author '저자명'

도큐먼트에 '저자'의 항목을 추가해서 '저자명'을 입력합니다.

▶ 하나의 @author에 복수의 '저자명'을 기술할 수도 있고, 각 '저자명' 마다 @author를 사용할 수도 있습니다.

■ {@code '코드'}

프로그램 코드를 나타냅니다.

▶ 생성된 HTML에서는 ⟨code⟩ 태그와 ⟨/code⟩ 태그 사이에 기술되기 때문에 대부분의 브라우저에서 고정간격 글꼴(fixed-width font)로 표시됩니다. 프로그램 부분과 변수명 등을 나타낼 때 이용합니다.

■ @return '반환값'

도큐먼트에 '반환값'의 항목을 추가해서 '반환값'을 기술합니다. 메소드의 반환값의 형(type)과 값(value)에 관한 정보를 기술합니다. 메소드의 주석에만 유효합니다.

▶ 반환값은 메소드의 반환값을 의미합니다.

■ @param '인수명' '해설'

도큐먼트에 '패러미터'의 항목을 추가해서 '인수명'과 그 '해설'을 기술합니다. 메소드 · 생성자 · 클래스의 주석에만 유효합니다.

▶ 패러미터(parameter)는 메소드의 가인수를 의미합니다.

■ @see '참조할 곳'

도큐먼트에 '관련항목'의 항목을 추가해서 '참조할 곳'을 지정하는 링크 또는 문서를 기술합니다. @see 태그의 개수는 임의적입니다. 이 태그에는 다음과 같이 3종류의 형식이 있습니다.

• @see '문자열'

'문자열'을 추가합니다. 링크는 생성되지 않습니다. URL로는 액세스할 수 없는 정보를 참조할 경우에 이용합니다.

- @see ⟨a href="URL#value"⟩label⟨/a⟩

    URL#value로 정의되고 있는 링크를 추가합니다. URL#value는 상대 URL 또는 절대 URL입니다.

- @see package.class#member label

    지정된 이름을 가진 멤버에 관한 도큐먼트를 지정하는 링크를 표시 텍스트 label과 함께 추가합니다. label은 생략 가능합니다. label을 생략하면 링크할 곳의 멤버 이름이 적절하게 단축되어 표시됩니다.

▶ MS-Windows 상에서 MeikaiJava\shape2 디렉터리에 각 클래스들의 소스 프로그램이 저장되어 있다고 가정합니다. 도형 클래스들의 도큐먼트 생성은 현재 디렉터리를 MeikaiJava\shape2로 이동한 후 다음과 같이 실행합니다.

```
javadoc shape2 *.java ↵
```

■ javadoc 툴

소스 프로그램 안에 기입된 문서화 주석을 기초로 도큐먼트를 작성하는 것이 javadoc 툴(tool)입니다. 이 툴은 같은 명령어를 이용해서 기술해서 실행시킬 수 있습니다.

```
javadoc    옵션    패키지명    소스파일    @인수파일
```

자세한 사항은 javadoc의 도큐먼트를 참조하고, 여기에서는 중요한 내용만을 해설합니다.

■ 옵션(option)

지정할 수 있는 옵션을 표 13-1과 표 13-2에 나타냅니다.

▶ javadoc은 사용자 지정을 할 수 있습니다. 사용자 지정을 하지 않으면 표준 도크렛(doclet)이 사용되기 때문에 표 13-2에 제시한 옵션을 그대로 이용할 수 있습니다.

■ 패키지명

문서를 작성할 패키지명을 지정합니다.

■ 소스 파일

문서를 작성할 소스 파일의 이름을 지정합니다.

■ 인수 파일

javadoc에 대한 지시가 기술된 파일 이름을 지정합니다.

● 표 13-1 ··· javadoc의 옵션

-overview ⟨file⟩	HTML 파일로부터 개요 도큐먼트를 추출한다.
-public	public 클래스와 멤버만을 나타낸다.
-protected	protected/public 클래스와 멤버를 나타낸다(디폴트).
-package	package/protected/public 클래스와 멤버를 나타낸다.
-private	모든 클래스와 멤버를 나타낸다.
-help	커맨드 라인 옵션을 표시하고 종료한다.
-doclet ⟨class⟩	대체 doclet을 매개로 출력을 생성한다.
-docletpath ⟨path⟩	doclet 클래스 파일을 찾는 장소를 지정한다.
-sourcepath ⟨pathlist⟩	소스 파일이 있는 장소를 지정한다.
-classpath ⟨pathlist⟩	유저 클래스 파일이 있는 장소를 지정한다.
-exclude ⟨pkglist⟩	제외할 패키지 리스트를 지정한다.
-subpackages ⟨subpkglist⟩	재귀적으로 로드하는 하위 패키지를 지정한다.
-breakiterator	BreakIterator로 최초의 문을 계산한다.
-bootclasspath ⟨pathlist⟩	부트스트랩 클래스로더로 로드된 클래스 파일의 위치를 오버라이드한다.
-source ⟨release⟩	지정된 릴리스와 소스의 호환성이 제공된다.
-extdirs ⟨dirlist⟩	확장기능이 설치된 위치를 오버라이드한다.
-verbose	Javadoc의 동작에 대해서 메시지를 출력한다.
-locale ⟨name⟩	en_us와 en_US_WIN 등을 사용하는 locale을 지정한다.
-encoding ⟨name⟩	소스 파일의 인코딩 이름을 지정한다.
-quiet	상태 메시지를 표시하지 않는다.
-J⟨flag⟩	⟨flag⟩를 실행 시스템에 직접 전달한다.

● 표 13-2 ··· 표준 doclet의 옵션

-d ⟨directory⟩	출력 파일을 전송할 곳의 디렉터리.
-use	클래스와 패키지의 사용 페이지를 작성한다.
-version	@version 패러그래프를 포함한다.
-author	@author 패러그래프를 포함한다.
-docfilessubdirs	doc-file 하위 디렉터리를 재귀적으로 복사한다.
-splitindex	1자마다 1 파일로 색인을 분할한다.
-windowtitle ⟨text⟩	도큐먼트용의 브라우저 윈도우 타이틀을 지정한다.
-doctitle ⟨html-code⟩	개요 페이지에 타이틀을 포함한다.
-header ⟨html-code⟩	각 페이지에 header를 포함한다.

옵션	설명
-footer ⟨html-code⟩	각 페이지에 footer를 포함한다.
-top ⟨html-code⟩	각 페이지에 top text를 포함한다.
-bottom ⟨html-code⟩	각 페이지에 bottom text를 포함한다.
-link ⟨url⟩	⟨url⟩에 javadoc 출력으로의 링크를 작성한다.
-linkoffline ⟨url⟩ ⟨url2⟩	⟨url2⟩에 있는 패키지 리스트를 사용해서 ⟨url⟩의 docs에 링크한다.
-excludedocfilessubdir ⟨name1⟩:..	지정된 이름의 doc-files 하위 디렉터리를 모두 제외한다.
-group ⟨name⟩ ⟨p1⟩:⟨p2⟩..	지정한 패키지를 개요 페이지에서 그룹화한다.
-nocomment	표기 및 태그를 억제해서 선언만을 생성한다.
-nodeprecated	@deprecated 정보를 제외한다.
-noqualifier ⟨name1⟩:⟨name2⟩:...	출력으로부터 수식자의 리스트를 제외한다.
-nosince	@since 정보를 제외한다.
-notimestamp	비표시 time stamp를 제외한다.
-nodeprecatedlist	비추천 리스트를 생성하지 않는다.
-notree	클래스 계층을 생성하지 않는다.
-noindex	색인을 생성하지 않는다.
-nohelp	help 링크를 생성하지 않는다.
-nonavbar	navigation bar를 생성하지 않는다.
-serialwarn	@serial 태그에 관한 경고를 생성한다.
-tag ⟨name⟩:⟨locations⟩:⟨header⟩	단일 인수를 갖는 사용자 태그를 지정한다.
-taglet	taglet의 완전수식명을 등록한다.
-tagletpath	taglet의 패스를 지정한다.
-charset ⟨charset⟩	생성된 도큐먼트의 크로스 플랫폼에서의 문자 인코딩을 지정한다.
-helpfile ⟨file⟩	help 링크의 링크할 곳의 파일을 포함한다.
-linksource	HTML 형식으로 소스를 생성한다.
-sourcetab ⟨tab length⟩	소스 내의 태그의 공백문자 수를 지정한다.
-keywords	HTML의 meta 태그에 패키지, 클래스 및 멤버의 정보를 포함한다.
-stylesheetfile ⟨path⟩	생성된 도큐먼트의 스타일 변경용 파일을 지정한다.
-docencoding ⟨name⟩	출력 인코딩 이름

연습 13-4

연습 9-4에서 작성한 '인간 클래스'에 대해서 javadoc 주석을 기술하고, javadoc 툴로 도큐먼트를 작성하시오.

이장의 요약

- abstract 선언된 메소드는 추상 메소드이다. 추상 메소드는 메소드 본체를 갖지 않는다.

- 1개라도 추상 메소드를 갖는 클래스는 추상 메소드로 정의해야 한다. 추상 클래스 선언에는 abstract가 필요하다.

- 추상 클래스의 인스턴스를 생성할 수 없다.

- 추상 클래스의 클래스형 변수는 이 클래스의 하위 클래스의 인스턴스를 참조할 수 있기 때문에 다형성을 활용할 수 있다.

- 추상 클래스는 이 클래스로부터 파생된 하위 클래스들을 그룹화해서 '혈연관계'를 갖게 하는 역할을 한다.

- 상위 클래스의 추상 메소드를 오버라이드해서 본체를 정의하는 것을 '메소드를 구현한다'라고 말한다.

- 메소드 내에서는 동일한 클래스에 속하는 본체를 갖지 않는 추상 메소드를 호출할 수 있다. 호출되는 메소드는 프로그램 실행 시에 동적 결합에 의해 결정된다(인스턴스의 형에 따라서 메소드가 호출된다).

- 상위 클래스의 비추상 메소드를 하위 클래스에서 추상 메소드로 오버라이드할 수 있다.

- Object 클래스의 비추상 메소드 public String toString( )를 추상 메소드로 오버라이드하면 이 클래스보다 하위 클래스에 대해 toString 메소드의 구현을 강요한다.

- 문서화 주석의 형식은 /** … */이다. javadoc 툴을 이용해서 매뉴얼이라고 할 수 있는 도큐먼트를 생성할 수 있다.

- 문서화 주석의 대상은 클래스, 인터페이스, 생성자, 메소드, 필드이다.

- 문서화 주석에는 HTML 태그를 삽입할 수 있다.

```java
//--- 동물 클래스 ---//
public abstract class Animal {              ← 추상 클래스
    private String name;            // 이름
    public Animal(String name) { this.name = name; }

    public abstract void bark( );           // 짖는다          ← 추상 메소드
    public abstract String toString( );     // 문자열 표현을 반환한다

    public String getName( ) { return name; }
    public void introduce( ) {              ← 추상 메소드의 호출
        System.out.print(toString( ) + "입니다. ");
        bark( );
    }
}
```
◎ 예제파일 : Chap13/Animal.java

```java
//--- 개 클래스 ---//
public class Dog extends Animal {
    private String type;            // 견종
    public Dog(String name, String type) {
        super(name);  this.type = type;
    }
    public void bark( ) { System.out.println("멍멍!!"); }
    public String toString( ) { return type + "인" + getName( ); }
}
```
◎ 예제파일 : Chap13/Dog.java

```java
//--- 고양이 클래스 ---//
public class Cat extends Animal {
    private int age;                // 나이
    public Cat(String name, int age) { super(name);  this.age = age; }
    public void bark( ) { System.out.println("야옹!!"); }
    public String toString( ) { return age + "살인" + getName( ); }
}
```
◎ 예제파일 : Chap13/Cat.java

```
        동물
       Animal    ------ 추상 클래스
       /     \
     Dog     Cat
      개     고양이
```

```java
//--- 동물 클래스의 테스트 ---//
public class AnimalTester {

    public static void main(String[ ] args) {
        Animal[ ] a = {
            new Dog("바둑이", "삽살개"),   // 개
            new Cat("아롱이", 7),           // 고양이
            new Dog("백두", "진돗개"),     // 개
        };

        for (Animal k : a) {
            k.introduce( );        // k가 참조하고 있는 인스턴스의 형에 따라서
            System.out.println( ); //                 메소드가 호출된다
        }
    }
}
```
◎ 예제파일 : Chap13/AnimalTester.java

실행결과
삽살개인 바둑이입니다. 멍멍!!
7살인 아롱이입니다. 야옹!!
진돗개인 백두입니다. 멍멍!!

제14장

인터페이스

이 장에서는 인터페이스에 대해서 학습합니다. 그대로 이용할 수 없는 인터페이스는 클래스를 만들 때 '구현'해서 이용합니다. 인터페이스의 구현은 파생에 의한 클래스의 계층관계와는 다른 관계를 클래스 사이에 할당합니다.

　… 인터페이스 선언
　… 인터페이스 구현
　… 클래스 파생과 인터페이스 구현
　… 인터페이스 상속

14-1 인터페이스

여기에서는 참조형의 일종인 인터페이스의 기본을 배웁니다. 인터페이스는 클래스와 비슷하지만 동시에 여러 가지 다른 점이 있기 때문에 확실하게 학습하기 바랍니다.

인터페이스

이 장에서는 인터페이스(interface)를 배웁니다. 클래스를 '회로의 설계도'에 비유했다면, 인터페이스는 '리모컨의 설계도'라고 표현할 수 있습니다.

▶ interface는 '경계면' '공유영역'이라는 의미입니다.

■ 인터페이스 선언

여기에서는 구체적으로 비디오 플레이어, CD 플레이어, DVD 플레이어 등 플레이어(재생기)를 예로 들면서 살펴 봅니다. 이 플레이어들은 모두 '재생'과 '정지'라는 조작을 할 수 있습니다. 플레이어 내부에서의 실제 동작은 각 플레이어마다 다르지만, 리모컨에 '재생 버튼'과 '정지 버튼'이 있는 것은 공통적인 사항입니다. 그림 14-1 ⓐ는 리모컨의 공통적인 부분의 이미지입니다.

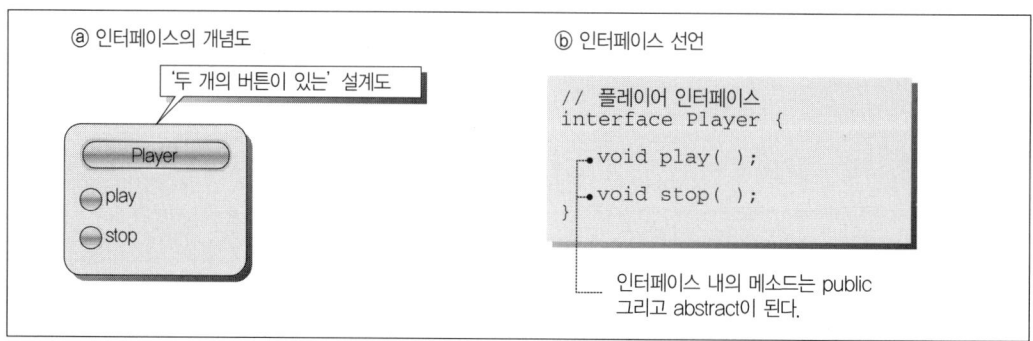

● 그림 14-1 플레이어 인터페이스(리모컨의 설계도)

'Player 리모컨은 play 버튼과 stop 버튼 두 가지로 구성된다'라는 리모컨의 설계도를 프로그램으로 나타낸 것이 그림 ⓑ에 제시한 인터페이스 선언(interface declaration)입니다. 언뜻 보면 클래스 선언과 비슷하지만, 첫 부분 키워드가 class가 아닌 interface로 되어 있는 점이 클래스와 다릅니다. 또한 인터페이스 내의 모든 메소드는 public 그리고 abstract입니다(public이나 abstract을 기술해도 되지만 쓸데없이 길어지기만 합니다).

메소드 본체 { … } 대신에 ;을 사용해서 선언해야 하는 점은 클래스의 추상 메소드 사용법과 같습니다.

인터페이스 구현

그럼 인터페이스 내에서 선언된 추상 메소드의 실체는 어디에서 정의할까요? 그것은 바로 인터페이스를 구현하는(implement) 클래스 안입니다.

인터페이스 Player를 구현하는 클래스 VideoPlayer 선언이 그림 14-2 ⓐ입니다. 'implement Player' 부분이 인터페이스 Player가 구현되고 있는 것을 나타냅니다. 이 선언은 파생 클래스의 선언과 비슷하지만, 이용하는 키워드가 extends가 아닌 implements입니다.

▶ 제13장에서는 '추상 메소드'의 구현에 대해서 배웠습니다. 여기에서 학습하는 것은 '인터페이스'의 구현입니다.

클래스 VideoPlayer 선언은 다음과 같이 이해하기 바랍니다.

이 클래스에서는 Player 리모컨을 구현하기 때문에 각 버튼으로 호출되는 메소드의 본체도 구현합니다.

이 관계를 이미지로 나타낸 것이 그림 ⓑ입니다(클래스가 인터페이스를 구현하는 그림은 클래스에서 인터페이스로 향하는 점선으로 연결해서 표현합니다).

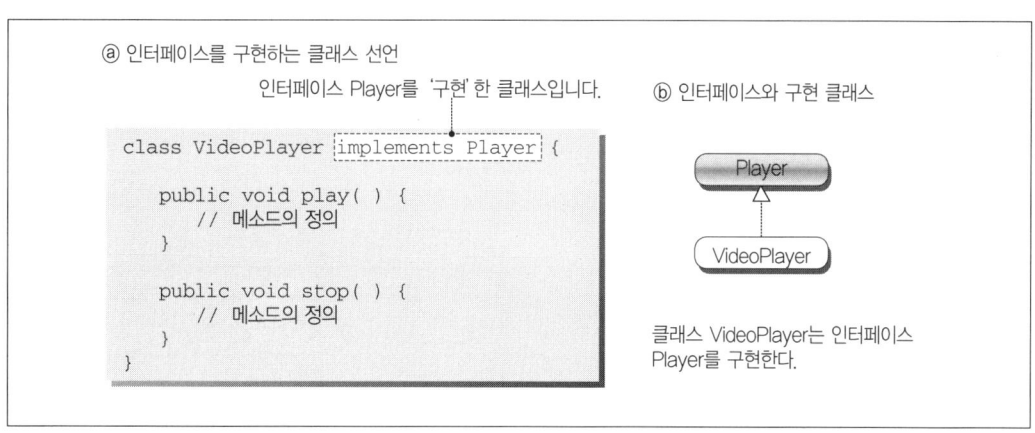

● 그림 14-2 인터페이스의 구현

클래스 VideoPlayer는 인터페이스 Player를 구현하고 동시에 메소드 play와 stop을 구현합니다(메소드를 오버라이드해서 본체를 정의합니다).

오버라이드하는 메소드는 public 선언을 해야 합니다. 왜냐하면 인터페이스의 메소드가 public이고, 이것보다 강하게 액세스 제한을 할 수 없기 때문입니다.

이것은 클래스 파생에서 오버라이드하는 경우와 마찬가지입니다.

> **주의** 인터페이스의 메소드는 public 그리고 abstract이다. 이것을 구현하는 클래스에서는 메소드에 public 수식자를 사용해서 구현한다.

인터페이스 Player를 구현한 비디오 플레이어 클래스 VideoPlayer와 CD 플레이어 클래스 CDPlayer를 만들어 봅시다. 프로그램을 리스트 14-1 ~ 리스트 14-3에 나타냅니다.

리스트 14-1　　　　　　　　　　　　　　　　　　　　　　　◎ 예제파일 : player/Player.java

```java
// 플레이어 인터페이스
public interface Player {
    void play( );              // ○ 재생
    void stop( );              // ○ 정지
}
```

리스트 14-2　　　　　　　　　　　　　　　　　　　　　◎ 예제파일 : player/VideoPlayer.java

```java
//===== 비디오 플레이어 =====//
public class VideoPlayer implements Player {
    private int id;                           // 제조번호
    private static int count = 0;             // 현재까지 할당된 제조번호

    public VideoPlayer( ) {                   // 생성자
        id = ++count;
    }

    public void play( ) {                     // ○ 재생
        System.out.println("■ 비디오 재생시작!");
    }

    public void stop( ) {                     // ○ 정지
        System.out.println("■ 비디오 재생종료!");
    }

    public void printInfo( ) {                // 제조번호 표시
        System.out.println("이 기계의 제조번호는 ["+ id + "]입니다.");
    }
}
```

리스트 14-3
◎ 예제파일 : player/CDPlayer.java

```java
//===== CD 플레이어 =====//
public class CDPlayer implements Player {

    public void play( ) {       // ○재생
        System.out.println("ㅁ CD 재생시작!");
    }

    public void stop( ) {       // ○정지
        System.out.println("ㅁ CD 재생종료!");
    }

    public void cleaning( ) {   // 헤드 청소
        System.out.println("헤드를 청소했습니다.");
    }
}
```

그림 14-3은 이 인터페이스와 클래스들의 이미지를 나타낸 것입니다. VidoePlayer 리모컨과 CDPlayer 리모컨은 양쪽 모두 Player 리모컨 버튼의 play와 stop을 포함하고 있습니다. '클래스 VideoPlayer와 CDPlayer가 인터페이스 Player를 구현하고 있는' 이미지를 파악하기 바랍니다.

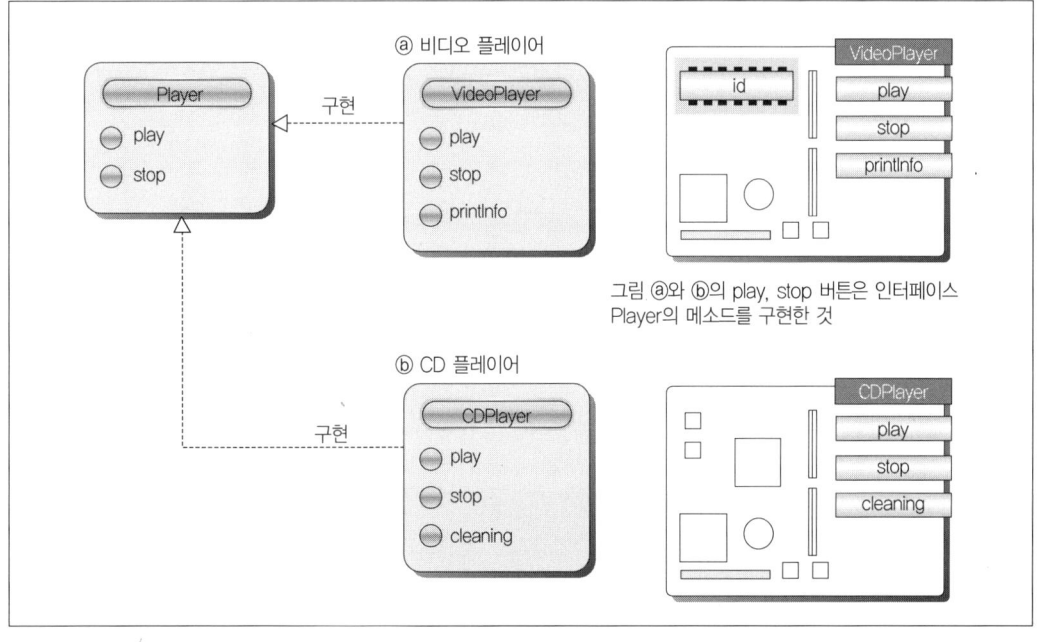

◎ 그림 14-3 인터페이스를 구현한 클래스

두 클래스의 개요는 다음과 같습니다.

- **클래스 VideoPlayer**

  메소드 play는 '■ 비디오 재생 시작!'을 표시하고, 메소드 stop은 '■ 비디오 재생 종료!'를 표시합니다. 이 클래스의 인스턴스에는 생성할 때마다 제조번호 1, 2, 3, …을 할당합니다. 번호를 할당하는 방법은 제10장에서 학습한 '식별번호'와 같은 요령입니다. 각 인스턴스에 할당하는 제조번호가 인스턴스 변수 id이고, 몇 번까지 할당했는지를 나타내는 것이 클래스 변수 count입니다. 메소드 printInfo는 제조번호를 표시합니다.

- **클래스 CDPlayer**

  이 클래스에는 필드가 없습니다. 메소드 play는 'ㅁ CD 재생 시작!'을 표시하고, stop은 'ㅁ CD 재생 종료!'를 표시합니다. 메소드 cleaning은 'ㅁ 헤드를 청소했습니다.'라고 표시합니다.

두 클래스는 인터페이스 Player의 필드와 메소드 등의 자산을 상속하지 않는 점에 주의하기 바랍니다. 상속하고 있는 것은 Player 메소드의 사양(리모컨 상의 버튼 사양)뿐입니다.

■ 인터페이스를 능숙하게 사용하기

인터페이스를 능숙하게 사용하기 위해서 몇 가지 문법적인 규칙과 제한 등을 살펴 보겠습니다.

인터페이스형의 인스턴스를 생성할 수 없다.

인터페이스는 리모컨의 설계도에 해당하기 때문에 실체인 회로(인스턴스)를 만들 수는 없습니다. 다음과 같이 선언하면 에러가 발생합니다.

```
Player c = new Player( );         // 에러
```

> 주의 인터페이스형의 인스턴스를 생성할 수는 없다.

실체를 생성할 수 없는 점은 클래스와 매우 다릅니다.

▶ 단, 추상 클래스와는 비슷합니다.

인스턴스형의 변수는 이것을 구현한 클래스의 인스턴스를 참조할 수 있다.

인터페이스형의 변수는 인터페이스를 구현한 클래스의 인스턴스를 참조할 수 있기 때문에 다음과 같이 정의할 수 있습니다.

```
    Player p1 = new CDPlayer( );        // OK
    Player p2 = new VideoPlayer( );     // OK
```

Player 리모컨의 변수는 이것을 구현하는 클래스인 CDPlayer와 VideoPlayer의 인스턴스를 참조할 수 있습니다.

> **중요** 인터페이스형의 변수는 구현 클래스의 인스턴스를 참조할 수 있다.

이것은 불가사의한 것도 아니고 부자연스러운 것도 아닙니다. 왜냐하면 CDPlayer의 회로와 VideoPlayer의 회로에서도 'play 버튼'과 'stop 버튼'으로 조작할 수 있기 때문입니다. 이 점에서는 상위 클래스형의 변수가 하위 클래스형의 인스턴스를 참조할 수 있는 것과 비슷합니다.

*

리스트 14-4는 인터페이스를 실제로 적용한 프로그램 예입니다. 배열 a는 인터페이스 Player형을 요소형으로 하는 배열입니다 a[0]은 VideoPlayer의 인스턴스를 참조하고, a[1]은 CDPlayer의 인스턴스를 참조하고 있습니다. 확장 for문에서는 각 요소에 대해서 메소드 play와 메소드 stop을 차례대로 호출하고 있습니다(그림 14-4).

▶ 동적 결합이 이루어지기 때문에 참조하는 곳의 인스턴스에 속하는 메소드가 호출됩니다.

리스트 14-4 ◎ 예제파일 : player/PlayerTester.java

```java
// 인터페이스 Player의 이용 예

class PlayerTester {

    public static void main(String[ ] args) {
        Player[ ] a = new Player[2];
        a[0] = new VideoPlayer( );       // 비디오 플레이어
        a[1] = new CDPlayer( );          // CD 플레이어

        for (Player p : a) {
            p.play( );                   // 재생
            p.stop( );                   // 정지
            System.out.println( );
        }
    }
}
```

실 행 결 과
- 비디오 재생시작!
- 비디오 재생종료!
- CD 재생시작!
- CD 재생종료!

그림에서도 알 수 있듯이 인터페이스 Player형의 리모컨이 갖는 버튼은 play와 stop뿐이기 때문에 a[0]와 a[1]을 통해서 printInfo 혹은 cleaning의 메소드를 호출할 수 없습니다.

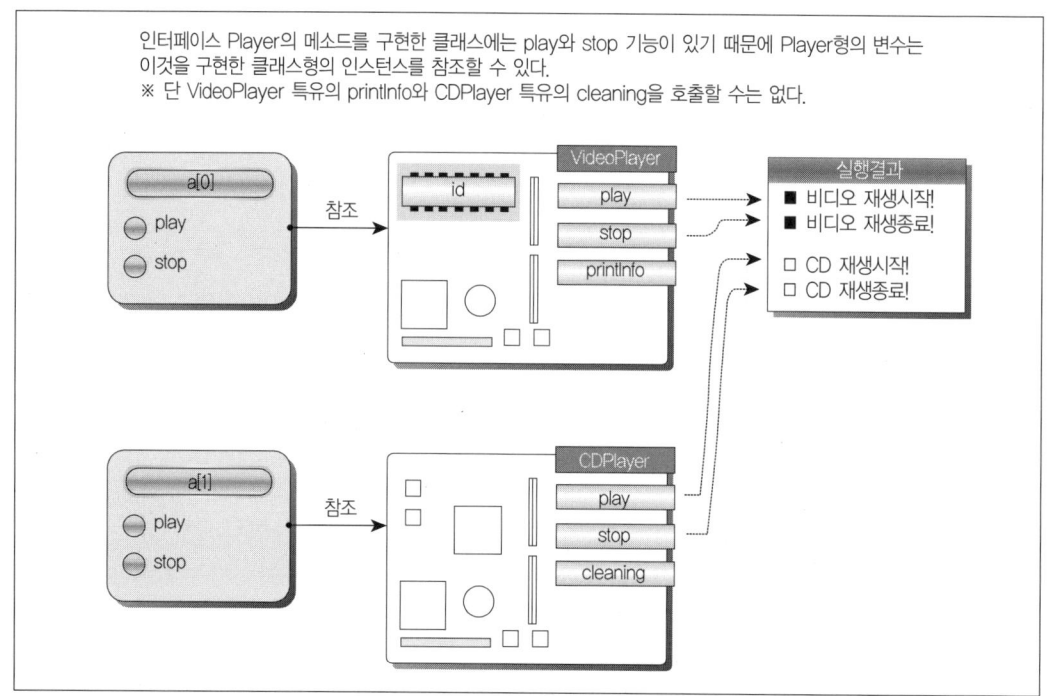

● **그림 14-4** 인터페이스를 구현한 클래스

또한 클래스형 변수의 경우와 마찬가지로 인터페이스형의 변수에 대해서도 instanceof 연산자를 적용해서 참조할 곳의 인스턴스형을 판정할 수 있습니다.

인터페이스를 구현할 경우 모든 메소드를 구현해야 한다.

인터페이스를 구현하는 것은 리모컨 각 버튼의 기능을 구현하는 것이기 때문에 다음과 같은 규칙이 있습니다(그림 14-5).

> 주의 구현하는 인터페이스의 모든 메소드를 구현하지 않는 클래스는 추상 클래스로 선언해야 한다.

▶ 상위 클래스에 포함되는 모든 추상 메소드를 구현하지 않는 클래스가 추상 클래스가 되는(그림 13-2 참조) 것과 마찬가지입니다.

```
예제
interface I {
    void a( );
    void b( );
}

abstract class A implements I {
    public void a( ) { /* … */ }
}

class B extends A {
    public void b( ) { /* … */ }
}
```

— 메소드 a와 b는 추상 메소드.

— 메소드 a를 구현.
— 메소드 b를 구현하지 않았기 때문에 이 클래스는 추상 클래스.

— 메소드 b를 구현.
— 추상 메소드는 1개도 없기 때문에 추상 클래스로 선언하지 않아도 된다.

● **그림 14-5** 인터페이스 구현과 메소드 구현

상수를 가질 수 있다.

인터페이스는 다음과 같은 멤버를 가질 수 있다.

- 클래스
- 인터페이스
- 상수 : public 그리고 static 그리고 final인 필드
- 추상 메소드 : public 그리고 abstract인 메소드

멤버로 상수를 가질 수 있지만 상수가 아닌 필드를 가질 수 없는 점에 주의하기 바랍니다. 인터페이스는 회로가 아닌 리모컨이기 때문에 상수가 아닌 필드=값을 대입할 수 있는 변수를 가질 수 없습니다.

▶ 이 책의 서두에서 인터페이스는 '클래스와 비슷하다'고 설명했지만 '추상 메소드와 상수만을 멤버로 갖는 추상 클래스와 비슷하다'고 하는 쪽이 보다 정확한 표현이 됩니다.

리스트 14-5는 상수를 갖는 인터페이스의 예입니다. 인터페이스 Skinnable의 이름은 '갈아 입을 수 있는'이라는 의미입니다.

▶ 윈도우와 버튼의 디자인 등을 자유롭게 바꿀 수 있는 소프트웨어를 skinnable이라고 표현합니다. 또한 이 인터페이스를 구현한 예를 리스트 14-9에서 제시합니다.

리스트 14-5 ◎ 예제파일 : player/Skinnable.java

```
// 바꿀 수 있는 인터페이스

public interface Skinnable {
    int BLACK = 0;      // 검정
```

```
    int RED = 1;           // 빨강
    int GREEN = 2;         // 녹색        ┐
    int BLUE = 3;          // 파랑        ├── 설명
    int LEOPARD = 4;       // 표범 무늬   ┘
    void changeSkin(int skin);    // ★스킨변경 ── 설명
}
```

스킨이 적용될 때 지정하는 색과 무늬가 상수로 선언되고 있습니다. 인터페이스 내의 필드는 모두 public 그리고 static 그리고 final이 됩니다. 클래스라고 할 수 있는 부분이 '인스턴스 변수'가 아닌 '클래스 변수'로 되어 있는 점에 주의하기 바랍니다.

> 주의: 인터페이스로 선언된 필드는 public static final이 된다. 즉 값을 변경할 수 없는 클래스 변수가 된다.

static 선언된 클래스 변수는 '클래스명.필드명'으로 액세스할 수 있습니다. 인터페이스 내의 상수도 마찬가지로 '인터페이스명.필드명'으로 액세스할 수 있게 됩니다. 이 예에서 검정은 Skinnable.BLACK, 표범 무늬는 Skinnable.LEOPARD로 액세스할 수 있습니다.

이름을 부여하는 방법은 클래스에 준한다.

인터페이스의 이름은 클래스와 마찬가지로 명사로 하는 것이 원칙입니다. 단, 이 예와 같이 '~가능한'이라는 취지의 인터페이스는 어미에 able을 붙여 형용사로 할 것을 추천합니다.

> 주의: 인터페이스 이름은 원칙적으로 명사로 하지만 속성을 나타내는 형용사도 사용할 수 있다. 특히 '~가능한'을 나타내는 인터페이스 이름은 ~able로 하는 것이 좋다.

인터페이스의 액세스 속성은 클래스와 동일하다.

인터페이스의 멤버는 모두 public이 되지만, 인터페이스 자체의 액세스 속성은 클래스와 마찬가지로 임의로 결정할 수 있습니다. public 선언을 하면 공개 액세스 속성을 갖게 되고, public 선언을 하지 않으면 패키지 액세스 속성을 갖게 됩니다.

▶ 즉 제11장에 제시한 클래스의 액세스 속성과 마찬가지입니다.

클래스의 파생과 인터페이스 구현

새로운 클래스를 만들 때 클래스의 파생과 인터페이스의 구현을 동시에 처리할 수 있습니다. 여기에서는 제13장에서 배운 도형 클래스(제2판)에 리스트 14-6에 제시한 인터페이스 Plane2D를 구현시키는 방법을 생각해 봅니다.

리스트 14-6   ◎ 예제파일 : shape3/Plane2D.java

```
//===== 2차원 인터페이스 =====//
public interface Plane2D {
    int getArea( );            // ○면적을 계산한다
}
```

이 인터페이스에서 선언되어 있는 getArea는 면적을 계산해서 반환하는 메소드입니다. 점과 직선에는 면적이 없기 때문에 이 클래스들의 인터페이스는 구현할 필요가 없습니다.

리스트 14-7과 같이 직사각형 클래스 Rectangle에 구현하도록 합니다. 또한 Plane2D를 구현하는 클래스가 하나뿐이면 단순하기 때문에 리스트 14-8과 같이 평행사변형 클래스 Parallelogram을 새로 만들고, 이 클래스에도 인터페이스 Plane2D를 구현하도록 합니다.

▶ 공간 절약을 위해서 javadoc용 문서화 주석은 생략했습니다. 또한 shape3 디렉터리에는 여기에 제시하지 않은 제2판의 도형 클래스를 복사해 두기 바랍니다.

그림 14-6은 클래스와 인터페이스의 관계입니다. Rectangle과 Parallelogram은 클래스 Shape로부터 파생되고 동시에 인터페이스 Plane2D를 구현하고 있습니다.

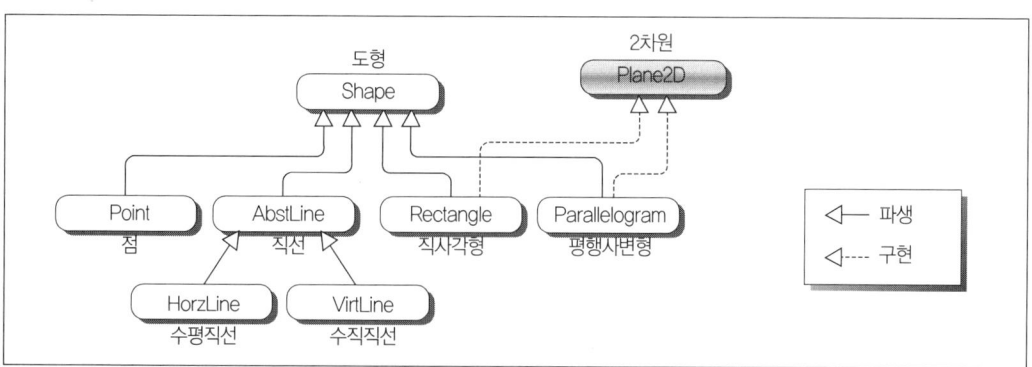

◎ **그림 14-6** 도형 클래스의 클래스 계층도

또한 다음과 같은 규칙을 반드시 기억하기 바랍니다.

> **주의** extends와 implements가 모두 있는 경우 반드시 extends를 먼저 기술해야 한다.

Shape를 포함한 클래스들은 '혈연관계'로 연결된 'Shape 가족' 혹은 'Shape 일족'에 비유될 수 있습니다.

리스트 14-7 ◎ 예제파일 : shape3/Rectangle.java

```java
//===== 직사각형 =====//
public class Rectangle extends Shape implements Plane2D {
    private int width;          // 폭
    private int height;         // 높이
    // … 중략 …
    public int getArea( ) { return width * height; }// O면적을 계산한다
}
```

리스트 14-8 ◎ 예제파일 : shape3/Parallelogram.java

```java
//===== 평행사변형 =====//
public class Parallelogram extends Shape implements Plane2D {
    private int width;                  // 밑변의 폭
    private int height;                 // 높이

    public Parallelogram(int width, int height) {
        this.width = width; this.height = height;
    }

    public String toString( ) { // 문자열 표현
        return "Parallelogram(width:" + width + ", height:" + height + ")";
    }

    public void draw( ) {           // 그림 그리기
        for (int i = 1; i <= height; i++) {
            for (int j = 1; j <= height - i; j++) System.out.print(' ');

            for (int j = 1; j <= width; j++) System.out.print('#');

            System.out.println( );                          #######
        }                                                    #######
    }                                                         #######

    public int getArea( ) { return width * height; }      // 면적을 계산한다
}
```

한편 Plane2D와 이것을 구현하는 클래스들의 관계는 혈연관계가 아니고, 같은 동아리에 가입해서 사귀는 '친구관계'에 비유할 수 있습니다. Shape 일족이든지 이것과 전혀 관계없는 클래스이든지 Plane2D 동아리에 속해 있으면 이것을 implements하면 됩니다.

> 중요 친구관계라고 할 수 있는 그룹화를 클래스에 부여하는 것이 인터페이스이다. 친구관계는 혈연관계인 파생과는 관계없이 이용할 수 있다.

연습 14-1
여기에 제시한 도형 클래스들을 이용하는 프로그램 예를 작성하시오.

연습 14-2
로봇형 애완동물 클래스 RobotPet(리스트 12-8 참조)을 확장해서 skinnable한 로봇형 애완동물 클래스를 작성하시오. 인터페이스 Skinnable을 구현할 것.
※ 다음에 설명하는 '복수의 인터페이스 구현' 참조.

복수의 인터페이스 구현

클래스의 파생과 인터페이스의 구현에 관한 가장 큰 차이점은 복수의 클래스를 동시에 파생/구현할 수 있는지 하는 점입니다. 클래스 파생이 단일 상속만 허용되는(복수의 클래스를 상위 클래스로 가질 수 없는) 것과는 달리, 복수의 인터페이스 구현이 가능합니다.

> 중요 클래스는 복수의 인터페이스를 동시에 구현할 수 있다.

▶ 즉, 여러 동아리에 속하면서 복수의 '친구관계'를 만들 수 있는 것입니다. 복수의 타인과 '혈연관계'를 가질 수 없는(다중 상속할 수 없는) 것과는 다릅니다.

```
                       인터페이스 B와 C 양쪽 모두를 '구현'한 클래스
            class A implements B, C {
                // 인터페이스 B의 메소드 구현
                // 인터페이스 C의 메소드 구현
            }
```

● **그림 14-7** 복수의 인터페이스 구현

그림 14-7은 복수의 인터페이스를 구현하기 위한 일반적인 형식을 나타낸 것입니다. 클래스를 선언 할 때 implements의 뒤에 구현하는 인터페이스를 콤마로 구분해서 나열합니다. 물론 클래스 A에서는 두 개의 인터페이스 B와 C의 메소드를 모두 구현하게 됩니다.

▶ 모두 구현하지 않을 경우에는 클래스 A는 추상 클래스로 선언해야 됩니다(그림 14-5 참조).

리스트 14-9는 이 장에서 작성한 인터페이스 Player와 Skinnable 양쪽 모두를 구현하는 프로그램입니다. 클래스 PortablePlayer는 'skinnable한 휴대용 플레이어' 입니다. 그림 14-8은 인터페이스와 클래스의 관계를 나타냅니다.

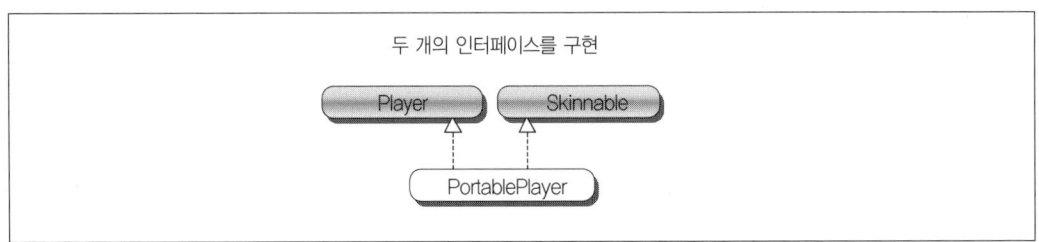

● 그림 14-8 skinnable한 휴대 플레이어

리스트 14-9 ◎ 예제파일 : player/PortablePlayer.java

```java
// skinnable한 휴대 플레이어

class PortablePlayer implements Player, Skinnable {
    private int skin = BLACK;

    public PortablePlayer( ) { }        // 생성자

    public void play( ) {               // ○재생
        System.out.println("◆ 재생시작!");
    }

    public void stop( ) {               // ○정지
        System.out.println("◆ 재생종료!");
    }

    public void changeSkin(int skin) {      // ★스킨 변경
        System.out.print("스킨을 ");
        switch (skin) {
          case BLACK:    System.out.print("검정");    break;
          case RED:      System.out.print("빨강");    break;
          case GREEN:    System.out.print("녹색");    break;
          case BLUE:     System.out.print("파랑");    break;
          case LEOPARD:  System.out.print("표범 무늬");break;
```

(인터페이스 Player의 메소드 구현)

```
        default:        System.out.print("기본값");  break;
        }
        System.out.println("(으)로 변경했습니다.");
    }
}
```
인터페이스 Skinnable의 메소드 구현

클래스 PortablePlayer에서는 인터페이스 Player의 메소드 play와 stop과 인터페이스 Skinnable의 메소드 changeSkin을 구현하고 있습니다. 클래스 내에서는 구현된 인터페이스 내의 필드를 단순명으로 액세스할 수 있습니다.

▶ 즉, Skinnable.BLACK을 단순히 BLACK으로 액세스할 수 있습니다.

*

리스트 14-10은 클래스 PortablePlayer의 이용 예입니다. 인스턴스를 생성해서 세 개의 메소드를 순서대로 호출만 하는 단순한 프로그램입니다.

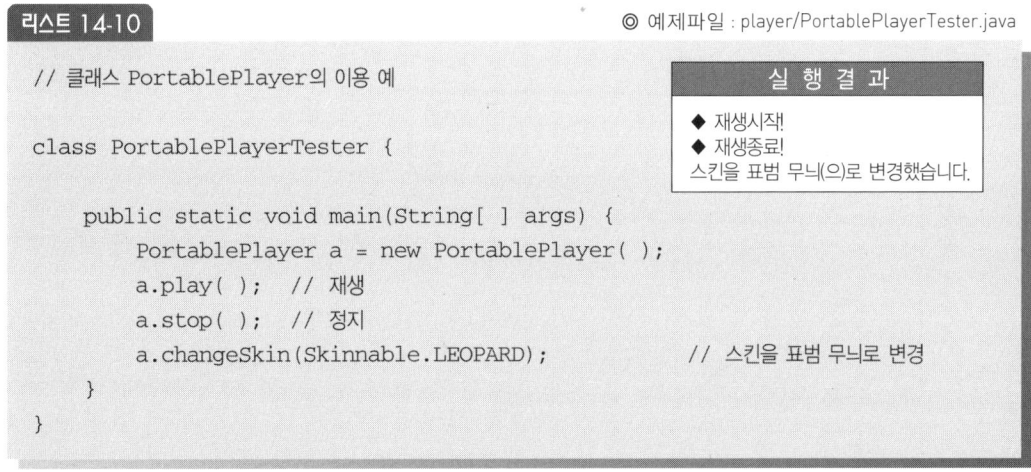

리스트 14-10   예제파일 : player/PortablePlayerTester.java

```
// 클래스 PortablePlayer의 이용 예

class PortablePlayerTester {

    public static void main(String[ ] args) {
        PortablePlayer a = new PortablePlayer( );
        a.play( );   // 재생
        a.stop( );   // 정지
        a.changeSkin(Skinnable.LEOPARD);            // 스킨을 표범 무늬로 변경
    }
}
```

실 행 결 과
◆ 재생시작!
◆ 재생종료!
스킨을 표범 무늬(으)로 변경했습니다.

인터페이스 Skinnable 내에서 정의된 상수는 클래스 변수(정적 필드)이기 때문에 '인터페이스명.필드명'으로 액세스합니다. 이 프로그램에서 선택하고 있는 Skinnable.LEOPARD는 표범 무늬입니다.

14-2 인터페이스의 파생

클래스의 파생으로 확장된 클래스를 만들 수 있는 것과 마찬가지로 인터페이스도 파생을 이용해서 확장할 수 있습니다. 이 절에서는 인터페이스의 파생에 대해서 학습합니다.

인터페이스의 파생

클래스가 파생으로 자산을 상속하는 것과 마찬가지로 인터페이스도 파생을 이용해서 자산을 상속할 수 있습니다. 즉 기존 리모컨 설계도를 기초로 보다 강력한 리모컨 설계도를 만들 수가 있습니다. 예를 들면 그림 14-9는 Player 리모컨에 '슬로재생' 버튼을 추가해서 ExPlayer 리모컨을 만드는 예입니다.

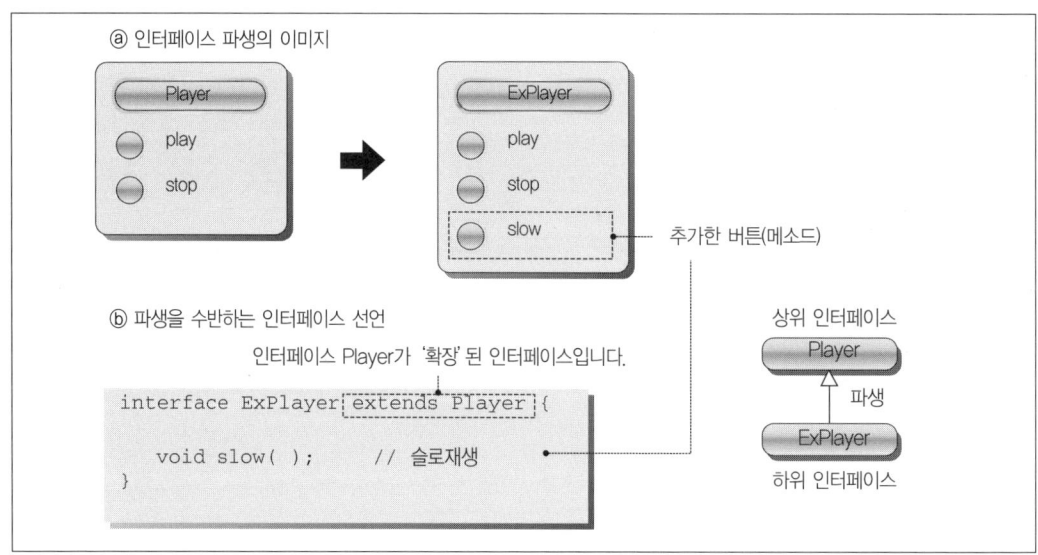

● 그림 14-9 인터페이스의 파생

인터페이스 ExPlayer는 Player의 자산인 play 버튼과 stop 버튼을 그대로 상속합니다. 새롭게 추가한 것은 슬로재생을 위한 slow 버튼입니다. 인터페이스 선언 시에는 'extends 파생한 곳의 인터페이스명'이 필요하게 됩니다. 인터페이스 본체에서는 추가할 메소드와 필드만을 선언합니다.

클래스의 파생과 마찬가지로 인터페이스의 파생에서도 친자관계가 성립합니다. 파생한 곳의 인터페이스를 상위 인터페이스(super interface)라고 하며, 파생으로 만들어지는 인터페이스를 하위 인터페이스(sub interface)라고 합니다. 또한 복수의 상위 인터페이스를 갖는 인터페이스를 만들

수는 없습니다. 인터페이스도 클래스와 마찬가지로 다중상속을 할 수 없습니다.

*

인터페이스 ExPlayer가 갖는 추상 메소드는 파생한 곳으로부터 상속된 것을 포함해서 세 개이기 때문에 인터페이스를 구현할 때 모든 메소드를 구현해야 합니다. 리스트 14-11은 인터페이스 ExPlayer의 프로그램이고, 이 인터페이스를 구현한 프로그램이 리스트 14-12입니다.

리스트 14-11　　◎ 예제파일 : player/ExPlayer.java

```java
// 확장 플레이어 인터페이스(슬로재생)
interface ExPlayer extends Player {
    void slow( );                    // ●슬로재생
}
```

리스트 14-12　　◎ 예제파일 : player/DVDPlayer.java

```java
//===== DVD 플레이어 =====//
class DVDPlayer implements ExPlayer {

    public void play( ) {                          // ○재생
        System.out.println("■ DVD 재생시작!");
    }

    public void stop( ) {                          // ○정지
        System.out.println("■ DVD 재생종료!");
    }

    public void slow( ) {                          // ●슬로재생
        System.out.println("■ DVD 슬로재생시작!");
    }
}
```

인터페이스 ExPlayer은 Player로부터 상속된 것을 포함해서 세 개의 메소드를 가지고 있습니다. 그림 14-10과 같이 DVD 플레이어 클래스 DVDPlayer는 인터페이스 ExPlayer를 구현하고 있습니다. 클래스 본체에서는 세 개의 메소드를 모두 오버라이드해서 구현하고 있습니다.

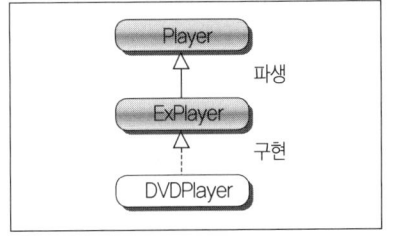

◎ **그림 14-10** 인터페이스의 상속과 구현

연습 14-3

클래스 DVDPlayer를 이용하는 프로그램을 작성하시오.

이장의 요약

- 인터페이스는 참조형의 일종이다. 클래스가 '회로의 설계도'라고 하면, 인터페이스는 '리모컨의 설계도'에 해당한다.

- 인터페이스 이름은 명사로 하는 것이 기본이다. 단 '~가능한'을 나타내는 인터페이스 이름은 ~able로 한다.

- 인터페이스 멤버는 클래스, 인터페이스, 상수, 추상 메소드이다.

- 인터페이스의 메소드는 public 그리고 abstract이다. 추상 메소드이기 때문에 본체는 정의할 수 없다.

- 인터페이스를 구현하는 클래스에서는 인터페이스의 모든 메소드를 public 수식자를 이용해서 구현한다. 모든 메소드를 구현하지 않는 클래스는 추상 클래스로 선언해야 한다.

- 인터페이스의 필드는 public 그리고 static 그리고 final이다. 즉 값을 변경할 수 없는 클래스 변수이다.

- 인터페이스의 필드는 그 인터페이스를 구현한 클래스 내에서 필드의 이름 즉 '필드명'으로 액세스할 수 있고, 외부 클래스에서 액세스할 때는 '인터페이스명.필드명'으로 액세스할 수 있다.

- 인터페이스형의 인스턴스를 생성할 수는 없다.

- 인터페이스형의 변수는 그 인스턴스를 구현한 클래스형의 인스턴스를 참조할 수 있다.

- 클래스에 혈연관계를 부여하는 것이 '클래스의 파생'이고, 클래스에 친구관계를 부여하는 것이 '인터페이스의 구현'이다.

- 클래스의 파생과 인터페이스의 구현을 동시에 수행할 수 있고, 복수의 인터페이스를 동시에 구현할 수도 있다.

- 인터페이스는 파생으로 확장된 새로운 인터페이스를 만들 수 있다.

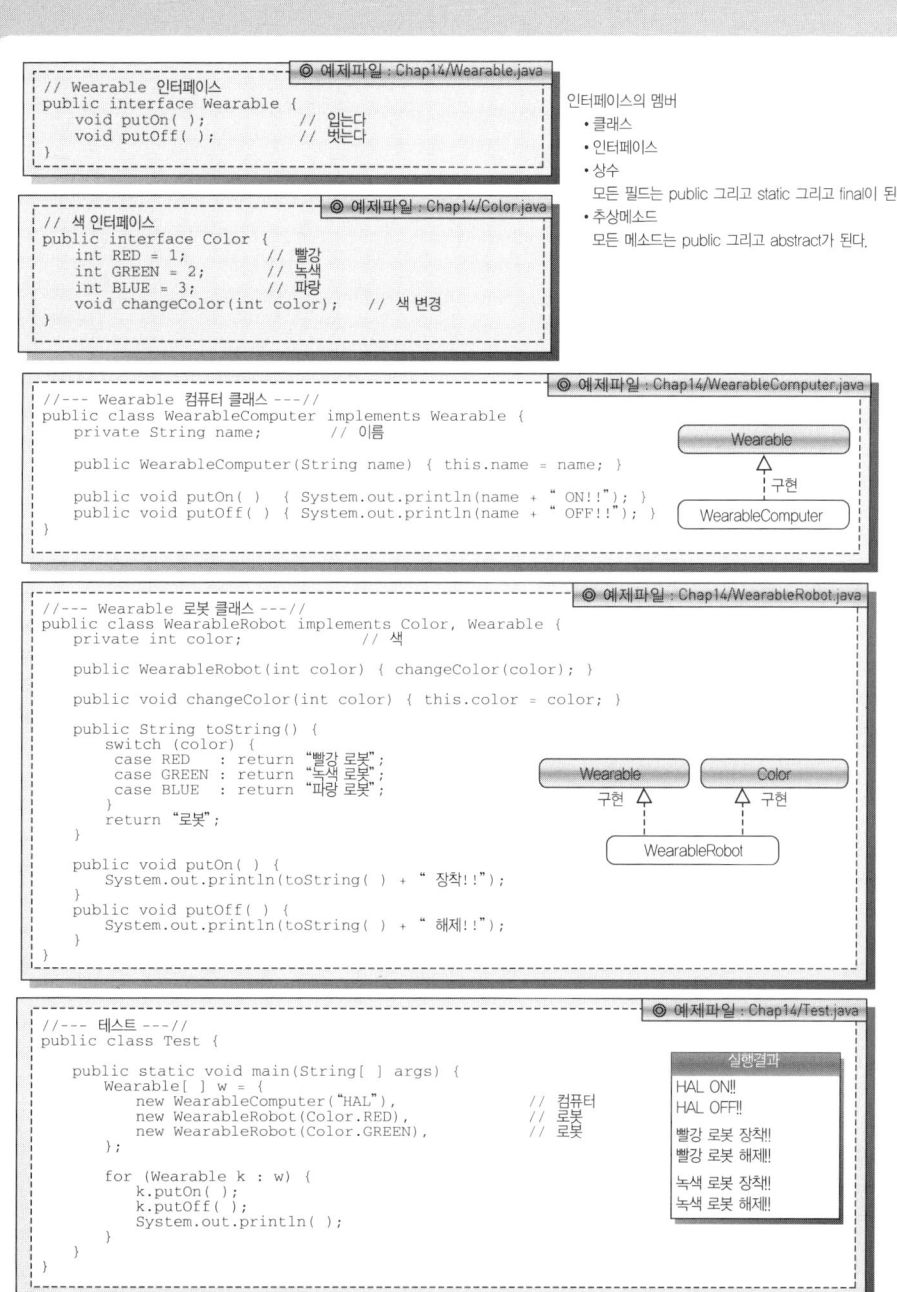

제 15 장

문자와 문자열

사람과 프로그램 사이에서 정보를 주고받을 때 필요한 것이 문자와 문자열입니다. 문자는 char형으로 표현되고, 문자열은 String형으로 표현됩니다. 이 장에서는 문자와 문자열에 대해서 학습합니다.

- … cha형
- … 문자와 문자 리터럴
- … Unicode와 ASCII 코드와 Unicode 확장
- … String형
- … 문자열과 문자열 리터럴
- … 문자열의 배열
- … 커맨드라인 인수

15-1 문자

지금까지 모든 프로그램에서 문자와 문자열을 이용했습니다. 이 장의 목적은 문자와 문자열을 더욱 깊이 이해하기 위함입니다. 이 절에서는 문자에 대해서 학습합니다.

문자

사람이 컴퓨터와 정보를 주고받을 때 필수적인 요소 중 하나가 문자입니다. 우리 인간은 눈과 귀로 보고 들으면서 문자를 식별하지만, 컴퓨터는 각 문자에 할당된 정수값인 '코드'를 이용해서 문자를 식별합니다.

> **중요** 문자는 정수값의 코드로 표현되고 식별된다.

Unicode

문자코드에는 많은 종류가 있지만 Java에서는 Unicode를 채용하고 있습니다. Unicode는 다음과 같은 방침으로 만들어진 문자코드 체계입니다.

- 모든 문자에 고유 번호를 할당한다.
- 플랫폼에 의존하지 않는다.
- 프로그램에 의존하지 않는다.
- 언어에 의존하지 않는다.

Java와 마찬가지로 Unicode도 발전을 계속하고 있습니다. Java 버전과 Unicode 버전의 대응을 표 15-1에 제시합니다.

▶ Unicode는 Unicode consortium에 의해 책정되고 있습니다. 아래 홈페이지에서 정보를 얻을 수 있습니다.

http://www.unicode.org/

● 표 15-1 ··· Java와 Unicode

Java 버전	Unicode 버전
~JDK 1.1	Unicode 1.1.5
~JDK 1.1.7	Unicode 2.0
~JDK 1.3.1	Unicode 2.1
J2SE 1.4	Unicode 3.0
~JDK 6	Unicode 4.0

*

Java를 개발하고 실행하는 환경(즉 MS-Windows와 Linux 등)에서는 Unicode 이외의 문자코드가 채용되고 있는 경우도 있습니다. 그러나 우리가 문자코드의 차이점에 대해서 별로 의식할 필요는 없습니다. 왜냐하면 Java의 컴파일러가 자동적으로 문자코드를 변환한 후 컴파일러 작업을 수행하기 때문입니다.

> ▶ 예를 들면 한글 MS-Windows의 경우에는 소스 프로그램에 MS949라는 인코드가 사용되고 있는 것으로 간주하고 컴파일 됩니다.

ASCII 코드

Unicode에서 각 문자는 기본적으로 16비트로 표현되기 때문에 문자코드의 값은 0~65,535가 됩니다(Column 15-1). 이 중에서 처음 128문자는 미국에서 제정된 역사 깊은 ASCII 코드와 일치합니다. 표 15-2는 ASCII 코드표입니다.

> ▶ ASCII의 정식명칭은 American Standard Code for Information Interchange입니다. 여기에 제시한 표에서는 문자의 일부를 제어문자인 \b와 \t 등 Java의 확장표기를 이용해서 표시하고 있습니다.

이 표에서 나타낸 문자코드는 10진수의 0~127에 해당하고, 2자릿수의 16진수로 나타내면 0×00~0×7F에 해당합니다. 표 0~F는 16진수 표기에서의 각 자릿수의 값입니다. 예를 들면 'R'의 코드는 0×52이고, 'g'의 코드는 0×67입니다.

또한 수치와 숫자문자를 혼동하지 않기 바랍니다. 숫자문자 '1'의 문자코드는 1이 아닙니다. 16진수로는 0×31이고, 10진수로는 49입니다.

● 표 15-2 … ASCII 코드표

	0	1	2	3	4	5	6	7
0				0	@	P	`	p
1			!	1	A	Q	a	q
2			"	2	B	R	b	r
3			#	3	C	S	c	s
4			$	4	D	T	d	t
5			%	5	E	U	e	u
6			&	6	F	V	f	v
7			'	7	G	W	g	w
8	\b		(	8	H	X	h	x
9	\t		)	9	I	Y	i	y
A	\n		*	:	J	Z	j	z
B	\v		+	;	K	[	k	{
C	\f		,	<	L	₩	l		
D	\r		-	=	M	]	m	}
E			.	>	N	^	n	~
F			/	?	O	_	o	

상위 →
하위 ↓

> 숫자문자의 '0', '1', … '9'의 문자코드는 0, 1, 2, …, 9가 아니다.

Column 15-1 ··· Unicode에 대해서

초기 Unicode는 모든 문자를 16비트로 표현하도록 설계되어 있었습니다. 그러나 16비트로는 최대 65,535문자밖에 표현할 수 없기 때문에 16비트를 넘는 문자를 표현할 수 있도록 확장되었습니다.

단, 기본 다국어 평면=BMP(Basic Multilingual Plane)으로 불리며, 16진수에서 0x0000~0xFFFF의 범위에 들어가는 문자에 대해서는 1문자를 16비트로 표현할 수 있습니다. 이 범위의 문자를 Java에서 사용할 경우에는 1문자 16비트인 char형이 됩니다. 그리고 BMP에 들어가지 않는 보조문자(supplementary character)에 관해서는 16비트를 넘는 비트를 사용해서 표현할 수 있습니다. 이 범위의 문자를 Java에서 사용할 경우에는 1문자를 2개의 char형으로 나타낼 수 있습니다. Java에서는 여기에 대응하기 위한 변환용 API가 준비되어 있습니다.

*

Unicode의 인코딩(부호화) 방식에는 UTF-8, UTF-16, UTF-32 등 여러 가지가 있습니다. Java에서 사용되고 있는 것은 UTF-16입니다. UTF-16에서 BMP는 16비트를 이용하고, 그 외는 surrogate pair라는 방식으로 32비트를 이용합니다.

char형

문자를 나타내는 것이 char형입니다. 제5장에서 배운 것처럼 16비트 부호 없는 정수형인 char형은 0~65,535의 값을 나타낼 수 있습니다. 리스트 15-1은 char형의 변수에 값을 대입해서 표시하는 프로그램입니다.

리스트 15-1

◎ 예제파일 : Chap15/CharTester.java

```
// 문자와 문자 리터럴

class CharTester {

    public static void main(String[ ] args) {
        char c1 = 50;
        char c2 = 'A';
        char c3 = '字';

        System.out.println("c1 = " + c1);
        System.out.println("c2 = " + c2);
        System.out.println("c3 = " + c3);
    }
}
```

실 행 결 과
```
c1 = 2
c2 = A
c3 = 字
```

변수 c1이 50으로 초기화되어 있는 점에 주목하기 바랍니다. char형의 변수에 대해서 정수값을 대입할 수 있는 것은 문자의 내용이 문자코드(정수값)이기 때문입니다. 10진수의 50을 16진수로 표시하면 0x32입니다. 표 15-2에서도 알 수 있듯이 문자코드 0x32의 문자는 숫자 '2' 이기 때문에 println 메소드로 변수 c1의 표시를 실행하면 '2' 라고 표시됩니다.

■ 문자 리터럴

변수 c2와 c3는 각각 'A' 와 '字' 로 초기화되어 있습니다. 이와 같이 작은 따옴표 사이에 문자를 기술한 것이 문자 리터럴이었습니다. 문자 리터럴로 초기화된 변수 c2와 c3에는 'A' 와 '字' 의 문자코드가 대입됩니다. 아래에 제시한 것은 문자 리터럴의 예입니다.

| 'A' | 알파벳 "A" | '字' | 한자 "字" |
| '\'' | 작은 따옴표 | '\n' | 줄 바꿈 문자 |

▶ 내용이 없는 " "가 허용되는 문자열 리터럴과는 달리, 내용이 없는 문자 리터럴 ' '는 허용되지 않기 때문에 컴파일 에러가 발생합니다.

■ Unicode 확장

제5장에서 이름만 소개했던 Unicode 확장(Unicode escape)은 \u를 붙여서 4자릿수의 16진수로 문자를 표현하는 표기입니다. 앞서 4개의 문자를 Unicode 확장으로 표기하면 다음과 같이 됩니다 (16진수의 a~f는 대문자 A~F라도 상관없습니다).

\u0041	알파벳의 'A' - ASCII 코드는 16진수로 0x41
\u5b57	한자의 '字'
\u0060	작은 따옴표
\u000a	줄 바꿈 문자

ASCII 코드에 포함된 문자에 한해서 표 15-2에 나타낸 16진수의 코드 앞에 \u00을 추가만 하면 Unicode 확장이 됩니다.

*

프로그램의 컴파일은 몇 가지 단계를 걸쳐 실행됩니다. 이 첫 단계에서 Unicode 확장은 해당문자로 치환됩니다. 다음과 같은 프로그램은 컴파일 에러가 발생하기 때문에 주의하기 바랍니다.

```
System.out.println("ABC\u000aDEF");
```

왜냐하면 실질적인 컴파일 작업을 실행하기 전 단계에서 다음과 같이 \u000a가 진짜 줄 바꿈 문자로 치환되기 때문입니다.

```
System.out.println("ABC\
DEF");
```

Unicode 확장은 8진 확장표기의 기준 수를 단순히 8에서 16으로 바꾸기만 하는 것은 아닙니다. 외국어 문자와 특수한 기호문자 등을 표현할 필요가 있을 경우에만 이용하는 것이 원칙입니다. 줄 바꿈 문자와 되돌림(carriage return) 문자를 \u000a와 \u000d로 표기해서는 안됩니다.

▶ Unicode 확장에서는 \의 뒤에 여러 개의 u를 기술할 수 있습니다. 예를 들면 알파벳 A는 \uu0041과 \uuu0041이라고 표기할 수 있습니다(컴파일 과정에서 치환된 문자와 그렇지 않은 문자를 구별하기 위한 문법 상의 사양입니다).

15-2 문자열과 String

앞에서 문자에 대해서 배웠습니다. 이 문자가 나열된 것이 문자열입니다. 이 절에서는 문자열에 대해서 학습합니다.

문자열과 문자열 리터럴

이 책의 거의 모든 프로그램에서 '문자열 리터럴' 또는 'String형 변수'로 문자열을 이용했습니다. 먼저 간단하게 복습해 봅니다.

문자열 리터럴

다음에 제시하는 것이 문자열 리터럴의 예입니다.

```
"ABC"
```

문자열 리터럴은 문자의 나열을 큰 따옴표 사이에 기술한 문자의 나열이고, 큰 따옴표 안의 문자를 그대로 표시합니다. 또한 "와 " 사이에 문자가 없어도 상관없습니다. 문자가 1개도 없는 ""는 0개의 문자로 구성된 문자열 리터럴입니다.

String형 변수

아래에 제시한 예는 String형 변수를 이용해서 문자열을 표시하는 예입니다.

```
String s = "ABC";
```

이미 배운 대로 String형은 기본형(int와 double 등의 조합형)이 아니고, java.lang 패키지에 속하는 클래스입니다.

▶ import 선언하지 않고 String형을 단순명으로 이용할 수 있는 것은 java.lang 패키지에 속하는 클래스이기 때문입니다.

*

문자열에 관해서는 다음과 같은 규칙이 있습니다.

> 주의 문자열 리터럴은 String형 인스턴스를 참조한다.

즉 문자열 리터럴이든 변수로 명시적으로 선언된 것이든 문자열은 String형입니다. 위에 제시한 분류는 편의적으로 분리한 것 뿐입니다.

> 주의 문자열은 String형이다.

▶ string은 '실' '끈' '일렬' 등을 의미합니다.

String형

앞에서 제시한 String형의 변수 s에 대해서 생각해 봅시다. 이 변수에 할당되어 있는 초기화 값 "ABC"는 문자열 리터럴, 즉 String형 인스턴스를 참조합니다.

String 클래스는 문자열을 저장하기 위한 문자의 배열과 문자 수를 나타내는 필드 등을 가집니다. 따라서 그림 15-1 ⓐ는 변수 s와 변수 s가 참조하는 인스턴스의 이미지입니다.

final char[ ]형의 배열 요소에 처음부터 순서대로 문자 'A', 'B', 'C'가 저장되어 있습니다. 그리고 문자열을 나타내는 final int형의 필드에는 3이 저장되어 있습니다.

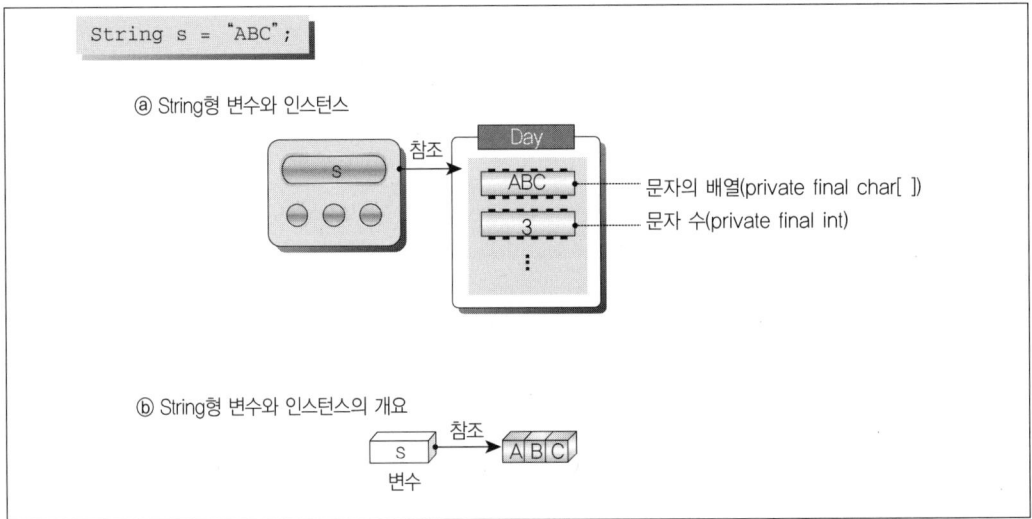

● 그림 15-1 String형

변수 s가 참조하는 것은 단순히 '문자의 나열'이 아니고 '문자의 나열을 내부에 가진 인스턴스'인 점을 이해하기 바랍니다. 또한 String 클래스에는 이 그림에 나타낸 것 이외에도 몇 가지 필드와 생성자와 여러 가지 메소드가 있습니다.

앞으로는 공간 절약을 위해서 그림 ⓑ와 같이 클래스형 변수와 인스턴스 양쪽을 간단하게 상자로 표기하도록 합니다.

▶ 또한 '문자열 리터럴을 참조한다'라는 표현을 사용하는 경우가 있습니다. 물론 이 표현은 '문자열을 포함하는 String형 인스턴스를 참조한다'라는 의미입니다.

*

클래스 형임에도 불구하고 new 연산자를 이용해서 명시적으로 인스턴스를 생성할 필요가 없는 점에 주의하기 바랍니다.

▶ 명시적으로 생성자를 호출할 수도 있습니다.

■ String형 변수와 참조

String형 변수가 아무것도 참조하지 않거나 내용이 없는 문자열을 참조하면 어떻게 될까요? 리스트 15-2의 프로그램으로 확인하기 바랍니다.

리스트 15-2　　　　　　　　　　　　　　　◎ 예제파일 : Chap15/StringTester.java

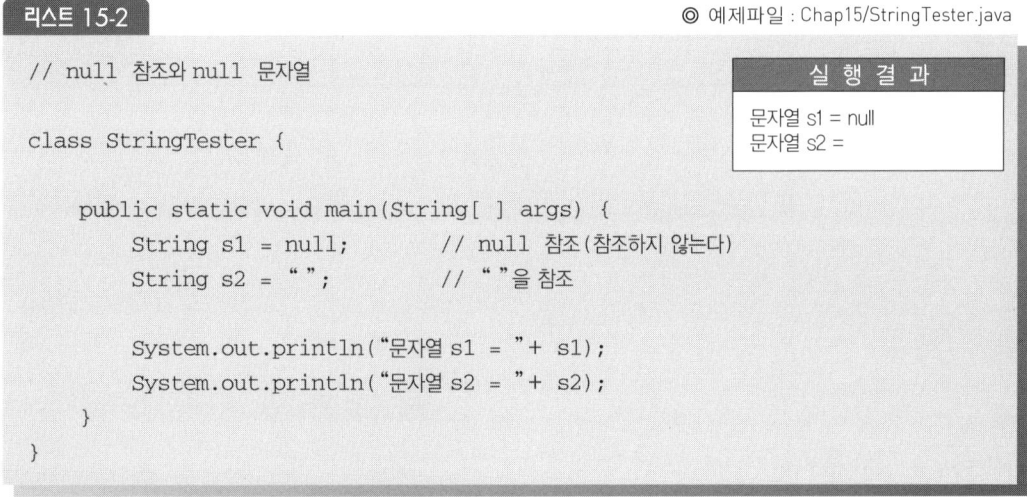

```
// null 참조와 null 문자열

class StringTester {

    public static void main(String[ ] args) {
        String s1 = null;        // null 참조(참조하지 않는다)
        String s2 = "";          // ""을 참조

        System.out.println("문자열 s1 = " + s1);
        System.out.println("문자열 s2 = " + s2);
    }
}
```

실행결과
```
문자열 s1 = null
문자열 s2 =
```

■ s1 : null(참조형)

변수 s1은 null로 초기화되고 있습니다(그림 15-2 ⓐ). null 리터럴이라고 하는 null은 아무것도

참조하지 않는 null 참조를 나타냅니다.

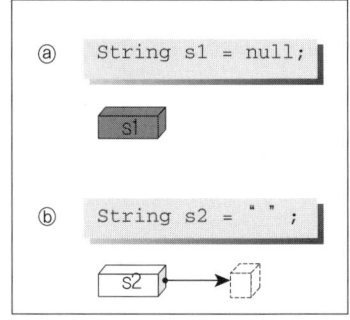

▶ 이 책에서는 null 참조를 그림 ⓐ와 같이 표시합니다. 또한 null 참조를 출력하면 'null' 이라고 표시되는 것도 배웠습니다.

■ s2 : 빈 문자열을 참조한다

한편 s2는 문자가 1개도 없는 문자열 즉 구성문자가 0개인 문자열을 참조하고 있습니다(그림 ⓑ). 실행결과로부터 알 수 있듯이 빈 문자열을 표시해도 아무 것도 표시되지 않습니다.

● 그림 15-2 null 참조와 빈 문자열을 참조하는 문자열

Column 15-2… null 참조와 빈 문자열의 차이

null 참조인 s1과, 빈 문자열을 참조하는 s2의 차이는 이 뒤에 학습하는 문자열의 길이(문자 수)를 취득하는 String.length 메소드를 호출해서 간단하게 확인할 수 있습니다.

```
System.out.println("문자열 s1의 길이 = " + s1.length( ));
```

을 실행하면 "java.lang.NullPointerException"이라는 에러가 발생합니다. 참조하는 곳이 없기 때문에 문자열의 길이를 조사할 수는 없습니다. 또한

```
System.out.println("문자열 s2의 길이 = " + s2.length( ));
```

을 실행하면 '문자열 s2의 길이 = 0'으로 표시됩니다.

■ 다른 문자열을 참조한다

어떤 문자열을 참조하고 있는 String형 변수에 대해서 다른 문자열을 대입하면 어떻게 될까요? 리스트 15-3의 프로그램으로 확인해 봅니다.

리스트 15-3　　　　　　　　　　　　　　　　◎ 예제파일 : Chap15/ChangeString.java

```
// 문자열이 참조할 곳을 변경

class ChangeString {

    public static void main(String[ ] args) {
        String s1 = "ABC";      // "ABC"를 참조
        String s2 = "XYZ";      // "XYZ"을 참조
```

실 행 결 과
문자열 s1 = XYZ
문자열 s2 = XYZ
s1과 s2는 같은 문자열 리터럴을 참조하고 있다.

```
        s1 = "XYZ";                    // "XYZ"을 참조
1       System.out.println("문자열 s1 = " + s1);
        System.out.println("문자열 s2 = " + s2);
        System.out.println("s1과 s2는 같은 문자열 리터럴을 참조" +
2                ((s1 == s2) ? "하고 있다." : "하지 않는다."));
    }
}
```

main 메소드의 첫 부분에서 변수 s1은 "ABC"를, 변수 s2는 "XYZ"을 참조하도록 초기화되어 있습니다(그림 15-3 ⓐ). 여기까지는 이해되었지요? 다음 부분도 확실히 이해하기 바랍니다.

1 먼저 s1에 "XYZ"을 대입한 후 그리고 s1을 표시합니다. 실행결과에서 문자열 s1이 참조하는 문자열이 "XYZ"이라는 점을 알 수 있습니다.

2 s1과 s2가 같은 문자열을 참조하고 있는지 아닌지를 판정해서 표시합니다. 실행결과에서 식 s1 == s2를 평가한 값이 true인 것을 확인할 수 있습니다.

1 의 대입으로 문자열의 내용이 "ABC"에서 "XYZ"으로 변경된 것처럼 보이지만 사실은 그렇지 않습니다. 대입 후의 s1과 s2를 나타낸 것이 그림 ⓑ입니다. s1이 참조하는 문자열의 내용이 "XYZ"으로 변경된 것이 아니라, 단지 "XYZ"를 참조한 값이 s1에 대입된 것에 지나지 않습니다. s1은 원래 s2가 참조하고 있던 "XYZ"을 참조하게 됩니다.

▶ 이 결과 "ABC"는 어느 곳에서도 참조하지 않습니다.

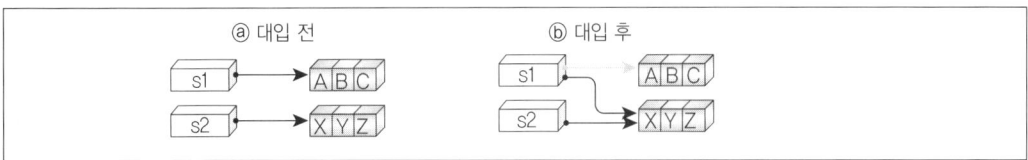

● **그림 15-3** 문자열 참조의 대입

생성자

String형은 클래스형이기 때문에 생성자를 명시적으로 호출해서 인스턴스를 생성할 수 있습니다. 표 15-3은 String형 생성자의 개요를 정리한 것입니다.

● **표 15-3** ··· String형 생성자

1	`String( )`

빈 문자열을 표시하고, 새로운 String을 구축한다.

2	`String(byte[ ] bytes)`

플랫폼의 디폴트 문자세트를 사용해서, 바이트 배열 bytes를 암호화함으로써 새로운 String을 구축한다.

3	`String(byte[ ] bytes, Charset charset)`

문자세트 charset을 사용해서, 바이트 배열 bytes를 암호화함으로써 새로운 String을 구축한다.

4	`String(byte[ ] bytes, int offset, int length)`

플랫폼의 디폴트 문자세트를 사용해서, 바이트 배열 bytes의 부분배열을 암호화함으로써 새로운 String을 구축한다.

5	`String(byte[ ] bytes, int offset, int length, Charset charset)`

문자세트 charset을 사용해서, 바이트 배열 bytes의 부분배열을 암호화함으로써 새로운 String을 구축한다.

6	`String(byte[ ] bytes, int offset, int length, String charsetName)`

문자세트 charsetName을 사용해서, 바이트 배열 bytes의 부분배열을 암호화함으로써 새로운 String을 구축한다.

7	`String(byte[ ] bytes, String charsetName)`

문자세트 charsetName을 사용해서, 바이트 배열 bytes를 암호화함으로써 새로운 String을 구축한다.

8	`String(char[ ] value)`

문자배열 value에 포함되어 있는 문자열을 표시하고, 새로운 String을 구축한다.

9	`String(char[ ] value, int offset, int count)`

문자배열 value의 부분배열로부터 구성되는 문자열을 표시하고, 새로운 String을 구축한다.

10	`String(int[ ] codePoints, int offset, int count)`

Unicode 코드 포인트 배열 codePoints의 부분배열로부터 구성되는 문자열을 표시하고, 새로운 String을 구축한다.

11	`String(String original)`

문자열 original과 같은 철자의 문자열을 갖는, 새로운 String을 구축한다.

12	`String(StringBuffer buffer)`

문자열 버퍼 buffer에 포함된 문자열을 갖는, 새로운 String을 구축한다.

13	`String(StringBuilder builder)`

문자열 빌더 builder에 포함된 문자열을 갖는, 새로운 String을 구축한다.

▶ 이 표에는 이 책에서 학습하지 않는 용어도 포함되어 있습니다. 이 표의 설명은 생략하기 때문에 각 생성자의 자세한 내용은 API의 도큐먼트를 참조하기 바랍니다. 또한 이 표에서는 현재 '사용이 추천되지 않는' 생성자를 생략했습니다.

리스트 15-4는 실제로 생성자를 명시적으로 호출해서 문자열을 구축하는 프로그램의 예입니다.

리스트 15-4 예제파일 : Chap15/StringConstructor.java

```java
// String형 생성자를 이용한 문자열 생성

class StringConstructor {

    public static void main(String[ ] args) {
        char[] c = {'A', 'B', 'C', 'D', 'E', 'F', 'G', 'H', 'I', 'J'};

        String s1 = new String();            // String( )

        String s2 = new String(c);           // String(char[ ])

        String s3 = new String(c, 5, 3);     // String(char[ ], int, int)

        String s4 = new String("XYZ");       // String(String)

        System.out.println("s1 = " + s1);
        System.out.println("s2 = " + s2);
        System.out.println("s3 = " + s3);
        System.out.println("s4 = " + s4);
    }
}
```

실행 결과
```
s1 =
s2 = ABCDEFGHIJ
s3 = FGH
s4 = XYZ
```

이 프로그램에는 네 개의 String형 변수가 있습니다. 각각 서로 다른 형식의 생성자로 문자열을 생성하고 있습니다.

■ **변수 s1 : 생성자 1**

빈 문자열을 생성하고 있습니다. 생성되는 것은 0개의 문자로 구성되는 빈 문자열입니다(빈 문자열이지, null 참조는 아닙니다).

■ **변수 s2 : 생성자 8**

char형의 배열 c에 포함된 모든 문자 'A', 'B', …, 'J'를 기초로 문자열을 생성하고 있습니다. s2가 참조하는 문자열은 "ABCDEFGHIJ"입니다.

■ **변수 s3 : 생성자 9**

char형의 배열 c 안의 c[5]를 선두로 하는 3문자의 문자 'F', 'G', 'H'를 기초로 문자열을 생성하고 있습니다. s3이 참조하는 문자열은 "FGH"입니다.

■ 변수 s4 ··· 생성자 ⑪

여기에서 이용하고 있는 생성자는 복사 생성자입니다(그림 9-9 참조). 문자열 리터럴 "XYZ"을 기초로 같은 철자의 문자열을 생성합니다.

키보드 입력

키보드를 이용해서 문자열을 입력하는 방법은 제2장에서 배웠습니다. 리스트 2-15와 리스트 2-16을 다시 살펴 봅니다.

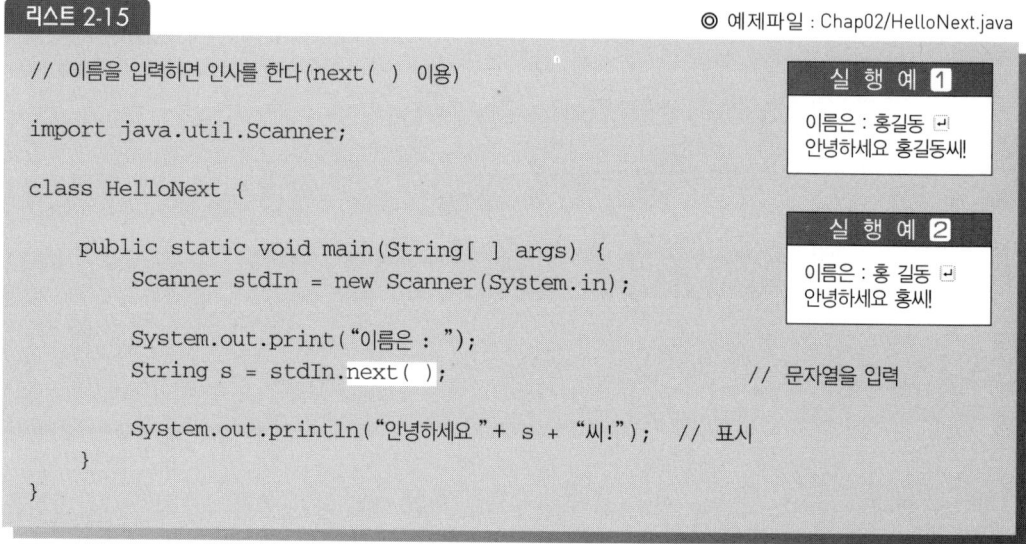

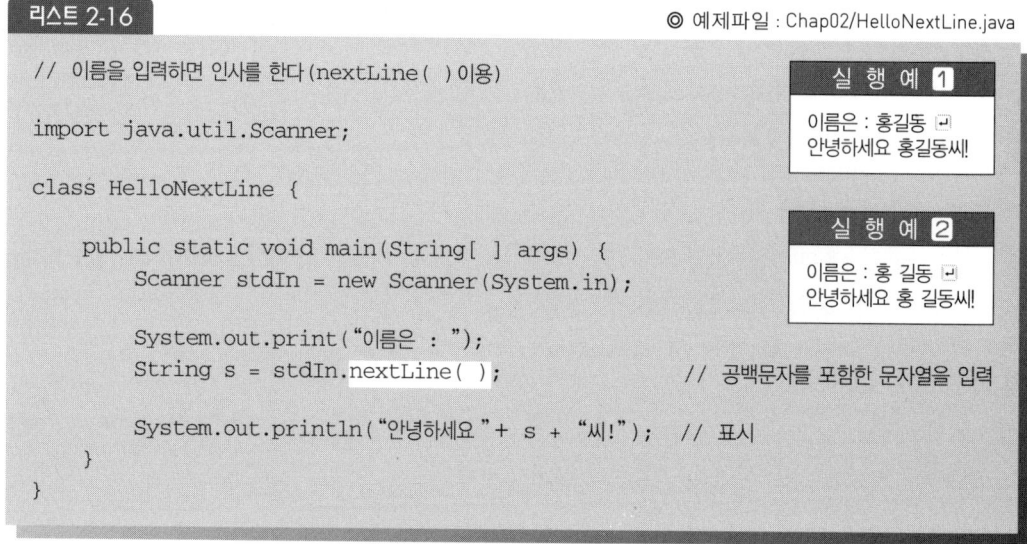

문자열 입력에서는 흰색 부분의 메소드인 next( ) 또는 nextLine( )를 호출합니다. next( )를 이용한 키보드 입력에서는 공백문자와 탭 문자가 문자열의 구분자로 간주되기 때문에 도중에 스페이스 문자를 포함해서 입력한 실행 예2에서는 "홍"만이 s에 대입됩니다. 스페이스도 포함된 한 줄의 입력을 문자열로 대입할 때 이용하는 것이 nextLine( )입니다.

*

지금까지 자세히 설명하지 않았지만 메소드 next와 nextLine은 키보드로 입력한 문자열을 내부에 갖는 String형 인스턴스를 새롭게 생성해서 이 인스턴스 참조를 반환합니다. 따라서 두 프로그램 모두 입력된 문자열을 저장한 String형의 인스턴스 참조가 반환되고, 그 참조가 변수 s에 대입됩니다.

> **주의** Scanner 클래스의 next 메소드와 nextLine 메소드는 키보드 입력된 문자열을 내부에 갖는 String형 인스턴스를 생성해서 그 인스턴스 참조를 반환한다.

때문에 생성자를 명시적으로 호출하지 않고 새로운 String형의 문자열을 이용할 수 있습니다.

Column 15-3… 같은 철자의 문자열 리터럴

같은 철자의 문자열 리터럴은 '같은 인스턴스 참조'로 간주됩니다. 이것은 리스트 15C-1의 프로그램으로 검증할 수 있습니다.

리스트 15C-1　　　　　　　　　　　　　　　　　　◎ 예제파일 : Chap15/StringLiteral.java

```java
// 같은 철자의 문자열이 참조하는 곳을 비교

class StringLiteral {

    public static void main(String[ ] args) {
        String s1 = "ABC";
        String s2 = "ABC";

        if (s1 == s2)    // 참조하는 곳을 비교
            System.out.println("s1과 s2는 같은 문자열을 참조.");    // 반드시 실행된다
        else
            System.out.println("s1과 s2는 다른 문자열을 참조.");    // 실행되지 않는다
    }
}
```

실 행 결 과
s1과 s2는 같은 문자열을 참조.

그림 15C-1에 제시한 것처럼 변수 s1과 s2는 동일한 인스턴스를 참조하고 있습니다. 또한 같은 철자의 문자열 리터럴 취급에 대해서는 Column 15-6에서도 자세히 설명합니다.

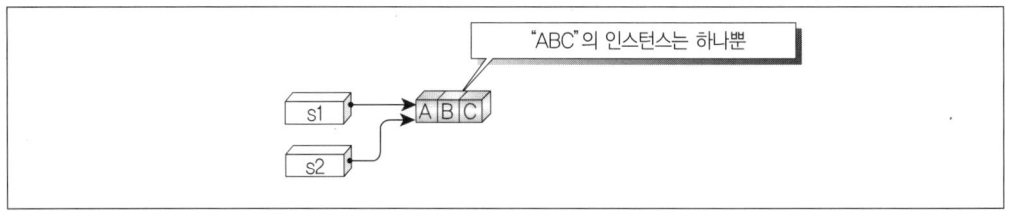

● 그림 15C-1 같은 철자의 문자열 리터럴

메소드

String형에서는 여러 가지 메소드가 제공됩니다. 표 15-4는 각 메소드의 개요를 정리한 것입니다.

▶ 이 표에는 이 책에서 배우지 않는 용어도 포함되어 있습니다. 이 표의 해설은 생략하기 때문에 각 생성자의 자세한 설명은 API의 도큐먼트를 참조하기 바랍니다. 또한 이 표에서는 현재 '잘 사용되지 않는' 메소드는 생략합니다.

● 표 15-4 ··· String형 메소드   ※ ★표시는 클래스 메소드, 그 외는 인스턴스 메소드

char charAt(int index)
인덱스 index에 위치하는 문자를 반환한다. 인덱스는 배열과 마찬가지로 선두부터 순서대로 0, 1, 2, ...의 값이 된다.
int codePointAt(int index)
인덱스 index에 위치하는 문자(Unicode 코드 포인트)를 반환한다.
int codePointBefore(int index)
인덱스 index의 앞 문자(Unicode 코드 포인트)를 반환한다.
int codePointCount(int beginIndex, int endIndex)
beginIndex와 endIndex로 지정된 범위의 Unicode 코드 포인트의 수를 반환한다.
int compareTo(String anotherString)
문자열 anotherString과의 사전적인 대소관계를 판정한다.
int compareToIgnoreCase(String str)
문자열 str과 대문자와 소문자를 구별하지 않는 사전적인 대소관계를 판정한다.
String concat(String str)
문자열 어미에 문자열 str을 연결한다.

```
boolean contains(CharSequence s)
```
　　문자열이 문자 시퀀스 s를 포함하는지 아닌지를 판정한다. 포함하면 true를 반환한다.

```
boolean contentEquals(CharSequence cs)
```
　　문자열 시퀀스 cs와 같은지 다른지를 판정한다.

```
boolean contentEquals(StringBuffer sb)
```
　　문자열 버퍼 sb와 같은지 다른지를 판정한다.

```
★static String copyValueOf(char[ ] data)
```
　　문자배열 data를 문자열로 변환한 것을 반환한다.

```
★static String copyValueOf(char[ ] data, int offset, int count)
```
　　문자배열 data가 지정된 부분을 문자열로 변환한 것을 반환한다.

```
boolean endsWith(String suffix)
```
　　문자열 어미가 문자열 suffix로 되어 있는지 아닌지를 판정한다.

```
boolean equals(Object anObject)
```
　　오브젝트 anObject와 같은지 다른지를 판정한다.

```
boolean equalsIgnoreCase(String anotherString)
```
　　문자열 anotherString과 같은지 다른지를 판정한다.

```
★static String format(Locale l, String format, Object... args)
```
　　로케일 l과 서식문자열 format과 여기에 이어지는 인수로 서식화된 문자열을 반환한다.

```
★static String format(String format, Object... args)
```
　　서식문자열 format과 여기에 이어지는 인수로 서식화된 문자열을 반환한다.

```
byte[ ] getBytes( )
```
　　디폴트 문자세트를 사용해서 문자열을 바이트 시퀀스에 부호화된 바이트 배열을 반환한다.

```
byte[ ] getBytes(Charset charset)
```
　　문자세트 charset을 사용해서 문자열을 바이트 시퀀스에 부호화된 바이트 배열을 반환한다.

```
byte[ ] getBytes(String charsetName)
```
　　문자세트 charsetName을 사용해서 문자열을 바이트 시퀀스에 부호화된 바이트 배열을 반환한다.

```
void getChars(int srcBegin, int srcEnd, char[ ] dst, int dstBegin)
```
　　문자배열 dst가 지정된 위치에 문자열이 지정된 부분을 복사한다.

```
int hashcode( )
```
　　문자열의 해시코드를 반환한다.

```
int indexOf(int ch)
```
　　문자열 내에서 문자 ch가 최초로 출현하는 위치의 인덱스를 반환한다.

```
int indexOf(int ch, int fromIndex)
```
인덱스 formIndex를 선두로 하는 문자열 내에서 문자 ch가 최초로 출현하는 위치의 인덱스를 반환한다.

```
int indexOf(String str)
```
문자열 내에서 문자열 str이 최초로 출현하는 위치의 인덱스를 반환한다.

```
int indexOf(String str, int fromIndex)
```
인덱스 fromIndex를 선두로 하는 문자열 내에서 문자열 str이 최초로 출현하는 위치의 인덱스를 반환한다.

```
String intern( )
```
문자열 인스턴스를 인턴한 결과의 문자열 인스턴스 참조를 반환한다.

```
boolean isEmpty( )
```
문자열의 길이(문자 수)가 0인지 아닌지를 판정한다. 0이면 true를 반환한다.

```
int lastIndexOf(int ch)
```
문자열 내에서 문자 ch가 마지막으로 출현하는 위치의 인덱스를 반환한다.

```
int lastIndexOf(int ch, int fromIndex)
```
인덱스 fromIndex를 선두로 하는 문자열 내에서 문자 ch가 마지막으로 출현하는 위치의 인덱스를 반환한다.

```
int lastIndexOf(String str)
```
문자열 내에서 문자열 str이 마지막으로 출현하는 위치의 인덱스를 반환한다.

```
int lastIndexOf(String str, int fromIndex)
```
인덱스 fromIndex를 선두로 하는 문자열 내에서 문자열 str이 마지막으로 출현하는 위치의 인덱스를 반환한다.

```
int length( )
```
문자열의 길이(문자 수)를 반환한다.

```
boolean matches(String regex)
```
문자열이 정규표현 regex와 일치하는지 아닌지를 판정한다.

```
int offsetByCodePoints(int index, int codePointOffset)
```
codePointOffset 코드 포인트로 지정된 index로부터 오프셋이 설정된 이 문자열 내의 인덱스를 반환한다.

```
boolean regionMatches(boolean ignoreCase,int toffset,String other,int ooffset,int len)
```
문자열이 문자열 other와 같은지 다른지를 판정한다. ignoreCase에 false를 할당한 경우에는 대문자와 소문자는 구별하지 않는다.

```
boolean regionMatches(int toffset, String other, int ooffset, int len)
```
문자열이 문자열 other와 같은지 다른지를 판정한다.

```
String replace(char oldChar, char newChar)
```
문자열 내에 있는 모든 oldChar를 newChar로 치환된 결과 생성된 새로운 문자열을 반환한다.

```
String replace(CharSequence target, CharSequence replacement)
```
리터럴 타겟 시퀀스와 일치하는 문자열의 부분 문자열을 지정된 리터럴 치환 시퀀스로 치환한다.

```
String replaceAll(String regex, String replacement)
```
정규표현 regex와 일치하는 문자열의 각 부분 문자열에 대해서 지정된 치환을 실행한다.

```
String replaceFirst(String regex, String replacement)
```
정규표현 regex와 일치하는 문자열에서 최초의 부분 문자열에 대해서 지정된 치환을 실행한다.

```
String[ ] split(String regex)
```
이 문자열을 정규표현 regex와 일치하는 위치에서 분할한다.

```
String[ ] split(String regex, int limit)
```
이 문자열을 정규표현 regex와 일치하는 위치에서 limit회 이내로 분할한다.

```
boolean startsWith(String prefix)
```
문자열의 선두가 문자열 prefix로 되어 있는지 아닌지를 판정한다.

```
boolean startsWith(String prefix, int toffset)
```
인덱스 toffset 이후 문자열의 선두가 문자열 prefix로 되어 있는지 아닌지를 판정한다.

```
CharSequence subSequence(int beginIndex, int endIndex)
```
이 시퀀스의 하위 시퀀스인 문자 시퀀스를 반환한다.

```
String subString(int beginIndex)
```
문자열 인덱스 beginIndex 이후의 부분 문자열을 새로운 문자열로 반환한다.

```
String subString(int beginIndex, int endIndex)
```
문자열 인덱스 beginIndex부터 endIndex까지의 부분 문자열을 새로운 문자열로 반환한다.

```
char[ ] toCharArray( )
```
문자열을 새로운 문자열로 치환해서 반환한다.

```
String toLowerCase( )
```
디폴트 로케일의 규칙을 사용해서 문자열 내의 모든 문자를 소문자로 변환한다.

```
String toLowerCase(Locale locale)
```
로케일 locale의 규칙을 사용해서 문자열 내의 모든 문자열을 소문자로 변환한다.

```
String toString( )
```
문자열을 그대로 반환한다.

```
String toUpperCase( )
```
디폴트 로케일의 규칙을 사용해서 문자열 내의 모든 문자를 대문자로 변환한다.

```
String toUpperCase(Locale locale)
```
로케일 locale의 규칙을 사용해서 문자열 내의 모든 문자열을 대문자로 변환한다.

String trim( )
문자열의 복사를 반환한다.
★static String valueOf(boolean b)
boolean 인수 b의 문자열 표현을 반환한다.
★static String valueOf(char c)
char 인수 c의 문자열 표현을 반환한다.
★static String valueOf(char[ ] data)
char 배열인수 data의 문자열 표현을 반환한다.
★static String valueOf(char[ ] data, int offset, int count)
char 배열인수 data의 특정한 부분 배열의 문자열 표현을 반환한다.
★static String valueOf(double d)
double 인수 d의 문자열 표현을 반환한다.
★static String valueOf(float f)
float 인수 f의 문자열 표현을 반환한다.
★static String valueOf(int i)
int 인수 i의 문자열 표현을 반환한다.
★static String valueOf(long l)
long 인수 l의 문자열 표현을 반환한다.
★static String valueOf(Object obj)
Object 인수 obj의 문자열 표현을 반환한다.

Column 15-4··· 문자열 표시

다음은 문자열 s를 표시하는 프로그램입니다.

```
System.out.println("문자열 s = " + s);
```

변수 s는 클래스형 변수이므로, 이 값은 '참조하는 곳'이 될 텐데 왜 변수명을 기술하는 것만으로 참조하는 곳이 아닌 문자열이 표시되는 것일까요?

문자열과 클래스형 변수를 +연산자로 연결하면 클래스형 변수에 대해서 toString 메소드가 호출된 후 연결되는 것을 기억하기 바랍니다. 표 15-4와 같이 String 클래스의 toString 메소드는 자신의 인스턴스가 보유하고 있는 문자열을 반환합니다. 위 프로그램에서 문자열이 표시되는 것은 암묵적으로 호출되는 toString 메소드가 String형의 문자열을 반환하기 때문입니다. 당연히 위 프로그램의 s를 s.toString( )으로 변경해도 같은 결과를 얻을 수 있습니다.

■ 문자열 길이의 계산법과 임의의 문자의 액세스

리스트 15-5는 입력된 문자열 내의 문자를 첫 문자부터 1문자씩 스캔 해서, 이것을 순서대로 표시하는 프로그램입니다.

리스트 15-5   ◎ 예제파일 : Chap15/ScanString.java

```java
// 문자열을 1문자씩 스캔해서 표시

import java.util.Scanner;

class ScanString {

    public static void main(String[ ] args) {
        Scanner stdIn = new Scanner(System.in);

        System.out.print("문자열 s : ");
        String s = stdIn.next( );
                                        // 문자열의 길이
        for (int i = 0; i < s.length( ); i++)
            System.out.println("s[" + i + "] = " + s.charAt(i));
                                                    // 첫 문자부터 i개 뒤의 문자
    }
}
```

실 행 예
```
문자열 s : AB한자 ↵
s[0] = A
s[1] = B
s[2] = 한
s[3] = 자
```

이 프로그램에서는 String형의 메소드를 두 개 호출하고 있습니다(그림 15-4).

■ length : 문자 수를 검색한다

문자열의 길이, 즉 문자열에 포함되어 있는 문자 수를 검색하는 것이 length 메소드입니다. 인수는 없기 때문에 다음과 같은 형식으로 호출합니다.

  변수명.length( )

이 메소드는 문자열의 길이를 int형의 값으로 반환합니다.

▶ 배열의 요소 수를 나타내는 '배열명.length'와 혼동하지 않도록 합니다. 배열 length의 뒤에 ( )가 필요 없는 것은 length가 클래스에서의 final int형의 필드에 해당하기 때문입니다.

■ charAt : 문자열 내의 문자를 검색한다

문자열 내 임의의 위치에 있는 문자를 취득하는 것이 charAt 메소드입니다. n번째 문자(배열의 인덱스와 마찬가지로 선두를 0번째로 셉니다)는 다음과 같은 식으로 취득할 수 있습니다.

변수명.charAt(n)

반환값의 형은 물론 char형입니다.

'문자열 내의 n번째 문자' 라는 표현보다 '선두부터 n번째 뒤의 문자' 라고 표현하는 쪽이 더 정확합니다.

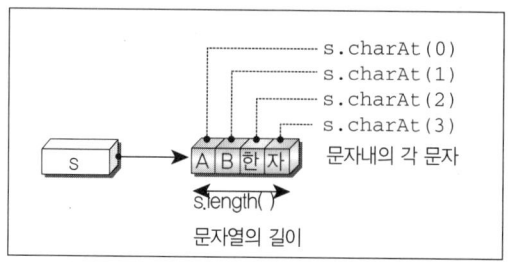

● 그림 15-4 문자열의 길이와 임의의 문자

문자열에서의 문자열 검색

리스트 15-6은 문자열 내에 다른 문자열을 포함하고 있는지 없는지를 간단하게 검색하는 프로그램입니다.

리스트 15-6 ◎ 예제파일 : Chap15/SearchString.java

```java
// 문자열 검색

import java.util.Scanner;

class SearchString {

    public static void main(String[ ] args) {
        Scanner stdIn = new Scanner(System.in);

        System.out.print("문자열 s1 : ");   String s1 = stdIn.next( );
        System.out.print("문자열 s2 : ");   String s2 = stdIn.next( );

        int idx = s1.indexOf(s2);       // s1에 s2는 포함되는지?
        if (idx == -1)
            System.out.println("s1 내에 s2는 포함되지 않습니다.");
        else
            System.out.println("s1의 " + (idx+1) + "번째 문자에 s2가 포함되어 있습니다.");
    }
}
```

실 행 예
문자열 s1 : ABCDEFGHI ↵
문자열 s2 : EFG ↵
s1의 5번째 문자에 s2가 포함되어 있습니다.

이 프로그램에서 이용하고 있는 것이 indexOf 메소드입니다.

■ **indexOf : 문자열 내에 포함되는 문자열을 검색한다**

인수로 입력된 문자열이 포함되어 있는지 없는지를 검색하는 메소드입니다. 포함되어 있지 않으면 -1을 반환하고, 포함하고 있으면 그 '위치'를 반환합니다. 위치는 선두부터 순서대로 0, 1, … 라고 센 값입니다. 다음과 같은 형식으로 호출합니다.

변수명.indexOf(s)

▶ 표 15-4와 같이 문자열에서 문자를 검색하는 메소드가 다중정의되어 있습니다. 또한 문자열과 문자가 여러 개 포함되어 있는 경우에 반환하는 것은 가장 선두에 포함되는 위치입니다.

연습 15-1
문자열을 입력해서 그 문자열을 역순으로 표시하는 프로그램을 작성하시오.

연습 15-2
문자열을 입력해서 그 모든 문자의 문자코드를 표시하는 프로그램을 작성하시오.

연습 15-3
문자열을 검색하는 프로그램을 수정해서 실행 예와 같이 표시하는 프로그램을 작성하시오. 일치하는 부분이 상하에서 일치하도록 표시할 것.

```
실 행 예
문자열 s1 : ABCDEFGHI
문자열 s2 : EFG
s1 :      ABCDEFGHI
s2 :          EFG
```

문자열 비교

문자열이 같은지 다른지를 판정하는 것이 equals 메소드입니다. 리스트 15-7은 equals 메소드를 이용한 프로그램 예입니다.

리스트 15-7
◎ 예제파일 : Chap15/CompareString.java

```java
// 문자열 비교

import java.util.Scanner;

class CompareString {

    public static void main(String[ ] args) {
        Scanner stdIn = new Scanner(System.in);

        System.out.print("문자열 s1 : ");   String s1 = stdIn.next( );
```

```
실 행 예
문자열 s1 : ABC
문자열 s2 : ABC
s1 != s2 입니다.
s1과 s2의 내용은 같다.
```

```
            System.out.print("문자열 s2 : ");  String s2 = stdIn.next( );
              참조하는 곳의 비교
        if (s1 == s2)
            System.out.println("s1 == s2 입니다.");————— 실행되지 않는다
        else
            System.out.println("s1 != s2 입니다.");————— 반드시 실행된다
              문자열 비교
        if (s1.equals(s2))
            System.out.println("s1과 s2의 내용은 같다.");
        else
            System.out.println("s1과 s2의 내용은 다르다.");
    }
}
```

여기에 나타낸 실행 예에서는 s1과 s2 양쪽에 문자열 "ABC"가 입력되어 있습니다. 같은 철자라고 해도 각 인스턴스는 개별적으로 생성되기 때문에 그림 15-5와 같이 s1과 s2는 다른 영역 상에 저장된 문자열을 참조하게 됩니다. 따라서 s1 == s2의 판정은 s1과 s2에 입력된 문자열과는 관계없이 반드시 false가 됩니다.

▶ 같은 철자의 문자열이 인스턴스를 공유하는 것은 원칙적으로 문자열 리터럴로 제한됩니다. 생성자 등으로 새로운 문자열을 생성한 경우에는 그때마다 새로운 인스턴스가 생성됩니다(앞 페이지에서도 설명한 '키보드 입력'의 경우에도 마찬가지입니다).

■ equals · · · 다른 문자열과 같은지를 검색한다

인수로 입력된 문자열과 같은지(문자열의 모든 문자가 같은지) 다른지를 검색하는 것이 equals 메소드입니다. 다음과 같은 형식으로 호출합니다.

　　변수명.equals(s)

문자열이 s와 같으면 true, 다르면 false가 반환됩니다. String형의 변수를 <, <=, >, >= 등의 연산자로 비교할 수 없습니다. 대소관계(사전 순서로 나열된 경우의 전후 관계)를 검색할 필요가 있으면 compareTo 메소드를 이용합니다.

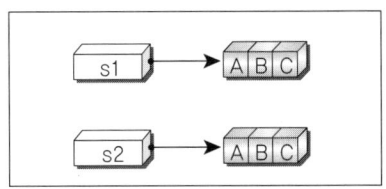

● 그림 15-5 개별적으로 생성된 문자열

Column 15-6 ··· 문자열의 인턴

문자열에 대해서 다음과 같은 규칙이 있습니다.

① 같은 철자의 문자열 리터럴은 동일한 String형 인스턴스를 참조한다.

② 상수식에 의해 생성된 문자열은 컴파일 시에 계산되고 리터럴처럼 취급된다.

③ 실행 시에 생성된 문자열은 새롭게 생성되는 것이고, 다른 문자열처럼 취급된다.

④ 실행 시에 생성된 문자열을 명시적으로 인턴(intern)하면, 이 결과는 같은 내용을 보유하고 있는 기존의 문자열 리터럴과 같은 문자열이 된다.

규칙 ④에 주목하기 바랍니다. 명시적으로 '인턴' 하면 개별적으로 존재하고 있던 동일한 내용의, 문자열이 같은 문자열로 집약됩니다. 리스트 15C-2는 인턴을 실행하는 intern 메소드를 이용한 프로그램입니다.

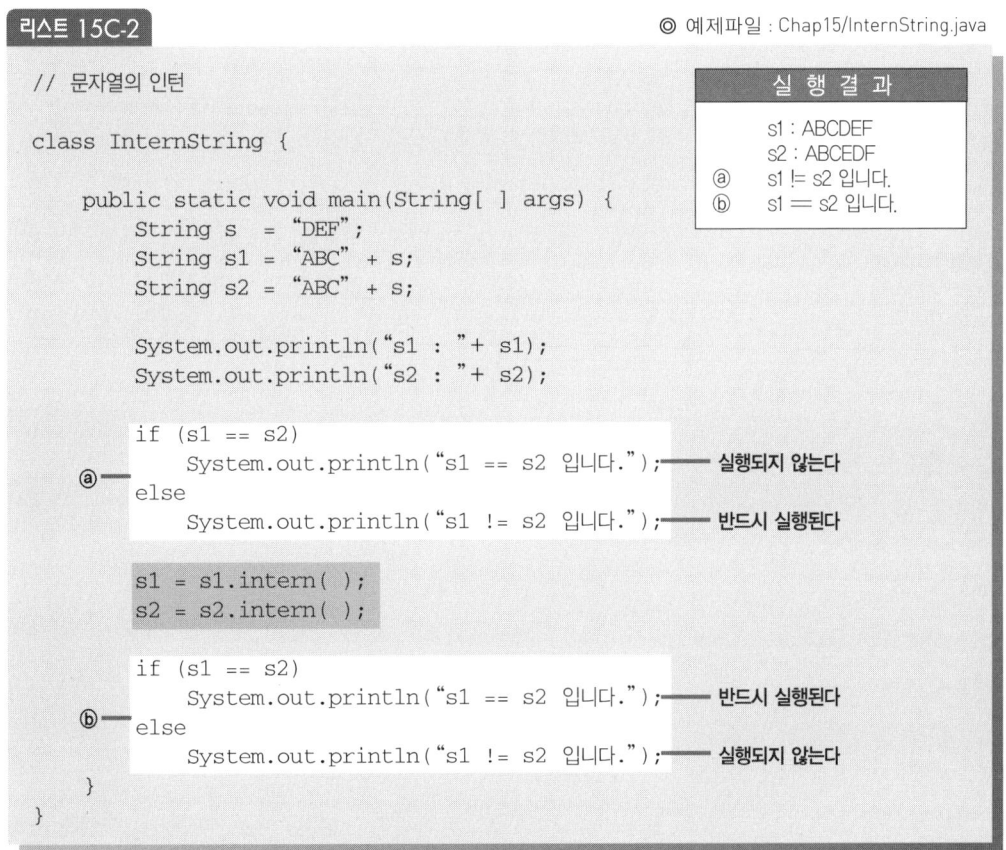

리스트 15C-2 ◎ 예제파일 : Chap15/InternString.java

생성된 s1과 s2는 양쪽 모두 "ABCDEF"이지만 개별적으로 만들어지고 있기 때문에 개별적인 인스턴스입니다(그림 15C-2 ⓐ). 그러나 음영 부분에서 인턴된 후에는 동일한 인스턴스로 집약되고 있기 때문에 s1과 s2가 참조하는 곳은 같은 곳이 됩니다(그림 ⓑ).

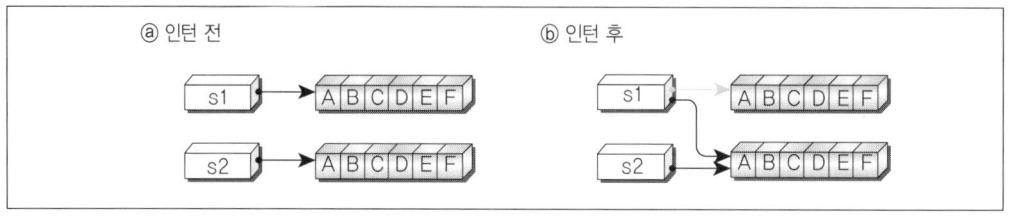

● 그림 15c-2 문자열의 인턴

format 메소드

제9장의 날짜 클래스에서는 연월일을 각각 4자릿수, 2자릿수, 2자릿수로 표현하는 문자열(예를 들면 "2010년 10월 01일(금)")을 반환하는 메소드를 작성했습니다. 이때 이용하는 것이 String 클래스에 속하는 클래스 메소드 format입니다.

이것은 System.out.printf가 출력하는 곳을 화면에서 문자열로 바꾸는 메소드입니다. 리스트 15-8은 String.format 메소드를 이용한 프로그램 예입니다.

리스트 15-8　　　　　　　　　　　　　　　　◎ 예제파일 : Chap15/StringFormat1.java

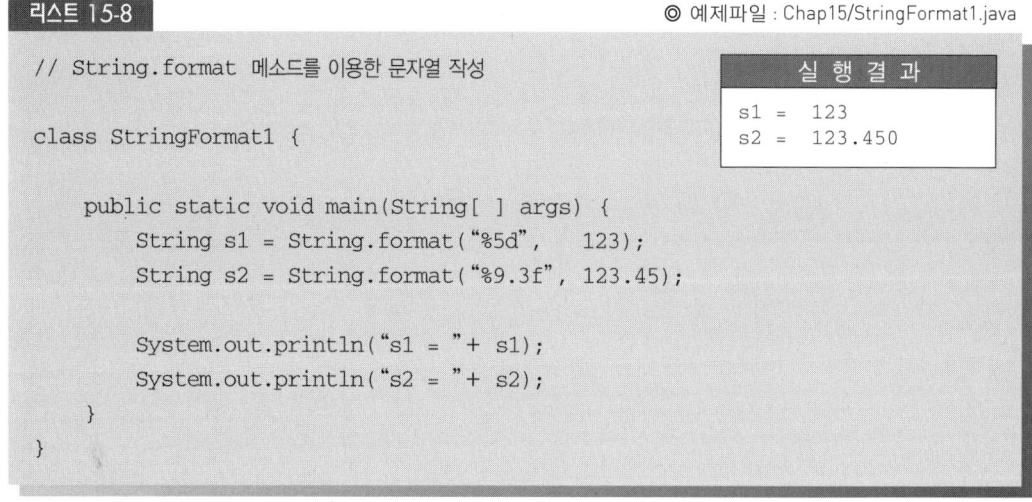

```
// String.format 메소드를 이용한 문자열 작성

class StringFormat1 {

    public static void main(String[ ] args) {
        String s1 = String.format("%5d",   123);
        String s2 = String.format("%9.3f", 123.45);

        System.out.println("s1 = " + s1);
        System.out.println("s2 = " + s2);
    }
}
```

실 행 결 과
```
s1 =   123
s2 =   123.450
```

두 개의 문자열 s1과 s2를 만들어 표시만 하는 프로그램입니다. s1은 "□□123"이 되고, "□□123.450"이 됩니다(□는 스페이스입니다).

String.format와 String.out.printf는 C 언어의 printf 함수를 모방해서 만들었기 때문에 %d와 %f 등의 지정방법은 C 언어와 거의 비슷합니다.

▶ C 언어의 '함수'는 Java의 '메소드'에 해당합니다.

그러나 완전히 다른 점도 있습니다. 그 가운데 하나가 C 언어의 printf에서는 서식화를 위해서 '자릿수'를 가변 값으로 지정할 수 있지만, Java에서는 지정할 수 없습니다. C 언어에서 자릿수를 가변 값으로 지정한 예를 아래에 제시합니다.

```
/* 주: 이것은 C 언어의 프로그램입니다. */
int i;
for (i = 1; i<= 4; i++) {
    printf("%*d\n", i, 5);          /* 정수값 5를 i자릿수로 표시 */
}
```

```
    5
   5
  5
 5
```

이 for문에서는 i의 값을 1부터 4까지 증가시키고 있습니다. 이 과정에서 실행하는 것은 정수값 5를 최소한 i 자릿수의 폭으로 표시하는 것입니다. 서식 문자열 "%*d"에서 *가 자릿수를 나타내는 인수 i에 대응하고, d가 표시해야 할 정수값 5에 대응합니다.

Java의 printf와 format에서는 *를 사용할 수 없습니다. 따라서 위 예와 같은 결과를 얻으려면 "%1d\n", "%2d\n", "%3d\n", "%4d\n"이라는 문자열을 작성해서 이것을 printf 메소드로 전달해야 합니다. 이와 같이 실현한 프로그램을 아래에 제시합니다.

```
for (int i = 1; i<= 4; i++) {
    String f = String.format("%%%dd\n", i);        // "%id"를 만든다(i는 수치)
    System.out.printf(f, 5);
}
```

그림 15-6은 String.format을 이용해서 문자열을 만드는 이미지입니다. %%는 %가 되고, %d 부분에 정수값이 대입됩니다. 예를 들면 변수 i의 값이 2이면 만들어지는 문자열은 "%2d\n"이 됩니다.

▶ printf로 출력할 때는 연속하는 2개의 %%가 단일 %로 변환됩니다(4-1 printf 메소드 참조). String.format도 마찬가지입니다.

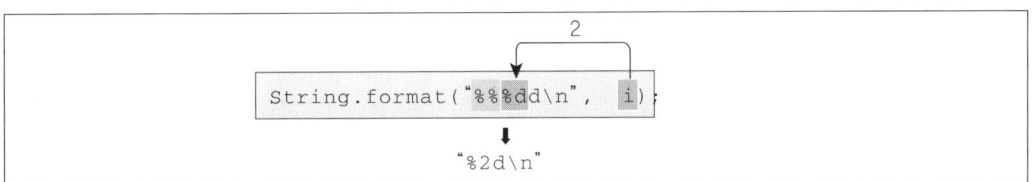

● **그림 15-6** String.format을 이용한 서식 문자열의 작성(i가 2일 경우)

이어지는 printf 메소드의 호출에서는 이 문자열을 이용해서 정수값 5를 표시합니다. 또한 생성된 문자열을 일부러 변수 f에 대입하지 않고 직접 printf 메소드로 전달하는 편이 프로그램을 간결하게 만듭니다. 리스트 15-9는 String.format 메소드를 이용한 프로그램입니다.

리스트 15-9 ◎ 예제파일 : Chap15/StringFormat2.java

```java
// String.format 메소드를 이용한 서식 문자열의 작성

class StringFormat2 {
    public static void main(String[ ] args) {
        for (int i = 1; i <= 4; i++) {
            System.out.printf(String.format("%%%dd\n", i), 5);
        }
    }
}
```

실 행 결 과
```
5
 5
  5
   5
```

연습 15-4

부동소수점수 값 x를 소수점 이하 부분은 p 자릿수로, 전체는 최소한 w 자릿수로 표시하는 메소드 printDouble을 작성하시오.

```
printDouble(double x, int p, int w)
```

15-3 문자열 배열과 커맨드라인 인수

동일한 형의 변수가 모인 배열은 제6장부터 계속 이용했습니다. 이 절에서는 문자열 배열에 대해서 학습합니다.

문자열 배열

문자열 배열에 대해서는 제6장에서 간단하게 학습했습니다. 이 절에서는 더욱 자세하게 살펴보겠습니다. 먼저 단순한 프로그램을 이해하기 바랍니다. 리스트 15-10은 문자열 배열의 각 요소를 'Turbo', 'NA', 'DOHC' 로 초기화해서 표시하는 프로그램입니다.

리스트 15-10 ◎ 예제파일 : Chap15/StringArray1.java

```java
// 문자열 배열
class StringArray1 {

    public static void main(String[ ] args) {
        String[ ] sx = {"Turbo", "NA", "DOHC"};

        for (int i = 0; i < sx.length; i++)
            System.out.println("sx[" + i + "] = \"" + sx[i] + "\"");
    }
}
```

실행 결과
```
sx[0] = "Turbo"
sx[1] = "NA"
sx[2] = "DOHC"
```

각 요소에 대한 초기화 값을 콤마문자 ,로 구분해서 { } 사이에 기술하는 형식은 int형과 double형 등의 배열에 대한 초기화 값과 같습니다.

그림 15-7은 이 프로그램의 배열 sx의 이미지입니다. String[ ] 형의 변수 sx는 요소 형이 String이고, 요소 수가 3인 배열 본체를 참조합니다. 그리고 각 요소인 sx[0], sx[1], sx[2]는 각각 'Turbo', 'NA', 'DOHC'를 참조하고 있습니다.

> ▶ 제6장에서 학습했던 요소 수가 다른 2차원 배열과 비슷합니다. 또한 각 요소는 인스턴스가 아니고 이것을 참조하는 클래스형 변수인 점에서 날짜 클래스의 배열과 같습니다.

리스트 15-11은 같은 배열을 다른 방법으로 표시한 프로그램입니다. 이것은 각 문자열을 1문자씩 검색하면서 표시합니다.

> ▶ 즉, 리스트 15-5와 같은 방법으로 문자열 내의 문자를 검색하고 있습니다.

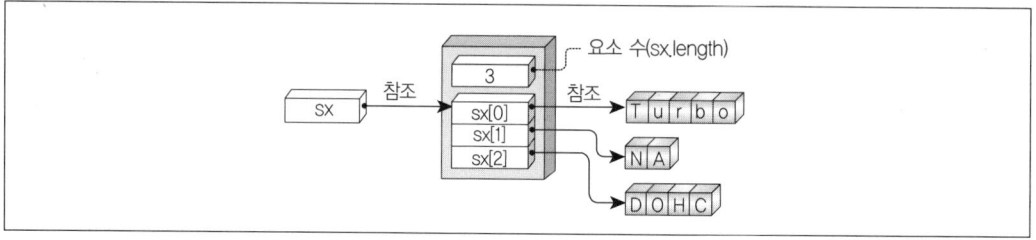

● 그림 15-7 문자열 배열

리스트 15-11

◎ 예제파일 : Chap15/StringArray2.java

```
// 문자열 배열(1문자씩 표시)

class StringArray2 {

    public static void main(String[ ] args) {
        String[ ] sx = {"Turbo", "NA", "DOHC"};

        for (int i = 0; i < sx.length; i++) {
            System.out.print("sx[" + i + "] = \"");
            for (int j = 0; j < sx[i].length( ); j++)
                System.out.print(sx[i].charAt(j));
            System.out.println('\"');
        }
    }
}
```

실행결과
```
sx[0] = "Turbo"
sx[1] = "NA"
sx[2] = "DOHC"
```

❶은 배열 sx의 길이(요소 수)이고, ❷는 각 문자열 sx[i]의 길이(문자수)입니다. 이 두 가지의 차이점은 이미 리스트 15-5에서 배웠습니다.

*

여기까지의 프로그램은 각 문자열의 내용을 미리 알고 있기 때문에 프로그램 내에 기술해 두었습니다. 그러나 리스트 15-12는 문자열 배열의 요소에 하나씩 문자열을 입력해서 그 값을 표시하는 프로그램입니다.

리스트 15-12

◎ 예제파일 : Chap15/ReadStringArray.java

```
// 문자열 배열(입력해서 표시)

import java.util.Scanner;
```

```
class ReadStringArray {

    public static void main(String[ ] args) {
        Scanner stdIn = new Scanner(System.in);

        System.out.print("문자열의 개수 : ");
        int n = stdIn.nextInt( );
        String[ ] sx = new String[n];

        for (int i = 0; i < sx.length; i++) {
            System.out.print("sx["+ i + "] = ");
            sx[i] = stdIn.next();
        }
        for (int i = 0; i < sx.length; i++)
            System.out.println("sx["+ i + "] = \"" + sx[i] + "\"");
    }
}
```

실행 예
```
문자열의 개수 : 3
sx[0] = FBI
sx[1] = CIA
sx[2] = KGB
sx[0] = "FBI"
sx[1] = "CIA"
sx[2] = "KGB"
```

stdIn.next( )는 입력된 문자열을 저장한 String형 인스턴스를 생성한 후, 이 인스턴스를 참조해서 반환하는 것입니다. 반환된 참조가 sx[i]에 대입되기 때문에 각 요소가 각각의 문자열 인스턴스를 참조하게 됩니다.

▶ 날짜 클래스의 배열과는 달리 배열 sx의 각 요소용으로 new 연산자와 생성자를 명시적으로 호출해서 인스턴스를 생성할 필요가 없습니다.

가위바위보

리스트 15-13은 문자열 배열을 응용한 가위바위보 게임을 실행하는 프로그램입니다.

리스트 15-13 ◎ 예제파일 : Chap15/FingerFlashing.java

```
// 가위바위보

import java.util.Scanner;
import java.util.Random;

class FingerFlashing {

    public static void main(String[ ] args) {
        Scanner stdIn = new Scanner(System.in);
        Random rand = new Random( );
```

실행 예
```
가위바위보 (0)가위 (1)바위 (2)보 : 1
나는 가위이고, 당신은 바위입니다.
당신이 이겼습니다.
다시 한번? (0)아니오 (1)예 : 0
```

```
                String[ ] hands = {"가위", "바위", "보"};          ━━1
                int retry;                      // 한번 더?

                do {
                    // 컴퓨터의 손을 0, 1, 2의 난수로 생성
                    int comp = rand.nextInt(3);                    ━━2

                    // 플레이어의 손을 0, 1, 2로 입력
                    int user;
                    do {
                        System.out.print("가위바위보");
                        for (int i = 0; i < 3; i++)
                            System.out.printf("(%d)%s ", i, hands[i]);   ━━3
                        System.out.print(" : ");
                        user = stdIn.nextInt( );
                    } while (user < 0 || user > 2);

                    // 양쪽의 손을 표시
                    System.out.println("나는 " + hands[comp] + "이고, 당신은 " +
                                        hands[user] + "입니다.");

                    // 판정
                    int judge = (user - comp + 3) % 3;
                    switch (judge) {
                     case 0: System.out.println("비겼습니다.");       break;
                     case 1: System.out.println("당신이 이겼습니다."); break;   ━━4
                     case 2: System.out.println("당신이 졌습니다.");   break;
                    }

                    // 한번 더 할지를 확인
                    do {
                        System.out.print("한번 더? (0)아니오 (1)예 : ");
                        retry = stdIn.nextInt( );
                    } while (retry != 0 && retry != 1);
                } while (retry == 1);
            }
        }
```

1 손을 표시하는 문자의 배열입니다. '가위', '바위', '보' 의 인덱스는 0, 1, 2가 됩니다.

2 컴퓨터의 손을 0, 1, 2의 난수로 생성합니다. 만약 플레이어가 손을 입력한 후라면, 작위적으로 컴퓨터가 이기게 하는 것도 가능하기 때문에 플레이어의 손을 입력하는 **3**보다 앞에 기술합니다.

3 플레이어의 손을 입력합니다. '가위', '바위', '보' 라는 문자열 대신에 수치로 대신한 값을 입

력시킵니다. 입력할 수 있는 값은 0, 1, 2뿐입니다. 이 외의 값이 입력된 경우는 재입력시킵니다.

4 컴퓨터와 플레이어의 손으로부터 승패를 판단합니다. 판정은 그림 15-8과 같이 이루어집니다.

- **a 무승부**

  user와 comp의 값이 같으면 무승부입니다. user − comp의 값은 0이 됩니다.

- **b 플레이어 승**

  그림에 표시한 0, 1, 2, 0, 1, 2, … 라는 순환에서 화살표의 시점이 지는 것이고, 종점이 이기는 것입니다. 플레이어가 종점이고 컴퓨터가 시점이 되는 조합이 플레이어가 이기는 경우입니다. 이때 user − comp의 값은 −2 또는 1이 됩니다.

- **c 플레이어 패**

  b와는 반대로 플레이어가 시점, 컴퓨터가 종점이 되는 조합이 플레이어가 지는 경우입니다. 이때 user − comp의 값은 −2 또는 1이 됩니다.

*

세 가지 판정은 공통의 식 (user − comp +3) % 3으로 실행합니다. 이 값이 0이면 무승부, 1이면 플레이어가 이기고, 2이면 플레이어가 집니다.

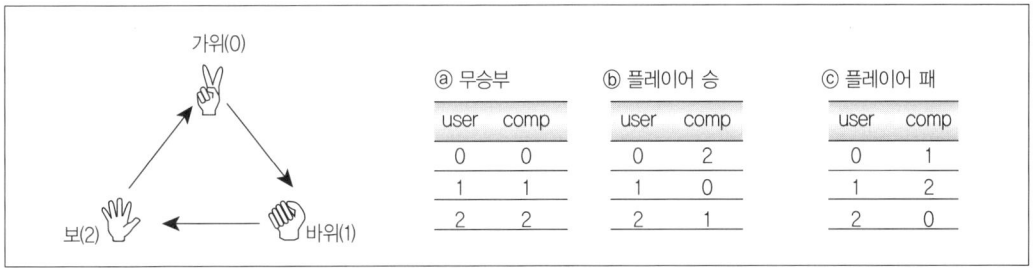

● **그림 15-8** 가위바위보의 손과 승패의 판정

연습 15-5

3명이 실행하는 가위바위보 프로그램을 작성하시오. 플레이어 3명 중에서 컴퓨터를 2명으로 하고, 사람을 1명으로 할 것. 연습 13-3으로 작성한 플레이어 클래스를 이용할 것.

커맨드라인 인수

Java의 main 메소드는 프로그램 실행 시에 할당되는 인수를 입력 받을 수 있습니다. 이 인수를 커맨드라인 인수(command-line argument)라고 합니다. 프로그램 실행 직후(즉 main 메소드의 실행 시작 직전)에 main 메소드의 인수로 전달됩니다.

리스트 15-14는 입력된 커맨드라인 인수를 표시하는 프로그램입니다.

리스트 15-14 ◎ 예제파일 : Chap15/PrintArgs.java

```java
// 커맨드라인 인수를 표시한다

class PrintArgs {

    public static void main(String[ ] args) {
        for (int i = 0; i < args.length; i++)
            System.out.println("args["+ i + "] = "+ args[i]);
    }
}
```

프로그램 PrintArgs를 실행할 때 'Turbo', 'NA', 'DOHC' 라는 커맨드라인 인수를 입력해서 다음과 같이 실행해 봅니다.

▶ `java PrintArgs Turbo NA DOHC` ⏎

이것을 실행하면 main 메소드에서 '각 커맨드라인 인수의 문자열 Turbo, NA, DOHC가 참조하는 배열 요소'에 대한 참조가 인수 args에 전달됩니다. 그림 15-9는 이 과정을 나타낸 이미지입니다.

> ▶ 각각의 문자열을 갖는 String형 인스턴스와 이것을 참조하는 String형 배열이 Java 가상머신에 의해 자동으로 생성됩니다. 배열의 요소 수는 커맨드라인 인수의 개수와 같기 때문에 이 예에서는 3이 됩니다. 그리고 main 메소드가 시작할 때 생성된 배열 참조가 전달됩니다.

그림에서도 알 수 있듯이 main 메소드 내에서는 커맨드라인 인수로부터 할당된 각각의 인수를 String형 배열 args의 요소로 취급할 수 있습니다. 물론 커맨드라인 인수의 개수는 args.length를 이용해서 취득할 수 있습니다(args는 배열이기 때문입니다).

> **중요** 커맨드라인 인수는 String[ ]형의 가인수로써 main 메소드가 전달받는다.

> ▶ 가인수에 args라는 이름을 부여한 것은 C 언어에서 유래합니다. C 언어에서는 문자열 배열에 대한 포인터(참조)의 가인수명을 argv로 하고, 그 개수를 나타내는 가인수명을 argc로 하는 것이 일반적입니다. C에서도 Java에서도 자신이 좋아하는 이름으로 바꾸어도 상관없습니다.

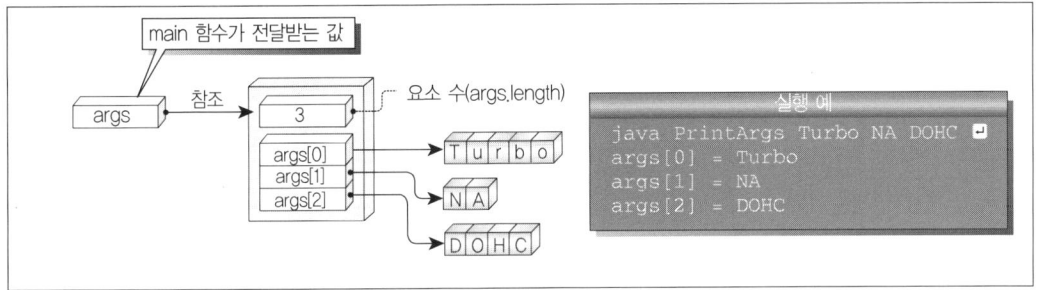

● 그림 15-9 커맨드라인 인수

■ 문자열의 수치 변환

리스트 15-15는 커맨드라인 인수로 입력된 모든 수치를 더해서, 그 합을 표시하는 프로그램입니다.

리스트 15-15 ◎ 예제파일 : Chap15/SumOfArgs.java

```
// 커맨드라인 인수로 입력된 모든 수치를 더해서 표시

class SumOfArgs {

    public static void main(String[ ] args) {
        double sum = 0.0;
        for (int i = 0; i < args.length; i++)
            sum += Double.parseDouble(args[i]);
        System.out.println("합계는 " + sum + "입니다.");
    }
}
```

실 행 예
```
java SumOfArgs 3.2 5.5 ↵
합계는 8.7입니다.
```

흰색 부분을 주목하기 바랍니다. 이 식은 다음과 같은 형식으로 되어 있습니다.

　Double.parseDouble(문자열)

이것은 Double 클래스에 속하는 클래스 메소드 parseDouble의 호출입니다. 인수로 입력된 '123.5'와 '52.5346'이라는 문자열을 double형의 수치인 123.5와 52.5346으로 변환해서 반환합니다. 이 외에도 다음과 같은 메소드가 있습니다(Column 15-7).

　Integer.parseInt(문자열)
　Long.parseLong(문자열)

for문의 반복에서는 커맨드라인 인수를 실수로 변환해서, 그 값을 변수 sum에 더합니다. 그리고 마지막으로 덧셈결과를 표시합니다.

Column 15-7 ··· 랩퍼 클래스

Character, Byte, Short, Integer, Long의 각 클래스에서 char형, byte형, short형, int형, long형으로 표현할 수 있는 최소값과 최대값이 MIN_VALUE 및 MAX_VALUE라는 이름의 클래스 변수로 정의할 수 있습니다(제10장 참조).

이 클래스들과 Boolean 클래스, Float 클래스, Double 클래스를 합해서 랩퍼 클래스(wrapper class)라고 합니다. wrap이란 '포장하다' 라는 의미이고, wrapping이란 포장하는 것을 의미합니다. 각 형은 기본형과 1대1로 대응하며, 대응하는 기본형의 값을 랩(포장)하고 있습니다(대응표는 표 15C-1).

랩퍼 클래스는 주로 세 가지 목적 때문에 준비되어 있습니다.

● 표 15c-1 ··· 랩퍼 클래스와 기본형

기본형	랩퍼 클래스
byte	Byte
short	Short
int	Integer
long	Long
float	Float
double	Double
char	Character
boolean	Boolean

1 기본형의 특성을 클래스 변수로 제공한다.

대응하는 기본형으로 표현할 수 있는 최소값이 MIN_VALUE, 최대값이 MAX_VALUE라는 클래스 변수로 제공되는 것(Boolean형은 제외)은 이미 설명했습니다. 이 외에도 기본형이 점유하는 비트 수 등을 나타내는 클래스 변수가 랩퍼 클래스 내에서 정의되어 있습니다.

2 대응하는 기본형의 값을 갖는 클래스형 인스턴스를 생성할 수 있도록 한다.

각 랩퍼 클래스는 대응하는 기본형의 값을 필드로 가집니다. 예를 들면 Integer 클래스는 int형 필드를, Double 클래스는 double형 필드를 가집니다. 대응하는 기본형의 인수를 전달 받는 생성자가 준비되어 있기 때문에 랩퍼 클래스형의 인스턴스 생성은 다음과 같이 처리할 수 있습니다.

```
Integer i = new Integer(5);
Double d = new Double(3, 14);
```

랩퍼 클래스를 포함해서 Java의 클래스는 모두 Object 클래스의 자손입니다. 이것을 이용하면 참조형에 대해서만 적용할 수 있는 조작을 정수값과 실수값(을 포함하고 있는 랩퍼 클래스형의 인스턴스)에 대해서도 적용할 수 있습니다.

▶ '입문편'의 범위를 넘기 때문에 자세히 설명하지 않겠지만 컨테이너에 대해서 정수와 실수를 저장할 때 유효하게 활용할 수 있습니다.

또한 오토 복싱(auto boxing)이라는 역할을 이용하면 위 프로그램은 다음과 같이 작성할 수도 있습니다(이것도 자세한 내용은 생략합니다).

```
Integer i = 5;      // int에서 Integer로 오토 복싱
Double d = 3.14;    // double에서 Double로 오토 복싱
```

(3) 각종 조작을 메소드로 제공한다.

이것은 (2)번과 관련된 일입니다. 예를 들면 정수값 5와 실수값 3.14에 대해서 toString 메소드를 호출할 수 없습

니다. 당연한 말이지만 5.toString( )와 3.14.toString 이라는 식은 컴파일 에러가 발생합니다.

그러나 위와 같이 선언된 i와 d에 대해서는 i.toString( ) 또는 d.toString( )로 toString 메소드를 호출할 수 있습니다. 다음과 같은 프로그램을 보기 바랍니다.

```
System.out.println("n = " + n);
```

'문자열+수치'의 연산에서는 수치가 문자열로 변환된 후에 '문자열+문자열'로 문자열 연결이 이루어진다고 설명했습니다. 그러나 이 설명은 조금 부족한 점이 있습니다. 사실은 다음과 같습니다.

```
System.out.println("n = "+ Integer(n).toString( ));
```

즉, 다음과 같은 의미입니다.

'문자열+수치'의 연산이 이루어지면 다음과 같은 처리가 이루어진다:

1. 수치를 갖는 랩퍼 클래스의 인스턴스가 생성되고, 이것에 대해서 toString 메소드가 적용되어 문자열이 생성된다.
2. 문자열끼리의 연결(문자열과 변환된 문자열의 연결)이 이루어진다.

물론 모든 랩퍼 클래스에 대해서 값을 문자열로 변환하는 toString 메소드가 제공되고 있습니다.

*

toString 메소드의 반대 변환 즉 문자열을 수치로 변환하는 메소드가 parse... 입니다. 이것은 클래스 메소드이며, ... 부분에는 기본형의 형(type) 이름의 첫 문자를 대문자로 해서 그대로 입력됩니다. Integer 클래스에서는 parseInt 메소드가, Float 클래스에서는 parseFloat 메소드가 제공됩니다. 예를 들면 Integer.parseInt("3154")는 정수값 3154를 반환하고, Long.parseLong("1234567")은 long형의 정수값 1234567L을 반환합니다. 리스트 15-15에서 이용한 것이 클래스 Double의 parseDouble 메소드입니다. 인수로 입력된 문자열을 double형 표현으로 변환한 값을 반환합니다.

연습 15-6
커맨드라인 인수로 입력된 반지름을 갖는 원주의 길이와 면적을 계산해서 표시하는 프로그램을 작성하시오.

연습 15-7
리스트 15-15의 for문을 확장 for문으로 작성한 프로그램을 작성하시오.

연습 15-8
커맨드라인 인수로 지정된 월의 달력을 표시하는 프로그램을 작성하시오. 커맨드라인으로부터 연도만이 할당된 경우에는 그 연도의 1월부터 12월까지의 달력을 표시하고, 연도와 월이 할당된 경우에는 할당된 달의 달력을 표시하고, 연도와 월 모두 할당되지 않으면 현재 월의 달력을 표시할 것.

이장의 요약

- 문자는 시각과 청각이 아닌 문자코드로 식별된다. Java에서 채용되고 있는 문자코드는 Unicode이다. 문자는 0~65,535의 부호 없는 정수값을 표현하는 char형으로 나타낸다.

- 문자를 작은 따옴표 사이에 기술한 'X' 식은 문자 리터럴이다. 문자 '1'과 숫자 1은 다르기 때문에 주의해야 한나.

- 문자열을 나타내는 형은 java.lang 패키지에 속하는 String 클래스형이다.

- 문자의 나열을 큰 따옴표 사이에 기술한 " … " 형식의 문자열 리터럴은 String형 인스턴스를 참조한다. 같은 철자의 문자열 리터럴은 동일한 인스턴스를 참조하게 된다.

- 문자열 대입은 문자열을 복사하는 것이 아니고 참조를 복사한다.

- String 클래스는 문자열을 저장하기 위한 char형 배열 등의 필드와 여러 가지 생성자 및 메소드를 가지고 있다.

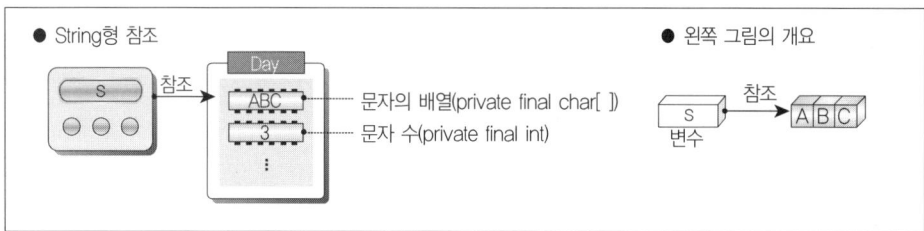

- String.format 메소드를 이용하면 서식화를 실행해서 문자열을 생성할 수 있다. 서식화 지정은 System.out.printf 메소드와 같다.

- String형은 참조형이기 때문에 '문자열 배열'의 각 요소는 문자열 그 자체가 아니고 각 문자열을 참조한 것이다.

- 기본형인 랩퍼 클래스 parse... 메소드를 이용하면 문자열을 기본형의 값으로 변환시킬 수 있다.

- 프로그램 실행 시 커맨드라인으로부터 할당된 문자열 배열은 main 메소드의 인수로 대입할 수 있다.

```java
// 문자열을 취급하는 프로그램
import java.util.Scanner;

class Test1 {
    public static void main(String[ ] args) {
        Scanner stdIn = new Scanner(System.in);

        System.out.print("문자열 s1 : ");   String s1 = stdIn.next( );
        System.out.print("문자열 s2 : ");   String s2 = stdIn.next( );

        for (int i = 0; i < s1.length( ); i++)            문자열 내의 문자 검색
            System.out.println("s1["+ i + "] = "+ s1.charAt(i));

        for (int i = 0; i < s2.length( ); i++)
            System.out.println("s2["+ i + "] = "+ s2.charAt(i));

        int idx = s1.indexOf(s2);                         문자열 내에 포함된 문자열 검색
        if (idx == -1)
            System.out.println("s1 안에 s2는 포함되어 있지 않습니다.");
        else
            System.out.println("s1의 "+ (idx + 1) + "번째 문자에 s2가 포함되어 있습니다.");

        if (s1.equals(s2))                                문자열의 등가성 판정
            System.out.println("s1과 s2의 내용은 같습니다.");
        else
            System.out.println("s1과 s2의 내용은 다릅니다.");

        for (int i = 1; i <= 4; i++) {                    서식화를 동반하는 문자열 생성
            System.out.printf(String.format("%%%dd\n", i), 5);
        }

        System.out.println("문자열 \"123\"를 정수 값으로 변환한 결과 : "+   문자열에서 기본형으로 변환
                           Integer.parseInt("123"));
        System.out.println("문자열 \"123.45\"를 부동소수점 값으로 변환한 결과 : "+
                           Double.parseDouble("123.45"));
    }
}
```

◎ 예제파일 : Chap15/Test1.java

실행 예
문자열 s1 : ABC ↵
문자열 s2 : B ↵
s1[0] = A
s1[1] = B
s1[2] = C
s1[3] = B
s1의 2번째 문자에 s2가 포함되어 있습니다.
s1과 s2의 내용은 다릅니다.
5
　5
　　5
　　　5
문자열 "123"을 정수 값으로 변환한 결과 : 123
문자열 "123.45"을 부동소수점 값으로 변환한 결과 : 123.45

```java
// 커맨드라인 인수와 문자열의 배열을 표시한다

class Test2 {

    static void printStringArray(String[ ] s) {
        for (int i = 0; i < s.length; i++)
            System.out.println("No." + i + " = "+ s[i]);
    }

    public static void main(String[ ] args) {
        String hands[ ] = {
            "가위", "바위", "보"
        };

        System.out.println("커맨드라인 인수");
        printStringArray(args);

        System.out.println("가위바위보의 손");
        printStringArray(hands);
    }
}
```

◎ 예제파일 : Chap15/Test2.java

실행 예
java Test2 Turbo NA DOHC ↵
커맨드라인 인수
No.0 = Turbo
No.1 = NA
No.2 = DOHC
가위바위보의 손
No.0 = 가위
No.1 = 바위
No.2 = 보

마·치·며

제1장의 main 메소드 주체의 프로그램부터 시작해서 단계적으로 객체지향 프로그램까지 진행했습니다. 어땠습니까?

이제 여러분은 한 단계씩 학습을 진행해 가는 도중에 여러 가지 사항을 이해했을 것입니다. 예를 들면 '상용문구로서 통째로 외우고 있던 static은 이런 의미였네', '이 기능을 사용하면 처음 만들었던 프로그램을 보다 효율적인 프로그램으로 만들 수 있네', '정말 이런 기능도 있었네'라고 느낄 것입니다. 물론 이와 같은 것은 Java에만 국한되지 않고 모든 학습에 있어 공통적인 내용입니다. 어떤 길이라도 처음부터 그 길을 모두 알고 학습하는 것은 불가능하기 때문입니다.

그래서 프로그래밍 언어인 Java라는 산을 놓치지 않으면서 조금씩 Java의 길로 걸어갈 수 있도록 해설했습니다. 따라서 처음 단계에서는 어려운 내용이나 세세한 부분을 일부러 숨겨두고 해설을 한 후, 나중에 그 이유를 설명하는 경우도 있었습니다. 예를 들면 단지 상용문구였던 클래스 선언과 main 메소드의 경우는 조금씩 정체를 밝히면서 설명했습니다.

본문의 분량이 제한적인 점도 있고 해서 다중 클래스, 예외처리, 스레드, 컬렉션, 열거, 제너릭스, 복싱, 파일처리 등의 주제는 취급하지 않았기 때문에 모든 설명이 완료된 것은 아닙니다(이들 주제에 대해서는 다른 서적을 참조하기 바랍니다).

*

지금까지 수없이 많은 학생과 프로그래머를 대상으로 프로그래밍과 프로그래밍 언어를 지도했습니다. 수강자가 100명 있으면 100가지의 텍스트가 필요한 것은 아닐까라고 느낄 정도로 학습의 목적, 학습의 진도, 이해도 등 모든 면이 개인마다 다릅니다. 예를 들면 학습의 목적도 다양합니다. '취미로 공부하고 싶다', '프로그래밍 전문 학과는 아니지만, 학점 취득을 위해서 필요하다', 'IT를 전문으로 하는 학생이라 학점 취득은 필수이다', '프로그래머가 되고 싶다' 등 이유도 여러 가지입니다.

이 책은 폭넓은 독자층을 대상으로 단순하지도 지나치게 어렵지도 않게 배려했습니다. 그래서 이 책을 단순하다고 느낀 분도 있을 것이고, 어렵다고 느낀 분도 있을 것입니다.

또한 Java의 '쉬운' 부분만을 발췌해서 독자 여러분이 이해했다고 느끼게 착각하도록 눈속임을 하는 해설 방법은 취급하지 않았습니다. 왜냐하면 쉬운 부분만 학습한 후 막상 스스로 프로그램을 만들 때는 아무것도 할 수 없다거나, 전문가가 만든 수준 높은 프로그램을 보고서 전혀 이해하지 못하는 사람도 많이 보았기 때문입니다.

YoungJin.com Y.
영진닷컴

명쾌한 Java 입문

1판 1쇄 발행   2008년 8월 05일

저　　자　시바타 보요
역　　자　이규홍
발 행 인　김길수
발 행 처　영진닷컴
주　　소　서울특별시 금천구 가산동 664번지 대륭테크노타워 13차 10층 영진닷컴 (우)153-803
대표전화　1588-0789
대표팩스　(02) 2105-2200
등　　록　2007. 4. 27. 제16-4189호

값 23,000 원
ⓒ 2008. 영진닷컴   ISBN 978-89-314-3722-5

* 내용문의는 E-mail(support@youngjin.com)로 해주시기 바랍니다.

http://www.youngjin.com